Stempf

Annalen der Großherzogl. Badischen Gerichte

Stempf

Annalen der Großherzogl. Badischen Gerichte

ISBN/EAN: 9783742890320

Hergestellt in Europa, USA, Kanada, Australien, Japan

Cover: Foto ©ninafisch / pixelio.de

Manufactured and distributed by brebook publishing software
(www.brebook.com)

Stempf

Annalen der Großherzogl. Badischen Gerichte

Annalen

der

Großherzoglich Badischen Gerichte.

Unter Mitwirkung

der Herren Oberhofgerichtsräthe Dr. **Roßhirt**, **Betzinger** und **Brauer**, des Herren Kreisgerichts-direktors Dr. Buchholz der Herren Kreisgerichtsräthe **Schenkh** und **Baumstark** und anderer Rechtsgelehrten des Großherzogthums

herausgegeben

von

L. Stempf,

Oberhofgerichtsrath in Mannheim.

Dreißigster Band.

Mannheim.

Verlag von J. Bensheimer.

Register

zum XXX. Band (1864) der Annalen.

(Die Zahlen bedeuten die Seiten.)

Ablösung, s. Holzberechtigung.
Aechtheitsbeweis, s. Erfüllungseid.
Alimentationsklagen, Berechnung der Oberappellationssumme bei —. 275.
Amtsgerichte, s. Gerichtsbarkeit.
Anerkenntniß, s. Handelsverbindlichkeiten.
Anfechtung, s. Theilungsvertrag.
Anlage, s. Dienstbarkeiten.
Annahme der Waare, s. Kauf.
Anwalt, eine Rede über Aufgabe und Stellung des —s. 222.
Anwaltsordnung, den Vollzug der — betreffende Bekanntmachung des Oberhofgerichts. 221.
Anwünschung, findet das Verbot mehrmaliger Anwünschung (L.R.S. 344) auch auf die, während ihrer Unmündigkeit (nach L.R.S. 345a) angewünschten, unehelichen Kinder statt. 75.
— die — eines im Ehebruch erzeugten Kindes findet nicht statt, — auf den Beweis der Einrede, daß ein angewünschtes Kind im Ehebruch erzeugt sei, darf aber nicht erkannt werden. 81.
— der nach L.R.S. 345a Angewünschte hat keine Erbrechte gegen die Blutsverwandten des Anwünschenden. 121.
— kann das natürliche anerkannte Kind von dem anerkennenden Elterntheil angewünscht werden? 183.
Apanagirte, Rechte der — am Stammgut. 203.
Appellation, die unterrichterliche Verfügung, womit des Klägers Gesuch und die von ihm gewählte Art der Vollstreckung als unstatthaft verworfen wird, ist eine Decretsverfügung, gegen welche das Rechtsmittel der — stattfindet. 71.
— findet — seitens des Beklagten deshalb statt, weil das Urtheil den Kläger nur zur Zeit abgewiesen hat? 299.
— gegen die auf Grund eines allgemeinen oder theilweisen Klaggeständnisses ergangenen Bescheide kann auch im Falle der Bestreitung des Geständnisses nicht Einsprache erhoben, sondern nur appellirt werden. 122. s. auch Oberappellation.
Armenrecht, findet die Vorschrift, daß die Armenpartei, nachdem der vom Gericht aufgestellte Anwalt die Vertretung wegen Grundlosigkeit der Sache abgelehnt hat, bei Wahl eines Vertreters nicht auf die Anwälte beschränkt sei, auch bei Collegialgerichten Anwendung? (verneint.) 258.
Arrestprozeß, die Sicherheitsleistung des Arrestklägers befreit denselben nicht von der Pflicht, in der Rechtfertigungstagfahrt die vollständige Bescheinigung seiner Forderung und des Arrestgrundes zu liefern. 125.
Aufrechnung, das Pfandgericht, an welches zu Gunsten der Pfandgläubiger eine Zahlung geleistet wird, kann sie nicht zum Nachtheil derselben statt auf verfallene Zinsen an dem Kapital aufrechnen. 172.
Ausländer, Besitz von Liegenschaften durch —. 65. s. auch Landesverweisung.
Auslegung eines Schleißvertrags. 63.
— Rechtsfall, wobei zweifelhaft ob der Vertrag eine Eheberedung oder eine Anwünschung enthalte. 61.
— der Erklärung in einer Vermögensübergabe, sie sei in Bezug auf ein tentirtes Kind als nicht geschehen zu betrachten. 10.
— der Grundsatz, daß ein Vertrag im Zweifel wider denjenigen auszulegen sei, dem etwas bedungen wird, und für den, der eine Verbindlichkeit übernommen hat; galt auch schon im gemeinen Recht. 128. s. auch Kaufeid und Pachtvertrag.

Baupflicht, s. Kirchenbaupflicht.
Bedingung, s. Vertragsvermächtniß.
Berufung, s. Appellation.
Beschlag, ein — auf ausstehende Forderungen setzt ebenso, wie die Einweisung in den künftigen Bezug von Besoldungen u. s. w., die Bezeichnung eines bekannten Schuldners voraus; — und zum Zwecke gerichtlicher Beschlagnahme künftiger (erst noch zu verdienender) Gebühren eines Kaminfegers kann weder die Aufstellung eines andern Kaminfegers für den Geschäftsbezirk des Schuldners, noch eine Verpachtung des dem Schuldner verliehenen Kaminfegerdienstes — von dem betreibenden Gläubiger verlangt werden. 71.
Beschwerdeführung gegen Verfügungen des Strafrichters in Kostenerstattungssachen. 278.
Betrug von Gold- und Silberarbeitern, der §. 454 des Str.G.B. ist nur dann anwendbar, wenn der Verkäufer einer Goldwaare den Käufer, indem er seiner Waare einen höheren Feingehalt,

als sie wirklich hat, vermißt, betrüglich beschädigt, nicht aber dann, wenn der Kaufpreis dem wirklichen Gehalte entspricht, also eine Beschädigung des Käufers nicht vorliegt. 108.

— durch Fertigung falscher Ausgabsbelege für die Gemeindekasse wird nur dann das gerichtlich strafbare Verbrechen eines —s aus Gewinnsucht verübt, wenn auf Seiten der bei solchen Fälschungen zusammenwirkenden Gemeindebeamten die Absicht, einen unrechtmäßigen Gewinn zu machen, vorherrscht und auf Seiten der Gemeinde eine Beschädigung eintritt. 136. s. auch Fälschung.

Betrug gegen Gläubiger, s. Gefährde.

Beweis, s. Verjährung.

Beweisführung über Gemüthsschwäche. 89.

— s. auch unvordenkliche Ersitzung.

Beweiskraft, s. Notariatsakt und Protokoll.

Beweislast, hinsichtlich der Versehen bei Waarenversendungen. 99.

Blankett, über betrügliche Ausfüllung eines —s. 298.

Competenz, s. Zuständigkeit.

Komplottanten, s. verbrecherische Verbindung.

Dachtraufewasser, s. Wasserrechte.

Decisivdekret, s. Appellation.

Desertion, s. Zuständigkeit.

Diebstahl, dritter — s. Landesverweisung.

Dienstbarkeiten, unständige, verborgene — können in den Gegenden, wo vor Einführung des Landrechts das gemeine Recht galt, nur auf die unvordenkliche Verjährung gestützt werden. 58.

— ein Wässerungsgraben kann als „äußere Anlage" im Sinne des L.R.S. 689 betrachtet werden; — daß ein solcher Graben nicht stets von Wasser durchströmt ist, daß es, um ihn zu benützen, des Ziehens von Schleußen bedarf, daß er hie und da ausgehoben werden muß, benimmt einer vermittelst desselben zu übenden Dienstbarkeit den Charakter der Selbstständigkeit nicht; — kann eine derartige Dienstbarkeit nur unter Betreten des dienenden Grundstückes geübt werden, so ist solches Betreten gestattet; — eine Dienstbarkeit besteht auch ohne Eintrag zum Grundbuche und ohne Erwähnung in der Erwerbsurkunde des Eigenthümers des dienenden Grundstückes. 250.

— s. auch Wasserrechte, Wegrecht.

Ehefrau, s. Ermächtigung.

Ehegatten, eine zeitliche Trennung der Ehegatten kann, je nach den Verhältnissen derselben, zufolge §. 45 der Eheordnung von den Behörden geduldet werden. 211.

— der, ohne gesetzlichen Grund getrennt lebende, Ehegatte kann von dem andern nicht verlangen, daß er ihm eine Unterhaltsrente bezahle; — der Ehemann kann nur dann von der Ehefrau verlangen, daß sie ihm an seinen Aufenthaltsort folge, wenn er ihr anständige Wohnung und standesgemäßen Unterhalt bieten kann. 279.

Ehelichmachung, Anfechtung einer —, Beweislast und Beweismittel dabei. 121.

Ehescheidung, Ehebruch des Ehemanns als —ursache; über den Begriff einer Aussöhnung; — Mißhandlungen, Verunglimpfungen und lebensgefährliche Drohungen von Seiten eines geisteskranken oder in Folge einer früheren Geisteskrankheit noch ungewöhnlich gereizten Ehemannes als —ursache; — Selbstverschulden der Ehefrau. 49. — s. auch Trennung von Tisch und Bett.

Ehescheidungsursachen, bei der Würdigung des beleidigenden Inhalts von Briefen unter Ehegatten ist nicht nur die daraus erkennbare Absicht des Schreibenden, sondern auch das Alter der mit der Ehescheidungsklage vorgelegten Briefe entscheidend. 198.

Ehescheidungsverfahren, Ueberreichung der Klagschrift, — Paraphirung des Meldscheines, — Beizug von Rechtsfreunden, — und: die Frau verstößt dadurch, daß sie vorübergehend zur Erwerbung ihres Unterhaltes den ihr vom Gericht bestimmten Aufenthaltsort verläßt, nicht gegen L.R.S. 269. S. 53.

— Veränderungen und Neuheiten, welche nach Erhebung der Ehescheidungsklage eintreten, können nur zur Begründung einer neuen Klage, aber nicht zur Aufrechterhaltung der bereits erhobenen Klage benützt werden. 191.

Ehrenkränkung, der Vorwurf eines falschen Berichts ist dann nicht strafbar, wenn der Angeklagte glaubhaft machen kann, daß er mit diesem Ausdruck den Inhalt des fraglichen Berichts nur als unrichtig darstellen wollte. 91.

— eine — in Beziehung auf den öffentlichen Dienst des Beleidigten kann auch dann begangen werden, wenn letzterer jenen Dienst nicht mehr bekleidet; — der gegen einen Bürgermeister erhobene Vorwurf absichtlich falscher Berichterstattung begründet eine — in Beziehung auf den öffentlichen Dienst. 174.

Eid, s. Notheid.

Eidesleister, Personen, welche in einem Rechtsstreit als Zeugen vernommen worden sind, können nicht als — vorgeschlagen werden. 197.

Eidesvorbereitung, der Mangel der — des Zeugen macht sein durch ordnungsgemäßig abgenommenen Eid bekräftigtes Zeugniß nicht werthlos. 201.

Eideszuschiebung über den Werth eines Gegenstandes findet nicht statt. 106. s. auch unvordenkliche Ersitzung.

Eigenthumsklage, der Jagdberechtigte hat keine — gegen den dritten Besitzer eines zum Jagdertägniß gehörigen Gegenstandes. 124.

Einrede, neue; Unterschied zwischen Widerruf wegen Irrthums und dem Vortrag einer neuen Einrede im zweiten Rechtszug. 123.

Einsprache, s. Appellation.

Eintragung, s. Dienstbarkeiten.

Elterliche Theilung, charakteristisches Merkmal einer elterlichen Theilung ist die Absicht, einer dereinstigen Vermögensgemeinschaft unter den Kindern vorzubeugen; und: die ursprüngliche Absicht, den Kindern eine Subportion zuzuweisen, kann in

Folge der Ausscheidung eines Kindes im Verlaufe des Geschäfts aufgegeben und dieses als gewöhnliche Scheulung aufrecht erhalten werden. 10.

Endurtheil, nur dasjenige Urtheil ist ein — im Sinne des §. 1176 der bürgerlichen Pr.O. (von 1851), welches über die materielle Begründung der bestrittenen Ansprüche entscheidet. 25.

Entbindung von der Instanz, kann der Beklagte die — deshalb, weil der Kläger die ihm auferlegte Kostencaution nicht leistet, auch in höherer Instanz verlangen. 299.

Enteignungsverfahren, findet nach durchgeführtem — noch eine dingliche Klage gegen den Enteigner auf das hierdurch erworbene Grundeigenthum statt? 83.

Entschädigung wegen Verlegung eines öffentlichen Weges. 15.
— für Aufhebung der Schaafweide in Waldungen. 291.

Erbentsagung, die in das Offenkundigkeitsbuch eingetragene — kann auch stillschweigend (durch Einmischungshandlungen) widerrufen werden. 32.

Erbtheilung, über das Verhältniß der im L.R.S. 840 enthaltenen Bestimmung hinsichtlich der Ermächtigung des Vormunds durch den Familienrath zu den einschlägigen Vorschriften in dem L.R.G.S. 461. 465 und 817. S. 75.
— die Klage auf Umstoßung eines bei Gelegenheit und zum Zwecke der Erbtheilung abgeschlossenen Vergleichs findet gemäß L.R.S. 888 nur dann statt, wenn durch den Vergleich die Gemeinschaft unter den Miterben aufgehoben worden ist; andernfalls kommt L.R.S. 2052 zur Anwendung. 33.
— können einzelne der in den L.R.S. 819—839 aufgeführten Geschäfte, welche bei der Vertheilung einer Erbmasse vorkommen und Grundlagen oder Bestandtheile des Gesammtgeschäfts bilden, kann insbesondere die Abschätzung und Verloosung der Liegenschaften, hinsichtlich der Rechtsgiltigkeit selbstständig für sich betrachtet werden? — Was gehört zur Giltigkeit einer Abschätzung der Fahrnisse und Liegenschaften einer Erbmasse für den Fall, wo die Betheiligten großjährig und anwesend sind? — Kann die Art der Bildung der Loose noch angefochten werden, nachdem die Loosziehung bereits geschehen ist und der betreffende Miterbe daran Theil genommen hat? — Was gehört zu einer abgeschlossenen und vollendeten Theilung im Sinne der L.R.S. 883 f.? — Kann ein Betheiligter vor dem Abschluß des ganzen Theilungsgeschäfts den Vollzug eines einzelnen Gegenstandes der Theilungsverhandlungen, z. B. die Ueberweisung und Benützung des gemäß der Verloosung auf ihn gefallenen Hauses und Grundstückes — von seinen Miterben verlangen? 93. s. auch Notariatsact und Unterpfand.

Erbtheilungsvertrag, der Erbe, welcher einen — genehmigt hat, kann ihn nicht wegen angeblicher Begünstigung eines Betheiligten, sondern nur noch gemäß L.R.S. 887 anfechten. 64.

Erfüllungsort, s. Handelsverbindlichkeiten.

Erfüllungseid, die zur Begründung des Erbietens zum — über die Aechtheit einer Privaturkunde vorgetragene Behauptung, daß man das Niederschreiben gesehen habe, ist gegenüber der früheren Behauptung, daß man die Schrift des Ausstellers der Urkunde kenne, kein Widerruf einer eingeräumten Thatsache, sondern eine zulässige Erläuterung. 277.

Erläuterung, s. Erfüllungseid.

Ermächtigung, über stillschweigende — der Ehefrau zum gerichtlichen Auftreten. 211.

Errungenschaft, s. Gütergemeinschaft.

Ersitzung, inwiefern findet — oder Verjährung bei den, dem öffentlichen Gottesdienste gewidmeten, Gebäuden statt? — Beschaffenheit derjenigen Handlungen, welche von Seiten der politischen Gemeinde zur Ersitzung des kirchlichen Vermögens gegenüber den Vertretern des letzteren dienen sollen. 230.

Ersitzung, s. Wegrecht.

Ersitzung, s. unvordenkliche Ersitzung.

Expropriationssachen, s. Enteignungsverfahren.

Fälschung, die — eines Hausirausweises zur Umgehung der Gewerbsteuertaxe enthält den Thatbestand eines strafrechtlichen Betrugs nicht. 13.
— das Verbrechen der — wird auch durch ein falsches, zum Zweck der Verübung eines Betrugs in gewinnsüchtiger Absicht gefertigtes, durch den Telegraphen vermitteltes Schreiben verübt. 74.
— mit Mißbrauch des amtlichen Beurkundungsrechts. 139.
— liegt in der, in gewinnsüchtiger Absicht verübten Aenderung des Portovormerks auf einem Briefe durch den Postboten der Thatbestand der Fälschung einer öffentlichen Urkunde? 293. s. auch Blanket.

Fälschung von Grenzsteinen, die Versetzung eines Grenzsteins kann nur dann als — bestraft werden, wenn aus den Verhältnissen der Person und des Falls die rechtswidrige Absicht des Urhebers zu entnehmen ist, daß jene als Mittel zum Zweck betrügerischer Aneignung von Nachbargut stattfand. 16.

Fahrlässigkeit, s. Zurechnung.

Fragestellung, über die — an die Geschworenen bei Unzuchtsvergehen. 129.

Frohndpflichtigkeit. 316.

Gefährde, die Einrede der Gefährdung der Gläubiger kommt dem Vertragsgegner nicht zu. 303.

Gefahr, s. Handelsverbindlichkeiten.

Gegenbeweis, s. Protokoll.

Gemeindeeinnahmen, zur Verwendung von — zu anderen Zwecken, als zu denen sie bestimmt sind, ist die ausdrückliche Genehmigung der zur Vertretung der Gemeinde berufenen Collegien nöthig; der Gemeindebeamte, welcher eigenmächtig über die Gemeindeeinnahmen verfügt, wird von seiner Verbindlichkeit gegen die Gemeinde weder dadurch befreit, daß seine Collegen seine Handlungen stillschweigend geschehen lassen, noch dadurch, daß die Verwaltungsbehörde die Ahndung jener Handlungen, wozu sie Anlaß hätte, unterläßt. 149.

Gemüthsschwäche, ein bleibender Zustand von — ist nur bei einem hohen Grade geistiger Schwäche, aber nicht schon bei Beschränktheit oder Unbeholfenheit des Verstandes anzunehmen. 89.

Generale des Oberhofgerichts. 319.

Gerichtsbarkeit, zur Lehre von der — der Amtsgerichte und der Kreisgerichte als Gerichte erster Instanz in bürgerlichen Rechtssachen. 267.

Gewährleistung, s. Kaufvertrag.

Gütergemeinschaft, das Grundstück, welches ein Ehegatte während der Ehe erwirbt und mit einer zu seinem Sondergut gehörenden Liegenschaft vereinigt, verliert durch diese Wirkung allein nicht die Eigenschaft eines errungenen. — Eine solche Vereinigung kann nicht nach L.R.S 1019 beurtheilt werden. 68.

— rechtliches Verhältniß des Kaufschillings für eine von beiden Ehegatten verkaufte, durch die Ehefrau in die Ehe gebrachte Liegenschaft; — und: über die Beurtheilung der Abtretung des Mitrig'n hams an einer zum Sondervermögen der Frau gehörigen Liegenschaft durch diese an ihren Mann, um Forderungen desselben auszugleichen. 124.

Grenzstein, s. Fälschung.

Grundbucheintrag, s. Dienstbarkeit.

Grunddienstbarkeit, s. Dienstbarkeiten.

Handelsbücher, der die Verletzung der — betreffende Art. 37 des allg. d. H.G.B. ist als prozeßrechtliche Bestimmung dermalen auch dann anzuwenden, wenn der betreffende Rechtsstreit ein Rechtsgeschäft zum Gegenstande hat, welches vor Einführung des neuen H.G.Bs. ins Leben trat. Dieser Art. bezieht sich indessen nur auf Bücher, welche von jedem Kaufmann geführt werden müssen. 108.

Handelsregister, zur Frage ob die Stationsverwaltungen der Eisenbahngesellschaften als Zweigniederlassungen in die Handelsregister einzutragen seien? 27.

Handelsverbindlichkeiten, Art der Erfüllung, Uebergang der Gefahr des Vertragsgegenstandes und Haftbarkeit für Versehen bei der Waarenversendung bei Handelsverbindlichkeiten. 99.

Handwerker, über den Begriff von — nach dem d. H.G.B. 217.

Hannover, Rechtspflegeverhältnisse in —. 153.

Haupteid zum Beweise der unvordenklichen Verjährung. 58.

Hauptintervention, Statthaftigkeit der — und Verhältniß zwischen dem Prozeß über die —sklage und dem Urstreit. 282.

Hauptverhandlung, Leitfaden für — der Strafkammern. 281.

Hausirausweis, s. Fälschung.

Holzberechtigung, die auf der Gemarkungsgenossenschaft beruhende — einzelner Gemeindebürger an dem Walde eines Dritten verwandelt sich durch die zum Zwecke der Ablösung erfolgte Abtretung eines der Berechtigung entsprechenden Theiles des belasteten Waldes nicht in das Eigenthumsrecht an dieser Waldfläche. 125.

— das vorhandene Bedürfniß muß angemeldet werden; — durch einstweilige eigene Deckung des Bedarfs erlischt der angemeldete Anspruch nicht. 304.

Jagdrecht, der Jagdberechtigte hat keine Eigenthumsklage gegen den dritten Besitzer eines zum Jagdertrágniß gehörigen Gegenstandes. 124.

Intervention, s. Hauptintervention.

Irrthum über das Wesen einer Sache. 4. s. auch Widerruf.

Jurisdiktionsvertrag, zur Auslegung des —s mit Württemberg. 318.

Jus protimiseos. 54.

Kameradendiebstahl, s. Rückfall.

Kapelle, s. kirchliches Gut.

Kauf, findet, wenn ein Theil des Kaufgegenstandes nicht übergeben wurde und werden konnte, weil er nicht Eigenthum des Verkäufers war, Vertragsauflösung oder nur Gewährleistung statt? 17.

— über die Wirkung der, einem Liegenschaftsverkauf für die Zahlung des Kaufpreises beigefügten, lex commissoria expressa; — über die Erfordernisse der Verzugsetzung des Käufers im Sinne des L.R.S. 1656 — und über die Frage, ob dieser Satz jede Fristgestattung durch den Richter ausschließe. 42.

— es ist ein —, nicht ein Commissionsgeschäft als vorhanden anzunehmen, wenn die Correspondenz darthut, daß sich der Uebernehmer der Waare schuldig bekannte, den Preis derselben, auch ohne sie bereits verkauft zu haben, seinerseits zu bezahlen. — Die Grundsätze über die Wirkungen der Annahme einer Waare erleiden Ausnahmen im Falle besonderer sie aufhebender Gedinge, sowie im Falle unterlaufener Gefährde. 107.

— welcher von zwei Käufern hat das Vorrecht, wenn ein Waldbesitzer zuerst dem einen Käufer das stehende Holz seines Waldes, das eine bestimmte Dicke hat, zur Abholzung verkauft hat, und später noch vor dem Vollzug dieses Vertrages dem andern Käufer denselben Wald, sowohl Grund und Boden als auch das stehende Holz verkauft, und der letztere Käufer sofort den Eintrag des Kaufes zum Grundbuch bewirkt? 262.

Kaufvertrag, zweideutige Stellen eines —s, die sich auf den Umfang des Kaufgegenstandes beziehen, sind gegen den Verkäufer auszulegen. 1.

— der am Schlusse des L.R.S. 1619 gestattete Verzicht gilt, auch wenn er allgemein ausgesprochen ist, selbst dann, wenn durch den Maaßunterschied ein zwanzigster Theil des Werths in Frage gestellt ist, da die Verfügungsgewalt über Privateigenthum nicht durch Gründe des öffentlichen Rechtes beschränkt wird. 115.

— das Geding bei einem Liegenschaftskaufe, daß der Käufer den Kaufpreis an das Pfandgericht zu zahlen habe, stellt sich als zum Vortheil der Pfandgläubiger abgeschlossen dar; — auf Grund dieses Gedings können sowohl die Pfandgläubiger als auch derjenige Dritte, welcher sie befriedigt hat, als subrogirter Gläubiger (L.R.S. 1250. 1) von dem Käufer selbst Zahlung verlangen, soweit der Kaufpreis an das Pfandgericht noch nicht abbezahlt ist; — dadurch, daß die Pfandgläubiger gegen dritte Besitzer der ihnen verpfändeten Liegenschaften die Pfandklage erhoben haben, verzichten sie nicht auf die Vortheile aus jenem Geding; — das Pfandgericht, an welches eine Zahlung geleistet wird, kann sie nicht zum Nachtheil der Gläubiger statt auf verfallene Zinsen (L.R.S. 1254) an dem Kapital abrechnen. 172.

Kirchenbaupflicht, die — umfaßt in der Regel die gesammte ungetheilte Baupflicht auch für das nothwendige Zugehörde. —

Für die Einrede, daß der zur Kirche Baupflichtige von der Pflicht, auch das Jugebäude zu stellen, frei sei, einer wesentlichen Beschränkung der ungetheilten Baupflicht, muß ein sicherer unzweideutiger Nachweis geliefert werden. — Die Herstellung der Thatsache, daß die Kirchengemeinde einmal die Kosten für das Jugebäude im Wege der Collekte aufgebracht hat, genügt für sich allein noch nicht, um daraus eine Befreiung des Baupflichtigen von der Verbindlichkeit, auch das Jugebäude zu stellen, und eine Ueberwälzung dieser Verbindlichkeit auf die Gemeinde mit Sicherheit folgern zu können. Vielmehr ist nicht blos jene Thatsache, sondern sind auch die Modalitäten, unter welchen die Kirchengemeinde zur Collekte ihre Zuflucht nahm, insbesondere die Thatsache zu beweisen, daß bei demselben Baufalle der Pflichtige freigegeben sei. 287.

Kirchliches Gut, Umstände, aus welchen sich die Eigenschaft einer Kapelle und des sie umgebenden Geländes als — ergibt; — Einfluß der im Jahr 1768 unter Kaiser Joseph II. verfügten, aber nicht ganz zum Vollzug gekommenen Einziehung des Kapellenvermögens zu dem vorderösterreichischen Religionsfonds auf die Eigenschaft der uneingezogen gebliebenen Vermögenstheile; — die Eigenschaft als — wird durch den zeitweisen Mangel einer geordneten und gesonderten Verwaltung nicht aufgehoben; — Beschaffenheit derjenigen Handlungen, welche von Seiten der politischen Gemeinde zur Ersitzung des kirchlichen Vermögens gegenüber den Vertretern des letzteren dienen sollen; — in wiefern findet überhaupt Ersitzung oder Verjährung bei den, dem öffentlichen Gottesdienste gewidmeten, Gebäuden statt? — wer ist zur Geltendmachung der Eigenschaft einer Kapelle und des dazu gehörigen Gebäudes als kirchlichen Guts legitimirt, wenn einige Zeit hindurch keine besondere Verrechnung dieses Vermögens bestanden hatte, und in neuester Zeit die Gründung eines Kapellenfonds ausgesprochen wurde? 230.

Klagenänderung, es ist eine unzulässige Aenderung der Klage auf Vermögensabsonderung, wenn von Geldern, die darin als noch ausstehend und unbeibringlich bezeichnet sind, später behauptet wird, sie seien bereits eingegangen und verwendet. 106.

Kommissionsgeschäft, s. Kauf.

Kosten, s. Strafprozeßkosten.

Kostenerstattung, s. Beschwerdeführung.

Kreisgerichte, Leitfaden zur Abhaltung von erstinstanzlichen mündlichen Verhandlungen der Kreisgerichte im ordentlichen Prozesse. 252. s. auch Gerichtsbarkeit.

Kriegsbeamte, s. Militärgerichtsbarkeit.

Landesverweisung, gegen den wegen dritten Diebstahls Verurtheilten muß, wenn er ein Ausländer ist, statt der Stellung unter polizeiliche Aufsicht, lebenslängliche — erkannt werden. 13.

Legitimation der Gemeinde zur gerichtlichen Geltendmachung eines Wegrechts, welches nicht sowohl zum Besten des eigenthümlichen Gemeindeeigenthums, als vielmehr im Interesse des Publikums besteht. 46.

Legitimation, Recht des Mitglieds einer Handelsgesellschaft, mit welchem und von welchem nicht Namens der Gesellschaft ein Vertrag abgeschlossen worden ist, die Ansprüche daraus auf eigene Rechnung geltend zu machen. 155.

— wer ist zur Geltendmachung der Eigenschaft einer Kapelle und des dazu gehörigen Geländes als kirchlichen Gutes legitimirt, wenn einige Zeit hindurch keine besondere Verrechnung dieses Vermögens bestanden hatte, und in neuester Zeit die Gründung eines Kapellenfonds ausgesprochen wurde? 230.

— die Gemeinden sind berechtigt, den Anspruch der Gesammtheit ihrer Bürgerschaft auf einen Weg — für diese gerichtlich auszutragen. 295.

Letzte Willen, s. Testament, Testamentserrichtung und Nichtigkeit.

Lex commissoria expressa, s. Kaufvertrag.

Liegenschaftsverkauf, s. Kaufvertrag.

Liegenschaftsversteigerung, Ordnungswidrigkeiten in der Ankündigung einer Liegenschaftsversteigerung ist durch das Rechtsmittel der Beschwerdeführung, bevor die Versteigerung vorgenommen wird, vorzubringen und abzuhelfen. 191.

Literaturberichte. 146. 199. 216. 247. 305.

Liquiderkenntnisse, s. Sportel.

Loosbildung, s. Erbtheilung.

Militärgerichtsbarkeit, die — erstreckt sich auf Offiziere und Kriegsbeamte, welche mit der Erlaubniß zum Tragen der Uniform zu Ruhe gesetzt worden sind und in einem Garnisonsorte wohnen auch dann, wenn dieser Ort nicht zugleich Sitz einer Garnisonskommandantschaft ist. 93.

Minderjährige, s. Wiederherstellung.

Miteigenthum, die Gläubiger eines Miteigenthümers, dessen Gemeinschaftsgenosse das ungetheilte liegenschaftliche Eigenthum Beider verkauft hat, kann gegen den Käufer nicht sofort auf Nichtigkeit des Kaufs, sondern voreist nur auf Theilung der Gemeinschaft klagen. 199. s. auch Scheidemauer und Unterpfand.

Mortifikationsclausel, s. Zahlung.

Neuheit, s. novae datio.

Nichtigkeit, die — eines öffentlichen letzten Willens kann nur dann ausgesprochen werden, wenn sich aus den Zeugnissen ein direkter, voller und unzweideutiger Beweis gegen seinen Inhalt ergibt. 194.

Nichtigkeiten (im Strafverfahren), ein unter Mißachtung des Rekursrechtes ergangener richterlicher Beschluß, sei er auch ein Urtheil, ist für nichtig zu erachten. 174.

Nichtigkeitsklage gegen eine Zwangsversteigerung. 24.

— gegen einen Schiedsspruch. 122.

Notariatsakt, Beweiskraft eines —s, insbesondere über Handlungen der Betheiligten, die darin als vor dem Notar vorgegangen beurkundet sind. — Ist ein Betheiligter an eine vor dem Theilungsbeamten im Verlaufe der Verhandlung gemachte Erklärung gebunden, auch wenn er dieselbe noch vor dem Schlusse der Verhandlung und vor dem Abschluß des Aktes zurücknimmt? 93.

Notheid über die Auslegung eines Vertrages findet nicht statt. 145.

Nothweg, aus Gründen der größeren Annehmlichkeit oder Bequemlichkeit kann ein — nicht angesprochen werden. 295.

Noxae datio, die — (L.R.S. 1385 a) kann in zweiter Instanz als Neuheit vorgebracht werden und besteht in der Hingabe des Thieres oder seines höchsten Werthes von der Zeit der Beschädigung an. 123.

Nutznießung, der Nutznießer eines Vermögens hat die Zinsen der darauf haftenden Schulden zu bestreiten, und wenn dieselben, weil er dieser Verbindlichkeit nicht nachkommt, aus dem Vermögensstocke entnommen werden, für dessen Ergänzung zu haften. — Seine Nutznießung kann für erloschen erklärt werden, wenn er durch Nichtentrichtung der Zinsen den Gerichtszugriff auf den Vermögensstock und damit den Verlust eines erheblichen Theiles des letzteren herbeiführt. 7.

die eheliche — des L.R.S. 738 a gehört zu den Vortheilen, welche gemäß L.R.S. 299 für den schuldigen Ehegatten im Falle einer Ehescheidung und Trennung von Tisch und Bett verloren gehen. 103. s. auch Wittum.

Oberappellation, gegen das hofgerichtliche Urtheil, durch welches ein Versäumungserkenntniß aufgehoben wird, findet die — statt; dieselbe kann jedoch nicht mit der — gegen das Urtheil verbunden werden, welches auf die, in Vollzug jenes hofgerichtlichen Urtheils eingeleiteten, Verhandlungen in der Hauptsache erlassen wird. 125.

Oberappellationssumme, wenn in der ersten Instanz dem Gesuch des Beklagten um Abweisung der Klage nicht entsprochen, sondern auf einen Eid erkannt, in zweiter Instanz aber auf die Appellation des Beklagten und die Adhäsion des Klägers unbedingt nach dem Klagegesuch entschieden worden ist, so genügt zwar zur Beseitigung der reformatio in pejus als Oberappellationssumme der Betrag von 500 fl., jedoch kann dem auch in dritter Instanz wiederholten Gesuche um Abweisung der Klage nur bei einer Oberappellationssumme von 1000 fl. entsprochen werden, weil die Urtheile beider vorderen Instanzen in der Nichtberücksichtigung dieses Gesuchs übereinstimmen. 201.

— Berechnung der — bei Alimentationsklagen. 275.

Oeffentlicher Weg, s. Zuständigkeit der Gerichte.

Offenbarungseid, Form des Antrags auf —; Legitimation der Gläubiger der Verlassenschafts- und beziehungsweise Gantmasse eines Verstorbenen, um von den Eltern des Letztern den Offenbarungseid zu fordern; — wann ist das Vermögensverzeichniß ein in gesetzlicher Form errichtetes? — Entscheidung des Kostenpunktes. 51.

— nach dem Schlusse einer Verlassenschaftstheilung kann der — nicht mehr verlangt werden. 215.

Offiziere, s. Militärgerichtsbarkeit

Pachtvertrag, dadurch, daß eine Räumlichkeit im — nicht ausdrücklich als Bestandtheil des Pachtgutes aufgeführt wurde, ist die, aus den Verhältnissen zu entnehmende, Absicht der Vertragspersonen, sie als Bestandtheil des Pachtguts zu behandeln, nicht ausgeschlossen; — und: über die Art der Benützung eines Bestandtheils des Pachtgutes gibt, bei dem Mangel ausdrücklicher Vertragsbestimmungen, die Eigenschaft der baulichen Anlage, sowie das Bedürfniß des Pachtgutes und des darauf betriebenen Gewerbes Maaß und Ziel. 73.

Pfand, s. Unterpfand.

Pfleger, s. Prozeßpfleger.

Pfründvertrag, dem Erben eines Pfründnehmers steht die Klage auf Auflösung des —s wegen Nichterfüllung nicht zu. 63.

Polizeiliche Aufsicht, s. Landesverweisung.

Preßvergehen, über das Verhältniß des Bundesbeschlusses vom 6. Juli 1854 zu der badischen Preßgesetzgebung; insbesondere: kann auf Grund des §. 20 dieses Bundesbeschlusses eine Bestrafung wegen Theilnahme an dem Preßvergehen eines Anderen erkannt werden? 245.

Protokoll, gegen den Inhalt eines genehmigten —s findet nach versäumter alsbaldiger Berichtigung desselben ein Gegenbeweis nicht statt 277.

Prozeßpfleger, Verbindlichkeit, der Ernennung Folge zu leisten. 23.

Rausch, s. Zurechnung.

Rechnungsprozeß, in dem — findet ein selbstständiges, die Feststellung des Bestandes der Masse oder der Einnahmen und Ausgaben nicht bezweckendes, auf andere Thatsachen gebautes Begehren nicht statt. 25.

Rechnungsstellung, das Gericht, vor welchem zum Vollzug eines Urtheils Rechnung gestellt wird, muß auch über die Erinnerungen des Klägers gegen die Rechnung verhandeln und entscheiden. 25.

Rechtskraft, Umfang der — eines Versäumungserkenntnisses. 104.

— die Abweisung einer von dem Ehemann wegen einer Liegenschaft seiner Frau ohne ihren Auftrag erhobenen Klage präjudicirt den Rechten der Ehefrau nicht. 143.

— das gerichtliche Urtheil, durch welches ein Erbbestandsverhältniß einer Liegenschaft festgestellt wird, wirkt auch gegen den Nachfolger im Eigenthum dieser Liegenschaft. 190.

— die Einrede der rechtskräftig entschiedenen Sache ist auch gegen ein, in — erwachsenes, früheres Urtheil zulässig. 302.

Rechtsmittel, s. Appellation.

Rechtspflege in Hannover. 155.

Refraction, s. Zuständigkeit.

Rei vindicatio, s. Eigenthumsklage.

Rekurs, gegen eine richterliche Verfügung, die, wenn sie auch nicht in der Form eines Urtheils erlassen ist, doch materiell ein solches in sich faßt, kann recurrirt werden. 174.

— wenn bei rechtzeitig angezeigtem — die förmliche Bezeichnung der Beschwerdepunkte unterlassen wurde, oder erst nach der 10tägigen Frist des §. 369 der Str.P.O. bei dem urtheilenden Gerichte eingekommen ist, so ist deßhalb der — nicht unter allen Umständen als verspätet zu verwerfen. 313.

Richterliches Unterpfand, s. Unterpfand.

Rückfall, begründet ein Polizeifrevel des §. 477 des Str.G.B., wenn er als Kameradendiebstahl gerichtlich geahndet wurde, einen — in den gemeinen Diebstahl? 5.

Sachlegitimation, s. Legitimation.
Scheidemauer, kann derjenige, welcher die Gemeinschaft einer — erwarb, lediglich aus diesem Grunde die Beseitigung einer von dem früheren Alleineigenthümer angebrachten, dieser Mauer schädlichen, Anlage oder die Herstellung schützender Werke verlangen? 30.
Scheingeschäft, der Beweis darüber, daß ein Vertrag nur zum Schein abgeschlossen sei, kann unter den Vertragspersonen nur durch Gegenschein geführt werden. 151.
Schenkung, wenn ein Stück aus dem Sondergut einer Ehefrau Gegenstand einer — ist, sämmtliche Vertragspersonen aber einverstanden sind, daß die Schenkung von dem Ehemanne und der Frau gemeinschaftlich gemacht wurde, so ist der Ehemann für die Hälfte als Schenkgeber anzusehen. 178. s. auch elterliche Theilung und Vertragsvermächtniß.
Schiedsspruch, Nichtigkeitsklage gegen einen —. 122.
Schiedsvertrag, Auslegung eines —s. 63.
Schwurgerichtliches Verfahren, s. Fragestellung.
Selbstständigkeit, s. Dienstbarkeiten.
Sportel, welche — ist für Liquiderkenntnisse bei Forderungen von 10,000 fl. und mehr anzusetzen? 213.
Staatsanwaltschaft, eine Rede über die hauptsächlichsten Aenderungen in der Stellung der — durch die neue Gesetzgebung. 247.
Stammgut, Recht der Apanagirten am —. 203.
Stationsverwaltungen, s. Handelsregister.
Steuerstrafsachen, über den strafrechtlichen Theil der Weinsteuerordnung. 66.
— ist der Richter bei Steuervergehen befugt, den Steuersatz zu bestimmen? 90.
Strafkammer, s. Leitfaden.
Strafprozeßkosten, Verurtheilung des freigesprochenen Angeklagten in die —. 91.
Strafprozeßordnung, Anwendung auf die, am 1. Oktober 1864 bereits anhängigen, Fälle. 259.
Stückvermächtniß, s. Gütergemeinschaft und Vertragsvermächtniß.

Tagesordnung des Oberhofgerichts, ihre Bekanntmachung. 319.
Telegraph, s. Fälschung.
Testament, die Bestimmung des —s, daß der Erbe, welcher gegen dasselbe Prozeß anfange, nicht Erbe sein solle, ist, wo der Erbe nicht ein Notherbe ist, gültig, findet aber gegen den, welcher die gerichtliche Herstellung der ihm unbekannten Rechtheit des —s verlangt, keine Anwendung. 301.
Testamentserrichtung, die nach L.R.S. 901 durch Gesundheit des Verstandes bedingte Fähigkeit zu testiren, ist durch die in L.R.S. 489 erwähnten Zustände ausgeschlossen, wenn diese zur Zeit der — bestanden. 89. s. auch Gemüthsschwäche.
Theilung, s. elterliche Theilung und Erbtheilung.
Theilungsvertrag, s. Erbtheilungsvertrag.
Trennung von Tisch und Bett, der im L.R.S. 299 dem schuldigen Ehegatten gedrohte Verlust der, durch den Heirathsvertrag oder seit eingegangener Ehe erlangten, Vortheile tritt nicht nur bei der Ehescheidung, sondern auch bei der, statt derselben nachgesuchten, ständigen — ein; — und: die dem überlebenden Ehegatten nach L.R.S. 738 a zustehende Nutznießung gehört zu diesen in Verlust gerathenden Vortheilen. 103.

Unterhaltsrente, s. Ehegatten.
Unterpfand, dadurch, daß eine Mehrheit von Schuldnern gemeinschaftlich dem Gläubiger ein — bestellen, wird nicht die persönliche Haftbarkeit jedes Einzelnen für die ganze Schuld begründet. 50.
— das gerichtliche Urtheil, welches einen Vertrag für nichtig erklärt, begründet kein richterliches —, wenn es auch zu einem früheren Urtheil, welches auf eine Leistung erkennt, aber nicht eingetragen ist, in Beziehung steht. 59.
— die Auslassung eines, ohne Eintrag wirksamen, Unterpfandsrechts in dem Pfandschreiberzeugniß des L.R.S. 2198 entledigt das Gut nicht von der Pfandlast zu Gunsten des neuen Besitzers; — und: Beurkundungen, welche das Pfandgericht zum Zwecke der Verpfändung eines liegenden Gutes durch den neuen Erwerber ausstellt, haben die Wirkungen des genannten L.R.S. nicht. 92.
— ein Unterpfandsrecht, welches die sämmtlichen Liegenschaften des Schuldners zum Gegenstande hat, ergreift auch diejenigen Liegenschaften, welche durch die Theilung einer Erbschaft oder Gemeinschaft in sein Eigenthum übergehen, seinen ideellen Gemeinschaftsantheil an einer Liegenschaft aber nur unter der Bedingung, daß und insoweit sie bei der Realtheilung in sein ausschließliches Eigenthum übergeht; wogegen ein solches Unterpfandsrecht dadurch erlischt, daß die früher gemeinschaftliche Liegenschaft bei der Theilung einem anderen der Miteigenthümer zugewiesen oder in der Steigerung erworben wird. 118. s. auch Vorzugsrecht.
Unterpfandsbesitzer, s. Zahlung.
Untheilbarkeit, ein Haus, welches nicht in eine, der Zahl der Miteigenthümer entsprechende, Anzahl von — einander ähnlichen — Theilen gebracht werden kann, ist füglich nicht theilbar. 68.
Unvordenkliche Ersitzung, die Erheblichkeit einer Zeugenaussage über — setzt voraus, daß der Zeuge über einen Theil des vor dem 1. Januar 1810 abgelaufenen Zeitraums aussage; — zum Beweise der — findet Eideszuschiebung statt; — Eidesformel. 295.
— Begründung der —; Beweisführung durch Eid. 316.
Unvordenkliche Verjährung, s. Verjährung.
Urkundenfälschung, s. Fälschung.
Urtheil, mit Zustimmung der Parthien darf über mehrere, anfänglich getrennt behandelte, Ansprüche insgesammt ein einziges — erlassen werden. 302.

Vaterschaftsklage, bei mehrfachem Beischlaf gehört es zu der Erheblichkeit des freiwilligen Geständnisses, daß es sich bestimmt auf einen Beischlaf bezieht, welcher in die Zeit der unterstellbaren Empfängniß fällt. 67.
Verbrecherische Verbindung, wie ist dem mitthätigen Theil-

nehmer an einer — (Complottanten) das nicht verabredete Verbrechen (der Exceß) eines Genossen zuzurechnen? 133.

Vergleich, der — über eine Rechnungsstellung schließt die spätere Geltendmachung aller Forderungen aus, welche in die Rechnung hätten gebracht werden können und sollen. 22. s. auch Erbtheilung.

Verjährung, Beweis der unvordenklichen — durch Haupteid. 58.

— die spätere Auffindung von Urkunden, welche das verjährte Recht darthun, hat keinen Einfluß auf die abgelaufene —; und: das Zugeständniß von Thatsachen, welche in einer später abgewiesenen Klage vorgetragen sind, ist nicht gleich einem, die — unterbrechenden Anerkenntniß des Forderungsrechts. 65. s. auch Dienstbarkeiten, Ersitzung und unvordenkliche Ersitzung.

Vermächtniß, s. Vertragsvermächtniß.

Vermächtniß, über Ausfolgung belegter —e, und: im Stück vermachte Gegenstände sind von der testamentarischen Anordnung der Versteigerung der Erbmasse ausgenommen. 32.

Vermögensabsonderung, bezüglich des Antheils der Ehefrau am Gemeinschaftsgut kann wegen unverschuldeter Verluste am Gemeinschaftsvermögen eine — nicht begehrt werden; dagegen genügt bezüglich des eheweiblichen Sondergutes auch die unverschuldete Zerrüttung des ehemännlichen Vermögens zur Begründung der Klage. 106.

Vermögensübergabe, Auslegung der Erklärung in einer —, sie sei in Bezug auf ein renitentes Kind als nicht geschehen zu betrachten. 10.

Verpfründungsvertrag, s. Pfrundvertrag.

Versäumungserkenntniß, Umfang der Rechtskraft eines —es. 104.

Versehen, s. Handelsverbindlichkeiten.

Vertrag, der —, wodurch sich Jemand dafür eine Maklergebühr bedingt, daß ein Dritter die Vermittlung des von dem Zusagenden beabsichtigten Kaufs besorge, ist ein doppelseitiger. 303.

Vertragsauflösung, s. Kaufvertrag und Pfrundvertrag.

Vertragsursache, die Bewilligung einer unter die §§. 89 und 90 ff. des Gesetzes vom 27. April 1854 fallenden Art des Holzhiebes von Seiten des Waldeigenthümers, ohne die dort gegebenen Vorschriften zu beobachten, macht jene Bewilligung noch nicht zu einem civilrechtlich ungiltigen Rechtsgeschäft. 262.

Vertragsvermächtniß, den Gegenstand eines —es (L.R.S. 1082. 1083. 1093) kann zwar auch ein einzelnes gegenwärtiges Vermögensstück bilden, jedoch immer nur in seiner Eigenschaft als Bestandtheil des Nachlasses und nur insofern als bis dahin der Geber nicht mittelst belasteten Vertrags darüber verfügt haben wird. — Die in dem Ehevertrag beurkundete und darin vorläufig angenommene Verschreibung einer Liegenschaft des einen Ehegatten an den anderen, um einen Anschlag, für den Fall, daß Jener kinderlos vor diesem sterben sollte, ist eine bedingte belastete Schenkung. — Die nach Eintritt der Bedingung erfolgte Uebernahme der Liegenschaft von Seiten des beschenkten Ehegatten wirkt nicht rückwärts. — Derselbe kann aber nur das beanspruchen, was zur Zeit der Schenkung in ihr begriffen war, wogegen nach L.R.S. 1019 das Recht des Legatars sich nach dem Stand der Sache zur Zeit des Todes des Erblassers richtet. 68.

Verzicht wird erst durch Annahme unwiderruflich. 91. s. auch Kaufvertrag.

Verzugsetzung, s. Kaufvertrag.

Vollstreckungsverfahren, s. Liegenschaftsversteigerung.

Vorkaufsrecht, Begriffsbestimmung. 54.

Vormund, der — ist dafür, daß das von ihm für den Mündel aufgenommene Kapital zu dessen Besten verwendet werde, verantwortlich. 7.

Vormundschaft, s. Erbtheilung.

Vorzugsrecht, der Käufer kann von dem Verkäufer, welchem er ein Kaufpreisziel gezahlt hat, verlangen, daß derselbe sein Vorzugsrecht für den Betrag der bezahlten Summe streichen lasse. 85.

Wässerungsgraben, s. Dienstbarkeiten.

Wasserrechte, der L.R.S. 640 ist nicht auf ländliche Grundstücke zu beschränken; — durch diesen L.R.S. sind diejenigen Vorrichtungen nicht untersagt, welche zur Sicherung des natürlichen Wasserabflusses dienen; — die Anwendbarkeit des genannten L.R.S. wird durch Errichtung einer Mauer die Erhöhung einer Straße u. dgl. zwischen dem höheren und dem niedriger gelegenen Grundstück nicht beseitigt; — das Dachtraufwasser, welches auf das höher gelegene Grundstück fällt, kommt für das niedriger gelegene nur in der Eigenschaft als Regenwasser in Betracht. 139.

— der L.R.S. 644 fixirt das Recht des Ufereigenthümers zur Wasserableitung nicht auf die Stelle, wo sein Eigenthum an das vorbeifließende Wasser grenzt, — die in dem 2. Abs. des L.R.S. 644 gebotene Zurückleitung des Wassers muß dann nicht vollständig geschehen, wenn das bisher durchströmte Gut auf dem einen Ufer sich forterstreckt, sondern in diesem Falle kann der Grundeigenthümer so viel Wasser zurückbehalten, als er unterhalb wieder ableiten dürfte. 143.

— die L.R.S. 644. 645 finden auf, durch Menschenhand angelegte, Kanäle keine Anwendung. 154.

Wechsel, wer eine —verbindlichkeit als Bevollmächtigter eingeht, haftet so lange nach Wechselrecht, bis er die Haftbarkeit des Vollmachtgebers dargethan hat; — die Einwendung gegen einen Wechsel, daß sich der Accept vor der Unterschrift des Trassanten auf dem Wechsel befunden habe, ist an und für sich unerheblich; — aus einer über die Bestimmung eines Accepts mit einem Dritten getroffenen Uebereinkunft kann gegen den klagenden Wechselinhaber nichts abgeleitet werden; — ein — verliert dadurch, daß er im ordentlichen Prozesse geltend gemacht wird, seine —kraft nicht. 179.

Weg, Entschädigung wegen Verlegung eines öffentlichen Weges. 15.

Wegrecht, ein — für eine Gemeinde, beziehungsweise sämmtliche Ortseinwohner kann auch ohne ein bestimmtes herrschendes Grundstück constituirt werden, zur Ersitzung einer solchen Dienstgerechtigkeit ist aber ein unzweideutiger, als ein Recht ausgeübter, Besitz erforderlich. 158. s. auch Legitimation, Nothweg und Zuständigkeit der Gerichte.

Weiderecht, die Uebereinkunft von Gemeindebürgern, auf ihrer Gemarkung eine gemeinschaftliche Weide einzuführen, bindet jeden einzelnen Theilnehmer — trotz des Verbots im Gesetz über Ablösung der Weidrechte, eine Weiddienstbarkeit zu bestellen — auf neun Jahre. 182.

— für die durch §. 36 des Forstgesetzes verfügte Aufhebung der Schaafweide in Waldungen kann eine Entschädigung nur dann gefordert werden, wenn der Rechtstitel, auf welchem das Weidrecht ruhte, demselben einen bestimmten Umfang gab. 291.

Weinstenerordnung, über deren strafrechtlichen Theil. 66.

Wettschlagung, von der Regel, daß im ordentlichen Prozeßverfahren auch ein noch illiquider Anspruch gegen eine liquide Forderung zur Begründung der Einrede der Wettschlagung benützt werden darf, finden Ausnahmen statt, wo das Sachverhältniß die Anwendung jener Regel nach richterlichem Ermessen nicht zuläßt. 153.

Wiederherstellung eines Minderjährigen gegen ein rechtskräftiges Urtheil. 124.

Widerruf wegen Irrthums; Unterschied zwischen — und dem Vortrag einer neuen Einrede im zweiten Rechtszug. 123. s. auch Erbentsagung und Erfüllungseid.

Wittum, über den Begriff von — im Sinne des Landrechts — und die Frage, ob durch Ausbedingung eines —s auch auf die eheliche Nutznießung des L.R.S. 745 a verzichtet werde. 31.

Zahlung, die dem Verwalter eines Stiftungsfonds von einem dritten Unterpfandsbesitzer gegen gewöhnliche Quittung desselben geleistete — befreit diesen von der Pfandschuld, sofern die sog. Mortifikationsklausel nicht im Pfandbuche eingetragen ist. 61. s. auch Aufrechnung.

Zeuge, die Person, welche eine Waarenbestellung vermittelt hat, erscheint, wenn es sich um die Art und Weise der Mittheilung dieser Bestellung an den Fertiger der Waare handelt, als ein verdächtiger —. 108.

Zeugenbeweis gegen den Inhalt eines öffentlichen letzten Willens. 194.

— die [illegible] eines Zeugen wegen Verwandtschaft tritt auch dann ein, wenn diese eine nur natürliche ist. 195. s. auch Eidesvorbereitung.

Zollstrafsachen, ist der Richter bei Zollvergehen befugt, den Zollsatz zu bestimmen? 90.

Zurechnung, ein im Rausche verübtes Verbrechen ist dann zur Fahrlässigkeit zuzurechnen, wenn es vom Gesetze auch als ein fahrlässig begangenes mit Strafe bedroht, und der Zustand der Berauschung, in welchem es verübt wurde, nicht unverschuldet ist. 192.

Zuständigkeit, das Obergericht kann, wenn das Untergericht eine Klage für nicht stattfindend erklärt hat, und hiergegen vom Kläger appellirt wird, die Unzuständigkeit des Untergerichts aussprechen. 207.

— bei Untersuchungen wegen Refraktion und Desertion. 214.

— wer ist der älteste Rath des Kreisgerichts nach §. 42 der bürgerlichen Prozeßordnung? 243.

Zuständigkeit der Gerichte, kann das von dem Stifter eines kirchlichen Fonds einer weltlichen Behörde verliehene Recht der Verwaltung des Fondsvermögens vor dem bürgerlichen Richter verfolgt werden? 236.

— auch der Anspruch auf einen öffentlichen Weg gehört vor die Gerichte, wenn die Verbindlichkeit des Eigenthümers als eine Grunddienstbarkeit dargestellt wird. 295.

Zwangsversteigerung, Nichtigkeitsklage gegen eine —. 24.

Erläuterungen

a. des Landrechts:

Art.	Seite.
212. 214.	279.
230. 230 a.	49.
231.	49. 198.
236.	53.
269.	53.
299.	103.
331.	121.
340 a.	67.
343.	183.
344.	75.
345 a.	75. 121.
521.	263.
537.	230.
577 c p.	203.
578.	7.
608. 609. 612.	7.
637.	58. 152.
640.	139.
644. 645.	143. 154.
674.	30.
682.	295.
686.	58. 152.
688. 689.	250.
691.	58.
696. 697.	250.
739 a.	31. 103.
745 a.	31.
790.	32.
817.	28.
819—839.	93.
827.	28. 88.
827 a.	88.
840.	28.
883.	93. 118. 199.
887.	64. 93.
898.	33.
900.	301.
901.	89.
972.	194.
1014.	32.
1019.	68.
1071.	263.
1075.	10.
1082. 1083.	69.
1093.	68.
1102.	303.
1108 b.	98.
1110.	4.
1121.	172.
1131. 1133. 1141.	283.
1156.	89.
1162.	128.
1167.	302.
1184.	17. 63.
1239.	61.
1247.	99.
1250. 1254.	172.
1291.	153.
1315.	99.
1319. 1320.	83.
1341.	194.
1351.	143. 190. 312.
1360 a.	151.
1385 a.	123.
1395.	124.
1443.	106.
1583 a.	250. 263.
1595.	124.
1602.	1.
1608. 1609.	99.
1610.	17.
1619.	115.
1636.	17.
1654.	63.
1656.	42.
1728.	73.
2052.	22.
2123.	60.
2160.	85.
2198.	92.
2226.	230.
2248.	65.
2279.	124.

b. des D. H.G.B.

Art.	Seite.
28.	108.
37.	108.
271 b. 272 b.	217.
324.	99.
344. 345.	99.
346—350.	108.
360—378.	107.

c. der D. W.O.

Art.	Seite.
4 b. 7.	179.
82. 95.	179.

d. der bürgerl. Pr.O. v. 1851.

§§.	Seite.
98. 99.	262.
187.	299.
280.	22.
280.	302.
304.	106.
338.	122.
362.	99.
467 a.	196.
468 a.	108.
530.	106. 295.
568.	197.
587.	145.
590.	51.
599.	218.
657.	125.
928.	191.
982. 992.	71.
1125.	71. 125.
1127.	275.
1192.	201.
1193.	125.
1211.	124.

e. der bürgerl. Pr.O. v. 1864.

§§.	Seite.
8.	269.
39. 40.	269.
42.	243.
46—52.	267.
107. 108.	262.

§§.	Seite.
166.	258.
189.	299.
258.	302.
261.	267.
854.	272.
991 f.	252.
1102.	299.
1105.	275.
1151.	201.

f. des Str.G.B.

§§.	Seite.
43.	13.
76.	192.
133.	132.
163 f.	5.
294 ff.	174.
295.	91.
297.	174.
317.	174.
377. 384. 385 ff.	5.
423.	13. 293.
429.	13.
430.	74.
434.	298.
438.	16.
450.	16. 136.
454.	108.
461.	13.
676.	174.
677.	139.

g. der Str.P.O. v. 1845.

§.	Seite.
355.	91.

h. der Str.P.O. v. 1864.

§§.	Seite.
207.	259.
389.	313.
412.	278.

Annalen der Großherzogl. Badischen Gerichte.

1864. Band XXX. No. 1.

1.

Zweideutige Stellen eines Kaufvertrages, die sich auf den Umfang des Kaufgegenstandes beziehen, sind gegen den Verkäufer auszulegen.

L.R.S. 1602.

Carl Bürzenstein zu Pforzheim war Eigenthümer eines in dieser Stadt gelegenen, theils aus Gebäuden, theils aus unüberbauten Räumen bestehenden Liegenschaftscomplexes, innerhalb dessen er kraft Realrechts („zum Engel") eine Wirthschaft betrieb. Mit Vertrag vom 27. September 1862 verkaufte er einen Theil des Complexes mit gedachtem Realrechte an Rößlewirth Schäfer von Wilferdingen. Das Verkaufte war in der Vertragsurkunde so beschrieben, daß B. an Sch. abtrete, „sein oberes Wirthschaftslocal mit der Realschildgerechtigkeit zum Engel, bestehend in zwei Zimmern, Küche und bedeckter Kegelbahn und ca. ¼ Morgen großen Wirthschaftsgarten, einerseits u. s. w., hinten einerseits das Allmendgäßchen, andrerseits der Verkäufer selbst und bildet die Grenze zwischen dem Verkäufer und dem Käufer die Mauer der Kegelbahn und bleibt solche gemeinschaftliches Eigenthum." Dem Verkäufer verblieben hiernach das Wohnhaus (im Gegensatze zu dem verkauften Gebäude das „untere Wirthschaftslocal"), zwei Brauereigebäude, zwei Remisen und ein Hofraum. Im Pforzheimer Beobachter No. 225 dd. 25. September 1862 war ein Verkaufsanerbieten des gedachten „oberen Wirthschaftslocales", sammt Zubehörden, unter dem Beisatze erschienen „Die auf meinem (B.'s) Anwesen ruhende Realschildgerechtigkeit zum Engel wird mit in den Kauf gegeben." Zur Zeit des Verkaufs befand sich ein Wirthsschild „zum Engel" an dem oberen Locale.*)

Der Umstand, daß das Realrecht nicht als auf dem verkauften oberen Locale haftend anerkannt wurde, gab Anlaß zu einem Rechtsstreite.

Der Käufer Schäfer klagte — sich auf eine Aeußerung des Bürgermeisters von Pforzheim, welche, als der Kauf zum Grundbuch eingetragen werden sollte, dahin fiel, daß das Realrecht nicht auf dem verkauften Locale, sondern auf dem Wohnhause ruhe, berufend — zunächst, da es ihm, einem Wirthe, der sein Gewerbe zu Pforzheim zu betreiben beabsichtigt habe, hauptsächlich um ein Wirthschaftsrecht zu thun gewesen sei, im Hinblicke auf L.R.S. 1636 auf Auflösung des Kaufes; in zweiter Reihe, da er eine mit einem Realschildrechte versehene Localität gekauft habe, die verkaufte aber in Wirklichkeit eines solchen Rechtes entbehrt habe, wegen Mangels der Uebereinstimmung der Vertragstheile über das Kaufobjekt unter Bezug auf L.R.S. 1108 auf Ungiltigkeitserklärung des Kaufvertrages; in dritter Reihe, da er sich jedenfalls bezüglich der Frage, ob das Realrecht auf dem Erkauften hafte oder nicht, in einem durch den Wortlaut des Kaufvertrags, das Vorhandensein des an dem oberen Locale angebrachten Wirthsschildes, den Wirthschaftsbetrieb in diesem Locale, die Höhe des Kaufpreises veranlaßten Irrthume befunden habe, unter Hinweisung auf L.R.S. 1110 auf Nichtigkeitserklärung des Kaufes.

Der beklagte Verkäufer bekämpfte die Klage in thatsächlicher und rechtlicher Beziehung, indem er zugleich eine Widerklage auf Haltung des Vertrags erhob.

Der Unterrichter — das großh. Amtsgericht Pforzheim — entsprach dem ersten Klaggesuche und verwarf die Widerklage, davon ausgehend, daß Beklagter das verkaufte Realrecht nicht übergeben (L.R.S. 1607), also den Vertrag nicht erfüllt habe. Das großh. Hofgericht des Mittelrheinkreises wies die Vorklage ab und entsprach dem Gesuche der Widerklage, im Wesentlichen davon ausgehend, daß Kläger einen Theil der Liegenschaften und daneben das Schildrecht erkauft habe, daß es nun aber seine Sache sei, die Ausübung dieses Schildrechtes zu ermöglichen.*)

*) Ob damals auch das untere Local ein solches Schild trug, wollen die Verhandlungen des selbst im Texte dargestellten Rechtsstreites nicht mit Bestimmtheit ergeben. D. R.

*) In der Sache Kolon gegen Thieme — Annalen 28. Bd. (1862) S. 236 — sprach das großh. Oberhofgericht aus, der einfache Verkauf einer Buchdruckereiconcession enthalte lediglich einen Verzicht des Verkäufers auf die Concession zu Gunsten des Käufers, dem es

Das großh. Oberhofgericht stellte mit Urtheil vom 1[illegible] [illegible] 18[illegible], No. [illegible] das amtsgerichtliche Urtheil wieder her.

Die oberhofgerichtlichen Entscheidungsgründe lauten folgendermaßen:

„Die Klage behauptet, Beklagter habe dem Kläger sein oberes Wirthschaftslocal sammt darauf ruhender Realschildgerechtigkeit „zum Engel" verkauft; da nun aber in Wirklichkeit diese Schildgerechtigkeit auf jenem Locale nicht ruhe, so sei Kläger berechtigt, die Auflösung des fraglichen Kaufgeschäfts zu verlangen. Sie begehrt, daß diese Auflösung vom Richter ausgesprochen werde."

„Die rechtliche Begründung der Klage ergibt sich aus L.R.S. 1184."

„Der beklagte Theil hält der Klage entgegen, er habe allerdings das obere Wirthschaftslocal und das Realschildrecht zum Engel verkauft, damit aber keine Haftbarkeit dafür, daß dieses Recht auf jenem Locale ruhe, übernommen; unzweifelhaft sei, daß das Recht auf seinem bisherigen gesammten Eigenthume, auf der unteren und oberen Wirthschaftsräumlichkeit ruhe, daß er somit als rechtmäßiger Inhaber des Rechtes als zu dessen Verkaufe befugt erscheine; zu erwirken, daß dasselbe in dem vom Kläger verkauften Locale ausgeübt werden könne, sei, sofern Anstände hiegegen obwalten sollten, Sache des Klägers."

„In dem Vorbringen des beklagten Theiles muß das Zugeständniß gefunden werden, daß das Realschildrecht in Wirklichkeit nicht ausschließliche Zugehörde des verkauften oberen Wirthschaftslocales sei. Durch die Behauptung, daß gedachtes Recht auf dem oberen und unteren Locale zugleich, mithin auch auf ersterem ruhe, vermag sich der beklagte Theil, vorausgesetzt, daß er, wie klägerischer Seits behauptet wird, das Realschildrecht als auf dem oberen Locale ruhend verkauft hat, gegen das klägerische Begehren mit Erfolg nicht zu schützen, da Realwirthschaftsrechte, wie aus der Natur der Sache und aus den §§. 11 und 15 der Verordnung vom 16. October 1834 über die Verleihung und Entziehung der Wirthschaftsrechte (Reggsbl. 1834 No. 49) erhellt; von der Staatsverwaltungsbehörde nur in besonderer Rücksicht auf die Beschaffenheit der Räumlichkeiten, auf denen sie ruhen sollen, verliehen werden, da es hiernach offenbar unzulässig ist, daß ein für eine frühere [illegible] verliehenes Realwirthschaftsrecht [illegible] Transferirung [illegible] vorgeschriebenen Bedingungen (§. 15 gedachter Verordnung) durch das Belieben der Betheiligten auf einen verhältnißmäßig unbedeutenden Theil jener Räumlichkeiten übertragen werde, und da bei dieser besonderen Sachlage, unerachtet es im Allgemeinen bei der käuflichen Ueberlassung von Realwirthschaftsrechten nach §. 18 der angeführten Verordnung keiner Staatsgenehmigung bedarf, Kläger nicht in der Lage wäre, ohne Weiteres das für das bisherige gesammte Besitzthum des Beklagten verliehene Wirthschaftsrecht als auf dem oberen Locale allein ruhend auszuüben."

„Die dem Bisherigen zufolge unter den Parteien bestrittene Frage, ob Beklagter das Realrecht als auf dem oberen Wirthschaftslocal allein ruhend, also unter Uebernahme der Haftbarkeit dafür, daß jenes Recht Zubehörde dieses Locales, mithin Kläger als Eigenthümer desselben sofort (und nur unter Vorbehalt der im Abs. 2 des §. 18 der mehrgedachten Verordnung gesetzten Bedingung) zur Ausübung des Wirthschaftsrechtes befugt erscheine, verkauft habe, ist zum Nachtheile des Beklagten zu beantworten. Für diese Lösung der Frage spricht zunächst schon der Wortlaut des Kaufvertrags vom 27. September 1862. Es verkaufte hiernach der Beklagte an den Kläger „sein oberes Wirthschaftslocal mit der Realschildgerechtigkeit zum Engel, bestehend in zwei Zimmern, Küche, gedeckter Kegelbahn und circa ¼ Morgen großem Wirthschaftsgarten." Durch den Gebrauch des Wortes „mit," insbesondere aber durch die Einfügung der Worte „mit der Realschildgerechtigkeit u. s. w." zwischen die allgemeine Bezeichnung der verkauften Liegenschaft und die Beschreibung derselben ist das Realwirthschaftsrecht als eine Zubehörde des oberen Wirthschaftslocales dargestellt. Dazu kommt noch die Rücksicht, daß nach der in L.R.S. 1602 enthaltenen Auslegungsregel die über den Umfang des verkauften Gegenstandes möglichen Zweifel zum Nachtheil des Verkäufers zu lösen sind. Der Verkäufer hat gedachter Gesetzesstelle zufolge die Obliegenheit, etwaigen Täuschungen, in welche der Käufer bezüglich des Umfanges des Kaufgegenstandes gerathen konnte, durch eine klare Beschreibung des letztern entgegenzutreten; leistet er dieser Obliegenheit nicht Genüge, so ist er es nach dem Willen des Gesetzes, der die Folgen dieser Unterlassung zu tragen hat."

überlassen bleibe, die Uebertragung der Concession auf seine Person zu erwirken. D. E.

„Hiernach wäre, wollte man die oben mitgetheilte Stelle des Kaufvertrages vom 27. September 1862 nicht schon auf den Grund ihres Wortlautes allein als zu Gunsten des Klägers entscheidend ansehen, wollte man dieselbe vielmehr für zweideutig erachten, ihre Auslegung jedenfalls in dem klägerischer Seits verfochtenen Sinne zu bewirken."

„Aus der im Pforzheimer Beobachter vom 25. September 1862 enthaltenen Verkaufsankündigung kann nichts zu Gunsten des Beklagten abgeleitet werden, da — als

---

[3]) Toullier, Droit civil éd. fr. t. VI. No. 324, contin. (p. Duvergier) t. XVI. No. 242. — Troplong, Vente No. 258. 259.

[4]) Pothier, de la Vente No. 233 sagt: „La raison est que la justice et l'équité dans ces contrats consiste dans l'égalité, tout ce qui tend à la blesser est donc contraire à l'équité. Il est évident, que toute réticence de la part d'un contractant, de tout ce que l'autre aurait interêt de savoir touchant la chose qui fait l'objet du contrat, blesse cette égalité: car dès que l'un a plus connaissance que l'autre touchant cette chose, il a plus d'avantage que l'autre à contracter; il sait mieux ce qu'il fait que l'autre et par conséquent l'égalité ne se trouve plus dans le contrat. En faisant l'application de ces principes au contrat de vente, il s'ensuit, que le vendeur est obligé de déclarer tout ce qu'il sait touchant la chose vendue à l'acheteur qui a interêt de le savoir, et qu'il pèche contre la bonne foi qui doit régner dans ce contrat, lorsqu'il lui en dissimule quelque chose. C'est qu'enseigne Florentinus en la loi 43. D. de contr. emt."

Toullier, a. oben zuerst angef. Orte sagt: C'est pour cela que par une exception à l'art. 1162, tout pacte obscur ou ambigu s'interprète contre le vendeur, parce qu'il est tenu d'expliquer clairement ce à quoi il s'oblige (1602) l. 39. D. de pact. l. 21 de contr. emt. etc. S'il s'explique d'une manière obscure ou ambiguë, il trompe l'acheteur. Son silence même ou sa dissimulation est un dol dont il répond (l. 43 §. 2 de contr. emt); c'est tout au moins une faute ou une négligence qui ne doit préjudicier qu'à lui seul: le doute doit donc s'interpréter contre lui."

Troplong, a. oben a. O.: „Mais quand nous disons que les clauses obscures et ambiguës s'interprètent contre le vendeur nous entendons que cette peine ne doit lui être appliquée que lorsqu'il s'agit de la chose même, du prix et des deux obligations principales de délivrance et de garantie que le contrat de vente lui impose. — Car s'il s'agissait d'autres clauses de la vente dans lesquelles l'acheteur aurait introduit des droits particuliers, aurait stipulé quelques conventions exceptionnelles et figurerait comme créancier et comme ayant dicté la loi, on rentrerait dans les règles d'interprétation établie par le droit commun. 260. L'obligation imposée au vendeur d'expliquer clairement ce à quoi il s'engage a une grande portée. Elle oblige non seulement à rejeter toutes les paroles obscures qui peuvent tromper l'acheteur, mais encore à ne pas se renfermer dans une dissimulation non moins insidieuse sur les défauts de la chose qu'il vend. Dolum malum a se abesse praestare venditor debet, qui non tantum in eo est, qui fallendi causa obscure loquitur, sed etiam qui insidiose obscure dissimulat l. 43 §. 2. D."

Duvergier in der Forts. von Toullier (a. oben angef. O.) tadelt die Vorschrift des §. 1602 mit Folgendem: „Mais est-il juste que la peine de l'obscurité ou de l'ambiguité pèse sur le vendeur? On dit oui parce que c'est lui qui parle, qu'il était en son pouvoir d'exprimer sa volonté plus clairement, et en outre parce que le vendeur doit mieux connaître la chose vendue que l'acheteur. La première de ces raisons qui, dans d'autres moeurs, sous l'empire de certaines formes avait quelque valeur, me semble tout à fait vide de sens aujourd'hui; le contrat de vente n'est pas plus l'oeuvre du vendeur que celle de l'acheteur; pas plus l'un que l'autre ne doit souffrir du vice de la rédaction. Le second motif pourra quelque fois déterminer le juge à rendre le vendeur responsable de l'obscurité ou de l'ambiguïté des termes, mais il est insuffisant pour justifier cette règle générale, que le vendeur doit être constamment victime du défaut de clarté de toutes les clauses de la vente, ce qui comprend même celles qui sont entièrement indépendantes de la connaissance plus ou moins exacte qu'avaient les parties de la chose vendue." D. [illegible]

gesehen davon, daß nicht feststeht, ob jene Ankündigung zur Kenntniß des Klägers kam — der fragliche Vertrag, welcher recht wohl ohne Rücksicht auf dieselbe und in ganz anderer Weise, als sie lautete, abgeschlossen werden konnte, eben lediglich nach seinem, in der Urkunde vom 27. September 1862 niedergelegten Inhalte zu beurtheilen ist."

„Dem Bisherigen zufolge erscheint die Klagbehauptung auch als erwiesen und war sonach dem Klagbegehren stattzugeben, in Folge dessen aber die Widerklage abzuweisen."

Soweit die oberhofgerichtlichen Entscheidungsgründe.

Auch der Standpunkt des Irrthums erschien unseres Erachtens im vorliegenden Falle als beachtenswerth.*) Es konnte wohl ein Irrthum über das Wesen der Sache im Sinne des L.R.S. 1110 als in Frage stehend angenommen werden. Nicht als zweifelhaft dürfte es nämlich zu betrachten sein, daß Derjenige, welcher ein Wirthshaus zu kaufen glaubt, in Wirklichkeit aber ein gewöhnliches Haus kauft, in einem das Wesen der Sache betreffenden Irrthume befangen sei. Die Verkehrswelt wird hier sicherlich einen wesentlichen Irrthum annehmen, und mit Recht sagt Savigny, Syst. d. h. R.R. III. S. 277, daß man sich bei Feststellung der Fälle des sog. error in substantia, d. i. der Fälle, in welchen der Irrthum über Eigenschaften dem error in corpore gleichzustellen sei, „an die im wirklichen Verkehre herrschenden Ansichten und Gewohnheiten zu halten' habe, wodurch die ganze Untersuchung eine nicht streng juristische Richtung erhalte." Nach Dalloz, Repertoire t. 33 m. Obligations No. 133. 134 wurde von fr. Gerichten der Art. 1110 des C. c angewendet, wenn Jemand einen Weinberg zu kaufen glaubte, aber ein Feld erhielt, wenn Jemand eine nuda proprietas zu verkaufen glaubte, aber wegen ohne sein Wissen eingetretenen Todes des Usufructuars volles Eigenthum hingab, wenn Jemand meinte, das von ihm gekaufte Gemälde rühre von einem gewissen hervorragenden Meister her, während dies in der That nicht der Fall war, wenn Jemand eine Lehrmethode der Calligraphie in der Meinung, die Schüler damit in kurzer Zeit unterrichten zu können, kaufte, diese Meinung aber bei der wahren Beschaffenheit der Methode unbegründet war.*) Fragt man, ob nicht der L.R.S. 1110a, welcher die Anwendbarkeit des S. 1110 im Falle eines selbstverschuldeten Irrthums ausschließt, im vorliegenden Falle (etwa weil ein auf einem Locale von nur zwei Zimmern haftendes Realwirthschaftsrecht als etwas Ungewöhnliches anzusehen wäre und um deßwillen schon genauere Erkundigungen auf Seiten des Käufers geboten gewesen wären) von vornherein als gegen den Kläger entscheidend betrachtet werden müßte; so dürfte bei Prüfung dieser Frage doch wohl in Betracht zu ziehen sein, daß schon nach römischem Rechte nur eine grobe Nachlässigkeit die Berücksichtigung des Irrthumes hindert**); und daß Brauer, der Schöpfer des L.R.S. 1110a, bei seiner Erläuterung dieses Satzes (Erl. III. S. 17) deutlich auf die L.R.S.S. 1150a—c verweiset, bei Besprechung dieser Sätze aber (Erl. III. S. 89) für die gewöhnlichen Fälle keineswegs ein übergroßes Maaß von Sorgfalt verlangt, sich vielmehr nach den von ihm angeführten Sätzen „humani a me nihil alienum puto" und „hanc veniam damus petimusque vicissim" in der Regel mit einer diligentia media in concreto begnügen will. Die weitere Anwendung der so eben besprochenen rechtlichen Momente auf das Thatsächliche des Falles, z. B. auch die Frage, ob nicht etwa bezüglich des Irrthums auf Beweis zu

*) Der auf Mangel an Uebereinstimmung über das Kaufobject (L.R.S. 1108) gestützte Klaggrund konnte, abgesondert von dem aus im Texte zu besprechenden Klaggrunde des Irrthumes, wohl keine Aussicht auf Erfolg gewähren. D. E.

*) Brauer, Erl. III. S. 11 sagt: „Das Wesen der Sache ist zuvörderst ihre Selbstheit (Individualität) bestehend aus dem Stoffe und aus der Bildung derselben für eine bestimmte Art Daseins, sodann jene Beschaffenheit, welche man nach ihrem äussern Ansehen an ihr zu finden erwarten darf, soweit solche unentbehrlich ist, für den gewöhnlichen Gebrauch derselben, oder für eine zwar mindergewöhnliche Benutzung, die aber ausgedrückter Zweck des Verlangens der einen oder andern Vertragsperson war." D. E.

**) Savigny, a. a. O. S. 332 u. f. führt die vor ihm gewöhnlich in der Lehre vom Irrthum als maaßgebend erachteten Unterscheidungen zwischen error facti und juris, facti proprii und alieni auf das Prinzip zurück, daß nur der entschuldbare Irrthum in Anschlag komme, als entschuldbar aber jeder nicht auf grober Nachlässigkeit beruhende Irrthum gelte. Die Neueren folgen ihm in dieser Anschauung, z. B. Arndts Pand. §. 62: „In vielen Fällen jedoch begründet der einer Handlung oder Unterlassung zum Grunde liegende Irrthum eine Aenderung in der regelmäßigen Wirkung derselben, namentlich wenn der Irrthum entschuldbar ist. In dieser Beziehung aber ist wichtig die Unterscheidung zwischen dem Rechtsirrthum und dem Irrthum über Thatsachen. Der Rechtsirrthum wird in der Regel nicht entschuldigt, man möchte denn keine Gelegenheit zu besserer Belehrung gehabt haben; der Irrthum über Thatsachen aber wird verziehen, wenn er nur nicht auf grober Nachlässigkeit beruht." D. E.

erkannt gewesen wäre*), glauben wir als zu tief in das Factische des vorliegenden einzelnen Falles führend übergehen zu sollen. Roßhirt.

2.

Erörterungen aus dem Gebiete der Strafgesetzgebung.

Inwiefern zählt der Kameradendiebstahl eines früheren Soldaten bei der Frage des Rückfalls als gerichtliche Bestrafung? Str.G.B. §. 377. 477. 183 ff. 384 und §. 385 Ziff. 10.

Die Rückfallsfrage bei dem Diebstahl, namentlich in ihrer Beziehung auf den Thatbestand des dritten Diebstahls, hat seit Einführung des Strafgesetzbuches schon viel Meinungsstreit veranlaßt. Zwar hat sich in den Hauptpunkten die Rechtsübung seit den klaren Ausführungen in Band 20 S. 339 ff. der oberhofgerichtlichen Jahrbücher durch angemessene Verständigung und Rücksicht auf wiederholte gleichmäßige Entscheidung des höchsten Gerichtshofes ziemlich allgemein festgestellt; indeß haben die fortgesetzten Erörterungen in Band 28 S. 136. 305. 308. 311 und Bd. 29 S. 191 der Annalen wegen der Frage, inwiefern der dritte Diebstahl rechtlich als ein besonderes Verbrechen gilt, zur Genüge gezeigt, wie auch in neuester Zeit solche Streitfragen wieder aufleben. Hinsichtlich dieser letzterwähnten Streitfrage halten wir, abweichend von der auch seither nicht aufgegebenen Mehrheitsansicht des mittelrheinischen Gerichtshofes, die Entscheidung des großh. Oberhofgerichts für ganz richtig.

In Annalen Bd. 29 S. 44 tritt nun aber eine neue, sehr beachtenswerthe Streitfrage hinzu, nämlich die: ob eine gegen den Angeschuldigten als früheren Soldaten ordnungsmäßig ausgesprochene Bestrafung wegen eines Kameradendiebstahls im Werthbetrag von nicht mehr als Einem Gulden, ohne besondere Erschwerung, gemäß Str.G.B. §. 377. 477. 183 ff. 384 bei der Rückfallsfrage, insbesondere bezüglich des dritten Diebstahls, in Anrechnung kommt?

Nach der angeführten Mittheilung hat der oberste Gerichtshof, im Widerspruch mit einer Entscheidung des oberrheinischen Hofgerichts diese Frage in einem Fall, wo zwei Bestrafungen solcher Art [1]) vorhergegangen waren, verneint.

Die Folge war die, daß der Angeschuldigte statt der ihm drohenden schweren Strafe des dritten Diebstahls mit einigen Wochen Kreisgefängniß davon kam. Nach den besonderen Umständen des Falls, die wir nicht kennen, mag diese Strafe eine hinreichende Sühne für sein Vergehen gewesen sein und es soll dieser rechtlich erledigte Straffall hier in keiner Weise weiter in Frage gezogen werden. Immerhin aber sind die Folgen des Grundsatzes, um den es sich hier handelt, wichtig genug, um eine weitere Prüfung in dieser jedenfalls bedenklichen Streitfrage zu rechtfertigen.

Diese Prüfung führt uns zur Bejahung der Frage.

Hiefür scheinen uns folgende Gründe entscheidend:

1) Die badischen Militärgesetze sind ein Theil der badischen Strafgesetzgebung im Allgemeinen. Sie bilden einen, und zwar einen sehr wichtigen, Theil des badischen Strafrechts. In §. 5 des Einf.Ges. zum Strafgesetzbuch sind sie, an allererster Stelle, als neben dem Strafgesetzbuch fortwährend geltend anerkannt. Dieser Theil und die übrigen Theile des Strafrechts sind vom höheren Standpunkt des Gesetzgebers aus, unbeschadet der durch die Besonderheit der Militärverhältnisse sich ergebenden nothwendigen Verschiedenheiten, als ein einheitliches Ganzes und möglichst im Einklang aufzufassen. Es darf daher auch unseres Erachtens das noch geltende Militärstrafgesetz, wenn es auch aufgehört hat, fernerhin auf den Angeschuldigten Anwendung zu finden, nicht so behandelt werden, wie ein durch die neuere Gesetzgebung abgeschafftes früheres Gesetz. In dieser Hinsicht findet ein sehr wesentlicher Unterschied Statt, der hier nicht unberücksichtigt bleiben darf. Es muß daher an sich als sehr bedenklich erscheinen, wenn ein von der zuständigen Behörde nach dem geltenden, auch später nicht abgeschafften Gesetz rechtmäßig gerichtlich abgeurtheilter und bestrafter Diebstahl nach Aufhören der Militäreigenschaft des Thäters nicht als eine gerichtliche Bestrafung wegen Diebstahls anerkannt wird, mag es sich nun darum handeln, ob die weiterhinzukommende Entwendung als Rückfall in den Diebstahl oder wegen schon erfolgter ge-

*) Im Wege eines Beweisverfahrens hätte z. B. die offenbar sehr erhebliche Frage, ob, wie klagender Seits behauptet wurde, der Kaufpreis seiner Höhe nach nur der verkauften Liegenschaft mit darauf haftendem Realrecht entsprach, ohne solches aber als übersetzt erschien, erörtert werden können. D. R.

[1]) Bei der zweiten Bestrafung betrug der Werth der gestohlenen Sache gerade 1 Gulden, bei der ersten nur 8 Kreuzer.

richtlicher Bestrafung gemäß §. 477 bei Geringfügigkeit des Betrags nicht als bloser Polizeifrevel bestraft werden soll.

2) Das Strafgesetzbuch fordert in §. 184 und 384 in der That auch in der fraglichen Beziehung nicht mehr als eine (beziehungsweise eine wiederholte) rechtmäßige gerichtliche Verurtheilung wegen Diebstahls unter den Voraussetzungen des §. 184 Ziff. 1. Eine weitere Prüfung des frühern Erkenntnisses ist dem Richter nach §. 186 nur in Bezug auf die Rechtmäßigkeit, insofern sich erhebliche Zweifel darbieten, gestattet. Da diese Bestimmung Zweifel darüber voraussetzt, daß der frühere Richter nicht dem bestehenden Recht gemäß urtheilte, so kann sie hier keine Anwendung finden, sofern ein rechtmäßiges Erkenntniß des zuständigen badischen Militärrichters vorliegt. Wenn in Bezug auf Strafurtheile, welche unter einem früheren strengeren, seither abgeänderten Gesetz erfolgten, eine nochmalige Prüfung des Richters nach Maaßgabe des jetzt geltenden milderen Rechts zugelassen wird, so erscheint diese mehr auf Gründen der Billigkeit als des strengen Rechts beruhende Rückwirkung des neuen Gesetzes nach dem Obigen hier nicht anwendbar, da hier von keinem geänderten Willen des Gesetzgebers, sondern von neben einander bestehenden Gesetzen die Rede ist. [2])

3) Es kommt aber weiter in Betracht, daß der §. 477 des Str.G.B. nur die erste und zweite gemeine, nicht unter erschwerenden Umständen (§. 385) verübte Entwendung u. s. w., wenn der Werth des Gegenstandes Einen Gulden nicht übersteigt und keine gerichtliche Bestrafung wegen Diebstahls, Unterschlagung oder Betrug vorausgegangen ist, der milderen Bestrafung als Polizeifrevel vorbehält.

Nun erscheint aber der Kameradendiebstahl zwar als eine gemeine Entwendung im Sinne des Gesetzes [3]), aber zugleich vermöge eines neben dem Strafgesetzbuch seine volle Geltung beanspruchenden besonderen Strafgesetzes seinem Wesen nach als ein erschwerter Diebstahl.

Man versteht darunter den von einer Militärperson an einem Kriegsgenossen (an einer anderen Militärperson) während des Dienstes oder in der Kaserne, im Lager, auf der Wache oder auf dem Marsche begangenen Diebstahl. Hiebei tritt auch schon bei einem Betrag von unter oder nicht mehr als 1 Gulden immer gerichtliche Bestrafung ein und die Strafe ist eine strengere. Fand die Entwendung zwar an einem Kriegsgenossen, aber ohne die erwähnten erschwerenden Voraussetzungen (nicht während des Dienstes u. s. w.) oder fand sie an einem Dritten ohne sonstige Erschwerung Statt, so tritt auch bei Militärpersonen nach dem Grundsatz des §. 477 des Str.G.B. nur polizeiliche Bestrafung (als Indisciplin) ein, wenn der Werth des Gegenstandes 1 Gulden nicht übersteigt.

Vergl. hiewegen Wilhelm Brauer, badisches Militärstrafrecht, §. 152. 153 Ziff. 2 und §. 89, Anmerkung 1.

Der Grund der schwereren Bestrafung des Kameradendiebstahls besteht in der Verletzung des unter militärischem Schutze stehenden Eigenthums und der dem Soldaten in dieser Beziehung obliegenden besonderen Dienstpflicht.

Vergl. das angeführte Militärstrafrecht §. 153 im Eingang und §. 152 Schluß, sowie die Verordnung vom 16. März 1849, die Ausscheidung der Militärverbrechen und Vergehen betreffend, Reggsbl. S. 142 §. 7. [4])

4) Der §. 385 des Str.G.B. hebt freilich die hier in Frage stehende Erschwerung nicht besonders hervor; dies erklärt sich jedoch dadurch, daß die Militärgesetze die entsprechende Bestimmung enthalten und das Strafgesetzbuch an sich nicht für Militärpersonen bestimmt war.

Allein, abgesehen hievon, scheint uns das besonders strenge Pflichtenverhältniß der Militärpersonen in Bezug

---

[2]) Noch viel weniger kann die Prüfung, welche dem Richter in Bezug auf die früheren Straferkenntnisse ausländischer Gerichte zukommt, hieher gezogen werden, da es sich um Strafurtheile eines zuständigen inländischen Gerichts handelt.

[3]) Ein gemeiner Diebstahl ist gemäß Str.G.B. §. 377 ein solcher Diebstahl, der nicht zur Classe der gefährlichen (§. 381) gehört. In §. 477 ist mit Rücksicht auf die dort vorbehaltene polizeiliche Zuständigkeit der allgemeinere Ausdruck „gemeine Entwendung" gebraucht.

[4]) Das Gesetz vom 12. Februar 1849, die Abgabe eines Theils der Militärgerichtsbarkeit an die Civilbehörden betreffend, ist zwar durch das neuere Gesetz über die Militärgerichtsbarkeit vom 6. April 1851 §. 40 nebst allen, mit diesem nicht zu vereinbarenden Gesetzen und Verordnungen aufgehoben worden, die Verordnung vom 16. März 1849 dagegen enthält in ihrer Kennzeichnung der einzelnen Arten der Militärverbrechen und Vergehen im engeren Sinne Bestimmungen, die sich an das ältere Recht anschließen und ihren Werth auch ferner bewahren.

auf die unter militärischem Schutze stehenden Sachen ganz unter die Bestimmung des Str.G.B. §. 355 Ziff. 10, den Diebstahl von Hütern und Wächtern an Sachen, die ihrem Schutz unterstellt sind, betreffend — zu passen, so daß wir, wenn nicht die besonderen militärischen Gesetze hier entscheidend wären, selbst kein Bedenken tragen möchten, jene Vorschrift auf Soldaten auf der Wache oder sonst im Dienst, in der Kaserne, im Lager, auf dem Marsche geradezu anzuwenden. [5])

Ein solcher erschwerter Diebstahl eines Hüters oder Wächters zählt aber — ohne Rücksicht auf den geringen Betrag, auch dann noch als eigentlicher Diebstahl, wenn das Hüter- oder Wächteramt des Thäters längst aufgehört hat. Warum sollte ein wegen Kameradendiebstahls bestrafter Soldat, dessen Militäreigenschaft und damit sein besonderes Pflichtenverhältniß weggefallen ist, in dieser Hinsicht anders behandelt werden? Dies schiene uns dem Sinn und Geist der Gesetzgebung nicht zu entsprechen.

5) Nach dem unter No. 4 gegebenen Nachweis erscheint uns demgemäß auch der Sache nach überall kein hinreichender Grund vorhanden, zur Vermeidung von auffallenden Ungleichheiten [6]), die Nachwirkung des rechtmäßig angewendeten militärischen Strafgesetzes nach Wegfall der Militäreigenschaft des Thäters durch eine (unseres Erachtens im Gesetz nicht begründete) Unterscheidung zu beschränken. Im Gegentheil würde dieses Verfahren zu einer weit auffallendern Ungleichheit führen. Wenn z. B. in einem Falle, wie dem obenerwähnten, der fragliche dritte Diebstahl von dem Militärgericht ohne Abgabe an das bürgerliche Gericht abgeurtheilt würde, was geschehen kann und öfters geschieht [7]), so würde das Militärgericht sicher (und gewiß mit vollem Recht) einen dritten Diebstahl im Sinne des Gesetzes darin finden, dagegen würde im Falle der Aburtheilung durch das bürgerliche Gericht, sei es in Folge der Abgabe der Sache an dasselbe [8]) oder in Folge des Austritts des Thäters aus dem Militär, der Schuldige mit einer unverhältnißmäßig geringeren Strafe davon kommen.

Aus diesen Gründen wird sich die Bejahung der angeregten Streitfrage rechtfertigen, jedenfalls eine weitere Erwägung und Prüfung des Gegenstandes sich empfehlen. Vielleicht könnte bei zu erwartenden Gesetzesvorlagen im Betreff der Militärgerichtsbarkeit auch dieser Punkt geeignete Berücksichtigung finden.

E. Brauer.

3.

Der Nutznießer eines Vermögens hat die Zinsen der darauf haftenden Schulden zu bestreiten und, wenn dieselben, weil er dieser Verbindlichkeit nicht nachkommt, aus dem Vermögensstocke entnommen werden, für dessen Ergänzung zu haften. L.R.S. 578.

Eine Nutznießung kann für erloschen erklärt werden, wenn er durch Nichtentrichtung der Zinsen den Gerichtszugriff auf den Vermögensstock und damit den Verlust eines erheblichen Theiles des letzteren herbeiführt. L.R.S. 618.

Der Vormund ist dafür, daß das von ihm für den Mündel aufgenommene Capital zu dessen Besten verwendet werde, verantwortlich. L.R.S. 450.

Vorstehende drei Sätze, von denen besonders der zweite Beachtung verdient, wurden von dem großh. Oberhofgerichte in der am 22. Dezember 1863 abgeurtheilten Streitsache Fehrenbacher gegen Fehrenbacher ausgesprochen.

Wir lassen die oberhofgerichtl. Entscheidungsgründe, soweit sie sich hierher beziehen, folgen. Sie lauten:

„Die Beschwerden des Beklagten gegen die Urtheile der vordern Rechtzüge stellen sich sämmtlich als unbegründet dar."

---

[5]) Eine allzu beschränkte Auffassung des Begriffes eines Hüters und Wächters in Str.G.B. §. 355 Ziff. 10 entspricht nach unserer schon wiederholt in diesen Blättern dargelegten Ansicht dem richtigen Sinne des Gesetzes nicht.

[6]) Vergl. Annalen Bd. 14 S. 69 und Bd. 23 S. 183. Hiermit stimmen die in der Plenarberathung des mittelrheinischen Hofgerichts vom Jahr 1854 gebilligten Grundsätze, s. Annalen Bd. 21 S. 244 überein. Vergl. übrigens hiezu Bd. 22 S. 22, Bd. 25 S. 47 und 304, Bd. 26 S. 427.

[7]) Dieser Grund wurde in der Refursausführung gegen das Urtheil des oberrheinischen Hofgerichts, Annalen Bd. 29 S. 45, besonders betont.

[8]) Vergl. das Gesetz vom 6. April 1856 über die Militärgerichtsbarkeit §. 22.

[9]) Vergl. die vorige Note. Die Abgabe kann bei den, eines gemeinen Verbrechens angeschuldigten Soldaten nur Militärpflichtigen Statt finden, wenn das Verbrechen mit peinlicher Strafe bedroht oder mit Civilpersonen gemeinsam verübt ist.

„Was zunächst die Beschwerde angeht, daß Beklagter mit Unrecht zur Zahlung von 312 fl. 22 kr. sammt Zinsen zu 5 pCt. vom 15. October 1857 verurtheilt worden sei, so ergibt sich ihre Grundlosigkeit aus folgender Erwägung. Es ist unter den Parteien unbestritten, daß dem Beklagten, welcher vor der am 17. August 1853 eingetretenen Volljährigkeit der Klägerin kraft L.R.S. 384, verbunden mit §. VIII. des 1. Einf.Ed. zum Landrechte, das gesammte Vermögen der Klägerin als Nutznießer inne hatte, nach jener Volljährigkeit in Folge der Bestimmung des §. 6 des Ehevertrags vom 4. November 1830 die Nutznießung an der Hälfte dieses Vermögens zustand, und daß ihm zu dieser Zeit die Nutznießung an der andern Hälfte von der Klägerin freiwillig überlassen war. Als Nutznießer des gesammten Vermögens der Klägerin hatte nun aber der Beklagte, wie sowohl aus der Natur der Sache als aus den L.R.S.S. 608. 609. 612 abzuleiten ist *), die Verbindlichkeit, die Zinsen der auf dem Vermögen haftenden verzinslichen Schulden zu bestreiten. Wenn daher, wie beklagter Seits zugestanden ist, bei der in Folge einer im Jahre 1857 stattgehabten Zwangsversteigerung geschehenen Verweisung des aus der Klägerin eigenthümlichen Liegenschaften erzielten Erlöses von diesem Erlöse, also von dem Grundstocke des Vermögens der Klägerin, 264 fl. 18 kr. Zinsrückstände an die Wittwe Cucuel, 45 fl. 52 kr. für solche Rückstände an Theodor Fehrenbacher verausgabt wurden, wenn ferner aus demselben 2 fl. 12 kr. Kosten, welche Beklagter durch die Nichtzahlung erstgedachter Rückstände verursachte, bezahlt wurden; so ist der Beklagte zweifellos verpflichtet, alle diese Beträge der Klägerin zu ersetzen. Beklagter, gegen welchen unter der, wenn gleich irrigen, Voraussetzung, daß er noch immer Vormund seiner Tochter sei, die Zwangsversteigerung vollzogen wurde, hatte durch die Nichterfüllung seiner Verbindlichkeit zur Zinsentrichtung veranlaßt und ließ geschehen, daß die gedachten Zinsrückstände und Kosten aus dem erwähnten Liegenschaftserlöse bezahlt wurden. Sein Verfahren kam einer Verwendung eines Theils des Gutes, dessen Bestand er der Klägerin zu erhalten nach L.R.S. 578 verpflichtet war, in eigenen Nutzen gleich. Es ergibt sich daher aus der ebenerwähnten Gesetzesstelle seine Schuldigkeit, Ersatz zu leisten. Die Verpflichtung zur Verzinsung der auf gedachte Weise verwendeten Gelder vom Tage solcher Verwendung an beruht auf der Rechtsähnlichkeit des L.R.S. 1996."

„Anlangend die Beschwerde, daß Beklagter ohne Grund zur Rechnungsstellung bezüglich des bei der Wittwe Cucuel in Lahr aufgenommenen Capitals von 1800 fl. und für den Fall der Unterlassung derselben zur Zahlung von 655 fl. 31 kr. nebst 5 pCt. Zinsen vom 17. August 1853 an verurtheilt worden sei, kommt in Betracht, daß wenn auch eine Rechnungsstellung über den, jener Summe von 1800 fl. entnommenen Betrag von 1144 fl. 29 kr. um deßwillen nicht mehr nöthig fällt, weil — wie klägerischer Seits anerkannt ist — Beklagter diesen Betrag als Gleichstellungsgeld an die Klägerin zu fordern hatte, doch jetzt schon die Verpflichtung des Beklagten, jene 655 fl. 31 kr. der Klägerin zu vergüten, ausgesprochen werden konnte, da es in Folge der beklagter Seits abgelegten Zugeständnisse klar ist, daß gedachter Betrag zur Zeit, als Beklagter noch Vormund der Klägerin war, aus den für sie unter Verpfändung ihrer Liegenschaften geliehenen 1800 fl. entnommen und zur Tilgung von Schulden, die ersterer aus seinem Vermögen zu bezahlen hatte, mithin in dessen Nutzen verwendet wurden, und da Beklagter ganz zweifellos nach L.R.S. 450 Abs. 2 für eine derartige Beeinträchtigung des Vermögens der Klägerin einzustehen hat. (Schl. flgt.)

*) Proudhon, Tr. des droits d'usufruit. IV. No. 1797: „Il est encore une autre espèce des charges annuelles affectant la jouissance de l'usufruitier, comme étant censées charges des fruits. Ces sont les arrérages des rentes passives, et les intérêts des capitaux dus par la succession du testateur qui a légué l'usufruit de ses biens. Ces arrérages et intérêts doivent être supportés, pour le tout, par l'usufruitier universel, et pour sa quote proportionnelle, par l'usufruitier à titre universel; mais l'usufruitier à titre singulier n'en doit rien supporter." Demolombe ed. fr. X. No. 604: „Cette distinction (entre l'usufrutier universel et particulier) est, au contraire fort importante, lorsqu'il s'agit des arrérages passifs des rentes perpetuelles ou viagères, et des interêts des capitaux. Ces sortes des charges qui doivent être acquittées par l'usufruitier universel dans leur integrité, et par l'usufruitier à titre universel, dans la proportion de sa jouissance, ne sont, en aucune manière, imposées à l'usufruitier d'un objet determiné. Art. 610. 611. D. E.

Redacteur Oberhofgerichtsrath Stempf. Verlag von J. Bensheimer in Mannheim. Druck von C. Schmelzer in Mannheim.

Annalen der Großherzogl. Badischen Gerichte.

1864. Band XXX. No. 2.

(Schluß von Nr. 1.)

„Auch vermag sich Beklagter durch die Behauptung, daß die besagten 1800 fl. nicht in seine Hände gelangt, sondern durch Unterpfleger Pfaff und den Bürgermeister von Reichenbach verwendet worden seien, keineswegs mit Erfolg gegen den fraglichen Anspruch zu schützen, indem er als Vormund nach L.R.S. 450 für die der Klägerin nützliche Verwendung jener Summe haftbar war, und, indem diese Haftbarkeit im vorliegenden Falle um so mehr hervortritt als die Verwendung in seinem eigenen Nutzen geschah. Die Pflicht des Beklagten zu der ihm in den Urtheilen der vordern Rechtszüge auferlegten Verzinsung gedachter Summe von 655 fl. 31 kr. ergibt sich aus L.R.S. 474 vergl. mit L.R.S. 1996.“

„Was endlich die Beschwerde betrifft, daß mit Unrecht der dem Beklagten kraft des obenerwähnten Ehevertrags zustehende Nießbrauch im Hinblicke auf L.R.S. 618 für erloschen erklärt worden sei; so kann sie in Betracht des Folgenden nicht für begründet erachtet werden. Beklagter hat, wie nicht bestritten ist, dadurch, daß er in der bereits bei Würdigung der ersten Beschwerde angegebenen Weise Rückstände von Zinsen anwachsen ließ, zu deren Abtragung er verpflichtet war, die Zwangsversteigerung des bei weitem größeren Theiles der Liegenschaften der Klägerin hervorgerufen. Er hat dies gethan, nachdem das Capital, um dessen Zinsen es sich handelte, und welches lediglich zur Tilgung der der Klägerin obliegenden Schulden bestimmt war, zu einem großen Theile zur Tilgung seiner Schulden verwendet worden war. Er hat durch letztern Umstand den Anlaß dazu gegeben, daß die Klägerin, um Schulden, die aus jenem Capitale gedeckt werden konnten, insbesondere die Schuld an Angele Schwarz, abzutragen, die ihr nach der Zwangsversteigerung übrig gebliebenen, verhältnißmäßig geringfügigen Liegenschaften mit einer nicht unbedeutenden Pfandschuld belasten mußte. Wenn nun auch der L.R.S. 618 nur von einem durch Verderben einer einzelnen, dem Nießbrauche unterworfenen Sache und durch Unterlassung der schuldigen Unterhaltung derselben zu verschuldenden Mißbrauch des Nutznießers spricht, so ist er dem ihm unterliegenden Sinne zufolge doch offenbar auch auf solche Fälle anzuwenden, in denen es sich um den Nießbrauch an einem ganzen Vermögen handelt, und in welchem durch eine dem Nutznießer zur Last zu legende üble Verwaltung ein erheblicher Theil jenes Vermögens für den Eigenthümer verloren geht.*) Daß ein Fall

*) Den casus in terminis besprechen unseres Wissens französische Schriftsteller nicht. Doch besprechen einige derselben die Frage, ob der Verkauf des Nutznießungsgegenstandes durch den Nutznießer Anlaß zur Anwendung des Art. 618 geben könne und bejahen dieselbe. Proudhon, a. a. O. No. 2422: „L'acte d'aliénation qu'un usufruitier aurait fait du fonds soumis à sa jouissance, serait-il suffisant pour lui mériter la déchéance de son droit? Voet fait mention d'un arrêt de la cour suprême de Hollande confirmatif d'une sentence qui l'avait jugé ainsi à l'égard d'un père qui n'avait pas craint d'aliéner les fonds appartenant à ses enfants, et sur lesquels il exerçait son usufruit légal; mais, dit-il, il y avait, dans cette cause, tant de circonstances singulières qui accablaient le père, qu'il serait difficile d'appliquer la même décision dans celle d'un usufruitier ordinaire; quae tamen res judicata cum multis singularibus fulciatur circumstantiis, et dominationem insignem exerceat, cum quo continuatam fraudem machinationem a patre, simul ob tutelae in liberorum necem adhibitam, vix est ut ad alios porrigatur fructuarios, simpliciter rei fructuariae proprietatem alienare ad licentes. Nous croyons, au contraire, qu'il y a peu d'acte abusif de jouissance plus coupable de la part de toute espèce d'usufruitier que celui par lequel il se permet d'aliéner le fonds qu'il est chargé de conserver. D'un coté, il y a infidelité formelle et mauvaise foi dans le vendeur. D'autre part, il n'y a pas de plus grand péril pour le pro-

dieser Art hier vorhanden sei, kann im Hinblicke auf das vorhin Dargelegte einem Anstande nicht *). Es soll in dieser Beziehung nur noch darauf hingewiesen werden, daß der Theil des Vermögens der Klägerin, welcher vermittelst der durch des Beklagten Schuld veranlaßten Zwangsversteigerung der Klägerin entzogen wurde, wohl über zwei Drittheile des Gesammtvermögens derselben betrug. In Rücksicht auf die große Erheblichkeit des hiernach der Klägerin durch die Handlungsweise des Beklagten zugegangenen Schadens und des verhältnißmäßig geringen Werth des der Klägerin verbleibenden Vermögens, auf die ebenfalls durch den Beklagten verschuldete bedeutende Belastung selbst dieses Vermögens mußte auch der eventuelle Antrag der Oberappellationsbeschwerdeschrift, dem Beklagten nach Abs. 3 des L.R.S. 618 eine Rente von dem Vermögen der Klägerin zuzuweisen, verworfen werden. *)

Roßhirt.

4.

1) Auslegung der Erklärung in einer Vermögensübergabe, sie sei in Bezug auf ein renitentes Kind als nicht geschehen zu betrachten.

2) Charakteristisches Merkmal einer elterlichen Theilung ist die Absicht, einer dereinstigen Vermögensgemeinschaft unter den Kindern vorzubeugen.

3) Die ursprüngliche Absicht, den Kindern eine Erbportion anzuweisen, kann in Folge der Ausscheidung eines Kindes im Verlaufe des Geschäfts aufgegeben und dieses als gewöhnliche Schenkung aufrecht erhalten werden.

Entscheidungsgründe:

Die Ignaz Könninger'schen Eheleute von Kappel-Rodeck übergaben laut öffentlicher Urkunde vom 11. November 1847 einen Theil ihres in Liegenschaften, Fahrnissen und Forderungen bestandenen, auf 4830 fl. 54 kr. angeschlagenen Vermögens an ihre vier Kinder. Sie überließen nämlich ihr Haus und ihre Grundstücke, mit

---

priétaire que celui qui résulte d'une vente, au moyen de laquelle l'acquéreur peut prescrire incommutablement le domaine de la chose vendue. Telle est aussi le sentiment de Dumoulin; poterit autem proprietarius facere privari fructuarium jure suo, tanquam abutentem, ex quo de facto prodidit dominum et eo inscio transtulit in extraneum rem ad cujus custodiam et tuitionem tenetur.“ Demolombe a. a. O. Nr. 719: „L'usufruitier qui vendrait comme à lui appartenant les biens soumis à son usufruit pourrait-il encourir cette déchéance? On pourrait dire que l'art. 618 ne la prononce qu'à raison de l'abus que l'usufruitier fait de la jouissance, soit en commettant des dégradations sur le fonds, soit en le laissant dépérir faute d'entretien et que le fait d'aliénation ne rentre pas dans les termes de ce texte. Mais d'après l'art. 678 l'usufruitier ne jouit qu'à la charge de conserver la substance, et certes, de tous les attentats qu'il peut commettre contre les droits du nu propriétaire, il n'en est aucun qui présente plus de gravité et de périls que celui-ci! car l'usufruitier a fait par là tout ce qu'il a pu, pour ce que le propriétaire fût entièrement privé de la chose; et peut-être même en est-il irréparablement privé, si c'est une partie des meubles grevés d'usufruit que l'usufruitier a vendus à un tiers de bonne foi.“ D. E.

*) Der Anspruch des Eigenthümers auf Ersatz des durch Mißbrauch Verlorenen und auf Erlöschenerklärung des Nießbrauchs wegen jenes Mißbrauches bestehen neben einander. Das Gesetz findet nicht etwa jenen Ersatz in dem Gewinne, den der Eigenthümer durch die Erlöschenerklärung macht: Proudhon a. a. O. Nr. 2439 und Demolombe a. a. O. Nr. 724. D. E.

*) Das römische Recht kannte eine Erlöschung des Nießbrauches in Folge Mißbrauches des Nutznießers nicht. Keller, Pand. S. 360 sagt: „Falsch ist es, daß der usufructus durch Mißbrauch untergehe, welche Meinung auf einem bloßen Mißverständnisse des §. 3 J. de usufr. 2. 4. beruht.“ (Die eben angeführte Stelle lautet: „Finitur autem usufructus morte usufructuarii ... et non utendo per modum et tempus.) Die ältere französ. Jurisprudenz hielt in Folge des von Keller gerügten Mißverständnisses die Ansicht aufrecht, der usufr. gehe durch Mißbrauch verloren, und gelangte diese Ansicht auch in Coutumes. In der Folge fand sie ihren Weg in den Code. Pothier du Douaire Nr. 262 spricht mit Recht von der „peine de la privation de l'usufruit.“ Demolombe a. a. O. Nr. 716 führt den Art. 618 auf den Grundsatz der Sätze 954, 1184 zurück und macht die an und für sich im gedachten Art. liegende Härte (völliges Absprechen eines bestehenden Rechtes wegen Mißbrauch desselben), dadurch, daß die Erlöschenerklärung in das richterliche Ermessen gestellt ist und durch die Abs. 2 und 3 des S. 618 für in gebührender Weise gemildert. D. E.

Ausnahme eines auf 340 fl. geschätzten Ackers, ihrem Sohne Johann Nepomuk um den Anschlag von 3500 fl., und schenkten ihm dazu noch einen Theil ihrer Fahrnisse im Anschlag von 93 fl. 21 kr. Vom Preis der Liegenschaften sollte er am 1. Januar 1848 seinem Bruder Caspasius 600 fl., seinen Geschwistern Ludwig und Cäcilie, welche von den Eltern schon früher 500 fl. erhalten hatten, je 100 fl., den Eltern selbst 350 fl. und nach dem Tode eines Elterntheils weitere 1750 fl. zahlen. Ueberdies behielten sich die Eltern lebenslängliche Sitzgerechtigkeit im Haus, sowie unentgeltliche Benützung der Hälfte der abgegebenen Grundstücke vor. Nach dem Tode eines Elterntheils sollte dagegen dem Ueberlebenden der fünfte Theil des Ertrags aller Grundstücke zukommen.

Die beiden Söhne Johann Nepomuk und Caspasius, sowie die Tochter Cäcilie nahmen diese Vermögensübergabe an; der Sohn Ludwig aber hatte sich während der Protocollirung der deßfallsigen Verhandlungen entfernt, ohne eine Erklärung abzugeben. Die übrigen Betheiligten erklärten deßhalb „daß sie auf Ausfertigung des Geschäfts antrügen und die Vermögensübergabe in Bezug auf den Sohn Ludwig als nicht geschehen betrachteten.“

Nachdem hierauf noch die Verweisungen für die Eltern und Kinder gefertigt, und die Theilzettel, mit Ausnahme des für den Sohn Ludwig bestimmten, zugestellt worden waren, ging der Vollzug des Geschäfts vor sich.

Im Dezember 1860 starb der Vater Ignaz Könninger und einige Zeit nachher auch der Sohn Caspasius. Als es sodann zur Theilung des väterlichen Nachlasses kam, geriethen die Kinder darüber in Streitigkeiten und es erhob deßhalb Ludwig Könninger eine Klage, womit er den Act vom 11. November 1847 seiner Mutter, seinem Bruder und der Tochter seiner verstorbenen Schwester gegenüber — als eine für ihn unverbindliche elterliche Theilung anfocht, indem er geltend machte,

1) daß dieselbe nach der eigenen Erklärung seiner Eltern und Geschwister in Bezug auf ihn als nicht geschehen betrachtet werden sollte, —
2) daß sie von ihm nicht anerkannt worden sei, und
3) daß sie ihm über ¼ weniger zuweise, als er kraft seines gesetzlichen Erbtheils zu fordern gehabt hätte, indem die elterlichen Liegenschaften nur zu 3500 fl. angeschlagen worden seien, während ihr wirklicher Werth schon im Jahre 1847 mindestens 6875 fl. betragen habe.

Das großh. Oberhofgericht hielt, wie das großh. Amtsgericht Achern, welches den Kläger mit der erhobenen Klage abgewiesen hatte, die Klage für unbegründet, indem es in den Entscheidungsgründen zum oberhofgerichtlichen Urtheil vom 12. Dezember 1863 ausführte:

„Was den ersten Klaggrund betrifft, so kann die von den Eltern und Geschwistern des Klägers im Act vom 11. November 1847 abgegebene Erklärung keineswegs dahin ausgelegt werden, daß die Contrahenten dem Kläger das Recht einräumten, die ganze Vermögensübergabe als nicht geschehen zu betrachten. Denn, wie es kaum denkbar ist, daß ihm die Eltern eine solche — ihm sonst nicht zugestandene — Befugniß gewissermaaßen zur Belohnung seiner Renitenz hätten gewähren wollen, so ist auch nicht anzunehmen, daß sich seine Geschwister ohne Noth der Gefahr aussetzen wollten, alles von den Eltern Empfangene nach seinem Belieben wieder herausgeben zu müssen, daß sich insbesondere der Beklagte Johann Nepomuk Könninger anheischig machen wollte, die elterlichen Liegenschaften und Fahrnisse nur als widerrufliches Eigenthum zu übernehmen, einen großen Theil ihres Preises sofort zu bezahlen, die Hälfte der Grundstücke für die Eltern Jahre lang zu bebauen, und dann nach deren Tode alles Empfangene, sogar die im Voraus erhaltenen Fahrnisse, auf Verlangen des Klägers wieder in die elterliche Erbmasse zu werfen und mit ihm im Stück zu theilen. Kann dies nicht in der Absicht der Contrahenten gelegen sein, so läßt sich ihre in Frage stehende Erklärung nur dahin verstehen, daß die Vermögensübergabe wegen Mangels ihrer Annahme von Seiten des Klägers insoweit als ihm darin Etwas zugewendet sei, m. a. W. in Bezug auf den ihm zu übergebenden Vermögenstheil, für nicht geschehen gelten, dagegen in Bezug auf das den übrigen Kindern Zugewendete trotz der Nichteinwilligung des Klägers aufrecht erhalten werden solle. Wiesen sie sodann am Schlusse des Geschäfts dem Kläger dessenungeachtet noch ein Gleichstellungsgeld an, so geschah dies ohne Zweifel deßhalb, um ihm den nachträglichen Beitritt offen zu halten.

Da hiernach die Behauptung des Klägers, daß ihm das Recht eingeräumt worden sei, den ganzen Act vom 11. November 1847 als nicht geschehen anzusehen, unbegründet ist, so stellt sich sein erster Klaggrund als verwerflich dar.

Was den zweiten und dritten Klaggrund betrifft, so beruht er auf der Voraussetzung, daß jener Act eine elterliche Theilung im Sinne der L.R.S.S. 1075 ff. enthalte, daß also sein hauptsächlichster Zweck darin bestehe, dem Zustand der Vermögensgemeinschaft unter den Kindern vorzubeugen; — diese Voraussetzung ist aber nicht begründet.

Im ersten Theil jenes Rechtsgeschäfts übertragen die Eltern das Eigenthum fast aller ihrer Liegenschaften unter Vorbehalt eines Wohnungsrechts und der Nutznießung an der Hälfte der Grundstücke auf ihren Sohn Johann Nepomuk um einen Preis von 3500 fl. und geben ihm auf, 2100 fl., also ⅗ des Preises, an sie selbst zu zahlen; im zweiten Theil vertheilen sie den Rest des Preises unter alle ihre Kinder.

Hiernach stellt sich der erste, und offenbar wichtigere Theil des Geschäfts als ein Verkauf*) dar, der — hervorgerufen durch den Wunsch der Eltern, sich der lästigen Verwaltung ihres liegenschaftlichen Vermögens zu entschlagen und ihren künftigen Unterhalt zu sichern — nicht sowohl zu Gunsten der Kinder und zu dem Zweck, einer dereinstigen Vermögensgemeinschaft unter ihnen zuvorzukommen, als vielmehr im Interesse der Eltern selbst abgeschlossen wurde.

Im zweiten Theil des Geschäfts wird sodann allerdings ein Theil des Erlöses aus jenem Verkauf unter sämmtliche Kinder vertheilt und dabei ihre Gleichstellung unter Berücksichtigung von Vorempfängen angeordnet; allein, wenn man auch daraufhin — ungeachtet des Umstandes, daß das von den Eltern vorbehaltene Vermögen ein verhältnißmäßig bedeutendes war, und daß jene Vertheilung nur gelegentlich eines andern wichtigern Aktes erfolgte — unterstellen wollte, daß die Eltern anfänglich nicht etwa eine bloße Freigebigkeit, sondern die Anweisung einer Erbportion an die Kinder beabsichtigt hätten, so haben sie doch jedenfalls dadurch, daß sie am Schlusse des Geschäfts nach Entfernung des Klägers auf Ausfertigung der Verweisungen antrugen, obgleich sie wissen mußten, daß eine Theilung ohne Mitwirkung des Klägers ungiltig sei, hinreichend zu erkennen gegeben, daß sie die Vertheilung des Liegenschaftserlöses nun als eine, der Zustimmung des Klägers nicht bedürftige, gewöhnliche Schenkung an die Kinder aufrecht erhalten wissen wollten.

Trägt sonach der Akt vom 11. November 1847 in keiner Beziehung den Charakter einer elterlichen Theilung an sich, so muß auch der zweite und dritte Klaggrund verwerflich erscheinen. Gf.

6.

Prompte und säumige Justiz.

1) In Sachen M. und S. gegen K. wurde auf erhobene Klage am 7. November v. J. Ladung erkannt und Tagfahrt auf den 27. Nov. angeordnet; nach Zustellung der Ladung hat die Ehefrau des Beklagten am 11. Nov. Klage auf Vermögensabsonderung erhoben, welche auf den 20. Nov. zur Verhandlung ausgesetzt, worauf noch an diesem Tage die Absonderung ausgesprochen und gleichzeitig verfügt wurde:

1) Anschlag des Urtheils an die Gerichtstafel,
2) einmaliges Einrücken in die Breisgauer Zeitung,
3) Akten an großh. Amtsrevisorat zum Vollzug in gesetzlicher Frist.

Schon am 25. November, bevor das Urtheil in die Breisgauer Zeitung eingerückt war, wurde solches vollzogen, und wie zu erwarten stund, das wenige Vermögen der Ehefrau zugewiesen; als daher der Gläubiger am 27. November zu der für ihn angeordneten Tagfahrt kam und auch Urtheil erwirkte, blieb ihm nur noch das leere Nachsehen oder eine Anfechtungsklage, deren Kosten mit dem Objekte kaum im Verhältnisse stehen, übrig.

2) In der Gant des Handelsmann K. S. wurde am 28. April 1863 der Ordnungsbescheid verkündet, und ein Rechtsmittel nicht ergriffen; auch stunden dem Vertheilungsbescheid keine sonstigen erheblichen Schwierigkeiten entgegen; aller Betreibung ungeachtet dauerte dessen Aufstellung und Verkündigung bis 16. November und obgleich auch hiergegen eine Erinnerung nicht vorgebracht wurde, wurden die Verweisungen doch erst Mitte Januars ausgegeben.

Der größere Theil des Massevermögens bestund in baaren ca. 6000 fl., welche nun mit theilweiser kleiner Unterbrechung dreiviertel Jahre lang nutzlos in den Händen des Massepflegers blieben. Durch diese ungebührliche Verzögerung vergrößerte sich der ohnehin bedeutende Verlust der Gläubiger.

L. Spreter, Rechtsanwalt in Lahr.

*) Vergl. Annalen 1860 No. 80 Ziff. 153 S. 337, No. 79 Ziff. 150 S. 335, 1857 No. 28 VII. S. 223.

7.

Die Fälschung eines Hausirausweises zur Umgehung der Gewerbsteuertaxe enthält nicht den Thatbestand eines strafrechtlichen Betrugs.

Die ledige Korbhändlerin Margaretha Richter von Marktgraitz, königl. bair. Landgerichts Lichtenfels, verfälschte den ihr am 1. August 1863 von großh. Oberamt Rastatt auf einen Monat ausgestellten Hausirausweis in der Absicht, die Gewerbesteuertaxe zu umgehen, in der Art, daß sie den Satz „gültig auf einen Monat“ in die Worte: „gültig auf zehen Monate“ und die Summe von 1 fl. 30 kr. (nämlich den Betrag der für einen Monat entrichteten Gewerbesteuertaxe) in die Zahl 12 fl. 30 kr. verändert hat.

Von dieser also verfälschten Urkunde hatte die Richter Gebrauch gemacht, insbesondere dieselbe auf erhaltene Aufforderung sowohl am 28. als am 30. Novbr. 1863 der Gendarmerie im Amtsbezirke Villingen vorgewiesen. Von großh. Hofgerichte des Seekreises wurde sie deßhalb der Fälschung eines Hausirausweises für schuldig erklärt und zu Amtsgefängniß von 4 Wochen verurtheilt.

Der großh. Staatsanwalt rekurrirte gegen dieses Urtheil, indem er sich darüber beschwerte, daß das großh. Hofgericht auf die vorliegende Urkundenfälschung die Bestimmungen des §. 429 und nicht vielmehr die des §. 423, beziehungsweise 426 des Str.G.B. angewendet habe. Seine Beschwerde wurde aber von großh. Oberhofgericht nicht für begründet erachtet; dieses bestätigte am 23. Januar 1864 vielmehr das hofgerichtliche Urtheil aus folgenden

Gründen:

Nach §. 423 des Str.G.B. wird zum Thatbestande einer Urkundenfälschung aus Gewinnsucht erfordert, daß solche zum Zweck der Verübung eines Betrugs in gewinnsüchtiger Absicht geschehen sei und es müssen daher die zum Thatbestand dieses Verbrechens erforderlichen Merkmale in Betracht gezogen werden. Zu diesen gehören aber nicht nur die im §. 450 des Str.G.B. aufgeführten positiven Erfordernisse, sondern auch das negative Merkmal, daß die betreffende betrügliche Handlung kein anderes, besonders benanntes, Verbrechen ausmache, indem letzternfalls dieselbe nicht als Betrug in criminalrechtlichem Sinne, sondern als dieses andere Verbrechen mit der darauf gesetzten besondern Strafe zu belegen ist. Im vorliegenden Fall hat nun die Angeschuldigte mittelst der falschen Urkunde lediglich eine Steuer zu umgehen gesucht; die Umgehung einer Steuer bildet aber nicht das Verbrechen des Betrugs, sondern das der Steuerdefraudation und ist, auch wenn eine Fälschung mit unterlaufen ist, nach den deßfallsigen besondern Gesetzen zu bestrafen.

Da nun die Angeschuldigte von der verfälschten Urkunde nicht zum Zweck der Verübung eines Betrugs, sondern zu einem andern unerlaubten Zwecke Gebrauch gemacht hat, so hat das großh. Hofgericht mit Recht angenommen, daß hier eine Urkundenfälschung im Sinne des §. 429 und nicht eine solche im Sinne des §. 423 des Str.G.B. vorliege, und sein Straferkenntniß erscheint als gerechtfertigt.

Wenn aber der großh. Staatsanwalt sich zur weiteren Begründung seines Rekurses auf den §. 33 des Zollstrafgesetzes vom 3. August 1837 beruft, so kömmt dagegen in Betracht, daß sich solches nur auf Zollgefälle bezieht, und als spezielles Gesetz keine Folgerung auf andere davon verschiedene Fälle zuläßt; überdies ist auch in §. 33 des Zollstr.Gesetzes dem allgemeinen Strafgesetze die Bestimmung darüber überlassen, unter welche Art des Verbrechens der Urkundenfälschung im einzelnen Fall die Fälschung zollamtlicher Urkunden zu stellen sei.

Eck.

8.

Gegen den wegen dritten Diebstahls Verurtheilten muß, wenn er ein Ausländer ist, statt der Stellung unter polizeiliche Aufsicht nach §. 481 des Str.G.B. — lebenslängliche Landesverweisung erkannt werden.

Margaretha Brandt geb. Bollmann von Bottikofen wurde durch Urtheil des großh. Hofgerichts des Seekreises vom 4. November 1863 der Entwendung eines Paars Schuhe im Werthe von 1 fl. 6 kr. zum Nachtheil der Elisabeth Rollma von Pirmasenz, damit des unter dem Erschwerungsgrunde des §. 385 Ziff. 15 des Str.G.B. verübten dritten gemeinen Diebstahls für schuldig erklärt, und deßhalb zu Erstehung einer durch 15 Tage Hungerkost geschärften Arbeitshausstrafe von 7 Monaten, sowie zur Tragung der Kosten verurtheilt, auch nach erstandener Strafe auf die Dauer eines Jahres unter polizeiliche Aufsicht gestellt.

Gegen dieses Urtheil führte der großh. Staatsanwalt den Rekurs aus, weil nicht auf lebenslängliche Landesverweisung erkannt worden sei.

Zur Rechtfertigung dieses Rekurses trug er vor:

„Die Angeschuldigte, Margaretha Brandt, ist nur zur Zeit in Konstanz wohnhaft, aber nicht daselbst oder an einem andern Orte im Inlande heimathsberechtigt, sondern sie ist zu Bottikofen, im schweizerischen Canton Thurgau, geboren und die Ehefrau des Zimmergesellen Heinrich Brandt von Wegeleben, königl. preußischen Bezirksgerichts Halberstadt; sie ist somit im Königr. Preußen heimathsberechtigt, also eine Ausländerin. Dieselbe wurde früher schon zweimal wegen Diebstahls bestraft, sie hat sich somit durch den hier in Frage liegenden Diebstahl des dritten gemeinen Diebstahls schuldig gemacht. Nun schreibt der §. 481 des St.G.B. vor, daß gegen den wegen dritten Diebstahls Verurtheilten immer zugleich auf Stellung unter polizeiliche Aufsicht zu erkennen ist. Allein diese Bestimmung muß mit jener in §. 43 des St.G.B. in Verbindung gebracht werden, wornach gegen denjenigen, welcher wegen Diebstahls u. s. w. zu einer Arbeitshausstrafe verurtheilt wird, zugleich, insoferne er für die öffentliche Sicherheit besonders gefährlich erscheint, auf Stellung unter polizeiliche Aufsicht, oder wenn er ein Ausländer ist, unter derselben Voraussetzung, auf Landesverweisung zu erkennen ist.

Aus dieser Bestimmung, so wie aus jener in §. 18 und 25 des Str.G.B. geht unzweifelhaft hervor, daß nur gegen Inländer auf Stellung unter polizeiliche Aufsicht erkannt werden kann, daß aber gegen Ausländer lebenslängliche Landesverweisung erkannt werden muß. Es ergibt sich dieses schon aus der Natur der Sache, indem sich gegen Ausländer in der Regel die Stellung unter polizeiliche Aufsicht gar nicht vollziehen läßt. (Vrgl. §. 27 des Str.G.B.)

Nach Inhalt der hofgerichtlichen Entscheidungsgründe wurde auf Stellung unter polizeiliche Aufsicht und nicht auf Landesverweisung deßhalb erkannt, weil die Angeschuldigte, obgleich Ausländerin, im Inlande ihren Wohnsitz hat und nicht als eine für die öffentliche Sicherheit besonders gefährliche Person zu betrachten ist. Allein das Gesetz macht keinen Unterschied, ob der Ausländer im Inlande wohnt oder nicht und bei zum zweitenmal rückfälligen Dieben wird die Eigenschaft, daß sie der öffentlichen Sicherheit besonders gefährlich sind, vom Gesetz in allen Fällen präsumirt, wie in den Motiven der Regierung und in dem Commissionsbericht von Aschbach (vergl. Thilo zu §. 481 S. 402) ausdrücklich gesagt ist.“

Vom großh. Oberhofgericht wurde durch Urtheil vom 23. Januar 1864 das hofgerichtliche Urtheil, soweit der großh. Staatsanwalt dagegen rekurrirt hatte, unter Verfällung der Angeschuldigten in die Rekurskosten dahin abgeändert, daß dieselbe — statt der gegen sie erkannten Stellung unter polizeiliche Aufsicht — lebenslänglich des badischen Landes zu verweisen sei.

Entscheidungsgründe:

Der großh. Staatsanwalt beschwert sich gegen das hofgerichtliche Urtheil insofern, als gegen die — wegen dritten Diebstahls verurtheilte — Angeschuldigte nur auf Stellung unter polizeiliche Aufsicht und nicht auf lebenslängliche Landesverweisung erkannt wurde.

Diese Beschwerde ist begründet.

Nach §. 481 des Str.G.B. muß der wegen dritten Diebstahls Verurtheilte immer zugleich unter polizeiliche Aufsicht gestellt werden. Ist derselbe ein Ausländer, so trifft ihn — statt der nur bei Inländern stattfindenden Stellung unter polizeiliche Aufsicht — lebenslängliche Landesverweisung, wie aus Vergleichung des §. 481 mit den §§. 43. 18. 25 des Str.G.B. sich ergibt.

Die Angeschuldigte ist in der Schweiz geboren und mit einem königl. preußischen Unterthan verehelicht, demnach eine Ausländerin. Zwar hat ihr Ehemann vor mehreren Jahren zu Constanz ein Wohnhaus erkauft und dadurch gemäß §. 5 des VI. Constitutionsedikts Einsaßrecht im Großherzogthum erworben; allein daraus folgt nicht, daß er und seine Frau in strafrechtlicher Beziehung wie Inländer beurtheilt werden müssen, denn nach dem vorerwähnten und dem nächstfolgenden Paragraphen jenes Edicts sind Einsaßen nur hinsichtlich desjenigen Verhältnisses, durch welches sie mit dem Inlande in Verbindung getreten sind, den Staatsbürgern (Inländern) gleichgestellt, in andern davon unabhängigen Beziehungen, somit auch in strafrechtlicher, sind sie dagegen als Ausländer zu betrachten, und finden deßhalb die im Str.G.B. wegen Landesverweisung der Ausländer enthaltenen Bestimmungen auch auf sie Anwendung. Letzteres geht nebstdem speciell aus §. 7 des genannten Edicts hervor, worin unter lit. e als besonderes Vorrecht der Staatsbürger aufgeführt wird, daß dieselben nicht mit Verbannung aus dem Lande bestraft werden dürfen, woraus zu folgern ist, daß hinsichtlich aller Nichtstaatsbürger das Gegentheil, nämlich die Bestrafung durch Landesverweisung zulässig ist, sonach auch gegen Einsaßen, indem diese nach ausdrücklicher Bestimmung des obigen Edictes (§. 6) nicht als Staatsbürger angesehen werden sollen.

Wenn in der vordern Instanz die Landesverweisung noch aus dem weitern Grunde unterblieben ist, weil die Angeschuldigte nicht als eine der öffentlichen Sicherheit besonders gefährliche Person erscheine, so kommt dagegen in Betracht, daß dieselbe wegen dritten Diebstahls verurtheilt wurde und daher im vorliegenden Fall nicht die allgemeine Bestimmung des §. 43, sondern die specielle Vorschrift des §. 481 des Str.G.B. maßgebend ist; nach dieser aber bei zum zweitenmal rückfälligen Dieben die besondere Gefährlichkeit gesetzlich präsumirt und dadurch das richterliche Ermessen, ob eine solche im einzelnen Fall als vorhanden anzunehmen sei, ausgeschlossen wird.

Der von der Angeschuldigten in der Rekursvernehmlassung geltend gemachte Umstand, daß eine Verweisung aus dem Großherzogthum für sie und ihren Ehemann sehr bedeutende, mit dem verübten Vergehen nicht im Verhältniß stehende Nachtheile herbeiführen würde, mag wohl zur Begründung einer Bitte um Erlassung jener Nebenstrafe im Weg der Gnade geeignet sein, für die richterliche Beurtheilung der von dem großh. Staatsanwalt erhobenen Beschwerde ist derselbe aber nicht von Erheblichkeit.

Ef.

9.

Hat der Eigenthümer eines an einem öffentlichen Wege liegenden Hauses im Falle wesentlicher Erschwerung des Zugangs zu demselben durch Verlegung des Wegs in Folge der Eisenbahnanlage ein Recht auf Entschädigung und bejahendenfalls gilt es als ein selbstverschuldeter Schaden, wenn der Eigenthümer unterließ, nach Art. 5 u. 6 des Gesetzes vom 29. März 1835 Einsprache gegen die Aufhebung des Wegs zu erheben?

Urtheil des großh. Hofgerichts des Unterrheinkreises vom 24. Juni d. J. J. S. Clormann gegen Fiscus.

Gründe:

Der durch die Eisenbahn beseitigte Weg war nach den übereinstimmenden Angaben beider Theile ein öffentlicher und dazu bestimmt, den Eigenthümern der angrenzenden Grundstücke den Verkehr mit der Landstraße zu sichern.

Er war daher von der Gemeinde als Eigenthümerin desselben den daran anstoßenden Grund- und Hausbesitzern nicht etwa vorübergehend und widerruflich, sondern bleibend gewidmet und konnte diesen, mochte er vor oder nach Errichtung dieser Gebäude angelegt worden sein, nicht gänzlich entzogen werden.

Da durch die Anlage des Eisenbahndammes dieser Weg gänzlich beseitigt wurde, so gebührt den Klägern hiefür eine von dem großh. Fiscus als Rechtsnachfolger der Gemeinde zu entrichtende Entschädigung, welche den Nachtheilen, die den Klägern aus der Beseitigung des Wegs entstehen, vollkommen gleichkommt, sei es durch Anlage eines neuen gleichguten Wegs, sei es durch Zahlung einer entsprechenden Geldsumme. Wenn daher der von der großh. Eisenbahnverwaltung angelegte neue Weg jene Nachtheile nicht vollkommen ausgleicht, so sind die Kläger dadurch auch nicht vollständig entschädigt, weßhalb ihnen für noch verbleibende Nachtheile Vergütung zu leisten ist, indem es sich hier nicht um die Entziehung thatsächlich bestehender Vortheile, sondern darum handelt, ob durch die Anlegung des neuen Wegs die Verbindlichkeit des großh. Fiskus, für die gänzliche Aufhebung des alten Weges Entschädigung zu leisten, in gebührendem Maße erfüllt wurde.

(vergl. Jahrb. für bad. Recht S. 76—78).

Durch eine Reihe von Zeugen, von welchen wenigstens einige bei dem vorliegenden Streitverhältnisse ganz unbetheiligt sind, und durch das erhobene Gutachten ist außer Zweifel gestellt, daß die Kläger früher auf dem beseitigten Wege mit zweispännigem Wagen bis an ihr Haus, wenn auch mit einiger Unbequemlichkeit, fahren konnten, daß ihnen dagegen der neue Weg die Zufahrt überhaupt unmöglich macht, daß auch der Zugang beschwerlicher wurde und das Haus im Allgemeinen durch seine größere Isolirtheit und Absperrung an Werth verloren hat. Hiefür haben sie daher die von dem Experten festgesetzte Entschädigung mit 494 fl. anzusprechen.

Der großh. Fiskus sucht zwar die Ansprüche der Kläger durch die Einwendung zu entkräften, daß die Kläger die entstandenen Nachtheile selbst verschuldet haben, weil sie unterließen, nach Art. 5 und 6 des Gesetzes vom 29. März 1835 Einsprache gegen die Aussteckung dieses Weges zu erheben.

Allein das angeführte Gesetz hat die Unterlassung der Einsprache nicht mit Verlust der Entschädigungsansprüche bedroht, sondern gibt vielmehr nur den Grundeigenthümern das Recht der Einsprache, um ihnen die Möglichkeit zu gewähren, die ihnen drohenden Nachtheile selbst abzuwenden, für welche sie eine in Geld zu zahlende Entschädigung nicht für angemessen erachten.

Jedenfalls kann den Klägern die Unterlassung einer Einsprache nicht zum Verschulden angerechnet werden, weil der Erfolg einer etwaigen Einsprache von einer Reihe technischer Fragen abhängig gewesen wäre, von deren Bedeutung sie selbst keine Kenntniß haben konnten &c. Kab.

10.

Die Versetzung eines Grenzsteins kann nur dann als Grenzsteinfälschung bestraft werden, wenn aus den Verhältnissen der Person und des Falls die rechtswidrige Absicht des Urhebers zu entnehmen ist, daß jene als Mittel zum Zweck betrügerischer Aneignung von Nachbargut stattfand. §. 438 des Str.G.B.

Siehe Annalen 1862 No. 10 Ziff. 25 S. 76. 77; No. 17 Ziff. 47 S. 135. 136.

Vrgl. mit Jahrb. für bad. Recht No. XXIV. S. 203–210.

Ein Acker des Jakob Bannholzer von Unterkrummen, welcher an das Eigenthum des großh. Aerars grenzt, ist von diesem durch 3 Steine, in dem Plane der großh. Domänenverwaltung St. Blasien mit den Nummern 1. 5. 4 bezeichnet, in gerader Linie geschieden.

Beim Pflügen jenes Ackers durch Bannholzers Taglöhner wurde der mittlere Stein No. 5 so gelockert, daß er hinweggenommen werden mußte.

Er wurde nach dem Pflügen von Bannholzer mit Hülfe des Taglöhners Wunderle wieder gesetzt, aber an eine andere Stelle und zwar so, daß die Seite mit dem badischen Wappen statt gegen die ärarische Wiese gegen den Acker des Bannholzer gekehrt war.

Der Werth der hiernach zu dem Acker des Bannholzer herüber gefallenen Bodenfläche betrug nur 1 fl. 11 kr.

Bannholzers Leumund war bisher gut.

Auf die über diese ordnungswidrige Steinversetzung eingeleitete Untersuchung wurde durch Urtheil des großh. Hofgerichts des Oberrheinkreises vom 30. Juli 1863 Jakob Bannholzer der Grenzsteinfälschung für schuldig erkannt und deshalb zu Arbeitshausstrafe von sechs Monaten, worunter sechs Tage geschärft durch Hungerkost und zu einer Geldstrafe von 5 fl. &c. verurtheilt.

Hiergegen ergriff der Angeschuldigte den Rekurs, worauf das großh. Oberhofgericht am 30. Januar 1864 das hofgerichtliche Urtheil unter Verfällung des Rekurrenten mit den Rekurskosten — dahin abänderte, daß derselbe zwar von der Anschuldigung der Grenzsteinfälschung freigesprochen, dagegen in die Kosten des Strafverfahrens verfällt wurde.

Gründe:

Der Thatbestand des im §. 438 des Str.G.B. bezeichneten Verbrechens ist nicht hergestellt, weil es an dem Beweise fehlt, daß der Angeschuldigte den Grenzstein No. 5 absichtlich weggeschafft habe, um sich einen Theil der ärarischen Wiese in betrügerischer Weise anzueignen.

Der genannte Stein wurde nämlich nicht durch den Angeschuldigten von seiner Stelle verrückt, vielmehr ohne sein Zuthun durch die Taglöhner Rummele und Wunderle beim Pflügen des Ackers dermaßen gelockert, daß er als unhaltbar hinweggenommen werden mußte.

Da nun die Steine No. 1 u. 4 als die beiden Endpunkte der geraden Grenzlinie zwischen dem Grundstücke des großh. Aerars und jenem des Angeschuldigten unverrückt stehen geblieben sind, so läßt sich um so weniger unterstellen, daß der Letztere — indem er nach beendigtem Pflügen den Stein No. 5 an eine unrichtige Stelle setzte —, eine betrügliche Aneignung ärarischen Eigenthums beabsichtigt habe, als er dies ohne Zweifel heimlich gethan und dazu nicht den G. Wunderle beigezogen, jedenfalls aber die Seite des Steines, auf welcher sich das Großherzogl. Wappen befindet, gegen das ärarische Grundstück gewendet haben würde, um wenigstens die Versetzung eher unbemerkbar als augenfällig zu machen.

(Schluß folgt.)

Redacteur Oberhofgerichtsrath Stempf. Verlag von J. Bensheimer in Mannheim. Druck von C. Schultzer in Mannheim.

Annalen der Großherzogl. Badischen Gerichte.

1864. Band XXX. No. 3.

(Schluß von Nr. 10.)

Gegen eine gewinnsüchtige Absicht spricht überdies der unbedeutende Werth des weggeschlagenen Gesträuchs und der gute Ruf des Angeschuldigten, welcher auch nicht mehr Holz in Anspruch nimmt, als bis zu den Steinen No. 1 und 14, die in gerader Linie die Grenze bilden. Unter diesen Umständen mußte nach §. 105 des Einf.Ges. vom 5. Februar 1851 eine Freisprechung erfolgen. Da jedoch der Angeschuldigte die Verdachtsgründe, durch welche die Untersuchung gegen ihn veranlaßt wurde, durch seine rechtswidrige Handlungsweise selbst hervorgerufen hat, so fallen ihm zufolge §. 255 der Str.Pr.O. die entstandenen Kosten zur Last. Sef.

11.

Wenn es sich nach dem Verkaufe einer Sache herausstellt, daß ein Theil der verkauften Sache nicht Eigenthum des Verkäufers war, kann dann der Käufer im Fall die Uebergabe dieses Theiles noch nicht geschehen war, kurzweg die Bestimmungen der L.R.S.S. 1603. 1610 und 1184 geltend machen, oder ist L.R.S. 1636 maaßgebend? und welche Wirkung hat L.R.S. 1599 für einen solchen Fall?

Obige Fragen kam zur Erörterung in S. des Gck. Freund von Sachsenflur gegen Christ. Ehrle's Eheleute und Fr. Jehrbach's Kinder von da, Vertragsauflösung betreffend.

Kläger hatte in einer öffentlichen Versteigerung vom 24. März 1860 von den Beklagten eine Behausung mit Hofraithe und Zubehörden um 5010 fl. ersteigert. Bei der Versteigerung, welche wegen Betheiligung von Minderjährigen auf Seite der Verkäufer, durch den Ortsvorgesetzten und Rathschreiber vorgenommen wurde, war bei der Beschreibung des Wohnhauses auch der darunter befindliche Keller als Bestandtheil des Kaufobjekts bezeichnet. Da nun aber die Verkäufer anerkannten, daß nicht der ganze unter ihrem Hause befindliche (gewölbte) Keller ihnen gehörte, sondern ein Viertheil davon einem Dritten, den N'schen Erben zustund, so erhob der Steigerer Klage auf Auflösung des Kaufes, indem er diese nach L.R.S. 1603. 1610 und 1184 wegen nicht geschehener und nicht möglicher Uebergabe jenes Theiles des Kaufobjektes, und auch nach L.R.S. 1599 als Verkauf einer fremden Sache, ohne Rücksicht auf den Werth des fehlenden Theiles als begründet darzustellen suchte; eventuell die Auflösung auf Grund des L.R.S. 1636 verlangte, weil jener Kellertheil die in dieser Gesetzesstelle verlangte Bedeutung für ihn habe. Hauptsächlich über diesen letzteren Punkt verbreiteten sich die Verhandlungen.

Der Unterrichter erkannte auf Grund des L.R.S. 1599 und 1636 nach dem Klagbegehren.

Auf die Appellation der Beklagten machte das großh. Hofgericht, nach erlassenem Beweiserkenntniß, die Aufhebung des Kaufes davon abhängig, daß Kläger einen Reinigungseid dahin ableiste, daß er zur Zeit der fraglichen Versteigerung keine Kenntniß davon gehabt habe, daß das Viertheil des Kellers nicht den Verkäufern gehörte. Es wurde hierbei von L.R.S. 1636 ausgegangen und der Umstand, wenn Kläger Kenntniß von fraglichem Verhältniß mit dem Keller gehabt hätte, als ein Grund dafür betrachtet, daß der Mangel jenes Viertheils des Kellers von dem Kläger selbst nicht für so wichtig angesehen worden sei, daß er deßhalb den ganzen Kauf nicht abgeschlossen haben würde. Die übrigen Klaggründe sind nicht näher erörtert.

Das großh. Oberhofgericht hat aber mit Urtheil vom 15. Januar l. J. den Kläger unter Verfällung in sämmtliche Kosten **abgewiesen**, aus folgenden

Entscheidungsgründen:

„Die Beschwerde der Beklagten, Oberappellanten, gegen das hofgerichtliche Urtheil muß für begründet erachtet werden.

Der Kläger verlangt die Aufhebung des in öffentlicher Versteigerung abgeschlossenen Kaufs zunächst auf den Grund der L.R.S.S. 1603. 1610. 1184. 1599, da die Beklagten nicht im Stande seien, den ganzen, zu dem [illegible] verkauften Hause gehörigen Keller zu übergeben, weil ein Viertheil desselben Eigenthum eines Dritten sei, — weiter stützt sich das Klagbegehren auf L.R.S. 1636, indem der Fall hier vorliege, daß das fragliche Viertheil des Kellers im Verhältniß zum Ganzen von solcher Wichtigkeit sei, daß Kläger überhaupt den Kauf nicht abgeschlossen haben würde, wenn er gewußt hätte, daß jenes Viertheil im Kaufe nicht mit inbegriffen sein könne.

Bezüglich der ersten Klagbegründung kommt nun in Betracht, daß im Allgemeinen der Verkäufer allerdings verbunden ist, dem Käufer die verkaufte Sache, also das ganze Kaufsobject zu übergeben. Da jedoch die Verträge redlichen Vollzug erfordern, so soll der Umstand, daß nur ein verhältnißmäßig unerheblicher Theil des verkauften Gegenstandes aus irgend welchem Grunde nicht übergeben werden kann, nicht schlechthin die Auflösung des Vertrags zur Folge haben, wie dies in

l. 14. D. de contr. empt. (18. 1)

ausdrücklich anerkannt ist; es kommt vielmehr auch in diesem Falle darauf an, ob die Voraussetzungen des L.R.S. 1636 vorhanden sind.

Duranton, cours civil (Bruxelles) IX. p. 71.

Das Letztere ist hier nun aber nicht der Fall, und damit zerfällt die Klage nach der ersten, wie nach der zweiten Begründung.

Alle Umstände, die Kläger zur Darlegung des Vorhandenseins jener gesetzlichen Voraussetzungen aufführt, sind nämlich nicht von der Erheblichkeit, um dieselben ausreichend zu begründen. Den unter 1 und 2 der Klage hervorgehobenen Mißständen bezüglich des Kellereinganges und des Mangels an Scheidewänden läßt sich voraussichtlich und mit geringen Kosten abhelfen; der Werth des Viertheils Keller beträgt — wenn man auch die eigene Schätzung des Kellers von Seiten der Beklagten im I. Instanz mit 1600 fl. zu Grunde legen und selbst von den behaupteten früheren und späteren Veräußerungen der Kellertheile im noch weit geringerem Betrage absehen will — kaum $^1/_{20}$ des Werths des ganzen Kaufsgegenstandes; aus den eigenen Ausführungen der Klage unter Ziff. 4 und 3 und den weiteren Verhandlungen ergibt sich endlich, daß schon seit langer Zeit das Eigenthumsverhältniß zu $^3/_4$ und $^1/_4$ am Keller bestand, und dennoch sowohl der Wirthschaftsbetrieb als die Weineinlage des Eigenthümers des größeren Kellertheils ohne Anstand und Nachtheil stattfand.

Wenn aber auch über die Wichtigkeit des im fremden Eigenthum befindlichen Kellerantheils zum Ganzen hienach noch Zweifel obwalten, so muß man doch nach Erwägung aller Umstände in dieser, eines stringenten Beweises überhaupt nicht fähigen Sache zu der Ueberzeugung gelangen, daß das ungetheilte Eigenthum des ganzen Kellers für den Kläger kein bestimmtes Motiv zum Kaufsabschluß gewesen ist.

Nicht nur aus der Klage selbst, sondern auch aus den in II. Instanz von den Beklagten namhaft gemachten Thatsachen, insbesondere aus des Klägers Eingabe an das großh. Amtsrevisorat Krautheim vom 29. März 1862 — wonach Kläger die Aufhebung des Kaufs vorzugsweise aus andern Gründen als den jetzt geltend gemachten, beantragte — sowie aus der Aussage der abgehörten Zeugen, insbesondere des Zeugen Hallenbach, — wonach Kläger zugab, früher auch gehört zu haben, daß ein Theil des Kellers dem Adler gehöre, aber gedacht haben will, daß der Kronenwirth denselben wieder angekauft habe, — läßt sich mit Grund entnehmen, daß Kläger zur Zeit der Versteigerung so viel gewußt habe, daß bis in die neueste Zeit ein Theil des Kellers das Eigenthum Dritter war, und daß er somit über das Eigenthumsverhältniß zur Zeit des Verkaufs wenigstens Zweifel hegte. Hierdurch war demselben die dringendste Veranlassung gegeben, sich durch Einsicht des Grundbuchs oder bei der Versteigerung selbst sich nach dem Verhalt der Sache zu erkundigen, und da er dies demungeachtet unterlassen, hat er hierdurch genügsam zu erkennen gegeben, daß er auf das getheilte Eigenthum am Keller selbst kein besonderes Gewicht lege.

Hiernach ist nicht anzunehmen, daß die Voraussetzung des L.R.S. 1636 hier vorliegt, und das Klagbegehren erscheint sonach als hinfällig.

Einen Anspruch auf Entschädigung wegen mangelhafter Uebergabe des Kaufobjects macht die Klage eventuell nicht geltend, und es muß daher dem Kläger überlassen bleiben, einen solchen etwa im gesonderten Antrage zu verfolgen.

Aus diesen Gründen und gemäß §. 168 der Pr.O. der Kosten wegen, wurde erkannt, wie geschehen.

Abgesehen nun von der in diesem Urtheile gegebenen Entscheidung über den mehr factischen Punkt, daß der entzogene Kellertheil die im L.R.S. 1636 geforderte Wichtigkeit für den Kläger nicht habe, wobei viel von dem richterlichen Ermessen abhängt; so sind in dem Urtheil weiter die auf die unvollständige Uebergabe des Kaufobjectes nach L.R.S. 1603. 1610 und 1184 sowie auf L.R.S. 1599 gebauten Klaggründe verworfen, und ist auch für den Fall einer unvollständig geschehenen Uebergabe durchaus nur die Regel des L.R.S. 1636 als maaßgebend erklärt. Hierüber dürfte nun eine etwas nähere Ausführung am Platze sein, da Fälle ähnlicher Art öfter vorkommen und der im vorstehenden oberhofgerichtlichen Urtheile hinsichtlich der Nichtanwendbarkeit des L.R.S. 1610 und 1615 ausgesprochene Grundsatz, wenn er auch im vorliegenden Fall richtig ist, doch nicht in der Allgemeinheit, in welcher er hingestellt ist, anzunehmen sein möchte.

Es handelt sich um den Fall, wo wegen eines schon zur Zeit des Verkaufsabschlusses bestandenen Evictionsgrundes dem Käufer ein Theil des ihm im Verkaufsvertrage zugesagten Verkaufsobjektes entgeht. Da aber die Entwährung, beziehungsweise die Gewißheit derselben noch vor der Uebergabe des Kaufsobjektes oder des fraglichen Theiles desselben eingetreten, und daher auch diese Uebergabe — eben weil sie unmöglich war — nicht geschehen ist: so fragt es sich, ob der Käufer sich in einem solchen Falle auch auf die gesetzlichen Bestimmungen, welche für die Verbindlichkeit des Verkäufers zur Uebergabe gegeben sind, L.R.S. 1603. 1604 ff., insbesondere L.R.S. 1610 berufen kann, oder ob lediglich die Bestimmungen über die Gewährleistungspflicht des Verkäufers, L.R.S.S. 1626 ff., maaßgebend sind; und es kommt dann weiter noch in Frage, von welchem Einfluß der Umstand ist, daß die Entwährung aus dem Grunde eintritt, weil die verkaufte Sache, beziehungsweise der mitverkaufte Theil derselben dem Verkäufer nicht gehörte, L.R.S. 1599.

Was nun zunächst die erstere Frage betrifft, so ergibt sich die praktische Bedeutung derselben besonders bei Entwährungen eines Theiles des Kaufobjektes aus der Erwägung, daß wenn man die Bestimmungen über Evictionsleistung, L.R.S. 1636, anwendet, der Käufer nur bei größerer Wichtigkeit des fehlenden Theiles des Kaufobjektes die Aufhebung des Kaufs verlangen kann, dagegen bei Anwendung des L.R.S. 1610 hinsichtlich der Pflicht des Verkäufers zur Uebergabe die allgemeine Regel eintritt, daß der Käufer nicht schuldig ist, eine blos theilweise Lieferung anzunehmen und also in der Regel wegen dem Fehlen eines Theiles des Verkaufsobjektes auch wenn derselbe nicht von so wesentlicher Bedeutung ist, die Aufhebung des Kaufes verlangen kann, und nur unter besonderen Umständen Ausnahmen hievon gemacht werden.

Man vergl. oberhofg. Jahrb. n. F. VII. S. 298 und Annal. XII. Beibl. No. 8 S. 31 und überhaupt Dalloz, Rep. Bd. 43 „Vente" No. 685—687 S. 187—188.

Man wird nun bei Beantwortung obiger Frage zwischen den verschiedenen Fällen der Eviction unterscheiden müssen, nämlich:

I. ob die Eviction aus einem dem Verkaufsvertrage vorangegangenen Grunde entspringt, welche Fälle im römischen und auch im französischen Rechte bei der Lehre über die Eviction vorzugsweise ins Auge gefaßt sind; oder

II. ob der Grund zur Eviction erst nach dem Verkaufsvertrage und zwar, wie es in diesem Fall zur Haftbarkeit des Verkäufers Erforderniß ist, aus einer That des Verkäufers eintrat.

Beide Arten von Evictionsfällen sind von Pothier, dessen Auffassungen über das römische Recht bekanntlich bei dem Code civil vorzugsweise zu Grund gelegt wurden, in dem Traité du contrat de vente bei den Evictionen aufgeführt, nämlich No. 87 als „Premiere maxime":

„Le vendeur est tenu des évictions dont il y avait une cause ou du moins un germe existant dès le temps du contrat de vente, soit qu'elles procèdent, soit qu'elles ne procèdent pas du fait du vendeur;"

und No. 91 als „Seconde maxime":

„Les évictions dont la cause n'a commencé d'exister que depuis le contrat, donnent lieu à la garantie lorsque cette cause procède du fait du vendeur; autrement elles n'y donnent pas lieu."

und sind auch in Artikel 1628 des Code unterstellt, wie auch die Commentatoren Toullier, Troplong (de la vente), Zachariä, 5. Aufl. Bd. 2 §. 355. S. 381 u. 383 zu Note 11 und auch Dalloz, Rep. Bd. 43 No. 796—798 S. 210 annehmen.

Es wird sich nun zeigen, daß bei den Evictionsfällen der zuerst erwähnten Art, zu I., bei eintretender Entwährung lediglich die Grundsätze über die Gewähr-

bei [illegible] nach L.R.S. 1626 ff. und also bei theilweiser Entwährung der L.R.S. 1636 zur Anwendung kommen, ohne Unterschied ob die Entwährung erst nach geschehener Uebergabe des Kaufobjektes, oder noch vor dieser Uebergabe eingetreten ist, und daß in solchen Fällen der Käufer den L.R.S. 1610 u. f. w. nicht anrufen kann; daß dagegen in den Fällen der zweiten Art, zu II., wenn es wegen der Entwährung auch nicht einmal zur Uebergabe des Kaufobjektes kommt, die Anwendung der L.R.G.S. 1604. 1610 ff. über die Uebergabe nicht kurzweg auszuschließen ist. Die Fälle dieser zweiten Art haben nämlich noch einen anderen Charakter, welchen jene der ersteren Art nicht haben.

Bei den Fällen zu I. wird der Verkäufer in Anspruch genommen, weil ihm die verkaufte Sache, das verkaufte Recht schon zur Zeit des Verkaufes gar nicht zustand, indem es sich z. B. zeigte, daß die Sache ihm nicht gehört, oder daß er das Eigenthum nur unter einer Resolutivbedingung besaß, und diese nun eingetreten ist. Zu den Fällen zu II. wird dagegen der Verkäufer in Anspruch genommen, weil er die verkaufte Sache, oder das verkaufte Recht, welche ihm zur Zeit des Vertrags unzweifelhaft zustanden, nach dem Vertragsabschluß und nachdem dieselben durch diesen in das Eigenthum des Käufers übergegangen waren, dem Käufer widerrechtlich unter Verletzung der Vertragspflicht entzogen habe; z. B. wenn der Verkäufer die verkaufte Sache nach dem fraglichen Verkaufe weiter verkauft und dem späteren Käufer durch sofortige Tradition oder Transscription das Vorrecht gesichert hat, L.R.S. 1141. 1583; oder wenn der Verkäufer die verkaufte Liegenschaft vor der Transscription noch mit einer Hypothek belastet hat. Es liegt hierin eine direkte Verletzung seiner Verpflichtung zur Uebergabe des Kaufobjektes an den Käufer, und wenn dann die Uebergabe in Folge eintretender Entwährung unterbleiben muß, so kann dieser Fall, wo der Verkäufer sich selbst böslicher Weise den Vollzug der Uebergabe unmöglich gemacht hat, jenem Fall gleichgestellt werden, wo der Verkäufer die Uebergabe eigenwillig verweigert und verzögert, L.R.S. 1610. Es ist auch in solchen Fällen eine That des Verkäufers, durch welche die Uebergabe unthunlich wird, und man kann auch hier die von Pothier No. 68 angerufene L. 4 Cod. de act. empt. anwenden: „Si traditio rei venditae procesin venditoris non fiat."

Es läßt sich auch aus der Lehre über die Uebergabe (Livraison) bei Pothier Art. IV. No. 60 ableiten, daß der Verkäufer unter solchen Umständen nicht als von der Lieferungspflicht befreit zu betrachten ist, und in die gesetzlichen Folgen des Rückzwollzugs zu verfällen ist. Aus den Schriften anderer französ. Rechtslehrer ergibt sich wenigstens soviel, daß sie die Fälle der letzterwähnten Art strenger behandelt wissen wollen, als jene der ersten Art, obwohl sie die Beziehung zu L.R.S. 1610 nicht näher erörtern.

Troplong (de la vente) No. 474 sagt in Bezug auf Art. 1628 letzten Absatz:

„Ces faits (les faits personnels du vendeur postérieurs à la vente) tombent sans exception sous le coup d'une inévitable responsabilité. L'acquéreur ne peut renoncer au dol à venir,"

und Dalloz, Rep. Bd. 43 Vente No. 798 S. 210:

„Dans tous les cas le vendeur est tenu de la garantie lorsque l'éviction procède de son fait, surtout si ce fait est postérieur à la vente,"

und No. 853 S. 225:

„Si l'acheteur a droit à la garantie lorsqu'il est troublé par des tiers, à plus forte raison y a-t-il droit quand il est troublé par le vendeur lui même,"

und No. 896 S. 235:

„A l'égard des faits postérieurs etc. C'est pour ceux-là surtout qu'il ne peut être permis au vendeur de stipuler efficacement la non-garantie. Ce serait en effet se réserver le droit de manquer à sa foi etc."

Man wird also annehmen müssen, daß in solchen Fällen der Käufer, wenn wegen dergleichen vertragswidrigen Handlungen des Verkäufers die Uebergabe des Kaufobjektes vereitelt wird, auch den L.R.S. 1610 hinsichtlich der Vertragsaufhebung in Anwendung bringen und daher letztere bei einer theilweisen Entwährung begehren kann, auch wenn der fehlende Theil nicht von der Bedeutung ist, wie L.R.S. 1636 erfordert. Es ist ein Fall dieser Art, auf welchen sich die in Annalen XII. Beil. No. 8 S. 31 angeführte Entscheidung des Cassationshofes vom Jahr 1843 bezieht, und in welchem der Käufer wegen der unterbliebenen Uebergabe eines unbedeutenden Theiles des Kaufobjektes zur Aufhebung des Kaufes berechtigt erklärt wurde.

Die Grundsätze der Eviktionsleistung nach L.R.S. 1626 ff., insbesondere 1636 würden also in Fällen dieser und nur dann ausschließlich zur Anwendung kommen, wenn die Uebergabe des Kaufobjektes an den Käufer geschehen, und erst nachher in Folge der von Seite des Verkäufers nach dem Vertragsabschluß geschehenen Handlungen die Entwährung eintritt, z. B. wegen einer vom Verkäufer erst nach dem Verkauf geschehenen Verpfändung dem Käufer von der ihm bereits übergebenen Liegenschaft ein Stück durch die Hypothekarklage entwährt wird.

Was nun aber die oben zu 1. bezeichnete erste Art von Eviktionsfällen betrifft, welche man hauptsächlich bei der Lehre von der Eviktion ins Auge faßt,

man vergl. Zachariä Handb. 5. Aufl. Bd. 2 §. 355 zu Note 11 S. 382 383,

nämlich die Fälle, wo die Eviktion aus einem dem Vertragsabschluß vorangegangenen Grunde entspringt: so können darauf immer nur die Bestimmungen hinsichtlich der Gewährleistung L.R.S. 1626 ff. und nicht die Bestimmungen hinsichtlich der Uebergabe L.R.S. 1604 ff. zur Anwendung kommen.

Die Eviktionspflicht des Verkäufers tritt in diesen Fällen ein, ohne Unterschied ob der Eviktionsgrund durch eine That desselben, oder eines Dritten, ob dieselbe durch eine Schuld desselben oder ohne diese entstanden ist, und schon hieraus ergibt sich, daß die Bestimmung des L.R.S. 1610, welcher die dort bezeichnete Verurtheilung des Verkäufers nur bei einer durch seine That herbeigeführten Verzögerung der Uebergabe ausspricht, — nicht für Eviktionsfälle dieser (ersteren) Art gegeben ist.

Das Verlangen auf Uebergabe kann auf Grund des Verkaufsabschlusses nur darauf gehen, daß der Verkäufer die Sache, wie er dieselbe beim Vertragsabschluß hatte, dem Käufer übertrage. Durch eine Eviktion der vorwürfigen Art zeigt sich nun aber, daß dem Verkäufer selbst die verkaufte Sache, oder ein Theil derselben zur Zeit des Vertragsabschlusses nicht zustand. Nach dem Rechtsgrundsatz „nemo plus juris in alium transferre potest quam ipse habet“ hat nach einer eingetretenen Entwährung, der Gewißheit der Entwährung, das Verlangen an den Verkäufer auf Uebertragung dieser Sache keinen rechtlichen Sinn; es hat sich durch die Entwährung gezeigt, daß der Rechtstitel, auf welchen der Käufer sein Uebergabsbegehren gründet, nämlich der Kaufvertrag, in diesem Punkte keine rechtliche Gültigkeit hat, vielmehr ein begründeter Gegenanspruch von Seite eines Dritten an das Kaufobjekt geltend gemacht ist, und es scheint von da an das Begehren des Käufers auf Vollzug des Vertrages, sofern dieser durch Uebergabe des Kaufobjektes geschehen soll, als hinfällig. Der Käufer kann daher, wenn die Uebergabe zur Zeit, wo die Entwährung eintritt, noch nicht erfolgt war, sich auch nicht mehr auf die gesetzlichen Bestimmungen über die Verpflichtung des Verkäufers zur Uebergabe, also namentlich auch nicht auf L.R.S. 1610 berufen; sondern es tritt nur für den Verkäufer lediglich die Gewährleistungspflicht nach L.R.S. 1626 ff. ein, ohne Unterschied, ob die Entwährung erst nach geschehener Uebergabe des Kaufobjektes, oder auch vorher eingetreten sei. Es ist zur Begründung der Eviktionsverbindlichkeit auch im röm. Recht keineswegs erforderlich, daß die Sache dem Käufer vorher übergeben sein müßte.

Glück, Pand. Bd. XX. S. 213, m. vergl. auch S. 172.

Die Pflicht des Verkäufers zur Uebergabe des Kaufobjekts in den Besitz des Käufers, und seine Pflicht zur Aufrechthaltung des Käufers in diesem Besitz, sind die zusammenhängende Erfüllung einer und derselben Hauptverbindlichkeit, in L. 30 §. 1 de act. emt. vend. (Dig. 19. 1.) dahin bezeichnet:

„Verum est venditorem hactenus teneri, ut rem emtori habere liceat.“

Der anspruchslose Besitz, für welchen Verkäufer zu haften hat, L.R.S. 1625 erster Absatz, beziehungsweise 1603 Ziff. 2, ist nur die Fortsetzung und Aufrechthaltung der Uebergabe der Sache, L.R.S. 1603 Ziff. 1:

„La garantie comme on le voit, peut être considérée comme le complément nécessaire de la délivrance.“

Dalloz, Rep. No. 778 S. 297;

so auch Pomponius in L. 3 Dig. de act. emt. (19. 1) sagt:

„Datio possessionis quae a venditore fieri debet, talis est; ut siquis eam possessionem jure avocaverit, tradita possessio non intelligitur.“

Wenn also die Eviktion ein Ereigniß ist, durch welches selbst die geschehene Tradition alle Bedeutung verliert und gleichsam als nicht geschehen hingestellt wird, so kann beim Eintritt dieses Ereignisses der Käufer überhaupt nicht mehr die Verpflichtung des Verkäufers zur Tradition geltend machen, und nicht mehr auf den Grund dieser Verpflichtung einen

Anspruch gegen den Verkäufer erheben, sondern nur auf den Grund der weiteren Verpflichtung desselben zur Gewährleistung.

Obige Folgerungen liegen wohl in der Natur der Sache, so daß dies mit der Grund sein mag, warum sich in Pothier's erwähnter Abhandlung und in denen der Commentatoren des Code civ. wie Toullier, Troplong u. s. w. und in Dalloz, Rép. Bd. XLIII. (Vente) und ebenso auch in Glück, Pand. Bd. XX. zu Lib. XXI. tit. II. Dig. de evict. etc. über die vorwürfige Frage nichts Näheres ausgeführt findet.

Bei Eviktionen der letzteren Art ist für den Fall, wo nur ein Theil des Kaufobjektes entwährt ist, durch obige Ausführung dargethan, daß dann die Bestimmung des L.R.S. 1636 als ausschließlich maaßgebend angenommen werden muß, und Käufer nicht den L.R.S. 1610 für sich anrufen kann; was also mit der Entscheidung des Eingangs erwähnten Rechtsfalles in dem oberhofgerichtlichen Urtheile übereinstimmt.

Schließlich ist hinsichtlich des von dem Käufer auch angerufenen L.R.S. 1599 zu bemerken, daß diese Gesetzesstelle ohne Einfluß auf die Entscheidung des vorwürfigen Rechtsfalles bleibt. Bekanntlich war im römischen Recht der Verkauf einer fremden Sache nicht ungültig, und hatte im Fall der Entwährung der Sache namentlich die Folge, daß der Verkäufer Gewähr zu leisten hatte, wie ja eben dieser Fall der Gewährleistung am häufigsten in den römischen Gesetzen besprochen ist. Allein auch das französische Recht, obschon es in Art. 1599 einen abweichenden Grundsatz aufstellte, hat dennoch, wie von allen Seiten anerkannt wird, einem solchen Verkauf alle Wirkungen, wie im römischen Recht, gelassen, mit Ausnahme derjenigen, daß jetzt nicht wie im römischen Recht, erst nach wirklichem Eintritt der Eviktion, sondern sofort wie die Eigenschaft der Sache als einer fremden bekannt wird, die Aufhebung des Vertrages verlangt werden kann.

Man vergl. Troplong de la vente zu Art. 1599 No. 230 ff. 469. 481 ff.

Toullier zu Art. 1599 No. 176. 177 ff.

Hinsichtlich der Eviktionsleistung, namentlich wenn nur ein Theil des Kaufobjektes dem Verkäufer nicht zugehört, ist nichts an den früheren aus dem römischen Recht herübergekommenen Grundsätzen geändert, und ist also die Frage, ob wegen der Entwährung des einen nicht den Verkäufern gehörigen Theiles des Kaufobjektes der ganze Verkauf aufzuheben sei, oder nicht, nach L.R.S. 1636 zu beurtheilen. Ob der L.R.S. 1599 hinsichtlich der Entschädigungspflicht des Verkäufers andere Grundsätze enthalte, als bei der gewöhnlichen Gewährleistung nach L.R.S.S. 1626 ff. gelten, — kommt zur Zeit nicht in Frage, da bis jetzt blos auf Verkaufsaufhebung und nicht eventuell auf Entschädigung geklagt war.

Betzinger.

12.

Vergleich. Rechtskraft.

Wenn ein Rechtsstreit über die Abrechnung aus einem Rechtsgeschäft durch Vergleich erledigt ist, so kann der frühere Beklagte, welcher sich in dem Vergleich ohne Vorbehalt verbindlich gemacht hat, einen Theil des eingeklagten (nach Abrechnung von Gegenforderungen erübrigenden) Forderungsrests zu zahlen — nachdem er also anerkannt hat, daß seine Verbindlichkeiten aus jenem Rechtsgeschäft sich höher belaufen, als seine Forderungen daraus — später nicht mehr weitere Forderungen gegen seinen früheren Gegner gerichtlich geltend machen, durch welche der Betrag seiner Forderungen als — den seiner Verbindlichkeiten übersteigend — dargestellt wird.

Vrgl. Annalen 1863 No. 17 Ziff. 49 S. 130. 131.

In Sachen
des Fritz Schmidt in Dossenbach
gegen
Friedrich Schmidt allda,
Forderung betr.

Die streitenden Theile standen früher wegen Holzankäufen in Geschäftsverbindung, in deren Folge der jetzige Beklagte gegen den dermaligen Kläger im Jahre 18[illegible] eine Klage erhob, welche ihrem Inhalte nach augenscheinlich eine Abrechnung über die hieraus erwachsenen beiderseitigen Forderungen und Gegenforderungen und somit eine gänzliche Auseinandersetzung unter beiden Theilen bezüglich des von ihnen betriebenen Holzgeschäfts bezweckte.

In der Vernehmlassung auf diese Klage hatte der Beklagte (jetzige Kläger) für Holz, welches der Kläger (jetzige Beklagte) in Besitz genommen und veräußert, mehr nicht abzurechnen verlangt, als Letzterer nach Gutschrift der Holzerlöse in der Klage schon abgezogen hatte, nämlich 142 fl. und 20 fl., zusammen 162 fl., und sich auf Bestreitung einiger andern Ansätze in der vorgelegten Abrechnung beschränkt.

Es kam jedoch am 10. April 1860 ein Vergleich zu Stande, worin der damalige Beklagte sich verpflichtete, dem Kläger statt der in der Klage geforderten 263 fl. 41 kr., den Betrag von 168 fl. 2 kr. und zwar sogleich zu zahlen.

Später trat dann der frühere Beklagte Fritz Schmidt klagend auf und verlangte Entschädigung für Holz, welches der Beklagte im Jahre 1859 eigenmächtig abgeführt und veräußert habe.

Als ihm der Vergleich entgegengehalten wurde, behauptete er, im früheren Rechtsstreite seien nur die Ansprüche des jetzigen Beklagten festgestellt, der Austrag seiner eigenen aber ihm vorbehalten worden.

Das Amtsgericht wies ihn jedoch ab und durch oberhofgerichtliches Urtheil vom 17. Dezember 1863 wurde das amtsgerichtliche wieder hergestellt, weil das großh. Oberhofgericht annahm, die Klage sei durch die Einrede des Vergleichs zerstört.

Gründe.

Wenn der frühere Kläger seinen in der Klage auf 263 fl. 41 kr. berechneten Forderungsüberschuß in dem unter beiden Theilen am 10. April 1860 zu Stande gekommenen Vergleiche, wodurch der anhängige Rechtsstreit beigelegt wurde, auf 168 fl. 2 kr. ermäßigte, und der damalige Beklagte seine Verbindlichkeit in diesem Betrag anerkannte, auch diesen Schuldbetrag sofort zu zahlen versprach, so hat Letzterer damit zugegeben, daß nach Abrechnung der beiderseitigen Ansprüche aus dem gemeinschaftlich betriebenen Holzgeschäfte auf Seite des damaligen Klägers die Forderungen, auf seiner — des damaligen Beklagten — Seite aber die Verbindlichkeiten überwiegen. Dieses durch jenen Vergleich nach L.R.S. 2052 endgiltig festgestellte Ergebniß hätte nothwendig ein ungünstigeres sein müssen, wenn Kläger die weiteren jetzt erst gerichtlich erhobenen Entschädigungsansprüche, welche ihm, wie er selbst behauptet, schon damals zustanden, gleichzeitig geltend gemacht und nachgewiesen hätte, was er nicht unterlassen durfte, indem es sich darum handelte, das Ergebniß der gegenseitigen Geschäftsbeziehungen endgiltig festzustellen, somit den Ansprüchen des Gegners alle vorhandenen Gegenansprüche behufs deren Tilgung entgegenzusetzen. —

Nachdem Kläger dies demungeachtet unterlassen, so kann er den Vergleich, bei dessen Abschluß ein entschuldbarer Irrthum über den Gegenstand des Streites nicht füglich obwalten konnte, nunmehr nicht mit der Behauptung anfechten, daß ihm damals weniger, als hätte geschehen sollen, zu gut gerechnet, daß er folglich verkürzt worden sei, — L.R.S. 2052 — und in der That ist die Klage im Wesentlichen hierauf gestützt.

Der Kläger behauptet zwar, daß ihm beim Vergleichsabschlusse der besondere Austrag seiner Entschädigungsansprüche auf Vorbehalt gestattet worden sei; allein der Beklagte widerspricht dies, und jene Behauptung wird nicht nur durch die Verhandlungen in dem Vorprozesse, sondern auch insbesondere durch den Inhalt des Vergleichs und den Mangel jeglicher Erwähnung dieses Vorbehalts in der Vergleichsurkunde widerlegt. Stf.

13.

Besteht eine rechtliche Verbindlichkeit zur Uebernahme des Amtes eines Pflegers im Sinne des §. 260 der Prozeßordnung?

Siehe Annalen 1853 (XX.) Nr. 21. II. S. 166 Ziff. 4 a. b.

In einem bei dem Amtsgerichte E. anhängigen Rechtsstreite sollte für den Beklagten, dessen Aufenthaltsort unbekannt war, ein Pfleger gemäß §. 260 der Pr.O. aufgestellt werden. Hiezu wollte sich Niemand bereit finden lassen, und das Amtsgericht war der Ansicht, daß eine Nöthigung zur Uebernahme dieses Amtes gesetzlich nicht zulässig sei.

Auf die von klägerischer Seite hiergegen ergriffene Beschwerde erkannte jedoch das großh. Hofgericht des Oberrheinkreises unterm 21. Januar dieses Jahres, Nr. 344, II. Senat:

„... wird zu erkennen gegeben, daß sich aus der Beschränkung des §. 260 der Pr.O. die Eigenschaft des fraglichen Prozeßpflegers gewissermaßen als eine Art Abwesenheitspflegers ad hoc erkennen läßt, §. 10 des II. C.E. u. §. 14 der Verordnung vom 29. Septbr. 1804, Reggsbl. Nr. 37."

„Hieraus folgt, daß einerseits die Aufstellung desselben der Fürsorge des Richters überlassen, andererseits die

Uebernahme einer solchen Pflegschaft als eine Staatsbürgerpflicht anzusehen ist, der sich der bestellte Pfleger nicht ohne Weiteres, sondern nur aus gesetzlich zulässigen, den über Pflegschaften überhaupt geltenden Grundsätzen zu entnehmenden Gründen entziehen kann."

„Würde das Gesetz der Gegenpartie es überlassen haben, eine bestimmte Person als bloß willfährig aufzufinden und zu bezeichnen, so würde hierin eine schlechte Fürsorge für den Abwesenden zu erblicken und dieser durch eine mögliche Collision zwischen ihrem und seinem Prozeßpfleger im höchsten Grade gefährdet sein."

„Es hat daher das Amtsgericht einen Prozeßpfleger für den Beklagten aufzustellen und handgelöbdlich zu verpflichten, wozu nach vorliegenden Verhältnissen ein dortiger Rechtsanwalt sich vorzugsweise eignen dürfte."

R. M.

14.

Nichtigkeitsklage gegen eine Zwangsversteigerung.

In Sachen

der Franz Xaver [illegible] Ehefrau, Anna Josepha geborene [illegible] von Freiburg

gegen

die [illegible] daselbst,

Nichtigkeitsklage [illegible] betreffend,

wurde in allen Instanzen erkannt, die Klage finde nicht statt.

In den Entscheidungsgründen zum oberhofgerichtlichen Urtheil vom 15. Oktober 1853 ist angeführt:

„Mit der erhobenen Klage verlangt die Klägerin, daß die am 27. Mai 1852 auf Betreiben des [illegible] in Freiburg vorgenommene Zwangsversteigerung ihrer Liegenschaften als nichtig aufgehoben und die Beklagte als dermalige Besitzerin zur Herausgabe derselben verurtheilt werde. . . .

Insoweit dieses Begehren darauf gegründet wird, daß bei dem Versteigerungsverfahren und dem Zuschlag gesetzliche Vorschriften verletzt worden seien, ist dasselbe schon deßhalb verwerflich, weil nach §. 1021 der Pr.O. alle Klagen und Beschwerden wegen derartiger Fehler in vier Wochen nach dem endlichen Zuschlag erlöschen, letzterer aber bereits im Jahre 1852 erfolgt ist.

Nebstdem ist die Nichtigkeitsklage aber auch aus dem weitern Grunde unstatthaft, weil es der Klägerin möglich gewesen wäre, im Wege der Beschwerdeführung die angeblichen Mängel zu beseitigen. (§. 926 Abs. 2 der Pr.O.)

Wenn nämlich auch die Ankündigung der Versteigerung nur einmal, und nur in dem Localverkündigungsblatt der Stadt Freiburg geschehen, wenn der Zeitraum vom Tage der Festsetzung bis zur Abhaltung der Versteigerungstagfahrt zu kurz gewesen, wenn ferner das versteigerte Haus zu nieder taxirt und die Taxation den Betheiligten nicht eröffnet worden wäre, wenn endlich der Vollstreckungsbeamte den Zuschlag zu früh ertheilt hätte, so hätte die Klägerin rechtzeitig dagegen Einsprache und im Falle der Nichtbeachtung derselben Beschwerde erheben sollen. Dazu war ihr die Möglichkeit gegeben, indem dieselbe inhaltlich der von ihr angerufenen Versteigerungsakten sowohl von der für beide Versteigerungen anberaumten Tagfahrt, der Taxation der Liegenschaften, als bei der Benachrichtigung von der ersten Versteigerungstagfahrt noch unter ausdrücklicher Hinweisung auf die §§. 1008. 1019 der Pr.O. — speciell in Kenntniß gesetzt wurde, die Schätzungsprotokolle bei den Tagfahrten zu Jedermanns Einsicht aufgelegt worden sind, und die Klägerin bei der schon am 6. Tage nach der zweiten Versteigerung vorgenommenen Liquidation, sowie bei der sieben Tage später behufs der Vertheilung des Steigerungserlöses abgehaltenen Tagfahrt und dem vollständigen Verweisungsgeschäft anwesend war, dieses sogar genehmigend unterzeichnete.

Schon hiernach ist die Ladungsverfügung, soweit die Nichtigkeitsklage wegen der darin behaupteten förmlichen Mängel der Versteigerung gerechtfertigt.

In der zweiten Instanz wurde zwar außer den oben erwähnten Nichtigkeitsgründen noch der weitere geltend gemacht, daß in dem Versteigerungstermine Leute erschienen gewesen seien, welche die Steigerungslustigen durch den Vorwand, daß der Ankauf der Liegenschaften zu andern Zwecken bestimmt sei, vom Angebote abgehalten hätten.

(Schluß folgt.)

Annalen der Großherzogl. Badischen Gerichte.

1864. Band XXX. No. 4.

(Schluß von Art. 14.)

Allein dieser Anfechtungsgrund ist von großh. Hofgericht mit Recht nicht berücksichtigt worden, indem nach §. 1173 der Pr.O. bei Appellationen gegen Ladungsversagungen das Vorbringen neuer Thatsachen unstatthaft ist.

Als weiteren Nichtigkeitsgrund hat die Klägerin geltend gemacht, daß überhaupt eine Zwangsversteigerung verfügt worden sei, was hätte unterbleiben sollen, weil Revisor Romann die Capitalschuld der Klägerin erst am 16. April 1852 aufgekündigt habe, demungeachtet schon am 20. Mai 1851 ein Zahlungsbefehl mit nur 14 tägiger Zahlungsfrist gegen sie ergangen, dieser ihr auch so wenig, wie das darauf erfolgte Liquiderkenntniß zugestellt worden sei.

Allein dieser letzteren Behauptung widersprechen die Zustellungsbescheinigungen des Gerichtsboten, welche sich in den von der Klägerin selbst angerufenen Betreibungsacten der Romann'schen Forderung befinden, indem ihr darnach der Zahlungsbefehl am 31. Mai 1851 und das Liquiderkenntniß am 16. September des gleichen Jahres behändigt worden ist. Daß jene falsch seien, hat die Klägerin nicht behauptet, vielweniger begründet.

Hiernach wäre es Sache der Klägerin gewesen, wenn sie das Klagrecht ihres Gläubigers hätte bestreiten wollen, damals von den im 33. Titel der Pr.O. gegebenen Rechtsbehelfen Gebrauch zu machen. Hat sie dies aber unterlassen, so wurde, zumal da auch der erlassene Zahlungsbefehl eine Aufkündigung enthielt, der erst im Januar 1852 gestellten Bitte um Vollstreckung mit Recht stattgegeben.

Wäre aber auch die Zustellung des Zahlungsbefehls und des Liquiderkenntnisses nicht erfolgt, so durfte die Klägerin, wenn sie ihre Rechte wahren wollte, bei der ergangenen Vollstreckungsverfügung sich nicht beruhigen, sondern sie mußte gegen dieselbe das geeignete Rechtsmittel ergreifen. Dies ist aber nicht geschehen, wenigstens hat die Klägerin das Gegentheil nicht behauptet.

Bei dieser Sachlage ist auch der Anfechtungsgrund, daß überhaupt Hilfsvollstreckung, beziehungsweise Liegenschaftsversteigerung erkannt wurde, umsomehr verwerflich, als nach erlassener Versteigerungsverfügung die Klägerin selbst auf Grund des §. 1035 der Pr.O. die Versteigerung auf Zahlungsziele beantragt und damit zu erkennen gegeben hat, daß sie gegen die Versteigerung an sich nichts einzuwenden habe. Stf.

15.

Das Gericht, vor welchem zum Vollzug eines Urtheils Rechnung gestellt wird, muß auch über die Erinnerungen des Klägers verhandeln und entscheiden.

Als ein Endurtheil im Sinne des §. 1176 der Pr.O. kann nicht dasjenige angesehen werden, welches nur auf formellen Gründen beruht, sondern nur dasjenige, welches über die materielle Begründung der bestrittenen Ansprüche (merita causae) entscheidet.

In dem Rechnungsprozeß findet ein selbstständiges, die Feststellung des Bestandes der Masse oder der Einnahmen und Ausgaben nicht bezweckendes, auf andere Thatsachen gebautes, Begehren nicht statt.

Annal. 1851 (XVIII.) No. 19. II. S. 147 ff.

In Sachen

des Freiherrn Emil von Böcklin in Offenburg,

gegen

die Erben der Freifrau Franziska von Böcklin, geborenen v. Gemmingen-Hornberg,

Forderung — hier Rechnungsstellung betr.

Das großh. Hofgericht des Oberrheinkreises hatte mit Erkenntniß vom 21. Mai 1862 angenommen, es sei dem oberhofgerichtlichen Urtheil vom 26. Februar 1862, wodurch den Beklagten aufgegeben wurde, Rechnung zu stellen, von Seiten der beklagten Erben durch einfache Vorlegung einer Rechnung vollkommen Genüge geleistet, und daraufhin die Monita des Klägers gegen die vorgelegte Rechnung als nicht stattfindend abgewiesen.

Das großh. Oberhofgericht hob am 27. Nov. 1863 jenes Erkenntniß auf und wies das großh. Hofgericht an, über die vorliegenden Parteiverträge rechtlicher Ordnung nach zu verhandeln und am Schlusse der Verhandlungen — in der Hauptsache und über die Kosten, vorbehaltlich der Berufung, rechtliches Erkenntniß zu ertheilen.

Gründe:

Die in dem genannten oberhofgerichtlichen Urtheil enthaltene Auflage zur Rechnungsstellung schließt nothwendig die Obliegenheit in sich, die vorgelegte Rechnung gegen die etwaigen Monita des Rechnungsherren zu justificiren, was — im Falle des Widerspruchs — die Verhandlung und Entscheidung von Seiten des Richters bedingt. Das Landrecht erwähnt der Verbindlichkeit zur Rechnungsablegung an verschiedenen Stellen, so insbesondere in dem hier maaßgebenden Satze 803; dagegen enthält unsere Prozeßordnung nicht, wie der Code de proc. civ. Art. 944. 995 — vergl. mit Art. 527 s. q. — genauere Vorschriften darüber, in welchen Formen diese Obliegenheit zu erfüllen, beziehungsweise geltend zu machen ist.

Vergl. Demolombe, cours du code civil ad Art. 803 t. VIII. p. 118.

Es muß daher hierwegen auf das gemeine Prozeßrecht, welches überhaupt zur Ergänzung unserer Prozeßordnung dient, zurückgegangen werden. Dieses geht von den gleichen, eben dargelegten Grundsätzen aus,

vergl. Genslers Commentar zu Martins Civilprozeß §. 249 und ff.,

welche daher, wie dies in der Praxis anerkannt ist, in vorkommenden Fällen auch hierlands zur Anwendung zu bringen sind.

Auf diesen allgemeinen Grundsätzen beruht auch das oberhofgerichtliche Urtheil vom 26. Februar d. J.; in den Entscheidungsgründen ist ausdrücklich gesagt, daß die den Erben auferlegte Rechnungsstellung nur ein Mittel zur Feststellung des Umfanges der fraglichen Erbschaftsmasse und beziehungsweise der Zahlungsverbindlichkeit der beklagten Erben bilden solle, und das ganze zur Herbeiführung jener Feststellung nöthige Verfahren als ein Bestandtheil des bereits anhängig gewordenen Rechtsstreits zu behandeln sei, ähnlich dem Liquidationsverfahren, welches eintritt, wenn in einem Urtheile ein Rechtsanspruch an sich anerkannt, die Liquidation des Umfanges und Betrages desselben noch vorbehalten wurde. Es ist darnach klar, daß im Sinne des oberhofgerichtlichen Urtheils auch die Erörterungen über die Vollständigkeit und Richtigkeit der von den beklagten Erben vorgelegten Rechnung und des die Grundlage derselben bildenden Inventars vor das bisherige Gericht gehören, und es ist dies indem im Verlaufe der Entscheidungsgründe zu dem Urtheil noch besonders hervorgehoben, wie denn auch die beklagten Erben selbst diese Auffassung theilten, indem sie bei ihrer Rechnungsvorlage am Schlusse die Mittheilung derselben an den Kläger und für den Fall, daß dieser die Rechnung nicht anerkenne, Verhandlung und Entscheidung darüber beantragten.

Offenbar ist es aber nun ein Punkt, welcher die den Erben obliegende Verwaltung des Erbvermögens betrifft und folgeweise mit der Vereinigung der von ihnen vorgelegten Rechnung zusammenhängt, wenn der Kläger auszuführen sucht, daß für den zu den Erbfahrnissen gehörigen und zu 5030 fl. geschätzten Schmuck nicht blos der Betrag von 3540 fl., um welchen derselbe veräußert wurde, sondern — weil die Veräußerung nicht ordnungsmäßig geschehen sei — noch weitere 1409 fl., also die Differenz bis zum vollen Taxationswerthe den beklagten Erben in der Rechnung zur Last zu setzen seien. Ebenso berührt es die Feststellung des Inventars als der Grundlage der abzulegenden Rechnung (vergl. Art. 944 Code de procéd. civ. und Chabot des succ. II. S. 183), wenn der Kläger behauptet, daß zu der fraglichen Verlassenschaftsmasse der Freifrau Franziska v. Böcklin außer den in der Rechnung aufgeführten Bestandtheilen auch noch die Summe von 30,000 fl. gehöre, welche der Freifrau v. Böcklin aus einem Vermächtnisse der vor ihr verstorbenen Freifrau v. Berckle in Berlin zugekommen sei.

Mit Unrecht hat daher das Erstinstanzgericht die klägerischen Anträge, insbesondere unter Hervorhebung dieser zwei Streitpunkte, als nicht stattfindend, abgewiesen, ohne auch nur eine Erklärung des Gegentheils darüber zu erheben, — dasselbe hätte vielmehr über diese und die übrigen streitigen Posten zu verhandeln und, wo nöthig, nach vorgängigem Beweisverfahren zu entscheiden.

Durch das hofgerichtliche Erkenntniß sollte allerdings nach der Intention des großh. Hofgerichts der anhängige Prozeß zum Abschlusse gebracht und sollten dem Kläger die Mittel, in diesem Verfahren zu einer Feststellung des Umfanges der Zahlungsverbindlichkeit der Beklagten zu gelangen, — abgeschnitten sein.

Es könnte daher scheinen, daß nach §. 1176 d. Pr.O. die weiter erforderlichen Verhandlungen nunmehr von diesseitigem Gerichtshofe zu leiten und Dem vorgängig in der Sache selbst zu erkennen sei.

Es liegt jedoch in Wahrheit ein Endurtheil im Sinne jenes Paragraphen nicht vor, indem hierunter nur ein solches zu verstehen ist, welches über die merita causae entscheidet, während die hofgerichtliche Entscheidung, ohne auf die Frage über die materielle Begründung der fraglichen Ansprüche einzugehen, nur auf formellen Gründen beruht. Da nun diese Gründe diesseits als verwerflich erachtet werden, so mußte sich auf die Aufhebung der angefochtenen Erkenntnisse beschränkt und im Uebrigen der Rechtsstreit an das Erstinstanzgericht zur Verhandlung und Entscheidung in der Hauptsache zurückgewiesen werden.

Oberhofg. Jahrb. n. F. XIII. S. 305. 306.

In gleicher Weise ist bezüglich des Gesuches um Urkundenedition, welches mit dem Hauptantrage über das angeblich v. Neville'sche Vermächtniß verbunden worden war, ausweislich der hofgerichtlichen Entscheidungsgründe ebenfalls nicht auf dessen Begründung an sich eingegangen, sondern das Gesuch nur als mit dem Hauptantrage von selbst wegfallend, behandelt worden.

Anders als mit den seither behandelten Anträgen des Klägers verhält es sich mit dem von ihm am Schluß der Eingabe vom 2. Mai v. J. unter lit. β gestellten Antrage, daß die Beklagten für den Fall der Nichtbeibringung des Nachweises über die gehörige Verwendung gewisser Bestandtheile der fraglichen Erbmasse, — des Vortheils des Erbverzeichniß — verlustig erklärt werden sollen. Dieses Gesuch bezweckt nämlich nicht die Feststellung des Bestandes der Erbmasse, sondern es enthält ein selbstständiges, auf einen besondern Umstand gebautes Begehren, dessen Willfahrung die rechtliche Folge haben würde, daß die Erben, ohne alle Rücksicht auf den Betrag jener Erbmasse, dem Gläubiger mit ihrem eigenen Vermögen haften müßten.

Ein solcher Antrag kann daher nicht als Theil des anhängigen Rechnungs- oder Liquidationsverfahrens angesehen werden, es erscheint vielmehr das Erkenntniß vom 21. Mai gerechtfertigt, insoweit es diesen Antrag zum besonderen Austrag verwies. Es war diese Ausscheidung um so mehr geboten, als erst nach dem Schlusse des dermaligen Verfahrens, insofern es die Ergänzung des Inventars betrifft, ermessen werden kann, ob etwa Grund zu Anwendung des L.R.S. 801 gegeben ist.

Stf.

16.

Sind die Stationsverwaltungen der Eisenbahngesellschaften als Zweigniederlassungen in die Handelsregister einzutragen?

Das Stadtgericht zu Berlin hat an eine Reihe von Gerichten, worunter auch das Amtsgericht Heidelberg, die Anfrage gestellt:

> Ob die vom Sitze der Gesellschaften entfernten Stationsverwaltungen einer Eisenbahngesellschaft als Zweigniederlassungen besonders in das Handelsregister einzutragen seien?

Das Amtsgericht Heidelberg hat diese Anfrage im Wesentlichen dahin beantwortet:

... Die Regierung hat bis daher den Eintrag ihrer Bahnen überhaupt nicht einleiten lassen.

Warum dies nicht geschah, ist uns nicht bekannt, allein die Rücksicht dürfte nahe liegen, daß alle Einträge Handelssachen und mit diesen die Beziehungen zu Kaufleuten voraussetzen. Alle die Gründe, die für den Eintrag überhaupt sprechen, daß gewissen Vorgängen der Kaufleute eine besondere Offenkundigkeit durch Rundschreiben, Börsenanschlag und Eintrag in Handelsregister gegeben werde, um dadurch den Kredit des Hauses zu stärken und das Publikum vor Täuschungen zu bewahren, fallen beim Staate hinweg, und wenn der Staat das Eisenbahnwesen in seiner Hand behält, so tritt er dadurch so wenig in die Klasse der Kaufleute, daß er vielmehr nur die Postanstalten als Staatssache in vergrößertem Maaßstabe betreibt, so daß die Regierung persönlich weder unter Art. 4 des H.Ges. und dadurch unter die Bestimmung über Einträge fällt, noch daß dadurch die Staatsbahnen aufhören, Staatsbahnen zu sein und dadurch zu Gewerbanstalten von Privaten umgestaltet werden.

Gehören aber die Eisenbahnen Privaten und Actiengesellschaften, so muß ein Eintrag nach Art. 272[a] und Art. 5 erfolgen, aber eine andere, davon wesentlich verschiedene Frage ist die, ob deßhalb auch die Stationsplätze einzutragen sind.

Ein solcher Eintrag dürfte sich nur durch Art. 212 des H.Ges. begründen lassen, allein dann müssen auch die Voraussetzungen von Zweigniederlassungen gegeben sein, was bei den Stationsverwaltungen nicht der Fall ist.

Die Zweigniederlassung arbeitet unter einer eigenen Handelsfirma und mit einem besondern Kapitale, daher dieselbe nach Art. 21 eingetragen werden muß, während ein solcher Eintrag für eine Eisenbahnstation keine Bedeutung hat und daher gegenstandlos erscheint. Nicht jede Handelssache ist schon deßhalb einzutragen, und es ist nicht nur die Zahl der Thatsachen an sich begränzt, sondern es muß auch bei diesen einzelnen bestimmten Thatsachen im gegebenen Falle die Voraussetzung des Eintrags überhaupt vorhanden sein und dies ist bei Stationsverwaltungen nicht zutreffend &c. &c.“ Kah.

17.

Verhältniß der in L.R.S. 840 enthaltenen Bestimmung hinsichtlich der Ermächtigung des Vormunds durch den Familienrath — zu den einschlägigen Vorschriften in L.R.S. 817 und 465, sowie auch in L.R.S. 461.

Wann ist der in L.R.S. 465 hervorgehobene Fall eines von dem Minderjährigen, beziehungsweise von dessen Vormund ausgehenden Antrages auf Theilung vorhanden?

Die Veräußerung einer Liegenschaft bei der Erbtheilung bildet keinen Anlaß zur Anfechtung der letzteren auf Grund des L.R.S. 840, sofern die Veräußerung in dem Falle des L.R.S. 827 (vrgl. mit L.R.S. 824 2r Absatz) und im Wege der öffentlichen Versteigerung nach L.R.S. 459 (vrgl. L.R.S. 460) geschehen ist.

Die Namens des entmündigten Johann Wagner von Leimen von seiner Ehefrau und Vormünderin gegen Jakob Rehm von da im September 1862 erhobene Klage wurde in zweiter Instanz darauf beschränkt, daß die auf Ableben der Georg Philipp Rehms Ehefrau, Katharine geb. Schneider, Mutter des Joseph Wagner und (aus späterer Ehe) des Beklagten Jak. Rehm — im Jahre 1843 vorgenommene Theilung wegen formeller Ungiltigkeit aufzuheben und eine definitive Theilung durch die Theilungsbehörde vorzunehmen sei. (Ursprünglich war die Klage auch auf Umstoßung dieser Theilung auf Grund einer Verkürzung, und zugleich auf Ungültigerklärung einiger Bestimmungen des der Theilung mit zu Grunde gelegten Vermögensübergabsgeschäftes vom Jahre 1832 gerichtet gewesen.) Das beschränkte Klagbegehren wurde auf den L.R.S. 840 gebaut, indem behauptet wurde, daß es bei fraglicher Theilung mehrfach an der nach diesem Landrechtsatz erforderlichen Ermächtigung des Familienrathes für den Vormund des entmündigten Joh. Wagner fehle, zunächst nämlich schon bei der Erbantretung, welcher Akt klägerischerseits ebenfalls in den Bereich des L.R.S. 840 gezogen wird; sodann bei dem Theilungsgeschäfte überhaupt, indem nach der klägerischen Auffassung des L.R.S. 840 die Mitwirkung des Familienrathes bei der ganzen in den L.R.S.S. 817 bis 839 behandelten Theilungsoperation nöthig wäre; endlich insbesondere zu der geschehenen Veräußerung eines in der Erbmasse begriffenen Ackers. Aus den beiderseits angerufenen Verlassenschaftsakten ist hervorzuheben, daß zu dem (vorsichtsweisen) Erbschaftsantritt des Vormundes des entmündigten Joh. Wagner auf Gutachten des Waisengerichtes und Antrag des Amtsrevisorats jedoch ohne Einvernahme der in Ziff. 19 lit. a des II. Einf.Ed. ebenfalls genannten nächsten Verwandten die obervormundschaftliche Genehmigung von großh. Oberamte Heidelberg ertheilt worden war, und ebenso zu der ebenbemerkten Liegenschaftsversteigerung. Der beklagtische Theil hatte sich auf diese Genehmigungen berufen, die rechtlichen Auffassungen des klagenden Theiles bekämpft, und auch die Einrede der Klagenverjährung des L.R.S. 1304 entgegengehalten.

Die Klage auch in dem oben bemerkten beschränkten Umfang wurde, wie es schon vom Unterrichter geschehen war, auch von großh. Hofgerichte und Oberhofgerichte abgewiesen, von letzterem mit Urtheil vom 18. Februar 1864 aus nachstehenden Gründen:

„Von dem klagenden Theil, Johann Wagners Ehefrau, als Vormünderin ihres entmündigten Ehemannes, ist die Oberappellation gegen das hofgerichtliche Urtheil deßhalb ergriffen, weil durch dasselbe auch das beschränkte Klagbegehren, wie es klägerischer Seits in zweiter Instanz aufgestellt worden war, abgewiesen wurde. Diese Beschwerde ist aber nicht gegründet. Jenes Begehren des klagenden Theils ist nämlich darauf gerichtet, daß die auf Ableben der Katharina geborenen Schneider, Mutter des klägerischen Ehemanns J. Wagner, vorgenommene Erbtheilung vom Jahre 1845 auf Grund des L.R.S. 840 wegen Mangels der Mitwirkung des Familienraths zum Erbschaftsantritt des entmündigten J. Wagner und zur Theilung — aufgehoben, und eine neue Theilung vorgenommen werde.

Was aber zuvörderst den Erbschaftsantritt betrifft, so kann sich der klagende Theil, wie schon großh. Hofgericht hervorgehoben hat, nicht wohl darüber beschweren, daß die geschehene Erbantretung nicht als ungiltig umgestoßen wurde, indem dieselbe zugleich zur Begründung seiner Sachlegitimation gehört, und mit der Ungiltigerklärung derselben sein ganzes Auftreten mit der vorwürfigen Klage wenigstens als zur Zeit nicht statthaft zurückgewiesen werden müßte.*) Bei dieser Sachlage kann von der Frage abgesehen werden, ob durch die auf Antrag des Waisengerichts erfolgte obrigkeitliche Genehmigung der Erbantretung des Vormundes das geschehen sei, was nach §. 5 und 19 des II. Einf.Ed. anstatt der Ermächtigung des Familienrathes vorgeschrieben ist.

Der L.R.S. 840, auf welchen die Klage hauptsächlich gebaut werden will, bezweckt — was die Minderjährigen oder Entmündigten betrifft — nur auszusprechen, welche Wirkung für dieselben die Beobachtung der in den vorangegangenen Gesetzesstellen gegebenen Vorschriften bei Theilungen unter der Voraussetzung, daß der Vormund die gesetzlich erforderliche Ermächtigung hatte, äußern solle; er will aber keine eigene Vorschrift darüber aufstellen, in welchen Fällen und zu welchen Maaßnahmen eine solche Ermächtigung dem Vormund nöthig sei, sondern darüber lediglich auf die schon vorangegangenen Gesetzesbestimmungen zurückweisen, so daß also darin keine andere Vorschrift, als wie sie bereits in den L.R.S.S. 817 und 465 enthalten ist, erblickt werden darf.

Man vergl. Maleville zu Art. 840.
Chabot, success. zu Art. 840 No. 2.
Dalloz, Répert. Bd. XLI. succ. S. 469 No. 1590.
Demolombe, Bd. VIII. succ. S. 222 — 226 No. 689 ff.

Die ebenbemerkten, und klägerischerseits angerufenen L.R.S.S. 817 und 465 aber, die mit einander in Verbindung zu setzen sind, haben bekanntlich ihren Anlaß in der älteren französischen Gesetzgebung, wonach theilweise nach dem Vorgang des römischen Rechts -- L. 1 §. 2 und 7 Dig. de reb. cor. qui sub. tutel. (27. 9) und L. 17 Cod. de praed. minor. (5. 17) — minderjährige Erben, die mit großjährigen concurrirten, beziehungsweise deren Vormünder gar nicht von ihrer Seite auf Theilung von liegenschaftlichem Erbe antragen konnten, sondern den deßfallsigen Antrag der großjährigen Miterben abzuwarten hatten, während der Code civil den Minderjährigen, beziehungsweise ihren Vormündern, ein selbstständiges Recht zum Antrag auf eine solche Theilung gibt, aber dann zur Ausübung desselben die Ermächtigung des Familienrathes verlangt. Bei der vorwürfigen Theilung handelt es sich aber nun nicht um einen solchen besonderen, ausschließlich von Seiten des Entmündigten, beziehungsweise seines Vormundes ausgegangenen Antrag, weil vielmehr außer ihm zugleich sein großjähriger und selbstständiger Miterbe Jakob Rehm auch von seiner Seite die Theilung veranlaßt hatte, und auf den von diesem ausgegangenen Antrag der entmündigte J. Wagner, beziehungsweise dessen Vormund sich nach dem Schlußsatz des L.R.S. 465 einlassen konnte, ohne einer Ermächtigung zu bedürfen, wie er ohnehin sich einem solchen Antrag nach L.R.S. 815 mit Erfolg nicht widersetzen konnte.

Dalloz, Rép. Bd. XLI. succ. S. 469 No. 1587 ff.

Wenn endlich klägerischer Seits noch als Verletzung der speciellen, in L.R.S. 826 gegebenen Vorschrift des Theilungsverfahrens hervorgehoben wird, daß ein den beiden Miterben gemeinschaftlich angefallener Acker nicht unter ihnen verloost oder vertheilt, sondern veräußert worden sei, und zwar wieder ohne Genehmigung des Familien-

---

*) Ohnehin bezieht sich die auch hier angerufene Vorschrift des L.R.S. 840 zusammengehalten mit L.R.S. 1314, 466 und 461 nur auf die Geschäfte der eigentlichen Vertheilung der Erbmasse, Partage, L.R.S.S. 817 ff., und nicht auch auf die Erbantretung; diese ist, wenn sie auch eine Voraussetzung für die Theilungsvornahme bildet, ein selbstständiger Akt, welcher auch im Gesetz in einem andern Abschnitte als die Erbtheilung (im Kap. V. Tit. I. des III. Buches) behandelt ist. Der Umstand daher, daß bei der Erbantretung für den Entmündigten ein gesetzliches Erforderniß unbeobachtet blieb, würde den Entmündigten, beziehungsweise seinen Vertreter berechtigen, die Erbantretung gemäß L.R.S. 1125, 1305 mit dem gewöhnlichen Rechtsbehelf der Minderjährigen, beziehungsweise Entmündigten nach L.R.S. 1304 überhaupt als ungiltig und unwirksam anzufechten und folgeweise auch die ohne die gesetzliche Voraussetzung einer gehörigen Erbantretung geschehene Erbtheilung; und letztere würde daher auch nicht einmal als fürsorgliche Theilung gelten, wie dies der L.R.S. 840 für den Fall der Außerachtlassung von Vorschriften, die für das eigentliche Theilungsgeschäft gegeben sind, anordnet. Man vergl. auch oberhofgerichtl. Jahrb. n. F. VIII. S. 515—516. D. E.

raths: so ergibt sich aus dem übrigen Inhalt der Klage und den von klägerischer Seite angerufenen und vorgelegten Verlassenschaftsakten vom Jahre 1845, daß die Veräußerung im Wege öffentlicher Versteigerung, zur Tilgung einer den beiden Miterben obliegenden Schuld, zu deren Zahlung sonst keine genügende Mittel, namentlich keine genügenden Fahrnisse in der Erbschaft vorhanden waren, und daß sie außerdem auf Ausspruch des in dieser Theilung als gesetzlicher Schätzer und Experte fungirenden Waisenrichters, daß der Acker sich füglich nicht theilen lasse, geschehen ist; ferner daß auch der großjährige selbstständige Miterbe Jakob Rehm auf diese Versteigerung angetragen und die zuständige Theilungsbehörde dem Antrag stattgegeben hatte, so daß also nach L.R.S. 824 vergl. mit §. 5 des II. Einf.Ed. und der dort angezogenen Waisenrichterordnung, Regbl. 1810 No. 18, sodann nach L.R.S. 827, vergl. mit L.R.S. 460, eine Versteigerung auch ohne Ermächtigung eines Familienraths zulässig war. Auch abgesehen daher von dem Umstande, daß zu dieser Versteigerung ebenfalls die obrigkeitliche Genehmigung auf Antrag des Waisengerichts erfolgt war: kann auch diese Versteigerung keinen giltigen Grund zur Beanstandung des Theilungsgeschäfts abgeben.

Bei dieser Sachlage kann es nun auch nicht mehr darauf ankommen, ob im Falle des L.R.S. 840 kurzweg eine neue Theilung verlangt werden könne, oder die frühere durch eine Umstoßungsklage beseitigt werden müsse, und ob der Letzteren die vom Beklagten vorgeschützten Einreden entgegenstehen würden.*) Es war vielmehr das abweisliche hofgerichtliche Urtheil und zwar gemäß §. 168 der Pr.O. unter Verfällung des klagenden oberappellirenden Theils auch in die Kosten der dritten Instanz — zu bestätigen. **Betzinger.**

18.

Kann derjenige, welcher die Gemeinschaft einer Grenzmauer erwarb, lediglich aus diesem Grunde die Beseitigung einer von dem früheren Alleineigenthümer angebrachten, dieser Mauer schädlichen, Anlage, oder die Anlage schützender Werke im Sinne des L.R.S. 674 verlangen?

Urtheil des Hofgerichts des Unterrheinkreises vom 2. Dezember 1863 J. S. Mai gegen Schweikart.

Gründe:

Eigenthumsbeschränkungen unterliegen der strengsten Auslegung des L.R.S. 544. 544 a.

Eine Beschränkung des Rechts, über sein Eigenthum nach Belieben zu verfügen, enthält die Vorschrift des L.R.S. 661, welche demjenigen, der mit seinem Grundeigenthum an eine fremde Mauer angrenzt, die Befugniß verleiht, gegen eine gewisse Vergütung das Miteigenthum an derselben zu erwerben, beziehungsweise den bisherigen Alleineigenthümer zur Ueberlassung der Gemeinschaft zu nöthigen.

Nach gedachter Auslegungsregel hat mithin der Anstößer nur das Recht, die fremde Mauer in demjenigen Zustande, worin sie sich gerade befindet, gemeinschaftlich zu machen und von nun an die, aus der Gemeinschaft fließenden Befugnisse auszuüben; eine weitere, insbesondere auch eine rückwirkende, Kraft ist der Erwerbung eines derartigen Miteigenthums durch das Gesetz nirgends verliehen.

Rückwirkende Kraft würde aber dem Gemeinschaftserwerb beigemessen werden, wenn der bisherige Alleineigenthümer einer Grenzmauer vom Erwerber des Miteigenthums genöthigt werden könnte, eine schon vorhandene

---

*) Diese Frage ist bekanntlich sehr bestritten, man vergl. oberhofg. Jahrb. n. F. X. S. 316 ff. und XIII. S. 231 ff. Daß die an letzterer Stelle angenommene Ansicht, wonach nicht nur dem Minderjährigen, (Minderjährigen u. dergl.) sondern auch dem großjährigen, rechtsfähigen Miteigenthümer die Befugniß zukommen solle, eine nochmalige Theilung zu verlangen, — von den französischen Gerichten nicht getheilt wird, darüber ist schon in den zuerst erwähnten, oberhofgerichtl. Jahrb. n. F. X. S. 317, die Entscheidung des Cassationshofes vom 21. Juni 1839 (man vergl. auch Annalen IX. Beibl. Nr. 5 S. 17) angeführt, und ist von Vazeille [illegible] Ziff. 6 eine Reihe von Urtheilen französischer Gerichtshöfe beigefügt, während Vazeille selbst sich zu der andern Ansicht, wornach allen Interessenten jene Befugniß zustehe, bekennt. Ebenso beschränkt eine Entscheidung des Cassationshofes vom 12. Mai 1823 die betreffende Klage nach L.R.S. 840 auf die Dauer von 10 Jahren (L.R.S. 1304), während eine frühere Entscheidung vom 3. Februar 1812 sich hierin mehr dem älteren Rechte nähernd, die gewöhnliche Verjährung von 30 Jahren angenommen hatte, Dalloz, Rép. t. XLI. partage, p. 564 No. 2213—2234. Im vorwürfigen Falle würde übrigens, da die Entmündigung des Joh. Wagner seit der Theilung von 1845 noch fortdauert, der Klage desselben, beziehungsweise seiner Vormünderin auch die 10jährige Frist des L.R.S. 1304 gemäß des 3. Absatzes dieser Gesetzesstelle, — nicht entgegengehalten werden können.

D. R.

Anlage der in L.R.S. 674 bezeichneten Art zu entfernen oder mit schützenden Werken zu versehen, ohne daß er dazu vorher schon verpflichtet gewesen wäre, was offenbar dann nicht der Fall ist, wenn die Schädlichkeit der Anlage nur das alleinige Eigenthum (die Mauer) treffen konnte und sich nicht auch auf das Nachbargut ausdehnte oder auszudehnen drohte.

In Ermangelung einer gesetzlichen Bestimmung ist unter solchen Umständen derjenige Anstößer, welcher eine mit einer schädlichen Anlage verbundene Grenzmauer gemeinschaftlich machen will, behufs der Beseitigung der ersteren lediglich auf den Weg besonderer Uebereinkunft verwiesen.

Sirey, 1842 II. S. 463.

Kab.

19.

Was ist unter einem Wittum im Sinne des L.R.S. 738a zu verstehen?

Liegt in der Ausbedingung eines Wittums auch ein Verzicht auf die eheliche Nutznießung, welche der L.R.S. 745a gewährt?

In Sachen

der Ochsenwirth Karl Litsch Eheleute in Friesenheim

gegen

Louise Bär, unter Vormundschaft des Johann Kilius allda,

Nutznießung betr.,

nahm die in zweiter Ehe lebende Klägerin gegenüber der Beklagten, ihrer minderjährigen Tochter aus erster Ehe, neben der Nutznießung, welche ihr kraft Ehevertrags an dem von ihrem verstorbenen Manne hinterlassenen Wirthshaus zukommt, auf Grund des L.R.S. 745a auch noch die Nutznießung an ¼ des übrigen ehemännlichen Nachlasses in Anspruch. Dieser Anspruch wurde ihr jedoch aus dem Grunde bestritten, weil sie, indem sie sich im Ehevertrag die Nutznießung an jenem Hause und damit ein Wittum bestellen ließ, auf die durch L.R.S. 745a gewährte eheliche Nutznießung verzichtet habe.

Die Entscheidungsgründe zum oberhofgerichtlichen Urtheil vom 23. Februar 1861, durch welche das erstrichterliche, die Klage abweisende, wieder hergestellt wurde, sprechen sich über obige Fragen, wie folgt, aus:

„Die Schlußbestimmung des L.R.S. 738a ist zwar im L.R.S. 745a nicht ausdrücklich wiederholt, muß indessen auch bei der Nutznießung im Sinne dieses Satzes Anwendung finden, indem die Zusätze unseres Landrechts, welche die gesetzliche Nutznießung des überlebenden Ehegatten einführten *), nur dazu bestimmt sind, dem Letztern die Versorgung, die sich der Regel nach schon von der Vorsicht und von dem Pflichtgefühl der Ehegatten erwarten läßt, zu sichern, — also da nicht anwendbar sind, wo bereits der Ehevertrag eine Vorsorge getroffen hat. (Brauer's Erl. II. Bem. 38. 39. 54, III. Bem. 95.) Deßhalb bestimmt denn auch L.R.S. 1519a, daß die im Zusatz 745a festgesetzte eheliche Nutznießung bei einem durch Ehevertrag bedungenen Voraus der Regel nach wegfallen solle. Es wäre auch nicht einzusehen, weßhalb die Ausbedingung eines Wittums einen andern rechtlichen Charakter im Falle der Rücklassung von Kindern annehmen sollte, als sie bei kinderloser Eheauflösung hat; und weßhalb die Kinder in dieser Beziehung schlimmer gestellt sein sollten, als entferntere Verwandten des verstorbenen Ehegatten.

Ist ferner auch die Nutznießung der Klägerin im Ehevertrag nicht mit dem Namen eines Wittums bezeichnet, so stellt sie sich doch der Sache nach als ein solches dar. Unser Landrecht enthält zwar keine Bestimmung über den Begriff eines Wittums; da es sich aber in seinen Vorschriften über die Nutznießung des überlebenden Ehegatten dem älteren deutschen Rechte anschließt, so versteht es ohne Zweifel unter einem Wittum ebenso, wie das gemeine deutsche Privatrecht (vergl. Mittermaier §. 396, Eichhorn §. 305, Runde [illegible] §. 599, Gerber §. 234, Bluntschli §. 158) nicht allein eine der Wittwe ausgesetzte Unterhaltsrente, sondern auch die ihr an einer Liegenschaft des ehemännlichen Nachlasses eingeräumte Nutznießung, und zwar ohne daß es weiter darauf ankommt, ob damit für alle Lebensbedürfnisse der Wittwe hinreichend gesorgt ist oder nicht, wie denn auch der L.R.S. 1519a die gesetzliche Nutznießung bei einem noch so geringen Vorausempfang aus der Gemeinschaft der Regel nach wegfallen läßt &c."

Sff.

[illegible]

*) 738a, 745a, 1519a, 1535a, 1570a h.

20.

Kann der in das Offenkundigkeitsbuch eingetragene Erbschaftsverzicht nur durch ausdrücklichen Widerruf der Entsagung oder auch stillschweigend durch Einmischungshandlungen widerrufen werden?

Urtheil des Hofgerichts des Unterrheinkreises vom 18. Novbr. 1863 J. S. Horsch gegen Leiß.

Gründe:

ꝛc. ꝛc. Indem die Bestimmung des L.R.S. 790 (und 462) dem verzichtenden Erben gestattet, innerhalb der (30jährigen) Verjährungsfrist die Erbschaft noch anzutreten, wenn nicht ein anderer Erbe zuvorgekommen ist, knüpft sie die Wirksamkeit der Antretung nicht an den ausdrücklichen Widerruf des Verzichts und unterscheidet auch hinsichtlich der Art der Antretung in keiner Weise. Bei der allgemeinen Fassung dieser Bestimmung ist es nach bekannten Interpretationsregeln nicht zulässig, derselben eine Beschränkung oder Unterscheidung hinzuzufügen,

Zachariä, I. §. 40,

sondern muß solche in ihrer Allgemeinheit aufgefaßt und mit Rücksicht auf die einschlägige gesetzliche Bestimmung über die Art und Weise, wie Erbantretungen überhaupt zu geschehen haben, ausgelegt werden.

Da nun nach L.R.S. 778 Erbschaften auch stillschweigend angetreten werden können und die Antretungen nicht gleich den Entsagungen offenkundig zu machen sind, und da die Bestimmung des L.R.S. 790 (462) die nachträgliche Erbantretung verzichtender Erben zuläßt, ohne über die Form der Antretung und die Art des Widerrufs besondere Vorschriften zu geben, so ist auch dem Kläger gestattet gewesen, die väterliche Erbschaft, auf die er verzichtet hatte, nachträglich stillschweigend anzutreten und damit zugleich — ohne an eine bestimmte Form gebunden zu sein, und insbesondere den Strich des Eintrags im Offenkundigkeitsbuch bewirken zu müssen — die Entsagung auf die Erbschaft stillschweigend zu widerrufen.

Sirey, 1860 I. pag. 956—958.
Zachariä, IV. §. 611 Anm. 6.
Annalen, XXI. S. 57. Kah.

21.

Ueber die Ausfolgung betagter Vermächtnisse.

Im Stück vermachte Gegenstände sind von der testamentarischen Anordnung der Versteigerung der Erbmasse ausgenommen.

In Sachen
des Martin Wagner und seiner Ehefrau Anna Maria geb. Riegert von Eschbach
gegen
Michael Vogt von Schallstadt,
Auslieferung von Vermächtnissen und Fahrnissen betr.

Der Vater des Beklagten, der am 8. April 1862 in Schallstadt gestorbene Michael Vogt, welcher in seinem Testament vom 22. Januar desselben Jahres seinen Sohn auf den Pflichttheil gesetzt, hatte darin verfügt, von der freien Hälfte seines Nachlasses solle die klägerische Ehefrau für geleistete treue Dienste die Summe von 2500 fl., sodann u. A. 20 Sester Waizen und zwei Weinfässer in Eisen, von etwa 12 Ohm, eigenthümlich erben, am Schlusse (§. 6) des Testaments aber verordnet:

„Nach meinem einstigen Ableben soll all mein liegendes und fahrendes Vermögen, welches ich zurücklasse, öffentlich versteigert und sodann der Erlös über Abzug etwa vorhandener Schulden nach obigen Bestimmungen gehörig vertheilt werden."

Die Klägerin hat nun gegen den Pflichterben Klage erhoben und gebeten, ihn für schuldig zu erklären, das Testament vom 22. Januar 1862 als gültig anzuerkennen, und ihr demgemäß das darin ausgesetzte Vermächtniß mit 2500 fl. nebst Zinsen, sodann die darin weiter bezeichneten Gegenstände, wovon jetzt nur noch 20 Sester Waizen und zwei Weinfässer in Frage sind, auszufolgen.

In den Entscheidungsgründen zum oberhofgerichtlichen Urtheil vom 26. Januar 1864 ist ausgeführt:

„Aus den Erklärungen beider Theile ist zu entnehmen, daß von Seite des Beklagten dem Testamente und den darin ausgesetzten Legaten die Anerkennung nicht versagt war.

(Schluß folgt.)

Annalen der Großherzogl. Badischen Gerichte.

1861. Band XXX. No. 5.

(Schluß von Art. 21.)

Die Anfangsworte des Klaggesuchs können hiernach nur als zu dessen Einleitung dienend betrachtet werden, während es im Wesentlichen darauf gerichtet ist, daß der Klägerin, nachdem mit dem Tode des Erblassers nach L.R.S. 1014 das Eigenthum an dem ihr zugedachten Vermächtniß auf sie übergegangen war, nun auch der Besitz desselben übertragen werde. *)

Dieses Gesuch ist nicht eher begründet, als bis der Erlös aus der Veräußerung der Masse, aus welchem die Zahlung nach dem Willen des Erblassers geleistet werden soll, zur Vertheilung bereit liegt; diese Veräußerung hatte aber zur Zeit der Klagerhebung noch nicht stattgefunden. Die Klägerin beschuldigt den Beklagten nicht etwa einer böswilligen Verzögerung jener ihm obliegenden Verbindlichkeit, sondern hält den §. 6 des Testaments auf ihren Anspruch nicht für anwendbar; — dies ist der Schwerpunkt des Streits, worauf sich die richterliche Entscheidung zu beschränken hat, und wobei der Klägerin unbenommen bleibt, eventuell ihre Rechtszuständnisse in erster Beziehung geltend zu machen.

Die Bestimmung in §. 6 des Testaments bezieht sich auf alle Ansprüche an das Erbe, also auch auf die Vermächtnisse der Klägerin, mit Ausnahme jedoch der ihr vermachten, im Stück vorhandenen Fahrnisse, hier Weinfäßer und Waizen. Denn eben dadurch, daß der Erblasser diese der Klägerin im Stück zugeschieden, hat er seinen Willen genugsam zu erkennen gegeben, daß sie von der Versteigerung ausgenommen sein sollen.

Da sie demungeachtet mit den übrigen Fahrnissen des Nachlasses versteigert worden sind, so ist der Anspruch auf Erstattung ihres Geldwerths aus der Masse (L.R.S. 1136) — und zwar sofort — begründet.

Stf.

*) Das Eigenthum an einem unbedingten, (und selbst an einem betagten (Troplong donat. Nr. 1873) Vermächtniß geht nach L.R.S. 1014 sofort mit dem Tode des Testators auf den Vermächtnißnehmer über und diesem gebühren Zinsen und Früchte der vermachten Sache von dem Tage an, an welchem er die Klage auf Ausantwortung des Vermächtnisses angestellt hat, oder an welchem ihm die Auslieferung vom gesetzlichen Erben freiwillig zugesagt worden ist. Unter jener Klage auf Ausantwortung (demande en délivrance) L.R.S. 1004. 1011. 1014 versteht das Gesetz nicht nur die Klage auf Einräumung des faktischen — materiellen — Besitzes der vermachten Sache (la mise en possession), sondern insbesondere auch eine Klage auf Einsetzung in die Gewähr des Vermächtnisses, — darauf daß dem gesetzlichen Erben in Bezug auf die vermachte Sache die Saisine des L.R.S. 724 entzogen und auf den Vermächtnißnehmer übertragen werde.

Aubry et Rau VI. Bd. §. 718 S. 155 No. 4.

Von Zustellung dieser Klage an hört der gesetzliche Erbe auf, rechtlicher Besitzer der vermachten Sache zu sein, er kann also von da an nicht mehr ihre Früchte und Zinsen beanspruchen. Wenn eine — Zinsen oder Früchte — tragende Sache vermacht worden, so gebühren dem Vermächtnißnehmer vom Tag der Zustellung der Klage auf Ausantwortung des verfallenen Vermächtnisses — auf Uebertragung der Saisine — die Zinsen, resp. Früchte der Sache selbst dann, wenn auch die factische Besitzeinweisung aus irgend einem Grunde nicht sofort realisirt werden könnte.

22.

Die Klage auf Umstoßung eines bei Gelegenheit und zum Zweck der Erbtheilung abgeschlossenen Vergleichs nach L.R.S. 888 findet nur dann statt, wenn durch den Vergleich die Gemeinschaft unter den Miterben aufgehoben worden ist; andernfalls kommt L.R.S. 2052 zur Anwendung.

Während der L.R.S. 2052 im zweiten Absatz die Regel aufstellt, daß Vergleiche nicht wegen Verkürzung angefochten werden können, verordnet der L.R.S. 888, daß gegen Vergleiche, wodurch die Gemeinschaft unter den Miterben aufgehoben werde, die Klage auf Umstoßung stattfinde.

Als in der Sitzung vom 13. Januar 1803 die Section V. de la Rescision en matière de Partage im Staatsrath von Treilhard vorgelegt und discutirt wurde, machte Tronchet zu Art. 176 des Entwurfs, welcher dem Art. 888 des Code entspricht, die Bemerkung, que s'il est un auteur qui ait admis qu'un premier partage fait en forme de transaction puisse être attaqué, Dumoulin le regarde au contraire comme une véritable transaction et veut qu'il en ait toute la force s'il y avait d'ailleurs lieu à une contestation sérieuse, et seulement in eâ re, in quâ transactum fuit. En effet, c'est parce que les transactions éteignent les procès, qu'on leur accorde le privilége de ne pouvoir être attaquées. Pourquoi des héritiers qui méritent la faveur de la loi, seraient-ils privés de l'avantage d'étouffer leurs contestations? Tous les caractères de la transaction se rencontrent dans le partage qu'ils font pour atteindre ce but: il y a matière à transiger, puisqu'il y a des difficultés entre eux; leur partage est qualifié, par eux-mêmes, de transaction; il doit en avoir les effets, in eâ re in quâ transactum est, car la transaction peut être partielle. Par exemple, dans le cas où la contestation porte sur l'estimation d'un immeuble ou sur la qualité d'un héritier, on consent à donner une somme à ce dernier ou à recevoir un complétement de celui auquel l'immeuble est échu: c'est là une véritable transaction, mais seulement in eâ re, in quâ transactum fuit; l'acte retient son caractère de partage, quant au surplus.

Treilhard erwiederte, que la section s'est déterminée par la raison que le premier acte que les héritiers font entre eux, tend toujours à partager la succession: ainsi cet acte doit être résoluble dans les mêmes cas que tout autre partage; peu importe qu'on l'ait appelé une transaction; il faut s'arrêter plus à la réalité qu'au titre. On sait que souvent les parties supposent des difficultés imaginaires, pour donner à leur acte le privilége des transactions; ensuite, il y a un premier procès sur le véritable caractère de l'acte. L'article évite ce procès aux héritiers.

Locré la législation de la France T. X. p. 142. 143.

Der Art. wurde an die Section zurückgegeben und als Art. 171 des Entwurfs in der Sitzung des Staatsraths vom 5. April 1803 von Treilhard nach einer Conferenz mit dem Tribunat wieder vorgelegt und angenommen.

Locré, l. cit. p. 143. 154. 170.

In dem Bericht von Chabot an das Tribunat in der Sitzung vom 16. April 1803 ist bemerkt:

No. 62. L'égalité qui doit être observée dans les partages, exigeait aussi que la rescision fût admise pour cause de lésion et même pour une lésion moindre que celle qui est nécessaire en vente ordinaire, puisque dans les ventes ordinaires, il se fait une espèce de commerce ou de négoce qui n'exige pas une égalité aussi rigoureuse que dans les partages où rien n'est à commercer ni à négocier.

C'est par ce motif qu'il était généralement reçu dans notre droit français que la lésion de plus du quart suffisait pour opérer la rescision des partages; le projet de loi maintient cette disposition; et pour qu'on ne puisse pas l'éluder en donnant à l'acte de partage une autre dénomination, il dispose que tout acte qui aura pour objet de faire cesser l'indivision entre cohéritiers, sera considéré comme un partage.

Cependant comme il faut un terme aux actions rescisoires, si le partage a été suivi d'une transaction faite sur des difficultés réelles, il sera irrévocable, même quand il n'y aurait pas eu à ce sujet de procès commencé."

Locré, l. c. p. 268. 269.

Chabot, commentaire sur la loi des successions T. II. p. 601. 603—5. 606 führt hiermit übereinstimmend zu Art. 888 aus:

1) La première disposition de cet article établit d'une manière précise le veritable caractère du partage, pour empêcher qu'en donnant à cet acte la forme et la dénomination d'une autre espèce de contrat, on ne parvienne à la soustraire, contre le voeu de la loi, à l'action en rescision pour cause de lésion.

Tout acte qui a pour objet de faire cesser l'indivision entre cohéritiers, est un partage, dans quelque forme qu'il ait été redigé et quelque soit le titre qu'on lui a donné.

Vainement on chercherait, à en changer la nature en dissimulant son véritable objet: vainement on chercherait à le cacher sous la forme d'une vente, ou d'un échange, ou d'une transaction ou de toute autre manière. Il suffit que l'acte ait pour objet réel de faire cesser l'indivision entre cohéritiers, pour qu'il soit toujours un partage, quelles que soient les conventions qu'on y a insérées, quelle que soit la denomination qui lui a été donnée et qu'en conséquence il soit sujet à la rescision, pour cause de lésion de plus du quart.

Autrement, en effet rien ne serait plus facile que

de violer l'égalité qui doit regner entre les cohéritiers.

D'une part, il suffirait pour empêcher toute action en rescision pour cause de lésion, de supposer, dans le partage, une transaction sur les difficultés imaginaires, et cela ne peut être tolérable etc.

4) Le cas où l'acte qui fait cesser l'indivision est qualifié de transaction mérite d'être particulièrement examiné. Aux termes de l'art. 888, l'acte qui a pour objet de faire cesser l'indivision entre cohéritiers est soumis à l'action en rescision pour cause de lésion, encore qu'il soit qualifié de transaction. Or ces expressions, encore qu'il soit qualifié de transaction, annoncent suffisamment qu'il s'agit d'une qualification fausse *), laquelle aurait été donnée à un acte qui n'aurait d'autre objet que de faire cesser l'indivision entre les cohéritiers, qui ne contiendrait pas en effet de transaction sur des difficultés réelles, et qu'on n'aurait rédigé en forme de transaction, en supposant des difficultés qui n'existaient pas ou qui n'étaient pas sérieuses, qu'afin de le soustraire à l'action rescisoire pour lésion en vertu de l'article 2052 du Code etc.

Il arrive souvent que, lors même que les cohéritiers sont d'accord sur leurs droits respectifs dans la succession, il s'élève entre eux des discussions relativement au partage, soit pour le faire ordonner en justice contre ceux qui ne veulent pas y procéder à l'amiable ou qui veulent le faire ajourner, soit sur la possibilité du partage ou la nécessité d'une licitation, soit sur l'estimation des biens et la composition des lots, soit enfin généralement sur le mode de procéder au partage, et sur la manière de le terminer.

Mais il est bien évident que toutes ces discussions n'ayant pour objet que de parvenir à la division des biens l'acte qui les termine, en faisant cesser l'indivision, est réellement un partage, et ne peut être considéré comme une transaction.

Autrement, la disposition de l'art. 888 serait purement illusoire; puis qu'il suffirait, pour en éluder l'application, de former en justice la demande en partage, et de faire élever quelque incidents, bien ou mal fondés, sur la forme de procéder.

Mais, s'il s'était élevé des contestations réelles et sérieuses, relatives aux droits respectifs des prétendans à la succession, par exemple, **sur les qualités de l'un ou de plusieurs d'entre eux, sur la quotité de la portion qui doit appartenir à chacun,** sur la validité de **dons ou de legs faits à quelques-uns des cohéritiers, sur l'obligation ou la dispense du rapport,** et si, pour terminer tous les débats, les héritiers avaient procédé au partage des biens, non par quotité et en formant des lots, mais par attribution, c'est-à-dire, en convenant que, d'après les bases adoptées, chacun d'eux aurait tels et tels biens désignés, dans ce cas, on ne peut douter que l'acte ne fût une véritable transaction, qui ne serait pas soumise à l'action rescisoire pour cause de lésion.

Le règlement des droits respectifs des héritiers peut donner lieu à des questions épineuses et à des difficultés graves, qui seraient de nature à jeter les parties dans une involution de procès ruineux. Si, dans le dessein de prévenir ces procès, ou pour les terminer lorsqu'ils ont été déjà commencés, les héritiers font un traité à l'amiable, pourra-t-il être permis de revenir contre ce traité sous prétexte de lésion, et de manière à ressusciter tous les débats qu'il avait éteints? Dans cette supposition, il n'y aurait plus de transaction à faire sur les contestations qui pourraient s'élever à l'égard d'une succession indivisée, il faudrait porter en justice toutes ces contestations, et les faire décider toutes par les tribunaux, puis qu'autrement,

*) Siehe auch Aubry et Rau, cours de droit civil français T. V. § 626 p. 281 in Note 13:

„etc. Si le législateur n'avait eu d'autre intention que celle de déclarer l'action en rescision admissible contre les partages auxquels on aurait improprement donné la qualification d'un autre contrat, la disposition du premier alinea de l'art. 888 aurait été inutile parce que la chose se fût entendue d'elle-même, d'après la règle: Sermo rei, non res sermoni subjicitur. Il faut donc supposer que le législateur a entendu aller plus loin: Partant du principe de l'égalité à maintenir entre copartageants et de l'idée que le caractère du partage prédomine dans tout acte dont l'objet est de faire cesser l'indivision, il a voulu etc. rendre la recevabilité de l'action en rescision entièrement indépendante, non-seulement de la qualification, mais encore du caractère [illegible] [illegible]" [illegible] on s'exposerait à les voir toutes renaître sur des demandes en rescision. Mais ne serait-ce pas allumer le flambeau de la discorde dans toutes les familles?

Telle n'a pas été, sans doute, l'intention du législateur. Il a bien voulu que, lorsqu'il ne s'agit entre cohéritiers que de procéder à un partage, il ne fût pas permis en déguisant la nature de l'acte, et en lui donnant la couleur et la forme d'une transaction, de la soustraire à l'action rescisoire pour cause de lésion; mais il n'a pas entendu que, dans le cas où une transaction aurait été nécessaire et réelle, l'acte qui la contient et qui par la manière dont il règle les débats, fait cesser l'indivision des biens, dût être regardé comme n'étant qu'un simple partage. Dans ce cas, en effet, le partage n'est que le résultat de la transaction; il est lié avec elle, et, comme elle, il doit être inattaquable, puisqu'il ne serait pas possible de le rompre, sans rompre également la transaction, sans renouveler tous les procès terminés etc.

Mais il est bien important de remarquer que l'acte ne peut être considéré comme transaction, et non comme un simple partage, que dans le cas seulement où les contestations et les difficultés sur lesquelles il a été transigé étaient réelles, étaient sérieuses, et présentaient des questions dont la solution pouvait être incertaine. Il est donc nécessaire que, dans l'acte même, les contestations, les difficultés et les questions sur lesquelles on transige soient clairement énoncées, pour que, sur la demande en rescision pour cause de lésion, les tribunaux soient en état de vérifier les motifs véritables et les caractères essentiels de l'acte, et puissent décider s'il est réellement une transaction, plutôt qu'un simple partage.

Il faut ajouter que, dans le cas même d'une transaction réelle, si on avait fixé d'abord la quotité de la portion que devait avoir chacun des héritiers, et que, d'après cette fixation, il eût été procédé au partage de la masse, celui des héritiers qui n'aurait pas eu la totalité de la portion déterminée, et qui éprouverait, à cet égard, une lésion de plus du quart serait encore fondé à se pourvoir en rescision pour cause de lésion. L'acte vaudrait bien comme transaction, quant à la fixation de la quotité des parts pour chacun des héritiers; sous ce rapport, il ne pourrait être attaqué; aucun des héritiers ne pourrait réclamer plus que la quotité qui a été réglée, mais si, dans la distribution des parts, un des héritiers avait eu moins de trois quarts de la quotité ou de la portion qui devait lui revenir d'après la base adoptée, il aurait le droit de se pourvoir contre l'opération même du partage, sans toucher aux autres conventions, l'acte en ce cas ayant deux parties très-distinctes: la transaction sur la fixation de la quotité des parts, et le partage qui aurait déterminé chaque part séparément.

Zachariä, franz. Civilr. §. 626 Note 9 Bd. 4 S. 123 faßt die Ausführung Chabots unter Ziff. 4 dahin zusammen, nach derselben werde unterschieden, ob der Vergleich die Quote der einzelnen Miterben oder die Güter betreffe, welche auf den Erbtheil (das Loos) eines jeden einzelnen Miterben kommen sollen; nur von einem Vergleiche der letzteren Art sei der Art. 888 zu verstehen, nicht aber auf einen Vergleich der ersteren Art auszudehnen.

Zachariä spricht sich in dieser Note gegen Chabot's Ansicht aus, weil

1) aus den Diskussionen sich ergebe, daß man durch den Art. 888 die Meinung Dumoulin's verwerfen wollte, welcher gegen einen Vergleich, der eine Erbtheilung bezwecke, eine Klage ob laesionem nicht zugelassen habe,
2) weil der Art. 888 §. 1 jenen Unterschied nicht kenne,
3) weil endlich aus dem §. 2 desselben Art. ein Grund gegen die Meinung Chabot's entlehnt werden könne.

In den Jahrbüchern des großh. Oberhofgerichts v. Hohnhorst Bd. III. No. XXIV. S. 172–174 ist eine Entscheidung nach der Ansicht, daß die erste unter den Miterben getroffene Uebereinkunft, unter welchem Namen sie auch abgeschlossen, nie für etwas Anderes, als für eine Erbtheilung angesehen werden könne, — angeführt.

Dagegen ist in der französischen Ausgabe von Zachariä par Aubry et Rau §. 626 T. V. p. 280. 281 ausgeführt:

L'action en rescision pour cause de lésion est admise contre tout acte dont l'objet est de faire cesser l'indivision, pour la totalité ou pour partie des objets héréditaires soit d'une manière absolue et à l'égard de tous les cohéritiers, soit d'une manière relative et à l'égard seulement des quelques-uns d'entre eux.

La recevabilité de cette action est indépendante, non-seulement de la qualification et de la forme apparente de l'acte au moyen duquel les cohéritiers sont sortis d'indivision, mais encore du caractère que cet acte présenterait en réalité, si l'on envisageait en lui-même, abstraction faite de la qualité des parties qui y ont figuré et de l'influence qu'il a exercée sur leur position de communistes. En d'autres termes, tout acte devient, au point de vue dont il est ici question, assimilable à partage, par cela même qu'il a pour résultat la cessation totale ou partielle, absolue ou relative, de l'indivision entre les parties qui y figurent. Il en est ainsi, notamment dans le cas où l'indivision a cessé par voie d'échange, de vente, de cession de droits successifs, ou de transaction etc.

D'un autre côté, si l'action en rescision est admise même contre un partage opéré au moyen d'une transaction conclue à la suite de difficultés sérieuses qui s'étaient élevées entre les copartageants sur l'une ou l'autre des opérations du partage, elle ne l'est pas contre une transaction préalable au partage, par laquelle les parties ont fixé les droits ou les obligations de chacune d'elles dans l'hérédité commune. Il en serait ainsi, lors même que cette transaction se trouverait renfermée dans le même acte instrumentaire que le partage.“

Hierzu ist in Note 18 p. 263 bemerkt:

„Cette distinction se concilie parfaitement avec la disposition de l'art. 888. Lorsque la transaction porte sur les opérations mêmes du partage, par exemple, sur la formation des lots, ou sur leur tirage au sort, cette transaction, fût-elle sérieuse, est rescindable pour cause de lésion, nonobstant la disposition de l'art. 2052, parce qu'au point de vue où s'est placé le législateur en rédigeant les art. 887 et 888, on ne paraît avoir en vue moins une transaction proprement dite, qu'un partage opéré par voie de transaction.

Si la transaction, au contraire, porte sur les droits et les obligations des cohéritiers, par exemple, sur la quotité de la part afférente à chacune des parties, sur des questions de rapport, sur la validité d'une donation ou d'un legs, la disposition exceptionnelle des art. 887. 888, doit évidemment cesser de recevoir application, parce qu'une pareille transaction n'a pas pour objet de faire cesser l'indivision, et que, ne portant en réalité sur aucune des opérations dont l'ensemble constitue le partage, elle ne saurait, sous aucun rapport, être envisagée comme un acte de partage. On retombe donc alors sous l'empire de la règle générale posée par l'art. 2052; et l'action en rescision n'est plus recevable.“

Hiermit im Einklang theilt die Ansicht Chabot's:

1) Duranton, cours de droit civil (Bruxelles) T. IV. No. 580 p. 256.

„Mais il ne faut pas confondre, avec un partage fait sous le nom de transaction, une transaction véritable sur des prétentions relatives à la quotité des droits réclamés par les parties: dans ce cas, quoique la transaction sur cet objet et le partage aient eu lieu par un même acte, cet acte sera inattaquable pour lésion de plus du quart, si la portion de bien attribuée à chacun des copartageants, d'après la quotité de droits qu'ils se sont respectivement reconnus par la transaction elle-même, ou par un traité quelconque à cet égard, ne renferme effectivement point cette lésion.

2) Toullier, le droit civil français (Brux.) T. 4 No. 577 p. 351.

La loi ne veut pas qu'on puisse éluder la rescision pour cause de lésion, en donnant au partage le titre ou la forme d'un autre contrat. L'action en rescision est admise contre tout acte qui a pour objet de faire cesser l'indivision entre cohéritiers, encore qu'il fût qualifié de vente, d'échange, de transaction ou de toute manière. Tout premier traité fait entre des cohéritiers, lorsqu'il n'a pour objet que la division de la succession, a le simple caractère de partage.

No. 580 p. 352.

Si tout premier traité fait entre cohéritiers est considéré comme un partage, quand même il serait qualifié de transaction, il en est autrement après le partage ou après l'acte qui en tient lieu etc.

Pag. 353.

Mais, si, même avant le partage, il s'était élevé des contestations réelles relatives aux droits, respectifs des prétendants à la succession, par exemple sur leur qualité, sur la portion qui doit appartenir à chacun etc., la transaction, quoique faisant cesser l'indivision, peut être irréfragable et non soumise à la rescision pour lésion.

3) Demolombe, cours de Code civil (Bruxelles) T. 8 No. 432 p. 616 No. 439 p. 619.

Aussi le législateur a-t-il eu, en décrétant cet article, un but plus élevé; ce qu'il a voulu, c'est que tout acte quel que soit, non pas seulement son nom, mais aussi son caractère intrinsèque, fût considéré comme un partage, sous le point de vue de l'action en rescision pour cause de lésion, dès que cet acte aurait pour objet de faire cesser l'indivision entre cohéritiers etc.

etc il est très-sage, suivant nous et très-juridique de considérer, en effet, comme un partage, en ce qui concerne la rescision pour cause de lésion, tout acte qui a pour objet de faire cesser l'indivision entre cohéritiers, quelle que soit la qualification et quand même le caractère intrinsèque qu'il présenterait semblerait le rapprocher plus d'une vente, d'un échange, d'une transaction ou de toute autre opération dont on lui aurait donné le nom, que d'un partage.

Ce qui prédomine, en effet, toujours et essentiellement dans un tel acte, c'est le caractère du partage, par cela même qu'il a lieu entre des communistes et qu'il a pour objet de faire cesser l'indivision; voilà pourquoi une opération qui, entre d'autres parties, serait effectivement une vente, un échange ou une transaction, sera, au contraire, entre cohéritiers, un partage, au point de vue de la rescision pour cause de lésion etc.

Ou les cohéritiers ont transigé sur des difficultés qui s'étaient élevées relativement à leurs droits et à leurs obligations, sur l'existence, par exemple, ou sur la qualité des droits héréditaires de l'un ou de quelques-uns d'entre eux, sur des questions de rapport, de préciput, de réduction; et alors, au contraire, notre avis est que, si ces difficultés, bien entendu, étaient sérieuses, la transaction qui les a réglées sera inattaquable pour cause de lésion; car cette transaction, préalable au partage, ne se rapporte pas encore à l'exécution même du partage; et elle n'a pas, en conséquence, pour objet de faire cesser l'indivision; son objet est tout autre et très-défini c'est de poser d'abord les bases d'après lesquelles les droits et les obligations de chacun, dans la masse indivise, doivent être déterminés, afin de procéder ensuite à l'acte qui aura pour objet de faire cesser l'indivision.

4) Dalloz, répertoire „Succession" No. 2255. T. 41 p. 566. 567.

La transaction pourrait être irrevocable, quoique antérieure au partage ou contenue dans le même acte. Toutefois une distinction est à faire. L'objet des discussions entre les héritiers était-il le mode de procéder au partage ou de le terminer, la possibilité du partage ou la nécessité d'une licitation, l'estimation des biens ou la formation des lots; la transaction, dans ce cas, tendant à la division des biens, pourra tenir lieu de partage, en avoir les caractères et les effets. — Mais les contestations sont-elles relatives à leurs droits respectifs, à leur qualité; portent-elles, par exemple, sur la qualité héréditaire, sur la validité du don ou de legs, sur l'obligation ou la dispense du rapport etc.; alors la transaction doit être distinguée du partage. Si elle n'était pas inattaquable, il n'y aurait plus moyen de transiger avec sécurité, à l'égard d'une succession indivise; toutes les contestations seraient portées devant les tribunaux, puisque autrement on serait exposé à les voir renaître toutes sur des demandes en rescision etc. Comment supposer que le législateur, méconnaissant l'intérêt des familles, ait eu l'intention de leur refuser la faculté qu'il accorde dans des cas moins favorables, de s'accommoder à l'amiable par d'irrévocables conventions? Là ne se présentent point, moyennant cette distinction, les inconvénients dont la crainte a motivé l'article 888.

5) Marcadé, cours élémentaire de droit civil français ad art. 888 T. III. p. 310. 311.

Il est bien vrai que pour le simple motif d'une lésion de plus d'un quart, on ne pourrait, d'après le droit commun, critiquer ni une vente, ni un échange, ni surtout une transaction; mais quand ces actes ont eu précisément pour but, de faire sortir de l'indivision, ils contiennent vraiment au fond un partage, et l'égalité, qui est de l'essence du partage, doit alors y être exigée aussi rigoureusement que si la forme et le nom d'un partage avait été pris. Mais il ne faut pas aller plus loin que ne le demandent le texte et l'esprit de la loi. Notre article n'admet la rescision pour lésion d'un quart que contre les actes qui ont pour objet de faire cesser l'indivision, qui ont été faits dans ce but, et non pas contre ceux qui ne produisent cet effet qu'accessoirement. Ainsi, supposons que plusieurs personnes, se prétendant appellées à une succession, soit en désaccord sur l'existence et la quotité de leurs droits (telle se croyant héritière quand les autres soutiennent qu'elle ne l'est pas, ou se disant appellée pour telle fraction quand les autres ne veulent lui accorder qu'une fraction moindre); supposons que ces personnes conviennent de renoncer à leur prétentions réciproques et contradictoires au moyen de l'attribution de tel bien à tel prétendant et de tel autre bien à tel autre prétendant; alors comme ce n'est pas précisément la cessation de l'indivision qui a fait l'objet de l'acte, il n'y aurait plus lieu selon nous, d'appliquer notre article. Dans ce cas, en effet, l'acte n'a pas seulement la forme et la qualification d'une transaction; c'est une transaction bien véritable. En laissant de côté la forme et le nom de l'acte, il reste vrai de dire qu'on n'a pas fait un simple partage. on n'a pas dit, comme dans un partage, que tel et tel prendraient tels et tels biens pour se remplir de leur quart, de leur tiers ou de leur moitié dans la succession (cas où les biens devraient valoir, à un quart près, la fraction de succession pour laquelle ils sont comptés), on a dit que tel et tel prendraient tels et tels biens (quelle qu'en fût la valeur, quelque fût le droit des personnes) pour prix de leur renonciation à faire valoir telle et telle prétention. Comment donc pourrait-il être question de lésion en pareil cas? comment l'un des prétendants pourrait-il venir dire qu'il n'a pas eu les trois quarts de la fraction qui lui appartenait, quand on n'a pas su quelle fraction lui appartenait?

Diese Unterscheidung hat auch der Kassationshof gemacht,

41 s. Sirey, recueil 38. I. p. 301:

(attendu etc. que l'acte etc. a eu pour but et pour résultat unique d'aplanir et de résoudre les difficultés qui devaient arrêter la liquidation et le partage de la succession etc; mais que, dans la réalité, il ne contient ni liquidation ni partage de la dite succession; qu'il n'est point, à proprement parler, un acte de la nature de ceux qui sont prévus par l'art. 888 du C. c., puisqu'il n'a pas pour effet de faire cesser l'indivision qui subsiste encore dans ce moment entre les parties; qu'enfin, cet acte a évidemment les caractères d'une transaction etc.

34. I. p. 34.

Attendu que l'acte etc. a été justement qualifié de transaction; qu'il en a tout le caractère, puisqu'il a été passé dans le but de prévenir, non pas seulement un procès à naître, mais une foule de contestations que le cumul de quatre successions depuis long-temps ouvertes, la différence d'origine des biens etc., entraînaient presque inévitablement à leur suite; que cet acte au surplus n'a pas eu pour objet ni pour effet de faire cesser l'indivision qui a continué après lui etc.

Nach derselben Ansicht wurde auch von großh. Oberhofgericht erkannt:

In Sachen
der Erben des verstorbenen Uhrenhändlers Joseph Vogt von Fischbach
gegen
Joseph Vogt Wittwe, Crescentia geborene Kopper in Freiburg, und Genefeva geborene Steinbrunner, Ehefrau des Julius Rösch in Kasan,
Erbtheilung betreffend.

Joseph Vogt von Fischbach, Amts Neustadt, hatte sich zur Betreibung des Uhrenhandels ins Ausland begeben, am 23. Mai 1828 das Bürgerrecht in Memel dann am 4. October 1841 in Tawastehus in Finnland erworben und am 29. Mai 1842 zu Kasan die Maria geborene Kopper, die Wittwe des rußischen Arztes Xaver Ruckmich geehlicht. Zu keiner dieser Handlungen war die Genehmigung der badischen Behörden eingeholt worden. Am 8. Januar 1858 errichtete er in Baden-Baden ein eigenhändiges Testament, worin er seinen Nachlaß als sein eigenes, selbsterworbenes Vermögen bezeichnete und seine Wittwe, wie seine Verwandten mit Vermächtnissen bedachte, auch verschiedene Stiftungen machte.

Er starb am 22. April 1859 kinderlos zu Freiburg, wo er sich liegenschaftlich ansäßig gemacht und einen Weinhandel betrieben hatte.

Zwischen seiner Wittwe und seinen zur Erbschaft berufenen Seitenverwandten kam am 14. Februar 1860 ein Vergleich zu Stande, worin die Hälfte des Nach lasses als Gemeinschaftsantheil der Wittwe anerkannt wurde, wogegen sie auf die Vermächtnisse verzichtete und das Haus in Freiburg nebst Einrichtung um den Anschlag übernahm. Auch wurde bedungen, daß aus den erst eingehenden Geldern die Vermächtnisse bezahlt und der Rest vertheilt werde.

Am 15. Februar 1860 wurde die Versteigerung der Weine beschlossen und am 2. Juli 1860 unter Wiederholung dieser Anordnung bedungen, daß nach Verkauf der Weine und Fässer das liquide Vermögen nach den Bestimmungen des Vergleichs vertheilt werde.

Das nach dem Antrag der Kläger zu vertheilende liquide Vermögen bestand:

1) in dem Wertbanschlag des Hauses nebst Fässern in Freiburg mit 22,000 fl.,

2) dem Ankaufspreis eines Hauses in Kasan mit mindestens 3000 S.R.,

3) dem Anschlag der Fahrnisse in Freiburg mit 17,275 fl. 30 kr.,

4) dem noch festzustellenden Betrag des vorhandenen und eingegangenen Geldes,

5) den im Besitz der Wittwe sequestirten Staatspapieren und Obligationen,

6) dem Guthaben bei den Petersburger Bankhäusern Asmus Simonsen und H. Moser, welches während des Theilungsstreits eingegangen ist,

7) dem bei Julius Rösch in Kasan ausstehenden Kaufpreis von 6000 S.R. für das Uhrmachergeschäft,

8) dem Verkaufspreis von 13,000 S.R. für ein zweites Haus in Kasan.

Die Seitenverwandten des Erblassers, als dessen gesetzliche Erben verlangten nun von der Wittwe, daß sie die Theilung der eben aufgezählten Bestandtheile der Verlassenschaft und die Auszahlung der Legate gestatte.

Die Beklagten hielten aber der Klage entgegen, das Gesammtvermögen sei noch nicht festgestellt, daher könne weder die Theilung vorgenommen, noch die Auszahlung der Legate bewirkt werden. Andernfalls könnte die beklagte Wittwe in die Lage kommen, die noch nicht flüssigen Ausstände im Ausland beitreiben lassen und die Kosten dafür aufwenden zu müssen.

Die Kläger entgegneten, in der Hauptsache könne die Theilung jetzt schon vorgenommen, die der einzelnen noch nicht flüssigen Massebestandtheile aber wohl noch ausgesetzt werden.

Die beklagte Wittwe erhob eine Widerklage auf Aufhebung des Vergleichs, zu deren Begründung sie ausführte:

Sie habe auf ihre Legate und auf ihr Eigenthum an einzelnen Inventur-Gegenständen verzichtet und zugegeben, daß die Hälfte der andern aus ihrem Vermögensantheil bezahlt werde, dadurch sei sie um mehr als ¼ verkürzt, was sie numerisch nachzuweisen suchte, und zwar mit ausdrücklicher Bezugnahme auf die badischen Gesetze, deren Anwendbarkeit von ihrer Seite durch Hinweisung auf die Wahl des Wohnsitzes des Beklagten in Baden und auf den Vergleich, ungeachtet seiner Anfechtung, eventuell auf Grund der russischen Gesetze, behauptet ward.

Zu ihrer Legitimation berief sie sich darauf, daß sie nach dem Testament als Miterbin erscheine.

Die Kläger beanstandeten die Verehlichung und stellten die Ehe, da ohne Staatserlaubniß im Ausland geschlossen, mit Bezug auf §. 11 der Eheordnung, §. 9 des VII. Const.Edicts und die Verordnung vom 4. März 1812 Reggsbl. No. 11) als in Baden ungiltig dar.

Die Beklagte, Widerklägerin, führte dagegen aus, die Ehe sei förmlich geschlossen, beide Eheleute seien Ausländer gewesen, jedenfalls wäre die Ehe nur als unbefugt geschlossen anzusehen und deßhalb nach der Verordnung von 1812 nur gegenüber der Staatsgewalt nicht bindend.

Die Kläger, Widerbeklagten wollten die Erbfolge und Theilung nur nach russischen Gesetzen geregelt wissen, da der Erblasser Russe geworden und die Ehe in Rußland geschlossen worden sei, mithin §. 2. 13 des VI. Constitutionsedicts und L.R.S. 3. 3a zur Anwendung komme; denn der Erblasser habe seine Absicht, den Wohnsitz nach Freiburg zu verlegen, nicht nach L.R.S. 104. 110. 203 zu erkennen gegeben, was die Beklagte, Widerklägerin bekämpfte.

Die Kläger, Widerbeklagten, wollten ferner daraus, daß der Erblasser in seinem Testament den ganzen Nachlaß als sein Eigenthum behandelte, ableiten, daß er das russische Recht für maaßgebend gehalten habe, was von Seiten der Widerklägerin auch beanstandet ward.

(Schluß folgt.)

Annalen der Großherzogl. Badischen Gerichte.

1864. Band XXX. No. 6.

(Schluß von Art. 22.)

Die Kläger, Widerbeklagten, bekämpften sodann die Anwendbarkeit finnischer Gesetze, ebenso die Aufstellung der Ansprüche der Widerklägerin nach diesen Gesetzen, und wollten nicht zugeben, daß nach finnischen oder russischen Gesetzen eine Vergleichsanfechtung wegen Verletzung über ein Viertheil stattfinde, wogegen die Widerklägerin daran festhielt, daß der Vergleich nach den Gesetzen des Orts seines Abschlusses zu beurtheilen sei.

Gegenüber der Ausführung der Widerbeklagten, daß der Ehevertrag durch Anwendung des badischen Rechts abgeändert werde, was der L.R.S. 1395 nicht zulasse, berief sich die Widerklägerin auf die Verhandlung vom 14. Februar 1860, worin die Widerbeklagten die Zuständigkeit der badischen Behörden (also auch die Anwendbarkeit badischen Rechts bei Auseinandersetzung der Erbschaft), ausdrücklich anerkannt hätten.

Das großh. Stadtamtsgericht Freiburg erkannte hierauf am 20. Januar 1863:

1) die Beklagten sind schuldig, zu gestatten, daß die unter Ziff. 1 bis 7 der Klage bezeichneten Theile der Verlassenschaft des Joseph Vogt einer sofortigen gerichtlichen Theilung nach Maaßgabe der letzten Willensurkunde des Joseph Vogt vom 3. Januar 1858 und des Erbvergleichs vom 14. Februar 1860 unterworfen werde,
2) und daß sämmtliche, in jener letzten Willensurkunde ausgeworfenen Erbvermächtnisse den Vermächtnißnehmern aus der Verlassenschaft ausgefolgt werden 2c.

Dieses Urtheil wurde in zweiter und dritter Instanz bestätigt, von großh. Oberhofgerichte am 7. Januar 1864 aus folgenden

Gründen:

Die Verlassenschaft des am 22. April 1859 zu Freiburg kinderlos gestorbenen Joseph Vogt von Fischbach bestand aus Liegenschaften, Fahrnissen und Ausständen, theils in Baden, theils in Rußland. Etwa zwei Drittheile dieser bedeutenden Verlassenschaft sind flüssig gemacht und in Freiburg niedergelegt. Der Antrag der Kläger, einstweilen dieses bereit liegende Massevermögen zu vertheilen, erscheint wohlbegründet; auch haben die Kläger offenbar ein rechtliches Interesse, sofort in den Besitz ihres Antheils an der Erbmasse zu gelangen, insoweit solche bereits flüssig gemacht ist; die Beklagten dagegen erleiden dadurch, daß nicht vorerst noch die Beitreibung des Rests der Masse abgewartet, sondern dieser einer späteren Theilung vorbehalten wird, keinen Nachtheil.

Die partielle Theilung einer Erbmasse widerstreitet nicht nur nicht dem Gesetze, sondern ist in L.R.S. 887 am Schlusse vorgesehen, und unter Umständen aus denselben Gründen, wie die einstweilige Vertheilung des flüssigen Theils der Gantmasse, nach §§. 856. 888 der Pr.O. gerechtfertigt.

Die Beklagten haben übrigens zur sofortigen Theilung der hierzu bereiten Beträge der Erbmasse — in der Uebereinkunft vom 2. Juli 1860 — ausdrücklich ihre Einwilligung gegeben, sind also nach L.R.S. 1134 schon deßhalb gehalten, jene Theilung geschehen zu lassen.

Wenn aber die Theilung der Erbmasse stattfinden soll, so kann sie füglich nur den Betrag umfassen, der nach Abzug der Vermächtnisse erübrigt: Denn die Erben haben die Pflicht, den Vermächtnißnehmern das diesen vermachte Eigenthum auszuliefern, L.R.S. 1014. 1017 und das Interesse, die Kosten des Auslieferungsbegehrens — L.R.S. 1016 — der Erbmasse dadurch zu ersparen, daß die Auslieferung freiwillig geschieht, — L.R.S. 1014 am Schlusse —.

Allerdings wird derjenige Theil der Gemeinschaft, welcher der überlebenden Wittwe gehört, von den Vermächtnissen nicht erfaßt; allein der Erblasser hat den ganzen Nachlaß als sein Eigenthum behandelt und die Gemeinschaftsansprüche der Wittwe sind erst von den Erben, — zugleich ist aber von der Wittwe anerkannt, daß sie nur auf die Hälfte des nach Zahlung der Stückvermächtnisse erübrigenden Rests des Nachlasses Anspruch habe. Dieser Zusage kann sie sich nicht entziehen. Auch das Klagbegehren auf Ausfolgung der Vermächtnisse erscheint hiernach als begründet.

Was sodann die Widerklage betrifft, so kommt zu beachten.

Da der Erblasser, der im Inland geboren ist, in Preußen, Finnland und Rußland zum Betrieb des Uhrenhandels an verschiedenen Orten sich niedergelassen, auch Bürgerrecht erworden, und in Kasan sich verehelicht, dann aber seinen Wohnsitz nach Freiburg verlegt hat, so konnten Zweifel darüber entstehen, nach welchem Gesetze die Ansprüche der Wittwe zu beurtheilen und der Nachlaß des Erblassers zu vertheilen sei. Wenn nun die Betheiligten, um dem zu besorgenden Streite über die verwickelten Rechtsverhältnisse vorzubeugen, sich in der Weise, wie es in dem Vergleich vom 14. Februar 1860 geschah, verständigt haben, so fällt dieser, nur unter beiderseitigen Concessionen mögliche Vergleich, durch welchen die Gemeinschaft weder zwischen der Wittwe und den Erben des Mannes, noch unter den Letzteren aufgehoben, vielmehr zwischen den Erben und der Wittwe erst festgestellt, das Gemeinschaftsrecht der Wittwe erst anerkannt wurde, welcher ferner nicht zum Vollzug, sondern zur Grundlage der Theilung diente, nicht unter die Bestimmung der L.R.S.S. 887 und 888 über Umstoßung der Theilungen, sondern ist nach L.R.S. 2052 zu beurtheilen, also wegen Verkürzung nicht anfechtbar.

Chabot, comm. sur la loi des successions T. II. p. 604. 605.

Zudem hat die beklagte widerklägerische Wittwe die angebliche Verkürzung nicht einmal thatsächlich genügend begründet, da sie zu diesem Zweck nachzuweisen gehabt hätte, daß das badische Recht, wie sie behauptet, auf ihre ehelichen Verhältnisse hier Anwendung finde, und welche Theile und Stücke der Verlassenschaft sie nach diesem Rechte, abgesehen von dem Vergleich, den sie beseitigen will, anzusprechen habe.

Die Beklagten sind daher dadurch nicht beschwert, daß dem Klaggesuch stattgegeben, ebensowenig ist es die widerklagende Wittwe dadurch, daß auf die Widerklage nicht eingegangen worden ist, und bei der Ungegründetheit des Rechtsmittels bleiben ihnen nach §§. 167. 168 der Pr.O. auch die Kosten desselben zur Last. Stf.

23.

Beweisführung über eine angebliche betrügliche Einschiebung einer Vertragsbestimmung in eine Vertragsurkunde, beziehungsweise über eine betrügliche Erschleichung der Unterschrift des einen Contrahenten.

Wirkung der bei einem Liegenschaftsverkauf für die Zahlung des Kaufpreises beigefügten lex commissoria expressa, L.R.S. 1656.

Was wird zu einer Verzugsetzung des Käufers im Sinn des L.R.S. 1656 erfordert; Wirkung dieser Verzugsetzung?

Ist eine richterliche Fristgestattung in gewissen Fällen des L.R.S. 1656 zulässig, oder durchaus unstatthaft?

In Sachen
des Karl Seiert von Lauf
gegen
Joseph Zimt von Müllheim u. Isak Dreifuß Söhne von Basel,
Vertragserfüllung betr.

Kläger Seiert hatte in einer Klage vom 8. Oktober 1861 behauptet, es sei zwischen ihm und den Beklagten am 16. September 1861 (oder vielmehr wie es sich später herausstellte am 12. August 1861) ein Kaufvertrag zu Stande gekommen, wornach die Letzteren ihm das näher beschriebene Bauerngut, Gebäulichkeiten und Liegenschaften, um 22,000 fl. verkauft hätten, wovon 4000 fl. baar bei Protokollirung des Kaufes, und der Rest unter einstweiliger Bürgschaftstellung für denselben — in vier verzinslichen Jahresterminen, Martini 1861 bis 1864 einschließlich zu bezahlen wären. Ueber den Hergang des Vertragsabschlusses kamen mehrfache Schwankungen in den klägerischen Vorträgen vor, worauf hier nicht näher einzugehen ist. Die Beklagten widersprachen einzelne Angaben des Klägers, indem sie den Verkaufsabschluß in der Weise behaupteten, wie die darüber aufgenommene Vertragsurkunde ihn ausweise. Die Beklagten legten hiebei, da sie bei dem Vertragsabschluß auch das für den Käufer bestimmte Vertragsexemplar zu Handen behalten hatten, beide Exemplare der Vertragsurkunde vom 12. August 1861 vor. In dieser theilweis lithographirten Urkunde ist zunächst unter Ziff. 1 der vom Tag des Vertrags an verzinsliche Kaufschilling zu 22,200 fl. angeführt mit dem Beifügen, daß davon 2000 fl. baar innerhalb zwei Tagen, die übrigen 18,200 fl. in vier Jahresterminen als auf Martini 1861/64 zu zu bezahlen seien; und in Ziff. 5 ist gesagt, daß Käufer einen zahlungsfähigen Bürgen und Selbstschuldner und zwar in Person (die Bezeichnung der Person ist nicht beigesetzt) zu stellen habe. Unter der Aufschrift: „Weitere Bedingungen“ ist dann gesagt:

— „Die bedungene Baarzahlung und die zu leistende solidarische Bürgschaft muß innerhalb zwei Tagen, also bis 14. d. M. Abends 6 Uhr erfolgen, wo nicht, haben die Verkäufer allein das Recht, diesen gegenwärtigen Vertrag als nicht geschehen zu betrachten.“

Die Beklagten schützten dabei auf Grund dieses Gedinges, wie es die Vertragsurkunde nachwies, die Einrede vor, daß der Fall desselben eingetreten sei, indem Kläger in der bedungenen Frist die Baarzahlung nicht geleistet, ebenso auch die Bürgschaft nicht gestellt, vielmehr erst nach dem 14. August 1861 Bürgen namhaft gemacht habe, Beklagte aber solche dann nicht mehr angenommen hätten mit dem Bemerken, weil der Kauf nichts gelte. Die Beklagten verweigerten daher die Erfüllung des Verkaufs von ihrer Seite.

Eventuell baten sie widerklagend, auf die vorgetragenen Gründe den Kaufvertrag für aufgelöst zu erklären.

Der Kläger, welcher seine Unterschrift unter den beiden Vertragsexemplaren als ächt anerkannte, wandte gegen die Beweiskraft der Urkunde ein, daß die Stellen, welche die zweitägige Frist zur Leistung der Baarzahlung und die commissorische Clausel enthalten, nach seiner Unterzeichnung gefälscht, oder doch ohne sein Wissen und Willen auf betrügliche Weise in die Urkunde aufgenommen worden seien, und er nur aus Unkenntniß dieses Inhalts seine Unterschrift beigesetzt habe.

Nach einem Beweisverfahren hierüber und über andere Punkte nahm der Unterrichter in dem Urtheil vom 10. November 1862 die Vertragsurkunde als beweisend an, setzte aber die damalige klägerische Behauptung, daß durch ein nachträgliches Uebereinkommen für Leistung der Baarzahlung statt der in der Vertragsurkunde enthaltenen zweitägigen Frist den Zeitpunkt der Kaufsprotokollirung als Termin festgesetzt worden sei, und daß Kläger den Beklagten zwei bestimmte Personen als Bürgen dargestellt habe, und Erstere dieselben angenommen hätten, — auf den deßfalls den Beklagten zugeschobenen Hauptеid aus, bei dessen Ausschwörung Kläger mit der erhobenen Klage abzuweisen, andernfalls die Beklagten zur Haltung des Kaufvertrags für schuldig erklärt werden sollten.

In zweiter Instanz ließ Kläger, Appellant, die Behauptung eines nachträglichen Uebereinkommens über den erwähnten Punkt fallen und blieb nur bei der Behauptung, daß sofort beim Vertragsabschluß der Zeitpunkt der Kaufsprotokollirung als Termin für die Leistung der Baarzahlung bestimmt worden sei, und großh. Hofgericht wies auf die von Seite der Beklagten geschehene Adhäsion unterm 13. Juni 1863 den Kläger unbedingt mit der erhobenen Klage ab. Dasselbe nahm die Vertragsurkunde ungeachtet der dagegen vorgebrachten Einreden des Klägers als beweisend an, und erachtete durch die Nichtleistung der Baarzahlung in der bedungenen Frist von Seite des Klägers, in Verbindung mit der Vertragsclausel das Recht des Klägers für verfallen, ohne in eine nähere Erörterung über den L.R.S. 1656 einzugehen.

Auf die hiergegen vom Kläger ergriffene Oberappellation erließ das großh. Oberhofgericht unterm 12. Januar 1864 ein abänderndes Urtheil dahin:

„Die Beklagten seien schuldig, den laut Urkunde vom 12. August 1861 mit dem Kläger abgeschlossenen Kaufvertrag zu erfüllen, und demzufolge die in jener Urkunde bezeichneten Liegenschaften und Fahrnisse dem Kläger gegen Zahlung der Summe von 4000 fl. abschläglich an dem Kaufpreise und gegen vertragsmäßige Bürgschaftsstellung binnen 14 Tagen bei Zwangsvermeiden zu übergeben.

Die Kosten aller drei Instanzen haben die Beklagten zu tragen.“

Die Entscheidungsgründe dazu, aus welchen sich zugleich das weitere Thatsächliche des Falles ergibt, lauten dahin.

Entscheidungsgründe:

„Die angestellte Klage ist auf Erfüllung eines Liegenschaftskaufs gerichtet. Sie ist durch die vorgetragenen Thatsachen begründet und auch insoweit erwiesen, als beide Theile darüber einig sind, daß dem Kläger am 12. August 1861 der Hasterhof auf der Gemarkung Ottersweier mit Zugehörden um die Summe von 22,200 fl. verkauft wurde.

Bestritten ist nur die Behauptung des Klägers, daß die bedungene Baarzahlung von 4000 fl. erst bei der Protocollirung, d. h. bei dem Eintrag des Kaufs zum Grundbuche, zu geschehen und daß er die für die Taxe ménzahlungen zu stellende Bürgschaft rechtzeitig geleistet habe. — Eines und das Andere sollte nach der Behauptung der Beklagten innerhalb zweier Tage geschehen, und weil dieser Termin fruchtlos verstrichen sei, verweigerten sie die Erfüllung unter Berufung auf die beiden von ihnen vorgelegten Exemplare der Vertragsurkunde. Der Kläger, welcher seine Unterschrift unter denselben als ächt anerkannte, hat jedoch die betrügliche Aenderung ihres Inhalts vorgeschützt.

Obwohl nun die unbestrittene Thatsache, daß die Beklagten während des Dictirens der Vertragsbestimmungen Worte in fremder Sprache mit einander wechselten, und daß sie ferner das für den Kläger bestimmte Vertrags-Exemplar demselben vorenthielten, kein günstiges Licht auf das Benehmen der Beklagten wirft, so ist doch die Einrede der Fälschung jener Urkunde nicht nach Vorschrift der L.R.S.S. 1116 und 1117 b thatsächlich begründet, und überdies sind die vorgebrachten Behauptungen, wie schon das großh. Hofgericht in seinen Entscheidungsgründen ausgeführt hat, theils unter sich widersprechend, theils nicht glaublich; daher die Urkunde vom 12. August 1861 als vollbeweisend gelten muß. Die Stelle derselben, auf welche sich die Beklagten hauptsächlich beziehen, lautet:

„die bedungene Baarzahlung und die zu leistende solidarische Bürgschaft muß innerhalb zwei Tagen, also bis 14. d. Monats, Abends 6 Uhr, erfolgen, wo nicht, haben die Verkäufer allein das Recht, diesen Vertrag als nicht geschehen zu betrachten." —

Diese Vertragsbestimmung gibt jedoch den Beklagten nicht das Recht, einseitig von dem Vertrag abzugehen. Der Verbindlichkeit des Käufers, einen Theil des Kaufpreises binnen 2 Tagen baar zu erlegen, stand nach L.R.S. 1603 die Verbindlichkeit der Verkäufer gegenüber, die Kaufsobjecte zu übergeben; diese Uebergabe hatte sofort zu geschehen, weil für dieselbe nicht eine Frist bedungen, vielmehr im §. 4 der Vertragsbedingungen festgesetzt war, daß der Käufer die Kaufobjecte, soweit sie nicht verpachtet waren, sogleich anzutreten und zu benützen habe, daher die Beklagten dem Kläger nach Maaßgabe des L.R.S. 1605 hiezu ohne Zögerung die Möglichkeit zu gewähren hatten. Die Beklagten haben sich aber zur Uebergabe nicht erboten, vielmehr dem Kläger nach Umfluß von zwei Tagen ohne Weiteres erklärt, daß der Verkauf nichts gelte, und selbst die für denselben bestimmte Vertragsausfertigung zurückbehalten, weßhalb es schlechthin ihrem Verschulden beizumessen ist, wenn der Kläger keine ganz zutreffende Kenntniß von den Vertragsbestimmungen hatte.

Auf die oben angeführte Vertragsbestimmung — die ausdrückliche commissorische Clausel — können sich die Beklagten nicht berufen. Der Wortlaut derselben schließt die Nothwendigkeit einer vorgängigen Mahnung nicht aus. Der Satz 1656 des Landrechts verordnet ausdrücklich, daß bei Liegenschaftskäufen mit Geding, daß die Nichtzahlung des Kaufschillings zur Verfallzeit den Verkauf kraft Gesetzes auflösen soll, der Käufer dennoch nach Ablauf der Frist noch zahlen kann, so lange er nicht durch urkundliche Aufforderung in Verzug gesetzt ist. Eine solche Aufforderung ist von Seiten der Beklagten nicht ergangen; als eine solche kann insbesondere die von den Beklagten erhobene, auf Vertragsauflösung gerichtete Widerklage nicht betrachtet werden, theils schon wegen ihrer Intention — da sie nicht auf Vertragserfüllung, sondern Auflösung gerichtet war — theils auch deßhalb nicht, weil eine Verfügung auf solche an den Kläger selbst nicht erlassen, und überhaupt über die eventuell erhobene Widerklage von den unteren Instanzen nicht erkannt worden ist.

Der zwischen beiden Theilen abgeschlossene Kaufvertrag besteht daher forthin in der Weise, wie er schriftlich beurkundet ist, zu Recht, und die Beklagten sind daher verbunden, denselben gegen Leistung der von dem Kläger vertragsmäßig übernommenen Verbindlichkeiten, insbesondere die Baarzahlung von 4000 fl. und Stellung eines zahlungsfähigen Bürgen und Selbstschuldners, zu erfüllen. Der den Beklagten darüber zugeschobene Eid, daß Kläger seiner Zeit zahlungsfähige Bürgen gestellt habe, und diese von den Beklagten angenommen worden seien, ist darum nicht für erheblich erachtet worden, weil Kläger seinen Verbindlichkeiten nunmehr, bei Uebergabe der Kaufobjecte, jedenfalls in allen Theilen nachzukommen hat, und ihm dabei selbstverständlich unbenommen bleibt, die früher schon etwa präsentirten Bürgen wiederum zu stellen, wenn sie nach Umlauf längerer Zeit jetzt noch zur Bürgschaftsleistung bereit und zahlungsfähig sind.

Aus diesen Gründen war das Urtheil des großh. Hofgerichts, wie geschehen, abzuändern, auch waren die Beklagten zufolge ihres Unterliegens nach §. 168 der Pr.O. in die Kosten aller drei Rechtszüge zu verfällen."

Bemerkung. Mit der Behandlung, welche die dem Kaufvertrage beigefügte ausdrückliche commissorische Klausel in dem vorstehenden Urtheile gefunden hat, war eine Minorität des Gerichtshofes nicht einverstanden. Sie nahm an, daß hier eine Verzugsetzung des Käufers, wie sie L.R.S. 1656 voraussetze und welche gemäß dem einschlägigen L.R.S. 1139 nicht gerade nur in einer ausdrücklich auf Zahlung des Kaufpreises gerichteten Aufforderung, sondern auch in einem andern gleichgeltenden Akte bestehen könne, — geschehen sei. Eine solche liege nämlich jedenfalls darin, daß dem Kläger gegen seine auf Haltung des Kaufes erhobene Klage von Seiten der beklagten Verkäufer einredend die Nichteinhaltung der in dem Vertrag festgesetzten Zahlungszeit und die daran geknüpfte commissorische Clausel des Vertrages entgegengehalten, und ebenso auf eben diese Gründe eine Widerklage gegen ihn auf Aufhebung des Kaufvertrages erhoben wurde. Diesen gerichtlichen Schritten und Anträgen, den Verkäufer gegen den säumigen Käufer die nicht nur dem klägerischen Anwalte, sondern auch dem Kläger selbst spätestens mit dem erstinstanzlichen Urtheile eröffnet worden, müsse mindestens ebensogut wie einer außergerichtlichen, urkundlichen Mahnung die in L.R.S. 1656 ausgesprochene Wirkung beigelegt werden. Es sei in jenen gerichtlichen Schriften die ernstlichste Erklärung des Verkäufers, daß er auf der bedungenen Zahlungsfrist und der damit verknüpften commissorischen Clausel bestehe, und der Wille dies geltend zu machen ausgesprochen.*)

Es könne auch in den gedachten Fällen der Käufer sich nicht zu seiner Entschuldigung darauf berufen, daß nach den Vorschriften der L.R.S. 1604 ff. und 1651 auch der Verkäufer seiner Seits gleichzeitig mit der Zahlung des Kaufpreises durch den Käufer das Kaufobject zu übergeben gehabt und dies sowie auch die Anbietung der Uebergabe unterlassen habe: denn da nur die Zahlung des Kaufpreises unbedingt an eine feste Frist und zwar unter der commissorischen Clausel gebunden worden war, so mußte der Käufer, auch wenn sich die Uebergabe des Kaufobjectes verzögerte, seinerseits innerhalb der bedungenen Frist mit der Zahlung des Kaufpreises, oder mindestens mit der Darlegung und Hinterlegung desselben vorgehen, um sein Recht gegenüber der ihn bedrohenden commissorischen Clausel zu wahren.

Die Minorität hatte weiter angenommen, was übrigens auch die Meinung der Majorität war, daß in dem oberhofgerichtlichen Urtheile, wie es ergangen ist, mittelbar die Ertheilung einer richterlichen Zahlungsfrist für den Käufer enthalten sei, indem, wenn die Verkäufer für schuldig erklärt werden, binnen 14 Tagen gegen die vom Käufer zu leistende Zahlung des Kaufpreises (zunächst der bedungenen Baarsumme) das Kaufobjekt zu übergeben, — eben auch damit ausgesprochen sei, daß Käufer in dieser Frist noch mit rechtlicher Wirkung zahlen könne, und die Verkäufer die Zahlung anzunehmen haben. Nach einer Verzugsetzung sei aber jede richterliche Fristgestattung gemäß dem Schlußsatz des L.R.S. 1656 ausgeschlossen. Die Minorität war daher für Bestätigung des hofgerichtlichen, den Kläger abweisenden Urtheils.

Es läßt sich nun wohl noch weiter ausführen, daß im Falle des Art. 1656 überhaupt keine richterliche Gestattung einer Frist zur Kaufpreiszahlung Platz greifen kann, wie denn über diesen Punkt die Ausleger des Code civ. einverstanden sind. Zu einer solchen Fristgestattung räumt nämlich das Gesetz dem Richter die Befugniß nur im Fall der dem Gesetze gemäß stillschweigend zu unterstellenden commissorischen Clausel in L.R.S. 1184. 1655 ein, wo auch der Vertrag durch den Eintritt der vorgesehenen Bedingung nicht von selbst aufgelöst wird, sondern die betreffende Vertragspartei nur die Befugniß erhält, bei dem Richter auf Vertragsauflösung zu klagen (man vrgl. L.R.S. 1654, beziehungsweise Art. 1654) und dem Richter noch freigegeben ist, statt den Vertrag aufzulösen, dem Beklagten noch eine Frist zum Vollzug seiner Vertragsverbindlichkeit zu gestatten.

Bei der ausdrücklichen commissorischen Clausel dagegen tritt bei der Erfüllung der darin vorgesehenen Bedingung die Auflösung des Vertrages von selbst, wo

*) In einem bei Dalloz Rép. Bd. XLIII. „vente" S. 306 No. 1268 angeführten Fall wurde ein ähnliches gerichtliches Auftreten unter nicht so naher Beziehung als ein die Stelle der sommation vertretender Akt behandelt. Von zwei Miteigenthümern nämlich hatte der eine seinen Antheil an der in unabgetheilter Gemeinschaft besessenen Liegenschaft an den andern Miteigenthümer um eine Summe verkauft, für deren Zahlung eine bestimmte Frist unter Beifügung der commissorischen Clausel festgesetzt war. Beim Ausbleiben der Zahlung hatte der verkaufende Theil gerichtlich auf Versteigerung der gemeinschaftlichen Liegenschaft behufs der Theilung (licitation) geklagt. Diese Klage nun wurde, obwohl der Verkäufer sie nicht fortgesetzt hatte, einer sommation im Sinne des Art. 1656 zum Nachtheil des Käufers gleichgestellt, und spätere Zahlungen oder Zahlungsanerbietungen als dadurch unzulässig geworden erklärt.

D. E.

gang ein; indem insofern, wie jetzt allgemein anerkannt wird, der deßfallsige Grundsatz des röm. Rechts in den Code civ. aufgenommen ist.

Man vergl. Troplong, „Vente" No. 61 S. 41 ff. und die dort citt. Delvincourt, Toullier, Duranton, Merlin, Dalloz &c., sodann Zachariä Bd. II. S. 302 und oberhess. Jahrb. n. F. XI. S. 14–15, Annalen III. S. 278 ff.

Die Gegenpartei des Säumigen kann sich daher kurzweg darauf berufen, daß die Aufhebung des Vertrags bereits eingetreten sei, und braucht nicht erst durch eine Klage diese Auflösung zu bewirken; und die richterliche Beurtheilung kann sich in diesen Fällen nur darauf erstrecken, ob jenes Ereigniß, welches in der commissorischen Clausel vorausgesetzt wird, wirklich eingetreten sei. Bestätigt sich dies, so muß der Vertrag vom Richter als bereits aufgehoben behandelt werden, und kann daher von einer Fristgestattung an den säumig gewesenen Contrahenten keine Rede sein.

Es gehört nun aber auch der Fall des L.R.S. 1656 zu den Fällen der ausdrücklichen commissorischen Clausel, und wenn derselbe auch für die darin begriffene Gattung von Käufen eine Milderung der strengen Regel jener Clausel festsetzt, so übt doch daneben auch hier jener Charakter der ausdrücklichen commissorischen Clausel noch seinen Einfluß aus. Obschon nämlich darnach bei dieser Gattung von Käufen vermöge jener Clausel der Vertrag nicht schon schlechthin durch den Umlauf der Zahlungsfrist als aufgelöst gelten, sondern diese Wirkung erst eintreten soll, wenn der Käufer sein Versäumniß auch nicht durch eine nachträgliche Zahlung oder Zahlungsdarbietung vor einer Verzugsetzung von Seiten des Verkäufers — gut gemacht hat: so ist eben doch mit dem Hinzutreten jener Verzugsetzung, sofern der Käufer ihr nicht mit einer Zahlung noch zuvorgekommen war, für den Käufer von Rechtswegen die Vertragsauflösung verwirkt; der Verkäufer kann sich auf diese Vertragsauflösung als auf einen bereits stattgehabten Vorgang berufen, und dem Richter ist auch hier keine Möglichkeit gelassen, dem Käufer noch eine Frist zu giltiger Nachholung der Zahlung anzuberaumen. Deßhalb sagt Troplong, „Vente" No. 669 S. 345 für den Fall des Art. 1656:

„.... et il faut dire, qu'une fois la sommation effectuée, la demeure est acquise, à peu près comme dans le droit romain elle était obtenue par la seule échéance du terme. Ainsi la résolution est dès lors de droit, et il ne reste plus au juge qu'à la prononcer."

Zu der gleichen Annahme wird man auch geführt, wenn man die Absicht in Betracht zieht, welche nach der übereinstimmenden Darstellung der franz. Schriftsteller den Gesetzgeber bei Abfassung des Art. 1656 geleitet hat.

Man vergl. Toullier, droit civ. Bd. IX. S. 138 No. 374 ff. Troplong, Vente S. 343 No. 666 und S. 41 No. 61, Dalloz, Rép. Bd. XLIII, S. 305 ff. No. 1265 ff.

Wenn nämlich hiernach allerdings einestheils wie schon bemerkt wurde, die Absicht des Gesetzgebers dahin ging, die Strenge des röm. Rechts in Auffassung der ausdrücklichen commissorischen Clausel für Liegenschaftskäufe zu mildern, so war es doch anerkanntermaßen anderntheils auch seine Absicht, dem Mißstande entgegenzutreten, daß die Gerichte ungeachtet jener Clausel auch nach Umfluß des bedungenen Zahlungszieles noch fortan Zahlungen des Käufers bis zur Urtheilserlassung zuließen, und vielfach dem Käufer Fristen zur Zahlung gestatteten. Um diesen Zweck zu erreichen, mußte aber die Verzugsetzung, bis zu welcher das Gesetz dem Käufer vergünstigungsweise die Möglichkeit zur Zahlung des Kaufpreises erstreckt hatte, auch die Wirkung haben, daß mit ihrem Eintreten der Vertragswille der Parteien, wie er sich in der commissorischen Clausel ausgesprochen, zur vollen, unausweichlichen Geltung komme, ohne daß es dem Richter zustünde, demselben durch Fristgestattungen an den Käufer oder in anderer Weise wieder Eintrag zu thun. Es mußte, wohin auch der Wortlaut des Art. 1656 geht, lediglich in die Hand der Betheiligten gegeben sein, durch ihre Schritte entweder einerseits den Eintritt der vollen Wirkung der commissorischen Clausel zu veranlassen, oder andererseits den Eintritt dieser Wirkung noch abzuwenden; dem Richter durfte keine Einwirkung hierauf mehr zukommen.

Hiernach sprechen sich denn auch die französ. Schriftsteller sämmtlich aus, ohne Unterschied ob sie, wie z. B.

Toullier, droit civ. zu Art. 1656 Bd. IX. S. 139 No. 377; und Duranton, t. XVI. No. 377,

annehmen, daß auch nach der Verzugsetzung, obschon keine richterliche Fristgestattung, doch Zahlungen beziehungsweise Zahlungsdarbietungen des Käufers bis zur Erlassung des die Vertragsauflösung aussprechenden Urtheils zulässig seien, oder ob sie nach einer strengeren, aber wohl richtigeren Auffassung des Art. 1656 behaupten, daß nach der Verzugsetzung auch keine Zahlungen oder Zahlungsdarbietungen von Seite des Käufers mehr giltig geschehen können (ohne freiwillige Zustimmung des Verkäufers), wie dies von

Troplong. Vente S. 344—46 No. 669 672; Dalloz, Rép. Bd. LIII. S. 307 No. 1272—73, u. Zachariä, 5. Aufl. Bd. II. §. 356 a. E. u. Note 28 S. 394,

ausgeführt, und auch in der von Dalloz angeführten Entscheidung des Cassationshofes vom 19. August 1824 und in den andern erwähnten Urtheilen französischer Gerichtshöfe angenommen ist.

Dalloz an der ebenerwähnten Stelle No. 1273 sagt:

„Si cependant l'art. 1656, par faveur pour le débiteur, lui permet d'empêcher la résolution (de la vente) en payant, même après l'expiration du délai, tant qu'il n'y a pas eu de sommation; mais là se borne la faculté qu'il accorde; du moment où la sommation a été faite, la résolution est encourue, et il n'est plus au pouvoir de l'acquéreur de l'empêcher. C'est ce qui résulte clairement de ces termes de l'art. 1656 etc. Ce que l'article ajoute qu'après la sommation le juge ne peut accorder de délai à l'acheteur, veut dire simplement que le juge ne peut pas le relever de la déchéance qu'il a encourue; mais il n'en faut pas conclure que jusqu'à ce que la résolution soit judiciairement prononcée le payement puisse être valablement fait,"

und Toullier, obwohl wie bemerkt der oben angeführten milderen Ansicht über die Wirkung der Verzugsetzung zugethan, drückt sich Bd. IX. S. 138 No. 376 ebenso unbedingt dahin aus:

„Le code ne permet pas que dans aucun cas où le pacte commissoire a été inséré dans le contrat, le juge puisse accorder un délai; s'il le faisoit, il y aurait violation de la loi et sa décision devrait être reformée par la cour de cassation, si elle lui était déférée."

Immerhin also soll auch im Fall des L.R.S. 1656 das richterliche Erkenntniß nur beurtheilen, ob der Käufer seine durch unthätiges Verstreichenlassen der bedungenen Zahlungsfrist verschuldete Versäumniß noch rechtzeitig durch nachträgliche Zahlung oder Zahlungsdarbietung gutgemacht, und dadurch den Eintritt der Wirkung der commissorischen Clausel, die Vertragsaufhebung, abgewendet habe; keineswegs aber kann der Richter in dem Urtheil, das er erläßt, eine Frist bestimmen, innerhalb welcher von da an noch der Käufer sein Versäumniß durch Nachbringung der Zahlung gutmachen könne.

Unter der Voraussetzung, daß man auch das gerichtliche Auftreten des Verkäufers als eine Verzugsetzung annimmt, gestaltet sich hiernach die Lösung für die verschiedenen Klagfälle einfach. Klagt nämlich wie es im vorwürfigen Rechtsstreite in der Widerklage der Beklagten geschah, der Verkäufer wegen der zur bedungenen Zeit nicht erfolgten Zahlung des Kaufpreises und auf Grund der für diesen Fall festgesetzten commissorischen Clausel — auf Auflösung des Kaufvertrages, so müßte der Käufer zur Beseitigung der Klage behaupten, er habe seine eingetretene Versäumung in Zahlung des Kaufpreises nach der Vergünstigung des L.R.S. 1656 durch nachträgliche Leistung (oder ordnungsmäßige Darbietung rc.) der Zahlung wieder gutgemacht, und zwar vor der Verzugsetzung beziehungsweise vor der Einklagung, und habe dadurch den Eintritt der Wirkung der commissorischen Clausel abgewendet. Stellt sich diese Behauptung als richtig heraus, so wird der Verkäufer mit seiner Klage auf Kaufauflösung abgewiesen, andernfalls wird die Kaufauflösung ausgesprochen. In ähnlicher Weise, nur mit Umkehrung der Parteirollen wird es sich verhalten, wenn wie im vorwürfigen Rechtsstreite in der Vorklage geschehen ist, der Käufer gegen den Verkäufer auf Haltung des Kaufes und Uebergabe des Kaufobjectes klagt. Die ihm von Seite des Verkäufers entgegengehaltene Einrede, daß wegen der Versäumung der rechtzeitigen Zahlung des Kaufpreises und in Gemäßheit der commissorischen Clausel der Kaufvertrag als aufgelöst gelte, — kann der Käufer wieder nur durch die Behauptung beseitigen, daß er gemäß der in L.R.S. 1656 ertheilten Vergünstigung die Versäumung durch Nachholung der Zahlung oder Zahlungsdarbietung vor einer Verzugsetzung oder vor der gerichtlichen Geltendmachung jenes Umstandes wieder gutgemacht, und den Eintritt der Wirkung der commissorischen Clausel abgewendet habe. Bestätigt sich diese Behauptung, so wird Verkäufer für schuldig erkannt, den Kauf zu halten und das Kaufobject gegen Annahme der bereits vom Käufer geleisteten oder dargebotenen und hinterlegten Zahlung des Kaufpreises zu übergeben; andernfalls wird Käufer mit seinem Begehren abgewiesen.

Die obenbemerkte *mildere Ansicht* würde nur den Einfluß haben, daß bei dem Urtheil auch noch solche nachträgliche Zahlungen, beziehungsweise Zahlungsdarbietungen zu berücksichtigen sein würden, welche erst *nach* der Verzugsetzung, beziehungsweise nach der Einklagung, aber noch vor der Urtheilserlassung erfolgt wären.

Bei den vorbemerkten Schriftstellern ist nun allerdings der Fall nicht berührt, wo der Rechtsstreit zur Entscheidung über die Wirkung der fraglichen Clausel vor den Richter gelangt wäre, *ohne daß* von Seite des Verkäufers eine *Verzugsetzung* gegen den Käufer vorläge; und es könnte dieser Umstand darauf deuten, daß auch diese Schriftsteller davon ausgehen, daß ohne einen vorausgegangenen besonderen Akt der Verzugsetzung jedenfalls eine solche in der vom Verkäufer ausgehenden gerichtlichen Geltendmachung der Nichteinhaltung des Zahlungszieles und in der Geltendmachung der deßfallsigen commissorischen Clausel — im Wege der Einrede oder der Widerklage — enthalten wäre, und also der oben hervorgehobene Fall für den Richter gar nicht eintreten könne. Aber selbst wenn man, wie in dem vorstehenden oberhofgerichtlichen Urtheil geschieht, in jenen gerichtlichen Schritten des Verkäufers *keine solche Verzugsetzung* annehmen wollte, und eine besondere Verzugsetzung nicht vorausgegangen war: würde es nicht zu einer richterlichen Anberaumung einer Frist für den Käufer kommen können. Im Fall nämlich vom Verkäufer die *Auflösungsklage* angestellt wäre, so würde die mangelnde Verzugsetzung als Mangel an einem Umstande erscheinen, welcher nach L.R.S. 1656 zum Eintreten der Wirkung der commissorischen Clausel nöthig ist, und es würde daher die Klage *zur Zeit* abzuweisen, und dem Verkäufer zu überlassen sein, vorerst noch jenen zur Vervollständigung seines Klagrechts erforderlichen Schritt zu thun.

Im Fall aber der Käufer gegen den Verkäufer die Klage *auf Haltung des Verkaufes* und Uebergabe des Kaufobjectes angestellt hätte, so würde es dem Käufer um die ihm entgegengehaltene Nichteinhaltung der Zahlungsfrist und die commissorische Clausel beseitigen zu können, an einem dazu erforderlichen Momente fehlen, nämlich an der Behauptung, daß er inzwischen wenn auch erst nach der bedungenen Frist den Kaufpreis nachträglich bezahlt (oder dargeboten und hinterlegt) habe. Nur diese *wirkliche Leistung* (oder Darbietung) der Zahlung hat nämlich nach L.R.S. 1656 die Folge, daß dadurch die vorhergegangene Versäumung wieder gutgemacht und der Eintritt der Wirkung der commissorischen Clausel abgewendet, und also dem Käufer sein Recht gewahrt wird; der blose Umstand, daß die gesetzliche Nachsichtsfrist noch im Laufe und es daher dem Käufer noch *möglich* ist, sein Klagrecht zu wahren, kann nur die Folge haben, ihn mit seiner Klage *zur Zeit* abzuweisen und es ihm zu überlassen, vorerst die Vorkehr zu treffen, die im Gesetz zu einer erfolgreichen Klage vorausgesetzt ist. Wenn der Richter in diesen Fällen eine Frist für die vom Käufer zu bewirkende Nachbringung der Zahlung anberaumt, so würde er einerseits dem *Verkäufer* das Recht entziehen zu jedem ihm beliebigen Zeitpunkt und also auch noch *vor Ablauf* der richterlichen Frist dem Käufer durch eine Verzugsetzung die Befugniß zu nachträglichen Zahlungen abzuschneiden; und anderseits würde der Richter den *Käufer* von der Befugniß ausschließen, auch *nach Ablauf* der richterlichen Frist und solange keine Verzugsetzung von Seite der Gegenpartei erfolgt, Zahlungen zu machen. —

Endlich dürfte noch darauf hinzuweisen sein, daß bei einer Entscheidung in der Richtung, wie sie das oberhofgerichtliche Urtheil enthält, die dem Vertrag beigefügte commissorische Clausel ohne alle Wirkung und Bedeutung bleibt, indem auf eine dem Käufer günstigere Weise auch in dem Falle nicht hätte erkannt werden können, wenn überall *keine* solche Clausel und keine Versäumung der Zahlung des Kaufpreises auf die bedungene Zeit vorgelegen wäre.

Betzinger.

Annalen der Großherzogl. Badischen Gerichte.

1864. Band XXX. No. 7.

24.

Ehescheidung.

I.

1) Ehebruch des Ehemanns als Ehescheidungsgrund.

Annal. 1863 (XXIX.) No. 21 Ziff. 62. V, S. 166. 167; No. 40 Ziff. 141. 2, S. 319.

2) Eine Aussöhnung im Sinne des L.R.S. 272 kann nicht in der, durch die Verhältnisse gebotenen Fortsetzung des Zusammenlebens der Ehegatten, sondern nur in der ehelichen Beiwohnung gefunden werden.

In den Gründen zum oberhofgerichtlichen Urtheil vom 11. Dezember 1863 In Sachen der Ehefrau des Benedict Schertzinger, Constantia geb. Kühnle, von Lehningen gegen ihren genannten Ehemann, Ehescheidung betreffend, ist bemerkt:

1) Wenn auch, wie der Beklagte hervorhebt, nach L.R.S. 230 und 230a auf Seiten des Ehemannes nicht kurzweg jeder Beischlaf mit einer fremden Frauensperson einen Ehescheidungsgrund bildet, so sind doch in dem vorliegenden Falle auch die in jenem L.R.S. 230, und insbesondere in dem Landrechtszusatz 230a geforderten weiteren Voraussetzungen als vorhanden anzunehmen. Es ist nämlich nicht nur ein einzeln stehender Fehltritt, welcher dem Beklagten zur Last liegt, sondern es ist gegen ihn ein auch seither fortgesetzter Zuwandel zu der in demselben Dorfe mit dem Beklagten wohnenden Katharina Grein, theils in deren Wohnung, theils an dritten Orten, zur Nachtzeit und unter verdächtigen Umständen und sogar Bestellung und Aufnahme derselben in seine eigene Wohnung mehrfach bezeugt, so daß man die Voraussetzung, unter welcher nach L.R.Zus. 230a die Untreue des Ehemannes einen Ehescheidungsgrund bilden soll, als hergestellt betrachten muß. Der vielfache, theilweise offene, Verkehr, welchen der Beklagte mit der in demselben kleinen Dorfe und unweit der Eheleute wohnenden Katharina Grein, so zu sagen unter den Augen der klagenden Ehefrau hatte, legt zugleich eine Mißachtung des Beklagten gegen die Rechte und gegen die Stellung seiner Ehefrau an den Tag, deren Hinzutreten der angeführte L.R.S. 230 und L.R.Zus. 230a nach der Erläuterung Brauer's als Motiv anerkennt, um die Untreue des Ehemannes zu einem Scheidungsgrund zu erheben. Eine solche Verletzung der Stellung der klagenden Ehefrau lag noch in erhöhtem Maaße in der Handlungsweise des Beklagten, als er ohne Wissen und Willen der Ehefrau das Kind der Katharina Grein in die eheliche Wohnung bringen ließ und die Ehefrau in die Lage brachte, die Ueberbringerin des Kindes mit dem letzteren aus der ehelichen Wohnung hinausweisen zu müssen.

2) Endlich steht der Geltendmachung jenes ersten Ehescheidungsgrundes von Seiten der klagenden Ehefrau auch nicht, wie beklagter Seits behauptet wurde, der Umstand einer zwischeneingetretenen Aussöhnung nach L.R.S. 272 entgegen. Es ist blos die Fortsetzung der bis dahin von den Eheleuten eingehaltenen und theilweise von ihrer häuslichen Einrichtung abhängigen Art des Zusammenlebens behauptet, und auch nur in jener Richtung lauten die Aussagen der Zeugen; eine eheliche Beiwohnung dagegen ist von beklagter Seite nicht behauptet, auch von der klagenden Ehefrau mit Entschiedenheit widersprochen.

II.

Mißhandlungen, Verunglimpfungen und lebensgefährliche Drohungen von Seiten eines geisteskranken oder in Folge einer früheren Geisteskrankheit noch ungewöhnlich reizbaren Ehemannes als Ehescheidungsgründe.

Selbstverschulden der Ehefrau.

Siehe Annal. 1863 S. 319 Ziff. 141. 1, S. 158, Ziff. 62. II, Note 6.

Der Fall kann eintreten, daß die Merkmale einer ausbrechenden oder ausgebrochenen Geisteskrankheit in dem Verhalten eines Ehegatten gegen den andern sich kund geben. Während nun nach L.R.S. 231a nur ein über drei Jahre andauernder, für unheilbar erklärter Wahnsinn die Klage auf Ehescheidung rechtfertigt (Annal. 1862 Ziff. 13 S. 35), so können nicht Ungebührlichkeiten des Ehegatten, bei welchem sich eine vielleicht vorübergehende Geisteskrankheit in diesem seinem verletzenden Benehmen gegen den andern Ehegatten kundgibt, zur Erhebung einer Ehescheidungsklage benützt werden, sondern der beleidigte Ehegatte hat dieselben nach L.R.S. 212 als Folgen eines Unglücks zu tragen.

Wenn ferner mit Recht vom Ehegatten verlangt wird, daß er Ungebührlichkeiten des andern Ehegatten, wozu er selbst Anlaß gegeben oder gereizt haben, als selbstverschuldetes Uebel hinnehmen, so ist dieses Verlangen gewiß da in noch höherem Grade gerechtfertigt, wo die, wenn auch gehobene, aber doch noch in besonderer Reizbarkeit fortwirkende Geistesstörung des andern Gatten besondere Rücksicht und Schonung erheischt, wo also Lieblosigkeit und Rücksichtslosigkeit ihn in höherem Grade zu reizen geeignet ist.

Von dieser Anschauung ging das großh. Oberhofgericht

In Sachen

der Ehefrau des Carl Herr, Josepha geb. Steiger, zu Hecklingen

gegen

ihren vorgenannten Ehemann allda,

Trennung von Tisch und Bett betr.,

aus, indem es in den Gründen zu seinem Urtheil vom 4. Januar 1864 aussprach:

„Es ist der Klägerin nicht gelungen, eine harte Mißhandlung nachzuweisen, denn die von zwei Zeugen im Jahre 1862 wahrgenommene Mißhandlung hat eine Verletzung nicht verursacht und die Klägerin, welche jene Gewaltthätigkeit als Merkmal des Wiederausbruchs der Geistesstörung ihres Ehemannes darstellte und zur Begründung des Antrags auf seine Wiederverbringung nach Illenau benützte, kann nicht verlangen, daß dieselbe Handlung ihm nun auch als vorsätzliche Beleidigung zugerechnet werde.

Auch der zweite Vorgang im Jahr 1863, kurz nach der wiederholten Entlassung des Beklagten aus der Heilanstalt, ist schon an sich, aber auch darum nicht von hinreichender Bedeutung, da bei dessen Beurtheilung zu beachten ist, daß die Klägerin ihrem, bei seinem Geisteszustande in höherem Grade reizbaren, Ehemanne durch ungeeignetes Benehmen mehrfach Anlaß zur Unzufriedenheit gegeben und sich im Allgemeinen lieblos gegen denselben gezeigt hat.

Aus gleichem Grunde sind auch die von verschiedenen Zeugen wahrgenommenen Beschimpfungen der Klägerin durch ihren Ehemann aus der Beschaffenheit ihres Benehmens zu entschuldigen, durch welches sie den Zorn und die Eifersucht ihres Ehemannes rege gemacht hat.

Lebensgefährliche Drohungen des Beklagten sind zwar von einzelnen Zeugen auch vernommen worden, allein eines Theils sind sie als Aeußerungen fortdauernder krankhafter Erregtheit des Beklagten aufzufassen, andern Theils ist ihre Ernstlichkeit kaum anzunehmen. Die Klägerin muß aber den krankhaften Geisteszustand ihres Ehemannes, so lange die Voraussetzungen des L.R.S. 232a nicht vorliegen, als ein Unglück tragen, und darf sich dieser, in dem Wesen der Ehe begründeten, in L.R.S. 212 bestätigten, Aufgabe nicht entziehen.“ Stf.

25.

Dadurch, daß eine Mehrheit von Schuldnern gemeinschaftlich dem Gläubiger ein Unterpfand bestellt, wird nicht die persönliche Haftbarkeit jedes Einzelnen für die ganze Schuld begründet.

Hierüber sprach sich

In Sachen

des Dominik Birneisel von Landa und Genossen

gegen

Melchior Ruß und Genossen vom Seehof und von Windischbuch,

Forderung betreffend,

das großh. Oberhofgericht in den

Entscheidungsgründen

zum Urtheil vom 14. April 1863 in folgender Weise aus:

„Bei Forderungsrechten gilt die Theilbarkeit als Regel, daher, wenn mehrere Theilhaber des Rechts oder der Verbindlichkeit vorhanden sind, die Forderung von selbst als getheilt erscheint, so zwar, daß jeder Gläubiger nur einen Kopftheil der Forderung anzusprechen, oder jeder Schuldner für einen Kopftheil der Schuld zu haften hat.

Der Kläger behauptet nicht, daß hinsichtlich seiner eingeklagten Forderung eine Ausnahme von jener Regel dadurch eingetreten sei, daß die Schuldner, insbesondere die jetzigen Beklagten, die Sammtverbindlichkeit für das gemeinschaftlich aufgenommene Anlehen ausdrücklich übernommen haben. Auch mangelt es an jedem Anhaltspunkte dafür, daß nach dem Zwecke des Rechtsgeschäfts und der Absicht der Parteien gleichwohl eine sammtverbindliche Haftbarkeit der Schuldner eintreten sollte. Der Umstand, daß für das Darleihen ein Unterpfand bestellt wurde, und daß nebstdem ein Vorzugsrecht dafür bestehen soll, macht die an und für sich theilbare Forderung nicht zu einer untheilbaren. Das Pfandrecht selbst ist auch nur in dem Sinne untheilbar, daß das Unterpfand in seiner ganzen Ausdehnung für die ganze Schuld bis zu ihrer vollständigen Tilgung verhaftet bleibt. Aus dem Satze 2025 des Landrechts, welcher von mehreren für die Schuld persönlich haftenden Bürgen spricht, kann nicht abgeleitet werden, daß mehrere Mitschuldner, weil sie gemeinschaftlich ein Unterpfand für die Schuld bestellten, deßhalb für die ganze Schuld persönlich zu haften haben." Stf.

26.

Form, in welcher der Antrag auf Leistung eines Offenbarungseides zu stellen ist.

Legitimation der Gläubiger der Verlassenschafts- und beziehungsweise Gantmasse eines Verstorbenen, um von den Eltern des Letzteren diesen Eid zu verlangen.

Gehört zu einem in gesetzlicher Form errichteten Vermögensverzeichniß, wie es der §. 590 der Pr.O. im Auge hat, auch eine vorgängige Versieglung des Nachlasses?

Man vrgl. auch oberhofger. Jahrb. n. F. XI. S. 71—72.

Erkenntniß über den Kostenpunkt.

In Sachen der Handlungshäuser Elzbacher in Köln und Wiesenthal in Berlin gegen J. L. Z.'s Eheleute von R.,

Leistung eines Offenbarungseides betr.

Nachdem der ledige großjährige Kaufmann Georg Z. sich am 28. März 1862 in der Nähe seiner Heimath entleibt hatte, war die Leiche in das Haus der Eltern verbracht und die vorgeschriebene Untersuchung über den Todesfall geführt, aber weder eine Obsignation des Nachlasses, noch eine Verzeichnung desselben vorgenommen worden. Erst nachdem ein auswärtiges Handlungshaus, S. Wiesenthal in Berlin, mit einer bedeutenden Anforderung an den Verlebten aufgetreten war, und die Klage gegen die gesetzlichen Erben desselben, insbesondere gegen die Eltern gerichtet hatte, wurde am 17. November 1862 die Aufnahme eines Inventars über den Nachlaß bewirkt. Dabei wurden nur verschiedene Kleidungsstücke und wenige andere Effekten als Nachlaß des Verlebten, im Ganzen in unbedeutendem Betrage, angegeben; Papiere des Verlebten über etwaige Forderungen oder Schuldigkeiten desselben waren nicht vorgelegt. Unter Bezug auf die zum Inventar aufgenommene, bereits gerichtlich geltend gemachte Forderung des Handlungshauses S. Wiesenthal in Berlin verzichteten nun die gesetzlichen Erben des Verlebten, nämlich die Eltern und Geschwister auf die Erbschaft, und in der darüber erkannten Gant meldete das Handlungshaus S. Wiesenthal und ebenso das inzwischen ebenfalls mit einer Forderung aufgetretene Handlungshaus Elzbacher von Köln ihre Forderungen an, und stellten zugleich ersteres als Anhang zu der Liquidation, letzteres in besonderer Eingabe Anträge, daß die Eltern des verlebten Cridars den Offenbarungseid leisten sollten.

Auf verschiedene von beklagter Seite vorgebrachte Einwendungen wies der Untersrichter jene Anträge aus dem Grunde zurück, weil ein in gesetzlicher Form errichtetes Vermögensverzeichniß vorliege, und kein besonderer Verdacht der Veruntreuung oder Verheimlichung bescheinigt sei, §. 590 der Pr.O., wogegen von großh. Hofgericht und ebenso von großh. Oberhofgericht auf den beantragten Offenbarungseid erkannt wurde, und zwar vom großh. Oberhfg. unterm 27. Feb. l. J. aus nachstehenden, großentheils auch schon von großh. Hofgerichte angerufenen Gründen, aus welchen sich zugleich das weitere Material des Rechtsstreites ergibt.

Entscheidungsgründe:

Die Oberappellation der beklagten Eheleute gegen die ihnen durch das hofgerichtliche Urtheil auferlegte Verpflichtung zur Leistung des Offenbarungseides hinsichtlich des Nachlasses ihres verlebten Sohnes Georg Z., — erscheint nicht als gegründet.

Was zunächst die formellen Beanstandungen von

Soviel der Beklagten gegen die hier in Frage stehenden Anträge auf Leistung eines Offenbarungseides betrifft, so kann die von den zwei aufgetretenen Klägern in der früheren Einklagung gegen die Beklagten, bezw. gegen die Erben des † G. Z. vorgebrachte Behauptung, daß die Beklagten sich gewisse Nachlaßstücke zugeeignet hätten und daher für Erbschaftsschulden unbedingt haftbar seien, — nicht hindern, daß die Kläger nun, wo gegen die Verlassenschaft des G. Z. Gant erkannt ist, zur Constatirung der Verlassenschafts-, beziehungsweise Gantmasse die Leistung des Offenbarungseides verlangen. Auch ist ein Antrag hierauf nach der Fassung des §. 599, verglichen auch mit §. 791 der Pr.O. keineswegs, wie die Beklagten behaupten, streng an die Form einer Klage gebunden, wie es denn im gemeinen Recht anerkannt ist, daß solche Anträge als Nebengesuche bei andern Klagen oder Verhandlungen vorkommen können.

Vergl. Holzschuher, Theorie &c. des gem. Civilrechts Bd. II. S. 832 u. 831.

Was die Sache selbst anbelangt, so sind die zwei Antragsteller Gläubiger des verlebten G. Z., und haben als solche unzweifelhaft ein Interesse an der vollständigen Ermittlung der Verlassenschafts-, beziehungsweise Gantmasse dieses ihres Schuldners. Andererseits ergibt sich aus den von beiden Theilen angerufenen Untersuchungsakten über den Selbstmord des G. Z., daß dieser zur Zeit seines Todes und schon längere Zeit vorher seine eigentliche Wohnung im Hause seiner Eltern, der Beklagten, hatte, und nur anläßlich seiner Geschäftsreisen vorübergehend kürzeren Aufenthalt in dieser oder jener Stadt in Gasthöfen genommen hatte; so wie, daß auch nach der in der Nähe seiner Heimath geschehenen Selbstentleibung der Leichnam mit den Kleidungsstücken u. dgl. die er bei sich hatte, in diese Wohnung verbracht worden war. Daß der Verlebte zur Zeit des Todes seinen eigentlichen Aufenthalt im elterlichen Hause und dort regelmäßig auch seine Effecten hatte, geht auch daraus hervor, daß ausweislich der Verlassenschaftsacten seine Eltern eine Anzahl solcher in dieser Wohnung vorhanden gewesener Fahrnißstücke des Verstorbenen zur Inventarisirung vorgelegt haben, während in dem Gasthofe zu Heidelberg, wo er vor seinem Tode einige Tage logirt hatte, sich keine Effecten von ihm vorfanden. Es ist daher auf Seiten der Beklagten der Fall vorhanden, wo nach der auch mit dem gemeinen Rechte übereinstimmenden Vorschrift des §. 17 der Eidesordnung vom 24. Mai 1802, und folgeweise auch im Sinne des §. 599 unserer Prozeßordnung, welchem nach der Erklärung in den Motiven zu dem betreffenden Paragraphen der Pr.O. von 1831 im Wesentlichen jene Vorschrift der Eidesordnung zu Grunde liege, — ein Offenbarungseid gefordert werden kann. Es liegt auch keinerlei Grund zu der Annahme vor, daß bei der Aufbewahrung und Beaufsichtigung der Effecten des verstorbenen Sohnes G. Z. im elterlichen Hause, nur der Vater und nicht auch die Mutter betheiligt gewesen sei; deßhalb und in Folge des Verzichtes auf die Erbschaft des Sohnes hatte die Mutter nicht minder als der Vater die Verpflichtung zur Ausfolgung des Nachlasses des Sohnes an dessen Gantgläubiger — und erscheint hiernach und im Hinblicke auf §. 791 der Pr.O. die eventuell beantragte Freilassung der Mutter von der Pflicht zur Leistung des Offenbarungseides nicht gerechtfertigt.

Mit Recht hat sodann großh. Hofgericht angenommen, daß der Fall des §. 599 der Pr.O., wo wegen Vorhandenseins eines in gesetzlicher Form errichteten Vermögensverzeichnisses die Pflicht zur Leistung des Offenbarungseides nur beim Hinzutreten besonderer Verdachtsgründe eintrete, hier nicht vorliege. Bei fraglichem Todesfall des G. Z. war nämlich, weil unter den Erben auch abwesende und minderjährige waren, nach L.R.S. 819. 821 und 838 die Aufnahme eines förmlichen Erbverzeichnisses und zwar auf Grund einer sofort nach dem fraglichen Todesfall vorzunehmenden Versieglung des Nachlasses, gesetzlich geboten, wie dieß durch die Justizministerialverordnung vom 7. Septbr. 1841 Art. 3 vgl. mit Art. 1 Ziff. 2 u. 5 (Regg.Bl. 1841 No. 30) näher ausgeführt ist. Für die Vornahme dieser Versieglung als der Grundlage des Erbverzeichnisses, ist die möglichste Beschleunigung vorgeschrieben L.R.S. 819 Abs. 2 Art. 3 der cit. V. v. 7. September 1841 und V. v. 12. Mai 1843 (Reggbl. No. 14), wenn auch die Abfassung des förmlichen Inventars später nachfolgen kann. Da nun hier keine Versieglung des Nachlasses stattgefunden hat, und die Inventarsaufnahme erst am 17. November 1862, also erst mehr als sieben Monate nach dem am 28. März eingetretenen Todesfall bewirkt wurde, da ferner ein Fall, wo eine Versieglung unthunlich gewesen wäre, nicht vorlag, hier überhaupt nichts zur Constatirung und Sicherung des Bestandes des Nachlasses geschehen ist: so können die Beklagten aus der Inventarsaufnahme vom 17. November 1862 zu ihren Gunsten nicht die Wirkung ableiten, welche der §. 599 der Pr.O. allein unter Beobachtung aller gesetzlichen Vorschriften errichteten Vermögensverzeichniß beilegt. Aus diesem Grunde versteht es sich auch, daß dieser Mangel einer gesetzlichen Voraussetzung des Erbverzeichnisses nicht blos von den Miterben, deren Schutz der L.R.S. 819 Abs. 2 und 821 in erster Reihe im Auge hat, sondern auch von den Gläubigern des Verstorbenen, welchen ein Inventar mit Rechtswirkung entgegengehalten werden will, geltend gemacht werden kann, wie denn dieselben ohnehin in Folge des Verzichtes der Erben auf die Verlassenschaft und der Ganterkennung über dieselbe an der Constatirung der Masse nicht weniger Interesse haben als vor ihnen die Miterben. Die Befugniß der Gläubiger, einen solchen Mangel geltend zu machen, ist auch dadurch nicht entzogen, daß ihnen nach L.R.S. 820 gestattet wird, selbst auf die Versieglung anzutragen, abgesehen von der Frage, ob den im Auslande wohnhaften Klägern so schleunige Nachricht von dem Todesfall zugekommen sei, um noch mit Erfolg eine solche Maaßregel zu bewirken.

Hiernach kommt es nicht weiter darauf an, ob in den von klägerischer Seite noch vorgebrachten andern Umständen und Verhältnissen ein besonderer Verdacht der Veruntreuung oder Verheimlichung enthalten und bescheinigt wäre, wie ihn der §. 599 der Pr.O für den Fall wenn den Beklagten ein nach den gesetzlichen Vorschriften zu Stande gekommenes Erbverzeichniß zur Seite stände, erfordert.

Es war vielmehr das hofg. Urtheil zu bestätigen und haben die Beklagten ungeachtet ihrer gegentheiligen Ausführung — nach der Regel des §. 168 der Pr.O. auch die Kosten des Verfahrens zu tragen, weil der Streit die Frage über die **Verpflichtung** der Beklagten zur Leistung eines Offenbarungseides betraf, und diese Frage zu ihrem Nachtheil entschieden wird, wobei es also ohne Einfluß bleibt, in welcher Weise von den Beklagten seiner Zeit diesem Erkenntniß Folge würde gegeben werden.

Betzinger.

27.

Ehescheidungsverfahren.

1) Die Vorschrift persönlicher Ueberreichung der Klagschrift — L.R.S. 236 — bezweckt die Herstellung der Gewißheit, daß die als Klagmomente beigebrachten Thatsachen und Aktenstücke wirklich der Absicht und dem Willen des klägr. Theils entsprechen.

Die nachträgliche Herstellung dieser Gewißheit im Laufe des Verfahrens genügt bei der durch die Verhältnisse veranlaßten Verhinderung an persönlicher Ueberreichung.

2) Der Meldschein kann im Laufe des Verfahrens nachträglich erhoben werden und bedarf, wo seine Aechtheit außer Zweifel ist, der **Paraphirung** nicht.

3) Der Beizug eines Rechtsfreunds ist schon bei der Verhandlung über die Klage statthaft, ebenso dessen Fragestellung an die Zeugen.

4) Die Frau verstößt dadurch, daß sie **vorübergehend** zur Erwerbung ihres Unterhalts den ihr vom Gericht bestimmten Aufenthaltsort verläßt, nicht gegen L.R.S. 269.

Während früher mit oft zu weitgehender Strenge an den Formvorschriften über das Ehescheidungsverfahren festgehalten wurde, gibt sich in neuerer Zeit das Bestreben kund, das richterliche Ermessen auch in dieser Beziehung mehr walten und — wo der Zweck des Gesetzes trotz der Nichtbeachtung der von ihm vorgeschriebenen Form dennoch erreicht erscheint — das Recht nicht unter einem nicht gerade wesentlichen Formmangel leiden zu lassen.

Schon im Jahrgang 1863 No. 22 Ziff. 66 S. 170 ff. ist dies durch die dort mitgetheilten Fälle nachgewiesen; die Entscheidungsgründe zum oberhofgerichtlichen Urtheil vom 15. October 1863

In Sachen
der Ehefrau des Schusters Eduard **Weber**, Crescentia geborene **Broß** von Offenburg
gegen
ihren Ehemann Schuster Eduard **Weber** von da,
Ehescheidung betr.,

geben dafür neuerdings einen Beleg, indem sie aussprechen:

1) In **formeller** Beziehung wird gerügt, daß weder die Klage noch der Nachtrag dazu von der Klägerin persönlich dem Richter eingehändigt worden sei. Es hat dies seine Richtigkeit, allein bezüglich der Klage

konnte dies nicht geschehen, da die Klägerin damals zur Erstehung des auf Antrag ihres Mannes gegen sie erkannten zweiten Beugungsgrades im Gefängnisse saß, und sie hat die Klage später protocollarisch ausdrücklich für die Ihrige mit der Bitte anerkannt, sie so zu betrachten, als wenn sie solche selbst übergeben hätte, — und über den Klagnachtrag haben beide Theile sich erklärt, so daß hiernach wenigstens der Zweck des Gesetzes — die Gewißheit, daß die als Klagmomente beigebrachten Thatsachen und Actenstücke wirklich der Absicht und dem Willen des klagenden Theiles entsprechen — vollkommen erreicht vorliegt.

2) Es ist ferner richtig, daß die in der Klage als „Meldschein" angerufene und zu den Acten gebrachte pfarramtliche Urkunde vom 31. März 1862 nicht als Meldschein im Sinne des §. 61 der Eheordnung erachtet werden kann, sich vielmehr nur als eine Bescheinigung über einen nach §. 27 der Eheordnung vorgenommenen gütlichen Besserungsversuch darstellt, — allein daß es der Klägerin wirklich Ernst damit war, sich nicht mehr mit ihrem Ehemanne auszusöhnen, vielmehr eine Trennung der Ehe herbeizuführen, hat sie nicht nur schon vor Erhebung der Klage wiederholt wörtlich ausgesprochen und durch Erduldung der gegen sie verhängten Beugungsgrade auch thatsächlich zu erkennen gegeben, sondern auch nach Erhebung der Klage wiederholt kund gegeben, so daß an dem ernstlichen Willen der Klägerin, für immer sich von dem Beklagten zu trennen, nicht gezweifelt werden kann; es wurde aber auch auf Veranlassung des großh. Hofgerichts nachträglich noch ein Meldschein beigebracht, und damit auch formell dem gesetzlichen Mangel noch abgeholfen, — so daß auch diese Einwendung als hinfällig erscheint.

3) Die weiter gerügte Unterlassung der Paraphirung dieses Meldscheins ist von keiner Erheblichkeit, da er einmal keine Beilage der Klage bildet, worauf sich L.R.S. 237 beziehen ließe, andererseits aber actenmäßig die Aechtheit dieser Urkunde außer allem Zweifel liegt.

4) Die Rechtsbelehrung vom 16. September 1812 besagt in §. 7 nicht — wie die Rekursschrift behauptet — daß Rechtsfreunde nur bei Zeugenverhören zuzulassen seien, sondern unter Hinweisung auf die L.R.S. 253 und 254 und §. 64 der Eheordnung nur, daß keine Advokaten, sondern nur Rechtsbeistände oder Freunde bei jenem Verfahren mitwirken dürften; daß aber der Beizug eines solchen Rechtsbeistandes (Bevollmächtigten oder Freundes, Anwalts, welche Bezeichnungen das Landrecht ohne Unterscheidung gebraucht, — S.S. 248. 253. 254. 257) schon bei der Verhandlung über die Klage statthaft ist, setzen die L.R.S.S. 241—243 außer Zweifel, sowie L.R.S. 254 die — vom Rekurrenten bestrittene — Zulässigkeit der Fragestellung des Rechtsbeistandes an die Zeugen.

Es liegen hiernach keine oder doch keine so erheblichen Formverletzungen vor, um den ersten Antrag des Rekurrenten, das Verfahren als nichtig aufzuheben, für begründet erachten zu können.

5) Der L.R.S. 269 hat augenscheinlich nur einen ständigen Aufenthalt im Auge, nicht aber den Fall, daß die Ehefrau nur vorübergehend und nur zu dem Zwecke der Erwerbung ihres Unterhalts den ihr angewiesenen Aufenthaltsort verläßt, — und sie dies nachzuweisen vermag. Eth.

28.

Das Vorkaufsrecht, jus protimiseos

ist das Recht einer Person bei Abschluß eines Vertrags, insbesondere eines Kaufvertrags, unter gleichen Bedingungen den Vorzug vor jedem Dritten zu verlangen.

v. Wening-Ingenheim, Lehrb. des gem. Civilr. Bd. I. §. 313 (271) S. 671.

Sintenis, das praktische gemeine Civilrecht in §. 116 Bd. II. S. 642—644 bespricht den Vorkauf, das jus protimiseos, nur als das Recht, daß, wenn der eine von beiden Paciscenten eine gewisse Sache verkaufen würde, der andere vor jedem Kauflustigen den Vorzug eingeräumt erhalten solle.

Es entsteht entweder aus Vertrag (pactum protimiseos) oder aus testamentarischer Bestimmung oder aus dem Gesetz.

v. Wening-Ingenheim, Lehrb. des gem. Civilr. Bd. I. §. 313 (270) S. 670. 671.

Das Vorkaufsrecht wird in der Regel in einem Nebenvertrag zum Kaufvertrag von dem Verkäufer vorbehalten.

v. Keller, Pandekten §. 327 S. 615 bespricht es nur in dieser Beziehung:

„Der Verkäufer kann sich bei dem Kaufe ausbedingen, daß, wenn der Käufer die Sache wieder verkaufen wollte, er sie ihm zuerst anbieten oder ihm doch von dem mit einem Dritten angebahnten Kaufe Kenntniß geben müsse, damit er in diesem Falle in den mit diesem vereinbarten Bedingungen selbst als Käufer eintreten könne."

Jedoch kann es auch in anderen Verträgen bedungen werden.

In dem unten folgenden Rechtsfalle war es von Miethern einer Wohnung im Miethvertrag bedungen worden.

Nach französischem und badischem Rechte ist ein Vorkaufsrecht nur in zwei Fällen vom Gesetze eingeräumt, nämlich in L.R.S. 841 dem Miterben gegenüber dem Cessionar eines Erbberechtigten und in L.R.S. 1699 dem Schuldner einer cedirten Forderung.

s. Zachariä, franz. Civilr. §. 352 Note 3 Bd. II. S. 373.

Der Vorkaufsberechtigte kann seinen Anspruch nur unter der Voraussetzung, daß der Verpflichtete den Vertrag wirklich abschließen will, wozu er diesen natürlich nicht anhalten kann, geltend machen, insofern er dieselben Bedingungen erfüllt, welche der Dritte, vor welchem er den Vorzug haben will, bezüglich des Gegenstandes des Vorkaufsrechts einzugehen sich bereit erklärt hat.

v. Wening-Ingenheim a. a. O. (§. 271) Bd. I. S. 671.

Die Verbindlichkeit des Verpflichteten besteht aber darin, daß, wenn er die Sache verkaufen will, er den Vorkaufsberechtigten jedem andern Käufer gegen Einhaltung der gleichen Bedingungen vorziehen muß.

l. 75 D. 18, 1.

l. 21 §. 5 D. 19, 1.

v. Holzschuher, Theorie und Casuistik des gem. Civilr. Bd. III. S. 766 zu 1.

Mittermaier, d. Priv.R. Bd. II. §. 285.

Er hat dabei dem Vorkaufsberechtigten die Ausübung seines Rechts in redlicher Weise dadurch zu ermöglichen, daß er diesem von dem Kaufsvorhaben eines Dritten, von dessen Anerbietungen und seiner Bereitwilligkeit zum Verkaufe gegen das Angebot vor dem Kaufabschluß so rechtzeitig Kenntniß gibt, daß der Berechtigte, wenn er will, den Kauf unter denselben Bedingungen für sich abzuschließen in der Lage ist.

s. oben das Citat aus Kellers Pandecten.

Sintenis a. a. O. Anmerk. in dieser Beziehung:

„Der Verpflichtete hat, im Fall ihm von Seiten eines Dritten solche Anerbietungen gemacht werden, auf welche er einzugehen entschlossen ist, dem Berechtigten Anzeige davon zu zu machen."

Die Gelegenheit, mit dem Gegenstand des Vorkaufsrechts auch noch andere Sachen mit zu verkaufen, z. B. mit dem Hause die Fahrnißeinrichtung, gibt dem Verkäufer nicht das Recht, von dem Vorkäufer zu verlangen, daß er sich auch zu diesem weiteren Kaufe, wie der dritte Kaufliebhaber, verstehe.

Das Vorkaufsrecht kann nur so lang ausgeübt werden, als der betreffende Vertrag, insbesondere ein Verkauf noch nicht abgeschlossen ist; denn wenn der dritte Käufer bereits Eigenthümer geworden, was nach L.R.S. 1583 kraft Gesetzes geschieht, sobald er mit dem Verkäufer über die Sache und den Preis einig ist, ohne daß dazu die Uebergabe der Sache oder Zahlung des Kaufschillings vorausgehen muß, so kann der Vorkaufsberechtigte, weil das Vorkaufsrecht nur eine persönliche Klage zu erzeugen vermag, blos noch Entschädigung wegen des gebrochenen Vertrags von dem Verpflichteten fordern.

v. Holzschuher, Theorie und Casuistik des gem. Civilr. Bd. III. S. 766 zu 1 a. S. 773 zu 7.

Sintenis, das practische gem. Civilr. §. 116 Bd. II. S. 164.

Von dieser Regel weichen übrigens die Bestimmungen der L.R.S. 841 und 1699 ab, indem sie das Vorkaufsrecht noch nach geschlossenem Vertrage zulassen.

Aus diesem Rechte entsteht nicht etwa eine Klage gegen den dritten Besitzer

Sirey, XXIV. II. 277

(wie bei dem, davon wesentlich verschiedenen deutschrechtlichen Institute des Retracts), sondern nur eine persönliche Klage gegen den Verpflichteten.

In Sachen

der Elise und Regine Faller, Institutsvorsteherinnen in Heidelberg

gegen

Partikulier Karl Bodani und Kaufmann Eduard Kömpel alda, Beklagten, und Ersteren Appellaten, Oberappellanten,

Vertragserfüllung betr.,

hatten die Klägerinnen am 25. Juni 1860 einen öffentlich beurkundeten Miethvertrag mit dem Beklagten

Bodani abgeschlossen, wonach ihnen derselbe den zweiten Stock seines Hauses nebst einigen weiteren Räumlichkeiten für die Zeit von Michaeli 1860 bis dahin 1864 um jährliche 800 fl. vermiethete.

Der §. 3 des Vertrags lautet:

„Ein Verkauf des Hauses oder Sterbfall des Vermiethers entkräftet diesen Vertrag, während die Miethherinnen an die festgesetzte Miethzeit gebunden bleiben; in beiden Fällen aber haben diese dagegen das Recht, in einen allenfallsigen Verkauf als bevorzugt einzutreten oder ist ihnen zum Auszug ein halbes Jahr zuvor aufzukünden.“

Am 11. März 1861 verkaufte der Vermiether das Haus an Eduard Kömpel und setzte erst fünf Tage später die Miethherinnen von dem Kaufabschluß in Kenntniß.

Sie belangten ihn dann und stellten den Antrag, daß der Beklagte Bodani für schuldig erklärt werde, ihnen den durch die Vereitlung der Ausübung des Vorkaufsrechts verursachten Schaden — vorbehaltlich der Liquidation — zu ersetzen.

Unterm 23. September 1863 erkannte das großh. Hofgericht des Unterrheinkreises (abändernd) nach ihrem Antrag:

daß der Beklagte Carl Bodani schuldig sei, die Klägerinnen — vorbehaltlich der Liquidation — dafür schadlos zu halten, daß er das in der Klage erwähnte Haus verkaufte, ohne das Verkaufsrecht denselben offen zu lassen, und daß er die durch dieses Begehren verursachten Kosten erster Instanz und sämmtliche Kosten der zweiten Instanz zu tragen habe.

Dieses Urtheil wurde am 12. Februar 1864 vom großh. Oberhofgerichte aus folgenden Gründen bestätigt:

„Die erhobene Entschädigungsklage ist rechtlich in L.R.S. 1142 ff. und — soweit beim Vorbehalt der näheren Schadensbegründung vorläufig nöthig — auch thatsächlich begründet.

Nach L.R.S. 1742 wird der Miethvertrag durch den Tod des Vermiethers nicht aufgelöst, und nach Satz 1743 hat der Käufer des Hauses kein Recht, den Miether, dessen Vertrag — wie hier — öffentlich beurkundet ist, zu vertreiben, wenn dieses Recht nicht im Vertrag ausbedungen wurde. Von diesen beiden gesetzlichen Regeln macht nun §. 3 des zwischen beiden Theilen abgeschlossenen Vertrags vom 25. Juni 1860 einer Seits zu Gunsten des Vermiethers eine Ausnahme, bestimmt aber sofort andererseits, daß in beiden Fällen die Miethherinnen dagegen das Recht haben sollen, in einen etwaigen Verkauf einzutreten, oder daß zuvor ein halb Jahr aufgekündet werde.

Hiernach kann nicht bezweifelt werden, daß den Miethherinnen durch den letzten Satz des §. 3 ein Aequivalent für die dem Vermiether im ersten Satze zugestandenen Sonderrechte eingeräumt werden wollte, und daß aus gleichem Grunde nicht diesem, sondern nur den Miethherinnen das Wahlrecht unter den gesetzten beiden Alternativen zugesprochen werden kann. Hiefür spricht weiter der Umstand, daß sie als die Vorsteherinnen einer Lehranstalt, wofür sie einer geeigneten Räumlichkeit bedurften, ein besonderes Interesse hatten, sich auch im Falle des Verkaufs die Möglichkeit zu wahren, nicht vor Ablauf der im §. 2 des Miethvertrags gesetzten vierjährigen Miethzeit aus dem Hause vertrieben zu werden, und sich für den Fall, daß sie sodann das ausbedungene Vorkaufsrecht nicht ausüben könnten oder wollten, wenigstens eine längere als die sonst übliche Aufkündigungsfrist vorzubehalten.

Es war hiernach und gemäß L.R.S. 1134, welcher redlichen Vollzug der Verträge vorschreibt, die Obliegenheit des Beklagten, den Klägerinnen von dem vorhabenden und etwa schon entworfenen Kaufvertrage rechtzeitig genaue Kenntniß zu geben, und ihnen so die Möglichkeit zu gewähren, in voller Wissenschaft der Sachlage in den Kauf einzutreten, oder sich mit einer halbjährigen Aufkündigung zu begnügen. Hat nun Beklagter durch sein Verhalten jenen Eintritt unmöglich gemacht, so sind die Klägerinnen nicht gehalten, nach seinem Gutfinden sich die halbjährige Aufkündung gefallen zu lassen; sie können vielmehr für den entzogenen Eintritt in den Kauf gemäß L.R.S. 1142. 1184 Entschädigung verlangen. (Schluß folgt.)

Annalen der Großherzogl. Badischen Gerichte.

1864. Band XXX. No. 8.

(Schluß von Art. 28.)

Erwägt man nun die zu deren Begründung in der Klage angeführten Thatsachen, sowie daß Beklagter den Kaufabschluß mit einem Dritten, in dessen Folge dieser in den Besitz der Räumlichkeiten der Miethwohnung gelangte, zugesteht, endlich den Umstand, daß schon allein dadurch Kosten und andere Nachtheile für die Klägerinnen sich ergeben mußten, daß sie ein Jahr früher zu einer Verlegung ihrer Erziehungsanstalt genöthigt waren, so erscheint die Klage als begründet und ein Schaden insoweit nachgewiesen, daß dessen Liquidation einem besonderen Verfahren vorbehalten werden kann.

Von Seiten des Beklagten werden nun zwar verschiedene Einwendungen vorgebracht, die jedoch nicht als haltbar erachtet werden können; denn wenn er

1) behauptet, er habe seine vertragsmäßige Obliegenheit erfüllt, indem er den Klägerinnen Gelegenheit gegeben, in den Kauf mit Kömpel einzutreten, so ist dies nach des Beklagten eigenen Ausführungen und Erläuterungen unbegründet.

Um seiner Obliegenheit wirklich zu genügen, hätte Beklagter rechtzeitig, d. h. vor dem festen Kaufsabschlusse mit Kömpel, oder doch mindestens vor dem Eintrage des Kaufvertrags zum Grundbuche, den Klägerinnen eine vollständige Eröffnung der Kaufsbedingungen machen und es ihnen zu beurtheilen überlassen sollen, ob sie unter diesen Bedingungen in den Kauf eintreten könnten und wollten; — eine solche Eröffnung macht jedoch der Beklagte gar nicht geltend, er hat vielmehr nach seinen Anführungen den Kauf mit Kömpel sofort endgültig abgeschlossen. Beklagter verlangte den Eintritt der Klägerinnen unter denselben Bedingungen, wie Kömpel kaufte, und damit auch, daß die Klägerinnen Fahrnisse um 1500 fl. übernehmen, wozu sie nach dem Miethvertrage nicht verhalten sein konnten; — er machte nur ganz allgemein die Eröffnung, „daß er sein Haus verkauft habe", und zwar am 12. März, am Tage nach dem Kaufabschluß, nicht einmal an die Klägerinnen selbst, sondern an deren Mutter, und erst am 15. März, und gelegenheitlich eines Besuches der Einen der Klägerinnen eröffnete Beklagter derselben, daß sie unter den gleichen Bedingungen wie Kömpel in den Kauf treten könnten, aber auch dies nur mit Frist von 48 oder gar nur von 24 Stunden zur Erklärung und zur Beischaffung des baar zu zahlenden Geldes, d. h. von 10,000 fl. am Kaufschillinge und 1500 fl. für die Fahrnisse, während sie gesetzlich zu dieser Zahlung jedenfalls erst bei Uebergabe des Kaufobjects verbunden waren. In keiner Beziehung genügte hiernach Beklagter seiner vertragsmäßigen Obliegenheit und machte es unter diesen Verhältnissen den Klägerinnen vorzugsweise selbst unmöglich, in den Kauf einzutreten; —

2) Die weitere Behauptung des Beklagten, daß es nicht nöthig gewesen sei, die Klägerinnen von dem mit Kömpel abgeschlossenen Kaufe zu unterrichten, da sie sich früher wiederholt geäußert hätten, daß sie das Haus nicht kaufen wollten, sowie daß sie auch keine Schritte dazu gethan, als seine Kaufsanträge in öffentlichen Blättern und Kaufliebhaber im Hause erschienen, — ist unerheblich, weil es sich für die Klägerinnen nach dem Miethvertrage nur um einen bestimmten Kauf handelte, in den einzutreten sie ein Recht und weil auch nur sie allein zu bestimmen hatten, ob ihnen der Eintritt in den Kauf genehm und möglich sei;

3) die weitere Behauptung des Beklagten betreffend, daß ihm nach dem Vertrage das Wahlrecht zustehe, den Klägerinnen den Eintritt in den Kauf oder eine halbjährige Aufkündung zu gestatten; daß er das Letztere gethan, und die Klägerinnen dies angenommen hätten, somit nicht auch noch den Eintritt oder Entschädigung verlangen könnten, so ist das beanspruchte Wahlrecht nach dem Eingangs Gesagten unrichtig, und die andere Ausführung ist nicht nur widersprochen, sondern auch durch die an den Beklagten ergangene Aufforderung, „die Miethwohnung die volle Miethzeit hindurch ihnen zu belassen und zu entschädigen" widerlegt;

4) Beklagter behauptet weiter, daß die Entschädigungsklage nur nach erfolgter Verzugsetzung begründet wäre, eine solche aber nicht erfolgt sei. — Diese

Einwendung ist jedoch unbegründet, da hier der Ausnahmsfall des L.R.S. 1146 vorliegt, daß Beklagter nur in einer gewissen Zeit, die er verstreichen ließ, seine Obliegenheit erfüllen konnte."

Nach der obigen Ausführung ist aber Beklagter seiner Verpflichtung, die Klägerinnen in den Kauf eintreten zu lassen, weder rechtzeitig noch in entsprechender Weise nachgekommen, und hat daher selbst eine Verzugsetzung unwirksam gemacht. — Hiernach erscheint es überflüssig, zu erörtern, inwiefern die notarielle Eröffnung der Klägerinnen vom 15./17. April 1863, „daß sie den Beklagten auf Schadloshaltung belangen würden," als eine solche anzusehen sei etc. Grf.

29.

1) Ist eine Gemeinde berechtigt, ein Wegrecht vor Gericht in Anspruch zu nehmen, sofern solches nicht sowohl zum Besten des eigentlichen Gemeindeeigenthums, als vielmehr im Interesse des Publikums besteht?

2) Unständige, verborgene Dienstbarkeiten können in den Gegenden, wo vor Einführung des Landrechts das gemeine Recht galt, auf keine andere Verjährung, als die unvordenkliche, gestützt werden.

3) Zulässigkeit und Formel des Haupteides zum Beweise der unvordenklichen Verjährung.

In der Stadt Offenburg besteht seit langer Zeit der sogenannte Badweg, indem unmittelbar aus den Straßen der Stadt ein Weg zu einem Stege über die Kinzig führt, auf deren anderer Seite man dann auf einem Gemeindewege zu dem Badplatze und zu den s. g. Anlagen gelangt. Bedeutend näher ging man aber durch den Hof der „oberen" Mühle zu einem anderen, dort befindlichen Stege und über diesen auf den am jenseitigen Kinzigufer befindlichen Weg.

Als diese Mühle von einem Ausländer gekauft worden war, duldete dieser den Durchgang nicht mehr, und erhob schließlich eine Negatorienklage gegen die Gemeinde Offenburg, welche dagegen einredend und widerklagend die Dienstbarkeit des Wegrechts geltend machte.

Bei der Berathung des mittelrheinischen Hofgerichts bestritt der Vortragende die Sachberechtigung der Gemeinde, indem er geltend machte: Man müsse, an dem auch volkswirthschaftlich hochwichtigen Grundsatze festhalten, daß abgesehen von dem Falle einer hier nicht vorhandenen persönlichen Dienstbarkeit — die Dienstbarkeit nur das Recht einer Liegenschaft, nicht einer Person, also auch nicht einer moralischen Person sein könne, L.R.S. 686. Nun sei nicht ersichtlich, daß das Wegrecht zu Gunsten einer Gemeindeliegenschaft bestehe, da die Zeugen nur vom Publikum („den Leuten, welche baden wollen") sprächen, und die Möglichkeit, auf jenem Wege zu dem jenseitigen Allmendwege und in die städtischen Anlagen (einen Belustigungsort) zu gelangen, nicht entscheidend sei, weil diesen Liegenschaften, welche auch auf andere Weise zugänglich seien, durch das Wegrecht kein Nutzen erwachse.

Demolombe, Bd. XII. No. 681—688. Elvers, Servitutenlehre S. 142; fr. 8 d. de serv. 8. 1.

Die Mehrheit des Gerichtshofes theilte jedoch dies Bedenken nicht und sprach sich in den Entscheidungsgründen zum Urtheile vom 26. Juni 1863 J. S. Hildenbrand gegen Offenburg folgendermaßen aus:

„Da das fragliche Durchgangsrecht über fremdes Eigenthum begehrt wird, und da es zur Verbindung von städtischem Allmendeigenthum, sowie damit zugleich zum Gebrauche für die Bürger und sonstigen Einwohner der Stadt Offenburg dienen soll, so kann in weiterer Berücksichtigung des dieser Stadt zustehenden Gemarkungsrechts nicht bezweifelt werden, daß hier eine wahre Dienstbarkeit im Sinne von L.R.S. 686 in Frage steht, zu deren Vertretung die Gemeinde Offenburg aktiv und passiv legitimirt ist, und deren Begründung daher auch eben um deßwillen nach den landrechtlichen Bestimmungen beurtheilt werden muß." Annalen XXV. S. 159.

Der oberste Gerichtshof ist über die Entscheidung dieser Frage in seinen Entscheidungsgründen zum Urtheile vom 3. Dezember v. J. mit der Bemerkung hinweggegangen:

„Der dem Gesuche der Stadtgemeinde Offenburg entgegengesetzte Einwand, daß es bezüglich des im Streite befangenen Durchgangsrechts an einem herrschenden Grundstück fehle, und daher eine Dienstgerechtigkeit im Sinne des L.R.S. 686 nicht vorliege, zu deren Vertretung die Gemeinde legitimirt sei, — bedarf im dritten Rechtszuge keiner Prüfung mehr, nachdem diese streitige Frage in den vordern Instanzen zu Gunsten der Oberappellautin entschieden worden ist und der Kläger, Widerbeklagte, kein Rechtsmittel dagegen ergriffen hat."

Ueber diese Streitfrage ist zu vergleichen: Oberhofg. Jahrb. n. F. IV. S. 57. 174. VIII. S. 585 Annalen XXV. S. 182, XXIX. S. 106.

Auch bezüglich der Frage, ob die vor Einführung des Landrechts vollendete Ersitzung einer unständigen, verborgenen Dienstbarkeit durch unvordenkliche oder durch kürzere Verjährung geschehen könne, herrschte Meinungsverschiedenheit. Unbestritten galt vor der Einführung des Landrechts zu Offenburg das gemeine Recht, und daraus folgerte der Referent, daß für die Ersitzung der Dienstbarkeiten das römische Recht maßgebend sei, wonach schon der Zeitraum von 10, beziehungsweise gegen Abwesende von 20 Jahren genügte. Puchta, Pandekten §. 186, Annalen XVII. S. 421. Wie aber der Gerichtshof früher bezüglich der deutschrechtlichen Reallasten die unvordenkliche Verjährung gefordert hatte (Annal. XXVIII. S. 109), so geschah dies jetzt auch hinsichtlich der hier in Frage stehenden Dienstbarkeiten, indem die Entscheidungsgründe besagen:

„Nehmen auch ältere und neuere Lehrer des römischen Rechts für dieses eine kürzere Verjährungszeit an, so muß doch für die, den Reichsgerichten unterworfenen Territorien, zu welchen auch Offenburg als freie Reichsstadt gehörte, als gemeines Recht die reichsgerichtliche Praxis gelten, wonach nur die unvordenkliche Ersitzung genügte." Oberhofg. Jahrb. n. F. Bd. VI. S. 51 ff. Blätter für Just. u. Verw. Bd. I. S. 520. 521. —

Diese Entscheidung beruht auf dem meines Erachtens sehr richtigen Gedanken, daß, wenn S. 691 die durch Verjährung bei Einführung des Landrechts bereits erworbenen, unständigen Dienstbarkeiten schützt, der Gesetzgeber als Grundlage solcher Erwerbung nur das Recht in seinem damaligen Zustande vor Augen haben konnte, weßhalb das gemeine Recht nicht so, wie es durch Wissenschaft und Praxis seit 54 Jahren fortgebildet jetzt besteht, sondern so, wie es in der Zeit vor 1810 war, maßgebend ist.

Ueber den Verjährungseid sagen die hofgerichtlichen Entscheidungsgründe: „Hiernach kommt es auf den fürsorglich zugeschobenen und angenommenen Haupteid an, welchen man in Uebereinstimmung mit dem diesseitigen Urtheil vom 11. October 1861 J. S. von Frankenstein gegen Kenstaen in Niederschopfheim (abgedruckt Annalen XXVIII, S. 111) für zulässig erachtet und in geeigneter Weise formulirt hat."

Die Eidesformel lautete: Kläger, Widerbeklagter, hat in anzuberaumender Tagfahrt folgenden Haupteid zu leisten:

> Ich habe, sorgfältiger Nachforschung ungeachtet die Ueberzeugung nicht erlangt,
>
> a) daß die in den Jahren 1770–1810 vorhandenen Besitzer der jetzt in meinem Besitze befindlichen — sogenannten oberen Mühle zu Offenburg wahrgenommen haben, daß die Bürger und Einwohner von Offenburg vom 1. Januar 1810 zurückgerechnet 40 Jahre hindurch und so lang es jenen Besitzern der „oberen Mühle" gedacht hat, — durch den Hof der erwähnten Mühle und über den Steg des Mühlkanals gegangen sind,
>
> b) daß meinen damaligen Rechtsvorfahren der Anfang dieses Zustandes oder ein entgegengesetzter Zustand völlig unbekannt gewesen ist.

Leistet er diesen Eid unter a oder b ꝛc., Verweigert Kläger, Widerbekl., jenen Eid ganz ꝛc.

Das Oberhofgericht bestätigte dies Urtheil und fügte der oben mitgetheilten Stelle seiner Entscheidungsgründe bei: „Im Uebrigen ist das hofgerichtliche Urtheil durch die demselben beigefügten Entscheidungsgründe vollkommen gerechtfertigt und werden deßhalb solche diesseits lediglich adoptirt."

Der Kläger, Widerbeklagte, leistete den Eid unter b, worauf Vereinigungsbescheid zu seinen Gunsten erging.

Dr. Puchelt.

30.

Das gerichtliche Urtheil, welches einen Vertrag als nichtig erklärt, begründet kein richterliches Unterpfandsrecht, auch wenn es zu einem früheren Urtheil, welches auf eine Leistung erkennt, aber nicht eingetragen ist, in Beziehung steht.

In Sachen

des Moritz Armbruster von Mösbach

gegen

August Burkardt von Kappelrodeck,

Pfandstrich betr.

Durch Urtheil vom 29. Juli 1857 ward auf eine

Klage, welche der jetzige Beklagte im Juni 1857 gegen Maria Anna Wilhelm und den nunmehrigen Kläger eingereicht hatte, gegen den Letztern erkannt worden:

1) daß die in der Klage bezeichneten, zwischen diesem und Ignaz Geiser in Maffles, sowie zwischen ersterm und der Mitbeklagten M. A. Wilhelm unterm 3., resp. 27. April 1855 zu Stande gekommenen Verträge für nichtig und wirkungslos zu erklären seien, und

2) daß derselbe (in der im Urtheil näher bestimmten Weise) die Kosten des Prozesses zu tragen habe.

Dieses gegen den Kläger erlassene Urtheil war in die Unterpfandsbücher zu Oberachern und Fautenbach eingetragen worden. Auf die von demselben angestellte Löschungsklage erkannte das großh. Amtsgericht Achern am 26. Juni 1858:

Der Beklagte sei schuldig, die in dem Unterpfandsbuche Oberachern am 8. Januar 1858 und in jenem zu Fautenbach im Bd. VIII. S. 391 am 13. Juni 1858 auf die Liegenschaften des Klägers Moritz Armbruster erwirkten Einträge der Urtheile des großh. Bezirksamts Oberkirch vom 29. Juli (und 21. Aug.) 1857 binnen 8 Tagen bei Zwangsvermeiden streichen zu lassen und habe die Kosten des Streites zu tragen.

Das abändernde, den Kläger abweisende und in die Kosten verfällende Urtheil des großh. Hofgerichts des Mittelrheinkreises vom 19. November 1858, No. 3789, III. Senat wurde auf die vom Kläger ergriffene Oberberufung von großherzoglichem Oberhofgerichte am 19. April 1859 aufgehoben und das amtsgerichtliche wieder hergestellt.

Gründe:

ad 1) Das hier erwähnte Erkenntniß über den Streitgegenstand selbst verurtheilte, wie äußerlich klar, denjenigen, gegen den es erging, in keiner Weise zu einer, wenn auch noch so unbestimmten Leistung, anerkannte nicht einmal ein Obligations- oder Rechtsverhältniß, welches etwa einem derartigen Anspruch des Siegers zur Grundlage dienen könnte.

Daß dieses Erkenntniß, wie in den hofgerichtlichen Entscheidungsgründen bemerkt wurde, eine Forderung des damaligen Klägers an den damaligen Beklagten nothwendig voraussetze, ist hier völlig gleichgiltig, da von einer solchen Forderung darin überall keine Rede ist, der fragliche Ausspruch des Richters also niemals als Anerkennung derselben, worauf es hier allein ankommt, angesehen werden kann. Uebrigens ist jene Annahme nicht einmal richtig, da es immerhin denkbar ist, daß die beiden Verträge, worauf sich das Erkenntniß bezog, blos deßhalb angefochten wurden, um gewisse Rechte gegen andere Personen als gegen den Beklagten Armbruster verfolgen zu können. Dies erscheint sogar deßhalb als wahrscheinlich, weil sonst die in jenem Streit erhobene Klage sich nicht auf die bloße Anfechtung der fraglichen, obnehin schon in einem frühern Streite der Parteien zur Sprache gekommenen, Verträge beschränkte, sondern wohl auch noch die aus der Ungiltigkeit derselben abzuleitenden Verbindlichkeiten des Armbruster zum Gegenstand der Rechtsverfolgung gemacht haben würde. Eben so grundlos und eben so unerheblich ist die zur Begründung des hofgerichtlichen Urtheils weiter aufgestellte Behauptung, daß das fragliche Erkenntniß mit dem in jenem frühern Rechtsstreit zwischen den Parteien ergangenen Urtheil vom 9. Januar, resp. 13. Juni 1856, wodurch der nunmehrige Kläger Armbruster als damaliger Beklagter zu einer Leistung an den jetzigen Beklagten Burkard verurtheilt wurde, in einer materiellen Verbindung stehe, und daß insofern diese beiden Erkenntnisse mit einander ein Ganzes bilden. Denn zu einer solchen Annahme liegt überall kein Grund vor. Würde aber auch eine innere Beziehung des jüngsten Erkenntnisses zu dem früheren bestehen, so wäre damit für die Sache nichts gewonnen, da nicht behauptet ist, daß dieses frühere Urtheil, welches allein ein richterliches Unterpfandsrecht durch seinen Inhalt zu begründen vermag, und daher für diese Frage das Haupterkenntniß bildet, vorher oder doch mit dem jüngsten Urtheil inscribirt worden sei. Daß der hiernach eines jeden Grundes entbehrende Eintrag des Urtheils vom 29. Juli 1857 durch etwaige Nachholung der Inscription des andern Urtheils die ihm abgehende Wirksamkeit nicht nachträglich erlangen kann, versteht sich von selbst. Mag nun auch der Beklagte Burkard vielleicht mit Hülfe des Urtheils vom 29. Juli 1857 die in dem Erkenntnisse vom Jahr 1856 anerkannte Verbindlichkeit des Klägers Armbruster eher verfolgen können, als zuvor (was übrigens nicht anzunehmen ist, da die Wirksamkeit des erstern Urtheils nicht von der gerichtlichen Annullirung der fraglichen Verträge abhängig gemacht wurde), so kann dies die Sache bezüglich der hier vorliegenden Frage nicht im Geringsten ändern, da nur so viel richtig bleibt, daß nur das nicht zum Eintrag gebrachte Urtheil, keinenfalls aber dasjenige, um dessen Eintrag es sich hier allein handelt, ein richterliches Pfandrecht begründet.

ad 2) Die Entscheidung über die Pflicht des dermaligen Klägers zur Tragung der Prozeßkosten gibt zwar dem Urtheil die Kraft, insoweit ein richterliches Unterpfandsrecht zu begründen, und es hat auch Beklagter diesen Umstand geltend gemacht, ja sogar anfänglich der vorliegenden Klage allein entgegengehalten. Der Kläger hat jedoch in dieser Beziehung in seiner Replik hervorgehoben, daß die Kostenforderung des Beklagten durch Wettschlagung längst getilgt sei, was auch vom Beklagten zugegeben wurde.

Man könnte nun zwar hierwegen einwenden, daß auf den Grund der Erlöschung des Pfandrechts die vorliegende Klage gar nicht erhoben wurde, allein wenn dies auch anerkannt werden muß, so kann es nicht weiter in Betracht kommen, da der Beklagte sich auf diesen neuen Klaggrund unweigerlich eingelassen hat, und in seiner Appellationsbeschwerde gegen das unterrichterliche Urtheil seine Beschwerde blos durch Bezugnahme auf das von ihm früher gegen den Kläger erwirkte Erkenntniß zu begründen sucht.

Aus diesen Gründen und nach Ansicht des L.R.S. 2160 mußte, wie geschehen, das unterrichterliche Urtheil wieder hergestellt und Beklagter in sämmtliche Kosten dieses Streits verfällt werden. Stf.

31.

Die dem Verwalter eines Stiftungsfonds von einem dritten Unterpfandsbesitzer gegen gewöhnliche Quittung desselben geleistete Capitalzahlung befreit diesen von der Pfandschuld, sofern die sog. Mortificationsclausel nicht im Pfandbuche eingetragen ist. Vrgl. Reggsbl. 1811 No. 3 S. 9 und 1823 Seite 112. Annal. 1855 No. 39 V. S. 312.

Der altbadische Fond hatte eine durch Unterpfänder gesicherte Forderung an Joseph Winterer im Restbetrage von 700 fl. nebst Zinsen, zu deren Deckung er die dritten Besitzer der Unterpfänder mit der Pfandklage belangte. Gegen die Einrede der an den Verwalter des Fonds geleisteten Zahlung machte der klägerische Vertreter auf den Grund der in den Regierungsblättern a. a. O. enthaltenen Verordnungen und der in der Pfandurkunde aufgenommenen sog. Mortificationsclausel die Ungültigkeit der Zahlung geltend.

Das Untergericht wies den Fond ab, das Hofgericht verurtheilte die Beklagten in der Hauptsache nach dem Klagbegehren, weil der Gerichtshof die Beklagten nur als Rechtsnachfolger des ursprünglichen Schuldners erkannte, die unter keinen andern Bedingungen, als der ursprüngliche Schuldner gültig zahlen konnten, und weil die Beklagten, auch als Dritte betrachtet, verpflichtet seien, die bestehenden Gesetze und Verordnungen zu beobachten, und ihre Handlungen gemäß diesen Verordnungen einzurichten, die auch mit den Bestimmungen des Landrechtes über Zahlungen keineswegs im Widerspruche stehen, da das Landrecht jedem Geschäftsherrn es frei läßt, welchen Grad von Vertrauen er seinem Geschäftsführer schenken, beziehungsweise wie weit er die Vollmacht beschränken oder ausdehnen wollte u. s. w. (vrgl. im Uebrigen Annalen a. a. O.); das grßh. Oberhofgericht dagegen stellte durch Urtheil vom 19. Juli 1856 das unterrichterliche Urtheil wieder her aus folgenden

Gründen:

Es ist unbestritten, daß diejenige Forderung, welche der klagende Fond gegen die Beklagten in der Pfandklage verfolgt, an den frühern Verwalter dieses Fonds bezahlt worden ist. Es wird nur die Gültigkeit dieser Zahlung in Abrede gestellt, weil sie nicht unter denjenigen Voraussetzungen geleistet worden sei, welche nach der in der Schuld- und Pfandurkunde enthaltenen Clausel von den Schuldnern bei der Zahlung hätten beobachtet werden sollen.

Diese Replik ist jedoch nicht begründet. Nach allgemeinen Rechtsgrundsätzen kann an den öffentlich angestellten Verwalter eines Fonds gültig eine Zahlung geleistet werden, die nur die Abtragung einer unbestrittenen fälligen Forderung bezweckt, weil die Einnahme solcher Gelder zu den regelmäßigen Geschäften der Verwaltung eines Fonds gehört, dessen Vermögen durch Ausleihen zinstragend gemacht wird, und weil der Verwalter gerade zu dem Zwecke aufgestellt ist, um derartige Einnahmen und Ausgaben zu bewirken. Die Verordnungen, die in dieser Beziehung eine Beschränkung machen, erkennen aber dadurch jenen Grundsatz hinsichtlich der Vollmacht des Verwalters an, weil eine solche Beschränkung sonst gar nicht nothwendig wäre.

Es kann sich also nur darum handeln, ob die Beschränkung des Rechts der Erhebung solcher Gelder auch gegen die Beklagten Wirksamkeit hatte.

Diese wird zunächst daraus abgeleitet, daß durch Verordnung bekannt gemacht worden sei, wie man bei Abtragung ausgeliehener Gelder an die Fondsverwalter zu verfahren habe, und weil daher Jedermann sich hiernach richten müsse. Abgesehen davon, ob das, was der L.R.S. 1.b über das Nichtkennen der Gesetze vorschreibt, im bürgerlichen Rechte auch auf Bekanntmachungen öffentlicher Behörden anwendbar ist — war es nach dem Inhalte der bezüglichen Verordnung gar nicht die Absicht derselben, die den Verwaltern auferlegte Beschränkung bei Annahme rückbezahlter Capitalien mit der Wirkung zur allgemeinen Kenntniß zu bringen, daß sofort Jeder, der mit einem solchen Verwalter ein derartiges Geschäft abzumachen hat, schon kraft der Bekanntmachung und vermöge dieser allein sich nach den darin vorgeschriebenen Formen — und zwar bei Strafe der Ungültigkeit der Zahlung — richten müsse. Es folgt dies schon daraus, daß nach jenen Verordnungen eine solche Rechtsfolge erst durch eine besondere — in jede einzelne Obligation aufzunehmende Clausel bewirkt werden soll; denn würden die Verordnungen schon für sich allein die Wirkung haben, welche eine solche Clausel bezweckt, so wäre die Aufnahme derselben in die einzelnen Obligationen ganz überflüssig, und auch derjenige Darleiher, in dessen Obligation jene Clausel gar nicht enthalten ist, wäre dennoch an die Verfügung derselben gebunden.

Das Gleiche folgt aber auch noch weiter daraus, daß jene Verordnungen nach ihrem ausdrücklichen Inhalte, insbesondere aber die neueste vom Jahre 1823 Reggsbl. 19 nur den betreffenden Behörden zur Nachachtung bekannt gemacht wurden, darin also nur eine Anweisung an diese, bei jedem einzelnen Rechtsgeschäfte eine solche Clausel in den Vertrag aufzunehmen, gefunden werden kann, wobei die öffentliche Bekanntmachung den Zweck haben mochte, daß die Verwalter den Anleihern gegenüber die Aufnahme der Clausel durch Berufung auf die Verordnung rechtfertigen können.

Die Verbindlichkeit der Beklagten, sich nach jener Clausel zu benehmen, wird sodann weiter daraus abgeleitet, daß im vorliegenden Falle die fragliche Clausel ausdrücklich in die Schuld- und Pfandurkunde aufgenommen war, und daß somit nicht nur die Schuldner selbst sondern alle diejenigen, welche in ihrem Namen zahlen wollten, sich nach dieser Clausel richten mußten.

Hiergegen kommt jedoch in Betracht, daß der Erwerber eines Grundstücks, welcher die von seinem Vorgänger darauf gelegte Unterpfandslast bezahlt, zwar insofern die Schuld eines Andern tilgt, als er nicht persönlich für dieselbe haftet, daß er aber dennoch die Zahlung im eigenen Interesse leistet, und durch das Gesetz zu dieser Zahlung sogar ausdrücklich und kraft seines eigenen Rechtsverhältnisses autorisirt ist (L.R.S. 1251 und 2181 ff.), weil er als Pfandbesitzer für die Schuld haftet, weßhalb die Grundsätze über Auftrag und Geschäftsführung hier nicht anwendbar sind. Für den Unterpfandsbesitzer, der nicht persönlich Schuldner ist, erscheint aber nur dasjenige als maaßgebend, was in dem Unterpfandsbuche eingetragen ist; und hat er eine Zahlung geleistet, die nach Maaßgabe dieses Eintrags als gültig betrachtet werden muß, so ist das Grundstück befreit, mögen auch zwischen dem Gläubiger und persönlichen Schuldner besondere — in dem Pfandbuche nicht bemerkte — Verabredungen rücksichtlich der Zahlung getroffen worden sein. So kann insbesondere der dritte Besitzer an den in dem Pfandbuche eingetragenen Gläubiger auch dann gültig bezahlen, wenn derselbe die Forderung abgetreten hat, die Cession aber nicht in das Pfandbuch eingetragen ist (Troplong, vente p. 461 No. 906, hypothèques No. 644 No. 3), während die Zahlung nach dem Grundsatze, daß der dritte Besitzer lediglich als Geschäftsführer oder Mandatar des persönlichen Schuldners erscheine, auch hier ungültig sein müßte.

In vorliegendem Falle war nun die fragliche Clausel im Unterpfandsbuche nicht eingetragen. Es ist dieses vom Kläger auch gar nicht behauptet, und die Beklagten waren daher nicht verbunden, dieselbe zu kennen. Unter diesen Voraussetzungen waren sie aber auch befugt, den öffentlich angestellten Verwalter des klägerischen Fonds als zum Empfang der Zahlung ermächtigt anzusehen und die Zahlung hat deßhalb ihre Liegenschaften von dem Unterpfand befreit.

Pfeiffer, Amtsrichter.

32.

1) Dem Erben des Pfründnehmers steht die Klage auf Auflösung des Verpfründungsvertrages wegen Nichterfüllung — nicht zu.

2) Auslegung eines Schiedsvertrages.

Salomon Ernst hatte unterm 27. November 1852 mit Andreas Müller Eheleuten einen Verpfründungsvertrag abgeschlossen, wonach er denselben sein ganzes Vermögen zu Eigenthum übergeben und sich für die Dauer seines Lebens vollständige Verpflegung ausbedungen hat. Nach seinem Tode focht seine einzige Erbin, seine Schwester, die A. Blödt Ehefrau, diesen Vertrag zunächst wegen mangelnder Förmlichkeiten als nichtig an, weil Salomon Ernst entmündigt gewesen sei, allein dies zeigte sich im Laufe der Verhandlungen als unerheblich, denn Salomon Ernst war nur im Sinne von L.R.S. 499 verbeiständet und hatte den Vertrag unter Mitwirkung seines Beistandes abgeschlossen.

Der zweite Anfechtungsgrund stützte sich darauf, daß die Pfründgeber ihre Obliegenheiten gegen Salomon Ernst gröblich vernachlässigt hätten, wie sich am Besten daraus ergebe, daß Salomon Ernst eines Tages in den Wald gegangen und am folgenden Morgen dort todt gefunden worden; nach dem Ausspruche des Gerichtsarztes aber Abschwächung und Aushungerung die Todesursache gewesen sei. Außer thatsächlichen Widersprüchen wendeten die Beklagten dagegen ein, daß sowohl die Klage als auch die von der Klägerin ausgeführte Berufung verwerflich seien, weil der Verpfründungsvertrag für alle aus demselben entstehende Streitigkeiten das schiedsrichterliche Verfahren mit Ausschluß der Appellation festsetze.

Hierüber ist in den Entscheidungsgründen zu dem, die Abweisung der Klage bestätigenden, Urtheile des mittelrheinischen Hofgerichts gesagt:

„Was den zweiten, die Vertragsauflösung bezweckenden, Klaggrund betrifft, so muß der Verpfründungsvertrag vom 27. November 1852 sowohl nach seiner ausdrücklichen Bestimmung, als auch nach seinem ganzen Inhalte als ein Kaufvertrag (Pfründkauf) beurtheilt werden (L.R.S. 1983 b), und stand dabei dem Pfründnehmer das Recht zu, wegen Nichterfüllung der Zusagen des Pfründgebers in Gemäßheit der L.R.S. 1184. 1654. 1655 die Auflösung des Verpfründungsvertrages zu verlangen. Nach den bezeichneten Gesetzesstellen trat die Auflösung des abgeschlossenen Vertrages nicht schon kraft Gesetzes, d. h. schon durch den Umstand ein, daß der Pfründgeber seine Verbindlichkeiten nicht erfüllte, sondern es mußte dieselbe von der anderen Partei bei Gericht beantragt und von diesem ausgesprochen werden; ebenso hatte der Pfründnehmer das Recht, die Erfüllung des Vertrages zu betreiben. Aber er durfte auch — mit ausdrücklicher oder stillschweigender Zustimmung seines Beistandes — sich mit einer mangelhaften Erfüllung des Vertrages begnügen und solche der Auflösung des Vertrages vorziehen. Ist nun dies geschehen, wurden also die Leistungen des Pfründgebers, ob vertragsgemäß oder nicht, als eine Erfüllung des Verpfründungsvertrages angenommen, — was man unterstellen muß, da der Pfründnehmer und dessen Beistand, welcher die Erfüllung des Vertrages zu überwachen hatte, keine Klage erhoben haben — so ist der Pfründgeber seiner Vertragsverbindlichkeiten entledigt, und steht es daher den Erben des Salomon Ernst nicht zu, nach längst beendigtem Pfründeverhältniß wegen angeblicher Nichterfüllung des Vertrages durch Beklagten die Auflösung des Verpfründungsvertrages zu verlangen.“

„Die in Art. 16 des Pfründvertrages enthaltene Uebereinkunft, daß alle aus diesem Vertrage entstehenden Streitigkeiten der Pfründgeber und des Pfründnehmers durch das großh. Bezirksamt Baden schiedsgerichtlich abgeurtheilt und beigelegt werden sollen, unter Ausschluß jeder Berufung gegen ein solches Erkenntniß, ist nach der gemeinschaftlichen Absicht der Vertragspersonen nur auf solche Streitigkeiten zu beziehen, welche in Unverträglichkeit derselben oder darin ihren Grund haben, daß dieselben über den Umfang der Rechte und Verbindlichkeiten uneinig sind, Fälle, in denen eine vermittelnde, auf gütliche Beilegung des Streits gerichtete Thätigkeit und eine rasche Beendigung des Streits dem Interesse der Parteien besser entspricht, als eine umständliche Verhandlung und Entscheidung nach strengen Rechts- und Prozeßgrundsätzen. In dem gegenwärtig anhängigen Prozeß handelt es sich aber nicht um derartige Streitigkeiten der Pfründgeber mit dem Pfründnehmer, sondern um Ansprüche der Erbin des Letzteren auf das, von ihm durch den Pfründvertrag dem Pfründgeber überlassene, Vermögen, welche Ansprüche auf die angebliche Nichtigkeit und Auflösung des Verpfründungsvertrages wegen Nichterfüllung gestützt werden, und es ist nicht anzunehmen, daß auch derartige, den rechtlichen Bestand des Vertrages betreffende, Rechtsstreitigkeiten der ordentlichen

Gerichten entzogen werden wollten. Das Amtsgericht Baden hatte daher als ordentliches Gericht über die erhobene Klage zu entscheiden, und die Zulässigkeit der Berufung gegen dessen Urtheil kann wegen der oben angeführten Bestimmung des Verpfründungsvertrages, da diese nur die Appellation gegen einen etwa ergehenden Schiedsspruch des Bezirksamts Baden ausschließt, nicht bezweifelt werden.

Gegen die Entscheidung der Competenzfrage ließen sich wohl einige Bedenken erheben. Wenn man nämlich auch zugeben muß, daß die Anfechtung wegen formeller Mängel vor die ordentlichen Gerichte gehörte, so verhält es sich doch anders mit dem Begehren um Vertragsauflösung wegen Nichterfüllung, wobei es sich doch wohl um einen Streit aus dem Vertrage handelt, da an der Hand der Vertragsbestimmungen zu prüfen war, ob und in wie weit die Pfründnehmer ihren vertragsmäßigen Obliegenheiten nachgekommen sind oder nicht. Daß nicht der Pfründnehmer selbst, sondern dessen Erbin klagte, ist hiefür unerheblich, da dieselbe nicht kraft eigenen, sondern nur kraft des ererbten Rechtes auftrat. *)

Dr. Puchelt.

33.

Der Erbe, welcher einen Theilungsvertrag genehmigt hat, kann ihn nicht wegen ungesetzlicher Begünstigung eines Betheiligten, sondern nur noch auf den Grund des L.R.S. 887 anfechten.

In Sachen

des Johann Zeller, Namens seiner Ehefrau, Amalie geborene Schütterle von Hagenau

gegen

die Wittwe Maria Schütterle, geborene Schiß, jetzt verehelichte Kobler in Heiligenberg,

Nutznießung betr.,

wurde für die Bestätigung der, die Klage abweisenden, Urtheile der vordern Instanzen in den Gründen zum oberhofgerichtlichen Urtheil vom 26. Januar 1864 ausgeführt:

„Die von der Klägerin gegen die vordergerichtlichen Urtheile erhobenen Beschwerden sind nicht begründet.

Nach ihrem Begehren sollte die väterliche Verlassenschaftstheilung, insoweit dadurch der Beklagten neben dem Kindstheil von 3435 fl. 37 kr. auch noch die lebenslängliche Nutznießung an einem Drittheil des väterlichen Erbantheils der Klägerin eingeräumt und zugeschieden wurde, als rechtlich unwirksam aufgehoben werden.

Zur Entkräftung dieses Begehrens hat sich die Beklagte auf den L.R.S. 745 a, auf den §. 4 des Ehevertrags vom 9. April 1852 und auf den §. 1 der Theilungsbestimmungen vom 26. September 1862 berufen, wonach ihr überall die fragliche Nutznießung zugestanden sei.

Wirklich enthält auch der zuletzt erwähnte, von allen Betheiligten unterzeichnete, Act einen Theilungsvertrag, auf dessen Grund inhaltlich der Klage die Verlassenschaftstheilung selbst vorgenommen wurde, welche nach erfolgter Anerkennung von Seiten der Betheiligten nur noch nach Maasgabe des L.R.S. 887 angefochten werden konnte.

Da sich aber die Klägerin einer derartigen Anfechtung nicht bedient hat, so mußte, ohne daß es nöthig erschien, auf die sonst zur Verhandlung gebrachten bestrittenen Rechtsfragen näher einzugehen, mit Rücksicht auf §. 168 der Pr.O., wie geschehen erkannt werden."

Eck.

*) Die von dem Inhalt des Vertrags unabhängige Vorfrage über die Legitimation der Erbin gehörte wohl unbedingt vor die ordentlichen Gerichte! D. R.

Redacteur Oberhofgerichtsrath Stempf. Verlag von J. Bensheimer in Mannheim. Druck von C. Schmelzer in Mannheim.

Annalen der Großherzogl. Badischen Gerichte.

1864. Band XXX. No. 9.

34.

Verjährung.

1) Auf die abgelaufene Verjährung wirkt die spätere Auffindung von Beweisurkunden nicht zurück.
2) Die Unterbrechung der Verjährung durch Klagerhebung wird nach L.R.S. 2247 als nicht erfolgt angesehen, wenn die erhobene Klage abgewiesen wird.
3) Das Zugeständniß von Thatsachen, welche in einer später abgewiesenen Klage vorgetragen sind, ist nicht gleich einem, die Verjährung unterbrechenden, Anerkenntniß des Forderungsrechts.

In Sachen
des Valentin Rudolphi in Steinbach
gegen
die Erben des verstorbenen Karl Mayer
von da,

Forderung betr.,

ist in den

Entscheidungsgründen

zum oberhofgerichtlichen Urtheil vom 12. Januar 1864 ausgeführt:

Nach dem Klagvortrage rührt die klägerische Forderung aus den Jahren 1813 u. 1815 her und ist somit die, von den Beklagten vorgeschützte, erlöschende Verjährung begründet. L.R.S. 2262.

Der Kläger hat zwar in der Replik vorgetragen:

1) im Jahre 1853 seien die Urkunden, aus denen sein Anspruch sich ergebe, erst aufgefunden worden. Bei der ausnahmslosen Vorschrift des L.R.S. 2262 kann es jedoch hierauf nicht ankommen. Annehmen, die Verjährung fange erst von da an, wo der Kläger seine Beweisurkunden aufgefunden hat, hieße geradezu den L.R.S. 2262 umstoßen.
2) im Jahre 1853 sei der jetzige Anspruch des Klägers eingeklagt worden. Da jedoch der Kläger sofort selbst zugibt, daß er mit jener Klage zur Zeit abgewiesen worden ist, so erscheint die Replik unerheblich (L.R.S. 2247), mag von Seiten der Beklagten, beziehungsweise ihres damals noch lebenden Rechtsvorfahren die damals schon begründet gewesene Einrede der Verjährung vorgeschützt worden sein oder nicht.
3) In zweiter Instanz hat der Kläger auch noch geltend gemacht, der im Jahre 1853 gerichtlich belangte Rechtsvorfahrer der Beklagten sei bei der Beweisführung und Urkundenproduktion erschrocken und habe die Schuld (daß er sie eingegangen habe) anerkannt, ohne die Einrede der Verjährung vorzuschützen. Abgesehen aber davon, daß inhaltlich der vom Kläger selbst angerufenen früheren Prozeßakten seine Forderung bestritten worden war, wie ja der Kläger selbst angeführt hat, er sei zur Zeit abgewiesen worden, so liegt darin, daß der damalige Beklagte die Behauptungen des Klägers zugestanden hatte, noch nicht eine Anerkennung des klägerischen Forderungsrechts, welche, sofern von einer Unterbrechung der Verjährung die Rede sein soll, allein entscheidend wäre (L.R.S. 2248), und noch weniger kann darin etwa die Zusage der Befriedigung des Klägers gefunden werden, welche übrigens vom Kläger auch nicht behauptet worden ist. 2c. Stf.

35.

Ueber den Besitz von Liegenschaften durch Ausländer.

Anläßlich des Gesetzentwurfs über den Besitz von Liegenschaften durch Ausländer wird folgende Entscheidung rücksichtlich des hierwegen zur Zeit bestehenden Rechtes mitgetheilt:

Gabes Kleiser von T. schuldete dem Kronenwirth Martin allda laut Liquiderkenntniß vom 18. Februar 1860 598 fl. 57 kr. und laut gleichem Erkenntniß vom 23. Februar 1860 376 fl. 53 kr. nebst Zinsen.

Beide Erkenntnisse wurden jeweils noch am gleichen Tage zum Unterpfandsbuch der Stadtgemeinde T. eingetragen.

Bereits am 16. Februar 1860 hatte jedoch Kleiser seine Liegenschaften, bestehend in einer auf der Gemarkung T. gelegenen Sägmühle nebst Zugehör, um 3620 fl. an den Holzhändler Göz in Straßburg verkauft und Letzterer hatte den Kauf bereits am 16. Februar 1860 zum Kauf- und Tauschbuch der Gemeinde T. eintragen lassen.

Die für Göz als Ausländer nach Art. 7 lit. a VI. Const.-Ed. erforderliche Genehmigung großh. Ministeriums des Innern wurde jedoch erst unterm 15. März 1860 ertheilt.

Der Kläger Kronenwirth M. ging nun davon aus, daß der Beklagte Göz erst durch diese Genehmigung und von da an erwerbsfähig geworden, daß mithin der unterm 16. Febr. 1860 geschehene Eintrag zum Grundbuch -- am 18. u. 23. Febr. — wirkungslos gewesen sei, und deßhalb die Pfandeinträge des Klägers von diesen Tagen jene Sägmühle nebst Zugehörden umfaßt hätten.

Hiernach begehrte der Kläger, daß Göz als Pfandbesitzer jene Schulden bezahle, oder aber vom Pfandobjekt abtrete.

Dies Begehren wurde jedoch nach einem in zweiter Instanz bestätigten Urtheile des Amtsgerichts T. nicht für begründet befunden, und aus nachstehenden Gründen abgewiesen:

„Art. 7 des VI. Const.Ed., wornach kein Ausländer ein liegendes Gut ohne besondere Erlaubniß des Regenten (nunmehr nach Staatsministerialerlaß vom 6. März 1863 des großh. Ministeriums des Innern) erwerben kann, scheint zwar, namentlich in Betracht, daß dieses Recht als ein Vorrecht des Inländers vor dem Ausländer bezeichnet wird, dafür zu sprechen, daß damit dem Ausländer die Rechtsfähigkeit als solche abgesprochen, sohin dem Kauf als solchem und damit auch dem Eintrag ins Grundbuch keine Rechtswirkung beizulegen sei.

Es muß diese Vorschrift jedoch mit den spätern landrechtlichen Bestimmungen in Verbindung gebracht werden. Zeigt sich, daß hiernach der Ausländer fähig ist, liegenschaftliche Rechte in Baden zu erwerben, so kann jener Bestimmung des VI. Const.-Ed. nach richtiger Auslegung des §. 18 des 1. Einf.Ed. (siehe Stabel Vorträge §. 31) nur der Sinn einer polizeilichen Fürsorge beim Vollzug eines an sich bestehenden Rechtsgeschäfts, nicht aber die Wirkung beigelegt werden, daß ohne jene Erlaubniß das Rechtsgeschäft und der Eintrag zum Grundbuch keine Rechtswirkung äußere.

L.R.S. 7 stellt nun aber an die Spitze des 1. Buchs von den Personen den Grundsatz, daß die Ausübung der bürgerlichen Rechte von der Eigenschaft eines Staatsbürgers unabhängig sei, woraus von selbst folgt, daß der Ausländer im Grundsatz privatrechtlich dieselben Rechte genießt wie der Inländer.

Art. 11 scheint zwar diesen Grundsatz geradezu aufzuheben, indem er den Genuß der bürgerlichen Rechte Seitens der Ausländer von Staatsverträgen abhängig macht.

Daß aber diese Bestimmung nicht den Sinn hat, als ob damit der Ausländer regelsweise aller Civilrechte baar erklärt und unter die Klasse der bürgerlich Todten (Art. 25) gesetzt werden soll, ergibt sich durch Vergleichung mit andern gesetzlichen Bestimmungen.

Zwar scheint der Art. 20 für die ebengedachte Unterstellung zu sprechen, indem hiernach der Inländer, welcher zu Folge der Art. 10. 18. 19 diese seine Eigenschaft verliert und nachher wieder erlangt, nur solche Rechte ausüben kann, die ihm nach Wiedererlangung dieser Eigenschaft anfallen.

Daß aber dessen ungeachtet und abgesehen davon, daß Art. 20 im Sinne einer Strafe leicht zu erklären wäre, der Ausländer grundsätzlich nicht rechtlos sei, ergibt sich zunächst aus Art. 3 Abs. 3, worin dem Ausländer das gesammte Personenrecht — wiewohl nur das des Auslandes zuerkannt wird.

Daß aber der Ausländer auch bezüglich des Sachenrechts ohne Unterscheidung zwischen Liegenschaften und Fahrnissen nicht rechtlos sei, ergibt sich aus Art. 912, indem hiernach dem Ausländer nur das Recht, durch Testament oder Schenkung zu empfangen, nicht aber das Recht, durch solche Akte zu geben, abgesprochen wird.

Erwägt man dazu, daß das frühere französische Recht unbestritten dem Fremden das Recht, Eigenthum zu erwerben, zuerkannte,

(droit d'aubaine — der Fremde lebt privatrechtlich als Inländer und stirbt als Ausländer).

Erwägt man ferner, daß Art. 7 diesen Grundsatz bestätigend und erweiternd, das Princip der Rechtsfähigkeit der Fremden an die Spitze stellt, so wird die Auslegung einfach durch Berücksichtigung der Natur der Sache.

Hiernach hat der Fremde die Rechte nicht, die das Civilrecht für den Inländer *geschaffen* hat — (ihm gibt) — insoferne nicht Staatsverträge etwas Anderes bestimmen (Art. 11) — er hat nicht die Civilrechte im engeren Sinne — das Gesetz erkannte dagegen alle Rechte auch beim Ausländer an, die dem Menschen angeboren sind.

Hierdurch allein erklären sich die Bestimmungen, daß der Ausländer weder öffentliche Rechte, noch das inländische Personenrecht, noch durch Erbgang, Testament, oder durch die dem Testament civilrechtlich gleichgestellte Schenkung etwas erwerben kann, daß er dagegen alle natürlichen, dem Menschen angeborenen, Rechte genießt.

Daß aber unter letztern das Recht, unter Lebenden Eigenthum zu erwerben, gehört, sodann, daß weder der Code noch das Landrecht zwischen Fahrnissen und Liegenschaften einen Unterschied in dieser Richtung macht, unterliegt keinem Zweifel.

Die Analogie des L.R.S. 910 ist nach Obigem unzulässig, indem hierin von einem durch das Gesetz geschaffenen Rechte die Rede ist, s. l. V.O. v. 23. Novbr. 1841 Reggsbl. No. 39.

Ebensowenig ist der von klägerischer Seite angeführte §. 5 der Gewährbuchinstruction vom 9. Januar 1824 von Belang, indem dort nicht gesagt ist, daß der Ausländer die Fähigkeit, Güter ohne vorgängige Staatsgenehmigung zu erwerben, nicht besitze, wohl aber den Pfandgerichtsmitgliedern zur Pflicht gemacht wird, solche Einträge erst nach vorliegender Genehmigung zu besorgen — eine Disciplinervorschrift, welche zwar die Uebertreter straf- und ersatzpflichtig machen kann, aber auf den Civilpunkt keinen Einfluß übt.

Erwägt man ferner, daß notorisch die Praxis der Verwaltungsbehörde von jeher die Eingangs berührte Genehmigung von Liegenschaftskäufen (entgegen der Justizministerialverordnung vom 17. April 1856, C.V.B. S. 66) als Genehmigung eines bereits abgeschlossenen Vertrags, d. h. im Sinne einer *polizeilichen* Fürsorge aufgefaßt hat, — Vergl. St.M.E. vom 6. März 1833 No. 576, M. d. J. 7. März 1836 No. 2183, insbesondere V.O. v. 7. April 1847, V.O.Bl. S. 33 — so muß man anerkennen, daß Götz mit Kleiser ein rechtlich bestehendes Rechtsgeschäft abschloß, daß mithin der deßfallsige Kauf mit Rechtswirkung in das Grundbuch eingetragen werden konnte, und daß deßhalb dem späteren Pfandeintrag des Klägers nach L.R.S. 1583 a keine Rechtswirkung dem dritten Besitzer gegenüber beizulegen ist.

Sl.

36.

Vaterschaftsklage.

L.R.S. 340 a.

Bei mehrfachem Beischlaf gehört es zur *Erheblichkeit* des freiwilligen Geständnisses, daß es sich *bestimmt* auf einen Beischlaf beziehe, welcher in die Zeit der unterstellbaren Empfängniß fälle.

Annal. 1860 (XXVI.) No. 56 Ziff. 113 S. 239. 240. 1861 (XXVII.) No. 8 Ziff. 21 S. 58.

In Sachen

der Katharina Marianna Diebold, unter Vormundschaft des Andreas Diebold, von Allmannsweier,

gegen

Johann Helmburger von Nonnenweiher,

Vaterschaft betr.

Um der Klage auf Vaterschaft Eingang zu verschaffen, war klägerischer Seits behauptet, daß von Seite des Beklagten ein Geständniß über seinen Beischlaf mit der Klägerin im Sinne des L.R.Zus. 340 a stattgefunden habe. Es soll dieses Geständniß lange vor der Geburt des fraglichen Kindes, schon etwa 6 Wochen nach dem 25. Mai 1862, zu der Zeit geschehen sein, als sich die Klägerin von dem vorausgegangenen Beischlaf des Beklagten, welcher nach ihrer Behauptung am 27. April und 25. Mai 1862 stattgehabt hatte, schwanger gefühlt und hierüber dem Beklagten Eröffnung gemacht habe: dort soll nämlich Beklagter dieses — nämlich daß die Klägerin von ihm schwanger sei — ihr ausdrücklich zugestanden und versprochen haben, sie zuehelichen.

Diesem angeblichen Geständniß wurde jedoch von großh. Oberhofgericht keine Wirkung beigelegt, indem es in den Gründen zu seinem Urtheile vom 23. Febr. 1864 ausführte:

„Es fehlt dem behaupteten Geständnisse schon an der in L.R.Zus. 340 a geforderten Bestimmtheit, indem dasselbe, um dem Sinne dieser Gesetzesstelle zu entsprechen, wenigstens mittelbar das Anerkenntniß eines *um die Zeit der unterstellbaren Empfängniß* stattgehabten Beischlafs enthalten muß, hier aber, bei dem Geständniß, — wie es behauptet ist, zweifelhaft bliebe, ob das Geständniß des Beklagten über die Schwängerung der Klägerin sich auf den behaupteten Beischlaf vom 27. April oder auf jenen vom 25. Mai 1862 beziehen sollte, und doch der Beischlaf vom 27. April anerkanntermaaßen nicht mehr in die Zeit fallen würde, welche mit der am 27. auf 28. Febr. 1863 erfolgten Niederkunft der Klägerin in Beziehung gebracht werden könnte.

Sodann aber würden die Umstände, unter welchen nach der klägerischen Darstellung das fragliche Geständniß erfolgt sein soll, nicht von der Art sein, wie sie im Allgemeinen und nach Brauer's Erläuterungen zu dem L.R.Zus. 340a zur Wirksamkeit eines solchen vorausgesetzt werden.*) Das Geständniß soll nämlich geschehen sein, als Beklagter zu der Klägerin Nachts in ihr Schlafzimmer eingestiegen war, wobei wieder ein Beischlaf zwischen ihm und der Klägerin stattgehabt habe, so daß man den unter diesen Umständen gethanen Aeußerungen des Beklagten nicht den ernstlichen, die Anerkennung eines Kindes bedingenden, Character beilegen könnte, welchen das Gesetz voraussetzt. ꝛc." Stf.

*) Wenn der L.R.S. 340a bestimmt, die Vaterschaftsklage dürfe ausnahmsweise gegen denjenigen zugelassen werden, welcher (u. A.) des Beischlafs mit der Geschwängerten freiwillig geständig ist, so kann unter diesem Geständniß doch wohl nur ein solches (objectiv gewordenes, ostensibles) verstanden sein, durch welches — auch Dritten wahrnehmbar — (ohne nöthigende Einwirkung) der Beischläfer als Urheber der Schwangerschaft nach Außen, d. h. gegenüber Dritten, die nicht oder doch nicht sicher darum wußten — „irgendwie erweislich" (Brauer) sich kundgegeben hat.

Eine Aeußerung des Beischläfers unter vier Augen gegen die Geschwängerte scheint mir sonach nicht als ein solches Geständniß aufgefaßt werden zu können. Eine solche Aeußerung dringt nicht in die Außenwelt, macht das, Beiden gleichbekannte, Verhältniß nicht kundbar. Von einem Geständniß kann unter zwei Personen, die zur Hervorbringung eines Erfolgs wissentlich zusammengewirkt haben, doch wohl nicht die Rede sein. Daß der Beischläfer sie geschwängert habe, ist der Geschwängerten dadurch bekannt, daß sie den Beischlaf mit ihm vollzogen hat; ihr gegenüber bedarf es zur Enthüllung des Causalzusammenhangs zwischen der Handlung des Beischläfers und der bei ihr eingetretenen Schwangerschaft einer zu jener Handlung hinzutretenden Aeußerung desselben nicht; nach einer solchen Aeußerung bleibt das Verhältniß nach Außen ganz dasselbe; durch sie wird seine Urheberschaft Dritten ebensowenig bekannt, als durch die zwischen ihm und der Geschwängerten vollzogene Handlung des Beischlafs selbst.

37.

1) Den Gegenstand eines Vertragsvermächtnisses (L.R.S. 1082. 1083. 1093) kann zwar auch ein einzelnes gegenwärtiges Vermögensstück bilden, jedoch immer nur in seiner Eigenschaft als Bestandtheil des Nachlasses und nur insofern als bis dahin der Geber nicht mittelst belasteten Vertrags darüber verfügt haben wird.
2) Die in dem Ehevertrag beurkundete und darin vorläufig angenommene Verschreibung einer Liegenschaft des einen Ehegatten an den andern, um einen Anschlag, für den Fall, daß Jener kinderlos vor diesem sterben sollte, ist eine bedingte belastete Schenkung.
3) Die nach Eintritt der Bedingung erfolgte Uebernahme der Liegenschaft von Seiten des beschenkten Ehegatten wirkt nicht rückwärts.
4) Derselbe kann aber nur das beanspruchen, was zur Zeit der Schenkung in ihr begriffen war, wogegen nach L.R.S. 1019 — das Recht des Legatars — sich nach dem Stand der Sache zur Zeit des Todes des Erblassers richtet.
5) Das Grundstück, welches ein Ehegatte während der Ehe erwirbt, und mit einer zu seinem Sondergut gehörenden Liegenschaft vereinigt, verliert durch diese Widmung allein — nicht die Eigenschaft eines errungenen.

Eine solche Vereinigung kann nicht nach L.R.S. 1019 beurtheilt werden.

In Sachen

der Wittwe des Johann Leipf zu Laudenbach, Anna Maria geborene Keßler, und der übrigen Kinder des Johann Keßler zu Laudenbach,

gegen

Johann Keßler Wittwe, Eva Katharina geborene Ehret von Laudenbach,

Gemeinschaftstheilung betr.

Am 19. November 1825 kaufte Johann Keßler in Laudenbach von seinen Eltern eine Mühle um 2500 fl. und verpflichtete sich, 600 fl. vom Kaufpreis an die Wittwe Jäger, eine Gläubigerin seiner Eltern, abzutragen.

1½ Jahr später, — am 15. Mai 1827 — verheirathete er sich mit Eva Katharina Ebert nach Abschluß eines Ehevertrags, worin er seiner Braut für den Fall, wenn er kinderlos vor ihr sterben sollte, die von seinen Eltern erkaufte Mühle um den Anschlag von 2500 fl. zu Eigenthum verschrieb. Die Braut nahm die Verschreibung „vorläufig“ an. Keßler trug während der Ehe den Kaufpreis der Mühle ab; er kaufte ferner am 16. August 1836 von R. Eberle ein, neben der Mühle gelegenes, einstöckiges Haus um 540 fl., baute es in einen Stall und Wagenremise um, und legte einen Keller darunter an. Diese Arbeiten kosteten 800 fl. Sodann errichtete er einen Anbau an die Mühle und einen Pferdestall. Die Kosten dafür betragen 3200 fl.; endlich baute er auch auf die Seite des Mühlgäßchens an die Mühle an, und ließ daselbst eine Scheuer aufführen, was ihn 3370 fl. kostete. Am 7. Mai 1862 starb er kinderlos. Bei der zwischen seiner Wittwe und seinen Geschwistern vorgenommenen Gemeinschaftstheilung behandelte die Theilungsbehörde sämmtliche auf 10,000 fl. geschätzten Liegenschaften als ehemännliche, wies solche auf Grund des Ehevertrags der Wittwe um 2500 fl. zu, und zog überdies die Kosten der darauf gemachten Verwendungen am Gemeinschaftsantheil des Ehemannes ab. —

Auf eine hiergegen von den Geschwistern des Erblassers erhobene Klage erkannten die beiden vordern Instanzen:

A) a. daß die Liegenschaften mit Ausnahme der früher Eberle'schen als von der beklagten Wittwe eingebracht,
   b. die Eberle'sche dagegen als eine Gemeinschaftsliegenschaft anzusehen, und
   c. sämmtliche Liegenschaften durch drei Sachverständigen abzuschätzen seien;

B) daß die beklagte Wittwe der Gemeinschaft nicht nur den Anschlagspreis der Mühle mit 2500 fl. zu ersetzen habe, sondern auch noch

C) die Kosten der Neubauten an der Mühle, und zwar im Betrag von 3200 fl. und 3370 fl., wenn der dadurch erzielte Mehrwerth so viel betrage, — andernfalls nur diesen Mehrwerth;

D) daß endlich die Kläger der Gemeinschaft weder den Kaufpreis der Mühle noch denjenigen des Eberle'schen Hauses, noch die Kosten der darauf gemachten Verwendungen zu ersetzen hätten.

Die Beklagte appellirte gegen die Urtheilsbestimmungen unter A. a. b. C. und D.

Das großh. Oberhofgericht hielt jedoch ihre Beschwerde nur in Bezug auf die Bestimmung unter A. a. für begründet, indem es in den Entscheidungsgründen zu seinem Urtheil vom 23. März 1864 ausführte:

1) die Beschwerde der Beklagten beruht auf der Annahme, daß die Verschreibung der Mühle im Ehevertrag als ein, durch das kinderlose Vorabsterben des Ehemannes bedingter, Kauf anzusehen sei. Allein diese Annahme könnte höchstens dann begründet erscheinen, wenn sich auch die Beklagte ihrerseits im Ehevertrag verpflichtet hätte, die Mühle im Falle eines kinderlosen Vorabsterbens ihres Mannes zu übernehmen und dafür seinen Erben 2500 fl. zu zahlen; sie hat dies jedoch nicht gethan, vielmehr das Anerbieten ihres Mannes nur vorläufig angenommen, also die Freiheit ihrer Entschließung hinsichtlich der Uebernahme der Mühle vollständig gewahrt. Es würde daher die Verschreibung, wenn sie nicht als eine freigebige Verfügung anzusehen wäre, nur eine einseitige, bedingte Verkaufszusage bilden, und der Eintritt der Bedingung, verbunden mit der jetzigen Uebernahme der Mühle durch die Beklagte, nicht in der Art zurückwirken, daß der Kaufvertrag als ein, schon vor der Ehe abgeschlossener, gelten müßte, weil ein Kauf erst dann perfect wird, wenn ein Käufer vorhanden ist, der die Sache übernimmt. (Troplong, „Vente“ No. 114. 116. 123.) Die Verschreibung muß indessen als eine freigebige Verfügung — und zwar als eine bedingte belastende Schenkung — angesehen werden. Es wurde zwar der Beklagten im Ehevertrag für den Fall der Uebernahme der Mühle die Zahlung ihres Anschlags ad 2500 fl. als Gegenleistung auferlegt; abgesehen jedoch davon, daß dieser Anschlag nach den damaligen Verhältnissen sicherlich ein billiger war, da der Ehemann die Mühle kurze Zeit vorher um den nämlichen Preis von seinen Eltern übernommen hatte, wurde der Beklagten jedenfalls insofern ein unvergoltener Vortheil zugewendet, als ihr nach dem kinderlosen Ableben des Mannes die Wahl freistehen sollte, die Mühle entweder selbst zu übernehmen, oder den ehemännlichen Erben zu überlassen, und als sie dafür erstenfalls nur 2500 fl. zu zahlen hatte, mochte auch der Preis der Mühle in der Zwischenzeit noch so hoch gestiegen sein. Die Absicht des Ehemannes, ihr einen Vortheil zuzuwenden, ist auch um so weniger zu bezweifeln, als er ihr die Mühle für

den Fall überließ, wenn er keine ihm näher stehende Personen — keine Kinder — hinterlassen würde. Ueberdies deutet auch der Gebrauch des Wortes: „verschreibe" im Ehevertrag darauf hin, daß er eine freigebige Verfügung zu treffen beabsichtigte. Als ein Vertrags-Vermächtniß im Sinne des L.R.S. 1082. 1083. 1093 kann dieselbe nicht angesehen werden; denn, wenn auch ein solches Vermächtniß nicht blos den gesammten Nachlaß des Gebers oder eine Quote davon betreffen kann, sondern auch einzelne Erbstücke (Zachariä §. 739 Note 4), und selbst ein gegenwärtiges Gut, so kann doch dieses letztere nur in seiner Eigenschaft als Bestandtheil des Nachlasses, und nur insofern, als der Geber darüber nicht anderweit mittelst belastenden Rechtstitels verfügen werde, Gegenstand eines Vertragsvermächtnisses sein (Marcadé IV. ad Art 1082 No. 1. S. 197. 198).

Mit der vorliegenden Verschreibung im Ehevertrag wollte sich aber der Ehemann offenbar in jeder Beziehung unwiderruflich binden, auch einer anderweiten Veräußerung der Mühle mittelst belastenden Titels entsagen. Seine Verfügung kann daher nur als eine, durch sein kinderloses Vorabsterben bedingte, belastete Schenkung unter Lebenden angesehen werden. (Troplong „donat." No. 2532.) Dem Eintritt der Bedingung und der nachgefolgten Uebernahme der Mühle von Seiten der Beklagten kommt jedoch hiebei ebensowenig, wie unter der obenerwähnten Voraussetzung eines onerosen Rechtsgeschäfts *), eine rückwirkende Kraft in der Art zu, daß die Mühle als eine von der Beklagten schon vor der Ehe erworbene anzusehen wäre; — hat auch die Beklagte im Ehevertrag die bedingte Verschreibung ihres Mannes angenommen, und ihn damit an seine Zusage in unwiderruflicher Weise gebunden, so hat sie sich damals doch nicht zur Uebernahme der Mühle im Falle seines kinderlosen Vorabsterbens bereit erklärt, vielmehr erst jetzt — nach Auflösung der Ehe — die Erklärung abgegeben, daß sie die Mühle übernehmen wolle. Letztere kann daher nicht als eine solche Liegenschaft angesehen werden, welche von der Beklagten in die Ehe eingebracht wurde; sie ist vielmehr als eine vom Ehemann eingebrachte zu behandeln, und gehörte ihm so lange, bis die Beklagte seinen Erben erklärte, sie nun um den Anschlag von 2500 fl. übernehmen zu wollen.

*) Schenkung unter der Form eines Kaufvertrags, conditio gratiosa. Eichhorn d. PrR. §. 102. Kayser, op. 192 med. 2.

2) Was den Kaufpreis derselben betrifft, welchen der Mann während der Ehe an seine Eltern und an die Wittwe Jäger, als angewiesene Gläubigerin derselben, aus Mitteln der Gemeinschaft bezahlte, so wäre solcher — wenn man von der jetzigen Uebernahme der Mühle durch die Beklagte absieht — nach L.R.S. 1409 Ziff. 1 und 1437 von den Klägern der Gemeinschaft zu ersetzen. Wenn aber die Beklagte jetzt die Mühle um den Anschlag von 2500 fl. übernimmt, so ist es einerlei, ob die Kläger der Gemeinschaft die an die Eltern des Mannes und an die Wittwe Jäger bezahlten 2500 fl. vergüten und sich dann den gleichen Betrag von der Beklagten zahlen lassen, oder ob die Beklagte die 2500 fl. unmittelbar an die Gemeinschaft zahlt, wie unter B des unterrichterlichen Urtheils rechtskräftig ausgesprochen wurde.

3) Anlangend die Kosten im Gesammtbetrag von 6570 fl., welche während der Ehe zur Errichtung einer Scheuer, eines Pferdestalles rc. neben der Mühle aus Gemeinschaftsmitteln bestritten wurden, so wären solche — abgesehen von der jetzigen Uebernahme der Mühle von Seiten der Beklagten — als Aufwand auf eine ehemännliche Liegenschaft, wenn auch nicht im vollen Betrag, doch im Betrag des dadurch herbeigeführten Mehrwerths der Liegenschaft von den Klägern der Gemeinschaft zu vergüten. (L R.S. 1437 Zachariä §. 511 Note 31, Troplong, „mariage" No. 1193. 1194.) Will aber nun die Beklagte die ganze Liegenschaft von den Klägern übernehmen, so hat sie ihnen jenen Aufwand bis zum Betrag des Mehrwerths der Liegenschaft zu ersetzen, arg L.R.S. 555. 1381. — Sie glaubt zwar, auf Grund des Ehevertrags verlangen zu dürfen, daß ihr gegen die Zahlung der 2500 fl. auch die während der Ehe auf der verschriebenen Liegenschaft errichteten Gebäulichkeiten überlassen würden, allein im Ehevertrag wurde ihr nur die Mühle, wie sie damals beschaffen war, verschrieben, und ein weiterer Act, wodurch ihr Ehemann zu erkennen gegeben hätte, daß ihr um jene 2500 fl. auch die nunmehr auf der Liegenschaft gemachten Anlagen überlassen werden sollten, konnte von ihr nicht geltend gemacht werden. Die von ihr angerufene Bestimmung des L.R.S. 1019 findet hier keine Anwendung; sie betrifft nur Vermächtnisse, ist aus der Eigenschaft der Widerruflichkeit derselben abgeleitet, und gilt daher nicht für die in der Regel unwiderruflichen Schenkungen. Das Recht eines Legatars richtet sich nach dem

Stand der Sache zur Zeit des Todes des Testators. Hat dieser das Vermächtniß einer Liegenschaft, ungeachtet später darauf gemachter Anlagen, bestehen lassen, so hat er damit seinen Willen bewiesen, daß auch diese Anlagen dem Legatar zukommen sollen. Das Gleiche gilt aber nicht bei einer unwiderruflichen Schenkung, deren Vollzug einer spätern Zeit vorbehalten wurde. Das Recht eines Schenknehmers findet seine Begründung nur in dem Vertrag, den er mit dem Schenkgeber abschloß; er kann daher ohne weitere Disposition des Letztern nur das beanspruchen, was zur Zeit der Errichtung der Schenkung in ihr begriffen war. (Grenier No. 317.) Hat hiernach die Beklagte den Klägern gegen Uebernahme der Mühle die während der Ehe darauf gemachten Verwendungen bis zum Betrag des Mehrwerths der Liegenschaft zu ersetzen, so ist es auch hier wieder einerlei, ob die Kläger jenen Betrag der Gemeinschaft vergüten und sich nachher den gleichen Betrag von der Beklagten ersetzen lassen, oder ob ihn die Letztere unmittelbar an die Gemeinschaft zahlt, wie unter C der Urtheile der vordern Instanzen ausgesprochen wurde.

4) Was endlich das während der Ehe von N. Eberle gekaufte Haus betrifft, so ist es nach L.R.S. 1402 als ein errungenes, folglich ehegemeinschaftliches, und der dafür gemachte Aufwand nach L.R.S. 1408 als eine Schuld der Gemeinschaft anzusehen. Daß der Ehemann das Haus in einen Stall und eine Remise umwandelte, und beide als Zubehörde seiner Mühle benutzte, ist unerheblich. Nimmt auch die Vergrößerung, welche die Liegenschaft eines Ehegatten durch eine, auf natürliche oder künstliche Weise bewirkte, reelle Vereinigung mit einer andern Sache erhält, ebenfalls die Eigenschaft von Sondergut jenes Ehegatten an, so gilt dies doch nicht von einer — blos in einer Widmung bestehenden — Vereinigung, von dem Fall, wenn ein Ehegatte während der Ehe ein an seine Liegenschaft anstoßendes Grundstück erwirbt und mit jener vereinigt, da in diesem Fall die Regel eingreift, daß sich ein Ehegatte während der Ehe Sondergut nur in den, vom Gesetz ausdrücklich vorgesehenen Fällen schaffen kann. (Rodière et Pont „Mariage" I. Nr. 457.)

Daß die Beklagte die ehemals Eberle'sche Liegenschaft nicht auf Grund der Verschreibung im Ehevertrag beanspruchen kann, ergibt sich aus dem schon zu 3 Gesagten; dieser Anspruch wäre sogar dann unbegründet, wenn jene Verschreibung als ein Vertragsvermächtniß anzusehen wäre, da die Vereinigung der Eberle'schen Hofraithe mit der zur Mühle gehörigen, einer Erweiterung der Einfassung eines geschlossenen Platzes keineswegs gleichzustellen ist. L.R.S. 1019.

Hinsichtlich der Prozeßkosten kommt in Betracht, daß die Beklagte gegen den Klagantrag B keine Einwendung erhoben, gegen die Urtheilsbestimmung A c nicht appellirt und gegen die Entscheidung über die Widerklage, die übrigens keine besonderen Verhandlungen veranlaßte, nicht oberappellirt hat, daß sie ferner zwar in der hauptsächlichsten Streitfrage obsiegt, materiell aber nichts damit gewinnt. §. 170 der Pr.O.

Aus diesen Gründen wurde erkannt, die Urtheile der beiden vordern Instanzen seien, soweit dagegen von der Beklagten oberappellirt wurde, hinsichtlich der Bestimmungen unter A b. C und D zu bestätigen, im Uebrigen aber dahin abzuändern:

> Die Kläger seien mit dem Begehren, wonach die S. 32 der Inventuracten beschriebene Liegenschaft mit Ausnahme des an der Stelle des Nicolaus Eberle'schen Hauses hergerichteten Stalles nebst Keller als eine von der Beklagten in der Ehe eingebrachte Liegenschaft behandelt werden soll, abzuweisen.
>
> Von den Prozeßkosten der beiden vordern Instanzen haben die Kläger 1/6, die Beklagte 5/6 und von Denjenigen der dritten Instanz Kläger 1/6, Beklagte 5/6 zu tragen. Stf.

38.

Die unterrichterliche Verfügung, womit des Klägers Gesuch um die von ihm gewählte Art der Vollstreckung als unstatthaft verworfen wird, ist eine Decisivverfügung, gegen welche nach §. 1125 der Pr.O. das Rechtsmittel der Appellation stattfindet.

Ein Beschlag auf ausstehende Forderungen setzt nach §. 982 ff. der Pr.O. ebenso wie die Einweisung in den künftigen Bezug von Besoldungen u. s. w. nach §. 992 der Pr.O. die Bezeichnung eines bestimmten und bekannten Schuldners voraus.

Zum Zweck gerichtlicher Beschlagnahme künftiger (erst noch zu verdienender) Gebühren eines Kaminfegers kann weder die Aufstellung eines andern Kaminfegers für den Geschäftsbezirk des Schuldners, noch eine Verpachtung des dem Schuldner verliehenen Kaminfegerdienstes —, von dem betreibenden Gläubiger verlangt werden.

In Sachen
des Jonas Maier von Heidelberg
gegen
Franz Carl Walters Eheleute in Langenbrücken,
Forderung, hier Beschwerde wegen verweigerter Vollstreckung betr.

Nachdem der Kläger auf den Grund eines unbedingten Befehls vom 7. März v. J. die Vollstreckungsverfügung vom 25. April v. J., wodurch auf den Kaminfegerlohn des Beklagten in sämmtlichen Orten des Amtsbezirks Baden Beschlag gelegt worden war, erwirkt hatte, stellte sein Anwalt mit Eingabe vom 11. Juli v. J. zweierlei Anträge: zunächst bat er, daß ein geprüfter Kaminfeger angestellt und verpflichtet werde, welcher für den Beklagten dessen Dienst versehe, die Gebühren dafür einziehe, dann seine baaren Auslagen und die mit ihm zu vereinbarende Belohnung abziehe und den Rest an den Kläger abliefere; in zweiter Reihe aber beantragte er, daß der Kaminfegerdienst des Beklagten mittelst öffentlicher Versteigerung vorläufig auf drei Jahre verpachtet und dem Kläger der erlöste Pachtzins zugewiesen werde. Diese beiden Anträge wurden aber durch den amtsgerichtlichen Beschluß vom 20. Juli v. J. als unstatthaft verworfen.

Das großh. Hofgericht hielt die Appellation gegen dieses Erkenntniß für unzulässig, erkannte aber in Folge des damit eventuell verbundenen Rechtsmittels der Beschwerdeführung:

„es sei die von dem kläger'schen Anwalte gegen die Verfügung des großh. Amtsgerichts Bruchsal vom 20. Juli v. J., No. 10,389, erhobene Beschwerde, unter Verfällung des Klägers in die dadurch veranlaßten Kosten, als unbegründet zu verwerfen."

Gegen dieses Erkenntniß führte der Kläger die Oberberufung aus, deren Zulässigkeit von oberappellatischer Seite bekämpft wurde. Allein das großh. Oberhofgericht erkannte am 5. April 1864, das hofgerichtliche Erkenntniß sei dahin zu bestätigen:

es sei die Verfügung des großh. Amtsgerichts Bruchsal vom 20. Juli 1863, No. 10,569, unter Verfällung des Klägers in die Kosten der II. und III. Instanz, zu bestätigen.

Gründe:

Allerdings handelte es sich nur um den Vollzug des bereits erkannten Vollstreckungsbeschlags, und der Kläger war durch die unterrichterliche Verfügung nur mit denjenigen beiden Arten des Vollzugs, um welche er speciell gebeten hatte, zurückgewiesen worden, ohne daß ihm damit auch das Recht abgeschnitten worden wäre, andere Arten in Antrag zu bringen; allein indem der Unterrichter die Anträge des Klägers ihrem ganzen Umfange nach verworfen hat, wieß er ihn eben auch mit seinem Vollstreckungsgesuche selbst, wie es von ihm gestellt worden war, definitiv ab, und es erscheint folglich der unterrichterliche Beschluß nicht als eine blos prozeßleitende, sondern als Decisivverfügung, gegen welche nach §. 1125 der Pr.O. nur die Appellation das geeignete Rechtsmittel war. Der Kläger hat denn auch in erster Reihe die Appellation dagegen ergriffen, und nur eventuell das Rechtsmittel der Beschwerdeführung damit verbunden, sich jedoch keineswegs darüber beschwert, daß gesetzliche Vorschriften im Vollstreckungsverfahren zu seinem Nachtheile verletzt worden seien, vielmehr seine Beschwerde darein gesetzt, daß ihm das speciell angesprochene Vollstreckungsobject aberkannt worden sei. War aber hiernach die gegen den unterrichterlichen Bescheid ergriffene Appellation zulässig, so erscheint auch aus den gleichen Gründen die gegen das hofgerichtliche Erkenntniß gerichtete Oberberufung statthaft.

Das großh. Hofgericht hatte nun zwar die Appellation des Klägers für unzulässig erachtet und sein Erkenntniß nur in Folge des eventuell damit verbundenen Rechtsmittels der Beschwerdeführung gegeben; demungeachtet hat es auch über das Materielle der Sache ganz ebenso erkannt, wie wenn es auf die Appellation eingegangen wäre, da die Beschwerden bei beiden Rechtsmitteln die gleichen waren.

(Schluß folgt.)

Redacteur Oberhofgerichtsrath Stempf. Verlag von J. Bensheimer in Mannheim. Druck von C. Schmelzer in Mannheim.

Annalen der Großherzogl. Badischen Gerichte.

1864. Band XXX. No. 10.

(Schluß von Art. 38.)

Ebenso wurden die für das Appellationsverfahren in den §§. 1185. 1186 und 1188 der Pr.O. vorgeschriebenen Formen eingehalten, und insbesondere der Gegentheil über die Appellationsbeschwerde des Klägers gehört. Unter diesen Verhältnissen ist das hofgerichtliche Erkenntniß als ein Endurtheil im Sinne des §. 1176 der Pr.O. anzusehen, und es muß daher nun auch in dritter Instanz die Sache selbst geprüft werden. In materieller Beziehung erscheinen aber die Entscheidungen der Richter der vordern Instanzen vollkommen gerechtfertigt. Nach §. 935 der Pr.O. darf der Richter keine anderen Vollstreckungsmittel verfügen, als die in der Prozeßordnung ausdrücklich für zuläßig erklärten, und es kann hiebei nur das im Gesetz vorgeschriebene Verfahren für ihn maßgebend sein.

Ein Beschlag auf ausstehende Forderungen setzt aber nach den §§. 982 ff. einen bestimmten und bekannten Schuldner voraus, welchem der Beschlag speciell zu insinuiren ist. Das Gleiche gilt nach §. 992 der Pr.O. hinsichtlich der Einweisung in den künftigen Bezug von Besoldungen, Gehalten, Gefällen und dergleichen; überall muß der Schuldner dem Gerichte genannt werden, damit ihm der erkannte Beschlag und die Einweisung gehörig insinuirt werden kann.

Der Kaminfegerdienst im Amtsbezirk Baden ist aber auch lediglich der Person des Beklagten verliehen, und kann von dem Richter nicht auf andere übertragen werden.

Vergl. Reggsbl. de 1822 II.

„ „ 1862 S. 415.

Es kann daher auch von der Aufstellung eines andern Kaminfegers, oder der Verpachtung des Kaminfegerdienstes im Vollstreckungswege keine Rede sein.

39.

Dadurch, daß eine Räumlichkeit im Pachtvertrag nicht ausdrücklich als Bestandtheil des Pachtguts aufgeführt ist, ist die, aus den Verhältnissen zu entnehmende, Absicht der Vertragspersonen, sie als Bestandtheil des Pachtguts zu behandeln, nicht ausgeschlossen.

Ueber die Art der Benützung eines Bestandtheils des Pachtguts gibt nach L.R.S. 1728. a bei dem Mangel ausdrücklicher Vertragsbestimmungen, die Eigenschaft der baulichen Anlage, sowie das Bedürfniß des Pachtguts und des darauf betriebenen Gewerbes Maaß und Ziel.

In Sachen

des Georg Peter Schumann in Weinheim

gegen

Friedrich Kleber daselbst,

Auflösung eines Pachtvertrags betreffend.

Der Kläger hatte dem Beklagten seine Mühle verpachtet. Eine von den im Pachtvertrag aufgeführten Räumlichkeiten umgebene bedeckte Halle war in dem Pachtvertrage nicht erwähnt. Der Pächter brachte seinen Müllerwagen darin unter. Dies wollte der Kläger nicht zugeben, und verlangte bei der Erfolglosigkeit seiner außergerichtlichen Einsprachen die Auflösung des Pachtvertrags. Er wurde aber mit dieser Klage in allen Instanzen abgewiesen, vom großh. Oberhofgericht durch Urtheil vom 3. März 1864 aus folgenden

Gründen.

Kläger erkennt selbst an, daß dem beklagten Pächter eine gewisse Art der Benutzung der streitigen bedeckten Halle zustehe, und will nur die Benützung der Halle durch denselben zur Unterbringung seines Müllerwagens nicht dulden. Allein, wie sich schon aus dem ebenberührten Anerkenntniß des klagenden Verpächters ergibt, daß diese Halle von dem an den Pächter zugesicherten Pachtobject nicht durchaus ausgeschlossen ist, so stellt es sich auch aus dem Pachtvertrag, in Verbindung mit dem Augenschein und dem Gutachten der Sachverständigen, als Absicht der Vertragspersonen dar, diese

Halle, die von dem im Pacht ausdrücklich zugewiesenen [illegible] wesens zu übergeben (m. vergl. auch L.R.S. 1615), obschon die Halle im Vertrag nicht ausdrücklich als Bestandtheil des Pachtguts aufgeführt erscheint, so wenig als die bei den Mühlgebäuden befindlichen zwei Höfe, Brunnen u. dgl., welche doch zu dem Betrieb des Pachtguts unentbehrlich und als Bestandtheile desselben anerkannt sind.

Ueber die Art der Benützung dieser Halle als eines Bestandtheiles des Pachtobjects, kann aber in Gemäßheit des L.R.S. 1728 Ziff. 1. bei dem Mangel ausdrücklichen Vertragsbestimmungen hierüber, nur die Eigenschaft dieser baulichen Anlage an sich, sowie das Bedürfniß des Pachtgutes und des darauf betriebenen Gewerbes Maas und Ziel geben.

Bei den in dieser Hinsicht obwaltenden Verhältnissen erscheint nun nach der Natur der Sache und dem Ausspruche der Sachverständigen die Benützung der Halle zur Unterbringung des Wagens des beklagten Pächters als keine ungebührliche, wie ja auch der Kläger selbst, so lange er das Pachtgut in seiner Hand hatte, die Halle auch zu diesem Zwecke benutzt hatte. Es versteht sich dabei von selbst, daß dieses Einstellen des Wagens des Beklagten insoweit eine Beschränkung erleiden muß, daß andere berechtigte Arten der Benutzung der Halle, wie der Durchgang in die Durchfahrt des Klägers zu seiner weiter hinten gelegenen Wohnung und seinen Oekonomiegebäuden, daneben bestehen können, und daß vorkommenden Falls die geeignete Vorkehr durch Wegschieben des Wagens des Beklagten und dergleichen getroffen werden muß, wozu sich aber der Beklagte sofort bereit erklärt hat.

Da hiernach weder das Verlangen des Klägers, daß dem Beklagten die Unterbringung des Wagens unter die Halle kurzweg untersagt werde, begründet ist, und noch weniger auf Grund der von dem Beklagten bisher geschehenen Benutzung der Halle zu diesem Zweck, — die Auflösung des Pachtvertrags begehrt werden kann, waren die abweislichen Urtheile der Vorderinstanzen zu bestätigen.

Stf.

40.

Das Verbrechen der Fälschung wird auch durch ein falsches, zum Zweck der Verübung eines Betrugs in gewinnsüchtiger Absicht gefertigtes [illegible] [illegible] verwendetes [illegible]

Der frühere Schullehrer, jetzt als Volkssänger herumziehende, Gustav Adolf Hildenbrand von [illegible] die Familie des Bierbrauers Albert Haas in Waldshut kennen gelernt und dessen Bruder auswärts getroffen. Auf dessen Namen telegraphirte er wiederholt von München aus an Bierbrauer Haas und verlangte 200 fl. zur angeblichen Weiterreise nach Prag, die ihm auch in das von ihm bezeichnete Haus in München geschickt wurden.

Er wurde deßhalb durch Urtheil des großh. Hofgerichts des Oberrheinkreises vom 27. Februar 1864 der Fälschung einer Privaturkunde zum Zwecke der Verübung eines Betrugs im Betrage von 200 fl. zum Nachtheil des Bierbrauers Albert Haas in Waldshut und damit zugleich eines Rückfalls in gleiche Vergehen für schuldig erklärt und zu Zuchthausstrafe von 2 Jahren oder von 1⅓ Jahr in völliger Absonderung, zu einer Geldstrafe von 200 fl. und in die Kosten 2c. verurtheilt. Gegen dieses Urtheil ließ er den Rekurs ausführen.

In der Rekursausführung wurde dagegen angekämpft, daß der Thatbestand der Fälschung vorliege und gebeten, das hofgerichtliche Urtheil, soweit es den Angeschuldigten der Fälschung einer Privaturkunde im Rückfall schuldig erkenne und eine Zuchthausstrafe ausspreche, aufzuheben und gegen denselben wegen Betrugs eine nach [illegible] Ziff. 2 des Str.G.B. zu bemessende Strafe auszusprechen.

Der großh. Staatsanwalt führte in der Vernehmlassung aus:

„Die vom rekurrentischen Anwalt bestrittene Frage, ob der vorliegende Betrug durch Telegramm als Fälschung von Privaturkunden im Sinne des §. [illegible] des Str.G.B. zu betrachten sei, scheint vom großh. Hofgericht mit Recht bejaht worden zu sein, da das Wesen der Fälschung nach unserer Gesetzgebung nur darin besteht, daß der Thäter zur Ausführung eines Betrugs sich einer Urkunde als Täuschungsmittel bedient [illegible]

Wer nun aber, wie im vorliegenden Falle [illegible] behörig einen falschen Brief mit falscher Unterschrift [illegible] legt, und solchen auf telegraphischem Wege [illegible] Adressaten befördern läßt, der hat eine falsche [illegible] gefertigt und davon als von einer ächten [illegible] gemacht, indem die [illegible] den Charakter einer Urkunde nach die Eigenschaft der Falschheit benimmt und die Sache folglich ebenso anzusehen ist, als ob der Originalbrief unmittelbar in die Hände des zu Täuschenden gelangt wäre, oder wenigstens, als ob der Thäter den Brief durch einen Andern hätte niederschreiben lassen, was gleichfalls den Thatbestand der Fälschung nicht aufheben würde.

Indem ich mich statt weiterer Ausführung auf die Mittheilung eines gleichlautenden Urtheils des Oberappellationsgerichts zu Dresden in der Gerichtszeitung, Jahrgang 1863 No. 20 und das Archiv für civil. Praxis Bd. 43 No. 5 S. 99 ff. (Prof. Fuchs) beziehe, stelle ich den Antrag, das hofg. Urtheil zu bestätigen."

Das hofgerichtliche Urtheil wurde durch oberhofgerichtliches Urtheil vom 9. April 1864 bestätigt, indem der Gerichtshof die Beschwerde aus folgenden Gründen für unbegründet erklärte:

„Die Fälschung setzt nach unserem Strafgesetzbuch die Benutzung einer falschen Urkunde im weitesten Sinne voraus. Es kommt auch nicht darauf an, ob der Urheber der Fälschung die falsche Urkunde selbst gefertigt oder ob er sich des Fertigers derselben nur als eines Werkzeugs bedient hat. Auch ist nicht unbedingt der Gebrauch der Urschrift erforderlich, es kann unter Umständen ebensowohl durch einen Abdruck, eine Lithographie und dgl. eine Nöthigung am Erkenntnißvermögen desjenigen, der benachtheiligt werden soll, bewirkt werden, z. B. in den Fällen der §§. 429 und 435 des Str.G.B. Das Verbrechen wird daher auch durch ein falsches, zum Zweck der Verübung eines Betrugs in gewinnsüchtiger Absicht gefertigtes und durch den Telegraphen vermitteltes Schreiben verübt. Denn auch eine solche Depesche kann geeignet sein, einen besondern Zwang an dem Erkenntnißvermögen ihres Empfängers zu üben. Dies muß insbesondere im vorliegenden Falle angenommen werden, weil die erste Depesche sich ausdrücklich als Antwort für die verlangte Summe darstellte, die nachgefolgte aber eine Thatsache (Reise nach Prag) berührte, welche den Glauben erzeugen mußte, daß die Depeschen wirklich von dem vermeintlichen Aufgeber abgesendet worden wären.

[illegible] hinsichtlich der Recurrent durch seine Verurtheilung wegen Fälschung keineswegs beschwert ist, so kann [illegible] nicht zu den schwereren, mit Zuchthaus zu bestrafenden [illegible] gezählt werden. Zwar ist mit dieser [illegible] Täuschungsmittel angewendet worden, allein die hiedurch erschwindelte Summe, welche bei der Strafausmessung hauptsächlich in Betracht kommt, beläuft sich nur auf 200 fl., also auf einen Betrag, bei welchem auch im Falle eines gemeinen Diebstahls blos Arbeitshausstrafe erkannt werden kann. §. 387 Ziff. 2 des Str.G.B."

41.

Von der Anwünschung des L.R.S. 345 a.

Findet das Verbot mehrmaliger Annahme an Kindesstatt in L.R.S. 344 auch auf die während ihrer Unmündigkeit nach L.R.S. 345 a angewünschten unehelichen Kinder statt.

Eine tief in unser soziales Leben hinein ragende Seite des Familienstandes bildet das Verhältniß der unehelich Geborenen.

Ihre Stellung außerhalb der Familie, die doch als nothwendige Basis der physischen, sittlichen und intellektuellen Entwicklung des Individuums dient, ist schon im römischen Rechte als eine für das Individuum, wie für die Erreichung des Staatszweckes ungünstige angesehen worden, und man hat, wo der Wunsch der Betheiligten vorliegt, gesetzliche Formen gefunden, vermittelst welcher die Aufnahme solcher Kinder in eine Familie ermöglicht wird.

Unser Landrecht kennt hiezu zwei Wege: die Ehelichmachung (durch Anerkennung vor — oder im Heirathsvertrag) legitimatio per subsequens matrimonium, L.R.S. 331, und die Anwünschung L.R.S. 343, welche im Falle des L.R.S. 345 a auch im Heirathsvertrag geschehen kann.

Ueber das Verhältniß beider Rechtsinstitute, der Ehelichmachung und der Adoption nach L.R.S. 345 a äußert sich Brauer (I. S. 256) dahin, daß das Letztere ein Mittelding zwischen der Anwünschung und der Ehelichmachung sei.

Auch Stabel ist der Ansicht, daß man in der vom badischen Gesetzgeber der Adoption des Code angehängten Bestimmung des L.R.S. 345 a eine Art von Ehelichmachung — legitimatio minus plena — sehen könnte, welche sich von der wirklichen Ehelichmachung nur dadurch unterschiede, daß der so Legitimirte nur die Rechte in der neuen Familie bekomme, welche die Adoption gibt, also namentlich Erbrecht an dem Anwünschenden und nur an diesem, und er unterscheidet sich durch diese Beschränkung (welcher auch der höchste Gerichtshof beipflichtet), auf die [illegible] Wirkungen der Adoption [illegible] von Brauer, welcher l. cit. die Wirkungen dieser Adoption mit denen der legitimatio per subsequens matrimonium gleichstellen will; Jahrb. n. F. Bd. 13 S. 186.

Stabel und Brauer halten aber die Adoption des L.R.S. 345a eher für eine Legitimation als für Adoption.

Die Literatur über die Adoption ist eine verhältnißmäßig dürftige, und kaum nennenswerth in Bezug auf die mit Einführung des L.R.S. 345a entstandenen Streitfragen.

Brauer, Trefurt und Stabel verdanken wir einige Abhandlungen darüber; diese und in Zeitschriften erschienene Aufsätze, sowie im badischen Centralblatte enthaltene hierauf bezügliche Entscheidungen bilden die Hülfsmittel und Anhaltspunkte für die zu gebende Antwort.

Prüfen wir deßhalb zunächst Wortlaut, Absicht und Geist unserer hierauf bezüglichen Gesetzesstellen und des Code Nap. Das letztere Gesetzbuch kennt nur 3 Arten von Anwünschungen: die ordentliche und zwei Arten der außerordentlichen, s. g. privilegirten Adoption.

Die Erfordernisse der ersteren werden in den Art. 343. 344. 345 Abs. 1 u. 346 angegeben, und es liegen denselben vorzüglich folgende Prinzipien zu Grunde:

Es soll durch sie kinderlosen Personen die Möglichkeit geboten sein, die ethischen und socialen Vortheile des Eltern- und Kinderverhältnisses zu genießen, und auch auf diese Weise Namen und Vermögen zu vererben, gewissermaßen die Familie fortzusetzen. (Marcadé II. S. 102 u. 103. Stellen aus dem expos. des motifs, Zachariä III. §. 554.)

Jedoch ist auch im Code der römische Grundsatz [illegible], daß die Adoption die Natur nachahme. Deßhalb die Vorschriften über das Alter, die Forderung, daß irgend ein festes, sittliches Band bereits den Adoptanten und den zu Adoptirenden umschlinge; sei es nun durch vorausgegangene Pflege, sei es durch eine [illegible] Rettung, die dem Adoptanten das Leben gerettet, ein Band, welches dafür bürge, daß nur die im Kindschaftsverhältnisse zur schönsten Entfaltung gelangende Pietät, nicht aber irgend ein unlauteres Motiv den Grund zur Anwünschung abgegeben habe. *)

[illegible]

*) L'adoption sera [illegible]

Zur Durchführung dieser beiden Grundsätze enthält der Art. 344 ferner die Vorschrift, daß Niemand mehrere Male angewünscht werden dürfe, denn die Adoption sollte nicht ein Mittel zur Spekulation geben, um in mehreren Familien Erbrechte zu erlangen (wo diese Befürchtung nicht zutrifft, fällt auch das Verbot hinweg; Marcadé ad art. 345 II. S. 105, Mayer, Leitf. §. 51 (S. 78)); der erste Adoptant sollte nicht seinen, bei der Adoption gehabten Zweck vereitelt sehen, da das Eltern-Kindschafts-Verhältniß nicht mehr ungetrübt wäre, wenn der Adoptirte zu mehren Adoptanten in solchem stünde.

Es war übrigens durch Einführung der Pflegvormundschaft schon dafür gesorgt, daß die Aufnahme in mehrere Familien durch Adoption nicht leicht möglich werde.

Die Wirkungen der Adoption auf das Vermögen sind im Code auch so bemessen, daß nur der ausgesprochene Zweck, und nicht mehr, erreicht werde.

Der Adoptirte fügt zu seinem Namen den des Adoptanten und erbt bei dessen Ableben ein Kindstheil. Er erhält Aliments ꝛc.

Sind alle Voraussetzungen zur Adoption vorhanden, so handelt es sich um die Form, in der sie vollzogen wird und der Code kennt dafür nur die des Vertrags mit gerichtlicher causae cognitio und Bestätigung, worauf der Eintrag in die bürgerlichen Standesbücher folgt.

Die Adoption ist, wie im röm. Recht, ein actus legitimus, der vor dem magistratus vorgenommen werden mußte.

Diesem Gesichtspunkt des Vertrags gemäß verlangt auch das Gesetz Volljährigkeit des Anzuwünschenden und überträgt somit auf ihn selbst Ermessen, Verantwortlichkeit und Folgen dieses Actes.

Das so ausgebildete Rechtsinstitut ist rein positiver Natur; es entspringt nicht, wie andere Rechtsinstitute aus Vernunftnothwendigkeit; es läßt sich nicht, wie solche, rechtsphilosophisch konstruiren und [illegible] zu seiner Entwicklung [illegible], ist ihm [illegible] liegendes Prinzip [illegible].

Die Adoption beruht nach den Grundsätzen [illegible] Rechts [illegible] Verhältniß [illegible] Fiktion, und deßhalb müssen die vom Gesetze gegebenen Erfordernisse [illegible] Natur zu Folge, [illegible]

[illegible]

[illegible] La condition des [illegible] [illegible]

handen sein, wenn das Institut irgendwo in's Leben gerufen werden soll.

Der Begriff der Adoption ist überall nicht vorhanden, wenn eines der vom Gesetze für sie verlangten Erfordernisse nicht zutrifft.

Die privilegirten Adoptionen, deren eine wir schon oben erwähnt haben (Lebensrettung, auf die andere durch Testament, werden wir unten zurückkommen), berühren uns hier nur insoferne, als konstatirt werden muß, daß, abgesehen von der Vertragsnatur, die immer bleibt, einzelne Erfordernisse gemindert oder erlassen sind.

Dieser, mit ganz bestimmten Voraussetzungen umgebenen, genau abgegrenzten, französischen Adoption hat nun der badische Gesetzgeber eine neue Art im L.R.S. 345 a beigefügt, für welche sämmtliche bei der französischen Adoption geforderten Voraussetzungen wegfallen, bis auf die sich von selbst ergebende, daß der Anwünschende älter sein muß, als der Angewünschte; deßhalb muß billig die Frage aufgeworfen werden, ob hier überhaupt noch von einer Adoption im Sinne des Code und des Landrechts die Rede sein kann.

Diese Frage dürfte entschieden zu verneinen sein und zwar nicht blos, weil diese neue Adoption in den Rahmen der französischen gar nicht paßt, die, wie wir gesehen haben, als solche genau abgegrenzt ist, und nur bestehen kann, wenn alle ihre Erfordernisse vorhanden sind, nicht blos, weil Brauer, der den Zusatz verfaßte, in seinen „Erläuterungen" selbst sagt, daß hier von einer eigentlichen Adoption nicht die Rede sei, sondern auch aus dem weitern Grunde, weil auch die innere und äußere Entstehungsform eine grundverschiedene ist.

Wir haben oben gesehen, daß das essentiale der Adoption ein Vertrag zwischen adoptans u. adoptandus ist, und daß nur Volljährige dies Rechtsgeschäft abschließen können. [2])

Dieser Vertrag ist aber in dem Falle nicht möglich, wo ein unmündiges Kind angewünscht wird — und nur unmündige Kinder können nach L.R.S. 345 a angewünscht werden — es fehlt somit gerade das, das Verhältniß erzeugende Moment, die Uebereinstimmung der Willen, und die einseitige Erklärung im Ehevertrag vermag es nicht zu ersetzen. Deßhalb kann dieser Vorgang keine Adoption sein [3]); und deßhalb gelten auch nicht die für jene bestehenden Regeln und Verbote — soweit sie sich auf das Zustandekommen der Adoption beziehen. Die Logik lehrt die Unmöglichkeit, unter einen Begriff mit bestimmten Merkmalen einen andern zu setzen, dessen Merkmale dem des obern gerade kontradiktorisch entgegen gesetzt sind. Es ist demnach unlogisch, als Unterart eines Actes, der nothwendig zu seinem Wesen eines Vertrages bedarf, einen Vorgang zu setzen, der kein Vertrag ist. Das harmlose „ferner" mit dem sich unser Zusatz an den L.R.S. 345 anschließt, will aber offenbar nichts anderes, als den Nichtvertrag als Ausnahme von dem Vertrag darstellen, obschon die „unerbittliche Logik" dies nimmer zuläßt.

Aus diesen Andeutungen dürfte zur Genüge hervorgehen, daß uns weder der Ort, an welchem Brauer seine Vorschrift einschob, noch der Name, den er seinem neugeschaffenen Institut gab, verleiten darf, diese Art der Anfindung als wirkliche Adoption anzusehen und die für die letztere bestehenden Regeln darauf anzuwenden.

Was dagegen die Folgen der Adoption des L.R.S. 345 a [4]) betrifft, so folgt aus dem Gesagten nicht, daß diese nicht die nämlichen, wie bei der ordentlichen Adoption sein könnten, denn es kann, besonders wo es sich um rein positive Einrichtungen handelt, den ihrem Wesen nach verschiedensten Vorgängen vom Gesetz die gleiche Wirkung beigelegt werden; so kann man sowohl durch Kauf als durch Anwachsung Eigenthum erwerben, ohne daß es Jemanden einfallen wird, deßhalb die Anwachsung als eine Unterart des Kaufs und nach dessen Regeln zu behandeln. Mag man auch über den Werth der Brauer'schen Erläuterungen für die Auslegung der ihm vorzugsweise ihr Dasein verdankenden Gesetzesstellen in einzelnen Fällen verschiedener Ansicht sein; jedenfalls repräsentiren seine Worte die allein mögliche logische Auslegung des von ihm geschaffenen Rechtsinstitutes und erettet gegenüber der Stellung des Satzes 345 a seine logische Ehre, wenn er sagt:

„Unser Satz führt hierdurch eine außerordentliche Art der Anwünschung ein — ein Mittelding zwischen Anwünschung und Ehelichmachung …… so hatte man die

---

[2]) L'adoption ne pourra en aucun cas avoir lieu avant la majorité de l'adopté. Art. 346. Das bei der Uebersetzung hier eingeschobene „sonst" ist nicht im Stande den durch den Zusatz entstandenen Widerspruch auszugleichen. [illegible]

[3]) . . . Car il n'y a pas d'adoption possible sans le consentement de l'adopté. (Marcadé ad art. 346 II. p. 129)

[4]) Hinsichtlich des Verhältnisses der so angenommenen Kinder zu den Adoptanten und deren Verwandten [illegible]

Wahl zwischen zwei Stellen, welche man unserm Satz anweisen konnte, entweder hinter S. 331 als außerordentliche Gattung der Ehelichmachung oder hinter S. 345 als außerordentliche Art der Anwünschung."

Brauer hätte übrigens gewiß richtig hinzusetzen können, daß sein Institut im Grunde an keine dieser Stellen passe. Denn entweder ist das betreffende Kind nicht von der anwünschenden Mannsperson erzeugt — und in diesem Falle ist keine Anerkennung möglich —[6]) oder es ist von ihr erzeugt, dann findet nicht die Annahme eines f r e m d e n Kindes statt, und da der L.R.S. darüber vom Manne gar keine Erklärung fordert, so kann es im einzelnen Falle ungewiß bleiben, welcher Fall vorliege, welchem Rechtsinstitut der Vorgang sich nähere.[7])

Es ist dies ganz neue Rechtsinstitut in der Geschichte ohne alle Analogie, und dennoch erscheint es als ein den Bedürfnissen des sozialen Lebens entsprechendes, gut gewähltes Mittel, dem unehelichen Kinde eine Familie zu geben, ohne die oft mit großen Unzukömmlichkeiten und sehr unsicherm Resultate verbundene Frage nach der Vaterschaft aufwerfen oder lösen zu müssen.

Brauer geht aber offenbar zu weit, wenn er dem so aufgenommenen Kinde die Erbrechte eines e h e l i c h e n Kindes gibt; dies hat Stabel im oben angeführten Aufsatze mit überzeugender Schärfe nachgewiesen. Eben so wenig als man mit Brauer seinem Institut die vollen Wirkungen der Legitimation vindiziren kann, scheint das von der Adoption hergenommene Verbot des L.R.S. 344 auf die nach dem badischen Zusatze in eine Familie aufgenommenen Kinder angewendet werden zu sollen.

Der franz. Gesetzgeber konnte bei seiner Adoption und den Geboten, beziehungsweise Verboten, mit denen er sie umgab, nicht an den Fall denken, der im L.R.S. 345a normirt ist, und es ist also, vom Standpunkte des Code, nicht verboten, ein in anderer Weise (als durch förmliche Adoption) in eine Familie aufgenommenes uneheliches Kind zu adoptiren.

Man könnte freilich sagen, daß dies Verbot im b a d i s c h e n Rechte gelten müsse, nachdem den französischen Gesetzesstellen die badischen Zusätze angereiht sind, allein auch nach der Fassung des Gesetzes bezieht sich das Verbot nur auf den schon unter den in L.R.S. 343 ff.

vorgeschriebenen Formen adoptirten, und wie wir oft in unsern Zusätzen eine korrektere Redaktion und ein konsequenteres Verschmelzen oder Anschließen derselben mit dem Texte des Code vermissen, so ist es auch hier; nur sind wir in diesem Falle so glücklich, vom Urheber dieses Zusatzes die Anleitung bekommen zu haben, um die Anpassung selbst vorzunehmen.

Freilich steht hier das Bedenken entgegen, daß die Erläuterungen, weil sie nur eine Privatarbeit des Verfassers der Zusätze zum Gesetze sind, weder Gesetzeskraft noch die einer authentischen Interpretation haben, und daß Brauer die Zusätze später zuweilen anders interpretirt hat, als sie ursprünglich von ihm gemeint sein konnten. Allein ihre Bedeutung als wissenschaftliche Erläuterungen ist anerkannt,

Jahrb. n. F. XIII. No. XII. S. 97, No. XXII. S. 187. 189,

und in unserm Falle sind Brauers Andeutungen über die Stellung des Instituts im System (wenn auch nicht über dessen Wirkungen) so richtig, ist seine Ansicht so logisch entwickelt, daß es schwer ist, diese so wohl begründete Ansicht zu verwerfen.

Wir müssen mit ihm übereinstimmen, wenn er sagt, daß seine Adoption von der wirklichen nicht viel mehr als Namen und Stellung und das (im einzelnen Falle oft sehr zweifelhafte) Merkmal hat, daß das angenommene Kind ein f r e m d e s ist; wir dürfen daher das Institut des L.R.S. 345a nicht in das System der franz. Adoption einpassen und das Verbot doppelter Adoption gegen den nach L.R.S. 345a Adoptirten nicht anwenden, wenn wir nicht a u s d e m b l o ß e n W o r t e „adoptiren" unsre Argumente schöpfen und dem Zusatze innere Einheit und Folgerichtigkeit mit dem französischen Institute der Adoption zuschreiben wollen, die sie nicht hat.

Verlassen wir übrigens den theoretischen Gesichtspunkt und wenden wir uns der praktischen Seite zu, so drängt sich uns auch hier die Ueberzeugung von der Richtigkeit vorstehender Deduction auf.

Unser Staatsleben ist gegründet auf die Familie, und es setzt sie voraus. Es ist am Bestehen derselben wie an der eigenen Existenz interessirt, und die Ehe ist die Form ihrer Begründung. Der Staat verwirft damit nothwendig prinzipiell die Fortpflanzung außerhalb der Familie, allein er kann sie nicht hindern. Er begünstigt darum wenigstens die Aufnahme auch der unehelich Geborenen in Familien, und läßt die Aufgenommenen selbst

---

[6]) Eine Anerkennung gefordert der L.R.S. 345a nicht; im Gegentheil wird scheinbar vorausgesetzt, daß ein Dritter der natürliche Vater des Kindes sei. Red.

[7]) Siehe den unter II. mitgetheilten Fall. Red.

wieder solche gründen. Die Anfindung des L.R.S. 345a ist eines der Mittel zur Aufnahme des spurius, welcher vorher keiner Familie angehörte, in eine solche. Er ist hiedurch der Wohlthat des Familienstandes theilhaftig geworden, und in einen Kreis getreten, dessen erweiterte Ringe ihn mit dem Staats-, und Rechtsleben in Verbindung bringen, und innerhalb welches er die naturgemäße Daseinsform und Entwicklungsmöglichkeit in physischer, sittlicher und intellektueller Beziehung findet.

Hiemit wäre zwar dem Zwecke des Staates genügt; wenn nun aber das Gesetz noch weiter geht, und dem so aufgenommenen Kinde Erbrechte, wenn auch nur an Adoptanten gibt, so erhält damit dasselbe eben nur die Rechte, die ihm auch durch letztwillige Verfügung (unbeschadet des Freitheils) hätten eingeräumt werden können; allein die Rechte eines ehelichen Kindes und den ganzen Verwandtschaftsnexus konnte die nur sie bindende Erklärung des Ehegatten nicht erzeugen.

Das uneheliche Kind hat demnach mit dieser Aufnahme nur einen beschränkten Kreis von Rechten und Verpflichtungen erworben, das minimum desjenigen, was die Familie ihrer Idee nach bieten kann und soll. Es hat also nicht zu vorher schon besessenen Familienrechten noch anders gewonnen, wie das ordentlich adoptirte eheliche Kind, denn es hat vorher noch keiner Familie angehört; es war auf seine Mutter beschränkt, und indem diese nun durch ihre Heirath eine Familie erst gründen hilft, tritt der spurius durch die Anfindung des S. 345a in solche ein, wobei nach dem Wortlaute des Gesetzes sein Verhältniß zur Mutter unverändert bleibt [1], und nur dadurch, daß es nun auch noch zu dem Manne seiner Mutter in ein Kindschaftsverhältniß tritt, sind vollständige Familienbande geschaffen.

Indem der Staat dem unehelich geborenen Kinde durch L.R.S. 345a die Möglichkeit eines — wenn auch nur unvollkommenern — Familienstandes, und Erbrechte — wenn auch nur in beschränkter Weise — gestattet, so hat er damit die aus frühern Zeiten stammenden sozialen und bürgerlichen Beschränkungen aufgehoben und in dem er das unehelich geborene Kind in eine Familie aufzunehmen gestattete, hat er ihm nicht zugleich Rechte, die ihm schon als Staatsangehörigen zustehen, entziehen wollen. Das nach S. 345a in eine Familie aufgenommene Kind darf, was seine Rechtsfähigkeit betrifft, nicht ungünstiger behandelt werden, als ein eheliches Kind. Es hieße aber gewiß diese Rechtsfähigkeit beschränken, wollte man ihm, wenn sonst alle Erfordernisse zur ordentlichen Anwünschung für ihn vorhanden wären, die in seiner Unmündigkeit von einer, vielleicht landfremden, Mannsperson über ihn getroffene Verfügung entgegenhalten.

Wo verbietet das Gesetz die Anwünschung eines unehelich geborenen Kindes, und wie sollte unser Landrecht, welches unehlich Geborenen mit Einführung des L.R.S. 345a eine Wohlthat erweisen will, diese verkümmernd, zugeben können, daß ein Stück der Rechtsfähigkeit des Kindes verloren gehe.

Wo gäbe es in unserm ganzen Rechtssystem ein Analogon für eine so exorbitante Verfügungsgewalt über die Rechtsfähigkeit einer dritten Person in ihrer Minderjährigkeit, in einem Rechtssystem, das den Minderjährigen, ob ehelich oder unehelich geboren, solche ängstliche Sorgfalt widmet und mit Eifersucht wacht, daß ihm bis zur Volljährigkeit alle seine Rechte erhalten bleiben?

Hiemit glauben wir nachgewiesen zu haben, daß die Anfindung des L.R.S. 345a weder eine völlige Adoption, noch eine eigentliche Legitimation ist, daß daher die für die förmliche Adoption gegebenen Vorschriften und Verbote auf die formlose Anwünschung nach L.R.S. 345a nicht passen, daß dem nach L.R.S. 345a Angewünschten insbesondere das Verbot des L.R.S. 344 nicht entgegenstehe.

Für ein uneheliches Kind wäre es gewiß sehr hart, wenn es nach erreichter Volljährigkeit der Wohlthat einer

[1] Namentlich hat das Kind an seine Mutter nur beschränkte Erbansprüche, wie andere uneheliche Kinder, ob wohl die Billigkeit und die Sozialpolitik verlangt hätte, daß das so aufgenommene Kind in seinen Erbansprüchen an Vater und Mutter gleichgestellt wäre. Stabel spricht im oben angeführten Aufsatze die Ansicht aus, die Adoption geschehe in diesem Falle eo ipso auch durch die Mutter. So wünschenswerth dies wegen der Folgen wäre, so lassen sich doch [illegible] Zweifel daraus begründen, daß es an der [illegible] Erklärung durch die Mutter fehlt, daß Satz 345a die hier [illegible] [illegible] von dem Manne gestattet, und daß nach der Ansicht Vieler, insbesondere [illegible] Schriftsteller Niemand sein [illegible] natürliches Kind adoptiren kann (die Erklärung der [illegible], daß sie das uneheliche Kind habe, muß gewiß als [illegible] desselben gelten). Marcadé II. S. 98 II. führt in dem [illegible] an:
[illegible]: „en effet, si [illegible] [illegible] adoption."

[2] die des ersten Konsuls (Buonaparte): „l'effet de l'adoption sera de donner des enfants à celui, qui en est privé."

vortheilhaften Adoption (nach zehnjähriger Pflegschaft) deßhalb verlustig gehen müßte, weil es früher noch während seiner Unmündigkeit, von einem beliebigen Mann, welcher des Kindes Mutter heirathete, adoptirt wurde, ohne dies verhüten zu können.

Unsre jetzige Gesetzgebung gibt eine Restitution gegen die Adoption, wie sie das römische Recht (beim impuberes arrogatus) zuließ, einfach deßhalb nicht, weil nach unserem Gesetze nicht (wie in Rom) die Vermögensverhältnisse des adoptatus dadurch alterirt werden.

Unsre Adoption schafft nur Erbhoffnungen, läßt aber bestehende Rechte unverletzt.

Da es nun keine Restitutionen wegen verletzter Hoffnungen gibt, so kann der großjährig Gewordene, wenn er jetzt in der Lage wäre, durch ordentliche Adoption solche Hoffnungen zu erlangen, sich nicht gegen die, die Adoption hindernde, Anwünschung nach Satz 345a restituiren lassen, als durch sie gleichsam lädirt. Ebensowenig steht ihm, der zu seiner Anwünschung nicht mitgewirkt hat, die Anfechtungs- oder Nichtigkeitsklage dagegen zu, er müßte denn nur den Beweis liefern können, entweder, er sei ein ehelich geborenes Kind oder er sei nicht das Kind der Frauensperson, welche der Anwünscher geheurathet hat, oder er sei zur Zeit der Anwünschung schon volljährig gewesen.

Außer diesen gewiß seltenen Fällen und etwa dem weitern, daß die Anwünschung nicht unter den vorgeschriebenen allerdings einfachen Formen geschehen wäre, hat also der zur Großjährigkeit Gelangte keine Möglichkeit, die in seiner Minderjährigkeit geschehene Anwünschung, bezw. deren für ihn ungünstige Folgen zu beseitigen, und dies ist gewiß ein weiterer Grund zu unserer Annahme, daß der in seiner Unmündigkeit Adoptirte nach erlangter Volljährigkeit durch die in der Mitte liegende Adoption nicht weiter in seiner Handlungsfähigkeit beengt sein darf, und daß ihm die Möglichkeit, die ordentliche Adoption einzugehen, nicht genommen sein kann.

Die französische Jurisprudenz nimmt in dem Falle des Art. 366 ganz konsequent an, daß der durch Testament (also einseitig) Adoptirte, erst dann an die Adoption gebunden ist, wenn er seine Zustimmung nach erlangter Volljährigkeit gegeben hat — so lange er jene nicht gegeben hat, kann er sich also beliebig adoptiren lassen, — und ihr genügt nicht die Vertretung durch Eltern oder Vormünder in diesem Falle. (Marcadé ad Art. 366 N. S. 129.)

Die bisher besprochene Fragen sind in folgendem Falle zur Entscheidung gekommen, diese aber von großh. Justizministerium in der, obiger Ausführung entgegengesetzten, Richtung erfolgt.

Mathä Lang von Asenbach, jetzt 73 Jahre alt, ein kinderloser und vermöglicher Landwirth, hatte im September 1843 die Wittwe des Mathias Egler, Franziska geb. Kramer geheirathet, welche folgende Kinder des Georg Mauch,

Verene geb. am 22. August 1826,
Konrad „ „ 20. November 1828,
Elisabetha „ „ 7. „ 1830,

schon seit längerer Zeit verpflegt und unterstützt hatte.

Diese Kinder wurden fortan in seinem Hause, wie früher, von Franziska Egler gehalten.

Georg Mauch hatte diese Kinder, als er sich mit der K. Nerbel verehelichte, die sie ledig geboren hatte, im Heirathsvertrag angewünscht, sich aber, wie es scheint, nicht weiter um sie bekümmert.

Am 19. Mai 1859 gab Mathä Lang seine Absicht, fragliche Kinder zu adoptiren, zu Protokoll, und als im Verlaufe des amtlichen Verfahrens Georg Mauch wegen seines Rathes gefragt wurde, legte er Widerspruch gegen die Adoption ein, auf die Thatsache gestützt, daß er fragliche Kinder bereits im Ehevertrage adoptirt habe.

Nachdem das Bezirksamt die Untersuchung des [illegible] geschlossen hatte, erklärte es unterm 26. Juli [illegible] Adoption für statthaft und legte am 20. August [illegible] mit folgendem Berichte großh. Kreisregierung zur [illegible]tigung vor:

„.... Es sind vornehmlich zwei Bedenken, welche der Zulässigkeit der Adoption im Wege zu stehen scheinen),

1) daß die anzuwünschenden Kinder [illegible] Heirathsvertrage .... [illegible] ren;

2) ꝛc. (Bezieht sich auf [illegible]

(Schluß folgt.)

———

Redacteur Oberhofgerichtsrath Stempf. — Verlag von J. Bensheimer in Mannheim. — Druck von [illegible]

Annalen der Großherzogl. Badischen Gerichte.

1864. Band XXX. No. 11.

(Schluß von Art. 41.)

Das erste dieser Bedenken erledigt sich indessen durch die Betrachtung, daß die Anwünschung von Kindern einer Frauensperson, die Jemand heirathet, wohl weniger eine Adoption als vielmehr eine Art von Legitimation ohne das Geständniß der Vaterschaft ist, sich von dieser nur durch Beschränkung der Erbrechte unterscheidet, und daß die Vorschrift des Gesetzes, Niemand dürfe öfter als einmal adoptirt werden, nur für die ordentliche Adoption, keineswegs aber für die in den ff. L.R.S. aufgeführten Arten zu gelten scheint, weil ihr Grund, Vermeidung der Spekulation, in mehreren Familien Erbrecht zu bekommen, bei diesen nicht vorhanden sein kann.

Oberhofger. Jahrb. n. F. XIII. S. 184 ff.

Brauer, Erl. I. S. 256.

Zur Beseitigung des andern Bedenkens rc. rc.

Die großh. Regierung des Seekreises bestätigte unterm 30. August 1861 die Adoption der unter 2 und 3 genannten Kinder, verwarf aber die Adoption der Verene Mauch. Gegen diese Verwerfung ergriff Mathä Lang den Rekurs an das großh. Justizministerium, welches den abweislichen Bescheid der großh. Regierung hinsichtlich der Anwünschung der Verene Mauch mit Erlaß vom 28. September bestätigte und zugleich sich veranlaßt sah, der großh. Regierung zu bemerken:

„Man theilt diesseits nicht die Ansicht der Majorität des dortigen Kollegiums, wornach die Bestimmung des L.R.S. 344, daß Niemand von mehr als einer Person an Kindesstatt angenommen werden könne, auf die im L.R.S. 345a bestimmte Art der Anwünschung nicht passe. Vielmehr ist, wie gerade aus der im amtlichen Bericht eigenthümlicherweise zur Unterstützung der amtlichen Ansicht citirten Erörterung in den oberhofgerichtlichen Jahrbüchern erhellt, auch die im L.R.S. 345a eingeführte Anwünschung, soweit nicht der Wortlaut dieser Gesetzesstelle selbst eine Ausnahme macht, bezüglich ihrer Erfordernisse und Wirkungen genau an diejenigen Bestimmungen geknüpft, die sonst für die Anwünschung gelten, und ist es, wie die angeführte Stelle der Jahrbücher auch anerkennt, unstatthaft, aus Brauers Erläuterungen zu Satz 345a der hiedurch ins Leben gerufenen Art der Anwünschung einen, diese völlig verändernden und dem klaren Wortlaut des Gesetzes widersprechenden, Charakter aufzuprägen.

Da nun Mathä Lang durch die Anwünschung des Konrad und der Elisabetha Mauch diesen Erbrechte an seinem Vermögen eingeräumt zu haben glaubt, während seine Anwünschung auf Grund des L.R.S. 344 angefochten werden könnte, so beauftragt man großh. Regierung, den Mathä Lang auf diese Ansicht des Oberhofgerichts aufmerksam zu machen, und ihn belehren zu lassen, daß er unter diesen Umständen Gefahr laufe, daß diese Absicht vereitelt werde." M.

II.

Anwünschung oder Ehelichmachung.

Vrgl. Annal. 1862 (XXVIII.) No. 14 Ziff. 38 S. 105.

Die Anwünschung im Ehebruch erzeugter Kinder findet nicht statt.

Auf Beweis der Einrede, daß ein angewünschtes Kind im Ehebruch erzeugt sei, darf aber nicht erkannt werden.

Die Einrede des Verzichts zerstört das Klagrecht dessen, der ihn ausgesprochen hat, nur dann, wenn der Gegner den Verzicht angenommen und dadurch die Möglichkeit des Widerrufs ausgeschlossen hat.

In Sachen

des Heinrich Hirsch und der Rosina Hirsch, Ehefrau des Georg Huber von Tutschfelden,

gegen

Maria Barbara Hirsch, Ehefrau des Karl Kämmerle von da,

Erbtheilung betr.

Johann Hirsch in Tutschfelden hatte sich am 7. Febr.

1804 mit Christine Reck verehelicht, welche am 6. Juni 1830 kinderlos starb.

Am 17. März 1831 heirathete er die Barbara Hirsch, welche ihm am 7. August 1841 eine Tochter Maria Barbara gebar.

Mit seiner zweiten Ehefrau hatte er am 9. Februar 1831 einen Ehevertrag abgeschlossen, dessen §. 2 lautete:

„Die Braut hat in ihrem ledigen Stande zwei Kinder erzeugt, benannt:

Heinrich 7½ Jahre alt und

Rosine ¾ Jahr alt,

deren Vater unbekannt, daher der Bräutigam unter Zustimmung der Braut beide diese Kinder als mit der gegenwärtigen Braut ehelich erzeugt, anerkennt, und denselben ein gleiches Erbrecht, wie den aus dieser Ehe noch erzeugenden Kindern an sein künftiges Verlaßthum einräumt, und das gleiche Erbrecht soll auch beiden diesen Kindern an der Braut Vermögen zustehen."

Am 21. Dezember 1841 — also nach der Geburt der ehelichen Tochter und mehr als 10 Jahre nach Eingehung der Ehe mit Barbara Hirsch, ließ er durch das evangelische Pfarramt in Tutschfelden in zwei gesonderten Einträgen zum Geburtsbuch die Erklärung beurkunden, daß er Vater der beiden obengenannten, von Barbara Hirsch unehelich geborenen, Kinder sei, und wie er diese Kinder schon in der Heirathsurkunde vom 9. Febr. 1831 als Vater anerkannt habe, als solcher auch in das Geburtsbuch eingeführt zu werden wünsche.

Nachdem Johann Hirsch am 1. November 1845 gestorben war, verlangten nun die beiden von der Wittwe unehelich geborenen Kinder, daß ihnen an seinem Nachlaß gleiches Erbrecht, wie der ehelichen Tochter, Ehefrau des Karl Kümmerle, eingeräumt werde, was diese nicht zugab. Sie berief sich nämlich darauf, der Erblasser habe sich im Geburtsbuche als Vater der unehelichen Kinder seiner Ehefrau bekannt, diese seien aber während seiner ersten Ehe, also von ihm im Ehebruch erzeugt worden. Die Erklärung im Heirathsvertrag könne nicht als Anwünschung, sondern nur als Anerkennung der unehelichen Kinder der Braut gelten, die nachgefolgte Ehe habe aber eine Ehelichmachung derselben nach L.R.S 331 nicht bewirken können, da nach L.R.S. 335 die Anerkennung zum Vortheil solcher Kinder, welche aus Ehebruch erzeugt sind, nicht stattfinde.

Das großh. Amtsgericht Kenzingen ging auf den Antrag der Beklagten ein, die Kläger mit der erhobenen Klage abzuweisen; allein das großh. Hofgericht des Oberrheinkreises erließ am 26. Oktober 1863 ein abänderndes Urtheil des Inhalts:

„es stehe den Klägern, als den Adoptivkindern des Johann Hirsch von Tutschfelden, an dessen Nachlaß gleiches Erbrecht mit der Beklagten zu, und es habe darnach die Theilung dieses Nachlasses stattzufinden, beziehungsweise die Beklagte solche geschehen zu lassen,"

und dieses Urtheil wurde von großh. Oberhofgericht am 23. März 1864 bestätigt.

Entscheidungs-Gründe.

Die Kläger sind in §. 2 des Ehevertrags, welchen ihre Mutter mit Johann Hirsch am 9. Februar 1831 abgeschlossen hat, als von ihr mit einem unbekannten Vater erzeugt bezeichnet, zugleich aber von Johann Hirsch, unter Zustimmung der Braut, als mit derselben ehelich erzeugt, anerkannt worden.*)

Der Widerspruch, welcher in dieser Erklärung liegt, ruft allerdings den Zweifel hervor, ob damit eine Anwünschung im Sinne des L.R.S. 345a oder aber eine Ehelichmachung nach L.R.S. 331 bezweckt worden ist.

Erwägt man jedoch, daß in dem Schlußsatz des §. 2 des Ehevertrags als Absicht und Zweck der obenerwähnten Rechtsdichtung bezeichnet ist, daß jenen Kindern gleiche Erbrechte wie den künftigen ehelichen Kindern, jedoch nur an dem Nachlasse der Brautleute zustehen sollen, was nach L.R.S. 350 gerade die rechtliche Folge der Anwünschung bildet, so sprechen, wie schon großh. Hofgericht ausgeführt hat, überwiegende Gründe dafür, die Erklärung in §. 2 des Ehevertrags als Anwünschung im Sinne des L.R.S. 345a, und nicht als Anerkennung zum Zwecke der Ehelichmachung, welche jene rechtliche Folge nach L.R.S. 331 im vorliegenden Falle nicht hätte äußern können, aufzufassen. Das durch diese Anwünschung begründete Rechtsverhältniß konnte auch durch die am 21. Dezember 1841, beinahe 10 Jahre nach dem Abschluß der Ehe von Johann Hirsch veranlaßten gleichlautenden Einträge zum Geburtsbuche nicht alterirt werden, worin derselbe bezüglich jedes der beiden Kinder erklärte, daß er Vater desselben sei, und die

*) Diese rechtliche Fiktion sollte die Annahme an Kindesstatt, die Anwünschung, darstellen. [illegible] [illegible] über das [illegible] [illegible]

er sich schon in der Heirathsurkunde vom 9. Febr. 1831 als Vater anerkannt habe, als solcher auch in das Geburtsbuch eingeführt zu werden wünsche.

In Folge dieser ausdrücklichen Bezugnahme sind nämlich diese Einträge nicht selbstständig, sondern nur im Zusammenhalt mit jener Heirathsurkunde aufzufassen, und kann daher der hierin enthaltenen Vaterschaftsanerkennung keine größere Tragweite und keine andere Bedeutung als der im Ehevertrag enthaltenen beigelegt, demnach nicht angenommen werden, daß sich J. Hirsch dadurch als natürlicher Vater der während seiner ersten Ehe, also im Ehebruch erzeugten, Kinder habe bekennen wollen und bekannt habe, was selbst eine Anwünschung derselben ausschließen würde*); es kann vielmehr nur unterstellt werden, daß er seinen Adoptivkindern hierdurch ihren bürgerlichen Stand wahren wollte.

Hievon muß um so mehr ausgegangen werden, als eine solche Anerkennung nach L.R.S. 335 gesetzwidrig wäre. Aus gleichem Grunde und nach Ansicht der L.R.S. 340 und 342 durfte auch die auf Erzeugung der Kinder im Ehebruch gebaute Einrede zum Beweis nicht ausgesetzt werden.

Endlich ist der Klage die Einrede des Verzichts entgegengehalten; allein diese ist unerheblich, weil der angebliche Verzicht der Kläger, nach dem Vortrag der Beklagten von ihrer Mutter für die ihnen gegebene Ausstattung nicht bedungen und von den Klägern daraufhin geleistet, vielmehr von letztern bei jener Veranlassung nur einseitig erklärt worden ist, daher die Kläger, weil die, einen Widerruf ausschließende, Annahme des angeblichen Verzichts durch die Mutter als Vormünderin der Beklagten fehlt, hievon wieder abgehen können.

Zachariä, §. 613 Note 13 Bd. 4 S. 84.
§. 834. 1. Bd. II. S. 293. 294.

Stf.

*) Es kann nicht wohl bezweifelt werden, daß zu Gunsten von im Ehebruch erzeugten natürlichen Kindern (liberi adulterini) keine Anwünschung, auch nicht die des L.R.S. 345 a, statthaft ist, da nach L.R.S. 335 nicht nur die Anerkennung derselben mit der Wirkung eines sehr beschränkten Erbrechts (L.R.S. 756 ff. §. 1 des Ges. v. [illegible] 1808 Reggsbl. No. 15 S. 173) nicht zulässig, sondern auch die Ehelichmachung solcher Kinder nach L.R.S. 331 ausgeschlossen ist.

12.

Findet nach durchgeführtem Enteignungsverfahren noch eine dingliche Klage gegen den Enteigner auf das hiedurch erworbene Grundeigenthum statt?

Nach allgemeinen Grundsätzen wird diese Frage zu bejahen sein, denn die Befugniß, zu enteignen, schließt an und für sich nur das Recht in sich, einen Kauf bezüglich des zur Enteignung bestimmten Grundeigenthums nöthigen Falls zu erzwingen.

Auf den Enteigner gehen daher nicht mehr Rechte über, als der frühere Eigenthümer des Grund und Bodens daran hatte. War er nicht der wahre Eigenthümer, so kann Grund und Boden von dem Enteigner vindicirt werden; haften Dienstbarkeiten darauf, so können diese gegen den Enteigner geltend gemacht werden.

Ein solcher rechtlicher Zustand verträgt sich aber nicht mit dem bei der Enteignung betheiligten öffentlichen Interesse. Dieses verlangt, daß enteignetes Grundeigenthum gegen alle Ansprüche gesichert sei, welche gegen den Besitz und die freie Benützung des Grunds und Bodens gerichtet sind.

Hiefür hat denn auch das Gesetz vom 28. August 1835, Reggsbl. No. LXII., genügend gesorgt, indem es ein Verfahren vorschreibt, was einer Seits den Enteigner gehörig sichert und anderer Seits auf rechtliche Ansprüche gebührend Rücksicht nimmt. Wird dieses Verfahren nicht eingehalten, dann ist der Enteigner in keiner bessern rechtlichen Lage, als ein anderer Erwerber von Grundeigenthum.

Diese Grundsätze kamen kürzlich in folgendem Rechtsfalle zur Anwendung:

Der großh. Fiscus hatte auf der Gemarkung von Offenburg Behufs der Eisenbahnanlage ein Grundstück mittelst gütlichen Uebereinkommens erworben. Der Verkäufer desselben gab sich für dessen Eigenthümer aus und der Gemeinderath gewährte auch nach stattgehabtem Eintrage des Kaufs in das Grundbuch jenes Eigenthum. Später zeigte es sich, daß der Verkäufer nicht Eigenthümer des verkauften Grundstücks gewesen, dieses vielmehr seiner, zur Zeit des Verkaufs minderjährig gewesenen, unter seiner Vormundschaft gestandenen Tochter gehöre. Diese trat, weil die für Verkäufe von Liegenschaften Minderjähriger vorgeschriebenen Vorschriften nicht eingehalten worden waren, mit einer Vindicationsklage auf und es wurde auch zu ihren Gunsten erkannt, da nicht behauptet worden war, daß das in dem Expropriationsgesetze vorgeschriebene Verfahren, welches eine Vindicationsklage ausschließt, eingehalten worden sei.

Dieses Verfahren besteht in Folgendem:

Es muß ein Zeugniß des Gemeinderaths der betreffenden Gemeinde des in §. 40 des Gesetzes angegebenen Inhalts erhoben werden. Der Gemeinderath hat hiebei hauptsächlich das Grund- und Pfandbuch zu Rathe zu ziehen; insoweit dieses aber nicht zureicht, steht es ihm frei, sich auch anderer Quellen zu bedienen. §. 41 des Gesetzes.

Mit Angaben, welche gegen den Inhalt des Grund- und Pfandbuchs sprechen, oder mit Angaben, welche sich nicht auf den Inhalt jener öffentlichen Bücher gründen, hat der Gemeinderath auch in seinem Interesse sehr vorsichtig zu Werk zu gehen, denn er haftet für die Richtigkeit des Zeugnisses. (L.R.S. 2127 a und 2197.)

Dieses Zeugniß hat den Zweck den Eigenthümer des betreffenden Grundstücks kennen zu lernen und die auf diesem haftenden Rechte zu erfahren.

Es muß am Rathhause öffentlich angeschlagen werden und mit der Aufforderung verbunden sein, daß diejenigen, welche außer den darin aufgeführten noch weitere Rechte an dem abzutretenden Gute ansprechen, solche innerhalb 8 Tagen, vom Tage des Anschlags an, dem Gemeinderath anzuzeigen haben, bei Vermeidung des Rechtsnachtheils, daß sie damit bei der Abtretung des Guts und der Auszahlung des Preises nicht berücksichtigt werden, jedoch mit Vorbehalt etwaiger persönlicher Verbindlichkeiten des Eigenthümers selbst.

Melden sich innerhalb dieser Frist Berechtigte, oder erfolgen Einträge von Vorzugs- oder Unterpfandsrechten, so sind diese nachträglich in das gemeinderäthliche Zeugniß aufzunehmen. §. 43 d. G. Nach Ablauf der 8 tägigen Frist hat der Gemeinderath den Eintrag in dem Grundbuche, daß das in Frage stehende Gut zur Zwangsabtretung bestimmt und über die darauf ruhenden Lasten ein Zeugniß ausgestellt worden sei, zu machen.

Dem gemeinderäthlichen Zeugnisse ist die weitere Beurkundung von dem Gemeinderathe beizufügen, daß es 8 Tage lang öffentlich angeschlagen gewesen, aber kein weiterer Anspruch angemeldet worden, und daß nun auch die Bestimmung des Guts zur Zwangsabtretung im Grundbuche vorgemerkt sei.

Das so geschaffene Zeugniß wird der Verwaltungsbehörde (beziehungsweise dem zur Enteignung Berechtigten, §. 92 d. G.) behändigt und bildet nun die wichtige Grundlage für alles Weitere. (§. 44 d. G.)

Dem Enteigner gegenüber gilt von nun an nur derjenige als Eigenthümer des Guts oder als sonst berechtigt daran, welchen das gemeinderäthliche Zeugniß als solchen aufführt; dingliche Rechte an dem Gute, deren das Zeugniß nicht gedenkt, können von nun an nur noch auf die das Gut vertretende Entschädigungssumme in besonderem Verfahren geltend gemacht werden; sie sind ohne Einfluß auf das Entschädigungsverfahren, wie auch eine gerichtliche Hülfsvollstreckung auf das Gut; sie berechtigten nur zum Beitritte zu den Beklagten in dem Entschädigungsverfahren, insofern die angeblich Berechtigten bei einer höhern Bestimmung der ganzen Entschädigungssumme betheiligt sind, §. 65 d G., vorausgesetzt jedoch, daß der Enteigner in Folge geleisteter Zahlung den nachfolgenden wirklichen Erwerb des Guts innerhalb 4 Monaten, vom Tage der Vormerkung im Grundbuche an gerechnet, eintragen läßt.

Sind inzwischen Eigenthumsveränderungen oder Beschränkungen eingetreten oder Vorzugs- oder Unterpfandsrechte eingetragen worden, so haben diese der Verwaltungsbehörde gegenüber nur dann Wirkung, wenn sie ihr vor der Auszahlung mittelst Vorlegung einer öffentlichen Urkunde bekannt gemacht werden.

Auf früher schon vorhanden gewesene Ansprüche, deren aber das Gemeinderathszeugniß nicht gedenkt, hat sie keine Rücksicht zu nehmen. Sie zahlt an den rechtmäßigen Empfänger, wenn sie dem Zahlung leistet, den ihr die erwähnte öffentliche Urkunde und beziehungsweise das Gemeinderathszeugniß als berechtigt bezeichnet.

Hat sie auf Grund einer Uebereinkunft oder einer richterlichen Entscheidung die bestimmte Summe an den oder die nach dem Obigen Berechtigten bezahlt, so geht, wenn die Zahlung und darauf die Eintragung in das Grundbuch innerhalb 4 Monaten erfolgt, das Eigenthum des Guts frei und unbelastet auf die Verwaltungsbehörde (d. i. den Enteigner -- sei dieser der Fiscus, sei er eine Privatperson oder eine Gesellschaft) über.

Nach diesem Zeitpunkte kann sie wegen zur Zeit unbekannt gebliebener (oder verspätet angemeldeter) Rechte nicht weiter in Anspruch genommen werden und ist ebensowenig dem in den L.R.S. 2185 und 2185 a bestimmten Ueberbietungsrechte der Gläubiger unterworfen.

Erfolgen Zahlung und Eintragung des Erwerbs nicht

innerhalb 4 Monaten, so ist die erwähnte Vormerkung im Grundbuche und das Gemeinderathbezeugniß für die Zahlung nicht mehr maaßgebend, es muß vielmehr eine weitere Beurkundung des Gemeinderaths über etwa inzwischen erfolgte Eigenthumsveränderungen oder Eintragungen in dem Grund- oder Unterpfandsbuche erhoben werden. Sind solche nicht vorgekommen, so treten die bezeichneten Wirkungen der Zahlung nach Maaßgabe jener Beurkundungen nunmehr ein; andern Falls hat die Verwaltungsbehörde vorerst neue richterliche Bestimmung oder Uebereinkunft der Betheiligten zu veranlassen oder die Zahlung an die Hinterlegungskasse zu leisten. §. 77 - 81 des Gesetzes.

Auch in diesem Falle ist das Gemeinderathszeugniß maaßgebend. Die Ansprüche, deren darin keine Erwähnung geschehen, erlöschen, wenn die angegebenen Voraussetzungen vorhanden sind, dem Enteigner gegenüber.

Fr. Schenkh.

43.

Der Käufer kann von dem Verkäufer, welchem er ein Kaufpreisziel gezahlt hat, verlangen, daß derselbe sein Vorzugsrecht für den Betrag der gezahlt erhaltenen Summe (auf Kosten des Käufers) streichen lasse.

Nach L.R.S. 2157. 2160 sollen die Gerichte die Ausstreichung eingetragener Vorzugs- und Unterpfandsrechte u. A. dann befehlen, wenn die Rechtsurkunde, auf welche die Eintragung geschah, durch Zahlung getilgt ist.

Allein über die Entscheidung der Frage, ob der Schuldner einer, durch bedungenes Unterpfandsrecht oder durch Vorzugsrecht auf einzelne Liegenschaften (L.R.S. 2103) geschützten, Forderung den Strich des Unterpfands- oder Vorzugsrechts auch für einen bezahlten Theil der Forderung verlangen kann, enthält das Landrecht keine Vorschrift.

Der zweite Absatz des L.R.S. 2161 scheint zwar für die Verneinung jener Frage zu sprechen, indem er die Bestimmungen in Absatz 1 über Minderung, bezw. Beschränkung allgemeiner Inscriptionen gesetzlicher oder gerichtlicher Unterpfandsrechte auf bestimmt bedungene Unterpfänder für nicht anwendbar erklärt und L.R.S. 2163 läßt eine Beschränkung, d. h. theilweise Ausstreichung einer Vertragsunterpfandes nur dann zu, wenn der Gläubiger den wahrscheinlichen Betrag einer unbestimmten Forderung um ein Bedeutendes zu hoch angegeben hat, allein die beim Mangel einer ausdrücklichen Vorschrift vorhandene Lücke im Gesetze muß nach L.R.S. 4a durch Auslegung nach Grund und Zweck desselben ausgefüllt werden und auf diesem Wege kommt man zur Bejahung obiger Frage.

Nach Zachariä, fr. Civilr. §. 275 im Eingang (Bd. II. S. 138) gilt das, was von der gänzlichen Ausstreichung einer Inscription gilt, in der Regel auch von der Beschränkung, d. h. theilweisen Ausstreichung einer Inscription.

Nach L.R.S. 2180. 1 erlöschen die Vorzugs- u. Unterpfandsrechte u. A. durch Tilgung der Hauptschuld. Der Eintrag für eine durch Zahlung getilgte Forderung muß nach L.R.S. 2160 auf Verlangen des Schuldners gestrichen werden.

Wenn nun das, was vom Ganzen gilt, auch vom Theil gelten muß, so kann der Schuldner den Strich auch des durch Zahlung getilgten Theils der Forderung am Eintrag der ganzen Forderung verlangen, insofern er ein rechtliches Interesse daran und der Gläubiger keinen Nachtheil davon hat. Dies ist in folgendem Falle ausgesprochen worden.

In Sachen
des Braumeisters Peter Siegel in Mannheim
gegen
die Wittwe des Bierbrauers Johann Jacob Grohé daselbst,
Gültigkeit einer Darlegung und Hinterlegung, sowie Ausstreichung eines Vorzugsrechts betreffend;

wurde nämlich das Urtheil des großh. Amtsgerichts Mannheim vom 26. September 1862 besagend:

„die am 5./7. August 1862 geschehene Hinterlegung von 1101 fl. 15 kr. sei für statthaft und wirksam zu erklären und habe die Beklagte die Darlegungs- und Hinterlegungskosten zu tragen.

Mit der Klage auf theilweise Streichung des Vorzugsrechts der Beklagten werde Kläger abgewiesen.

Die Gerichtskosten werden weitgeschlagen,“

von großh. Hofgericht des Unterrheinkreises am 15. Dezember 1862, dahin abgeändert:

„es sei die von Braumeister Peter Siegel dahier — gegenüber der Wittwe Philippine Grohé geb. van Gerichten unter dem 5. August 1862 geschehene Darlegung und die unter dem 7. August 1862 geschehene Hinterlegung der Summe von Eintausend Gulden als erster Terminzahlung auf den Kaufpreis für das zu Mannheim gelegene Magazin Lit. I 4 No. 14, ferner der Summe von Einhundert einem Gulden 15 kr. als Betrag von 4½ % Zinsen aus 9000 fl. Kaufpreis jenes Magazins für das Vierteljahr vom 1. Mai 1862 bis 1. August 1862 für gesetzlich und gültig zu erklären und sei demgemäß Frau Philippine Grohé Wittwe, geb. van Gerichten, unter Verfällung in die mit der Darlegung und Hinterlegung verbundenen Kosten, sowie in sämmtliche Kosten beider Rechtszüge, für schuldig zu erklären, die Ausstreichung des ihr auf das genannte Magazin Lit. I 4 No. 14 dahier zustehenden Kaufschillingsvorzugsrechts für den Betrag der dargelegten und hinterlegten Summe zu bewilligen."

Dieses Urtheil wurde auf die von der Beklagten ergriffene Oberberufung von großh. Oberhofgerichte am 9. April 1863 aus folgenden

Gründen:

bestätigt:

Nach L.R.S. 2103 No. 1 und §. 2 des Vertrags vom 26. Juni 1861 unterliegt es keinem Zweifel, daß der Beklagten an dem verkauften Magazin wegen Zahlung des Kaufschillings ein Vorzugsrecht zusteht, welches nach Vorschrift des L.R.S. 2108 durch Eintrag zum Grundbuche gewahrt ist.

Wenn nun das hofgerichtliche Urtheil, dem Klagbegehren gemäß, auf Streichung dieses Vorzugsrechts für den Betrag der hinterlegten Summen erkennt, so kann hierunter nur die theilweise Aufhebung des betreffenden Eintrags verstanden werden, auf dessen Rand zu diesem Zwecke die Löschung bemerkt wird.

Durch diese Streichung ist aber die Beklagte insofern nicht beschwert, als sich solche nur auf die dargelegten und hinterlegten Summen erstreckt und der Kläger ausdrücklich zugesteht, daß die verkaufte Liegenschaft nach wie vor in ihrem Ganzen für die Forderung der Beklagten verhaftet bleibe.

Die Beklagte hat auch kein Interesse daran, daß der Eintrag in ganzer Ausdehnung, also auch für den bezahlten Theil des Kaufschillings länger fortbesteht, weil für die getilgte Forderung jede Sicherheit unnöthig ist.

Das Begehren des Klägers rechtfertigt sich weiter durch L.R.S. 2160, denn wenn die Ausstreichung der eingetragenen Vorzugs- und Unterpfandsrechte erfolgen soll, sobald die letzteren in gesetzmäßigem Wege abgethan sind, und wenn das Vorzugsrecht mit der Tilgung der Hauptschuld erlischt (L.R.S. 2180 No. 1), so muß auch die Streichung des deßfallsigen Eintrags insoweit geschehen, als das Recht selbst durch Zahlung getilgt ist. Bei dieser Streichung und dem Erkenntniß auf solche hat auch der Schuldner ein unverkennbares rechtliches Interesse, weil das Pfandbuch bezüglich auf die Rechte dritter Personen ausschließlich maaßgebend ist, und die Streichung nur kraft der Bewilligung einer Partei oder kraft eines richterlichen Urtheils geschehen darf. (L.R.S. 2157. 2158.)

Ein Grund, sich der begehrten Ausstreichung zu widersetzen, ist endlich für die Beklagte auch insofern nicht vorhanden, als der Kläger nach seiner ausdrücklichen Erklärung unweigerlich bereit ist, die dadurch entstehenden Kosten auf sich zu nehmen. Etf.

44.

Ueber den strafrechtlichen Theil der Weinsteuerordnung vom 30. Oktober 1858, Regierungsblatt No. LII.

Die Weinsteuerordnung wurde, wie sie im Eingange besagt, auf Grund der zur Zeit gültigen Weinsteuergesetze zum Vollzuge derselben als landesherrliche Verordnung erlassen. Hieraus folgt, daß ihr nur insoweit Gesetzeskraft zukömmt und zukommen soll, als dieses überhaupt mit dem Wesen einer Vollzugsverordnung vereinbarlich ist, und daß ihre Bestimmungen bezüglich ihrer Uebereinstimmung mit den bestehenden Weinsteuergesetzen einer Prüfung unterliegen.

Die Weinsteuerordnung soll ohne Zweifel nach der Absicht der großh. Regierung alle noch gültigen Bestimmungen der Weinsteuergesetze enthalten; dieses ist aber, was ihren strafrechtlichen Theil betrifft, nicht der Fall, wie sich aus dem Folgenden ergeben wird.

Im Wesentlichen sind die strafrechtlichen Bestimmungen der Accisordnung vom 4. Januar 1812 auch jetzt noch maaßgebend. Die getroffenen Abänderungen hängen, mit der geänderten Steuergesetzgebung zusammen, wie aus den Gesetzen vom 22. Juni 1826, Regierungsblatt No. XVII., vom 6. April 1854, Regierungsblatt No. XVIII. und vom 19. März 1838 (Art. 4) erhellt, in welchen theils ausdrücklich, theils stillschweigend die hiermit vereinbarten Vorschriften der Accis- und Ohmgeldsgesetze als ferthin in Kraft bleibend erklärt werden.

Hieran hat auch die neue Strafgesetzgebung vom Jahre 1851 nichts geändert, es hat vielmehr das Einführungsgesetz vom 5. Februar 1851 ausdrücklich verfügt, daß die Gesetze und Verordnungen über Steuervergehen neben dem Strafgesetzbuch bestehen bleiben. (§. 5 Ziff. 5.)

Für den Strafrichter sind demnach die Accisordnung und die Gesetze vom 22. Juni 1826 und vom 6. April 1854 von besonderm Interesse; sie müssen für ihn die Grundlage der Prüfung der Rechtsgültigkeit der Bestimmungen der Weinsteuerordnung bilden; die in großer Menge vorliegenden Erläuterungen und Belehrungen der Finanzbehörden können ihm nur insoweit zur Richtschnur dienen, als sie sich nach jenen Gesetzen rechtfertigen lassen, was nicht immer der Fall ist.*)

Ein Beispiel einer solchen wichtigen Erläuterung enthält der §. 94 Ziff. 1 der Weinsteuerordnung, indem er das Verbringen einer Weinfuhr in einen nicht offen stehenden Hof bezüglich auf die gesetzliche Vermuthung der Steuerdefraudation der Einkellerung und dem Abladen der Fässer gleichstellt. Jene Bestimmung ist weder in der Accisordnung noch in einem spätern Gesetze ausgesprochen, sie beruht vielmehr auf einer Verordnung großh. Finanzministeriums vom 16. September 1812; eine verständige Auslegung des §. 100 der Accisordnung und des Art. 11. des Gesetzes vom 22. Juni 1826 wird aber jene Erläuterung des großh. Finanzministeriums dem Geiste der Gesetze und der Absicht des Gesetzgebers entsprechend finden, da es bei der Frage nach einer Defraudation der Weinsteuer nur darauf ankommen kann, daß der Steuerpflichtige den zu versteuernden Wein ohne Anzeige bei dem Accisor und ohne Entrichtung der schuldigen Steuer in seinen Gewahrsam gebracht hat, mag dieses nun in einem Keller oder einem geschlossenen Hofe oder in einer Scheune oder in einem Stalle geschehen [illegible]

[illegible] Veranlassung zu einer irrigen Anwendung des Gesetzes kann der §. 103 der W.St.O. geben, indem er nur Weinhändler zu dem Beweise, daß eine Weinsteuerunterschlagung nicht habe verübt werden wollen oder können, zuläßt. Das Weinsteuergesetz stellt, wie auch andere Steuergesetze, eine gesetzliche Vermuthung für die Absicht der Unterschlagung der Weinsteuer auf, falls gewisse Thatsachen, z. B. die Einkellerung von Wein ohne vorausgegangene Entrichtung der schuldigen Steuer außer Zweifel sind, damit schließt es aber den Gegenbeweis des Steuerpflichtigen, daß er nicht habe defraudiren wollen oder können, nicht aus, weil dieses nur da angenommen werden kann, wo es ausdrücklich vorgeschrieben ist, wie z. B. in dem Artikel 11 des Biersteuergesetzes vom 29. Februar 1845, Regierungsblatt No. V.*) Jene gesetzliche Vermuthung legt dem Inkulpaten das angeschuldigte Vergehen zur Last, sie kann ihm aber nicht auch die Möglichkeit des Nachweises seiner Unschuld oder mindern Schuld entziehen, denn im Strafverfahren muß ein solcher Nachweis stets gestattet werden; findet er ja in der Regel selbst nach stattgehabter Verurtheilung statt. §. 119 ff. des Einf.Ges. vom 5. Febr. 1851.

Der §. 103 der W.St.O. hätte demnach statt nur von einem Weinhändler, von einem Weinsteuerpflichtigen überhaupt sprechen, oder man hätte den ganzen §. weglassen sollen, da auch ohne diesen §. auf Grund des §. 109 der W.St.O. eine Ordnungsstrafe erkannt werden könnte.

Der angeführte §. 103 ist aus dem Artikel 33 des Gesetzes vom 6. April 1854 (Reggsbl. No. XVIII.), die steuerlichen Verhältnisse des patentisirten Weinhandels betreffend, entnommen, welches nur von Weinhändlern handelt, und deßhalb in dem Artikel 33 auch nur die Weinhändler erwähnt.

Bei Anwendung des argumentum a contrario käme man rücksichtlich des §. 103 der W.St.O. zu einem ganz irrigen Ergebnisse.

Der §. 109 der Accisordnung bestimmt, daß die in dem XI. Abschnitt der neuen Zollordnung (d. h. der früheren Zollordnung vom 2. Januar 1812) bezeichneten Fälle, wo entweder gar keine Strafe oder eine gelindere Strafe statthaben soll, soweit sie auch auf den Accis anwendbar, zu berücksichtigen seien.

In dieser Beziehung schreibt der §. 110 der Zollordnung vor:

„Wer sich der Defraudation, ohe das Vergehen

*) Annalen Band XXVIII. S. 171. D. E.

*) Vergl. Annal. Bd. XXIX. S. 201 ff. und §. 22 des Zollstrafgesetzes. D. R.

von einem Accisofficianten gerügt wird, reuen läßt und den Zoll (die Accise) nachbezahlt, ist mit der gesetzlichen Strafe zu verschonen. Eine Nachzahlung des Zolls (der Accise), wenn der Frevel schon entdeckt, aber noch nicht angezeigt ist, eignet sich zu einer den Umständen angemessenen arbiträrischen Strafe."

Der §. 109 der Accisordnung ist bis jetzt nirgendswo aufgehoben worden, und man wird, da im Wesentlichen die Accisordnung noch maaßgebend ist, auch nicht behaupten können, daß er sich mit der jetzigen Steuergesetzgebung nicht mehr vereinbaren lasse.

Die Zollordnung ist zwar längst außer Kraft getreten, allein dieses ist hier unerheblich, da die Accisordnung, welche die fragliche Bestimmung aus der Zollordnung entlehnt, noch Gesetzeskraft hat.

Mit vollem Recht hat daher auch die Sammlung aller noch gültigen Gesetze und Verordnungen über die indirecten Steuern in Baden vom Jahre 1839 im VII. Abschnitt Seite 3 und 4 jene Vorschriften der Accis- und Zollordnung als noch gültig aufgenommen.

Die Weinsteuerordnung gedenkt derselben wohl nur aus einem Versehen nicht. Ihre Anwendbarkeit wird nach dem Angeführten nicht zu bezweifeln sein.

Darüber, was rücksichtlich der Verjährung Rechtens sei, sagt die W.St.O. nichts, während der §. 109 der Accisordnung die Vorschrift des §. 112 der alten Zollordnung vom 2. Januar 1812 für anwendbar erklärt; hiernach soll ein Zoll- und mithin auch ein Weinsteuer-Vergehen für verjährt angesehen werden, wenn es nicht innerhalb Jahresfrist zur Untersuchung gebracht worden ist, gegen den Erben keine Strafe stattfinden, wenn nicht der Frevler selbst noch zur Verantwortung gezogen wurde, und die Schuldigkeit, den defraudirten Zoll nachzuzahlen, 10 Jahre dauern und auf die Erben übergehen.

Inzwischen hat das Gesetz vom 21. Juli 1839 Rggsbl. No. 21 die Verjährung der öffentlichen Abgaben überhaupt auf 5 Jahre beschränkt.

Insoweit die angeführten Gesetze keine weitern Bestimmungen getroffen haben, ist das Strafgesetzbuch als gemeines Recht für alle Strafsachen anwendbar.

Demnach ist bei Weinsteuervergehen verjährt:

1) die gerichtliche Verfolgung nach Ablauf eines Jahres von der Verübung des Vergehens an gerechnet nach der angeführten Bestimmung der alten Zollordnung:
2) die erkannte Geldstrafe nach Ablauf von 5 Jahren von der Urtheilsverkündung an gerechnet, die erkannte Gefängnißstrafe (§. 98 der W.St.O.) nach Ablauf von 5 Jahren vom Ende der im Urtheil bestimmten, mit dem Tage der Urtheilsverkündung beginnenden Strafzeit an gerechnet nach §. 194 No. 2 und 3 des Str.G.B.

Rücksichtlich der Rückfälle ist die Bestimmung des §. 202 des Str.G.B. anwendbar, daß wenn 5 Jahre abgelaufen sind, ohne daß der Verurtheilte ein gleiches Vergehen verübte, ein nach dieser Zeit begangenes nicht mehr als Rückfall bestraft werden kann.

Für die Unterbrechung der Verjährung sind die Vorschriften des angeführten Gesetzes vom 21. Juli 1839 und der §§. 192. 193. 197—199 des Str.G.B. maaßgebend.

Fr. Schenkh.

46.

Ein Haus, welches nicht in eine, der Zahl der Miteigenthümer entsprechende, Anzahl von — einander ähnlichen — Theile gebracht werden kann, ist füglich nicht theilbar. L.R.S. 827. 827 a.

In Sachen
des Metzgers Fr. Müller von Radolphzell
gegen
Wagner Joseph Müller von da,
Theilung eines gemeinschaftlichen Hauses betr.

Die streitenden Theile sind im Jahre 1856 durch Kauf Eigenthümer eines zu Radolphzell gelegenen Hauses sammt Hofraithe geworden. Der Kläger, welcher diese Gemeinschaft aufgehoben haben will, stellte deßhalb, und weil nach der Beschaffenheit des Hauses eine Realabtheilung im Sinne des L.R.S. 577 b. g. resp. 827 a sich nicht vornehmen lasse, eine Klage an, in welcher er beantragte, den Beklagten zu verurtheilen, das Wohnhaus behufs der Aufhebung der Gemeinschaft einer öffentlichen Versteigerung auszusetzen.

Diese Klage hielt das großh. Oberhofgericht in seinen Gründen zum Urtheil vom 27. Februar 1864 nach L.R.S. 577 b. g. 827. 1686 deßhalb für begründet und bewiesen, weil bei der vom Beklagten in erster Instanz bestrittenen Untheilbarkeit des Hauses nach dessen Lage und innern Eintheilung, wie sich bei der Beweiserhebung ergab, eine Zertheilung desselben in zwei einander ähnliche Theile nicht bewirkt werden kann, dieses aber nach L.R.S. 827 a vollkommen genügt, um das Haus als ein solches zu betrachten, welches seiner Natur nach füglich nicht getheilt werden kann.

Gst.

Redacteur Oberhofgerichtsrath Stempf. Verlag von J. Bensheimer in Mannheim. Druck von C. Schneider in Mannheim.

Annalen der Großherzogl. Badischen Gerichte.

1864. Band XXX. No. 12.

46.

Die nach L.R.S. 901 durch Gesundheit des Verstandes bedingte Fähigkeit, zu testiren, ist durch die in L.R.S. 489 erwähnten Zustände ausgeschlossen, wenn diese zur Zeit der Testamentserrichtung bestanden.

Ein bleibender Zustand von Gemüthsschwäche ist nur bei einem hohen Grad geistiger Schwäche, aber nicht schon bei Beschränktheit oder Unbeholfenheit des Verstandes anzunehmen.

Von späteren krankhaften Zuständen kann auf den Geisteszustand zur Zeit der Testamentserrichtung mit Sicherheit nicht zurückgeschlossen werden.

Ein, über den Geisteszustand des Testirers nach seinem Tode erhobenes, Gutachten kann kein zuverlässiges Ergebniß mehr bieten.

In Sachen

der Anna Maria Muhrmann von Obergrombach und Genossen

gegen

Joseph Willi von Obergrombach,

Nichtigkeit eines letzten Willens,

hatten die Kläger das Testament des Johann Muhrmann vom 28. April 1854 auf Grund der Behauptung angefochten, daß Muhrmann nicht, wie L.R.S. 901 erfordere, bei gesundem Verstande gewesen sei. Sie wurden aber durch Urtheil des großh. Amtsgerichts Bruchsal vom 22. October 1861 mit der, unterm 25. September 1861 erhobenen Klage auf Ungültigkeitserklärung des von Johann Muhrmann hinterlassenen öffentlichen Testaments unter Verfällung in die Kosten abgewiesen.

Auf die dagegen von dem klagenden Theil ergriffene Berufung an das großh. Hofgericht des Mittelrheinkreises erging bei diesem unterm 2. September 1862 ein bestätigendes Urtheil, und auf die auch hiergegen von den Klägern eingewendete Oberberufung bestätigte großh. Oberhofgericht am 24. März 1863 die Urtheile der beiden vordern Instanzen.

Gründe:

Da die Vorschrift des L.R.S. 901 in Gemäßheit des L.R.S. 488 mit den Bestimmungen des L.R.S. 489 über die Fälle, in welchen im Sinne des Gesetzes ein gesunder Geisteszustand als ausgeschlossen betrachtet wird, in Verbindung zu setzen, und von den Klägern ein bleibender Zustand von Raserei oder Wahnsinn des Muhrmann oder das Vorhandensein eines solchen Zustandes **gerade zur Zeit der Testamentserrichtung** nicht bestimmt behauptet und jedenfalls nicht bewiesen ist: so bleibt nur zu erörtern, ob der weitere Fall des L.R.S. 489, nämlich ein bleibender Zustand von **Gemüthsschwäche** bei Muhrmann überhaupt und namentlich zur Zeit jener Testamentserrichtung anzunehmen sei. Zur Annahme dieses Geisteszustandes nach der Erklärung, die der §. 29 des VI. Konst.Edicts vom 4. Juni 1808, Regbl. Nr. 19, von dem Ausdruck „Gemüthsschwäche" gibt, und nach der Bedeutung, die man dem im Urtexte gebrauchten Worte „imbecillité" gewöhnlich beilegt,

vergl. Henke, Handbuch der gerichtlichen Medizin §. 247,

genügt aber nicht eine bloße **Beschränktheit und Unbeholfenheit des Verstandes**, sondern es wird schon ein **hoher Grad geistiger Schwäche** erfordert. Es war nun allerdings zu einem **späteren** Zeitpunkte, nämlich unterm 4. März 1857 dieser Zustand einer völligen Geistes- und Gemüthsschwäche im Sinne des L.R.S. 489 von der betreffenden Verwaltungsbehörde angenommen und darauf hin die völlige Entmündigung des Muhrmann ausgesprochen worden; allein vorher und namentlich zur Zeit der Testamentserrichtung vom 26. April 1854 war derselbe nur nach L.R.S. 499 **verbeiständet** und der Antrag auf völlige Entmündigung damals ausdrücklich verworfen worden, also Muhrmann nach Inhalt des L.R.S. 499 nicht von der Behörde als zur Testamentserrichtung unfähig erklärt. Wenn [illegible] der Umstand, daß [illegible] später [illegible] nicht ändern kann, der Testamentserrichtung die Behauptung entgegenzuhalten, daß die Ursache zur Entmündigung des Testators schon damals vorhanden gewesen sei: so lag doch den Klägern ob, hierüber zutreffenden Beweis zu liefern, da ein solcher Mangel der Vollmündigkeit eines Großjährigen eine Ausnahme von der Regel bildet. Dieser Beweis ist aber, wie schon von großh. Hofgerichte näher ausgeführt wurde, weder in den bei Anlaß der Verbeiständung Muhrmanns im Jahr 1852 erhobenen,[1] noch in den bei der späteren völligen Entmündigung im Jahre 1857 erstatteten Gutachten enthalten ꝛc.

Von den späteren erst nach der Testamentserrichtung vorgekommenen Vorgängen ist ein Rückschluß auf dessen Geisteszustand in der früheren Periode mit Sicherheit nicht zu ziehen. Anderseits deuten verschiedene Aeußerungen Muhrmanns, besonders vor und bei der Testamentserrichtung auf eine hinlängliche Fassungskraft desselben.

Von der, klägerischer Seits beantragten, Erhebung einer weiteren Begutachtung durch Sachverständige mußte Umgang genommen werden, da dieselben nur auf Grund der Zeugenaussagen und Acten geschehen sollte, während die auch in L.R.S. 498 a und §. 29 des VI. Const.Ed. vorausgesetzte hauptsächliche Grundlage einer solchen Begutachtung: die persönliche Prüfung und Beobachtung des Betreffenden, hier durch den Tod desselben weggefallen war, und daher eine Begutachtung, wie sie jetzt beantragt worden, durchaus kein zuverlässigeres Ergebniß als diejenigen darbieten konnte, welche bereits unter Beobachtung und Prüfung des Muhrmann selbst vorgenommen worden waren.

Erk.

47.

Ist der Richter bei Steuer- und Zollvergehen befugt, den Steuer- und Zollsatz zu bestimmen?

Diese Frage wird ohne Zweifel zu bejahen sein, wenn die den [illegible] Fiscus vertretende Steuerbehörde sich als [illegible] Theil dem Strafverfahren angeschlossen und [illegible] der Aufrechtschuldigten zur [illegible] der [illegible] gebeten hat. [illegible]

[illegible] über die Nachzahlung der defraudirten Steuer zu erkennen, da die Steuerbehörden innerhalb der Grenzen ihrer Zuständigkeit den Steuer- und Zollsatz im einzelnen Falle auf Grund der bestehenden Gesetze zu bestimmen haben, wie dieses die Organisation in der Beilage D. I. 8 lit. c des Generalrescripts vom 26. November 1809 vorschreibt, indem sie den Kreisdirectorien bei entstehenden Streitigkeiten die Entscheidung über die Schuldigkeit, Art und Größe des Beitrags der Unterthanen und Interessenten zu indirecten Steuern zuweist; an die Stelle der Kreisdirectorien sind nun durch die Verordnungen vom 30. März 1826 und 16. Juli 1835 die Steuerdirection für Steuersachen und die Zolldirection für Zollsachen getreten.

Entsteht also Streit oder ein Zweifel über den anzuwendenden Steuer- oder Zollsatz bei den Erhebungsstellen, so haben zunächst die bezeichneten Oberbehörden hierüber zu entscheiden, von denen dann der Rekurs an das großh. Finanzministerium geht.

Im §. 14 Absatz 2 des Zollgesetzes (Regbl. von 1837 No. XXX, S. 215) ist dieses für Zollsachen wiederholt ausgesprochen.

Es war daher auch ganz am Platze, daß das großh. Finanzministerium in seinem Beschlusse vom 25. Februar 1854 (St.V.Bl. S. 11) verfügte, die Steuer- und Zollbehörden hätten bei Straffällen die Nachzahlung der schuldigen Steuer- und Zollbeträge nicht mehr zu beantragen, da die Festsetzung dieser Beträge im Verwaltungswege zu geschehen hat.

Damit ist aber nicht gesagt, daß dem Strafrichter keinerlei Prüfung der Richtigkeit des [illegible] oder Zollbehörde gewählten Steuer- oder [illegible] stehe, wie dieses [illegible] gesetzlichen Bestimmungen [illegible] Strafurtheil zu Grund zu legen.

[illegible] des Vergehens und zugleich in einer dem vierfachen Betrage der vorenthaltenen Abgabe gleichkommenden Geldstrafe bestehe, so muß natürlich dem Strafrichter, welcher zu erkennen hat, die Beantwortung der Frage, ob eine schuldige Abgabe vorenthalten worden und bejahenden Falls in welchem Betrage, zustehen, da es ihm zu prüfen und zu entscheiden hat, ob der Thatbestand einer Defraudation vorliege und da von ihm das Strafmaaß festzusetzen ist.

Die gegentheilige Ansicht würde die Bestimmung des Strafmaßes in die Hand der Steuerbehörde legen, was den klarsten gesetzlichen Vorschriften widersprechen würde. Die Zuständigkeit der Steuerbehörden geht bis zu der Grenze, an welcher die Zuständigkeit des Strafrichters beginnt. Innerhalb dieser Grenzen sind beide von einander unabhängig, die Zollbehörde bestimmt den Zollsatz, als solchen, und kann ihn auch bei einer andern Ansicht des Strafrichters über seinen Betrag so lange aufrecht erhalten, bis im Verwaltungswege eine Abänderung erwirkt ist; der Strafrichter bemißt seine Strafe nach dem Zollsatze, den er für gesetzlich begründet hält, und sein Urtheil bleibt solange bestehen, bis der höhere Strafrichter eine Abänderung desselben hat eintreten lassen.

Fr. Schenkh.

48.

Ehrenkränkung.

Siehe Annalen 1863 No. 29 Ziff. 102 S. 228.

Der Vorwurf eines falschen Berichts ist dann nicht strafbar, wenn der Angeklagte glaubhaft machen kann, daß er mit diesem Ausdruck den Inhalt des fraglichen Berichts nur als unrichtig bezeichnen wollte.

Verurtheilung des freigesprochenen Angeschuldigten in die Kosten.

Friedrich Dill von Stein verkaufte seine Güter mit Vorbehalt zweitägiger Ratifikationsfrist. Kronenwirth Carl Absalon Morlock von Stein betheiligte sich dabei als Käufer eines Grundstücks. In einem Berichte an das Amtsrevisorat vom [illegible] April 1861 erklärte Bürgermeister Seiter von Stein, Dill habe seine Liegenschaften einer öffentlichen Versteigerung [illegible] Ratifikation ertheilt habe, sei dem Bürgermeister unbekannt; eine Genehmigung sei nicht verlangt worden.

Am Abend des 27. Mai 1861 redete Morlock — in welchem hierauf der Kauf von den Erben des Verkäufers streitig gemacht wurde — im Löwenwirthshause zu Stein bei Gelegenheit eines Gesprächs über seinen Güterverkauf den Bürgermeister laut an, er bekomme jetzt doch seinen Acker, aber der Bürgermeister habe in der Sache einen falschen Bericht erstattet.

Auf Anklage des Bürgermeisters Seiter und da in der Untersuchung vom Angeklagten weder die Einrede der Wahrheit noch die des Mangels der Absicht, zu beleidigen, geltend gemacht wurde, erkannte das großh. Hofgericht denselben der Ehrenkränkung des Bürgermeisters Seiter mit Bezug auf dessen Dienst für schuldig, und verurtheilte ihn unter Berücksichtigung seines guten Leumunds und seiner damaligen Aufgeregtheit und der sonstigen Umstände des Vorfalls zu zweitägiger Amtsgefängnißstrafe.

Der Angeklagte ließ hiergegen den Rekurs ausführen, zu dessen Rechtfertigung vorgetragen wurde:

Durch Belehrung seines Anwalts in dem über das erkaufte Grundstück anhängig gewordenen Rechtsstreit sei er zu der Ansicht gekommen, daß es einer ausdrücklichen Ratifikation nicht bedurft habe, vielmehr durch den Ablauf der Bedenkzeit von zwei Tagen, ohne daß die Ratifikation ausdrücklich verweigert worden, diese als stillschweigend ertheilt zu betrachten gewesen sei, und daß folgeweise der Bericht des Bürgermeisters, insoweit als er eine vom Verkäufer erfolgte Ratifikation als ihm unbekannt darstelle, unrichtig sei und von falscher Ansicht ausgehe.

Nur dies habe er sagen wollen, und nichts weniger beabsichtigt, als dem Ankläger eine Fälschung oder die wissentliche oder absichtliche Unrichtigkeit seines Berichtes vorzuwerfen; lediglich um den Vorwurf eines Rechtsirrthums habe es sich gehandelt.

Nach Vernehmung der vom Rekurrenten vorgeschlagenen Zeugen erkannte das großh. Oberhofgericht am 30. Dezbr. 1861 abändernd, daß Kronenwirth Karl Absalon Morlock von Stein des ihm angeschuldigten Verbrechens zwar straflos zu erklären, dagegen in die Kosten der Untersuchung und des Rekurses zu verfällen sei.

Gründe.

Rekurrent macht geltend, daß er lediglich den Inhalt der Rekursschrift), daß folgeweise der Bericht des Bürgermeisters, indem er eine vom Verkäufer ertheilte Ratifikation und damit den wirklichen Kaufabschluß als unbekannt darstelle, unrichtig sei, von einer falschen Ansicht ausgehe.

Daß nun eine solche Besprechung zwischen dem Rekurrenten und seinem Anwalte wirklich stattfand, bestätigt Letzterer eidlich, und die vorliegenden Akten über den fraglichen Rechtsstreit ergeben, daß die Vollmachtsertheilung und Klagerhebung im April 1861, somit auch die erwähnte Besprechung vor dem Gespräche stattfand, in welchem die der Anklage zu Grund gelegte Aeußerung des Rekurrenten fiel.

Damit in Verbindung mit der feststehenden Thatsache, daß damals zwischen beiden Theilen wirklich von der Liegenschaftsveräußerung des Dill und deren Gültigkeit die Rede war, erscheint mindestens glaubhaft gemacht, daß Rekurrent in der That **nicht** die Absicht gehabt habe, den Ankläger mit der fraglichen Aeußerung zu **beleidigen**, sondern lediglich eine — seiner Meinung nach — „unrichtige Ansicht" als **dieses** zu bezeichnen, und hiebei nur nicht zwischen der „Ansicht" und dem Berichte, in welchem dieselbe ausgedrückt war, unterschied.

Unter diesen Verhältnissen erscheint denn eine Strafloserklärung nach Ansicht des §. 295 des Str.G. wohl begründet, zumal die gebrauchte Aeußerung unter den gedachten Umständen nicht an sich schon als eine Beschimpfung gelten kann.

Immerhin hat jedoch Rekurrent dadurch, daß er seine Meinung nicht deutlicher zu erkennen gegeben, und sich eines Ausdrucks bedient hat, der ohne nähere Erklärung wohl als Ehrenverletzung aufgefaßt werden und Anlaß zur Anklage geben konnte, sowie dadurch, daß er erst durch die in der Rekursinstanz gegebenen Erklärungen seine Freisprechung herbeiführte, sich bezüglich des Kostenpunktes nach Ansicht des §. 255 der StrPr.O. sachfällig gemacht. Eff.

49.

Die Auslassung eines ohne Eintrag wirksamen Unterpfandrechts in dem Pfandschreiberzeugniß des L.R.S. 2198 entledigt das liegende Gut nicht von der Pfandlast zu Gunsten des neuen Besitzers. Beurkundungen, welche das Pfandgericht zum Zweck der Verpfändung eines liegenden Guts durch den neuen Erwerber ausstellt, haben die Wirkungen des L.R.S. 2198 nicht.

In Sachen

der Adeline und Emilie Börsig in Oberkirch

gegen

Sattler Moriz Link von da,

Unterpfandsrecht betreffend.

Der Vater der Klägerinnen, denen mütterliches Vermögen angefallen war, hatte dem Beklagten am 5. November 1847 Liegenschaften verkauft.

Nachdem die Klägerinnen in der Gant ihres Vaters mit 4492 fl. 31 kr. durchgefallen waren, erhoben sie eine Pfandklage gegen den Käufer fraglicher, von ihrem Unterpfandsrechte erfaßter Liegenschaften. Dieser hielt der Klage die Einrede entgegen, daß

1) das Gewährgericht in dem an großh. Amtsrevisorat zum Behuf der Ausfertigung des Kaufbriefs eingeschickten Grundbuchsauszug jenes Pfandrecht nicht erwähnt habe, weßhalb dasselbe nach L.R.S. 2198 zu seinen Gunsten erloschen sei;

2) daß ferner auch das Pfandgericht, als er das gekaufte Grundstück für eine Darleihe zu Unterpfand gegeben, beurkundet habe, daß kein Unterpfandsrecht auf demselben hafte.

Demungeachtet erkannte das großh. Amtsgericht Oberkirch am 15. Juni 1863 den Beklagten unter Verfällung in die Prozeßkosten für schuldig, binnen 14 Tagen bei Zwangsvermeiden den beiden Klägerinnen entweder viertausend vierhundert zwei und neunzig Gulden 31 kr. nebst 5% Zinsen hieraus v. 1. Juli 1862 an zu bezahlen, oder die nach Grundbuchseintrag v. 5. Nov. 1847, Band VI, S. 610 No. 234 gekauften Liegenschaften hier abzutreten, und dieses Urtheil wurde vom großh. Hofgericht des Mittelrheinkreises am 3. November 1863, unter Verfällung des Beklagten, Appellanten, in die Kosten II. Instanz, mit dem Beisatz bestätigt, daß dem Beklagten im Falle der Abtretung vorbehalten bleibe, seiner Zeit etwaige, den Werth des ursprünglichen Hauses erhöhenden Verwendungen und Verbesserungen geltend zu machen, [illegible] von dem Beklagten ergriffene Oberberufung wurde von großherzoglichem Oberhofgerichte am ... März 1864 zu Recht erkannt:

das hofgerichtliche Urtheil sei, unter Verfällung des Beklagten, Oberappellanten, auch in die Kosten dieses Rechtszugs, zu bestätigen.

Entscheidungsgründe.

Der Beklagte beschwert sich darüber, daß der Einrede, welche er der erhobenen Pfandklage auf den Grund des L.R.S. 2198 entgegengehalten, keine, die Klage zerstörende Wirkung beigelegt worden ist; allein diese Beschwerde ist ungegründet. Abgesehen nämlich von der Frage, ob die singuläre Bestimmung des L.R.S. 2198 auch auf unser, durch die Instruction für die Gewährgerichte zum Zweck der Ausstellung von Kaufbriefen staatspolizeilich vorgeschriebenes Verfahren Anwendung finde, so spricht dieser Satz nur von Auslassung eingetragener Lasten. Nur auf solche kann sich die Verantwortlichkeit der Pfandgerichte, als solcher, erstrecken, wie sie in L.R.S. 2198 und 2197, 2 gesetzlich begründet ist; nur solche Unterpfänder sind in L.R.S. 2183 Abs. 3 bei dem Verfahren genannt, welches der Käufer einer Liegenschaft zur Befreiung derselben gegen die Gläubiger zu richten hat.

Das gesetzliche, nach L.R.S. 2135 auch ohne Eintrag wirksame, Unterpfandsrecht der Klägerinnen war aber zu der Zeit, als ihr Vater das in der Klage bezeichnete Haus an den Beklagten verkaufte, auf die Liegenschaften ihres Vaters noch nicht eingetragen. Der Käufer hätte also das in L.R.S. 2193 ff. bezeichnete Verfahren einhalten müssen, um sich gegen etwaigen Schaden aus uneingetragenen Pfandrechten zu schützen.

Der Beklagte beruft sich zwar auch noch auf das Zeugniß, welches das Pfandgericht bei der, nach dem Erwerb des Hauses von ihm bewilligten, Verpfändung desselben der Pfandgläubigerin ausstellte; allein dieses Zeugniß für eine dritte Person kann nicht zu Gunsten des Eigenthümers zurückwirken und findet hierauf L.R.S. 2198 keine Anwendung.

Ell.

30.

Können einzelne der in den L.R.S.S. 819 bis 839 aufgeführten Geschäfte, welche bei der Vertheilung ... Erbmasse vorkommen, und Grundlagen oder Bestandtheile des Gesammtgeschäftes bilden, — kann insbesondere die Abschätzung und Verloosung der Liegenschaften hinsichtlich der Rechtsgiltigkeit selbstständig für sich betrachtet werden?

Was gehört zur Giltigkeit einer Abschätzung der Fahrnisse und Liegenschaften einer Erbsmasse für den Fall, wo die Betheiligten großjährig und anwesend sind?

Kann die Art der Bildung der Loose noch angefochten werden, nachdem die Loosziehung bereits geschehen ist und der betreffende Miterbe daran Theil genommen hat? L.R.S. 835, 887.

Beweiskraft eines Notariatsaktes, insbesondere über Handlungen der Betheiligten, die darin als vor dem Notar vor sich gegangen beurkundet sind. Ist ein Betheiligter an eine vor dem Theilungsbeamten im Verlauf der Verhandlung gemachte Erklärung gebunden, auch wenn er dieselbe noch vor dem Schluß der Verhandlung und vor dem Abschluß des Aktes zurücknimmt?

Was gehört zu einer abgeschlossenen und vollendeten Theilung im Sinne der L.R.S.S. 883 ff.?

Kann ein Betheiligter vor dem Abschluß des ganzen Theilungsgeschäftes den Vollzug eines einzelnen Gegenstandes der Theilungsverhandlungen, z. B. die Ueberweisung und Benutzung des gemäß der Verloosung auf ihn gefallenen Hauses und Grundstückes — von seinen Miterben verlangen?

In Sachen

Ludwig Roßmaier von Badenscheuern

gegen

Ignaz Roßmaier und Franz Kist von da,

Anfechtung einer Erbtheilung betr.

Bei der hier in Frage stehenden Gemeinschafts- und Erbtheilung auf Ableben der Franz Kist'a Ehefrau, Regina geb. Kaihinger, bei welcher der Wittwer Franz Kist und zwei Kinder der Erblasserin erster Ehe, Ludwig und Ignaz Roßmaier, betheiligt waren, — war von dem Theilungsbeamten zunächst in einem Akt vom ... März

1862 das Inventar nebst beigefügter Abschätzung und die Ersatzberechnung aufgenommen, und dieser Akt allseitig anerkannt und unterzeichnet worden. In dem wenige Tage darauf, am 13 März 1862, nachgefolgten Akte ist zu Anfang die Uebereinkunft der Betheiligten über Verloosung der Güter und der Behausung, sowie die Bildung der Loszettel, und die Vornahme und das Ergebniß der Loosziehung aufgeführt: es folgt sodann der Entwurf von Verweisungen und von Schlußbestimmungen der Theilung; nun wird aber das Geschäft vor Eröffnung desselben abgebrochen mit der Beurkundung, daß hier der eine Sohn Ignaz Metzmaier mit einer Einsprache gegen die Schätzung der Liegenschaften, insbesondere des Hauses zwischen eingetreten sei; daß ebenso der Wittwer Franz Kist seine Erklärung wegen des ihm von der Erblasserin ausgesetzten und von den Söhnen beanstandeten Erbtheilvermächtnisses sich vorbehalten, und daß nur der Sohn Ludwig Metzmaier das Geschäft anerkannt habe. Mit der weiter niedergeschriebenen Bemerkung des Theilungsbeamten, daß den Betheiligten überlassen werde, sich über diese Beanstandungen zu vereinbaren, wurde der Akt vorgelesen und beurkundet. In diesem Stande wurde das Geschäft von der Theilungsbehörde belassen, ohne daß Verweisungen u. dgl. gefertigt wurden. Nachdem nun der Wittwer Franz Kist nachträglich unterm 5. Februar 1863 eine in der Hauptsache dem Theilungsgeschäft, wie es niedergeschrieben war, zustimmende Erklärung abgegeben hatte; erhob der eine Sohn der Erblasserin, Ludwig Metzmaier, indem er das Theilungsgeschäft als abgeschlossen und vollendet angesehen wissen wollte, eine Klage gegen seine Miterben Ignaz Metzmaier und Franz Kist dahin:

> „daß diese schuldig seien, die Abschätzung und Verloosung der Liegenschaften, sowie das in der Klage bezeichnete Theilungsgeschäft und demgemäß das Eigenthum des Klägers Ludwig Metzmaier an den ihm durch das Loos zugefallenen Güterstücken und an dem Wohnhaus nebst Zugehörden anzuerkennen;
>
> daß ferner Ignaz Metzmaier schuldig sei, binnen 14 Tagen bei Zwangsvermeidung die Behausung und dazu gehörende Scheune, Stallung, Schopf nebst Hofraithe und Hausplatz zu räumen und an Kläger abzutreten; auch daß Ignaz Metzmaier allen durch die verzögerte Räumung der Liegenschaften nebst Zugehörden entstandenen und noch entstehenden Schaden in noch zu bestimmendem Betrage zu ersetzen habe.“

Die Beklagten beantragten Abweisung der Klage, indem das angerufene Theilungsgeschäft in Folge des vor dem Abschluß des Geschäftes eingelegten Widerspruchs des Mitbeklagten Ignaz Metzmaier durchaus nur ein Entwurf geblieben sei und nicht auf dessen Vollzug geklagt werden könne.

In erster und zweiter Instanz wurde durchaus dem Klagbegehren entsprochen, indem das Geschäft als eine vollendete, zum Abschluß gekommene Theilung angesehen wurde.

In dritter Instanz wurde, auf die Oberappellation der Beklagten, zwischen den verschiedenen Theilen des Klagbegehrens unterschieden und unterm 6. April 1864 erkannt:

> Das hofgerichtliche Urtheil sei dahin theils zu bestätigen, theils abzuändern:
>
> daß Ignaz Metzmaier und Franz Kist schuldig seien, die Abschätzung und Verloosung der Liegenschaften im fraglichem Theilungsgeschäfte anzuerkennen; daß dagegen der Kläger mit dem übrigen Theil des Klagbegehrens vom 28. Februar v. J. zur Zeit abzuweisen sei, und an den Kosten aller drei Instanzen, Kläger ¼, die Beklagten ¾ zu tragen haben.

Entscheidungsgründe.

Die von den Beklagten ergriffene Oberappellation gegen das hofgerichtliche, dieselben verurtheilende Erkenntniß erscheint in der Hauptsache nicht begründet, wenn derselben auch in zwei andern Punkten Folge gegeben werden muß.

Die Klage des Ludw. Metzmaier gegen seinen Bruder Ignaz Metzmaier und gegen den Stiefvater Franz Kist, als Miterben, bezieht sich auf die Theilungsverhandlungen, die zwischen diesen Personen über den Nachlaß der verstorbenen Regina Ruthinger statgehabt hatten, und es erscheint nun jener Theil des Klagbegehrens, welcher von den Beklagten die Anerkennung der geschehenen Abschätzung und Verloosung verlangt, ungeachtet der Einwendungen der Beklagten, als begründet.

Das gesammte Geschäft der Theilung einer Erbmasse zerfällt, wie es in den L.R.S.S. 817 bis 838 dargestellt ist, in verschiedene einzelne Geschäfte, worunter wesentlich auch die Abschätzung und die Verloosung gehören, die hinsichtlich der Gültigkeit und Rechtsbeständigkeit für sich selbst in Betracht gezogen werden können. Es ist nun die jetzt von den Beklagten beanstandete Abschätzung der Liegenschaften, wie bereits großh. Hofgericht hervorgehoben hat, nach dem Inhalt des Notariatsactes vom 10. März 1862 in giltiger Weise geschehen. Während einerseits die Betheiligten zur pflichtmäßigen Angabe der Bestandtheile des Vermögens aufgefordert wurden, ist der mit diesen vor dem Notar erschienene Stabhalter Degler als Person bezeichnet, durch welche die Schätzung geschehe, und ist dann in der nun folgenden Vermögensverzeichnung jeweils die Schätzung der einzelnen Vermögensstücke, Liegenschaften, sowie Fahrnisse beigesetzt, und sohin dieses Inventar, also mit beigesetzter Schätzung, nebst der darauf beruhenden Ersatzberechnung von den Beklagten ausdrücklich anerkannt und unterzeichnet. Es ergibt sich hieraus, daß die durchweg großjährigen, rechtsfähigen und anwesenden Betheiligten, worunter auch die Beklagten — nach dem ihnen gemäß L.R.S. 824 und 819 zustehenden Ermessen — einverstanden waren, daß Stabhalter Degler als Schätzer fungirte, wie denn derselbe auch im Falle einer gerichtlichen Theilung gemäß §. 5 des II. Einf.Ed. und der Waisenrichterordnung vom 16. April 1810, Regbl. No. XVIII, der gesetzliche Schätzer gewesen wäre; so wie daß sie mit der Schätzung selbst zufrieden waren. Letzteres bestätigt sich ebenfalls aus dem Umstande, daß, als einige Tage nachher von den Betheiligten ausweislich des Notariatsactes vom 13. März 1862 zur Fertigung und Ziehung der Loose geschritten wurde, diesem Geschäfte wieder die vorausgegangene Abschätzung zur Grundlage dienen mußte. Nach der bekannten Beweiskraft öffentlicher Urkunden — L.R.S. 1319 u. 1320 — können daher die Beklag- [illegible] 1862 [illegible]

die zwei Söhne gebildet sein sollten, — stellt sich als eine giltige Uebereinkunft der sämmtlich großjährigen Betheiligten dar, als was sie auch im Acte vom 13. März 1862 selbst ausdrücklich bezeichnet ist; und die sohin erfolgte wirkliche Ziehung der Loose, wie sie von Seite der drei Betheiligten hinsichtlich des Hauses nebst Zubehörde, sowie hinsichtlich der übrigen Liegenschaften zunächst zwischen dem Wittwer Franz Kist einerseits und den zwei Söhnen der Erblasserin andererseits, und sodann zwischen diesen beiden vorgenommen wurde, enthält die thatsächliche Anerkennung der Loosbildung, — L.R.S. 1337, — wie denn auch L.R.S. 835 speciell Einwendungen gegen die Loosbildung nur bis zum Acte der Loosziehung zuläßt. Nachdem durch den Act der Loosziehung unter thätiger Mitwirkung aller Betheiligten, insbesondere auch der Beklagten, die in Aussicht genommene Verloosung bereits zur Ausführung gebracht und das Ergebniß derselben für die Betheiligten bindend geworden war, konnte die, wie der Notariatsact ausweist, erst später nachgefolgte Einsprache des Mitbeklagten Ignaz Metzmaier von keinem Einfluß mehr auf die Geltung jener Loosziehung sein, abgesehen davon, daß die Einsprache nicht einmal bestimmt gegen die Verloosung, sondern zunächst nur gegen die Schätzung der Liegenschaften, insbesondere des Hauses, gerichtet war.

Es wird von beklagter Seite die Verloosung weiter wegen angeblichen dabei unterlaufenen Unrichtigkeiten, und wegen Irrthums, in welchem sich dabei die Beklagten befunden hätten, anzufechten gesucht. Es wird behauptet, daß nach der Vereinbarung der Parteien das eine Ackerstück im oberen Hardberg zu 20 Ruthen im Anschlag von 60 fl. und das weitere Rebgelände daselbst im Anschlag von 70 fl. nicht zusammen in dasselbe Loos hätten kommen, sondern in die beiden Loose des Ludwig und Ignaz Metzmaier hätten vertheilt werden sollen, während nun diese beiden Stücke in einem und demselben Loose des Ludwig Metzmaier, Klägers, aufgenommen erscheinen. Allein zunächst verstößt die Behauptung jener Vereinbarung wieder gegen den Inhalt des Notariatsactes vom 13. März 1862, wonach eben [illegible] daß die Loose unter Mitwirkung der Betheiligten gebildet wurden, daß jene beiden Güterstücke [illegible] waren. Da aber sodann eine etwaige Täuschung der Beklagten über den Inhalt der Loosettel nirgends thatsächlich begründet wurde — L.R.S. 1116, 1316 [illegible], die Oblegenheit der bekl. Miterben war, Kenntniß von dem Inhalt der Loodzettel zu nehmen, bevor sie zur Loosziehung schritten, — L.R.S. 835 — so kann, wie schon großh. Hofgericht hervorgehoben hat, von einem unverschuldeten Irrthum auf Seiten der Beklagten nicht die Rede sein, und es kann deßhalb von der Frage abgesehen werden, ob in Fällen wie der vorwürfige, im Hinblick auf L.R.S. 887 — überhaupt ein Irrthum ohne gleichzeitige Begründung einer Verkürzung über ein Viertel mit Erfolg geltend gemacht werden könnte.

Man vergl. Zachariä, Handb. Bd. VI. §. 626 S. 123. —

Wenn von dem mitbeklagten Ignaz Metzmaier ferner gegen die Verloosung eingewendet wird, daß ein und dasselbe Rebstück (von den Reben im Bazenberg) sowohl in seinem Loodzettel, als auch in jenem des Klägers Ludwig Metzmaier aufgenommen gewesen sei, und dann nach Ziehung der Loose vom Geschäftsfertiger kurzweg in dem Loodzettel des Ludwig Metzmaier gestrichen, und in seinem, des Ignaz Metzmaier belassen worden sei: so wurde eben von einer besondern, nachträglichen Verloosung dieses Rebstückes, welche den Betheiligten bei einem solchen Versehen freigestanden wäre, Umgang genommen, und, wie der Notariatsact ausweist, das ohnehin wenig beträchtliche Rebstück von Ignaz Metzmaier in seinem Loos behalten, ohne Einsprache darüber zu erheben. Es hat also dabei zu verbleiben, sowie keinenfalls die übrige Verloosung dadurch ungültig werden könnte.

Die Verloosung ist sodann allerdings, wie die Beklagten hervorheben, und die Theilungsakten besagen, in der bezeichneten Art unter der Voraussetzung vorgenommen worden, daß der Wittwer Franz Kist sich mit einem Viertheil des Nachlasses für das ihm ausgesetzte Erbtheilsverrechtniß zufrieden stellen lasse: allein dadurch wurde das Verloosungsgeschäft nicht ein bloser Entwurf, sondern es war eben ein bedingtes Rechtsgeschäft, und nachdem die Bedingung durch die von Franz Kist nachträglich unterm 5. Februar 1863 abgegebene Erklärung sich erfüllt hat, so ist dasselbe nun für die Betheiligten vollkommen bindend.

Daß jene Bedingung, die nicht von der blosen Willkühr des Franz Kist, sondern im Fall seiner Weigerung unter Hinblick auf die Vorschrift des L.R.S. 1098 von richterlicher Entscheidung abhing, nicht als blose Potestativbedingung des L.R.S. 1174 aufgefaßt werden kann, und also die deßfallsigen Folgerungen, wie sie die Beklagten ziehen wollen, nicht anschlagen, bedarf hiernach keiner weiteren Ausführung.

Zuletzt wird von den Beklagten gegen die Verloosung auch noch die in dem früheren Prozeß in der Appellationsinstanz nachgeschobene Ausführung geltend gemacht, als hätten die Parteien, unmittelbar nach der Verloosung vor dem Notar sich vereinigt, daß die Verloosung wenigstens hinsichtlich des Hauses nichts gelten und letzteres versteigert werden solle. Allein da bei jener Ausführung selbst beigesetzt wird, daß, als der Notar begonnen habe, die angebliche Uebereinkunft niederzuschreiben, der Kläger Ludwig Metzmaier sofort Einsprache dagegen gethan und erklärt habe, daß er nichts unterzeichne: so ergibt sich schon aus dieser Darstellung, daß es zu einem bindenden Abschluß zwischen den Betheiligten über eine solche Aufhebung der Verloosung nicht gekommen war, sowie die ganze Behauptung auch in dem Notariatsakte keinerlei Halt hat, wohl aber mit dem Benehmen des Beklagten Ignaz Metzmaier am Schluß des Notariatsaktes, wonach er gegen die Abschätzung des Hauses auftrat, im Widerspruch stehen würde.

Was endlich die übrigen Punkte betrifft, von welchen in dem Notariatsacte vom 12. März 1862 noch außer der Gütervertloosung die Rede ist, so erscheinen darüber nach Anweis der in dem Akte gemachten Bemerkungen, die Verhandlungen nicht zu einem, die Parteien bindenden Abschluß gelangt. Es handelt sich dabei nicht, wie z. B. bei der Loosziehung um Handlungen der Parteien, die vor dem Notar vor sich gegangen sind, und die er einfach als etwas bereits Geschehenes beurkunden konnte, — sondern um Erklärungen, welche die Parteien vor ihm abzugeben hatten, über die Behandlung der vorhandenen Gemeinschaftseinbuße, über Gleichstellungsgelder Zahlung der Erbschaftsschulden und dergleichen.

Wenn man nun auch annehmen muß, daß dasjenige was der Notar als sog. Verweisungen u. s. w. in das Geschäft niedergeschrieben hat, oder niederzuschreiben begonnen hatte, auf Erklärungen beruht, welche die Parteien bis dahin abgegeben hatten, so war es eben denselben noch unbenommen im Verlaufe der Verhandlung und so lange dieselbe nicht durch Unterzeichnung des Actes abgeschlossen war, ihre Erklärungen abzuändern oder zurückzunehmen.

(Schluß folgt.)

Redacteur Oberhofgerichtsrath Stempf. Verlag der J. Bensheimer'schen in Mannheim. Druck von [illegible]

Annalen der Großherzogl. Badischen Gerichte.

1864. Band XXX. No. 13.

(Schluß von Art. 50.)

Daß dieses aber nur hinsichtlich der bemerkten Punkte von Seite der Beklagten geschehen ist, geht aus der ausdrücklichen und wiederholten Beurkundung am Schlusse des Aktes, daß nur Ludwig Metzmaier, jetziger Kläger, das Geschäft anerkenne, hervor. In Folge der Verweigerung der Zustimmung, insbesondere von Seiten des mitbeklagten Ignaz Metzmaier fehlt es an einer bindenden Feststellung der obenbemerkten Punkte, welche in den sog. Verweisungen und Schlußbestimmungen ihre Regelung erhalten sollten. Die Regelung dieser Punkte gehört aber nach Maaßgabe der L.R.S.S. 1482 ff. 1476. 833. 830 ff. wesentlich zur Vollendung der Theilung, weßhalb denn hier auch der Geschäftsfertiger das vorwürfige Geschäft als nicht zum Abschluß gekommen in dem Akt vom 13. März 1862 und in seinem Vorlagebericht vom 29. März d. n. J. erklärt hat. Zu dem Verlangen auf Vollziehung der Theilung wird aber nach L.R.S. 883 ff. ein in diesen Stücken vollendetes Theilungsgeschäft vorausgesetzt; ein stückweiser Vollzug eines einzelnen Abschnittes des Theilungsgeschäftes, wie hier der Vollzug der Güterverloosung kann nicht getrennt für sich verlangt, und den beklagten Miterben nicht zugemuthet werden, dem klagenden Miterben die ihm nach der Verloosung zukommende Behausung nebst Zubehör und Gelände sofort auszufolgen, wenn noch nicht feststeht, wie ihr eigener Erbtheil gedeckt, und welche Gegenleistung ihnen insbesondere auch von dem klagenden Miterben gemacht werden solle; wie denn auch möglich ist, daß in den Schlußbestimmungen der Theilung noch Festsetzungen über den Zeitpunkt erfolgen, mit welchem die einzelnen Miterben in Besitz und Genuß der verloosten Güter, sowie in den Bezug der Zinse aus den zugewiesenen Kapitalforderungen der Erbschaft u. dgl. zu treten haben, ohne daß hier der L.R.S. 883 entgegen stehen würde.*) Das Verlangen der Klage, welches weiter geht, als daß die Beklagten schuldig seien, die Abschätzung und Verloosung der Güter als maßgebende Grundlage für die Theilung anzuerkennen — ist daher zur Zeit noch nicht begründet; es ist vielmehr Sache des Klägers, vorerst auf diesen Grundlagen die Fortsetzung und Vollendung der Theilung und die Anerkennung derselben, sei es auf gütlichem Wege, oder wo nöthig vor dem Richter zu bewirken.

Ebenso wie mit dem Verlangen der Ausfolgung der Hauptsache, nämlich des Hauses nebst Zubehör und dabei befindlichem Gelände, verhält es sich mit der Nebenforderung der Ausfolgung oder Vergütung der daraus bezogenen Früchte und Zinse, beziehungsweise der gehabten Benutzung; auch mit diesen Anforderungen aufzutreten, wird der Kläger erst durch eine zum Abschluß gekommene Theilung berechtigt. Es liegt daher für den Richter zur Zeit auch noch kein Anlaß vor, auf die nähere Prüfung über die Begründung dieser Nebenforderungen, namentlich auf die Frage einzugehen, ob und inwiefern dazu eine Verzugsetzung nöthig, ob eine solche in der früheren Klage vom April 1862 enthalten gewesen sei, u. s. w.

Aus dem früheren hofgerichtlichen Urtheile vom 13. November 1862 — wonach die damalige mit der jetzigen, dem Inhalte nach übereinstimmende Klage nur aus dem formellen Grunde zurückgewiesen wurde, weil die Klage nur gegen den einen Mitbetheiligten Ignaz Metzmaier, und nicht zugleich gegen Franz Kist angestellt war; können die Beklagten jetzt nicht in der Sache selbst eine Einrede der rechtskräftig entschiedenen Sache ableiten, wie sich von selbst versteht und von den vordern Instanzen mit Recht ausgesprochen worden ist.

Aus diesen Gründen rechtfertigt sich die Bestätigung der vorderinstanzlichen Urtheile über die zwei hauptsächlichen Punkte der Klage hinsichtlich der Anerkennung der Abschätzung und Verloosung der Güter; und die Abänderung der Urtheile, insoweit das Verlangen auf sofortige Ausfolgung von Haus und Gelände, und auf Entschädigung für die Erträgnisse zur Zeit abzuweisen war. Nach der Bedeutung des einen und des

*) Man vergl. auch Brauchhaus, Rechtsfälle Bd. IV. S. 123— 126. [illegible] D. R.

andern Klagtheiles, und dem Umfang der veranlaßten Verhandlungen stellt sich ferner die im Urtheil angenommene Vertheilung der Prozeßkosten gemäß §. 170 der Pr.O. als angemessen dar.

Betzinger.

51.

Offiziere und Kriegsbeamte, welche mit der Erlaubniß zum Tragen der Uniform zu Ruhe gesetzt sind, unterstehen nach §. 7 des Gesetzes v. 6. April 1854 (Reggsbl. No. 18 S. 176) auch dann der Militärgerichtsbarkeit, wenn der Garnisonsort, in welchem sie wohnen, nicht zugleich Sitz einer Garnisonscommandantschaft ist.

In Sachen

des Kaufmanns Isidor Schweitzer in Durlach, Klägers,

gegen

den pensionirten Hauptmann Fülling daselbst, Beklagten,

Forderung betreffend,

hatte sich zwischen dem Amtsgerichte Durlach, bezw. dem Hofgericht des Mittelrheinkreises, und dem Garnisonsauditorat Karlsruhe ein negativer Competenzconflikt erhoben, indem gegen die Ansicht des Amtsgerichts, daß der Beklagte, der mit der Erlaubniß zur Tragung der Uniform zur Ruhe gesetzt, in Durlach, einem Garnisonsorte wohne, der Gerichtsbarkeit des Auditorats Karlsruhe unterstehe — von dem Auditorat geltend gemacht wurde, daß Durlach, wo eine Garnisonscommandantschaft nicht bestehe, und die Garnison durch Kriegsministerialerlaß vom 2. Mai 1861 der Garnisonscommandantschaft Karlsruhe unterstellt sei, nicht als ein Garnisonsort im Sinne [illegible]

Durlach seinen Wohnsitz hat, diese Stadt aber in Folge allerhöchsten Befehls des Kriegsherrn vom 15. Februar 1861 (Reggsbl. No. 11 S. 64), der hierin bezeichneten Heeresabtheilung als Garnison zugewiesen ist, nach dem Wortlaut des angezogenen §. 7 der Beklagte somit nicht den bürgerlichen, sondern den Militärgerichten, und folgeweise nach §. 4 des Gesetzes vom 6. April 1854 der Garnisonscommandantschaft Karlsruhe untersteht;

In Erwägung, daß auch die Auslegung dieser Bestimmung nach dem Grund und Zweck des Gesetzes zu dem gleichen Resultate führt und dessen Richtigkeit hierdurch noch bestätigt wird, wie sich dies aus dem Gange der landständischen Verhandlungen über das mehrgedachte Gesetz ergibt; —

In Erwägung, daß hiernach die grßh. Regierung in dem ursprünglichen Gesetzentwurfe verlangt hatte, daß die fraglichen Militärpensionärs, als noch mit dem Armeekorps verbunden, auch in privatrechtlichen Streitigkeiten gleich den activen Militärs unbedingt unter die Militärgerichte gestellt werden, und auf die hiergegen erfolgte Einsprache der II. Kammer jene Ansicht, wenn auch nicht durchaus, doch hinsichtlich der in Garnisonsorten wohnenden Militärpensionärs, und zwar aus dem Grunde festgehalten hat, daß dieselben stets Verwendung zu militärischen Verrichtungen zu gewärtigen hätten, und daraufhin das Gesetz mit dieser Bestimmung angenommen wurde;

landständ. Verhandlungen I. Kammer von 1854, Beilageheft I. S. 14—24 und der II. Kammer, Beilageheft V. S. 144—145, —

jener Grund, welcher den näheren Beziehungen des pensionirten Militärs zu den Garnisonstruppen seines Wohnorts entnommen ist, aber schon dann eintritt, wenn sich überhaupt eine Garnison daselbst befindet, auch wenn [illegible] der Garnisonscommandantschaft, jene Wirkung hinsichtlich des Gerichtsstandes verbindet, jedenfalls aber die besagte Vollzugsbestimmung das Gesetz nicht abändern konnte noch wollte, wird

verfügt:

Es habe das großh. Garnisonsauditorat Karlsruhe als Civilgericht I. Instanz in obiger Rechtssache die Verhandlungen zu pflegen und durch Urtheil zu erkennen. Gef.

32.

Handelsverbindlichkeiten sind nach den Gesetzen des Erfüllungsortes, als welcher im Zweifel der Wohnort des Schuldners erscheint, zu beurtheilen.

L.R.S.S. 1156. 1247. 1609.

Allg. deutsch. Handelsges.B. Art. 324.

Mit dem Augenblicke der Uebergabe eines vom Verkäufer an den Käufer zu versendenden Waare an die Transportanstalt geht die Gefahr auf den letzteren über.

L.R.E.S. 1608. 1609. L.R.A.S. 100.

Allg. deutsch. Handelsges.B. Art. 344. 345.

Der versendende Verkäufer ist für von ihm bei der Versendung begangene Versehen verantwortlich.

Allg. deutsch. Handelsges.B. Art. 344.

Solche Versehen sind vom Käufer zu behaupten und zu beweisen.

L.R.S. 1315. Pr.O. §. 362.

Maaßregeln, welche der wegen Versehen bei der Versendung verantwortlich gemachte Verkäufer behufs der Erhaltung der versendenden Waare trifft, oder durch einen Agenten treffen läßt, begründen an und für sich noch kein Anerkenntniß eines eingetretenen Versehens.

Vergl. L.R.S. 1108b.

Kaufmann Adolph Unger in Leipzig hatte die Verbindlichkeit eingegangen, dem Kaufmann G. L. Arndorff in Mannheim in den letzten Monaten des Jahres 1861 und den Anfangsmonaten des Jahres 1862 bedeutende Spritlieferungen zu machen. Jeden Monat sollte eine, ein bestimmtes Quantum umfassende Lieferung gemacht werden. Die Lieferung für März 1862 langte am 1. April desselben Jahres auf dem Mannheimer Bahnhofe an. Am gleichen Tage erhielt G. L. Arndorff durch den Agenten Unger's, Kaufmann Bantle in Mannheim, die jene Lieferung betreffende Factura im Betrage von 1378 fl. 32 kr. Ein wahrgenommenes Manco veranlaßte Streitigkeiten zwischen Käufer und Verkäufer und rief insbesondere die Weigerung des ersteren, den facturamäßigen Preis zu entrichten, sodann aber die gerichtliche Klage des letzteren auf Zahlung dieses Preises hervor. Die Klage machte geltend, Verkäufer habe die Waare im richtigen facturamäßigen Quantum der Eisenbahnverwaltung zu Leipzig übergeben, und sei schon hierdurch kraft L.R.A.S. 100 und Art. 345 des Allgem. d. Handelsges.B., überdies aber noch durch die Vertragsclausel, daß der Käufer die Waare „ab Leipzig" übernehme, von jeder Verantwortlichkeit für das Manco frei. Auch habe — behauptete die Klage mit Rücksicht auf L.R.A.S. 105 — Käufer die Waare angenommen und die Fracht bezahlt.

Beklagter leugnete, daß ihm das vertragsmäßige und facturirte Quantum Sprit geliefert worden, und daß er die Waare angenommen habe; er gab an, das Gebinde sei weder vertragsmäßig (Eisenbandfaß), noch seiner Waare angemessen, noch überhaupt seiner Stärke, Haltbarkeit und Dichtigkeit nach zu einer Reise von Leipzig nach Mannheim vereigenschaftet, bei Ankunft der gut verladen gewesenen Fässer zu Mannheim habe sich gezeigt, daß dieselben stark geronnen gehabt, die sofortige Verwiegung habe ein Manco von 517 Zollpfund (9381 Pfund seien inhaltlich der Factura abgesendet worden, nur 8841 Pfund in Mannheim angelangt) ergeben, schon in Eisenach sei ein solches von 135 (?) Zollpfund oder 125 Quart vorhanden gewesen, wegen auf dem Verzuge haftender Gefahr habe Beklagter auf Namen und Rechnung Klägers die Waare auf das Lagerhaus im Kaufhause zu Mannheim bringen lassen, mit Zustimmung des klägerischen Agenten Bantle hätten vier Mannheimer Küfer und Kübler das Gelieferte untersucht, wobei die schlechte Beschaffenheit der Fässer hinreichend constatirt worden sei, am 2. April 1862 sei die Waare dem Kläger brieflich zur Verfügung gestellt worden, später habe Agent Bantle, vom Kläger hiezu beauftragt, die Flüssigkeit, um deren gänzliches Auslaufen zu vermeiden, in andere Fässer umpumpen lassen, — Beklagter sei unter diesen Umständen weder zur Annahme, noch zur Bezahlung der Waare verpflichtet, vielmehr sei das Begehren auf Abweisung der Klage und (im Wege der Widerklage) auf Kaufauflösung, sowie auf Vergütung der Frachtkosten und der für Constatirung des Manco aufgewendeten Kosten (zusammen 155 fl. 51 kr.) gerechtfertigt.

Klägerischerseits wurde vertragsmäßige Beschaffenheit des Gebindes (welches aus acht eisernen und zwei „gewöhnlichen" Reifen bestanden habe) behauptet, das Gutachten der vier Küfer und Kübler, die Dispositionsstellung, das Erwachsensein der widerklagend geforderten Kosten, das Auspumpenlassen der Fässer durch Bantle im Auftrage Klägers zugegeben, alles Vorbringen über Manco mit Nichtwissen beantwortet, jede Mitwirkung des Bantle zur Expertise der Küfer, zur Verbringung der Fässer in das Kaufhaus, auch jede Bevollmächtigung des Bantle hiezu bestritten. Endlich wurde gegen die Folgerung aus dem Umpumpen durch Bantle die Replik vorgebracht, Beklagter habe ausdrücklich auf die Geltendmachung dieser Thatsache im Prozesse verzichtet, auch wurde ausgeführt, jedenfalls müsse Beklagter den vorhandenen Sprit annehmen und bezahlen. Kläger widersprach jene Replik, behauptend, daß er lediglich erklärt habe, die Sache berühre ihn nicht, und berief sich der ferneren Anführung gegenüber auf L.R.S. 1244 und auf den Umstand, daß die Qualität des Sprits in Folge eines theilweisen Auslaufens desselben geringer werde.

Der Unterrichter gab dem Kläger zu beweisen auf, daß er die betreffende Quantität bei der Eisenbahnverwaltung zu Leipzig voll aufgegeben habe, dem Beklagten, daß die Sendung zu Mannheim ein Manco von 517 Pfd. gehabt habe und solches durch die schlechte Verpackung verursacht gewesen sei.

Kläger berief sich zur Erbringung des ihm auferlegten Beweises auf im Prozesse abgegebene Erklärungen des Beklagten, ferner auf den von 9331 Zollpfund sprechenden Frachtbrief, sodann auf ein Zeugniß der thüringischen Eisenbahngüterexpedition zu Leipzig vom 7. October 1862, wornach das Gesammtgewicht der in acht Gebinde vertheilten Lieferung 9331 Zollpfund betrug, und die Gebinde in gutem transportabeln Zustande geliefert worden sein sollen. Abgesehen von einer Bemängelung des letztern Zeugnisses wegen angeblicher Unzuständigkeit des betreffenden Beamten zu dessen Ausstellung — hielt der Beklagte dem klägerischen Beweise gegenbeweislich ein, der bei Ausfuhr von Branntwein aus Sachsen verwilligten Steuerrückvergütung halber aufgenommenes, Actenstück entgegen, wornach am 25. März 1862 zu Eisenach statt der zu Leipzig zur Ausfuhr angemeldeten 4265 Quart nur 4140 Quart vorhanden waren, und worin das zu Eisenach vorhandene Gewicht auf nur 9296 Pfund angegeben ist.

Der Beweis des Beklagten stützte sich auf eine Beurkundung der Main-Neckar-Eisenbahnverwaltung zu Mannheim vom 1. April 1862, wornach besagtes Manco von 517 Zollpfund vorhanden war, auf das beschworene mündliche Zeugniß des mehrgedachten Bantle („als er zu Mannheim die Fässer gesehen, sei ein Theil derselben bereits in des Beklagten Behausung, ein Theil noch auf dem Bahnhofe gewesen, alle hätten mehr oder weniger geronnen, bei sofortigem Verwiegen habe sich ein erhebliches Manco gezeigt"), auf das schriftliche Zeugniß der vier Küfer und Kübler, welches das Manco der schlechten Beschaffenheit der Gebinde zuschrieb, endlich auf das mündliche beschworene Zeugniß dieser vier Personen, welches dahin ging, „an der Mehrzahl der Fässer seien die Fugen der Dauben nicht gehörig geschlossen und Daubenköpfe abgebrochen gewesen, auch seien die Reife nicht fest genug um die Gebinde gelegen." Einer der Küfer bemerkte hierbei auch noch, „die Fässer seien alt gewesen." Man hatte sich Seitens des Beklagten zur Führung des demselben auferlegten Beweises auch auf ein Gutachten gerichtlich zu bestellender Sachverständigen berufen. Solche wurden ernannt, das Gutachten erhoben. Es fiel aber insoferne gegen den Beklagten aus, als es das Auslaufen des Sprits eher auf Rechnung von Beschädigungen, die während des Transports den Gebinden zugefügt worden, als auf Rechnung der ursprünglich schlechten Beschaffenheit der Gebinde setzte.

Der Unterrichter verurtheilte den Beklagten dem Klagbegehren gemäß zur Zahlung des Kaufpreises von 1378 fl. 32 kr. sammt Verzugszinsen.

Sein Urtheil wurde auf beklagter Seite dagegen ergriffene Berufung und Oberberufung von großh. Hofgerichte des Unterrheinkreises und von großh. Oberhofgerichte bestätigt.

Die oberhofgerichtlichen Entscheidungsgründe (aus denen sich auch die Gründe, mittelst welcher die Vorderinstanzurtheile angegriffen worden, ergeben) lauten, wie folgt:

„Es kann keinem Zweifel unterliegen, daß die Verbindlichkeiten des Klägers nach dem zu Leipzig geltenden

Rechte zu beurtheilen sind. Leipzig ist der Wohnort des Klägers und erscheint hiernach dem einstimmigen Ausspruche der Gesetzgebungen zufolge, die allein möglicher Weise zur Anwendung gebracht werden können — nämlich dem seit dem 1. März 1862 in Sachsen in Kraft stehenden allgemeinen deutschen Handelsgesetzbuche Art. 324 und dem badischen Landrechte S.S. 1247. 1609, zufolge — beim Mangel anderweitiger Vertragsbestimmungen für den Kläger auch als Erfüllungsort. Im Zweifel ist anzunehmen, daß sich die Parteien dem Gesetze des Erfüllungsortes unterwerfen wollten, und ist dies um so mehr der Fall, wenn dieser mit dem Wohnorte des Schuldners zusammentrifft.

L.R.S. 1156. Savigny, System des h. R.R. Bd. VIII. S. 247.

Daß die Parteien im vorliegenden Falle dieser Anschauung huldigten, ist noch insbesondere aus den Worten des Schlußscheines „„ab Fabrik Leipzig““ zu entnehmen."

„Dem, wie bemerkt, zur fraglichen Zeit in Leipzig bereits in Kraft gestandenen allg. deutschen Handelsgesetzbuche Art. 345 zufolge (von welchem übrigens auch die Vorschriften des zu jener Zeit in Geltung gestandenen badischen L.R.A.S. 100, vergl. mit den L.R.S.S. 1608. 1609, in keiner für den gegenwärtigen Fall erheblichen Weise abweichen), hatte der Beklagte bezüglich der betreffenden Waare die Gefahr von dem Augenblicke an zu tragen, als dieselbe der Eisenbahnverwaltung zu Leipzig übergeben war."

„Daß die fragliche Spritlieferung dieser Eisenbahnverwaltung vollständig (im Gewichte von 9331 Zollpfund) übergeben wurde, ist, da das Manco beklagter Seits stets dem Auslaufen des Sprits während der Reise beigemessen wurde, gar nicht bestritten, überdies aber durch den Frachtbrief d. d. Leipzig den 22. März 1862 und das Zeugniß der thüringen'schen Eisenbahngüterexpedition zu Leipzig vom 7. October 1862 genügend dargethan."

„Hat der Beklagte dem Vorhergehenden zufolge vom Augenblicke der Uebergabe der Waare an die betreffende Eisenbahnverwaltung zu Leipzig die Gefahr zu tragen, so ist dadurch doch keineswegs ausgeschlossen, daß Kläger für einen durch sein Verschulden, also insbesondere durch sorglose Verpackung der Waare hervorgerufenen Schaden einzustehen hätte. Es ergibt sich dies nicht nur aus allgemeinen Rechtsgrundsätzen, sondern auch insbesondere aus der Vorschrift des Art. 344 des allg. deutsch. Handelsgesetzbuches."

„Ein Verschulden der beschriebenen Art und einen daraus hervorgegangenen Schaden, nämlich ein bei der Ankunft der Waare zu Mannheim vorgefundenes Manco von 517 Zollpfund, hat nun auch der Beklagte behauptet; es ist ihm jedoch, mag auch das Manco als dargethan gelten, nicht gelungen, zu beweisen, daß dasselbe Folge eines Verschuldens des Klägers gewesen sei."

„Die Beurkundung der Main-Neckar-Eisenbahn-Güter-Expedition zu Mannheim vom 1. April 1862 ist, soweit sie eine Verantwortlichkeit der Eisenbahnverwaltung ablehnt und zur Begründung dieser Ablehnung auf schlechte Beschaffenheit der Gebinde sich berufen zu wollen scheint (die Beurkundung gedenkt — wohl in Folge eines Versehens — der Gebinde nicht ausdrücklich), selbstverständlich dem Kläger gegenüber ohne Beweiskraft. Das von vier Küblern und Küfern zu Mannheim unter dem 1. April 1862 ausgestellte schriftliche Zeugniß ist, wie sich aus seinem Inhalte (in den Worten: „auf Verlangen des Herrn Arudorff") und der Aussage des klägerischen Agenten Bantle (welcher zur Erhebung jenes Zeugnisses mitgewirkt zu haben, eidlich widerspricht), ergibt, eine lediglich auf einseitiges Betreiben des Beklagten, ohne Zuzug des Gerichtes (vergl. L.R.A.E. 106. P.O. §§. 508. 520) zu Stande gekommene Urkunde, welcher sowohl um dieses ihres Zustandekommens, als auch um ihres, jeglicher genaueren thatsächlichen Begründung des darin ganz allgemeinhin abgegebenen Urtheiles entbehrenden Inhaltes halber kein Gewicht beigelegt werden kann. Die von den erwähnten vier Küblern und Küfern, sowie von Bantle vor Gericht eidlich bezeugten Thatsachen lassen an und für sich noch auf kein Verschulden des Klägers bei Verpackung des fraglichen Sprits schließen. Das von beklagter Seite beantragte, gerichtlich erhobene Gutachten spricht sich aber offen gegen die Behauptungen des beklagten Theiles aus. Die von letzterem ausgegangenen Versuche, das Gutachten als ungenügend darzustellen und im Hinblick auf Pr.O. §§. 494. 495 die Erhebung eines anderweitigen Gutachtens hervorzurufen, müssen für mißlungen erachtet werden. Die aus der Möglichkeit, daß die gerichtlich bestellten Sachverständigen irrthümlich andere Fässer, als die, um welche es sich handelt, ihrer Untersuchung unterworfen hätten, — aus dem Umstande, daß eine richterliche Frage an die Sachverständigen von Umladungen des Sprits sprach, und aus angeblichen Aeußerungen eines dieser Sachverständigen gegen den Beklagten abgeleiteten Bemängelungen haben durch die deßfalls vom Unterrichter gemachten Erhebungen eine den Werth des Gutachtens in keiner Weise beeinträchtigende Erledigung gefunden. Wenn geltend gemacht wurde, das gerichtliche Gutachten stütze sich in seinem Ausspruche über die Beschaffenheit der Fässer seinem Inhalte nach nur auf eine aus der Seitens der Eisenbahnverwaltung zu Leipzig stattgehabten Annahme*) der Gebinde zum Transporte hergeleitete Vermuthung; so erscheint dies um deßwillen als unbegründet, weil, wie sich schon aus dem Eingange des schriftlich abgegebenen Gutachtens, und aus dem ersten darin zu 1 aufgestellten Satze ergibt, offenbar vorzugsweise der eigene Augenschein die nächste Erkenntnißquelle für die Sachverständigen war. Daß zu Eisenach das Manco dem Gewichte nach nur 35 Pfund betragen habe, ist von den Sachverständigen auf den Grund der Beurkundungen der Steuerbehörde daselbst mit Recht angenommen worden, da dieser Beurkundung nach die fraglichen Gebinde sammt Inhalt am besagten Orte 9296 Zollpfund wogen. Daraus, daß die Sachverständigen eines der Fässer als das „„schlechteste““ bezeichneten, läßt sich, bei dem übrigen Inhalte des Gutachtens kein Schluß darauf ziehen, daß alle Fässer schlecht und zum Spritttransporte untauglich gewesen seien. Wenn die Sachverständigen Vermuthungen über die eigentlichen Ursachen der an den Fässern eingetretenen Beschädigungen aussprechen, so thut dies selbstverständlich ihrer gutachtlichen Aeußerung über die Dauerhaftigkeit jener Gebinde keinen Eintrag. Die in zweiter Instanz gegen den Sachverständigen Röder vorgebrachte Thatsache, daß derselbe ein bedeutender Kunde des Klägers sei, erscheint im Hinblick auf Pr.O. §§. 488. 55 nicht als erheblich genug, um die Ablehnung des gedachten Sachverständigen zu begründen. Bemängelungen rein technischer Aussprüche der Sachverständigen, wie sie — abgesehen von den bisher besprochenen Einwürfen gegen das Gutachten — die Eingabe des Anwalts des Beklagten vom 24. Januar 1863 weiter enthält, sind im Hinblick auf die angeführten §§. 494. 495 der Pr.O. nicht geeignet, den Richter zu weiteren Maaßnahmen zu bestimmen. Es ist auch anzunehmen, daß die Sachverständigen, denen die Acten zu Gebote standen, bei Abgabe jener Aussprüche alle einschlägigen thatsächlichen Verhältnisse gebührend beachtet haben."

„Wenn beklagter Seits geltend gemacht wird, der klagende Theil habe in die Rücknahme der fraglichen — ihm zur Verfügung gestellten — Spritlieferungen dadurch gewilligt, daß in Klägers Auftrag dessen Agent Bantle den Sprit zu Mannheim habe in andere, als die von Leipzig gesendeten, Fässer umpumpen lassen; so ist diesem Vorbringen keine Berücksichtigung einzuräumen, weil sich unter den Umständen, unter welchen jenes Umpumpen vorgenommen worden sein soll, daraus kein Eingehen auf das Ansinnen des Beklagten erschließen läßt. Vergl. L.R.S. 1108 b. Kläger verfolgte trotz jenes Umpumpens im Wege des Prozesses die Ansprüche weiter, welche gerade durch Anordnen des Umpumpens von ihm aufgegeben worden sein sollen, er gab damit klar zu erkennen, daß er der fraglichen Handlung seines Agenten keineswegs die Bedeutung beigelegt wissen wolle, die ihr der Gegentheil beimißt. Eine Anerkennung eigenen Verschuldens des Klägers faßt das Umpumpen umsoweniger in sich, als dasselbe sich auch dann als nothwendig darstellen mochte, wenn etwa die während des Transports den Gebinden zugefügten Beschädigungen die Ursache des Ausrinnens der Flüssigkeit bildeten."

„Wenn endlich im dritten Rechtszuge noch besonders hervorgehoben wurde, daß die Fässer, welche an sich schon einen bedeutenden Bestandtheil der vom Kläger zu bewirkenden Lieferung ausmachten, insoferne vertragswidrig seien, als sie nach dem eigenen klägerischen Zugeständnisse neben eisernen Reifen auch noch je zwei hölzerne Reife an sich trügen, als aber „„Eisenbandfaß““ bedungen gewesen sei, so kommt hiegegen in Betracht, daß die Sachverständigen die Fässer ausdrücklich als „„in Eisen gebunden““ erklären, daß damit die Frage, ob, wie der Vertrag will, „„Eisenbandfaß““ geliefert worden, als zum Nachtheile des Beklagten beantwortet er-

*) Es sagt nämlich der §. 1 des „Vereinsreglements für den Güterverkehr auf den Eisenbahnen Deutschlands" (von 1856): „Die Eisenbahnverwaltungen übernehmen nur solche Güter zum Transport, die wohl conditionirt und nach ihrem Ermessen zweckmäßig verpackt sind. Güter, die nicht in einem solchen Zustande sind, können ausnahmsweise auf Gefahr des Aufgebers befördert werden, wenn er sich der Tragung dieser Gefahr und jeden Gewichtsverlustes, sowie der Haftung für alle in Folge des mangelhaften Zustandes entstehenden Schäden durch eine mit seiner Unterschrift versehene, auf dem Frachtbriefe zu allegirende Erklärung ausdrücklich unterwirft" D. R.

scheint, und daß selbst das Vorhandensein einiger hölzerner Reife neben der gehörigen Anzahl eiserner Reife — ganz abgesehen davon, daß die hölzernen Reife, wie klagender Seits in der mündlichen Verhandlung vorgebracht wurde, einen besonderen Zweck, z. B. den des Schutzes des Fasses beim Rollen haben mochten — der Eigenschaft eines „„Eisenbandfasses““ offenbar keinen Eintrag thun konnte. Es ist anzunehmen, daß die Sachverständigen in dem Vorhandensein einzelner hölzerner Reife, falls solche überhaupt noch zur Zeit der im Januar 1863 erfolgten Besichtigung der Fässer mit diesen verbunden waren, bei der übrigen Beschaffenheit der Fässer keinen Grund fanden, die letzteren nicht für in Eisen gebunden zu erachten. Bei dieser Sachlage konnte das klägerische Vorbringen über das Vorhandensein von je zwei hölzernen Reifen neben je acht eisernen Reifen, womit offenbar eine besonders sorgsame Verwahrung der Fässer dargethan werden wollte, auch einen Anlaß zur Erhebung eines anderweitigen Gutachtens nicht abgeben.“

„Aus dem Bisherigen erhellt, daß die beklagter Seits erhobenen Einwendungen der rechtlich begründeten und durch Zugeständniß erwiesenen klägerischen Forderung nicht entgegengehalten werden können, und daß die Widerklage der Begründung entbehrt.“

„Es waren daher die Urtheile der vordern Rechtzüge zu bestätigen.“

„Die Bestimmung wegen der Kosten stützt sich auf §. 168 der Pr.O.“

„Aus diesen Gründen wurde wie geschehen erkannt.“

Roßhirt.

63.

1) Der in L.R.S. 299 dem schuldigen Ehegatten gedrohte Verlust der durch den Heirathsvertrag oder seit eingegangener Ehe erlangten Vortheile tritt nicht nur bei der Ehescheidung, sondern auch bei der, statt derselben nachgesuchten, ständigen Trennung von Tisch und Bett ein.

2) Ein solcher Vortheil ist auch die dem überlebenden Ehegatten nach L.R.S. 754 a gehörende lebenslängliche Nutznießung.

In Sachen

des Franz Xaver Walter in Freiburg, als Vertreter des Malers Franz Maier von Riegel, zur Zeit in Umkirch,

gegen

die Erben der Ehefrau des Franz Maier in Riegel,

Eigenthum und Nutznießung betr.,

hatte das großh. Amtsgericht Kenzingen am 31. August 1863 erkannt:

„Die Beklagten seien schuldig:

1) das Eigenthum des Malers Franz Maier von Riegel, zur Zeit in Umkirch, an folgenden, in der Gemarkung Riegel gelegenen Liegenschaften, als:

vier Mannshauet Acker bei dem Brunnenkreuz, neben Anton Giedemann;

drei Mannshauet Acker bei dem Brunnenkreuz, neben Blasius Wahl;

drei Mannshauet Acker auf dem Wylerbühl, neben Joseph Knöbel;

drei Mannshauet Acker im Weisweiler Weg, neben Joseph Deckert;

zwei Mannshauet Acker im Weisweiler Weg, neben Jacob Rieder;

ein Mannshauet Reben auf dem Gallberg, neben Christian Roppe;

2) die lebenslängliche Nutznießung des Malers Franz Maier von Riegel an der Verlassenschaft der Franziska gebornen Lang

anzuerkennen.

Mit seinem weiteren Begehren sei der klagende Theil abzuweisen.

Die Kosten des Rechtsstreits haben die Beklagten zu tragen.“

Der an und für sich begründeten Klage, womit der klagende Wittwer die ihm in dem Ehevertrag vermachten Liegenschaften und die eheliche Nutznießung gegen die Erben seiner Ehefrau geltend machte, war aber beklagterseits unter anderm auch die Einrede entgegengehalten worden, daß Maier, dessen Rechte sein Gläubiger Walter hier zu seiner Befriedigung geltend macht, dieser Rechte, und zwar sowohl der aus seinem Heirathsvertrage abgeleiteten Vortheile, als der in L.R.S. 738 a begründeten Nutznießungsrechte durch ein am 20. October 1837 ergangenes oberhofgerichtliches Urtheil, das die ständige Trennung der Ehegatten von Tisch und Bett ausgesprochen, und den Ehemann Maier als den schuldigen Theil bezeichnet hätte — verlustig geworden sei, und somit auch Kläger diese Rechte nicht mehr geltend machen könne.

In beiden oberen Instanzen wurde angenommen, daß durch diese Einrede die erhobene Klage als vollkommen beseitigt erscheine, Kläger daher mit der erhobenen Klage abzuweisen.

Die Gründe zu dem bestätigenden Urtheil des großh. Oberhofgerichts vom 23. April 1864 lauten:

„Allerdings knüpft L.R.S. 299 den Verlust der durch den Heirathsvertrag, oder seit eingegangener Ehe erlangten Vortheile für den schuldigen Ehegatten seinem Wortlaute nach nur an die Ehescheidung, und die von der Trennung von Tisch und Bett handelnden S.S. 306 ff. erwähnen jenes Verlustes als Folge dieser Trennung nicht ausdrücklich; allein Ersteres erklärt sich daraus, daß das vierte Kapitel mit den S.S. 295 ff. nur die Ehescheidungen mit ihren Wirkungen behandelt, und aus Letzteren folgt nur, daß die vermögensrechtlichen Wirkungen der Trennung von Tisch und Bett aus anderen hier einschlägenden Gesetzesbestimmungen, und zwar insbesondere aus jenen über Ehescheidungen ermittelt werden müssen. Es rechtfertigt sich dies aus der Entstehungsgeschichte des Instituts der Trennung von Tisch und Bett, wonach dasselbe lediglich zur Gewissensberuhigung bezüglich auf religiöse Anschauungen gestattet wurde, und es darum — wie sich Satz 306 ausdrückt — den Ehegatten freigestellt ist, statt der Ehescheidung die Trennung von Tisch und Bett nachzusuchen, woraus sich die Gleichstellung beider Institute in ihren rechtlichen Grundlagen ergibt. Daß der Gesetzgeber solche auch wirklich in ihren vermögensrechtlichen Wirkungen im Allgemeinen gleichstellen wollte, und insbesondere — wie bei der Ehescheidung, so auch bei der Trennung — zwischen dem schuldigen und unschuldigen Ehegatten unterschieden hat, ergibt sich aus den L.R.S.S. 1441. 1452, und vorzugsweise aus L.R.S. 1518, der auf einem allgemeinen Princip beruht, welches alle unter L.R.S. 299 begriffenen Fälle umfaßt. — Erscheint es hiernach vollkommen gerechtfertigt, den L.R.S. 299 auch auf denjenigen Ehegatten anzuwenden, gegen welchen die Trennung von Tisch und Bett erkannt wurde, so ist Franz Mäler in Folge oberhofgerichtlichen Urtheils von 1837 aller ihm durch den Heirathsvertrag oder seit eingegangener Ehe erlangten Vortheile verlustig geworden. Dieser Verlust begreift aber nicht nur — wie unzweifelhaft — die Liegenschaften, deren Ausfolgung jetzt von dem Kläger verlangt wird, sondern auch die von demselben angesprochene Nutznießung an dem Nachlasse der Erblasserin der Beklagten.

Erwägt man nämlich, daß die auf L.R.S. 738 a gegründete Nutznießung dem überlebenden Ehegatten nicht sowohl vermöge Erbrechts als vermöge Eherechts, auch nur dann zukommt, wenn er nicht darauf verzichtet hat, oder der Witwe nicht ein Nießbrauch oder eine Rente (Wittum) vertragsmäßig ausgeworfen worden ist, — daß diese Nutznießung somit nur als ein gesetzliches Surrogat eines solchen nicht bedungenen Vortheils erscheint, — so findet der L.R.S. 299 seinem Grunde nach — Verlust aller durch die Ehe und während derselben erlangten Vortheile wegen Undankes des schuldigen Ehegatten — auch auf die dem Ueberlebenden kraft ehelichen Rechts zustehende Nutznießung Anwendung.“ Stf.

34.

Umfang der Rechtskraft eines Versäumungserkenntnisses.

Die Handelsleute Rabus und Stoll zu Mannheim einerseits und C. Giehne zu Carlsruhe andrerseits hatten behufs der gemeinsamen Betreibung eines Auswanderungsgeschäftes am 28. Februar 1853 mit einander einen Gesellschaftsvertrag abgeschlossen, welcher im §. 12 die Bestimmungen enthielt, daß unter den Gesellschaftern entstehende Streitigkeiten durch ein Schiedsgericht zu entscheiden seien, daß aber „gegen den Schiedsspruch keine gerichtliche Berufung eingelegt werden dürfe.“ Nachdem sich nun in der That Streitigkeiten erhoben hatten, stellten Rabus und Stoll bei dem Amtsgerichte Carlsruhe gegen Giehne eine die Constituirung eines Schiedsgerichtes bezweckende Klage an, in welcher sie ausdrücklich den — auch in Abschrift vorgelegten — Gesellschaftsvertrag vom 28. Februar 1853 seinem vollen Inhalte nach als integrirenden Theil ihres Vorbringens erklärten. Das Klaggesuch ging dahin, auszusprechen, „die betreffenden Streitigkeiten seien durch ein Schiedsgericht zu entscheiden, und Beklagter sei demgemäß schuldig, einen Schiedsrichter zu ernennen und mit Kläger wegen des Schiedsvertrages ins Benehmen zu treten, widrigenfalls die Bestellung eines der Schiedsrichter und die Ernennung des Obmannes von Gerichtswegen erfolge.“

(Schluß folgt.)

Annalen der Großherzogl. Badischen Gerichte.

1864. Band XXX. No. 14.

(Schluß von Art. 54.)

Auf die Klage wurde Ladung erkannt und erging in Folge ungehorsamen Ausbleibens des Beklagten Giehne Seitens des großh. Amtsgerichtes Carlsruhe unter dem 2. Oct. 1861 ein Versäumungserkenntniß dahin, „wird der thatsächliche Inhalt der Klage für zugestanden, jede Schutzrede für versäumt und Beklagter für schuldig erklärt, zur Auseinandersetzung des zwischen ihm und den Klägern bestehenden Gesellschaftsverhältnisses binnen acht Tagen bei Vollstreckungsvermeiden einen Schiedsrichter zu wählen.“ Dieses Versäumungserkenntniß wurde rechtskräftig. Beklagter leistete demselben binnen der anberaumten Frist keine Folge. Auf klägerisches Anrufen sprach das großh. Amtsgericht Carlsruhe unter dem 1. November 1861 aus, „zum Vollzuge des Versäumungserkenntnisses werde im Zwangswege für den Beklagten Giehne der Handelsmann G. A. Egelhaaf in Mannheim zum Schiedsrichter bestellt.“

Beklagterseits gegen letzteren Ausspruch erhobene Einwendungen hatten eine Abänderung desselben nicht zur Folge. Kläger hatten bereits einen Schiedsrichter namhaft gemacht. Dieser und Egelhaaf bestellten einen Obmann. Das auf solche Weise constituirte Schiedsgericht verhandelte über die fraglichen Streitigkeiten. (Giehne gab die nöthigen Erklärungen vor demselben ab) und erließ unter dem 15. Dezbr. 1862 ein Urtheil, welches auf Antrag des beklagten Theiles unter dem 17. Febr. 1863 ergänzt wurde.

Haupturtheil und Ergänzungsurtheil wurden vom großh. Amtsgerichte Carlsruhe für vollzugsreif erklärt. Beklagter ergriff die Berufung dagegen an das großh. Hofgericht des Mittelrheinkreises. Dieses verwarf solche unter dem 15. September 1863 als unzulässig, weil die oben berührte Bestimmung des Gesellschaftsvertrages den Schiedsspruch für inappellabel erkläre. Gegen diesen Bescheid ergriff der beklagte Theil — darauf bauend, daß der ganze Gesellschaftsvertrag vom 28. Februar 1853 wegen Nichtbeobachtung der Förmlichkeiten des L.R.S. 42 nichtig sei, und daß das oben besprochene Versäumungserkenntniß nur die Nothwendigkeit eines Schiedsgerichts, nicht aber die Inappellabilität des Schiedsspruches festgestellt habe — die Oberberufung mit dem Antrage auf Aufhebung des hofgerichtlichen Erkenntnisses und Rückweisung der Sache an das großh. Hofgericht zur Entscheidung derselben in materialibus.

Das großh. Oberhofgericht bestätigte indessen den hofgerichtlichen Bescheid. Die oberhofgerichtlichen Entscheidungsgründe besagen:

Die Beschwerde des beklagten Theiles gegen das, die Berufung wider die schiedsrichterlichen Urtheile vom 15. Dezember 1862 und 17. Februar 1863 für unzulässig erklärende, hofgerichtliche Erkenntniß ist unbegründet.“

„Wenn oberappellantischer Seits zunächst geltend gemacht wird, daß die Berufung schon um deßwillen vom großh. Hofgerichte nicht für unzulässig zu erklären gewesen wäre, weil die Thatsache, woraus diese nach L.R.S. 52 [1]) gegen die Regel verstoßende Unzulässigkeit abgeleitet werde, vom klagenden Theile nicht schriftlich vorgetragen worden sei; so kommt hiegegen in Betracht, daß hier keineswegs eine neue thatsächliche Aufführung, die allerdings nach Pr.O. §. 1077 nur schriftlich vorgebracht werden durfte, in Frage steht, daß es dagegen, um die Zulässigkeit der Berufung auf Grund des Inhaltes der vorliegenden gerichtlichen und schiedsrichterlichen Akten zu bestreiten, zumal bei Berücksichtigung des §. 1165 der Pr.O., welcher die Verhandlung über Statthaftigkeit oder Unstatthaftigkeit der Berufung in die zum mündlichen Vortrage bestimmte Gerichtssitzung verweiset, offenbar an den durch das Protocoll über die hofgerichtliche Sitzung vom 15. September v. J. beurkundeten Erklärungen des appellatischen Anwalts genügte. [2]) Der Ableitung von Forderungen aus L.R.S.

---

[1]) Zu bemerken ist hier, daß der Schiedsspruch (d. d. 15. Dezember 1862) vor Einführung des neuen Handelsgesetzbuches erging. Letzteres kennt das Zwangsschiedsgericht nicht. D. R.

[2]) Gedachtes Protokoll besagte unter Anderm, der Vorsitzende habe die Anwälte zur Aeußerung über die Zulässigkeit der Appellation aufgefordert, der appellatische Anwalt habe diese Zulässigkeit bestritten. D. E.

52 steht überhaupt schon der Umstand entgegen, daß, wie die erwähnten gerichtlichen Acten ergeben, das Schiedsgericht nicht auf den Grund der L.R.A.S.S. 51. 52, sondern ausschließlich im Hinblicke auf den §. 12 des Vertrags vom 28. Februar 1853 beantragt und niedergesetzt wurde."

„Wenn ferner zur Begründung der Beschwerde vorgebracht wird, daß den, wegen Nichtbeachtung der Vorschriften des L.R.A.S. 42 im Allgemeinen für unwirksam zu erachtenden, Verträgen vom 28. Februar 1853 und 24. Dezember 1857 [2]) auch keine Bedeutung hinsichtlich der die Berufung ausschließenden Bestimmungen eingeräumt werden dürfe, und daß ebensowenig dem wegen Bestellung des ohnehin schon dem Gesetze (L.R.A.S. 51) nach nothwendigen — Schiedsgerichts stattgehabten gerichtlichen Verfahrens eine über dessen nächsten Zweck hinausgehende Wirksamkeit beigelegt, mithin auch hierauf die Unzulässigkeit der Berufung nicht gestützt werden könne; so steht diesem Vorbringen mit entscheidender Kraft folgende Erwägung entgegen. Wie bereits oben angeführt ist, wurde das Begehren auf Errichtung eines Schiedsgerichts klägerischer Seits lediglich und ausschließlich auf den Vertrag vom 28. Februar 1853 gegründet, ohne daß man dabei der Anwendbarkeit des L.R.A.S. 51 auf den vorliegenden Fall auch nur gedachte. Bezeichneter Vertrag wurde zum Bestandtheile der jenes Begehren verfolgenden Klage erklärt. Er enthält in unmittelbarster Verbindung mit der Satzung, daß Streitigkeiten durch ein Schiedsgericht zu entscheiden seien, die Bestimmung, daß „gegen den Schiedsspruch keine gerichtliche Berufung eingelegt werden dürfe." Der gesammte Klagvortrag wurde bei dem ungehorsamen Ausbleiben des Beklagten durch das Versäumungserkenntniß vom 2. October 1861, welches in Rechtskraft erwuchs, für zugestanden, jede Schutzrede dagegen für versäumt und in Folge hievon Beklagter für schuldig erklärt, „zur Auseinandersetzung des zwischen ihm und den Klägern bestehenden Gesellschaftsverhältnisses binnen 8 Tagen bei Vollstreckungsvermeiden einen Schiedsrichter zu erwählen." Es war damit der Vertrag vom 28. Februar 1853, soweit er sich auf ein zu errichtendes Schiedsgericht bezog, nicht nur vor Gericht geltend gemacht, sondern auch durch das Gericht selbst in der fraglichen Beziehung rechtskräftig für maaßgebend erklärt. Die aus der Nichtigkeit des Vertrags vom 28. Februar 1853 in seiner Eigenschaft als Gesellschaftsvertrag unter Bezug auf L.R.A.S. 42 nunmehr abgeleitete, und auf die darin enthaltene, die Entscheidung von Streitigkeiten durch ein Schiedsgericht betreffende, Bestimmung erstreckte Einrede war jedenfalls, wollte ihre Berücksichtigung ermöglicht werden, der Klage gegenüber geltend zu machen. Sie ist nun als unter die, für versäumt erklärten, Schutzreden fallend anzusehen, und ist ihr deßhalb schon eine rechtliche Wirksamkeit nicht mehr zuzugestehen. Daß der Vertrag durch das rechtskräftige Versäumungserkenntniß nur insoweit Anerkennung erlangt habe, als er (im ersten Satz des §. 12) bestimmt, daß für den Fall eintretender Streitigkeiten ein Schiedsgericht, wozu jeder Betheiligte einen Sachverständigen wähle, entscheiden solle, nicht aber insoweit als er (im zweiten Satz des §. 12) festsetzt, daß gegen den von diesem Schiedsgerichte erlassenen Spruch Berufung nicht zulässig sei, kann nicht angenommen werden, da einzelne Theile einer vertragsmäßigen Uebereinkunft, welche im Hinblick auf den augenscheinlich bei der Vertragseingehung bestandenen gemeinsamen Willen der Parteien (L.R.S. 1156) als einander gegenseitig bedingend aufzufassen sind, offenbar nicht in der Weise von einander getrennt werden dürfen, daß der eine angewendet, der andere außer Acht gelassen würde, und da demgemäß Dasjenige, was der Vertrag vom 28. Februar 1853 über das Schiedsgericht enthält, seinem ganzen Umfange nach als dem Versäumungserkenntnisse zu Grunde liegend, damit aber als unter den streitenden Theilen festgestellt angesehen werden muß."

„Aus diesen Gründen und nach Pr.O. §. 168 wegen der Kosten mußte, wie geschehen, erkannt werden."

Roßhirt.

55.

1) Vermögensabsonderung.

a) Bezüglich des Antheils der Ehefrau am Gemeinschaftsgut kann wegen unverschuldeter Verluste am Gemeinschaftsvermögen Verm.Abs. nicht begehrt werden.

b) Bezüglich des eheweiblichen Sonderguts genügt aber auch die unverschuldete Zerrüt-

[2]) Letzterer Vertrag stimmte in der fraglichen Beziehung mit dem vom 28. Februar 1853 überein. D. E.

tung des ehemännlichen Vermögens zur Begründung der Klage auf Absonderung desselben.

2) Ueber den Werth eines Gegenstandes findet Eideszuschiebung nicht statt. §. 530 d. Pr.O.

3) Es ist eine nach §. 304 d. Pr.O. unzulässige Aenderung der Klage auf Vermögensabsonderung, wenn von Geldern, die darin als noch ausstehend und unbeibringlich bezeichnet sind, später behauptet wird, sie seien bereits eingegangen und verwendet.

In Sachen

der Ehefrau des Fabrikanten Eugen Fromm, Caroline geb. Hellmeth in Carlsruhe

gegen

ihren Ehemann Eugen Fromm in Pforzheim,

Vermögensabsonderung betr.,

ist in den Entscheidungsgründen zum oberhofgerichtlichen Urtheil vom 7 April 1864 ausgeführt:

„Was die rechtliche Zulässigkeit der Klage betrifft, so kann zwar die Klägerin nicht befugt erscheinen, die Vermögensabsonderung wegen ihres Antheils am ehelichen Gemeingut zu begehren, weil sie, — die unverschuldete Verluste am Gemeinschaftsvermögen hinnehmen muß — nicht behaupten konnte, daß es eine verschwenderische Lebensweise des Beklagten oder seine schlechte Verwaltung jenes Vermögens sei, welche dessen Rückgang herbeigeführt habe und weitere Einbußen daran befürchten lasse; dagegen ist ihre Klage insofern rechtlich zulässig, als sie darin geltend macht, daß ihr von der Gemeinschaft ausgeschlossenes Einbringen gefährdet sei, weil das ehemännliche Vermögen in Folge seiner seit der Eheschließung eingetretenen — wenn auch unverschuldeten — Zerrüttung schon jetzt nicht mehr zur Deckung jenes Einbringens hinreiche. L.R.S. 1443.

Diese Behauptung hat sich indessen durch die gepflogenen Verhandlungen nicht bestätigt. — Denn, wenn auch die Inventur vom März 1860 einen Theil des von der Klägerin beigebrachten Sonderguts in dem verhältnißmäßig geringen Betrag von 345 fl. 26 kr. ungedeckt erscheinen läßt, so hat doch die Klägerin im Lauf der Verhandlungen zugegeben, daß Beklagter an seinen frühern kleinern Schulden seither den Betrag von 430 fl. 3 kr. abbezahlt habe, so daß hiernach eine Vermögensunzulänglichkeit nicht mehr vorhanden ist.

In der Klage ist zwar rc. behauptet, daß das in der Inventur auf 500 fl. angeschlagene Pferd nur einen Werth von 200 fl. habe, und daß die Beibringlichkeit mehrerer in der Inventur verzeichneten Forderungen im Gesammtbetrag von 8235 fl. 59 kr. sehr zweifelhaft sei; allein erstere Behauptung blieb beweislos, indem die Klägerin den Beweis des von ihr angegebenen Werths des ehemännlichen Vermögens nur durch Berufung auf die Inventur vom März 1860 und durch Zuschiebung des Haupteides an den Beklagten antrat, während gerade in jener Inventur das Pferd auf 500 fl. angeschlagen ist, und eine Eideszuschiebung über den Werth eines Gegenstandes unstatthaft erscheint (§. 530 der Pr.O.), — und was die Behauptung der Unbeibringlichkeit der Forderungen betrifft, so wurde solche von der Klägerin im Lauf der Verhandlungen zurückgenommen, nachdem der Beklagte im Wege des Gegenbeweises darzuthun versucht hatte, daß der größte Theil der Forderungen sogar schon eingegangen sei. Die Klägerin macht zwar jetzt geltend, daß die eingezogenen Gelder vom Beklagten anderweit, insbesondere zur Zahlung von nicht inventirten Schulden verwendet worden seien; diese Behauptung kann aber keine Berücksichtigung finden, weil es eine unzulässige Klagänderung ist, wenn die Klägerin jetzt Gelder, die sie in der Klage als noch ausstehend und unbeibringlich bezeichnet hatte, für bereits eingezogen und verwendet ausgibt (§. 304 der Pr.O.) rc.

Erf.

56.

Es ist ein Kauf, nicht ein Kommissionsgeschäft als vorhanden anzunehmen, wenn die Correspondenz darthut, daß sich der Uebernehmer der Waare schuldig bekannte, den Preis derselben, auch ohne sie bereits verkauft zu haben, seinerseits zu bezahlen.

L.R.A.S.S. 91—95. Allg. d. Handelsgesetzb. Art. 360 - 378.

Die Grundsätze über die Wirkungen der Annahme einer Waare erleiden Ausnahmen im Falle besonderer, sie aufhebender Gedinge, sowie im Falle unterlaufener Gefährde.

L.R.S. 1648. L.R.A.G.S. 92ac. af. ag. Allg. d. Handelsgesetzb. Art. 346—350.

Die Person, welche eine Waarenbestellung vermittelt hat, erscheint, wenn es sich um die Art und Weise der Mittheilung dieser Bestellung an den Fertiger der Waare handelt, als ein verdächtiger Zeuge.

Pr.O. §. 468[a].

Der die Vorlegung der Handelsbücher betreffende Art. 37 des allg. d. Handelsgesetzb. ist als prozeßrechtliche Bestimmung dermalen auch dann anzuwenden, wenn der betreffende Rechtsstreit ein Rechtsgeschäft zum Gegenstande hat, welches vor Einführung des neuen Handelsgesetzbuches ins Leben trat.

Dieser Artikel bezieht sich indessen nur auf Bücher, welche von jedem Kaufmanne geführt werden müssen.

L.R.A.G.S. 8. 9. Allg. d. Handelsgesetzbuch Art. 28.

Der §. 454 des Str.G.B. ist nur dann anwendbar, wenn der Verkäufer einer Goldwaare den Käufer, indem er jener Waare einen höheren Feingehalt, als sie wirklich hat, beimißt, betrüglich beschädigt, nicht aber dann, wenn der Kaufpreis dem wirklichen Gehalte entspricht, also eine Beschädigung des Käufers nicht vorliegt.

Vorstehende Sätze wurden von großh. Oberhofgerichte in dem Rechtsfalle J. S. des Bijouteriefabrikanten Georg Fink und Comp. zu Pforzheim, Kläger gegen die Bijouteriefabrikanten Mayer und Bissinger von da, Beklagte, Forderung betr., ausgesprochen. Es ist dieser Rechtsfall aber auch noch in anderen Beziehungen, namentlich weil er Einsicht in die Verhältnisse der Goldwaarenfabrikation und des Goldwaarenhandels gestattet, nicht ohne Interesse.

Die Beklagten hatten in der Zeit vom 31. Januar 1857 bis zum 17. August 1858 vom klägerischen Hause acht Goldwaarenlieferungen unter jeweiliger Angabe des Preises der einzeln gelieferten Stücke empfangen. Der Gesammtpreis betrug 41,238 fl. 6 kr. Die im März 1859 angestellte Klage forderte unter Berechnung der üblichen Zinsen vom jeweiligen Verfalltage an und unter Abzug eines Betrags für rückgenommene Waaren und einer den Beklagten gebührenden Zinsvergütung die Summe von 42,749 fl. 46 kr. sammt Zinsen zu 6 pCt. vom 31. Dezember 1858. Es behauptete die Klage, daß die betreffenden Waaren den Beklagten im Wege des Verkaufes überlassen worden seien, daß die Beklagten die einzelnen, von Facturen begleiteten Lieferungen, sammt diesen Facturen stets unbeanstandet angenommen hätten, und daß dieselben sogar in einem Briefe vom 7. Februar 1859 mittelst Anerkennung eines ihnen übersendeten Contocorrents ein Schuldanerkenntniß abgelegt hätten, welches allein schon die Klage zu begründen im Stande sei.

Beklagterseits wurde in der Vernehmlassung sowie im weiteren Verlaufe des Prozesses der Klage unter dem Gesuche um Abweisung derselben Folgendes entgegengehalten:

Es hätten zwar vor dem Eintreten der jetzt in Frage stehenden Goldwaarenlieferungen die Beklagten von dem klagenden Hause Goldwaaren käuflich übernommen, auch seien jene Lieferungen von den Beklagten bestellt, aber vom klagenden Theile stets verspätet bewirkt worden, bei solcher Sachlage hätten die Beklagten die käufliche Uebernahme derselben abgelehnt, es sei aber ein Uebereinkommen zu Stande gekommen, wonach sich die Beklagten bereit erklärt hätten, einen Versuch der Veräußerung der fraglichen Waaren zu machen und liege hiernach nur eine Verkaufscommission vor, da nun aber die Waaren, wenigstens zum bei Weitem größten Theile nicht verkauft seien, so sei auch, bekannten Grundsätzen über den Commissionshandel zufolge, eine Anforderung des gesammten Kaufpreises an den Kommissionär nicht begründet. Das nach Ansicht der Klage ein unbedingtes Schuldanerkenntniß enthaltende Schreiben vom 7. Februar 1859 fasse nur eine Bestätigung des Empfangs der Waaren und Facturen in sich, wie sie bei jedem Commissionsgeschäfte vorkommen.

Die fraglichen Waaren seien für Länder bestimmt gewesen, in welchen nur Goldwaaren, welche einen Feingehalt von 18 Karat nach der Feuerprobe hätten, verkauft werden dürften (Frankreich, Spanien), den Vertretern des klagenden Hauses sei dies mitgetheilt worden, es sei demgemäß auch ausdrücklich die Bestellung auf Waare, die 18karätig nach Feuerprobe sei, gerichtet worden, und sei klägerischer Seits ausdrücklich die Zusicherung eines solchen Goldgehaltes der zu liefernden Waare gegeben worden. Nichts destoweniger hätten die gelieferten Waaren nur einen Feingehalt von 12 — 15 Karat nach Feuerprobe gehabt, seien mithin nicht vertragsmäßig beschaffen gewesen. Ja selbst ganz abgesehen von dem Gedinge, daß die Waare 18 Karat nach Feuerprobe halten müsse, sei dieselbe für vertragswidrig zu erachten, da der Feingehalt einer auch nur nach Streichprobe 18karätigen Goldwaare nach den Regeln einer ordnungsmäßigen Fabrikation und dem Grundsatze, daß Verträge redlichen Vollzug erfordern (L.R.S. 1134), niemals auf 12 — 15 Karat herabsinken dürfe.

Klagender Seits wurden den Ausführungen der Beklagten gegenüber der Gesichtspunkt stattgehabten Verkaufes im Gegensatze zum Commissionsgeschäfte festgehalten, das angebliche Geding 18karätigen Goldes nach Feuerprobe widersprochen, dagegen behauptet, daß die Waare nach Streichprobe 18karätig sei, auch nach Feuerprobe nicht blos 12 — 15, sondern 16 – 18 Karat halte, sowie daß die Verwendung von Schlagloth, welches geringhaltiger sei, als das die Außenseite der betreffenden Waare bildende Gold, nach den Grundsätzen der Technik unvermeidlich sei, hauptsächlich aber geltend gemacht, daß die betreffende Bemängelung der Waare wegen Vertragswidrigkeit nach L.R.S. 1648 und den L.R.A.S.E. 92ae. 92af verspätet sei, weil sie, was den bei Weitem größesten Theil der Lieferungen anbelange, erst über Jahr und Tag nach Empfangnahme derselben, was selbst die letzte der Lieferungen angehe, erst über sechs Monate nach deren Bewirkung, nämlich erstmals in der Vernehmlassung auf die Klage, stattgefunden habe. Auch wurde hervorgehoben, es sei der Umstand, daß die gelieferten Goldwaaren nicht sämmtlich 18 Karat nach Feuerprobe gehalten hätten, den Bekl. von vornenherein offenbar bekannt gewesen.

Beklagter Seits wurde die Anwendbarkeit besagter Gesetzesstellen auf den vorliegenden Fall bestritten, da die Untersuchung des Gelieferten, welche von diesen Gesetzesstellen vorausgesetzt werde, bei Goldwaaren, die durch genaue Untersuchung ihres Feingehalts (Feuerprobe) zerstört würden, unthunlich, ja nach L.R.S. 1644a rechtlich unzulässig sei, und da überdies nach Str.G.B. §. 454 ein Betrug vorliege, welcher, wie schon der Inhalt des L.R.A.S. 92ag. zeige, die sonst aus dem L.R.S. 1648 und den L.R.A.S.S. 92ae. 92af. zu ziehenden Folgerungen beseitige. Es wurde, um die Verspätung der Bemängelung zu erklären, vorgetragen, die Beklagten hätten in gutem Glauben die betreffenden Waaren an verschiedene Orte versendet, erst kurz vor Abgabe der Vernehmlassung sei ihnen aus Frankreich die Kunde zugekommen, daß ein Theil jener Waaren dort vorgenommener amtlicher Untersuchung zufolge von bedeutend geringerem Feingehalt, als dem von 18 Karat nach Feuerprobe, sei. *)

---

*) Es sind hier einige Bemerkungen über das technische der Goldwaarenfabrikation zum Verständnisse der Behauptungen beider Theile unerläßlich. Zunächst ist das Verhältniß der Legirung (französ. l'alliage) ins Auge zu fassen. Das Gold kann seiner Weichheit halber im reinen Zustand nicht verarbeitet werden, es bedarf des Zusatzes eines anderen Metalls, Silbers oder Kupfers. Die Proportion der Mischung zwischen Gold einerseits und jenem anderen Metalle andererseits wird in Deutschland in Karaten, in Frankreich (in neuerer Zeit) in millièmes ausgedrückt. 24 Karat oder 1000 millièmes entsprechen dem reinen Golde. Sind unter diesen 24 Theilen (Karaten) sechs Theile fremdes Metall (Silber, Kupfer), so nennt man das Gold 18karätiges, sind 10 Theile fremdes Metall darunter, so nennt man es 14karätig u. s. w. Den 18 Karaten (¾) entsprechen 750 millièmes. In Deutschland wird selten Gold über 18 Karat verarbeitet. Die Pforzheimer Fabrikation verarbeitet in der Regel 14karätiges Gold. In Frankreich, wo ein Gesetz v. 19. brum. 6. (9. Novbr. 1797) die Verhältnisse der Goldwaarenfabrikation genau regelt, gibt es folgende Abstufungen: 920 millièmes (etwas über 22 Karat), 840 mill. (etwas über 20 Karat) und 750 mill. (18 K.). Unter 750 mill. darf das Gold in Frankreich nicht verarbeitet werden. Die daselbst fabricirten Goldwaaren werden von einer dazu bestimmten Behörde gestempelt. Der Stempel zeigt die betreffende Abstufung des Feingehaltes an. Ausländische Waaren erhalten einen besonderen Stempel (poinçon pour les ouvrages venant de l'étranger, die Buchstaben E. T. darstellend), welcher aber den Feingehalt nicht angibt. Es soll dadurch ausgeschlossen werden, daß ausländisches Fabrikat dem inländischen Concurrenz mache. (Die Behauptungen der Beklagten über die Behandlung ausländischer Goldwaaren in Frankreich sind hiernach theilweise irrig.) Neben dem Verhältnisse der Legirung ist das des Schlagloths in Betracht zu ziehen.

Es bestehen nämlich viele Goldwaaren aus mehreren Theilen, welche mit einander verbunden, d. i. zusammengelöthet werden müssen. Zum Löthen muß nun aber ein Metallstoff verwendet werden, welcher rascher flüssig wird, als der Stoff, aus welchem Dasjenige besteht, was zusammengelöthet werden soll. Jener Metallstoff besteht in der Regel aus Gold, welches geringhaltiger ist, als das zusammenzulöthende, oder aus einem weniger edeln Metalle. Der eben besprochene Gebrauch des Lothes, Schlaglothes (französisch soudure) hat natürlich die Folge, daß ein mit Schlagloth gearbeiteter Gegenstand Metall von verschiedenem Gehalte, ja unter Umständen von verschiedener Gattung in sich trägt. Die Außenseite (aus den innern zusammengelötheten Theilen bestehend) wird einen höheren Feingehalt zeigen, als der ist, den ein Zusammenschmelzen des Ganzen ergibt. Hierauf ruht nun der Unterschied der Streichprobe von der Feuerprobe. Die Streichprobe gibt nur über den Feingehalt

Der Unterrichter des großh. Amtsgericht Pforzheim, verurtheilte nach dem Klagbegehren. Das großh. Hofgericht des Mittelrheinkreises bestätigte auf beklagter Seits ergriffene Berufung das amtsgerichtliche Erkenntniß. Beide Rechtszüge gingen im Ganzen davon aus, daß sich das Vorhandensein von Kaufgeschäften im Gegensatze zu Commissionsgeschäften aus der Correspondenz ergebe, daß der den Beklagten von Seiten des klagenden Hauses übersendete Contocorrent durch erstre schlechthin anerkannt worden sei, daß auch die L.R.A.-S.S. 92 ac. af auf den vorliegenden Fall anwendbar, dagegen die Bestimmungen des Str.G.B. §§. 453. 454 nicht anwendbar seien.

Das großh. Oberhofgericht erließ auf beklagter Seits ergriffene Oberberufung zunächst ein Beweiserkenntniß. Es gab den Beklagten zu beweisen auf, a) daß ihnen Kläger zugesagt, die fraglichen Goldwaaren in einem Feingehalte von 18 Karat nach der Feuerprobe zu liefern, b) daß dagegen diese Waaren in einem geringern Feingehalte und in welchem geliefert worden seien; den Klägern, daß die Beklagten die wahre Beschaffenheit der gedachten Waaren zur Zeit der Annahme derselben gekannt hätten.

Die Beklagten traten den Beweis zu a an, durch Berufung auf die Facturen, mit welchen ihnen die Waaren als „achtzehnkarätige Bijouterie" übersendet worden waren, auf das Zeugniß des Theodor Hassenpflug, der Namens ihrer die Bestellung der Waaren bei dem klagenden Hause besorgt hatte, auf ein Gutachten Sachverständiger darüber, ob nicht die Bezeichnung „18karätig" gleichbedeutend mit „18karätig nach Feuerprobe" sei, durch Erbieten zum Erfüllungseide und Zuschiebung des Haupteids über das Beweisthema an den Inhaber des klagenden Fabrikhauses. Hassenpflug sagte, eidlich abgehört, im Ganzen im Sinne der Beklagten aus. Die bestellten Sachverständigen erklärten dagegen, daß ein Gebrauch, demzufolge unter 18karätiger Bijouterie solche, die 18 Karat nach Feuerprobe halte, verstanden werde, nicht bestehe. Die Eideszuschiebung fiel hinweg. Es starb nämlich, während das Beweisverfahren im Gange war, der besagte Inhaber des klagenden Hauses, Georg Fink *), und trat an seine Stelle seine einzige Tochter, die Ehefrau des Kaufmann Hecht in Straßburg. Gemäß Pr.O. §. 563 [1] wurde den Beklagten aufgegeben, statt der Eideszuschiebung an Fink etwaige neue Beweismittel geltend zu machen. Sie thaten dies, indem sie sich auf ein sog. Bestellbuch des klagenden Hauses, in welches Buch ihre Bestellung der fraglichen Waaren, als auf 18 Karat nach Feuerprobe lautend eingetragen sei, beriefen. Es wurde klagender Seits ein solches Buch vorgelegt, dasselbe enthielt aber den behaupteten Eintrag nicht. Die Beklagten trugen nun vor, daß das vorgelegte Buch das von ihnen gemeinte nicht sei und wiederholten das Gesuch um Vorlage des wahren, von ihnen angerufenen Bestellbuchs. Dies Gesuch wurde indessen bei Erlassung des Endurtheils als unbegründet verworfen.

der Außenseite Auskunft. Die Feuerprobe, bei deren Anstellung das Ganze zusammengeschmolzen wird, zeigt, welchen Feingehalt die Waare bei Berücksichtigung aller ihrer Theile hat. Ist eine Waare mit einem bestimmten Feingehalte nach Feuerprobe bestellt, so soll sie, zusammengeschmolzen, diesen Gehalt ergeben. Es müßte also Das, was durch Verwendung geringhaltigeren Lothes an Feingehalt abgeht, durch den Gebrauch von Gold feineren Gehalts, als des bedungenen, zur Herstellung der Haupttheile der Waare wieder ersetzt werden.

Ein Gleiches hat natürlich bei einer Waare, die nur nach der Strichprobe zu beurtheilen ist, nicht stattzufinden. Daß mittelst übermäßiger Anwendung von Schlagloth Mißbrauch geübt werden kann, und hie und da geübt wird, ist außer Zweifel. Im vorliegenden Falle behaupten die Beklagten, daß, auch abgesehen von dem Gedinge des Feingehalts von 18 Karat nach Feuerprobe, ein solcher Mißbrauch vorliege, indem selbst eine nur nach Strichprobe zu beurtheilende Goldwaare, die für 18karätig ausgegeben werde, nothwendig mehr, als 15—16 Karat Goldgehalt haben müsse. In Frankreich gestattet das Gesetz, weil es schwierig ist, den Goldfeingehalt ganz richtig zu treffen, eine s. g. tolérance von drei millièmes. Da nun aber diese tolérance im Hinblicke auf die Erfahrung bei gelötheten Waaren nicht für ausreichend erachtet wird, so pflegt die Praxis der Aufsichtsbehörden dieselbe auf 20 millièmes auszudehnen. Bei einer Ueberschreitung dieses Maaßes durch Lothzusatz (im Falle des excès de soudure) fragt es sich nach französischem Rechte, ob lediglich das Vorhandensein eines zu niedrigen Feingehaltes, welches das Zerbrechen der Goldwaare nach sich zieht, oder das délit de fourré anzunehmen sei. Letzteres Vergehen besteht nach dem Gesetze eigentlich im Ausfüllen einer Goldwaare mit Eisen, Kupfer oder einem andern fremdartigen Gegenstande (fer, cuivre ou de toute autre matière étrangère) und wird mit Confiscation und Geldbuße im zwanzigfachen Betrage des Werthes des betreffenden Gegenstandes bestraft. Der Gerichtsgebrauch neigt sich dahin, ein délit de fourré in Fällen der fraglichen Art nur dann anzunehmen, wenn bei der Fabrikation eine betrügerische Absicht nachzuweisen ist. Vergl. über das franz. Recht Dalloz, Répert. de législation t. 31. Mot. „Matières d'or et d'argent." D. E.

*) Georg Fink war ungeachtet dessen, daß das Haus die Firma „Georg Fink u. Comp." führte, doch Alleineigenthümer des Geschäfts. D. E.

Klägerischer Seits wurde ein Gegenbeweis durch Berufung auf Vermuthungen gegen die Wahrscheinlichkeit einer Bestellung auf 18 Karat nach Feuerprobe, sowie durch Berufung auf Zeugen, nämlich Bedienstete des klagenden Hauses, welche aussagen sollten, daß die Bestellung in der beklagter Seits behaupteten Weise nicht erfolgt sei, angetreten. Unter den Vermuthungsgründen wurde auch der Inhalt von Acten des großh. Oberamts Pforzheim, der großh. Regierung des Mittelrheinkreises und des großh. Handelsministeriums angeführt, woraus sich ergebe, daß aus technischen Gründen der Fabrikation hinsichtlich des Gebrauchs des Schlaglothes eine feste Grenze nicht gesetzt werden könne. Allerdings zeigen diese Acten, daß in früherer Zeit (1784) eine polizeiliche Anordnung erlassen wurde, der zufolge kein Schlagloth von weniger als 8 Karat Feingehalt verwendet werden, und überhaupt beim Gebrauche von Schlagloth stets wieder soviel feineres Gold zugesetzt werden sollte, als je nach dem Gehalte des Schlaglothes erforderlich sei, um vereinigt den Feingehalt darzustellen, den das aufzuprägende Controlzeichen angebe, daß die Bijouteriefabrikanten unter Geltendmachung technischer Gründe hiegegen Verwahrung einlegten, und daß man bei späterer theilweiser polizeilicher Regelung der Bijouteriefabrikation (1823) Seitens der Staatsbehörden von jeglicher das Schlagloth betreffenden Anordnung absah. Die Gegenbeweiszeugen deponirten (eidlich) im Ganzen im Sinne der klägerischen Angaben.

Der den Beklagten zu b. auferlegte Beweis wurde von denselben durch Berufung auf ein Zeugniß der Pariser Controlbehörde, auf ein im Privatwege erhobenes Gutachten des Goldcontroleur Dechole zu Pforzheim, endlich durch Berufung auf ein noch zu erhebendes Gutachten gerichtlich zu bestellender Sachverständigen angetreten. Ein Gutachten letzterer Art wurde eingeholt. Es konnte sich natürlich nur auf einzelne Stücke aus der Masse der in Frage stehenden Goldwaaren erstrecken. Dasselbe ergab, daß die mit Schlagloth gearbeiteten untersuchten Stücke nach Feuerprobe einen Feingehalt von $14\frac{21}{24}$ bis $16\frac{14}{24}$ Karat, die mit Schlagloth nicht (oder doch nur in ganz geringem Maaße) versehenen untersuchten Stücke nach Feuerprobe 17 bis $17\frac{17}{24}$ Karat hielten.

Der den Klägern aufgegebene Beweis wurde durch Vorführung einer Reihe von Vermuthungen und Zuschiebung des Haupteides angetreten. Die Vermuthungen wurden vom Gegentheile bekämpft, der Haupteid unter Bemängelung der aufgestellten Formel angenommen.

Auf im Laufe der Beweisverhandlungen an die Sachverständigen gerichtete Fragen bestätigten diese im Ganzen die klägerischen Anführungen über das Schlagloth, bemerkten aber — jedoch ohne nähere Begründung dieses Ausspruchs —, daß bei normaler Fabrikation der Feingehalt 18karätiger Bijouterie selbst in Folge der Anwendung von Schlagloth nicht unter $16\frac{3}{4}$ oder $16\frac{1}{2}$ Karat sinken dürfe, und erklärten ferner, daß die geforderten Preise im Verhältnisse zur Beschaffenheit der gelieferten Waare nach den Regeln des Handelsverkehres nicht als übermäßig anzusehen seien.

Das großh. Oberhofgericht bestätigte am Schlusse der Beweisverhandlungen die Urtheile der vordern Rechtszüge. Die oberhofgerichtlichen Entscheidungsgründe lauten, wie folgt:

„Die Klage behauptet, daß die Beklagten die in der Klagbeilage I. verzeichneten Waaren im Wege des Kaufes erworben hätten und fordert daraufhin von ihnen den Kaufpreis. L.R.S. 1650."

„Die Beklagten beabredeten zuvörderst das Dasein eines Kaufes und gaben nur zu, daß sie bezüglich der fraglichen Waaren eine Verkaufscommission übernommen hätten. Sie machten daraufhin geltend, daß man, da sie ihrerseits die Waaren zu verkaufen noch nicht Gelegenheit gehabt hätten, zur Zeit von klagender Seite das Begehren der Erstattung eines Preises an sie nicht stellen könne."

„Es ist jedoch auf den Grund der von dem klagenden Hause vorgelegten, vom beklagten Theile als ächt anerkannten, Correspondenz als erwiesen anzunehmen, daß das zwischen beiden Theilen eingegangene Rechtsgeschäft das des Kaufes, nicht aber eine bloße Verkaufscommission war."

„Als das klagende Haus mit den Schreiben vom 30. Jan. und 3. Febr. 1858 die Beklagten dringend um Deckung für die, durch die vier ersten, in der erwähnten Klagbeilage I. aufgezeichneten Lieferungen erwachsenen Kaufpreisforderungen anging, gaben die Beklagten in ihrem Antwortschreiben vom 4. Februar 1858 — indem sie anführten, „„es seien ihnen in Folge der Crisis die erwarteten Anschaffungen ausgeblieben,"" die Versicherung, „„daß sie bei eingehenden Rimessen gewiß des klagenden Hauses gedenken würden."" Nachdem klägerischerseits den

Beklagten unter dem 12. Januar 1859 ein Rechnungsauszug über die sämmtlichen dermalen verfolgten Schuldposten zugesendet worden war, erklärten die Beklagten „„daß sie diese Posten mit den betreffenden Facturen übereinstimmend gefunden hätten,““ behielten sich eine Beanstandung nur hinsichtlich der klägerischen Zinsberechnung vor, und erboten sich, mit den Abschlagszahlungen zu beginnen, sobald ihre Gelder nur einigermaaßen besser eingingen, indem sie gleichzeitig um Nachsicht baten. (Schreiben vom 7. Febr. 1859 L.G.Acten S. 17.) In Folge der klägerischen Mahnbriefe vom 9. und 21. Febr. 1859 wendeten sich die Beklagten hinsichtlich der Zinsberechnung unter dem 23. Febr. 1859 an das Billigkeitsgefühl des klagenden Hauses, sich darauf berufend, daß sie einen großen Theil der fraglichen Waaren, den sie wegen verspäteter Lieferung zurückzuweisen befugt gewesen wären, nur aus Gefälligkeit angenommen hätten, und daß sie einen, dem Werthe von 45,000 fl. entsprechenden Theil jener Waaren zu verkaufen bisher außer Stand gewesen seien.

Als endlich der klagende Theil im Schreiben vom 28. Februar 1859 erklärte, das Gericht über seine Ansprüche entscheiden lassen zu wollen, sprachen sich die Beklagten dahin aus, daß es nicht ihr Wille sei, mit dem klägerischen Hause vor Gericht zu kommen, daß ihnen vielmehr eine Verständigung erwünscht sei, und erboten sich zu einer alsbaldigen Abschlagszahlung. (Schreiben vom 28. Februar 1859.)“

„Geradezu undenkbar ist nun, daß sich die Beklagten in der Weise geäußert hätten, wie sie es der bisherigen Darlegung zufolge zum Oefteren thaten, wenn sie nicht Käufer, sondern nur Verkaufscommissionäre gewesen wären, indem sie doch letzteren Falls bei der bekannten rechtlichen Natur der Verkaufscommission sich in der Lage befunden hätten, wofern wirklich, wie sie behaupteten, der bei weitem größeste Theil der fraglichen Waaren noch keine Käufer gefunden hatte, ganz einfach durch Berufung auf das Dasein eines Commissionsgeschäftes sich von der gegen sie gerichteten Anforderung zu befreien.“

„Statt in dieser Weise der besagten Anforderung gegenüberzutreten, haben die Beklagten dieselbe, abgesehen von dem Nebenpunkte der Zinsberechnung, stets vollständig anerkannt, damit aber auch die Richtigkeit der Grundlagen derselben, nämlich das Dasein des Kaufes schlechthin zugegeben.“

„In zweiter Reihe hielten die Beklagten der Klage entgegen, sie hätten bei Bestellung der fraglichen Waaren ausdrücklich zur Bedingung gemacht, daß dieselben einen Feingehalt von 18 Karat nach der Feuerprobe haben müßten, klägerischer Seits sei ihnen die Erfüllung dieser Bedingung ausdrücklich zugesagt worden, nichts desto weniger seien aber jene Waaren nicht in dem besagten Feingehalte, sondern nur in einem solchen von 12 15 Karat geliefert worden, welche Art der Ausführung der Bestellung nicht nur vertragswidrig sei, sondern zugleich eine gefährdevolle Handlungsweise in sich fasse.“

„Das klagende Haus bezog sich diesem Vorbringen gegenüber zunächst darauf, daß die Beanstandung der Beschaffenheit der zum Theil über Jahr und Tag, zum Theil mindestens über sechs Monate vor Geltendmachung jener Beanstandung gelieferten und ohne Widerrede angenommenen Waaren den Grundsätzen über die rechtlichen Wirkungen der Annahme einer Leistung, sowie insbesondere den Bestimmungen des L.R.S. 1648, der L.R.A.S. 92 ae., 92 af. zufolge, unter allen Umständen nicht mehr berücksichtigt werden könne, — widersprach fürsorglich, daß die Lieferung von 18karätigem Golde nach Feuerprobe bedungen worden — gab zu, daß ein Streichprobegehalt von 18 Karat festgesetzt worden sei, und behauptete, daß die gelieferten Waaren, wenn auch nicht in einem Feingehalte von 18 Karat nach Feuerprobe, doch in einem solchen nach Streichprobe gefertigt seien.“

„Würdigt man diese Ausführungen beider Theile vom rechtlichen Standpunkte – und zwar, wie dies dem L.R.S. 2 zufolge geschehen muß, nach der für Handelssachen vor dem 1. Januar 1863 bestandenen Gesetzen — so kommt in Betracht, daß zwar die Versäumung der Fristen der L.R.A.S.S. 92 ae. 92 af (vergl. mit L.R.S. 1643) und die daraus abzuleitende unbedingte Annahme gelieferter Waaren die nachträgliche Beanstandung der Beschaffenheit solcher Waaren geradezu ausschließt, daß dagegen Ausnahmen von der Regel einerseits in Fällen besonderer, dieselbe beschränkender Gedinge, andrerseits in Fällen unterlaufener Gefährde zu machen sind.“ *)

(Schluß folgt)

*) Vergl. die Art. 349. 350 des allg. d. Hdlsgsb. D. E.

Redacteur Oberhofgerichtsrath Stempf. Verlag von J. Bensheimer in Mannheim. Druck von E. Schmelzer in Mannheim.

Annalen der Großherzogl. Badischen Gerichte.

1864. Band XXX. No. 15.

(Schluß von Art. 56.)

Es findet die Zulassung dieser Ausnahmen nicht nur in allgemeinen Rechtsgrundsätzen, denen zufolge ein jedes Rechtsgeschäft, so lange nicht ein öffentliches Interesse in Mitte tritt, durch besondere, von der allgemeinen Regel abweichende Gedinge geregelt werden darf (L.R.S. 6) und denen zufolge eine jede durch Betrug erschlichene Einwilligung ungiltig ist (L.R.E.S. 1109. 1116), sondern noch insbesondere in der Rechtsähnlichkeit der Bestimmungen des L.R.A.S. 92 ag ihre Rechtfertigung. Ein Geding der bisher besprochenen Art muß nun aber bei der eigenthümlichen Natur der Goldwaaren, deren Feingehalt nach Feuerprobe nur durch Zerstörung der Waare ermittelt werden kann, in der besondern Zusage eines festbestimmten Feuergehaltes gefunden werden, indem anzunehmen ist, daß die Absicht der Vertragsparteien bei dem Begehren und Ertheilen einer solchen Zusage theilweise auch dahin gerichtet ist, dem Käufer volle Gewähr für das Vorhandensein des zugesagten Feingehaltes zu erwirken, beziehungsweise zu geben, und damit von der Verpflichtung sofortiger Untersuchung der Waare zu entbinden. Vrgl. L.R.S. 1156."

„Fragt man nun aber, ob das Dasein des — beklagter Seits behaupteten Gedinges 18karätigen Feingehalts nach Feuerprobe und das einer gefährdevollen Handlungsweise des klagenden Theiles in rechtliche Gewißheit gesetzt sei, so ist diese Frage zu verneinen."

„Um das Vorhandensein jenes Gedinges zu beweisen, beriefen sich die Beklagten auf die Facturen des klagenden Hauses, worin sämmtliche Waaren als „„18karätige Bijouterien"" bezeichnet seien, — auf ein Gutachten Sachverständiger dafür, daß diese Bezeichnung auf einen Feingehalt von 18 Karat nach Feuerprobe schließen lasse, — auf das Zeugniß von Theodor Hassenpflug von Hanau, — auf ein im Besitz des klagenden Hauses befindliches sog. Bestellungsbuch, und erboten sich überdies zum Erfüllungseide."

„Auf die Facturen läßt sich zu Gunsten der Beklagten Nichts bauen, weil sie dem Wortverstande nach ebensogut einen Strichprobegehalt von 18 Karat, als einen Feuerprobegehalt von 18 Karat im Auge haben können, und weil die Sachverständigen die Frage, ob dem zu Pforzheim bestehenden Gebrauche nach die Bezeichnung „„18 Karat"" gleichbedeutend mit „„18 Karat nach Feuerprobe"" sei, verneinen. Auf das Zeugniß des Theodor Hassenpflug ist ein entscheidendes Gewicht nicht zu legen, weil Hassenpflug es war, der die jetzt streitige Bestellung vermittelte, weil er also, wenn er sich derselben etwa nicht richtig entledigt hätte, den Beklagten hiefür verantwortlich wäre, und hiernach als ein am Streitausgange, wenn auch nur mittelbar, doch in hohem Maaße Betheiligter, somit nach Pr.O. §. 468. 3 verdächtiger, nicht ganz glaubwürdiger Zeuge erscheint. Das von klägerischer Seite vorgelegte sog. Bestellungsbuch enthält über den entscheidenden Punkt, ob eine nach Feuerprobe 18 Karat haltende Waare bestellt worden sei, lediglich nichts. Wenn die Beklagten die Herausgabe eines angeblich vorhandenen weiteren sog Bestellungsbuches begehrten, so war ihr deßfallsiges Gesuch, wie geschehen, zu verwerfen, weil ihm der gesetzliche Boden mangelte. War nämlich auch der Art. 37 des allgemeinen deutschen Handelsgesetzbuches, weil er eine prozeßrechtliche Bestimmung in sich faßt, sowohl allgemeinen Rechtsgrundsätzen nach, als im Hindblicke auf die Rechtsähnlichkeit der Schlußbestimmungen der Prozeßordnung vom Jahr 1851 Art. I. II., auf das fragliche, unter der Herrschaft des vorerwähnten Gesetzbuches gestellte Gesuch im Allgemeinen anwendbar, so konnte doch daraus keine Verpflichtung des klagenden Hauses, ein Bestellungsbuch vorzulegen, abgeleitet werden, weil gedachte Gesetzesstelle, wie auch schon der darin bestimmte strenge Rechtsnachtheil andeutet, ganz offenbar nur diejenigen Handelsbücher im Auge hat, welche von jedem Kaufmann geführt werden müssen, weil aber ein Bestellungsbuch inhaltlich des Art. 28 des Handelsgesetzbuches zu diesen Büchern nicht gehört, weil überdies das klagende Haus zu der Zeit, um die es sich hier handelt, nach den Satzungen der damals noch in Kraft gestandenen L.R.A.S.S. 8. 9 zur Führung eines solchen Buches nicht verpflichtet war. Auch die Bestimmungen der Prozeßordnung über Herausgabe von Urkunden (§§. 746 ff.) treten dem Gesuche des Beklagten nicht zur Seite, indem keiner der Gründe, welche nach §. 749 der Pr.O. zum Begehren um Herausgabe oder Vorlegung von Urkunden berechtigen, hier vorhanden ist. Es ist dies bezüglich der unter Ziff. 1. 2. 4 des §. 749 der Pr.O. aufgezählten Fälle schon durch die Betrachtung des Wortlautes des Gesetzes klar. Was aber die Ziff. 3 betrifft, so ist zu erwähnen, daß beklagter Seits nicht, wie es diese Gesetzesstelle verlangt, dargethan wurde, daß ein Eintrag in das begehrte Buch in der Absicht gefertigt worden sei, um als Beweismittel über das im Streit liegende Verhältniß unter den Betheiligten zu dienen."

„Bei den vorhin dargelegten geringfügigen Ergebnissen der besprochenen Beweismittel konnte gemäß L.R.S. 1367 und Pr.O. §§. 587. 588 auf einen Erfüllungseid des Beklagten nicht erkannt werden, und zwar umsoweniger, als eine eigene Handlung desselben nicht in Frage stand."

„Die Frage, ob eine gefährdevolle Handlungsweise des klagenden Hauses, ein Betrug, als dargethan anzunehmen sei, mußte im Hinblick auf folgende Erwägung verneint werden. Wurde nämlich auch durch eine, von technischen Sachverständigen im Wege der Feuerprobe vorgenommene Untersuchung des Feingehalts eines Theiles der fraglichen Waaren festgestellt, daß dieser Feingehalt, und zwar mitunter in sehr erheblichem Maaße unter 18 Karat bleibe, so konnte doch aus diesem Umstande, welcher inhaltlich des Gutachtens der Sachverständigen aus dem Handelsfache *) — bei Goldwaaren, die nicht feuerprobehaltig gefertiget sind, — abgesehen von dem, den Goldwaarenfabrikanten durch den Gebrauch verstatteten Remede von $\frac{1}{2}$ Karat — in der nach den Grundsätzen der Technik nothwendigen Anwendung eines aus weniger als 18 Karat haltenden Gold bestehenden Schlaglothes seine Erklärung findet, auf einen Betrug nicht geschlossen werden, indem eine, Seitens des klagenden Theiles den Beklagten gegenüber beabsichtigte und geübte arglistige Uebervortheilung — eine betrügliche Beschädigung, wie sie der beklagter Seits angerufene §. 454 des Str.G.B. voraussetzt — nicht nachgewiesen ist, vielmehr von den letzterwähnten Sachverständigen unter umfassender Begründung ihres Gutachtens ausgesprochen wird, „es lasse sich nicht behaupten, daß in Folge des durch den geringen Feingehalt der gelieferten Waaren sich ergebenden Minderwerthes derselben die dafür berechneten Preise als die im Handelsverkehre gewöhnlichen Vortheile übersteigend anzusehen seien, und daß diese Preise nur etwa beim Dasein eines höheren Feingehaltes, als des wirklich vorhandenen, den Regeln des Handelsverkehrs zufolge als angemessen zu betrachten sein würden.""

„Wenn, wie namentlich in der bei dem diesseitigen Gerichtshofe gepflogenen mündlichen Verhandlung von dem Vertreter der Beklagten geschah, für die letztere geltend gemacht wurde, daß, unterstelle man auch nur die vertragsmäßige Nothwendigkeit eines Feingehaltes von 18 Karat nach der Streichprobe, berücksichtige man somit die Anwendung eines unter 18 Karat haltenden Schlaglothes in vollem Maaße, doch immerhin die klägerischer Seits gelieferte Waare, deren Feingehalt theilweise selbst bis unter 15 Karat herabsteige, nicht mehr als vertragsgemäß angesehen werden könne; wenn man sich, um dies darzuthun, auf den von den Sachverständigen aus dem Handelsfache abgegebenen Ausspruch, daß eine im Wege normaler Fabrikation auf 18 Karat nach Streichprobe gefertigte Goldwaare, im Feuer probirt, nicht unter $16\frac{3}{4}$ oder $16\frac{1}{2}$ Karat herabsinken dürfe, berief; so war doch auch auf diese Erwägungen eine den Beklagten günstige Entscheidung nicht zu gründen."

„Zunächst tritt nämlich gedachter Anschauung entgegen, daß sie sich nicht, wie dies bei dem Gedinge feuerprobehaltiger Waare der Fall ist, auf die Zusage eines völlig bestimmten Feingehaltes zu beziehen vermag, daß sie demnach auch, wie sich aus dem oben bezüglich der Tragweite der einschlägigen Gesetze (L.R.S. 1648. L.R.A.S. S. 92 ac. 92 af) Gesagten ergibt, keineswegs die aus der Annahme abzuleitenden, der Sache der Beklagten nachtheiligen Folgerungen zu beseitigen im Stande ist. Aber auch abgesehen hievon steht jener Anschauung mit entscheidender Kraft entgegen, daß die Sachverständigen, zur Begründung des gedachten Ausspruches aufgefordert, denselben weder genügend zu begründen noch auch nur für alle Fälle festzuhalten vermochten, daß hiernach für Beantwortung der Frage, wann die nach dem Streichprobegehalte zu bemessende Waare wegen zu geringen Feuerprobegehaltes als vertragswidrig erscheine,

*) Es waren als Sachverständige einerseits Kenner der Technik der Goldwaarenfabrikation, andererseits mit dem Goldwaarenhandel vertraute Kaufleute aufgestellt worden. D. E.

in Ermangelung besonderer vertragswidriger Bestimmungen ein anderer fester Anhaltspunkt als der auf das angemessene Verhältniß zwischen Waare und Preis zu gründende, nicht besteht, daß aber, wie bereits angeführt wurde, ein zu rechtswidriger Uebervortheilung des Beklagten führendes Mißverhältniß zwischen dem Werthe der von dem klagenden Hause gelieferten Goldwaaren und den von demselben hiefür angesetzten Preisen von den Sachverständigen beabredet wird."

„Aus diesen Gründen sowie nach Pr.O. §. 168 wegen der Kosten mußte, wie geschehen, erkannt werden."

Roßhirt.

37.

Der am Schlusse des L.R.S. 1619 gestattete Verzicht gilt, auch wenn er allgemein ausgesprochen ist; selbst dann, wenn durch den Maaßunterschied ein zwanzigster Theil des Werths in Frage gestellt ist, da die Verfügungsgewalt über Privateigenthum nicht durch Gründe des öffentlichen Rechts beschränkt wird.

In Sachen

des Johann Georg Ill von Pfohren

gegen

Jakob Graf von Immenhof, Gemeinde Pfohren,

Forderung betr.

Der Beklagte verkaufte dem Kläger sein Hofgut mit Einrichtung und „circa 18 Jauchert Aecker und Wiesen" um den Preis von 4500 fl.

Beim Eintrag des Kaufs in das Grundbuch wurde unter Ziff. 2 die Bestimmung aufgenommen:

„Für das Gütermaaß wird nicht gewährt."

Auf einen Rest des Kaufpreises belangt, verlangte der Beklagte Minderung des Preises, weil die ihm verkauften Grundstücke nicht 18 Morgen badischen Maaßes enthalten, und unter Jauchert nach badischen Gesetzen ein Morgen zu verstehen sei.

Der Kläger entgegnete, in Pfohren gelte fürstl. fürstenbergisches Maaß *) und Beklagter habe durch die Unbestimmtheit in der Maaßbezeichnung und insbesondere durch Unterzeichnung des Grundbucheintrags trotz des in Z. 2 aufgenommenen Gedings — auf die Gewähr verzichtet.

Auf den Grund dieses Vorbringens wurde der Beklagte, Widerkläger, mit seinem Anspruch auf Preisminderung in allen Instanzen abgewiesen.

Die Gründe zum oberhofgerichtl. Urtheil vom 12. Mai 1864 besagen über den Verzicht:

„Die Unbegründetheit der Beschwerden des Beklagten Oberappellanten gegen das hofgerichtliche Urtheil ꝛc. stellt sich insbesondere bezüglich des ꝛc. auf L.R.S. 1619 gestützten Anspruchs des Beklagten nach den schon in erster Instanz vorgelegten Urkunden — dem Auszug des Kaufbuchs-Eintrags vom 28. Oktober 1862 und dem hiernach vom Amtsrevisorat gefertigten Kaufbriefe — als zweifellos dar. Nach diesen Urkunden haben nämlich die Parteien von der ihnen am Schlusse des Satzes 1619 eingeräumten Befugniß „ein Anderes zu bedingen" als was die Gesetzesstelle (als sonst geltende Regel *) festsetzt, vollen Gebrauch gemacht.

---

*) Wenn der Flächengehalt verkaufter Grundstücke nach einem Maaß bezeichnet ist, welches in der badischen Maaßordnung vorkommt, so muß bei jedem in Baden geschlossenen Kauf angenommen werden, daß das badische Maaß unter jener Bezeichnung verstanden werde.

Wird aber bei einem Verkauf von Grundstücken im Inland eine Maaßbezeichnung gebraucht, welche in unserer Maaßordnung nicht vorkommt, so wird der Betrag dieses Maaßes nach der ortsüblichen Bedeutung jener Bezeichnung bemessen, und es ist Sache des Käufers, im Zweifel sich über die, durch dieselbe bezeichneten Größenverhältnisse zu vergewissern, um sich vor Irrthum und Schaden zu wahren.

*) Dalloz, rép. T. 43 mot. „vente" No. 731 p. 186.

„Cet article met fin aux controverses qui s'étaient élevées entre les anciens auteurs. Quelques-uns prétendaient que, lorsqu'un immeuble avait été vendu avec indication de la contenance, mais non à tant la mesure, la différence en plus ou en moins ne pouvait donner lieu ni à augmentation ni à diminution du prix, à moins qu'il n'y eût dol du vendeur. (V. notamment Voët ad Pand. De cont. empt. No. 7.)"

„D'autres voulaient qu'on fît une distinction entre le vendeur et l'acheteur, la position de ce dernier leur paraissant plus digne d'intérêt. Les mêmes auteurs distinguaient encore selon que l'indication de la contenance précédait ou suivait l'é-

Könnte es auch nach der in der ursprünglichen Vertragsurkunde vom 21. September 1862 vorkommenden Bezeichnung des Gütermaaßes als „beiläufig 18 Jauchert" als zweifelhaft angesehen werden *), in wie weit [illegible]

nonciation de l'immeuble. (etc. Pothier, Vente No. 250 et suiv.) Le code a effacé toutes ces distinctions et les a remplacées par un système plus simple et plus équitable etc."

*) Duranton, cours de dr. civ. (Brux.) T. 9 No. 229 behauptet:

„été, si la contenance n'avait été indiquée dans le contrat que d'une manière approximative, s'il avait été dit, ou environ, ou à peu près, il n'y aurait pas lieu à un supplément ou à une diminution de prix pour plus grande ou pour moindre contenance, quoique la différence de la contenance réelle d'avec celle exprimée au contrat, fût de plus d'un vingtième, si elle n'était pas d'ailleurs considérable, car l'article 1610, statue dans la supposition d'une déclaration précise de contenance. Au lieu que lorsqu'elle n'a été faite que d'une manière approximative, il est clair que les parties n'ont eu aucun égard à ce qui se trouverait en plus ou en moins, lorsque ce plus ou ce moins approcherait de la contenance exprimée au contrat."

Allein Troplong und Dalloz sind der entgegengesetzten Ansicht.

Troplong, de la vente No. 340 (Brux. p. 190) führt nämlich aus:

„La clause portant que le vendeur cède et transporte un immeuble de 200 arpents ou environ, n'est pas suffisante pour dégager de l'obligation imposée par notre article. Tout son effet est de décharger le vendeur d'une garantie arithmétique, et sous ce rapport on peut dire qu'elle est inutile, puisque, d'après la loi, cette garantie rigoureuse ne lui est pas imposée. Mais quand le déficit est d'un vingtième ou au delà, on sort du cercle des à peu près, et l'article 1619 doit être appliqué," und

Dalloz, répertoire T. 43 mot. „Vente" No. 799 [illegible]

„L'art. 1619 (in fine) réserve aux parties la faculté de déroger par leurs conventions à la règle nouvelle qu'il établit. Mais la question est de savoir quelles sont les clauses, les expressions dans

hiernach eine Abweichung von der Regel des Satzes 1619 als gerechtfertigt erscheine, so ergibt sich die hierauf ge- [illegible]

lesquelles on doit voir une telle dérogation. Mr. Duranton (T 16 No. 229) et Duvergier (T. 1 No. 298) pensent que, si la contenance n'avait été indiquée dans le contrat que d'une manière approximative, s'il avait été dit „ou environ, ou à peu près" il n'y aurait pas lieu à un supplément ou à une diminution du prix pour plus grande ou moindre contenance, quoique la différence fût de plus d'un vingtième, si elle n'était pas d'ailleurs très-considérable. Nous ne pouvons partager ce sentiment. Les locutions dont il s'agit signifient que l'indication de la contenance peut n'être pas d'une exactitude mathématique, qu'il peut y avoir en réalité un peu plus ou un peu moins, mais elles n'expriment nullement la volonté d'exclure la garantie pour le cas où la différence serait d'un vingtième. Telle est aussi l'opinion de M. M. Troplong No. 340, Massé et Vergé sur Zachariae T. 4 p. 290 Note 32 et Marcadé sur les art. 1610/22 No. 3."

Unter dieser Ziffer bemerkt Marcadé T. VI. p. 241. 242:

III. M. Duranton (XVI. 229) et M. Duvergier I. 290 enseignent que la règle qui admet ici la diminution du prix pour toute différence d'un vingtième en moins sur la valeur ne serait plus applicable, si le vendeur n'avait déclaré la contenance que par approximation, en disant tant de mesures ou environ. Nous disons avec M. Troplong (I. 340) que c'est une grave erreur, puisque c'est précisément pour régler l'effet de la déclaration approximative qu'a été fait notre article. Toujours prévoyante, la loi suppose qu'un vendeur, à moins d'une stipulation contraire, n'entend jamais être tenu à la dernière rigueur, et avec une précision mathématique, à délivrer la contenance qu'il a déclarée; elle regarde toute déclaration de contenance, dans les ventes d'immeubles déterminés qui ne sont pas faites à tant la mesure, comme n'indiquant qu'un à peu près, et c'est pour en fixer la latitude qu'elle a écrit notre disposition. Dans l'ancien droit, le vendeur qui n'avait pas dit „ou environ" devait fournir toute la contenance; et quand il avait ajouté ces mots, on leur donnait

richtete: Absicht der Parteien unzweideutig aus der Festsetzung unter Ziff. 2 der Vertragsbedingungen im Kaufbucheintrage und dem Kaufbriefe, worin buchstäblich festgestellt ist, daß „für das Gütermaaß nicht gewährt wird." Es enthält diese Vertragsbestimmung einen vollkommen zulässigen Verzicht auf jeden Minderungsanspruch für einen etwaigen Mangel am Gütermaaße, wodurch der Grundsatz des Satz 1619 durch gegenseitiges Uebereinkommen der Parteien als beseitigt erscheint.

Troplong, Vente No. 341.*)

Dalloz, répert. T. 23 (Vente) No. 740.*)

Die Nichtübereinstimmung der bezeichneten Urkunden

---

effet pour un trentième. Le code apporte à cette règle deux changements, favorables tous deux au vendeur: d'une part, en effet, la latitude existe sans qu'il y ait besoin de dire e n v i r o n; d'autre part, cette latitude est considérablement augmentée. Le projet de Code proposait de porter le chiffre jusqu'au dixième; mais M. Berlier réclama contre cette idée lors de la discussion au conseil et proposa le vingtième, en faisant remarquer que le vendeur serait bien favorablement traité, puisque l'ancienne jurisprudence ne lui accordait qu'un trentième et seulement quand il avait eu soin de dire e n v i r o n. C'est donc par notre art. 1619 que se trouve réglé l'effet du mot e n v i r o n, toujours sous-entendu désormais dans les ventes dont il s'agit ici.

Et puisque le vendeur, soit qu'il ait ou non dit e n v i r o n, jouit toujours de cette latitude d'un vingtième, mais d'un vingtième calculé sur la valeur, quelle que soit la fraction correspondante dans la contenance, c'est etc."

*) Troplong, de la vente erklärt in No. 341 die Frage auf:

„Mais la clause „s a n s a u c u n e g a r a n t i e d e c o n t e n a n c e" contient-elle une dérogation à l'article 1619?

Le cour de Paris a jugé la négative, par arrêt du 16. juin 1807; elle a pensé que cette stipulation n'a d'effet qu'autant que le déficit n'excède pas un vingtième. Un arrêt semblable est émané de la cour de Bourges à la date du 12. juillet 1808.

A mon avis, on ne saurait plus mal juger. S'il était besoin d'une autorité pour le prouver, je citerais les paroles de Berlier dans la discussion de l'art. 1619: „Il a p p r o u v e d o n c l e v i n g t i è m e a u l i e u d u d i x i è m e e t i l o b s e r v e q u e c e t t e d é c i s i o n n e n u i r a p o i n t a u x s t i p u l a t i o n s p r o p r e s à r é d i m e r l e v e n d e u r q u i a u r a v e n d u l e f o n d s t e l q u ' i l e s t e t s e c o m p o r t e, ou **sans aucune garantie de contenance.**"

De telles clauses sont u n a p p e l à l a v i g i l a n c e d e l' a c h e t e u r e t l e s u p p o s e n t i n s t r u i t o u l u i f o n t l a l o i d e s' i n s t r u i r e d e s d é t a i l s, mais quand, au contraire, le vendeur indique la mesure, cette indication devient la règle de l'acheteur et sa garantie; et c'est assez, en ce cas, de souffrir qu'il puisse y avoir différence d'un vingtième entre la quantité promise et celle délivrée.

Au surplus, la cour de Paris a abandonné elle-même sa propre jurisprudence par arrêt du 9. juillet 1827, confirmé par arrêt de la cour de cassation du 18. Novembre 1828. Et la cour de Bourges a imité cet exemple par arrêt du 13. août 1831. On peut consulter aussi un arrêt de la cour de Liège du 20. Février 1812, qui confirme cette jurisprudence etc."

*) D a l l o z, rép. T. 43 mot. vente No. 740 p. 198:

„La clause portant que la vente est faite „s a n s g a r a n t i e d e c o n t e n a n c e" devrait être considéré comme affranchissant le vendeur de l'obligation de subir une diminution de prix pour déficit d'un vingtième. Mr. Berlier s'est exprimé très-catégoriquement en ce sens au sein du conseil d'État (v. Locré T. 14 p. 56).

Telle est aussi le sentiment de

M. M. Troplong No. 341.

Duvergier No. 308 T. 1.

Massé et Vergé sur Zachariae T. 4 p. 290 Note 32.

— Il a été décidé cependant, que la stipulation que le vendeur ne sera pas garant du défaut de mesure n'a d'effet qu'autant que le déficit n'excède pas un vingtième etc.

Mais depuis, les cours de Paris et de Bourges sont revenues sur leur première jurisprudence etc."

mit der ersten Vertragsurkunde steht dieser Auffassung auch nicht im Wege. Zwar erwähnt der Grundbuchseintrag der Vertragsurkunde vom 21. September 1862, indem er sich im Allgemeinen auf den an jenem Tage abgeschlossenen Kauf beruft, enthält aber im Contexte theils ganz neue, theils anders gefaßte Vertragsbestimmungen als die ursprüngliche Vertragsurkunde; denn während diese der Liegenschaften nur mit dem Ausdrucke „circa 18 Jauchert Acker und Wiesen" allgemein erwähnt, führt der Kaufbuchseintrag vom 28. October 1862 diese einzeln nach Lage und Maaß auf, und enthält — neben mehreren anderen Abweichungen — unter Ziff. 2 die neue Bestimmung: „für das Gütermaaß wird nicht gewährt." — und endlich die Schlußworte: „Vorstehender Eintrag wurde den Betheiligten vorgelesen und von denselben genehmigend unterschrieben" mit den eigenhändigen Unterschriften der beiden Parthien.

Hiernach muß angenommen werden, daß die Parteien in voller Sachkenntniß handelten, und ihre gemeinsame Absicht dahin ging, den ursprünglichen Vertrag in denjenigen Punkten, in welchen der Kaufbuchseintrag hievon abweicht, theils zu ergänzen theils abzuändern, was ihnen — obwohl die Transcription in der Regel nur einen schon abgeschlossenen Vertrag zur Offenkundigkeit bringen soll — immerhin auch hiebei noch frei stand.

Oberhofg. Jahrb. n. F. XIII. S. 241 ff. Stf.

38.

Ein Unterpfandsrecht, welches die sämmtlichen Liegenschaften des Schuldners zum Gegenstande hat, ergreift auch diejenigen Liegenschaften, welche durch die Theilung einer Erbschaft oder Gemeinschaft in sein Eigenthum übergehen, seinen ideellen Gemeinschaftsantheil an einer Liegenschaft aber nur unter der Bedingung, daß und insoweit sie bei der Realtheilung in sein ausschließliches Eigenthum übergeht; wogegen ein solches Unterpfandsrecht dadurch erlischt, daß die früher gemeinschaftliche Liegenschaft bei der Theilung einem Andern der Miteigenthümer zugewiesen oder in der Steigerung erworben wird.

L.R.S. 883.

Zachariä, fr. Civilr. §. 625 vor und in Note 5 Bd. IV. S. 120. 121.

§. 197 Bd. I. S. 488 u. Note 4.

Laddhard, Rechtsfälle Bd. IV. (n. F. Bd. I.) S. 198 ff.

Annal. 1863 (XXIX.) No. 39 Ziff. 135. S. 308. 309.

Chabot, Commentaire sur la loi des successions bemerkt zu Art. 883 im II. Bd. S. 577—580:

„1) Tant que la succession reste indivise, les cohéritiers sont tous conjointement copropriétaires de tous les biens meubles et immeubles qui la composent; mais aucun d'eux n'a la propriété spéciale et exclusive de tel ou tel bien. C'est le partage qui, en déterminant ce qui doit appartenir particulièrement à chacun héritier, fixe sa propriété distincte et le rend propriétaire absolu des biens qui lui sont attribués.

Le partage n'est donc pas translatif, mais seulement déclaratif de propriété, puisque, dès le moment de l'ouverture de la succession, la propriété commune de tous les biens a été dévolue à tous les héritiers, puisque le partage ne fait que restreindre cette propriété, pour chacun d'eux, aux biens qui lui sont spécialement attribués.

Mais, comme chacun des héritiers, n'étant héritier qu'en partie, n'a pu succéder réellement à tous les biens, mais seulement à ceux que lui assignerait le partage; comme en vertu de la maxime le mort saisit le vif, chacun des héritiers est réputé avoir été saisi, dès le moment de l'ouverture de la succession de tous les biens qui lui sont particulièrement échus par le partage, il en résulte que le partage a un effet rétroactif qui remonte à l'ouverture de la succession et qu'ainsi chaque cohéritier est censé avoir succédé seul et immédiatement à tous les biens qui lui sont attribués par le partage et n'avoir jamais eu la propriété des autres biens de la succession.

Cependant le droit romain avait une disposition contraire, qui se trouve consignée dans plusieurs lois et notamment dans la loi 6, §. 8 D. commun. divid. Il considérait le partage comme un acte par lequel chaque cohéritier acquérait de ses cohéritiers leurs portions indivises dans les effets qui lui étaient attribués par le partage.

Mais aussi, par une conséquence nécessaire, il admettait que l'immeuble compris dans le lot d'un héritier demeurait chargé de toutes les hypothèques que ses cohéritiers pouvaient avoir constituées sur la portion indivise qu'ils avaient dans cet immeuble avant le partage.

Or c'était là une disposition infiniment injuste et dangereuse, puisqu'il en résultait qu'un héritier dissipateur pouvait nuire aux intérêts de ses cohéritiers, embarasser les opérations du partage, et, comme le disait *Lebrun*, infecter les lots de ses cohéritiers de charges et d'hypothèques auxquelles ils n'avaient pas consenti; de là une foule d'actions en garantie, et dont la principale devenait illusoire, si l'héritier qui avait seul constitué les charges et les hypothèques était devenu insolvable au moment où elles étaient connues.

On ne suivait donc pas en France ces dispositions du droit romain; généralement on y avait admis la règle qui se trouve aujourd'hui consignée dans l'art. 883 du Code civil, et il suit évidemment de cette règle, que les immeubles échus, par le partage, à l'un des héritiers, ne demeurent pas grevés, dans ses mains, des hypothèques qui avaient été constituées par les autres héritiers.

2) Mais ces hypothèques, qui demeurent éteintes sur les immeubles échus à l'héritier qui ne les avait pas constituées, ne portent-elles pas, au moins, de plein droit, sur les autres immeubles qui échoient par le partage, à l'héritier qui les avait consenties?

Il faut distinguer si les hypothèques sont générales, ou seulement spéciales.

L'hypothèque légale et l'hypothèque judiciaire embrassant, l'une et l'autre, tous les biens présens et à venir du débiteur, il s'ensuit que, lorsqu'un cohéritier a consenti ou laissé obtenir contre lui, avant le partage, une hypothèque de cette nature, elle frappe nécessairement sur les immeubles qui lui échoient par le partage.

Il en est de même à l'égard de l'hypothèque conventionelle qui aurait été constituée sur tous les immeubles de la succession, lorsque tous ces immeubles ont été spécialement déclarés, conformément à l'art. 2129 du Code.

Mais, si l'hypothèque conventionelle n'avait été établie limitativement que sur quelques immeubles de la succession, spécialement désignés, et si aucun de ces immeubles n'échéait, par le partage, à l'héritier débiteur, l'hypothèque ainsi limitée ne pourrait, d'après la règle établie dans l'art. 2129 être étendue, de plein droit, à d'autres immeubles quoique ceux qui ont été hypothéqués se trouvent dégagés, par suite de la disposition de l'art. 883. Le créancier ne pourrait user, en ce cas, que de la ressource qui est accordée par l'art. 2131.

Et même, dans tous les cas, l'hypothèque, soit légale, soit judiciaire, soit conventionelle, ne produirait d'effet sur aucun des immeubles de la succession, si, par le résultat du partage, tous les immeubles se trouvaient compris dans les lots échus aux cohéritiers du débiteur, et si celui-ci n'avait dans son lot que du mobilier.

3) Tout ce qui vient d'être dit à l'égard du partage s'applique également à la licitation qui n'est qu'un mode de partage.

Dumoulin, sur l'art. 33 de la coutume de Paris, glos. 1 (Op., Paris, 1681 t. 1 p. 404) disait, en parlant de la licitation: „Divisio vel assignatio posten inter eos secuta, non videtur esse nova mutatio, nec translatio in alium manum, sed consolidatio in unum ex eis, quae inter eos quibus est res communis permittitur."

L'art. 883 du Code s'explique d'une manière expresse, à l'égard de la licitation comme à l'égard du partage.

Et il en résulte, à l'égard de la licitation comme à l'égard du partage, les mêmes conséquences relativement aux hypothèques.

Ainsi, lorsque tous les immeubles d'une succession sont échus, par licitation, à un seul des héritiers, c'est-à-dire, lorsqu'un seul des héritiers est devenu seul adjudicataire, de tous les immeubles licités, toutes les hypothèques établies sur ces immeubles par les autres héritiers, sont éteintes et ne produisent aucun effet contre l'héritier adjudicataire, parce qu'aux termes de l'art. 883 l'héritier adjudicataire est censé avoir succédé seul et immédiatement à tous les immeubles qui lui sont échus par la licitation, et que les autres héritiers sont censés n'avoir jamais eu la propriété de ces immeubles.

Cette conséquence peut paraître un peu sévère et même elle serait injuste, si les créanciers avaient pu être induits en erreur, mais ils ont su, ou dû savoir, que l'hypothèque qu'ils obtenaient contre un héritier, sur les immeubles qui pourraient lui revenir dans une succession indivise, était nécessairement éventuelle et ne pourrait produire aucun effet sur les immeubles qui, soit par le partage, soit par licitation, écherraient aux autres héritiers.

Au surplus, pour empêcher qu'au préjudice de leurs droits il ne soit procédé, sans nécessité, à une licitation, lorsque le partage pourrait être fait commodément, les créanciers peuvent user des moyens qui sont permis par l'art. 882.

Et enfin on a vu, au numéro 5 des observations sur cet article, que si la vente, par licitation, est consentie à un étranger, elle n'est pas un partage entre héritiers, mais une aliénation, faite par chaque héritier, de sa part indivise dans la masse de la succession, et qu'en conséquence les créanciers de chaque héritier peuvent exercer leurs droits hypothécaires sur le prix de la vente, jusqu'à concurrence de la portion qui en revient à leur débiteur."

Das großh. Oberhofgericht hatte diese Grundsätze in folgendem Rechtsstreite anzuwenden.

In Sachen

des Kaufmanns Ernst Rupprecht in Heidelberg, Namens seiner Ehefrau Auguste geborene Geißler

gegen

den Kaufmann J. F. J. Winteroll daselbst,

Ausstreichung, und eventuell Minderung eines Pfandeintrags betr.

Josepha geborene Mainhard war in erster Ehe mit Gottfried Geißler in Gerlachsheim vermählt. Nach dem Tode desselben im Jahre 1847 war ihr die eine Hälfte eines Wohnhauses nebst Zugehör und Garten zugefallen; die drei Kinder aus dieser Ehe hatten die andere Hälfte geerbt.

Sie trat hierauf in die zweite Ehe mit L. Förster in Heidelberg.

J. Winteroll von Heidelberg erwirkte am 7. März 1848 bei dem großh. Oberamte H. gegen die L. Förster'schen Eheleute einen unbedingten Befehl auf Zahlung von 2886 fl. 9 kr. nebst Zinsen vom 4. Januar 1848, welchen er am 13. dess. M. zum Gerlachsheimer Pfandbuch auf die Liegenschaften seiner Schuldner eintragen ließ.

Nach dem Tode ihres zweiten Ehemanns wurde der Hausantheil der Wittwe Förster am 3. September 1850 im Vollstreckungswege versteigert und dem Vormund ihrer noch minderjährigen Kinder erster Ehe zugeschlagen. Der Gläubiger Winteroll war sowohl von dem Versteigerungstage, als auch von dem Zuschlage benachrichtigt worden; der Steigschilling wurde verwiesen und nach der Verweisung (durch Wettschlagung) getilgt.

Die G. Geißler'schen Kinder waren noch im gemeinschaftlichen Besitze des ersteigerten Hauses, als am 4. Juli 1854 eines derselben, Gustav Geißler, im ledigen Stande starb. Sein Hausantheil ($^1/_3$) fiel seinen beiden Geschwistern, seiner Mutter und deren Sohn zweiter Ehe als gesetzlichen Erben zu.

Auch diese Miteigenthümer des Hauses blieben in ungetheilter Gemeinschaft, bis der Kläger, als Ehemann der einen Tochter Auguste Geißler, mit dieser am 20. Januar 1863 ein Urtheil des großh. Amtsgerichts Heidelberg erwirkte, daß das Haus behufs der Theilung zu versteigern sei.

Am 24. März 1863 fand diese Versteigerung statt, bei welcher die kl. Ehefrau das Haus zugeschlagen erhielt. Sie verkaufte es nachher an den großh. Eisenbahnfiscus, welcher sich weigerte, den Kaufpreis zu bezahlen, bevor das Haus von der darauf ruhenden Pfandlast befreit sei.

Die klagenden Eheleute begehrten daher die Streichung des Pfandeintrags auf den Grund des §. 1023 der Pr.O. und des L.R.S. 883 und erwirkten ein Urtheil des großh. Amtsgerichts Heidelberg, vom 8. October 1863 besagend:

„der Beklagte sei schuldig, den unterm 13. März 1848 gegen Ludwig Försters Ehefrau von Gerlachsheim, zur Zeit dahier, erwirkten Pfandeintrag im Pfandbuche zu Gerlachsheim, Bd. 10 S. 695 No. 172, soweit er sich auf das in der Klage beschriebene Haus erstreckt, binnen 14 Tagen bei Zwangsvermeiden streichen zu lassen, unter Verfällung in die Kosten,"

welches in den beiden obern Instanzen bestätigt wurde.

(Schluß folgt.)

Redacteur Oberhofgerichtsrath Stempf. Verlag von J. Bensheimer in Mannheim. Druck von G. Schmelzer in Mannheim.

Annalen der Großherzogl. Badischen Gerichte.

1864. Band XXX. No. 16.

(Schluß von Art. 58.)

Vom großh. Oberhofgerichte wurden zu seinem Urtheile vom 28. Juni 1864 die hofgerichtlichen Entscheidungsgründe angenommen, welche lauten:

„Daß das Pfandrecht des Beklagten, soweit es auf dem Häusertheile haftet, welches der Förster'schen Ehefrau bei der Verlassenschaftstheilung ihres ersten Ehemannes zugeschieden wurde, durch die nachherige Zwangsversteigerung des fraglichen Hauses und die Verweisung des Erlöses an die Steigerer als Miteigenthümer und ältere Unterpfandsgläubiger nach §. 1023 d. Pr.O. unter allen Umständen erloschen ist, erscheint als unzweifelhaft und wird auch von dem Beklagten nicht beanstandet.

Ebensowenig unterliegt es einem Bedenken, daß die Tilgung jenes Pfandrechts, soweit es den Häuserantheil umfaßt, welcher der Wittwe Forster später durch den Tod ihres Sohnes Gustav Geißler zufiel, nicht aus §. 1023 d. Pr.O. abgeleitet werden kann. Denn wenn das Haus auch auf richterliche Anordnung behufs der Gemeinschaftstheilung einer nochmaligen Versteigerung ausgesetzt wurde, so geschah solches doch ohne Beobachtung der Vorschrift des §. 1023 der Pr O. und es vermochte nicht behauptet zu werden, daß die gesetzliche Frist zur Ausübung der Befugniß des Nachbietens umlaufen ist.

Dagegen wurde der Hausantheil, welchen Wittwe Forster von ihrem Sohne Gustav Geißler ererbte, von dem darauf haftenden Pfandrechte des Beklagten auf Grund des L.R.S. 883 befreit, worauf man sich von klägerischer Seite auch nur allein beruft. Dieser Satz stellt nämlich die auf dem Wesen des Miteigenthums beruhende Regel auf, daß jede Theilung (vergl. L.R.S. 1476 und 1872) einer gemeinschaftlichen Sache die rechtliche Wirkung hat, daß der Gemeinschaftsgenosse, auf welchen die Sache kraft der Theilung fällt, so angesehen wird, als ob er gleich anfangs, als die Sache zuerst Gemeingut wurde, ausschließlich und allein Eigenthümer derselben gewesen wäre. Aus dieser Regel folgt aber dann von selbst, daß jedes Unterpfandsrecht, womit der Antheil eines der übrigen Miteigenthümer in der Zwischenzeit belastet wurde, als erloschen zu betrachten ist.

Im vorliegenden Fall waren die kl. Ehefrau und ihre Brüder Peter Anton und Gustav Geißler Miteigenthümer des in der Klage erwähnten Hauses. Zur Verlassenschaft des Gustav Geißler gehörte daher der dritte Theil jenes Hauses, welcher der klag. Ehefrau, ihrem vollbürtigen Bruder Peter Anton, ihrem halbbürtigen Bruder Johann Forster und ihrer Mutter Wittwe Forster, als Rechtsnachfolger des Erblassers, zufiel.

Als später das Haus der Theilung wegen versteigert wurde, ersteigerte es die klagende Ehefrau und sie ist deßhalb so anzusehen, als ob sie dasselbe nicht von ihren Miterben, sondern unmittelbar von dem früheren Eigenthümer erworben hätte. Daß die Erben des Gustav Geißler bei Auseinandersetzung der Verlassenschaft den ideellen Hausantheil eines Jeden festsetzten, ist unerheblich. So lange die Gemeinschaft an einem der zum Nachlasse gehörigen Gegenstände nicht aufgehoben war, bestand das Miteigenthum unter der auflösenden Bedingung, daß die wirkliche Theilung erfolge, und einem der Miterben hiebei die Sache zugeschieden werde, fort, was auch dieselben über den Theilungsmaaßstab bestimmt haben mochten, und die gesetzliche Wirkung des Eintritts jener Bedingung konnte nur durch eine ausdrückliche Bewilligung sämmtlicher Betheiligten abgeändert werden ꝛc." Erf.

59.

Mittheilungen aus der Praxis des mittelrheinischen Hofgerichts.

I. Anfechtung der Ehelichmachung ist zulässig. Beweislast und Beweismittel. Die Anwünschung nach L.R.S. 345a gewährt kein Erbrecht gegen die Blutsverwandten des Anwünschenden.

Jahrb. u. F. XIII. S. 185.

Das Beweiserkenntniß und Urtheil J. S. Damian Klein gegen Löwenwirth Klein und Genossen, Erbansprüche betr., beruht auf folgenden Sätzen:

Die Ehelichmachung setzt nach L.R.S. 331 voraus, daß der Ehelichgemachte ein Kind derer ist, die ihn vor der Ehe oder im Ehevertrage anerkannt haben, denn sie beruht auf der Anerkennung, und anerkennen kann man nur sein eigenes Kind. Weil die Ehelichmachung nicht ein eigener Act, sondern nur eine gesetzliche Folge der Anerkennung und Ehe ist, so fällt sie nach Beseitigung von Einem dieser Erfordernisse von selbst hinweg. Die Anerkennung kann gemäß L.R.S. 339 von allen denjenigen bestritten werden, denen ein Nachtheil dadurch zugeht, mithin auch von den Blutsverwandten des anerkennenden Vaters, gegenüber welchen der Anerkannte als ehelichgemacht Erbansprüche erhebt. Zu einer Bestreitung der Anerkennung ist die Behauptung wohl geeignet, daß der Anerkennende wegen Abwesenheit nicht der Vater des Anerkannten sei und nicht sein könne, und es ist diese Behauptung als Anfechtung eines formell gültigen Actes von den Gegnern des Anerkannten zu begründen und zu beweisen. Nach der Rechtsähnlichkeit der L.R.S. 324. 325 sind zulässige Beweismittel sowohl Zeugen über die Abwesenheit des angeblichen Vaters als auch die im Ehescheidungsverfahren gemachten Angaben desselben und der Frau. Da nun hierdurch dargethan ist, daß die von Franz Joseph Klein im Ehevertrage zu Gunsten des Klägers abgegebene Erklärung der Wahrheit nach eine Adoption enthält, so kann daraus, wenn man sie auch nach L.R.S. 345 a für gültig erachten würde, der Kläger zufolge L.R.S. 350 keine Erbrechte gegen Blutsverwandte des Franz Joseph Klein ableiten.

II. Gegen die auf Grund eines allgemeinen oder theilweisen Klagezugeständnisses ergangenen Bescheide kann auch im Falle der Bestreitung des Geständnisses nicht Einsprache erhoben, sondern nur appellirt werden.

Wenn der Richter die Folgen eines von ihm angenommenen, allgemeinen oder theilweisen Klagezugeständnisses (Pr.O. §. 333. 773) in gebietender Form ausspricht, so ist dies weder eine einfache Verfügung noch ein unbedingter Befehl, sondern ein wirkliches Urtheil. Der Unterschied vom unbedingten Befehle ergibt sich aus den Eigenthümlichkeiten des in Pr.O. §. 667 ff. vorgeschriebenen Verfahrens, wonach derselbe namentlich ohne vorgängiges Gehör des Beklagten erlassen wird, während das fragliche Erkenntniß im gewöhnlichen Verfahren ergeht und nothwendig eine Verhandlung voraussetzt, in welcher der Beklagte das Geständniß abgelegt hat. Von einer einfachen Verfügung unterscheidet sich aber jenes Erkenntniß dadurch, daß es über den Streitgegenstand entscheidet. Oberhofg. Jahrb. n. F. XI. S. 6. Der Mangel der feierlichen Form des §. 338 der Pr.O. steht dieser Auffassung nicht entgegen, weil dieselbe nicht maaßgebend und für den Fall des §. 333 der Pr.O. nicht vorgeschrieben ist. Um sich nun gegen einen solchen Bescheid zu vertheidigen, muß der Beklagte, abgesehen von der Möglichkeit des Widerrufes (Pr.O. §. 149. 150), das Rechtsmittel der Berufung ergreifen, welches, wie es in freilich beschränkter Weise zulässig (Oberhofg. Jahrb. n. F. X. S. 63) so allein statthaft ist. Die Annahme eines Geständnisses trotz ausdrücklichen Widerspruchs wird nämlich in Pr.O. §. 1128 Ziff. 4 als Grund der auch ohne die Ordinationssumme gewährten Berufung aufgeführt, und damit deutet das Prozeßgesetz an, daß selbst im grellsten Falle von irriger Unterstellung eines Geständnisses die Abhülfe nur im Wege der Berufung erlangt werden kann, was umsomehr für geringere Fälle gelten muß. Es beruht dies auf dem in Pr.O. §. 1121 ausgesprochenen Grundsatze, daß Abänderung eines Urtheils nach dessen Verkündung nur in Folge dagegen gebrauchter Rechtsmittel stattfindet. (Urtheil vom 19. Februar 1864 J. G. Hertenstein gegen Schwab, Eigenthum und Vertragserfüllung betr.)

III. Voraussetzungen der Richtigkeitsklage gegen einen Schiedsspruch. Abgekürzte oder ordentliche Berufung?

Da die Richtigkeitsklage als eine Art von Rechtsmittel die Natur des eigentlichen Streitgegenstands theilt, so ist die Berufung gegen das hierwegen ergangene Urtheil dann an die abgekürzten Fristen gebunden und vor dem Unterrichter zu verhandeln, wenn der Gegenstand des Schiedsspruches von der in Pr.O. §. 1184. 1185 bezeichneten Art ist.

Der erste Klagegrund stützte sich darauf, daß der Schiedsspruch erst lang nach Ablauf der im Schiedsvertrage festgesetzten Frist ertheilt worden sei (Pr.O. §. 211. 213 Ziff. 3); allein der Schiedsrichter hat sich mit der Bitte um Fristverlängerung an das Amtsgericht gewendet, wovon dies den Parteien mit dem Anfügen Nachricht gab, daß im Falle, wenn binnen 6 Tagen keine Erklärung erfolge, die Frist als bewilligt angenommen werde. Die Parteien ließen diese Frist unbenützt verstreichen und erschienen auf Vorladung des Schiedsrichters bei diesem zur Verkündung des Schiedsspruches. Da die Parteien die Frist für Ertheilung des Schiedsspruches auch nach deren Ablauf erneuern und verlängern können, und zwar sowohl ausdrücklich, als auch stillschweigend (Annalen XXVII. S. 54 und Note *), so folgt aus den obigen Vorgängen deren Einwilligung zur Fristerneuerung, was sie nicht nachträglich unwirksam machen können. Auch die erneuerte Frist war zwar vor Verkündung des Schiedsspruches abgelaufen, indessen erscheint sie dennoch als eingehalten, weil noch innerhalb der Frist die Ertheilung des Schiedsspruches durch dessen Vorlage an das Amtsgericht rechtlich gewiß geworden war. Annalen XXVII. S. 50 Red.Note. Die Behauptung der Versagung des rechtlichen Gehörs ist nach Pr.O. §. 211 in Vergleichung mit L.A.S. 56 nicht geeignet zur Begründung der Nichtigkeitsklage. Annalen XXI. S. 146. Oberhofg. Jahrb. n. F. IX. S. 119 ff. Ebendies gilt von der Behauptung, daß die Vollzugreiferklärung ohne Parteiantrag ergangen sei, weil dies den Schiedsspruch gar nicht berührt, also nur Gegenstand einer Berufung gegen jenes amtsgerichtliche Erkenntniß sein könnte. (Urtheil vom 7. März 1863 J. S. Weber gegen Gütle, wegen Nichtigkeit eines Schiedsspruches.)

IV. Unterschied zwischen Widerruf wegen Irrthums und dem Vortrage einer neuen Einrede im zweiten Rechtszuge.

Im Beweisverfahren der ersten Instanz hatte die Beklagte ihre Einrede der Erlöschung der eingeklagten Kaufpreisforderung wesentlich anders begründet, und diesem Vorbringen dadurch Eingang zu verschaffen gesucht, daß sie unter Behauptung von Irrthum um Wiederherstellung und Zulassung zum Widerrufe bat. Mit Recht hat jedoch der Unterrichter dies Begehren verworfen, denn es fehlt gänzlich der Nachweis eines entschuldbaren Irrthums, und ohne solchen war das neue Vorbringen gemäß Pr.O. §. 307. 635 Abs. 2 in dem ersten Rechtszuge nicht mehr zulässig. Die gleiche Behauptung hat aber die Beklagte Appellantin als Neuheit im zweiten Rechtszuge vorgetragen, was hier formell statthaft ist. Denn nach Pr.O. §. 1172 ist das Recht, in der Appellationsinstanz neue Thatsachen beizubringen, bezüglich der Einreden nur in einzelnen, hier nicht vorliegenden Fällen beschränkt, und durch den Grund vom Gegentheile folgt daraus, wie auch von Weiler, Motive S. 119 und Zentner, Rechtsmittel 2. Ausg. S. 137 bezeugt, daß alle neuen zerstörlichen Einreden, die nicht durch ein Versäumungserkenntniß ausgeschlossen wurden, zulässig sind, und zwar auch dann, wenn sie die Abänderung der im ersten Rechtszuge vorgetragenen Einrede enthalten. Dies unterliegt natürlich der allgemeinen Beschränkung, daß das neue Vorbringen nicht mit einem früheren Geständniß im Widerspruche stehen darf (L.R.S. 1356), allein davon ist hier keine Rede, denn es wird nur die Einrede der Erlöschung anders begründet, und wie schon überhaupt die Abänderung einer Einrede nicht leicht als Widerruf eines Geständnisses erscheinen kann, so ist dies hier umsoweniger der Fall, als das Wesentliche der früheren Einrede, nämlich die Erlöschung der klägerischen Forderung, festgehalten wird. Mit Unrecht hat demnach der Kläger Appellat die Zulässigkeit der Neuheit bekämpft. (Urtheil vom 7. Mai 1864 J. S. Freund gegen Seibel, Forderung betreffend.)

V. Die noxae datio (L.R.S. 1385a) kann in zweiter Instanz als Neuheit vorgebracht werden, und besteht in der Hingabe des Thieres oder seines höchsten Werthes von der Zeit der Beschädigung an.

Das unterrichterliche Urtheil hält den Beklagten an, der Familie des Nikolaus Doll, welcher am 22. Mai 1862 von einem Pferde des Beklagten geschlagen wurde und in Folge hievon 2 Tage später starb, gewisse Schadensbeträge zu bezahlen. Der Beklagte hat bereits fürsorglich in der Appellationsbeschwerdeschrift und später in einer Eingabe unbedingt sich bereit erklärt, das fragliche Pferd hinzugeben oder nach der Wahl *) der Kläger denselben dessen Werth zu bezahlen. Was nun dies Anerbieten im Allgemeinen betrifft, so findet es in dem, aus dem römischen Rechte herübergenommenen L.R.S.

*) Da Beklagter selbst dem Kläger das Wahlrecht eingeräumt hat, so war dies für den Richter maaßgebend; allein abgesehen davon dürfte trotz L.R.S. 1190 aus der Fassung von S. 1385a in Verbindung mit dem von Brauer III. S. 300 bezeugten Grunde des Gesetzes folgen, daß jenes Wahlrecht dem Eigenthümer des Thieres gebührt. D. R.

1385a seine rechtliche Begründung. Schon jenes Recht hatte dem durch ein Thier Beschädigten zwar keine Klage auf Uebergabe dieses Thieres, sondern nur auf Ersatz des Schadens, wohl aber dem Eigenthümer des Thieres die Befugniß gegeben, sich — auch nach geschehener Verurtheilung zum Schadenersatze — durch Hingabe des Thieres von Letzterem zu befreien. (Vangerow, Pandekten III. Bd. S. 583 und die dort angeführten Stellen des römischen Rechts.) Hiermit stimmt denn auch der allegirte Landrechtszusatz überein, und demnach muß es dem Beklagten zustehen, von jener Befugniß im Wege der Einrede auch noch in zweiter Instanz Gebrauch zu machen, wie denn auch Brauer, Erläuterungen Bd. III. S. 300 die Befugniß des L.R.S. 1385a als eine Einrede bezeichnet.

Wenn der Beklagte nur im Allgemeinen den Werth des Pferdes angeboten hat, während der klagende Theil nach Maaßgabe des Gesetzes den höchsten Werth seit der Beschädigung fordern darf (L.R.S. 1385a. 1151a), so muß dies Recht im Erkenntniß gewahrt werden. Auch war in Gemäßheit des §. 338 der P. O. dem Beklagten zur Erfüllung seiner Leistung eine Frist zu setzen, und liegt es in der Natur der Sache, daß, falls Beklagter innerhalb dieser Frist sich nicht von seiner Verbindlichkeit befreit, der klagende Theil berechtigt sein muß, ohne weiters auf das amtsgerichtliche Urtheil zurückzugreifen. (Urtheil vom 28. April 1864 J. S. Doll gegen Keilhauer, Forderung betr.)

VI. Fragen aus dem ehelichen Gütergemeinschaftsrecht.

Durch den von beiden Ehegatten bewirkten Verkauf verlieren die von der Ehefrau in die Ehe gebrachten Liegenschaften die Eigenschaft als eheweibliches Sondergut, und den Kaufpreis hat, da er als beweglich erscheint (L.R.S. 529. 1401), der Ehemann als Herr der Gemeinschaft einzuziehen, während die Frau gemäß L.R.S. 1433. 1435 ff. nur das Recht auf Vergütung des Erlöses hat, sofern solcher nicht mit ihrer Zustimmung wieder in Liegenschaften angelegt worden ist. Daraus folgt, daß der Mann einen solchen Kaufpreis auch verschenken kann. (L.R.S. 1422.)

Wenn die Ehefrau zur Ausgleichung von Forderungen des Mannes demselben das Miteigenthum an einer, zu ihrem Sondervermögen gehörigen, Liegenschaft überträgt, so ist dies keine nach L.R.S. 1395 ungültige Aenderung der ehelichen Güterverhältnisse, sondern eine Art von Verkauf oder Abtretung an Zahlungsstatt, was nach der richtigen Auslegung von L.R.S. 1595 keineswegs nichtig, sondern schlimmsten Falls nur als eine nach L.R.S. 1096 widerrufliche Schenkung aufzufassen ist. Zachariä, fr. Civilrecht Bd. II. §. 351 Note 14. (Urtheil vom 20. November 1863 J. S. Schaaff gegen Schaaff.

VII. Der Jagdberechtigte hat keine Eigenthumsklage gegen den dritten Besitzer eines zum Jagdertrãgniß gehörigen Gegenstands.

Dominik Merkel hatte ein Hirschgeweih auf dem Jagdgebiete des klagenden Theiles gefunden und an den Beklagten verkauft, von welchem der Kläger dessen Herausgabe verlangte. Diese Klage wurde in zwei Instanzen als nicht stattfindend verworfen, weil man annahm, daß es eine nach L.R.S. 2279 unzulässige Eigenthumsklage auf Fahrnisse sei. Denn der Jagdberechtigte hat, wenn man sein Recht nach §. 16 des Jagdgesetzes (Reggsbl. 1850 No. 58) auch auf Dinge der fraglichen Art ausdehnen will, jedenfalls nur ein Occupationsrecht, da es sich nicht um einen Wildpark handelt (vergl. §. 655 des Str.G.B.), und ehe er eine Occupationshandlung vorgenommen hat, ist er nicht Besitzer, kann also auch nicht durch Entwenden oder Verlieren aus dem Besitze kommen, und hat somit kein Recht zu der, nur ausnahmsweise gestatteten, Vindication eines solchen Fahrnißstückes. (Urtheil vom 19. August 1863 J. S. Hofdomänenfiscus gegen Wunsch.)

VIII. Wiederherstellung eines Minderjährigen gegen ein rechtskräftiges Urtheil.

Darin, daß der Vormund unterläßt, die an sich wohlbegründete Einrede der Wettschlagung gegen die wider seine Mündel eingeklagte Forderung vorzutragen, liegt eine ungehörige Vertheidigung seiner Mündel. Wenn nun in Folge dessen die Minderjährigen zu einer ihnen, bei besserer Vertheidigung nicht obliegenden, Zahlung verurtheilt wurden, und wenn sie sogar zur Leistung dieser Zahlung durch Zwangsversteigerung ihrer Liegenschaften genöthigt werden sollen, so erleiden sie einen Nachtheil, welcher sich durch die allerdings mögliche, gesonderte Betreibung des Compensationspostens umsoweniger wieder gut machen läßt, als in diesem Falle immerhin die etwa vorhandenen Vorzugs- und Unterpfandsrechte des Compensationspostens nach L.R.S. 1299 Dritten gegenüber erloschen sind. Das mit der Wiederherstellungsklage angefochtene Erkenntniß hat allerdings die Bezeichnung als unbedingter Befehl, allein es erging auf Anhörung beider Theile, und hat daher, da es längst vollzugsreif ist, die Natur eines rechtskräftigen Urtheils *), mithin liegen alle Voraussetzungen des §. 1211 der Pr.O. vor. Dem steht auch nicht der Umstand entgegen, daß die Wiederherstellungskläger immer noch minderjährig sind, indem weder die Fassung der §§. 1211. 1212 der Pr.O. noch der Zweck des Gesetzes es gestatten, die Wiederherstellungsklage bis nach eingetretener Großjährigkeit zu verschieben, vielmehr aus Pr.O. §. 1222 das Gegentheil folgt. Oberrhein. Jahrb. n. F. X. S. 409. XI. S. 256. Hentner, Rechtsmittel II. Ausg. S. 184. (Urtheil vom 6. Mai 1864 J. S. Bauer gegen Bauer.)

IX. Die Sicherheitsleistung des Arrestklägers befreit denselben nicht von der Pflicht, in der Rechtfertigungstagfahrt die vollständige Bescheinigung seiner Forderung und des Arrestgrundes zu liefern.

Ausnahmsweise kann der Richter ungeachtet mangelhafter Bescheinigung den erbetenen Arrest gegen Sicherheitsleistung des Arrestklägers verfügen (Pr.O. §. 657), und so fragt es sich, ob eine solche Sicherheitsleistung die fehlende Bescheinigung auch für das Arresturtheil (§. 661) ersetzen kann? Weder ist in unserer Literatur ein Präjudiz hierüber zu finden, noch läßt sich aus von Weiler, Motive S. 52 etwas dafür entnehmen. Die Quelle unserer Pr.O., das gemeine Recht (vergl. Bayer, summar. Prozeß S. 79. vor und in Note 4. Mittermaier, Beiträge II. Aufl. IV. S. 238 und 244) kennt aber die Sicherheitsleistung des Arrestklägers nur in dem Sinne, daß sie ihn zwar bezüglich der Arrestklage von der sonst erforderlichen Bescheinigung befreit, nicht aber von der Pflicht, diese Bescheinigung in der Rechtfertigungstagfahrt vollständig zu liefern. Dies ist nun auch die Bedeutung unseres §. 657, denn er bezieht sich seiner Stellung nach nur auf das Arrestgesuch, und im unmittelbar nachfolgenden §. 658 wird für die Rechtfertigungstagfahrt vollständige Bescheinigung gefordert, ohne [illegible]

*) Vergl. oben No. 11. [illegible] D. S.

daß hier oder im §. 661 eine Sicherheitsleistung des Klägers als Ersatz dafür zugelassen wird, vielmehr wird in letzterer Stelle nur eine Sicherheitsleistung des Beklagten erwähnt, was aus Pr.O. §. 663 zu erläutern ist. (Vergl. Note 1. 2. und 3 in Thilo Pr.O. §. 694.) Auch wäre es wirklich sehr hart, wenn man der Sicherheitsleistung des Klägers eine größere Wirkung, als die eines provisorium bis zur Rechtfertigungstagfahrt, einräumen wollte, zumal da manche gemeinrechtliche Schriftsteller eine solche Sicherheitsleistung nicht einmal als provisorium zulassen. Linde, Lehrbuch V. Aufl. §. 350 Note 4.) (Urtheil vom 4. Juni 1864 J. S. Bauer gegen Rieder.)

Dr. Puchelt.

60.

1) Gegen das hofgerichtliche Urtheil, durch welches ein Versäumungserkenntniß aufgehoben wird, findet die Oberappellation statt.

Dieses Rechtsmittel kann nicht mit der Oberappellation gegen das Urtheil verbunden werden, welches auf die, in Vollzug jenes hofgerichtlichen Urtheils eingeleiteten, Verhandlungen in der Hauptsache erlassen wird.

2) Die auf der Gemarkungsgenossenschaft beruhende Holzberechtigung einzelner Gemeindebürger an dem Walde eines Dritten verwandelt sich durch die zum Zwecke der Ablösung erfolgte Abtretung eines der Berechtigung entsprechenden Theils des belasteten Waldes nicht in das Eigenthumsrecht an dieser Waldfläche.

§. 134. des Forstgesetzes.

In Sachen

der Holzberechtigten der Gemeinde Großstadelhofen

gegen

die Gesammtgemeinde Großstadelhofen,

Eigenthum betr.

Das in den Annal. vom Jahr 1959 (XXVI.) No. 41 S. 176 mitgetheilte oberhofgerichtliche Urtheil kam dadurch zum Vollzug, daß die Spitalverwaltung Pfullendorf der Gemeinde 88 Morgen und einige Ruthen des belasteten Waldes abtrat. Schon bei der Uebernahme dieses Waldstücks für die Gemeinde wahrten die als Vertreter derselben erschienenen Bürger, welche unter die Zahl der Holzbezugsberechtigten gehörten, ihre Eigenthumsrechte an dem Walde und später erhoben sämmtliche zur Zeit der Ablösung Berechtigten eine Klage gegen die Gemeinde, worin sie die als Entschädigung für das Beholzungsrecht abgetretene Waldfläche als ihr, der Kläger, Eigenthum erklärt und anerkannt haben wollten. Die Gemeinde, vorzugsweise von Berechtigten vertreten, unter welche auch der Bürgermeister zählte, beschloß, auf einen Rechtsstreit gegen den Anspruch der Kläger sich nicht einzulassen. So erging denn ein Versäumungserkenntniß des großh. Amtsgerichts Pfullendorf vom 23. März 1861 besagend:

„der thatsächliche Klagvortrag sei für zugestanden und jede Schutzrede als versäumt zu erklären, und daher die von der Spitalstiftung Pfullendorf auf den Grund des, zwischen ihr und den holzberechtigten Bauern und Söldnern der ehemaligen Vogtei Stadelhofen am 12. Oktober 1822 abgeschlossenen, Vergleichs, sowie der in der Klage aufgeführten hofgerichtlichen und oberhofgerichtlichen Urtheile vom 11. Februar und 30. Juni 1859 als Entschädigung für das in jenem Vergleiche berührte Beholzungsrecht abgetretene Waldfläche von 88 Morgen 154 Ruthen im sogenannten Grauwalde, sei als Eigenthum der holzberechtigten Kläger zu erklären — die beklagte Gemeinde sei schuldig, dieses Eigenthum der Kläger anzuerkennen, und demzufolge auch verpflichtet, diese Waldparzelle an dieselben abzutreten und habe die Kosten des Streits zu tragen;"

und weiter eine Vollstreckungsverfügung vom 21. September 1861 besagend:

„Es sei die beklagte Gemeinde Großstadelhofen aus dem Besitze des, den klagenden Holzberechtigten rechtskräftig zugesprochenen, Grauwaldes unter Zwangsandrohen auszuweisen und seien die Letzteren in den Besitz dieses Waldes einzuweisen."

Die Ladung auf die Klage sowohl als das Versäumungserkenntniß war dem Bürgermeister, einem der Kläger, zugestellt worden. Die großh. Regierung des Seekreises mischte sich nun, nachdem die Vollstreckungsverfügung ergangen war, ein, bestellte einen Vertreter der Gemeinde in der Person des Advokaten Grißmar in Konstanz und dieser erwirkte am 17. Januar 1862 ein Urtheil des großh. Hofgerichts des Seekreises, wodurch das Versäumungserkenntniß nebst der ihm nachgefolgten Vollstreckungsverfügung aufgehoben und das großh. Amtsgericht Pfullendorf angewiesen wurde, auf die Klage weiter zu verhandeln und über die Sache zu entscheiden.

Hierauf wurden die Kläger mit ihrer Klage in allen Instanzen abgewiesen, von großh. Oberhofgericht am 10. Mai 1864 aus folgenden

Entscheidungsgründen:

Die beklagte Gemeinde hatte die Vernehmlassung auf die Klage seiner Zeit unterlassen, so daß am 23. März 1861 ein Versäumungserkenntniß gegen dieselbe erging, welches dem Klaggesuch entsprochen hat. Auf Veranlassung der großh. Kreisregierung wurde jedoch auf Grund des §. 1131 der Pr.O. die Appellation gegen dieses Erkenntniß ausgeführt und dasselbe durch hofgerichtliches Urtheil vom 17. Januar 1862 wegen Mangels einer Versäumniß aufgehoben.

Gegen dieses Urtheil, dessen Ausfertigung dem Einhändigungsgewalthaber der Kläger am 31. Januar 1862 zugestellt ward, ist ein Rechtsmittel seiner Zeit weder angezeigt noch ausgeführt worden.

Die vorliegende Oberappellation ist nun gegen das hofgerichtliche Urtheil vom 1. Mai 1863 gerichtet, welches das, nach dem Schlusse der gepflogenen Verhandlungen erlassene, amtsgerichtliche Erkenntniß vom 5. Juni 1862 bestätigt hat, und mit der Beschwerde gegen dasselbe der Antrag auf Wiederherstellung des durch das hofgerichtliche Urtheil vom 17. Januar 1862 aufgehobenen amtsgerichtlichen Versäumungserkenntnisses verbunden.

Die Oberappellationsbeschwerde erscheint jedoch in letzterer Richtung nicht als statthaft.

Die Oberappellanten berufen sich zwar für deren Zulässigkeit auf die §§. 352. 354 der Pr.O., allein weder diese noch der §. 1124 der Pr.O. finden auf das besagte hofgerichtliche Urtheil Anwendung, da solches weder den Character einer nur prozeßleitenden Verfügung, noch den eines Zwischenerkenntnisses an sich trägt und daher bezüglich der Statthaftigkeit der Appellation unter §. 1125 der Pr.O. fällt; durch dieses Urtheil ist nämlich das amtsgerichtliche Erkenntniß, welches auf Grund des Ungehorsams der Beklagten den Klägern den Streitgegenstand zuerkannt hatte, aufgehoben, somit ein in der Hauptsache erkennendes Urtheil beseitigt worden. Das Rechtsmittel der Oberappellation gegen das hofgerichtliche Erkenntniß vom 17. Januar 1862 mußte daher nach

Vorschrift der §§. 1141. 1148. 1194 der Pr.O. angezeigt und ausgeführt und durfte dies nicht bis nach Erlassung der auf neu einzuleitende Verhandlungen ergangenen weiteren Urtheile verschoben werden. [1])

Was sodann die gegen das hofgerichtliche Urtheil vom 1. Mai 1863 gerichtete Oberappellation betrifft, so erscheint dieselbe als unbegründet. Die Holzberechtigung, welche den Bauern und Söldnern der Vogtei Großstadelhofen kraft des zwischen dieser Vogtei und der Spitalstiftung Pfullendorf am 12. October 1822 abgeschlossenen Vergleich auf den Waldungen der letzteren zustand, erscheint als eine deutschrechtliche Servitut. Nachdem zu Ablösung dieser Dienstbarkeit die Spitalstiftung mittelst Uebereinkommens vom 17. März 1860 der Gemeinde Großstadelhofen eine Waldfläche zu Eigenthum abgetreten hatte, bleibt die entsprechende Berechtigung auf diesem Walde radicirt, da der Rechtsgrund dessen Erwerbs, wie der Zweck, der bei dessen Abtretung verfolgt wurde, gerade auf die früher bestandene Holzberechtigung basirt ist. [2])

Mit der Beschränkung des Gegenstandes der Berechtigung auf das, der Gemeinde überlassene, Waldstück ist aber in der Berechtigung der Kläger selbst keine Wandlung in der Art eingetreten, daß sie nun statt der ihnen fernerhin um billigen Preis abzugebenden Holzbeträge, beziehungsweise statt der Berechtigung, womit jenes Waldstück belastet ist, das volle Eigenthum dieses Waldes zur freien Disposition für sich in Anspruch nehmen könnten. Vielmehr hat nur zwischen der früheren Eigenthümerin und der Gemeinde — und zwar als der ständigen und unwandelbaren Vertreterin ihrer wechselnden Gemarkungsgenossen [3]) — nicht aber zwischen der früheren Eigenthümerin der belasteten Liegenschaft und den dermaligen Bezugsberechtigten ein Wechsel des belasteten Eigenthums stattgefunden.

Die als Vertreter der Gemeinde handelnden Gemeindeglieder haben die Abtretung des Waldes angenommen, sich zugleich aber dagegen verwahrt, daß derselbe Eigenthum der Gemeinde werde, vielmehr die angeblichen Eigenthumsrechte der einzelnen Holzberechtigten an den Wald anerkannt, — allein dadurch konnten sie der ausdrücklichen Willenserklärung der Spitalstiftung Pfullendorf, daß sie den Wald an die Gemeinde zu unwiderruflichem Eigenthum abtrete, mit rechtlichem Effect zu Gunsten jener Berechtigten nicht entgegenwirken.

Der Anspruch der Kläger läßt sich auch, wie schon in den hofgerichtlichen Entscheidungsgründen richtig ausgeführt ist, weder daraus ableiten, daß nach den Entscheidungsgründen zum oberhofgerichtlichen Urtheil vom 22. October 1845 die Legitimation der in den Besitz des Holzbezugsrechts eingetretenen Gemarkungsgenossen zur persönlichen Geltendmachung desselben vor Gericht anerkannt [4]), noch daraus, daß nach dem oberhofgerichtlichen

---

[1]) Dies ergibt sich auch schon daraus, daß der Antrag auf Wiederherstellung des durch früheres hofgerichtliches Urtheil aufgehobenen amtsgerichtlichen Versäumungserkenntnisses nicht mit der Appellation gegen das später, auf gepflogene Verhandlungen in der Hauptsache erkannte, amtsgerichtliche Urtheil verbunden werden kann, denn derselbe Gerichtshof, welcher das Versäumungserkenntniß aufgehoben hat, kann nach §. 1121 der Pr.O. nicht angegangen werden, dieses sein Urtheil selbst wieder abzuändern. Eine Beschwerde, welche in zweiter Instanz nicht vorgebracht wurde, kann aber in dritter Instanz — nach Ueberspringung der zweiten — nicht mehr vorgebracht werden, weil in dieser Beziehung das hofgerichtliche Urtheil keine Entscheidung enthält, also auch nicht als beschwerend angefochten werden kann.

Vrgl. §. 1163 Ziff. 2 der Pr.O.

[2]) Nach §. 134 d. F.G. im Abs. 2 soll der Entschädigungsantheil nicht nur der aufgehobenen Berechtigung im Werthe gleichkommen, sondern auch — soweit es hiernach und nach der Oertlichkeit und dem Bestande des Waldes möglich ist, den bisherigen Holzbezug des Berechtigten auch für die Zukunft decken.

[3]) In den Entscheidungsgründen zum oberhofgerichtlichen Urtheil vom 22. October 1845 J. G. Wall und Genossen von Großstadelhofen gegen die Hospitalverwaltung Pfullendorf, Holzberechtigung und Vertragserfüllung betr., war in dieser Beziehung ausgeführt:

„Der Vergleich vom 12. October 1822 besagt nicht, daß nur den damals lebenden Gemarkungsgenossen das in Anspruch genommene Recht zugestanden würde, sondern die Zusage erfolgte ohne Beschränkung dieser Art gegenüber der Vogtei Großstadelhofen, welche nach Maaßgabe des 2. Constitutionsedikts als gesetzliche Vertreterin ihrer sämmtlichen Gemarkungsgenossen, als solcher, das Recht als ein allen Genossen, und zwar auch denen, die erst später solche Genossen würden, zustehendes Recht in Anspruch nahm und zugestanden erhielt, wie dies schon im Allgemeinen aus dem ganzen Zusammenhang der Vergleichsstipulationen, aber auch insbesondere aus §. 6 derselben sich ergibt, wonach zwischen den Bauern und Söldnern von Großstadelhofen und dem Hospital Pfullendorf die Beholzung „auf ewige Zeiten“ geregelt werden soll rc.“

[4]) J. G. Wall und Genossen von Großstadelhofen gegen die Spitalverwaltung Pfullendorf, Holzberechtigung und Vertragserfüllung betr., hatte die Beklagte die Legitimation der Kläger zur Anstellung der Klage bestritten, weil der Vergleich vom 12. Okt. 1822 nicht mit einzelnen Bürgern und Söldnern der Gemeinde Großstadelhofen, sondern mit der Gemeinde selbst als solcher abgeschlossen worden sei, also nach §. 125 der P.O. die einzelnen Gemeindean-

Urtheil vom 30. Juni 1859 *) der Umfang des zur Ablösung dienenden Waldes nach der Zahl der zur Zeit der Ablösung Bezugsberechtigten bemessen worden ist.

Es fehlt daher ihrem Eigenthumsanspruch auf den Wald an jeder rechtlichen Grundlage, weßhalb sie durch die Urtheile der vordern Instanzen nicht beschwert erscheinen rc. Eis.

61.

Der Grundsatz des L.R.S. 1162, daß ein Vertrag im Zweifel wider denjenigen auszulegen sei, dem etwas bedungen wird, und für den, der eine Verbindlichkeit überkommen soll, galt auch schon im gemeinen Rechte.

In Sachen

des Carl Ludwig Grein und Genossen, als Bevollmächtigte der Gültpflichtigen zu Mondfeld,

gegen

die Hospitalverwaltung Stadtprozelten,

Gültablösung betr.

Die Inhaber des sog. Spitalhofs zu Mondfeld hatten bei Ablösung der Gült, welche die Hospitalverwaltung Stadtprozelten von demselben bezog, von dieser verlangt, sie solle sich an dem Ablösungskapital die Hälfte der Grundsteuer abziehen lassen, welche die Kläger und ihre Rechtsvorfahren vom Jahre 1832 an für dieses Hofgut bezahlt haben.

Dieses Verlangen stützten die Kläger auf den in dem Erbleihebrief vom Jahre 1464 enthaltenen Satz:

„Wäre es auch, daß einigerlei Beschwerung uff den Schaafhof-geschlagen werde, es wäre der Herrschaft oder der Cent halber, das sollte der Spitalmeister und der Hofmann gleich tragen."

Das großh. Amtsgericht Wertheim erkannte am 3. April 1863:

„Ziff. 3, die Beklagte sei schuldig, den Klägern die Hälfte der seit dem Jahre 1832 vom Spitalhofgute bezahlten Grundsteuern, vorbehaltlich näherer Liquidation zu ersetzen, beziehungsweise die Kläger seien berechtigt, diese Hälfte an der Gültablösungssumme in Abzug zu bringen."

Dagegen erging ein abänderndes Urtheil bei großherzoglichem Hofgericht des Unterrheinkreises am 3. Oct. 1863 des Inhalts:

„daß die Kläger mit ihrer Klage bezüglich ihres Anspruchs auf Ersatz der Hälfte der von ihnen seit dem Jahre 1832 bezahlten Grundsteuern abzuweisen seien,"

und dieses wurde auf die von den Klägern ergriffene Oberberufung von großh. Oberhofgerichte am 19. April 1864 bestätigt.

Das großh. Oberhofgericht hielt sie nämlich dadurch, daß sie durch das hofgerichtliche Urtheil mit ihrer Klage abgewiesen worden, aus folgenden Gründen nicht für beschwert:

„Wenn auch das Wort „Schaafhof" in jenem Satze nicht auf die Schäferei beschränkt, sondern auf das ganze sog. Spitalhofgut bezogen wird, wie es von Seiten der Kläger geschieht, wenn folglich die „einigerlei Beschwerungen," deren der Erbleihebrief erwähnt, nicht auf die Schäferei und das Schaafhaus beschränkt werden, so können doch die Kläger die Uebernahme der Hälfte der ordentlichen Steuerlast auf die Gültherrschaft durch jenen Erbleihebrief mit Grund nicht verlangen.

(Schluß folgt.)

---

gehörigen in so lange liegend nicht auftreten könnten, als nicht nachgewiesen sei, daß die Gemeinde die Zustimmung zur Führung des Rechtsstreits verweigert habe.

Die Entscheidungsgründe zum oberhofgerichtlichen Urtheil vom 22. Okt. 1845 sprachen sich über diesen Punkt dahin aus:

„Diese Einwendung wäre offenbar nur dann begründet, wenn es sich um einen Vermögenstheil der Gemeinde Großkadelhofen, als einer moralischen Person handelte, in welchem Fall nach §. 125 der G.O. allerdings zunächst die Gemeinde, als solche, zur Prozeßführung berufen wäre, und die Kläger nur dann Namens der Gemeinde und auf ihre eigene Gefahr den Rechtsstreit zu führen befugt wären, wenn die Gemeinde von der Verfolgung ihres Rechtes auf ihre eigenen Kosten, Umgang zu nehmen beschlossen hätte. Im vorliegenden Fall verfolgen aber einzelne Bauern und Söldner von Großkadelhofen ein ihnen selbst, als einzelnen Gemarkungsangehörigen persönlich zustehendes Holzbezugsrecht, dessen Ab- oder Anerkennung gegenüber diesen einzelnen Klägern die Gemeinde, als solche, beziehungsweise deren Vermögen in keiner Weise berührt, auf dessen Verfolgung somit die angezogene Vorschrift des §. 125 der G.O. auch keine Anwendung finden kann." Vergl. hiermit Annalen 1863 No. 14 S. 106—109.

*) Siehe Annalen 1859 S. 176.

Redacteur Oberhofgerichtsrath Stempf. Verlag von J. Bensheimer in Mannheim. · Druck von C. Schmelzer in Mannheim.

Annalen der Großherzogl. Badischen Gerichte.

1864. Band XXX. No. 17.

(Schluß von Art. 61.)

Zunächst spricht dessen Wortlaut nicht dafür.

Der Ausdruck „einigerlei Beschwerungen" kann nämlich nicht wohl auf die jetzigen, von den damaligen wesentlich verschiedenen, Steuerverhältnisse angewendet und namentlich können unter solchen Beschwerungen nicht die, auf die jeweiligen Besitzer des Hofguts nach den jetzigen gesetzlichen Vorschriften regelmäßig umgelegten Grundsteuern verstanden werden. Jener Ausdruck ist vielmehr so unbestimmt, daß daraus nicht mit Sicherheit entnommen werden kann, welche einzelne Arten von etwaigen Belastungen des Guts darunter verstanden werden sollten. — Sodann kann aber auch nicht unterstellt werden, daß die Absicht des Verleihers dahin gegangen sei, gegen die verhältnißmäßig nicht eben bedeutende Gültabgabe nicht nur die erbliche Nutznießung am Gute hinzugeben, sondern auch noch die Hälfte der regelmäßigen Gutslasten zu übernehmen; vielmehr kann nur etwa angenommen werden, daß außerordentliche Gutslasten, welche nicht regelmäßig wiederkehren, sondern jeweils besonders auferlegt und angefordert zu werden pflegen, unter jenen „einigerlei Beschwerungen" verstanden worden seien.

Daß die Kläger selbst den Erbleihevertrag nicht so ausgelegt haben, wie sie es jetzt in der Klage versuchen, haben sie durch ihr bisheriges Verhalten kund gegeben; indem sie seit 1812 die Grundsteuer bezahlt haben, ohne einen Anspruch auf Ersatz der Hälfte derselben gegen die Beklagten zu erheben.

Die Auslegung des Vertrags kann daher um so weniger zur Anerkennung ihres Anspruchs führen, als die Uebernahme der Hälfte der regelmäßigen Steuern dem Verleiher nur in dem Falle zugemuthet werden könnte, wenn eine deutliche und unzweideutige Bestimmung hierüber in den Erbleihebrief aufgenommen worden wäre; da jedoch die Rechtsvorfahrer der Kläger hierwegen Vorsorge zu treffen unterlassen haben, so muß der Vertrag nach dem in L.R.S. 1162 ausgesprochenen, auch schon im gemeinen Rechte anerkannten Grundsatz gegen sie ausgelegt werden.

Sintenis, das pr. gem. Civilr. §. 98 Ziff. 5 Bd. II. S. 302.

Arndts Lehrbuch der Pandecten §. 75 S. 92.

Uebrigens ist die Steuerlast zwischen dem Grundeigenthümer und den Inhabern des Hofs jetzt schon durch das Gesetz getheilt. Während nämlich hiernach Letztere die Grundsteuer davon zu entrichten hatten, wurde die Gefällsteuer von Ersterem erhoben und deren Betrag an die Gültpflichtigen ausgefolgt.

Gesetz vom 14. Mai 1825, Reggsbl. No. 8 S. 37.

Die Kläger gehen daher offenbar zu weit, wenn sie die Vortheile, welche ihnen durch die neuere Gesetzgebung in Folge der ihnen gestatteten Gültablösung zugehen, für sich ausnützen, dagegen die Nachtheile, welche die neuere Steuergesetzgebung für sie im Gefolge haben mag, durch Abzug der Hälfte der von ihnen und ihren Rechtsvorfahren seit 1832 gezahlten Grundsteuer, theilweise dem beklagten Theile aufbürden wollen ꝛc. Stf.

62.

Ueber die Fragestellung an die Geschworenen.

Zu No. 105 S. 240 der Annalen von 1863, verglichen mit Seite 196.

Mein verehrter College Brauer hat in dem oben angeführten Aufsatze dem §. 372 unseres Strafgesetzbuches zwar Lob zu Theil werden lassen, zugleich aber anerkannt, daß jene Gesetzesstelle das Wort „Beischlaf" in einem Sinne gebrauche, der von dem gewöhnlichen, allgemein bekannten, abweiche und in nicht juristischen Kreisen unbekannt sei. Hiemit ist jenem §. der Stab gebrochen; denn eine Gesetzesstelle, die nur dem Juristen verständlich ist, paßt doch gewiß nicht in ein für die Gesammtheit des Volks bestimmtes Strafgesetzbuch, zumal wenn das Volk in der Person von Geschworenen an der strafgerichtlichen Rechtsprechung Theil nimmt.

Hat ja selbst die großh. Sanitätscommission, wie in einem frühern Aufsatze nachgewiesen wurde [1]), gerade des-

[1]) Annalen Bd. XXVII. S. 196, Bd. XXVIII. S. 90 Note.

halb, weil nach dem §. 372 zum Thatbestand der Fleischesverbrechen ein gesetzwidriger Beischlaf gehören soll, jenen §. dahin mißverstanden, daß ein wirklicher Beischlaf, in dem allgemein bekannten Sinne, stattgefunden habe müsse, wenn von einem vollendeten Verbrechen die Rede sein solle. Wie unter diesen Umständen dennoch der §. 372 in Schutz genommen werden mag, ist mir nicht begreiflich.

Wenn behauptet wird, die andern deutschen Strafgesetzbücher drückten sich in ähnlicher Weise aus, so muß dieses in seiner Allgemeinheit widersprochen werden; es ist nur bezüglich auf einige richtig.

Das preuß. Strafgesetzb. von 1851 verlangt zum Thatbestand von Fleischesverbrechen in der fraglichen Beziehung nur eine auf Befriedigung des Geschlechtstriebes gerichtete unzüchtige Handlung §. 144 Ziff. 1 und 2, es fordert also nur die Absicht, den Beischlaf zu vollziehen, sagt aber nicht, daß zum Thatbestande ein Beischlaf gehöre; es steht also mit meinem Vorschlage im Einklange.

In gleicher Weise spricht sich das braunschweig'sche Strafgesetzbuch vom Jahre 1840 aus §. 172 und 174.

Es kömmt jedoch hierauf nicht an, da es sich um die Entscheidung der Frage handelt, ob der badische Gesetzgeber darin gefehlt habe, daß er das Wort Beischlaf in einem Sinne gebrauchte, der von dem gewöhnlichen, allein gebräuchlichen, verschieden ist und dieses kann meines Erachtens mit Grund nicht bestritten werden, wenn auch andere Strafgesetzgebungen in den nämlichen Fehler verfallen sind.

„Diejenigen Strafgesetzbücher, welche bei den Fleischesverbrechen von einem Beischlafe sprechen, thun dieses augenscheinlich nur deßhalb, um in kurzer Ausdrucksweise anzudeuten, daß eine naturgemäße Befriedigung des Geschlechtstriebs, nicht eine widernatürliche, gemeint sei; letztere bildet eine eigene Art von Verbrechen, auf welche der §. 372 des Str.G.B. nicht anwendbar ist, weil hier von einem Beischlaf, d. h. von einer naturgemäßen Befriedigung des Geschlechtstriebs keine Rede sein kann.

Die Frage über Versuch oder Vollendung ist bei ihnen nach den allgemeinen gesetzlichen Vorschriften zu entscheiden.

Anmerkungen der Gesetzgebungscommission zu dem Entwurfe eines Strafgesetzbuchs für Baden zu den §§. 297 und 298.

Den §. 372 des Str.G.B. damit retten zu wollen, daß man einen gesetzlichen und einen natürlichen (gemeingültigen) Begriff des Wortes Beischlaf aufstellt, ist deßhalb ein offenbar mißglückter Versuch, weil ein Gesetzgeber ein Wort nicht in einem Sinne gebrauchen darf, in welchem es sonst nirgends gebraucht und verstanden wird. An eine solche Seltsamkeit hat unser Gesetzgeber gewiß nicht gedacht, was man wohl schon deßhalb als unzweifelhaft ansehen kann, weil hiefür auch nicht entfernt ein Grund vorlag.

Ich lebe deßhalb der Hoffnung, daß die großh. Regierung bei einer dereinstigen Revision unseres Strafgesetzbuchs auch hier Abhülfe treffen wird, wie sie es bei der Ziff. 23 der Beilage II. zu dem Gesetze über die Gerichtsverfassung gegen den Rath meines Herrn Gegners in der Note 2 zu seinem oben erwähnten Aufsatze gethan hat. —

Es ist mir nicht eingefallen, die in den beiden Antworten Brauers enthaltenen Sätze bestreiten zu wollen, wie irrthümlich angenommen wird; ich finde vielmehr gerade darin den Fehler, daß unser Strafgesetzbuch das sagt, was in der ersten Antwort enthalten ist und was zu dem Inhalte der zweiten Antwort nicht paßt, wenn man nicht zu der Fiction eines „gesetzlichen“ Begriffs des Worts Beischlaf greifen will. —

Was die Hauptsache, die Frage an die Geschworenen betrifft, so hat mein Herr Gegner Sätze aufgestellt, denen meines Erachtens mit aller Entschiedenheit entgegengetreten werden muß.

Bekanntlich gehört die Fragestellung an die Geschworenen zu den schwierigsten Aufgaben des Schwurgerichtshofs; ein Zusammenwirken juristischer Kräfte zur gedeihlichen Lösung dieser Aufgabe ist daher hier vorzugsweise am Platze.

Brauer fragt, wenn die Vereinigung der Geschlechtstheile nicht den vollendeten Beischlaf bildet, wie kann dann dem (der Nothzucht oder Unzucht mit einem Kinde) Angeklagten der Vollzug oder die Vollendung des Beischlafs zur Last gelegt werden?

Antwort: Der Vollzug oder die Vollendung des Beischlafs (im wahren Sinne des Worts) wird ihm gar nicht zur Last gelegt, sondern die Vollendung des Fleischesverbrechens, dessen er angeklagt ist, mittelst Vereinigung der Geschlechtstheile, mit welcher Vereinigung sich das Gesetz begnügt, ohne einen Beischlaf zu fordern — aus Gründen, die früher schon besprochen wurden. [2]) Das Gesetz verlangt nur die Absicht, den Beischlaf zu vollziehen und eine Vereinigung der Geschlechtstheile und mehr gehört daher auch nicht in die an die Geschworenen zu stellende Frage.

Der Beisatz Brauers: „und den letztern (den Beischlaf) in soweit vollzogen zu haben, daß eine Vereinigung der Geschlechtstheile Statt gefunden hat,“ ist meines Erachtens deßhalb verwerflich, weil es nur einen Versuch und eine Vollendung des Beischlafs, nicht aber eine theilweise Vollendung desselben geben kann. Eine Vereinigung der Geschlechtstheile bewirkt Vollendung des Verbrechens; ob der Beischlaf vollendet wurde, oder nicht, ist gleichgültig, hiernach ist daher auch in keiner Weise zu fragen. Eine solche nutzlose Ausdehnung der Frage wäre nur dazu geeignet, bei den Geschworenen Zweifel zu erregen, welche meines Dafürhaltens nach meinem Vorschlage nicht auftauchen können. [3])

Als Grundsatz muß meines Erachtens bei der Fragestellung an die Geschworenen der Satz an die Spitze gestellt werden: Die Geschworenen sind in der Weise zu befragen, daß verständige Männer die Fragen in ihrer ganzen Tragweite verstehen können.

Dieser Grundsatz muß natürlich dem vorangestellt werden, daß man sich in den Fragen an die Geschworenen an die eigenen Worte des Strafgesetzbuchs zu halten habe, denn eine Antwort auf eine Frage, welche der Befragte in ihrem ganzen Umfange nicht verstanden hatte, hat keinen Werth. [4])

Es ist deßhalb vor der Fragestellung sorglich zu prüfen, ob die Worte des Gesetzes von der Art sind, daß deren richtiger Sinn von Geschworenen (Nichtjuristen) richtig aufgefaßt werden wird.

In dieser Beziehung begegnen wir nun einer nicht geringen Anzahl von Bestimmungen in unserem vortrefflichen, aber nicht für Geschworene berechneten Strafgesetzbuche, welche, wie eine bald 15jährige Erfahrung gelehrt hat, sich in den Worten des Gesetzes nicht zu Fragen an die Geschworenen eignen.

Dieses scheint mir vorzugsweise von der Begriffsbestimmung des Versuchs in dem §. 106 des Str.G.B. zu gelten, die mein Herr Gegner einfach und verständlich — wenigstens einfacher und verständlicher, als meinen Vorschlag — findet.

Wenn man Juristen hierbei im Auge hat, dann mag er Recht haben; für solche sind aber meine Vorschläge selbstverständlich nicht bestimmt, denn in diesem Falle wären sie und die Bemerkungen über die Fragestellung überhaupt ganz überflüssig. Mein Herr Gegner steht hier wieder auf demselben Standpunkt, den er in einer frühern Abhandlung eingenommen hatte, als er den §. 372 des Str.G.B. zu vertheidigen suchte: er sagt dort „bei der Klarheit des Gesetzes für den Rechtskundigen — — scheint eine Abhülfe im Wege der Gesetzgebung — nicht nöthig. [5])

Dieser überhaupt unrichtige Standpunkt für die Beurtheilung der Volksthümlichkeit eines Gesetzbuchs erscheint um so verwerflicher da, wo Geschworene, also in der Regel Nichtjuristen, mit zu Gericht sitzen.

Wenn behauptet wird, die Bestimmung des §. 106 des Str.G.B., welche den Begriff des Versuchs eines Verbrechens enthält, sei gemeinverständlich, so muß ich dieses gestützt auf vielfache eigene Erfahrungen, entschieden widersprechen. [6])

Unter diesen nicht wegzustreitenden Umständen bleibt dem Schwurgerichtspräsidenten nichts Anders übrig, als mittelst Erläuterung des §. 106 des Str.G.B. die Geschworenen aufzuklären, oder in die an sie zu richtenden Frage in andern, als den von dem Gesetze gebrauchten, Worten den Begriff des Versuchs aufzunehmen.

Auf guten Erfolg mündlicher Erläuterung von Fragen durch den Präsidenten ist nicht zu rechnen [7]); es wird deßhalb dem Schwurgerichtspräsidenten, wenn er sich nicht des Worts „versuchen“ in der Frage bedienen will, nichts Anderes übrig bleiben, als die von dem Gesetze gebrauchten Worte (§. 106) mit andern zu vertauschen, welche den Geschworenen die erforderliche Einsicht in das Wesen des Versuchs im gesetzlichen Sinne

[2]) Annalen Bd. XXVII. S. 196–197.

[3]) Das als gezwungen und seltsam klingend verurtheilte Wörtchen „gegenüber“ gebe ich Preis; ich habe nur deßhalb das Wörtchen „mit“ dafür nicht gewählt, weil dieses Wörtchen später noch einmal vorkommen muß. Uebrigens wird wohl das „gegenüber“ so wenig, wie das „mit“ gegen den Genius der deutschen Sprache verstoßen.

[4]) Planck, systemat. Darstellung des deutschen Strafverfahrens. S. 402 und 420.

[5]) Annalen Bd. XXVIII. S. 90–92.

[6]) Ich habe mir von sehr verständigen Nichtjuristen eine Erklärung darüber erbeten, was der §. 106 unseres St.G.B. besagen wolle; keiner davon wußte, was er aus jener Bestimmung machen sollte, sie erwiederten mir sämmtlich, sie verständen diese Gesetzesstelle nicht und wüßten sie nicht anzuwenden.

[7]) Annalen Bd. XXIX. S. 197. XXVIII. S. 21.

gewähren. Dieses wird meines Erachtens durch die von mir vorgeschlagene Fragestellung erreicht; jedenfalls ist das, was Brauer hiergegen einwendet, irrig; er meint, wenn man frage:

> ist N. N. schuldig, solche Handlungen verübt zu haben, welche seine Absicht, zu stehlen, oder den und den zu tödten oder die in Ansehung der Geschlechtsehre unbescholtene N. durch thätliche Gewalt zum außerehelichen Beischlaf zu nöthigen, außer Zweifel stellen (oder darthun oder beweisen),

so führe man nicht sämmtliche gesetzlichen Merkmale des Versuchs an und mache sich einer Unbestimmtheit schuldig, welche gestatte, auch reine Vorbereitungshandlungen unter die gewählte Begriffsbestimmung zu stellen.

Bei diesem Tadel, der hauptsächlich zwei der bewährtesten Theoretiker Bauer und Luden trifft [8]), denen ich die Begriffsbestimmung des Versuchs, welche im gemeinen Recht mit der unseres Strafgesetzbuchs übereinstimmt, im Wesentlichen entnommen habe, möchte ich doch wissen, wie Brauer den Geschwornen die g e s e t z l i c h e Begriffsbestimmung des Versuchs erläutert; oder bedarf es keiner Erläuterung, weil angeblich das Gesetz klar ist?

Ist in dem §. 106 des Str.G.B. etwas Anderes gesagt, als was Theorie und Praxis jetzt übereinstimmend annehmen und was schon die Carolina in dem Art. 178 anführte, daß nämlich da ein Versuch anzunehmen sei, wenn Jemand in der Absicht, ein bestimmtes Verbrechen zu begehen, bereits solche Handlungen vorgenommen habe, aus welchen sich jene Absicht mit Bestimmtheit entnehmen lasse? Etwas Anderes kann ja die Theorie und Praxis unter „Handlungen, wodurch die Ausführung eines beabsichtigten Verbrechens angefangen worden ist" nicht verstehen und versteht sie auch nicht. [9]) Etwas Anderes, als dieses, sagt auch mein Vorschlag nicht, weßhalb es mir nicht begreiflich ist, wie man ihm den Vorwurf der Unvollständigkeit, des Mangels an gesetzlichen Merkmalen des Versuchs machen kann.

Wenn behauptet wird, nach meinem Vorschlage könnten blose Vorbereitungshandlungen für Versuchshandlungen erklärt werden, so läge, wenn eine solche Erklärung erfolgt wäre, die Schuld nicht an der Frage, sondern an denen, welche die Frage beantwortet haben; sie wären zu Geschworenen überhaupt nicht befähigt. Das ist aber doch klar, daß die nämliche Gefahr vorliegt, wenn man nach der Ansicht Brauers die Fragestellung an die Geschworenen einrichtet.

Nach meinem Vorschlage ist, wie mir scheint, das, was man von den Geschworenen beantwortet wissen will, klar dargelegt; hält man sich dagegen an die Worte des Gesetzes, so fragt man in einer Weise, welche die Geschworenen nicht verstehen; ihre Antwort hat dann keinen Werth.

Brauer meint [10]), nach meiner Fragestellung könnten „selbst blose unzüchtige Gebehrden, die pantomimische Andeutung der Absicht des Beischlafs mit bezüglichen Reden oder auch ohne solche" zu den Versuchshandlungen gerechnet werden.

Der Sinn dieser Stelle ist mir nicht klar. Daß je ein solcher Pantomimiker, wie ihn Brauer hier zeichnet, vor das Schwurgericht gestellt werde, ist wohl undenkbar. Gesetzt aber, es geschehe, so wird es doch wohl keinen Geschworenen geben, der annähme, daß Geberden und pantomimische Andeutungen die Absicht, ein F l e i s c h e s v e r b r e c h e n zu begehen, außer Zweifel setzen.

Das sind doch offenbar keine Handlungen, welche auf die Absicht der Begehung eines der Fleischesverbrechen der §§. 335. 336 und 337 des Str.G.B. schließen lassen; sie können vielmehr nur unter Umständen das Verbrechen des §. 359 des Str.G.B. bilden oder als polizeilich strafbar erscheinen.

Die Gefahr, daß die Geschworenen in blosen Vorbereitungshandlungen, wenn sie ihnen je als verbrecherisch zur Frage gestellt werden sollten, was kaum denkbar ist, einen Versuch finden würden, wird, wie bemerkt, doch sicherlich dadurch nicht beseitigt, daß man die Ausdrucksweise des §. 106 des Str.G.B. wählt, denn diese kann gerade ebensogut, ja noch viel leichter mißverstanden werden, als die von mir vorgeschlagene Fassung der Versuchsfrage. Nicht in der Fragestellung liegt dann der Fehler, sondern in der Antwort.

Wir sind noch Neulinge in dem schwurgerichtlichen Verfahren und deßhalb können wir noch nicht viel von bewährten Erfahrungen sprechen; wir haben noch Vieles zu lernen und zu bessern und dazu trage Jeder redlich und bescheiden sein Scherflein bei, dann wird uns auch der glückliche Erfolg nicht fehlen. [11])

Fr. Schenkh.

[8]) Annalen Bd. XXIX. S. 196 und 197.

[9]) Annalen l. c. S. 197.

[10]) Annalen XXIX. S. 242.

[11]) Hiermit sei die Reihe dieser Erörterungen geschlossen! – Red.

63.

Wie ist dem (unthätigen) Complottanten das nicht verabredete Verbrechen (der Exceß) eines Genossen zuzurechnen. §. 133 des Str.G.B.

Am Stephanstag den 26. Dezbr. 1862 war Bernhard Weinmann und Thaddäus Bopp von Rheinsheim mit Stephan Klein und seinem Bruder Alexander nach Eintritt der Polizeistunde bei Kaufmann Valentin Zimmermann zusammengetroffen; Weinmann hatte den Stephan Klein im Verdacht, daß der Wurf mit einem Stückchen Holz, welchen jener an der Kirchweihe auf die Hand erhalten hatte, von diesem herrühre.

Bei Kaufmann Zimmermann brachte Stephan Klein auch Thaddäus Bopp durch Verhöhnung mit einem Spottnamen gegen sich auf.

Weinmann und Bopp lauerten deßhalb, mit Prügeln versehen, dem Stephan Klein schon vor dem Zimmermann'schen Hause auf, es gelang aber dem Stephan Klein, ohne daß seine Gegner es bemerkten, auf die Straße zu kommen, die nach seiner Wohnung führte.

Bopp und Weinmann eilten nun dem Stephan und Alexander Klein auf einem Umwege vor und stellten sich hinter einer Hausecke auf, an welcher die Brüder Klein ihr Heimweg vorüberführte. Während ihre Gegner dort auf sie lauerten, gesellte sich Franz Hormuth, ein Nebenbuhler des Thaddäus Bopp, zu dem Alexander Klein, bewaffnete sich mit einem Stücke Holz und erklärte sich bereit, den Stephan Klein vor Schlägen schützen zu helfen. Er kam dann einige Schritte vor Alexander Klein, dem sein Bruder Stephan folgte, an die Hausecke, hinter welcher nun Thaddäus Bopp vortrat und den Franz Hormuth mit seinem Prügel zu Boden schlug.

Der Geschlagene trug eine mit Lebensgefahr verbundene Gehirnerschütterung höheren Grades davon, welche eine unvollkommene Lähmung der rechten Körperhälfte und insbesondere eine dadurch bedingte Störung des nervus hypoglossus bewirkte. Sie hatte nicht nur eine Krankheit und völlige Arbeitsunfähigkeit von 7 Wochen, sowie eine weitere theilweise Arbeitsunfähigkeit von etwa 9 Monaten, sondern auch als bleibenden Nachtheil eine Beschränkung des Sprachvermögens zur Folge, indem Franz Hormuth erst nach einigem Besinnen Worte für seine Gedanken zu finden vermag, und dieselben stoßweise und in Zwischenräumen ausspricht.

Das großh. Hofgericht des Unterrheinkreises nahm in der Majorität keinen Anstand, auch den Bernhard Weinmann für diesen Erfolg verantwortlich zu machen, indem es in den Entscheidungsgründen aussprach, „nach den Vorfällen, welche der Körperverletzung vorausgingen, sei anzunehmen, daß Bopp und Weinmann sich mit einander verabredet hatten, mit Prügeln bewaffnet dem Stephan Klein aufzulauern und denselben zu mißhandeln," und daß sie dabei mit vorbedachtem Entschlusse handelten." Es erklärte ferner den Umstand, daß anstatt des Stephan Klein, dem die Mißhandlung zugedacht war, Franz Hormuth davon betroffen wurde, für unerheblich, wiewohl ein nicht unbegründeter Verdacht vorliege, daß Thaddäus Bopp, der demselben Mädchen wie Franz Hormuth zu Gefallen geht, auf diesen eifersüchtig gewesen sei, und ihn, ehe er auf ihn geschlagen, erkannt gehabt habe.

Das großh. Hofgericht erkannte deßhalb am 25. Februar 1864 den Thaddäus Bopp und Bernhard Weinmann von Rheinsheim der mit Vorbedacht dem Franz Hormuth von da zugefügten Körperverletzung für schuldig und verurtheilte den Thaddäus Bopp zu Arbeitshausstrafe von 2½ Jahr oder 1 Jahr 8 Monat in Einzelhaft, geschärft durch 14 Tage Hungerkost und den Bernhard Weinmann zu einer solchen von 9 Monaten oder 6 Monaten in Einzelhaft. Auch verurtheilte es Beide unter sammtverbindlicher Haftbarkeit, an Franz Hormuth eine Entschädigung von 645 fl. 21 kr. zu zahlen und ebenfalls sammtverbindlich haftbar Jeden, die Hälfte der Strafprozeßkosten zu tragen.

— Ein Stimmführer war aber anderer Ansicht, indem er den §. 128 d. Str.G.B. bezüglich des Bernhard Weinmann für anwendbar hielt, da dieser bei der fraglichen Verabredung den Franz Hormuth nicht entfernt im Auge gehabt habe, auch eine Verwechslung der Person im Sinne des §. 100 d. Str.G.B. hier nicht vorliege. Er beantragte hiernach gegen Weinmann eine Kreisgefängnißstrafe von 4 Monaten.

An diese Anschauung hielt sich Bernhard Weinmann in der Rekursausführung eventuell und bat, wenn er nicht freigesprochen oder nur wegen Theilnahme an einem Raufhandel, oder höchstens wegen Beihülfe bei einer Körperverletzung bestraft, und in einem oder dem andern Falle von der verlangten Entschädigung freigesprochen werde, — daß er wegen der angeschuldigten Körperverletzung nur in eine Kreisgefängnißstrafe von kurzer Dauer und zum Ersatz des Schadens in minderem Betrage verurtheilt werde.

Der großh. Staatsanwalt sprach sich über dies Gesuch dahin aus:

„Bekanntlich ist die Frage, wie der Fall zu behandeln sei, wo statt des verabredeten Verbrechens ein anderes oder ein geringeres oder größeres, oder neben dem verabredeten (sei es als Mittel oder Folge) noch ein weiteres verübt wird, in den neueren Gesetzbüchern nur ungenügend behandelt.

Der §. 133 unseres Str.G.B. hat nur den Exzeß eines der Complottanten im Auge, von welchem in unserm Falle keine Rede sein kann, da es an allem Anhalt für die Annahme gebricht, daß Thaddäus Bopp dem Franz Hormuth eine schwerere Körperverletzung zufügte, als dem Stephan Klein zugedacht war.

Es wird daher der vorliegende Fall lediglich nach allgemeinen Grundsätzen zu behandeln sein, da auch der Fall einer blosen Eingehung eines Complotts (§. 128 d. Str.G.B.) hier nach meiner Meinung nicht vorliegt, weil ja in Folge des Complotts eine Körperverletzung, wenn auch an einer andern Person, verübt wurde. Es wird daher zuerst die Frage festzustellen sein, ob die beiden Complottanten in Bezug auf die That als identisch zu betrachten sind, oder ob der physische Urheber durch Geltendmachung eines eigenen besonderen Willens das Verhältniß der Theilnahme auflöste.

Mir scheint nun das Erstere der Fall zu sein.

Thaddäus Bopp und Bernhard Weinmann mußten unterstellen, daß ebensowohl, als sich ihnen ein dritter Spießgeselle anschloß, auch ihre Gegner Stephan und Alexander Klein nicht ohne Unterstützung bleiben würden, wie sich ihnen dann auch in der That Franz Hormuth als Genosse beigesellte. Es ist demnach anzunehmen, daß Bopp und Weinmann in ihm einen Gegner umsomehr vermutheten, als er nach Bopp's eigener Angabe einen Prügel trug und ihm damit entgegen ging, sowie daß Bopp nur den vereinigten Willen Beider zur Ausführung brachte, als er auf Franz Hormuth drein schlug. Es scheint mir nach der Lage der Dinge, daß Weinmann gerade so gehandelt haben würde, wenn er zufällig vorangestanden wäre.

Wollte man aber annehmen, daß Thaddäus Bopp in Franz Hormuth keinen Genossen seiner Gegner, sondern einen ihm zufällig in den Weg gekommenen Feind vermuthet oder erkannt und deßhalb seinen Angriff auf diesen unternommen hätte, daß also Bernhard Weinmann in Bezug auf diesen von der Theilnahme sich losgesagt hätte, bezw. so anzusehen wäre, als ob dies der Fall gewesen wäre, so müßte der eingetretene Erfolg demselben immerhin zur groben Verschuldung imputirt werden, weil er ihn vorhersehen konnte und es müßte ihm daher dieser Erfolg, gleich wie ein strafbarer Exzeß im Fall des §. 133 noch nebenher zur culpa angerechnet werden. Darüber scheint mir endlich kein Zweifel obwalten zu können, daß, wenn Thaddäus Bopp den Franz Hormuth irrthümlich für Stephan Klein gehalten haben sollte, alsdann Bernhard Weinmann für den eingetretenen Erfolg als Complottant gerade so gut zu haften hätte, wie Bopp selbst gemäß §. 99 d. Str.G.B., daß daher auch ihm derselbe zum dolus zugerechnet werden müßte rc."

Das großh. Oberhofgericht änderte hierauf das hofgerichtliche Urtheil, soweit es von B. Weinmann angefochten war, am 23. Mai 1864 dahin ab, daß B. Weinmann der Eingehung einer verbrecherischen Verbindung zur Körperverletzung des Stephan Klein von Rheinsheim und der fahrlässigen Körperverletzung des Franz Hormuth von da für schuldig zu erklären und deßhalb zu Kreisgefängnißstrafe von 4 Monaten, zu einer dem Franz Hormuth zu zahlenden Entschädigung von 161 fl. 20 kr., zur Zahlung eines Viertheils der Strafprozeßkosten und der Hälfte der Kosten seines Recurses rc. zu verurtheilen sei.

Entscheidungsgründe:

„Bernhard Weinmann hatte sich zwar mit Th. Bopp zur Mißhandlung des Stephan Klein verbunden, allein diese Verabredung kam wegen des mit Franz Hormuth eingetretenen Zwischenfalls nicht zur Ausführung. Nach §. 128 d. Str.G.B. ist jedoch schon die blose Eingehung jener Verbindung zu ahnden, wenn dieselbe auch an und für sich keinen Erfolg gehabt hat.

Bernhard Weinmann beschwert sich aber darüber, daß die von Bopp allein dem Franz Hormuth zugefügte Verletzung auch ihm zum Vorsatze zugerechnet worden ist. Diese seine Beschwerde erscheint begründet; denn es ist nicht hergestellt, daß beide Angeschuldigten darüber einig geworden waren, auch Dritte, welche sich etwa noch auf Klein's Seite schlagen, zu mißhandeln, daß sie den Hormuth als einen solchen Gegner erkannt haben, und daß die Verletzung des Letzteren eine Folge dieser Annahme gewesen ist.

Wenn nämlich auch bei einem nächtlichen Ueberfall, welcher auf der Ortsstraße von einer Parthie gegen ihren gemeinschaftlichen Gegner vorbereitet wird, die Möglichkeit, ja sogar die Wahrscheinlichkeit vorhergesehen werden kann, daß sich auf seiner Seite noch Andere in den Streit mischen, so kann eine Ausdehnung der Verbindung auf Mißhandlung solcher dritten Personen doch nur da angenommen werden, wo nach den Verhältnissen des Falls die Einmischung derselben bestimmt vorherzusehen war, auch unverkennbar stattgefunden hat. Köstlin, System des d. Strafrechts Bd. I. §. 107. 100 S. 329. *) Faktische Voraussetzungen dieser Unterstellungen bezüglich des Franz Hormuth liegen aber hier nicht vor: denn es ist nicht nachgewiesen, daß die Rekurrenten vor dem Erscheinen desselben an der Hausecke, hinter welcher sie das Herannahen des Stephan Klein abwarteten, wahrgenommen hatten, daß Hormuth sich inzwischen zu den Brüdern Klein gesellt und die Absicht ausgesprochen habe, den Stephan Klein gegen den ihm drohenden Ueberfall zu schützen, ihn gegenüber den Angeschuldigten zu vertreten. Die Letzteren, beziehungsweise Th. Bopp haben auch den F. Hormuth nicht etwa irrthümlich für Stephan Klein gehalten, und in dieser Unterstellung gehandelt, sondern Bopp wußte, daß Klein sich in einiger Entfernung aufhielt und verletzte den Hormuth in Folge eines Entschlusses, welcher nicht in der mit Weinmann getroffenen Verbindung enthalten war.

Das an Franz Hormuth von Th. Bopp verübte Verbrechen kann daher dem Bernhard Weinmann zwar nicht zum Vorsatz, aber wegen der Möglichkeit der Voraussicht eines solchen Conflicts mit Dritten doch zur Fahrlässigkeit zugerechnet werden. Vrgl. §§. 101. 102. 133 des Str.G.B. und Köstlin, a. a. O. §. 107 No. 2 S. 353. *)

Damit fällt die Sammtverbindlichkeit des B. Weinmann sowohl für den Schadensersatz nach L.R.S. 1382 d, als auch für die Untersuchungskosten nach §. 353 der Str.P.O. hinweg. Auch mußte demzufolge nicht nur die gegen den Rekurrenten nach Maasgabe des §. 128. 237 u. 182 des Str.G.B. zu erkennende Strafe, sondern auch sein Antheil an der Entschädigungssumme, zu dessen Zahlung er nach §. 11 des Gesetzes über die privatrechtlichen Folgen der Verbrechen verpflichtet ist, gemäß §. 15 dieses Gesetzes auf das im Urtheil ausgesprochene Maaß bestimmt werden, wobei in Erwägung kommt, daß die Verbindung der Angeschuldigten bezüglich des St. Klein nach Maaßgabe der vorliegenden Umstände, insbesondere des Orts, der Zeit und der Bewaffnung der Theilnehmer auf eine Körperverletzung schwererer Art gerichtet sein mußte. Bei Bestimmung des Maaßes der Entschädigung wurde ein entsprechender Bruchtheil des dem Verletzten zugegangenen Schadens zu Grunde gelegt.

Da dem in erster Reihe auf Freisprechung gerichteten Gesuche des B. Weinmann nicht stattzugeben war, so kann er von den Kosten des Rekurses nicht freigesprochen, es mußte ihm vielmehr nach §. 351 der Str.P.O. ein verhältnißmäßiger Theil derselben zur Last gesetzt werden.

Stf.

---

*) Köstlin bemerkt über §. 133 unseres Strafgesetzbuchs: „Das Gesetz beschränkt sich hier, wie beim excessus mandatarii auf den schwereren Erfolg und die Möglichkeit der Zurechnung zur culpa. Aber beim Complott kann es nicht nur vorkommen, daß statt des verabredeten Verbrechens ein größeres, sondern auch daß (ein kleineres oder) ein anderes, oder — neben dem verabredeten — sei es als Mittel oder Folge, noch ein weiteres Verbrechen verübt wird.

Bei solchen Excessen müssen gegen alle nicht activ dabei Betheiligten, namentlich auch für unthätige Complottanten die Grundsätze über dolus, culpa, oder casus, wie bei dem Excesse des mandatarius gegen den Anstifter zur Anwendung kommen."

System des deutschen Strafrechts §. 107 Band I. S. 352, 353.

*) Bezüglich des excessus mandatarii bemerkt er aber: „Wenn der Angestiftete ein anderes Verbrechen als das angesonnene oder neben diesem noch ein weiteres beging, oder wenigstens in Beziehung auf die Modalitäten des Auftrags dessen Grenzen überschritt, so bestimmt sich die Schuld des Anstifters nach den gewöhnlichen Grundsätzen über dolus, culpa und casus."

Köstlin, System des d. Strafrechts §. 100 Bd. I. S. 321.

*) Wenn der Angestiftete neben dem angesonnenen Verbrechen noch ein weiteres verübt, sei es als Mittel zur Verübung des angesonnenen oder als Folge davon, so muß diese Ausartung der Handlung des Thäters auch dem Anstifter zum dolus, zur luxuria oder zur culpa zugerechnet, resp. derselbe dafür unverantwortlich gelassen werden, je nachdem er den Exceß voraussehen mußte, voraussah, voraussehen konnte oder nicht voraussehen konnte.

Köstlin, System des d. Strafrechts §. 100 Bd. I. S. 329.

64.

Durch Fertigung falscher Ausgabsbelege für die Gemeindekasse wird nur dann das gerichtlich strafbare Vergehen eines Betrugs aus Gewinnsucht verübt, wenn auf Seiten der bei solchen Fälschungen zusammenwirkenden Gemeindebeamten die Absicht, einen unrechtmäßigen Gewinn zu machen, vorherrscht und auf Seiten der Gemeinde eine Beschädigung eintritt.

Vrgl. Annal. 1862 (XXVIII.) No. 29. 30 Ziff. 83 S. 231 ff.

Der im Jahre 1862 vom Dienste abgetretene Gemeinderechner Bernhard Kottler in Reichenthal machte im Mai 1863 dem großh. Bezirksamte Gernsbach die Anzeige, daß Bürgermeister Dörrer zwei, in den Beilagen zur 1860r Gemeinderechnung enthaltene, Ausgabsbelege im Betrage von zusammen 237 fl. 34 kr. gefälscht habe, und daß bei einer weitern Fälschung zu einer Ausgabe vom Jahre 1861 auch der Gemeinderath Merkel betheiligt sei. In Folge dieser Anzeige wurde dienstpolizeiliche Untersuchung nicht nur gegen Bürgermeister Dörrer und Bernhard Kottler selbst, sondern auch gegen die Gemeinderäthe Wilhelm Merkel, Moritz Knapp und Philipp Wörner, sowie die Ausschußmitglieder Andreas Kottler Andreas Sarbacher, Franz Anton Wieland und Roman Wieland, endlich aber gegen Rathschreiber Michael Faißt eingeleitet und wurden diese wegen der obigen Punkte und wegen einer weitern, auf anonymer, der großh. Kreisregierung gemachten, Anzeige beruhenden und sodann dienstpolizeilich erhobenen, Anschuldigung durch Entschließung dieser Behörde vom 30. Juni 1863 vor Gericht gestellt.

Der hiergegen an großh. Ministerium des Innern ausgeführte Rekurs ward unterm 3. September als unbegründet verworfen und die gerichtliche Untersuchung eingeleitet. Sie ergab Folgendes:

I. Bis zum Jahre 1851 hatten die Bürger von Reichenthal das Bau- und Reparaturholz aus ihrem Gemeindswald gegen ein Stockgeld von 12—15 kr. pr. Stamm oder Stück bezogen. Dies wurde von großh. Ministerium des Innern für unstatthaft erklärt; deßhalb beschloß die Gemeinde am 24. Oktober 1851 (mit Widerstreben) die Ueberlassung solcher Hölzer an die Bürger um die Hälfte des wahren Werths.

Zufolge dieses Gemeindebeschlusses wurde der deßfallsige Ertrag fürs Jahr 1859 mit 311 fl. 34 kr., welcher als Ausstand in die 1860r Rechnung herübergenommen war, mit Ausnahme des mit 74 fl. erhobenen Stockgeldes, im Uebrigen also in der Summe von 237 fl. 34 kr. in dieser 1860r Rechnung fälschlich vereinnahmt und wurden, um die Einnahme wieder wegzubringen, zwei Protokolle vom 1. und 5. Oktober 1860 gefertigt, inhaltlich deren das Ausschußmitglied Andreas Kottler die Ausbesserung der alten Straße von Reichenthal nach Weisenbach um 139 fl. 15 kr., bezw. Gemeinderath Merkel die Ausbesserung eines andern Weges um 98 fl. 19 kr. ersteigert hätten. Mit den von Jenen unterschriebenen Quittungen wurde dann die Ausgabe, die nicht erfolgt war, weil der Inhalt jener Protokolle nur fingirt, und die Herstellung der Wege von den Bürgern unentgeldlich bewirkt worden war, belegt. Zugestandenermaaßen sind jene beiden Protokolle zum Zwecke der Umgehung der Ministerial Verordnungen, beziehungsweise zum Zwecke der unentgeldlichen Ueberlassung der Reparaturhölzer an die Empfänger aufgenommen worden und zugestandenermaaßen in der Weise zu Stande gekommen,

1) daß im Hause des Bürgermeisters Dörrer die Gemeinderäthe Merkel, Knapp und Wörner und die Ausschußmitglieder Andreas Kottler, Sarbacher und die beiden Wieland unter sich geloost haben, welcher als angeblicher Steigerer das Protokoll unterzeichnen solle, wobei es den Merkel und Andreas Kottler traf,
2) daß die Protokolle von Rathschreiber Faißt geschrieben, von Bürgermeister Dörrer unterschrieben und die Contexte der Quittungen von dem damaligen Gemeinderechner Bernhard Kottler gefertigt worden waren, worauf dann die angeblichen Forderungsberechtigten die betr. Quittung unterzeichnet haben.

Das großh. Hofgericht des Mittelrheinkreises erkannte hierauf die Angeschuldigten eines mit Amtsmißbrauch zum Nachtheil der Gemeinde Reichenthal verübten Betrugs aus Gewinnsucht im Betrage von 237 fl. 34 kr. für schuldig. (Schluß folgt.)

Annalen der Großherzogl. Badischen Gerichte.

1864. Band XXX. No. 18.

(Schluß von Art. 64.)

Die Verurtheilten führten hiergegen den Rekurs aus und wurden von großh. Oberhofgerichte durch Urtheil vom 8. Juni 1864 von der Anschuldigung eines mit Amtsmißbrauch zum Nachtheil der Gemeinde Reichenthal verübten Betrugs aus Gewinnsucht im Betrag von 237 fl. 34 kr. aus folgenden Gründen freigesprochen:

„Hier fehlt es am Thatbestande eines strafbaren Betrugs, denn wenn auch kein Zweifel darüber besteht, daß die Handlungen der zehn Recurrenten auf Täuschung der Staatsbehörden, denen die Aufsicht über den Gemeindehaushalt zusteht, berechnet und dazu auch ganz geeignet waren, so kann nach allen Umständen doch nicht angenommen werden, daß sie aus Gewinnsucht geschehen; auch ist nicht nachgewiesen, daß sie eine Beschädigung der Gemeinde Reichenthal zur Folge hatten.

Aus den mit den deßfallsigen Behauptungen der Angeschuldigten übereinstimmenden Aussagen der eidlich vernommenen Mitglieder des großen Ausschusses von Reichenthal ergibt sich, daß gegen Zahlung der Taxen für die sog. Reparaturhölzer, welche in früherer Zeit nach langjähriger Uebung gegen das sog. Stockgeld von nur 12 – 15 kr. für den Stamm an die Bürger abgegeben worden waren, fortwährend unter der ganzen Bürgerschaft eine große Abneigung herrschte, und daß, nachdem das Stockgeld bereits bezahlt war, den Angeschuldigten als Ortsvorgesetzten der allgemeine Wunsch kundgegeben wurde, in irgend einer Weise dafür zu sorgen, daß die Erhebung der lediglich auf höhere Weisung weiter angesetzten Taxen umgangen werde. Es ist aber vollkommen glaublich, daß die Angeschuldigten sich nur aus dem Grunde zu der hier in Frage stehenden Täuschung herbeiließen, um jenem Wunsche aller Gemeindeglieder zu entsprechen; zwar läßt sich nicht verkennen, daß sie dadurch auch sich selbst und ihre Mitbürger von der Zahlung der Taxen für die Reparaturhölzer zu befreien suchten; allein die gesammte Bürgerschaft hat dagegen die nöthigen Wegbauten unentgeldlich hergestellt, wozu sie nach §. 87 der G.O. nicht verpflichtet war, da ein deßfallsiger Gemeindebeschluß nach Maaßgabe der §§. 88 ff. der G.O. nicht erfolgt ist, und wenn auch bei dem einen und andern der Angeschuldigten dessen Schuldigkeit für Reparaturholz durch die von ihm verrichteten Arbeiten an den Gemeindewegen nicht vollständig ausgeglichen wurde, so war doch der hierdurch erlangte Gewinn zu unbedeutend, als daß darin das Motiv zu der That erblickt werden könnte, welche den Gegenstand der vorliegenden Anschuldigung bildet; es ist vielmehr anzunehmen, daß die Recurrenten hiezu in Folge einer übel angebrachten Nachgiebigkeit gegen den Wunsch ihrer Mitbürger und nicht durch Gewinnsucht bestimmt worden sind. Zudem haben zwei der eidlich einvernommenen Mitglieder des großen Ausschusses mit Bestimmtheit erklärt, daß die von der Bürgerschaft unentgeldlich ausgeführten Wegbauten im Fall öffentlicher Versteigerung mindestens ebensoviel gekostet haben würden, als die Forderung der Gemeinde für Reparaturholz betragen hat, und wenn dies richtig ist, so hat eine völlige Ausgleichung zwischen der Forderung der Gemeinde für Reparaturholz und ihrer dem Geldwerthe nach gleichen Verbindlichkeit zur Herstellung der Wegbauten stattgefunden und die Gemeinde folglich durch die Handlungsweise der Angeschuldigten keinen Schaden erlitten. Es kann zwar in der gedachten Erklärung der zwei Mitglieder des großen Ausschusses, welche hier nicht über gemachte Wahrnehmungen ausgesagt, sondern mehr ein Gutachten abgegeben haben, ein vollständiger Beweis nicht erblickt werden, allein jedenfalls ist das Gegentheil nicht dargethan, und die Beschädigung der Gemeinde nicht nachgewiesen.

So tadelnswerth daher auch das Verfahren der zehn Angeschuldigten erscheint und so gerechten Anlaß sie dadurch zum dienstpolizeilichen Einschreiten gegen sie gegeben haben mögen, so kann doch ein gerichtlich strafbares Vergehen darin nicht erblickt werden, weßhalb hier das hofgerichtliche Urtheil, wie geschehen, abgeändert werden mußte.

II. Die Beilage 139 zur 1861r Gemeindsrechnung enthält eine, von Rathschreiber Haißt geschriebene, Rechnung, nach welcher Gemeinderath Merkel für Fuhrlohn 71 fl. 12 kr. an die Gemeinde zu fordern gehabt hätte, die unterm 12. Oct. 1861 von dem Gemeinderath unter Beglaubigung des Faißt decretirt und später durch den damaligen Gemeindsrechner Kottler bezahlt worden sind.

Bürgermeister Dörrer und Gemeinderath Merkel sind geständig, daß jene Rechnung um 4 fl. übersetzt worden sei, und daß sie nach Auszahlung der 71 fl. 12 kr. diese 4 fl. unter sich getheilt haben, um einigen Ersatz dafür zu bekommen, daß sie im September 1861 nach dem Verlangen der Gemeindebürger, bezw. des großen Ausschusses wegen Errichtung einer eigenen Kaplanei in Reichenthal eine Reise nach Carlsruhe gemacht gehabt haben. Sie haben hierüber angegeben, daß sie ihren früheren Beamten und damaligen Finanzrath v. Göler berathen haben, von diesem an Laubis verwiesen worden seien, diesen aber nicht angetroffen haben und erinnert sich der jetzige Stadtdirector v. Göler, daß Dörrer und ein Gemeinderath ihn in solcher Angelegenheit besucht haben.

Auch hierwegen wurde Bürgermeister Dörrer u. Gemeinderath Merkel durch großh. Hofgericht eines Betrugs aus Gewinnsücht zum Nachtheil der Gemeinde im Betrag von 4 fl. für schuldig erklärt, durch großh. Oberhofgericht aber von dieser Anschuldigung freigesprochen; und zwar aus folgenden Gründen:

Nach den eidlichen Aussagen der abgehörten Mitglieder des großen Ausschusses in Reichenthal läßt sich nicht bezweifeln, daß diese zwei Angeschuldigten von dem großen Ausschuß den Auftrag erhalten hatten, im Interesse der Gemeinde eine Reise nach Carlsruhe zu machen, und aus der Erklärung des frühern Amtsvorstands von Gernsbach, v. Göler, ergibt sich, daß sie diesen Auftrag in der That auch ausgeführt haben. Hiefür hatten sie nach §. 36 der G.O. ihre Diäten und Reisekosten aus der Gemeindekasse anzusprechen und wenn sie sich nun solche nicht auf dem ordentlichen directen Wege, sondern durch fälschliche Erhöhung eines Forderungszettels für Fuhrlohn um einen Betrag, der ihren Gebühren nicht einmal gleichkommt, vrgl. Fröhlichs Gem.-Ges. S. 467 — verschafften, so erscheint die von ihnen als Ortsvorgesetzten eingehaltene Verfahrungsweise zwar im höchsten Grade unwürdig und mag zum dienstpolizeilichen Einschreiten gegen sie ebenfalls gerechten Anlaß geben, allein eine criminalrechtlich strafbare That ist darin nicht zu finden, und insbesondere fehlt hier zum Thatbestande des Betrugs sowohl die Absicht, einen rechtswidrigen Gewinn zu machen, als auch eine Beschädigung der Gemeinde, welche durch die erwähnte Täuschung bewirkt worden wäre.

III. Als Bürgermeister Dörrer am 22. November 1859 gewählt war, wurden jedem der 26 Wähler im Auerhahnwirthshause 1 fl. 12 kr. durch den Rechner Kottler ausbezahlt und wurde nachmals diese Ausgabe von 31 fl. 12 kr. in der Rechnung dadurch verdeckt, daß Bürgermeister Dörrer und Rathschreiber Faißt bei jedem der Empfänger die Arbeitslisten für Waldcultur um 2 Taglöhne (à 36 kr.) erhöhten, Rechner Kottler aber, im Einverständnisse mit den Andern, je 1 fl. 12 kr. weniger auszahlte und die widerrechtlich erhöhte Summe in der Gemeinderechnung in Ausgabe setzte.

Das hofgerichtl. Urtheil, insoweit es hierwegen den Bürgermeister Dörrer, Rathschreiber Faißt und Altgemeinderechner Kottler eines Betrugs aus Gewinnsucht zum Nachtheil der Gemeinde im Betrage von 31 fl. 12 kr. für schuldig erkannte, wurde von großh. Oberhofgerichte bestätigt und jeder der drei Angeschuldigten zu einer Amtsgefängnißstrafe von 4 Wochen verurtheilt.

Gründe:

Anders verhält sich die Sache hinsichtlich des dritten Anschuldigungspunktes. Es existirte durchaus keine Verbindlichkeit der Gemeinde, den Wählern für Zeitversäumniß oder für ihre Zeche gelegentlich der Bürgermeisterwahl eine Vergütung zu leisten; wenn aber demungeachtet hiefür an einen Jeden von ihnen 1 fl. 12 kr. bezahlt wurden, so geschah dies ohne allen Rechtsgrund und die Gemeindebehörden waren nicht befugt, eine derartige Ausgabe auf die Gemeindekasse zu decretiren. Wäre daher solche in der Gemeinderechnung unter Angabe des wahren Sachverhältnisses aufgeführt worden, so hätte die Revisionsbehörde sie nicht passiren lassen können, sondern den Rückersatz anordnen müssen. Um dieselbe nun zu verleiten, die Anordnung des Rückersatzes zu unterlassen, haben Bürgermeister Dörrer, Rathschreiber Faißt und Altgemeinderechner Kottler das in den hofgerichtlichen Entscheidungsgründen beschriebene, auf Täuschung der Revisionsbehörde berechnete und hiezu auch ganz geeignete Verfahren eingehalten. Der Zweck bestand offenbar darin, sich selbst und ihren Mitwählern, von denen jeder 1 fl. 12 kr. erhalten hatte, die somit im Ganzen bezogenen 31 fl. 12 kr. zu sichern und der Gemeinde sollte dieser Betrag dadurch für immer entzogen werden. Hier läßt sich also so wenig an der gewinnsüchtigen Absicht der Recurrenten, als an der Beschädigung der Gemeinde zweifeln und alle Erfordernisse zum Thatbestande des Betrugs liegen vor. Mit Recht wurden daher auch Bürgermeister Dörrer, Rathschreiber Haicht und Altgemeinderechner Kottler dieses Vergehens schuldig erklärt. Als Strafe hiefür hat man im Hinblick auf die §§. 450. 403 Ziff. 2 und 152 Ziff. 1. 4 und 6 des Str.G.B. eine 4 wöchentliche Amtsgefängnißstrafe für angemessen erachtet. Stf.

65.

Fälschung mit Mißbrauch des amtlichen Beurkundungsrechts.

§. 677 des Str.G.B.

Unter die Bestimmung des §. 677 des Str.G.B. fallen auch Leumunds- und Vermögenszeugnisse, mit denen oft auf die leichtsinnigste Art verfahren wird.

Thilo, Str.G.B. S. 520.

Commissionsbericht der ersten Kammer 1844.

Hierfür folgender Fall:

Im Dezember 1861 wurde Schlosser Straub von F. als Bürger von Carlsruhe aufgenommen, er ehelichte sofort eine Bürgerswittwe von da. Zum Nachweis des damals noch erforderlichen Vermögens und früheren Betragens legte er ein Zeugniß des Gemeinderaths von F. vor, wornach er laut vorgelegten Schuldscheinen 1025 fl. Vermögen und einen guten Leumund besitzt.

Schon 1862 gerieth Straub wegen Fälschung und Betrug in Untersuchung; die von dem Gerichte seiner Heimath erhobenen Voracten ergaben, daß er früher wegen dritten Diebstahls bestraft, im Jahre 1852 vor dem Schwurgericht in Constanz stand, wegen Diebstahl in Banden verurtheilt, erst 1858 aus dem Zuchthause entlassen wurde und gänzlich vermögenslos war.

Der Gemeinderath in F. wollte durch Ausstellung des Zeugnisses den Straub „los werden," er glaubte der Gemeinde und Umgegend einen Dienst zu thun, wenn der gefährliche Mensch fortkomme.

Die vorgelegten Schuldscheine wurden auf Veranstalten des Bürgermeisters von zwei ortsarmen Bürgern ausgestellt, gleichzeitig erhielten letztere einen bürgermeisteramtlich beglaubigten Gegenschein.

Die Aussteller dieser Schuldurkunden sind straflos, da ächte Privaturkunden mit unwahrem Inhalte gefertigt wurden.

Die Absicht der Gemeinderathsmitglieder war keine gewinnsüchtige, denn, wenn auch die Gemeinde F. Umlagen bezahlt, und diese durch Unkosten für Straub erhöht werden können, so war doch eine zum voraus bestimmbare Bereicherung so wenig festgestellt, als die Zuwendung eines Vortheils durch Straub.

Allein gemäß §. 429 vergl. mit §. 677 des Str.G.B. ist der Gemeinderath strafbar.

Gegen die von großh. Hofgericht des Mittelrheinkreises wegen der, mit Mißbrauch des amtlichen Beurkundungsrechts verübten, Fälschung eines gemeinderäthlichen Leumunds- und Vermögenszeugnisses*) zuerkannte Amtsgefängnißstrafe — die Genehmigung der Dienstbehörde zur Stellung der Gemeinderäthe vor Gericht war erfolgt — rekurrirten zwei der Gemeinderäthe. Abgesehen von der vagen Behauptung, daß sich Straub seit der Entlassung aus der Strafanstalt gut betragen habe, und deßhalb das Leumundszeugniß richtig sei, wurde geltend gemacht, die Vermögensbeurkundung sei in Ordnung, weil Straub die Schuldscheine vorgezeigt habe. Dieser formelle Einwand wurde aber für unbegründet erachtet, da den Rekurrenten die Art und Weise, wie die Schuldscheine zu Stande gekommen, bekannt war. Hiernach wurde der Rekurs durch oberhofgerichtliches Urtheil vom 17. Oktober 1863 verworfen.

Blittersdorff.

66.

L.R.S. 640.

Der L.R.S. 640 ist nicht auf ländliche Grundstücke zu beschränken.

Durch L.R.S. 640 sind diejenigen Vorrichtungen nicht untersagt, welche zur Sicherung des natürlichen Wasserabflusses dienen.

Die Anwendbarkeit des L.R.S. 640 wird durch

*) Vergl. hiergegen Annalen 1858 (XXV.) No. 41 II. S. 325, wo übrigens der Thatbestand des Amtsmißbrauchs (wenn die Forderungen an die Gemeindekasse richtig waren) mit Unrecht angenommen worden sein wird, weil zu diesem Thatbestand nach §. 659 des Str.G.B. das Merkmal der widerrechtlichen Benachtheiligung Anderer (dort der Gemeindekasse) gehört.

Errichtung einer Mauer, die Erhöhung einer Straße rc. zwischen dem höheren und dem niedriger gelegenen Grundstück nicht beseitigt.

Das Dachtraufewasser, welches auf das höher gelegene Grundstück fällt, kommt für das niedriger gelegene nur in der Eigenschaft als Regenwasser in Betracht

In Sachen
des Anton Körner von Pülfringen
gegen
Franz Joseph Eckert von da,
Wasserleitung betreffend. —

Der Kläger ist Eigenthümer eines in Pülfringen gelegenen Hauses mit Hofraithe. Dasselbe stößt hinten an eine Hügelabdachung, vorn an die etwas höher, als der Hof, liegende Straße. Jenseits dieser liegt die Hofraithe des Beklagten, mehrere Fuß tiefer als die Straße. Die Treppe zu dem Balkenkeller in dem Hause des Klägers grenzt an die vorüberziehende Straßenrinne. Von diesem Keller führt ein Abzugskanal nach einer, nur wenige Fuß von ihm entfernten, Mistjauchgrube. Das Wasser aus dem Hofe des Klägers fließt durch eine Dohle unter der Straße auf die Hofraithe des Beklagten ab — und von dort zieht ein Graben auf das Wiesenfeld hinter dem Haus des Beklagten.

Anton Körner hat folgende Klage erhoben:

Bei Regenwetter fließe von dem Bergabhang hinter seinem Hause auf beiden Seiten desselben das Wasser herab, versenke sich in dem, zunächst dem Hause befindlichen, Grund und Boden und komme in seinem Keller wieder zum Vorschein.

Vor dem Jahre 1817 habe dieses Regenwasser seinen Abfluß durch eine in der Fundamentmauer des Kellers angebrachte Oeffnung in eine auf seinem Hofe befindliche Vertiefung gefunden und sei von da aus im natürlichen Laufe über die Straße auf die tiefer gelegene Hofraithe des Beklagten geflossen, und noch der Vater des Beklagten habe das Wasser auf die hinter seinem Hause gelegene Wiese abgeleitet.

Im Jahre 1817 sei die Straße um einige Fuß erhöht worden. Die Gemeinde habe dabei, um einer Klage wegen Sperrung des Wasserabflusses vorzubeugen, die Strecke, auf welcher bisher das Wasser abgeflossen sei, offen gelassen und diesen Zwischenraum in der Straße überwölbt. An dieser Stelle habe nun sein, des Klägers, Vater mit ausdrücklicher Zustimmung des Vaters des Beklagten die Dohle errichtet.

Im Jahre 1854 habe der Beklagte die Dohle zugeworfen, so daß der Abfluß des Wassers gehindert worden, und solches im Keller sitzen geblieben sei. Er, der Kläger, habe auf Grund dreißigjähriger Ersitzung eine Klage auf Anerkennung der Dienstbarkeit erhoben, sei aber wegen unvollständiger Begründung abgewiesen worden.

Da es nun nach der Beschaffenheit der Straße und nach Lage der klägerischen Behausung nicht möglich sei, dem in seinem Keller sich sammelnden Regenwasser auf andere Weise als durch die Dohle Abfluß zu verschaffen und die Gebäulichkeiten, wenn dieser Abfluß nicht stattfinde, großen Schaden erleiden müßten, so verlangte Kläger auf Grund des L.R.S. 640, daß der Beklagte verurtheilt werde, zu gestatten, daß das im Keller des Klägers sich sammelnde Regenwasser durch die Dohle auf des Beklagten Hofraithe abgeleitet werde, wobei der Kläger sich bereit erklärte, dasselbe an dem Mistjauchenbehälter vorbei zu leiten, so daß es sich nicht mit der Mistjauche vermenge und diese nicht mit abfließe.

In der Vernehmlassung wurde die Einrede der rechtskräftig entschiedenen Sache vorgeschützt, sodann die Anwendbarkeit des L.R.S. 640 bestritten, weil sich dieser nur auf unbebaute Grundstücke beziehe und nicht auf solches Wasser, welches in Folge besonderer Vorrichtungen, z. B. von Dächern auf den Boden falle. Hier handle es sich nicht um den natürlichen Ablauf von Regenwasser ohne irgend eine Vorrichtung, sondern es fließe Jauche und Dachtraufwasser ab, welches sich von dem Haus, den Ställen und der Scheune in der von dem Kläger angelegten Grube sammle, und der Abfluß geschehe durch einen Kanal aus dem Keller in die Grube, also durch eine künstliche Anlage. Ferner sei die Leitung mittelst eines Kanals kein natürlicher Abfluß und L.R.S. 640 nicht anwendbar, wenn — wie hier — ein Weg zwischen beiden Grundstücken hinziehe.

In der Replik wiederholte Kläger, daß er die jetzige Klage nicht — wie die frühere — auf Ersitzung, sondern auf das Gesetz (L.R.S. 640) und den Rechtstitel des Vertrags, beziehungsweise der Begünstigung stütze, mithin sei die Einrede der rechtskräftig entschiedenen Sache nicht begründet.

Ferner behauptete der Kläger, der Verbindungskanal

zwischen Keller und Pfuhlloch sei zugemauert, und hob wiederholt hervor, daß er nicht begehre, daß des Beklagten Hofraithe die Flüssigkeit, welche sich in der Grube sammle, aufnehme.

Das Amtsgericht Walldürn erließ am 20. Sept. 1863 ein den Kläger abweisendes Urtheil, weil nicht dargethan sei, daß das im Keller sich sammelnde Wasser ohne menschliches Zuthun, lediglich durch Wirkung eines Naturgesetzes, zur Zeit der Erhöhung der Straße sich mit dem über die Hofraithe fließenden Wasser vereinigt habe, da der Keller von Mauern umgeben sei, und nur die eine Oeffnung in den Hof des Klägers habe; während es, wenn es nicht durch die Umfassungsmauern eingeschlossen wäre, möglicher Weise nach andern Richtungen seinen natürlichen Abfluß nehmen könnte. Auch könne die behauptete Uebereinkunft nicht als wirksamer Entstehungsgrund angesehen werden.

Auf die Appellation des Klägers wurde dieses Urtheil von großh. Hofgericht des Unterrheinkreises am 9. Januar 1864 dahin abgeändert:

„der Beklagte sei schuldig, das Recht des Klägers anzuerkennen, das in seinem Keller sich sammelnde Regenwasser — somit nicht Pfuhlwasser — durch den unter der Straße hinziehenden Dohlen auf die Hofraithe des Beklagten abzuleiten, und demgemäß den zugeworfenen Dohlen wieder zu öffnen, und sich künftig jeder Störung dieses Rechtes des Klägers bei Vermeiden einer, dem Kläger zufallenden, Geldstrafe von 10 Gulden für jeden Fall des Zuwiderhandelns zu enthalten."

— Auf die vom Beklagten ergriffene Oberberufung wurde das hofgerichtliche Urtheil von großh. Oberhofgericht am 14. Juni 1864 aus folgenden

Entscheidungsgründen

bestätigt:

Der Beklagte hat gegen das hofgerichtliche Urtheil, welches das Klagbegehren in L.R.S. 640 für rechtlich begründet erachtet, und demgemäß erkannte, die Oberberufung ergriffen und seine Beschwerden insbesondere dahin gerichtet, daß dasselbe die Einrede der rechtskräftig entschiedenen Sache nicht berücksichtigt und sodann mit Unrecht den L.R.S. 640 zur Anwendung gebracht habe.

Diese Beschwerden sind jedoch nicht begründet.

Die erste, als prozeßhindernd vorgeschützte Einrede ist mit vollem Rechte vom Unterrichter verworfen worden. In dem früheren Rechtsstreite verlangte nämlich der Kläger auf Grund der Ersitzung, daß Beklagter den Abfluß aus dem im kläger'schen Hofe befindlichen Jauchenbehälter durch den unter der Straße durchziehenden Dohlen auf sein Grundstück dulde, während jetzt Kläger die Anerkennung des Rechts begehrt, das in seinem Keller sich sammelnde Regenwasser, mit Umgehung der Dunggrube, durch den erwähnten Dohlen auf das Grundstück des Beklagten abfließen zu lassen, und zwar, weil Letzterer einmal kraft Gesetzes, sodann in Folge stillschweigender Genehmigung und endlich nach gegenseitiger Uebereinkunft zur Duldung dieser Last verpflichtet sei.

Da hiernach sowohl der Gegenstand als auch der Grund der Klage in beiden Rechtsstreitigkeiten nicht derselbe ist, so erscheint die vorgeschützte Einrede nach L.R.S. 1351 in keiner Weise begründet.

Was nun den ersten, jetzt geltend gemachten Klaggrund — L.R.S. 640 — anlangt, so wird gegen die Anwendbarkeit desselben vom Beklagten insbesondere vorgetragen, daß es sich hier um Wasser handle, das im Keller, also in einem umschlossenen Raume, sich sammle, von da durch eine künstliche Oeffnung abgeführt, mit Dachtraufewasser vermischt und weiter vermittelst eines Dohlens, also wieder einer künstlichen Vorrichtung durch die, — beide Grundstücke trennende, — öffentliche Straße geleitet werde, während doch L.R.S. 640 nur ländliche, nicht mit Gebäuden versehene Grundstücke im Auge habe, und nur auf Wasser sich beziehe, das in freiem natürlichen Laufe abfließe.

Eine Beschränkung der gesetzlichen Bestimmungen hinsichtlich des natürlichen Wasserlaufs auf ländliche Grundstücke läßt sich aber weder aus den Worten des Gesetzes, das ganz allgemein von Grundstücken spricht, ableiten, noch findet sich eine solche in der Natur der Sache begründet, noch läßt sich endlich diese Beschränkung aus dem römischen Recht, das anerkanntermaaßen in dieser Rechtslehre die Grundlage des französischen Rechts bildet, und dieselbe insbesondere in dem Dig. Tit. de aqua et aqua pluvia arcenda (XXXIX. 3) ausführlich behandelt, ableiten.

Vergl. Gesterding im Archiv für civil. Praxis, Bd. III. S. 75 sq. und Elvers. Themis, n. F. I. S. 482/83 u. 493. —

Ebensowenig sind aber nach römischem, wie franzölischem Rechte dem Eigenthümer des höher gelegenen Grundstücks unbedingt alle Vorrichtungen, welche auf den Abfluß des Wassers einwirken, sondern nur solche untersagt, welche einen für das tiefer liegende Grundstück nachtheiligen Einfluß auf den natürlichen Wasserlauf ausüben, und dadurch die Dienstbarkeit erschweren; es muß sogar bei Veränderungen letzterer Art in richtiger Beiziehung des L.R.S. 645 immer noch das gegenseitige wirthschaftliche Interesse in Berücksichtigung gezogen werden.

Vergl. Zachariä, Bd. II. §. 235 Note 5, sowie L. 1 §. 1 und L. 3 pr. l. c.

Im vorliegenden Falle muß aber, wie auch das großh. Hofgericht annahm, durch die Zeugenaussagen, den Augenschein und das Gutachten des Sachverständigen als bewiesen betrachtet werden, daß der natürliche Wasserlauf das Regenwasser, welches von der Anhöhe hinter Klägers Anwesen auf dieses letztere strömt, von da auf das Gut des Beklagten führt, und daß die erwähnten künstlichen Anlagen dem natürlichen Lauf nicht eine andere Richtung geben, sondern ihn nur sichern und ihm, entgegengestellten Hindernissen gegenüber, den Durchbruch verschaffen.

Daß nämlich Regenwasser, welches von der Anhöhe herabkommt, sich schon vor Erhöhung der Straße und noch jetzt, von selbst in des Klägers Keller sammelt oder daselbst als Horizontalwasser erscheint, ist durch Zeugen und das Gutachten des Sachverständigen bewiesen.

Wenn nun eine Oeffnung in der Kellermauer angebracht ward, welche den Ablauf des Wassers gestattete, so ist darin keine, seinen natürlichen Lauf ändernde, sondern nur ihn begünstigende Vorrichtung zu finden.

Noch klarer gestaltet sich die Sache bezüglich der Dohle. Es ergibt sich aus den Aussagen der meisten Zeugen, daß vor Erhöhung der Straße im Jahre 1817 das Wasser ohne alle Anlage und künstliche Vorrichtung aus des Klägers Hofraum bei Regengüssen ꝛc. stets seinem natürlichen Laufe folgend, über die an einer Stelle quer nach dem Hofe des Beklagten hin vertiefte Straße, bald in breiterm bald in schmälerm Strome, lief. Der Augenschein ergab sodann einen, von des Klägers Eigenthum auf des Beklagten Gut führenden, bedeckten, unter der Straße durchziehenden Wasserableitungsgraben (Dohle), welcher ein Gefäll von 5 Zoll hat, was offenbar für die Bestimmung des Grabens, das Wasser auf des Beklagten Gut zu leiten, spricht.

Zeuge Göz sagt ferner aus, daß schon seit langer Zeit eine unter der Straße von des Klägers Eigenthum nach dem des Beklagten ziehender Dohle verhanden sei; während Zeuge Bez in bestimmter Weise die Entstehung der Dohle mit der Bemerkung bezeugt, daß letztere bei der Erhöhung der Straße an der nämlichen Stelle errichtet worden, wo vorher das Wasser in seinem natürlichen Laufe bachartig über die Straße geflossen sei.

Zieht man hier noch den Ausspruch des Sachverständigen bei: daß die Sohle der Dohle, welche nicht mit Steinen belegt ist, das vor Anlage der Straße bestandene natürliche Terrain zu sein scheine, so muß bei dieser Lage der Dinge gemäß §. 471 Abs. 2 d. Pr.O. dem letztgedachten Zeugnisse volle Beweiskraft hinsichtlich der Entstehung der Dohle beigelegt werden.

Aus allem diesem ergibt sich unzweifelhaft, daß das Abfließen des Wassers aus dem Keller des Klägers durch die bestehende Dohle nur als der natürliche Lauf desselben im Sinne des L.R.S. 640, welchen das tiefer liegende Grundstück dulden muß, erscheint, und die jetzt bestehende Vorrichtung denselben nur in durchaus zuläßiger Weise zu sichern bezweckt. Es ist auch mehrfach anerkannt, daß eine zwischen zwei Liegenschaften gestellte Mauer, ein dazwischen befindlicher öffentlicher Weg, die Anwendbarkeit des L.R.S. 640 nicht beseitigt.

Zachariä, Bd. II. §. 235 Note 2.
Demolombe, VI. No. 20 zu Art. 640.

Um dem in L.R.S. 640 aufgestellten Grundsatz Anwendung zu verschaffen, d. h. um den natürlichen Lauf des Wassers herzustellen, ist daher auch gestattet, eine Mauer zu diesem Zwecke zu durchbrechen und eine Straße mit einer Dohle zu versehen.

Vrgl. Demolombe ad Art. 640 No. 22.

Daß aber im vorliegenden Falle die Dienstbarkeit des tiefer liegenden Grundstücks durch die angebrachte Dohle nicht erschwert worden ist, ergibt sich theils aus dem dargelegten Sachverhältnisse, theils daraus, daß dessen Eigenthümer diesen Zustand lange Jahre hindurch ohne Widerrede geduldet hat.

(Vrgl. l. 19. D. l. c.)

Der Umstand endlich, daß sich mit diesem im Keller sich sammelnden Regenwasser auch einiges Dachtraufenwasser vereinigt, kann das Recht des Klägers, dem Beklagten obengedachtes Regenwasser zuzuleiten, nicht verkümmern, — der L.R.S. 681 verbietet nur, daß die Dachtraufe nicht unmittelbar auf das Nachbargrundstück reichs oder dahin geleitet werde, während hier das Dachtraufenwasser zunächst auf den eigenen Grund und Boden des Klägers fällt und nur in seinem natürlichen Laufe, mit anderem Regenwasser vermischt, nach des Beklagten Grundstück abläuft.

Da hiernach das Klagbegehren, welches lediglich das, im hofgerichtlichen Urtheils auch allein zugesprochene Recht verfolgt, das im Keller sich sammelnde Regenwasser — nicht auch Pfuhlwasser —, durch die Dohle abzuleiten, schon kraft Gesetzes in L.R.S. 640 rechtlich begründet ist; so kommt es auf eine Prüfung der weiter geltend gemachten Klaggründe nicht an, und es mußte daher, und mit Hinsicht auf §. 167 und 168 der Pr.O. wegen der Kosten, wie geschehen, das hofgerichtliche Urtheil bestätigt werden. Stf.

67.

Der L.R.S. 644 fixirt das Recht des Ufereigenthümers zur Wasserableitung nicht auf die Stelle, wo sein Eigenthum an das vorbeifließende Wasser grenzt.

Die in dem zweiten Absatz des L.R.S. 644 gebotene Zurückleitung des Wassers muß dann nicht vollständig geschehen, wenn das bisher durchströmte Gut auf dem einen Ufer sich forterstreckt; sondern in diesem Falle kann der Grundeigenthümer soviel Wasser, als er unterhalb wieder ableiten dürfte, gleich zurückbehalten.

Die Abweisung einer von dem Ehemanne wegen einer Liegenschaft seiner Ehefrau ohne ihren Auftrag erhobenen Klage präjudicirt den Rechten der Ehefrau nicht. L.R.S. 1351.

In Sachen

der Ehefrau des Joseph Müller von Oberentersbach

gegen

Georg Vollmer von da,

Wässerungsrecht betreffend.

Der in den Annal. vom Jahre 1858 (XXV.) No. 3 II. S. 22. 23 besprochene Rechtsfall kam noch einmal zum gerichtlichen Austrag. Die Hausmatte der Klägerin ist da, wo der Bach aufhört, das Hofgut des Beklagten zu durchströmen, eine Strecke weit durch den Gemeindeweg von dem Bache geschieden, während auf der andern Seite des Bachs das weiter oben auf beiden Seiten liegende Hofgut des Beklagten sich hinzieht. Das Ufergelände der Klägerin ist aber so hoch, daß sie um das Bachwasser zur Bewässerung ihrer Hausmatte benützen zu können, dieses weiter oben durch eine Dohle unter dem Gemeindeweg, wo dieser die Wiese von dem Bache trennt, hereinleiten mußte.

Der Beklagte hatte jedoch diesen Wasserzufluß dadurch beeinträchtigt, daß er das oberhalb jener Dohle an drei verschiedenen Punkten auf sein Hofgut abgeleitete Bachwasser erst unterhalb jener Dohle da in den Bach zurückleitet, wo das hohe Ufergelände der Klägerin die Wasserableitung auf ihre Wiese unmöglich macht, indem er da, wo die Wiese der Klägerin durch den Gemeindeweg von dem Bach geschieden ist, eine Concurrenz dieses Theils des andern Ufers nicht anerkennen zu müssen glaubte.

Die Klägerin trat daher klagend mit dem Gesuche auf, daß der Beklagte angehalten werde, schon da, wo der Bach aufhört, durch sein Hofgut zu fließen und dieses nur noch an einem Ufer sich hinzuziehen beginnt, das aus dem Bach abgeleitete Wasser in denselben zurückfließen zu lassen.

Der Beklagte schützte mit Bezug auf die in den Annalen am oben a. O. mitgetheilte frühere, gegen den klagenden Ehemann ergangene Entscheidung die Einrede der rechtskräftig entschiedenen Sache vor.

Das großh. Hofgericht des Mittelrheinkreises erkannte am 26. September 1862 nach dem Klagantrag:

„der Beklagte sei schuldig, das Wasser seiner Wasserleitung binnen 4 Wochen bei Zwangsvermeiden bei lit. a des Planes in den Thalbach zurückzuleiten, und es habe alsdann eine verhältnißmäßige Theilung des Thalbachwassers zur Bewässerung der Hofgüter der Klägerin und des Beklagten einzutreten ꝛc.“

Der Beklagte beschwerte sich in dritter Instanz gegen dieses Urtheil, welches er dahin abzuändern bat, daß Klägerin mit der Klage abzuweisen sei.

Das großh. Oberhofgericht hielt aber diese Beschwerde der Hauptsache nach für unbegründet, indem es in den Entscheidungsgründen zu seinem Urtheil vom 27. März 1863 ausführte:

„Die Wiese der Klägerin, zu deren Bewässerung das

Wasser bei d zurückgeleitet werden soll, fließt — wenn auch erst bei l des Plans — an den Bach. Die Klägerin ist also nach L.R.S. 644 berechtigt, das Bachwasser zur Bewässerung der Wiese zu benützen.*) Kann sie dies wegen der hohen Lage der letzteren nicht von l aus bewerkstelligen, so steht Nichts dem entgegen, daß sie sich das Wasser von einem oberhalb gelegenen Punkte — so insbesondere mittelst der Dohle d zuleitet, insofern der Eigenthümer des Ufergeländes und Wegs, wodurch die Dohle geht, keine Einwendung dagegen erhebt. Es steht dem namentlich nicht die Bestimmung im ersten Absatz des L.R.S. 644 entgegen, wonach sich ein Ufereigenthümer des Wassers „jeden Orts, wo es vorbeifließt," bedienen kann, weil damit nur angedeutet werden sollte, daß derjenige, dessen Grundstück nur auf einer Seite an den Bach grenzt, den Lauf des Bachs behufs der Benützung des Wassers nicht verändern dürfe, während dies im zweiten Absatz des L.R.S. 644 dem Eigenthümer beider Ufer gestattet ist.

Demolombe VI. (11) No. 147.

Im vorliegenden Falle zeigt nun schon das Bestehen der Dohle d, daß der Eigenthümer des Grunds und Bodens, durch welchen sie geht, die Wasserleitung gestattet. Die Klägerin ist daher jetzt und so lange dies Verhältniß dauert, berechtigt, mittelst der Dohle Wasser aus dem Bache zu beziehen, und zu begehren, daß der Beklagte das Bachwasser, was er nur so lange allein benützen darf, als es sein Gut durchströmt, mit ihr theile.**)

*) Einige behaupten mit Verdessus, daß eine Gemeinde, welcher ein am Ufer hinziehender Weg gehört, die Wasserableitung auch einem nicht an das Wasser anstoßenden Grundeigenthümer gestatten dürfe. Demolombe No. 139.

**) Es ist bestritten, ob der eine Angrenzer, wenn auf dem andern Ufer ein Weg hinzieht, das vorüberfließende Wasser ganz für sich benützen dürfe.

Er hält ihr zwar die Einrede der entschiedenen Sache entgegen, weil ihr Ehemann schon mit der nämlichen Klage rechtskräftig abgewiesen worden sei. Diese Einrede ist aber unbegründet, weil der Ehemann jene Klage nicht aus Auftrag seiner Frau erhoben hatte, und sie ohne einen solchen Auftrag nicht in ihrem Namen, vielmehr nur als Herr der Gemeinschaft, der die Nutznießung an den eheweiblichen Gütern zusteht, erheben konnte.

L.R.S. 1351. 1428, Zachariä III. §. 509 (zur Note 14.)

Troplong „du contrat de mariage," No. 1005-13.

Ist sonach das hofgerichtliche Urtheil im Allgemeinen gerechtfertigt, so beschwert es doch den Beklagten insofern, als er alles abgeleitete Wasser bei d in den Thalbach zurückleiten soll, während das Interesse der Klägerin*) auch auf andere Weise, und namentlich dadurch gewahrt werden kann, daß Beklagter von jenem Wasser denjenigen Theil behält, welchen er nach dem hofgerichtlichen Urtheil unterhalb d auf seine Wiese wieder ableiten dürfte 2c.

Es wurde demzufolge erkannt, das hofgerichtliche Urtheil sei mit der Modifikation zu bestätigen:

daß es dem Beklagten freistehe — statt alles, durch seine Wiesenwässerung nicht absorbirte Wasser seiner Leitungen bei d in den Thalbach zurückzuleiten — jene Leitungen in der Art einzurichten, daß die Klägerin mittelst der Dohle d soviel Wasser aus dem Thalbache beziehen kann, als ihr bei einer Theilung des Wassers nach jener Zurückleitung zukommen würde 2c. Gef.

*) Nicht sowohl die Größe, als vielmehr das Wässerungsbedürfniß der beiderseitigen Grundstücke gibt den Maasstab für die Theilung ab.

Demolombe No. 143. 193.

Duranton III. (5) No. 217; Jahrb. n. F. V. S. 301. 302 Ziff. 1.

Anzeige.

Redacteur Oberhofgerichtsrath Stempf. Verlag von J. Bensheimer in Mannheim. Druck von E. Schmelzer in Mannheim.

Annalen der Großherzogl. Badischen Gerichte.

1864. Band XXX. No. 19.

63.

Zum Zweck der Auslegung einer Urkunde kann ein Notheid nicht auferlegt werden.

L.R.S. 1341. 1353. 1367 u. 587 der Pr.O.

In Sachen

des Holzhändlers Heinrich Hermanns in Köln

gegen

Joseph und Jacob Hartmann von Waßdorf und Philipp Schweinfurth von Wiesloch,

Vertragserfüllung betreffend.

Nach Urkunde vom 30. Juli 1862 hat der Kläger die Dielen von 32 Eichstämmen unter dem Geding von den Beklagten gekauft, daß sie aus größtentheils geraden Stämmen geschnitten, 24′ lang, möglichst astfrei und gesund sein sollen.

Er belangte die Beklagten auf Erfüllung.

Diese Beklagten suchten aber dem Vertrag die Auslegung zu geben, daß die aus bestimmten, zur Zeit des Vertragsabschlusses im Besitz der Beklagten befindlichen — speciell vorgezeigten Stämmen sich ergebenden Dielen gekauft worden, die zum Theil nicht lang genug seien, um Dielen von 24′ Länge daraus schneiden zu können. Auch schützten die Beklagten die Einrede vor, daß nach Errichtung jener Urkunde ein neues Uebereinkommen stattgefunden habe, wonach die vertragsmäßigen Dimensionen nicht eingehalten, sondern die Dielen, wie sie aus den Stämmen im Besitz der Beklagten fallen, geliefert wer-

Der Kläger ergriff hiergegen die Oberappellation, weil der durch das hofgerichtliche Urtheil den Beklagten, Widerklägern, eventuell auferlegte Notheid gegen die vollbeweisende Urkunde vom 30. Juli 1862 nicht zulässig sei.

Das großh. Oberhofgericht erklärte in den Entscheidungsgründen zu seinem Urtheil vom 2. Juni 1864 diese Beschwerde für begründet, indem nach L.R.S. 1341 weder gegen den Inhalt der Urkunde, noch zur Ergänzung des Inhalts, noch über Reden, die vor, während oder nach der Verfassung vorgefallen sein sollen, Zeugenbeweis zugelassen werden darf. Wo aber kein Zeugenbeweis zulässig ist, da soll der Richter, zufolge L.R.S. 1353, auch nicht auf Vermuthungen achten, um die nach L.R.S. 1367 und §. 587 der Pr.O. erforderliche Grundlage für einen Notheid zu gewinnen.

Ueberhaupt kommt es nicht darauf an, wozu sich die Beklagten vor Unterzeichnung der Urkunde verpflichtet haben mögen, sondern lediglich darauf, wozu sie nach dem Inhalt der Urkunde verpflichtet sind, deren Auslegung dem Richter obliegt.

Nach der vorliegenden Urkunde hat aber der Kläger nicht sowohl 32 Eichstämme, als vielmehr die aus solchen geschnittenen, beziehungsweise noch zu schneidenden Dielen von den Beklagten gekauft. Nun spricht gerade die Bestimmung, daß die Dielen aus größtentheils geraden Stämmen geschnitten, daß sie 24′ lang, möglichst astfrei, und gesund sein sollen, für die Annahme, daß die Contrahenten nicht speciell bestimmte Eichstämme, sondern

lichkeit (L.R.S. 1156a) hervorgeht, so kann auf eine außerhalb der Urkunde erhobene Absicht schon deshalb nicht, und hier um so weniger Rücksicht genommen werden, weil aus den Angaben der auf den Antrag der Beklagten abgehörten Zeugen sich ergibt, daß, wenn auch die Beklagten, doch wohl nicht der Kläger, die bei der Postmühle gelagerten Eichstämme bei Abschluß des Vertrags im Sinne hatten, da letzterer diese Stämme, ohne Beisein irgend eines der drei Beklagten, nur oberflächlich besichtigt und sich nicht in der Lage befunden hat, dieselben genauer zu betrachten, zu messen oder abzuzählen, da sie auf großen Haufen gelegen und von andern Gegenständen zugedeckt waren.

Mögen nun auch die bei der Postmühle gelagerten Eichstämme von den Beklagten als solche ausgegeben worden sein, welche die vom Kläger gewünschten und bedungenen Eigenschaften besitzen, so sind doch in der Urkunde selbst jene Stämme nicht als Verkaufsgegenstand bezeichnet, und außerhalb derselben ist ebensowenig Wahrscheinlichkeit dafür beigebracht, daß ausdrücklich die bemerkten Stämme dem Kläger zum Kauf angeboten und auch wirklich von ihm gekauft worden seien.

Der durch das hofgerichtliche Urtheil den Beklagten auferlegte Notheid entbehrt sonach der nöthigen Grundlage und erscheint auch insofern unzulässig, als aus der Urkunde das Gegentheil von Dem, was beschworen werden soll, zu entnehmen ist. Eff.

69.

Literatur-Bericht

Ich glaube, dem juristischen Publikum einen Dienst zu erweisen, wenn ich es auf ein neues Werk, das, meiner Ansicht nach, Epoche machen wird, aufmerksam mache. Es ist das Handbuch des Handelsrechts von Professor Dr. Goldschmidt in Heidelberg. Die erste Abtheilung des ersten Bandes ist soeben im Verlag von Ferdinand Enke in Erlangen erschienen und umfaßt außer der Einleitung die eigentlichen Grundlehren des Handelsrechts in zwei Büchern. Ueber den Plan, nach dem das Werk angelegt ist, spricht sich der gelehrte Verfasser in dem Vorwort dahin aus:

„Ungeachtet dieses Buch das Handelsrecht auf der Grundlage des deutschen Handelsgesetzbuchs darstellen soll, war ich doch, soweit mir Kräfte und Wissen gestatteten, überall bemüht, auf die geschichtlichen Quellen zurückzugreifen, mögen diese im römischen Recht, in germanischen Rechtsanschauungen, in dem Handelsgebrauch und der Wissenschaft des Mittelalters wie der Neuzeit, in neuere Gesetzgebungen, deren Doktrin oder Praxis sich aufweisen lassen. An diesen Weg geschichtlicher Forschung knüpft sich zugleich das unmittelbar praktische, für den Handelsverkehr besonders wichtige Interesse, in genetischer Entwicklung den Nachweis führen zu können, wie weit die Uebereinstimmung im Recht der europäischen Völker reicht, wo verschiedene Grundanschauungen bestehen, oder trotz gemeinsamer Grundlage abweichende Rechtssätze zur Geltung gelangt sind.“

Dem Charakter historischer Behandlung entsprechend gibt die Einleitung eine Uebersicht der Quellen, der Literatur und Geschichte des Handelsrechts, geht dann zu einer sehr interessanten Darstellung der Entstehung des nunmehr in den meisten deutschen Ländern eingeführten Handelsgesetzbuchs über, und schließt mit der Mittheilung der seit dessen Einführung herausgekommenen, über dasselbe handelnden Werke. Ebenso wird, dem universalen Charakter des Handelsrechtes entsprechend, nicht allein die deutsche Literatur, sondern auch die aller europäischen Länder, ja selbst die der vereinigten Staaten von Nordamerika, am eingehendsten die an den code de commerce sich anreihende Literatur mitgetheilt.

Das erste Buch handelt von den Quellen des Handelsrechts. Als solche werden angeführt: Gesetz, Gewohnheit, Rechtswissenschaft. Ueber diese spricht sich der Verfasser (S. 217) dahin aus:

„Zur richtigen Anwendung der gesetzlichen und gewohnheitlichen Regeln ist erforderlich deren vollständige Erkenntniß. Die wissenschaftliche Erkenntniß oder Entwicklung (Auslegung, Interpretation) führt einerseits zur Erläuterung (Erklärung — Einschränkung oder Ausdehnung des Wortsinns), andererseits zur Fortbildung des Rechts auf dem Weg der Analyse und Synthese, indem die in ihrem wahren Inhalt erkannten Rechtssätze auf die ihnen zu Grund liegenden Principien zurückgeführt, diese wiederum in ihre Elemente zerlegt oder zur Herleitung neuer Rechtssätze (Analogie) zum Aufbau von Rechtsinstituten und eines Rechtssystems benutzt werden. Die wissenschaftliche Thätigkeit schreitet auch zur durchaus freien Production vor. Genügen nämlich die vorhandenen Rechtssätze nicht, den sich immer neugestaltenden Verhältnissen ihre rechtliche Form zu geben, so liegt der

Wissenschaft die Aufgabe ab, die dem Wesen und Zweck dieser Verhältnisse entsprechenden und gleichsam immanenten Rechtssätze selbstthätig zu finden und darzulegen. (Natur der Sache, naturalis ratio.)

Die so auf wissenschaftlichem Weg gefundenen Rechtssätze schöpfen ihre verbindende Kraft lediglich aus ihrer innern Wahrheit, unterliegen darum der jedesmaligen Prüfung und der freien Berichtigung mit dem Fortschritt wissenschaftlicher Einsicht, insbesondere mit der tiefern und allseitigern Ergründung der Natur der Sache. Auch wird die eigene Prüfung nicht entbehrlich durch die Uebereinstimmung der Theorie oder der Praxis über den Inhalt eines Rechtssatzes. Nur wohnt solcher Uebereinstimmung wie auch den Präjudicien angesehener, insbesondere höchster Landesgerichte eine gewisse Autorität bei u. s. w.

Ueber Auslegung und Anwendung des Gesetzes in Handelssachen spricht sich der Verfasser S. 219 dahin aus: „Es ist dabei ein Doppeltes zu vermeiden: starre Buchstabeninterpretation, entsprechend einer überwiegend formalistischen Behandlung der Verkehrsgeschäfte, (vergl. Art. 278 des H.G.Buchs) und Willkühr, welche sich über das unzweifelhaft geltende Recht hinwegsetzt. Von beiden gleich entfernt ist die dem Richter, vorzugsweise in Handelssachen, ziemende freie Würdigung der Sachlage, die billige Rücksicht auf Natur und Lage der concreten Verhältnisse, wobei der von den Glossatoren überkommene und seiner Zeit sprüchwörtliche Satz angeführt wird: In causis mercatorum aequitatem praecipue spectandam, et ex aequo et bono causas dirimendas esse et de apicibus juris disputare minime congruere.

Sehr ausführlich wird von dem Gewohnheitsrecht, von den Handelsgebräuchen, wie das Gesetzbuch sich ausdrückt, gehandelt; denn es ist die reichhaltigste Quelle der dem Handelsverkehr eigenthümlichen Rechtssätze und Rechtsinstitute, und regelte fast ausschließlich den Handelsverkehr des Mittelalters. Hierfür werden in einer Note massenhafte Belege aus dem 12., 13., 14 und 15. Jahrhundert beigebracht; auch in neuerer Zeit haben die deutschen Reichs- und Partikulargesetze den Richter in Handelssachen darauf verwiesen. J. Reichsabschied von 1654 §. 107. Kaiserliche Verordnungen für Nürnberg vom Jahr 1508 und 1520. Bozener Marktprivilegien von 1635. Breslauer Meß- und Handelsgerichtsordnung vom 22. Dezember 1742. §. 25. Altenburg'sche W.O. von 1750 cap. 15 §. 12. Bairisches Reskript vom 4. März 1804. Die spätere Handelsgesetzgebung ist zum größten Theil nur Zusammenfassung und Revision des geltenden Gewohnheitsrechts, so auch das neueste allgemeine deutsche Handelsgesetzbuch. —

Das zweite Buch zerfällt in vier Capitel, deren erstes von den Grundbegriffen nämlich vom Handel, vom Handelsgeschäft und Handelsgewerbe, vom Groß- und Kleinhandel, von Fabrik und Handwerk handelt. Unter dem Handel wird diejenige Erwerbsthätigkeit verstanden, die sich der Besorgung des Güter- und Werthsumlaufs widmet, somit die wirthschaftlichen producirenden und consumirenden Privatunternehmungen durch Vermittlung verknüpft. Die Erwerbs- oder Gewinnabsicht ist dem Handel wesentlich, sagt der Verfasser S. 292 aber nicht eigenthümlich, sondern Criterium jeder Erwerbsthätigkeit. Der Schriftsteller, der Künstler, der Lehrer, der Arzt, kurz ein Jeder, welcher die Bethätigung seiner geistigen Fähigkeit zum Gegenstand des Erwerbs macht, spekulirt; wer Handel treibt, spekulirt ebenfalls, allein nicht die Spekulation an sich, sondern die Art derselben, die Gewinnerzielung durch Vermittlung scheidet den Handel von allen andern Erwerbsthätigkeiten. Die Spekulation geht häufig und im Handel regelmäßig, auf einen unsichern und, seiner Größe nach, unbestimmten Gewinn, allein diese Ungewißheit ist kein wesentliches Element der Spekulation und des Handels. (S. 292-95.)

Als Handelsgeschäft bezeichnet der Verfasser ein jedes Gewinngeschäft, durch welches der Güter- oder Werthumlauf vermittelt wird. Durch die Vermittlungstendenz seiner Geschäfte scheidet sich der Handel von allen übrigen Erwerbsthätigkeiten oder wirthschaftlichen Unternehmungen, von der Landwirthschaft, von dem Handwerk und der Fabrikation. Nur lassen sich hier die Grenzen weniger scharf ziehen; denn auch das Gewerk vermittelt thatsächlich den Güterumlauf, indem es die Produkte als Stoff für eine weitere Produktion verwendet, also zwar consumirt, aber zur Wiedererzeugung und demnächst zu weiterm Umlauf. S. 297. Hieran reiht sich eine geschichtliche Entwicklung des Handelsbegriffs, aus welcher hervorgeht, daß man anfangs nur den eigentlichen Waarenumsatz zum Handel rechnete, wozu später als Hülfsgeschäfte die Transport-, dann die Vermittlungsgeschäfte als Mäkler-, Agentur-, Commissions-, Speditions-, endlich diejenigen Geschäfte kamen, welche die Sicherung oder Erleichterung des Handels bezwecken, wie Assekuranzen, Rhederei, Bevollmächtigungen (Prokuren), Dienstansteltungen u. s. w. (S. 303.) Schließlich gehören dahin, meint der Verfasser (S. 306), auch die Grundgeschäfte des Fabrik- und Handwerksbetriebs. Doch herrscht diese Ansicht mehr in der französischen Jurisprudenz. In der deutschen Doctrin wurden die Umsatzgeschäfte der Fabrikanten zum Handel und diese selbst, nicht aber die Handwerker zum Kaufmanns- oder doch Handelsstand gezählt. (S. 306 Note 10.)

Die Bedeutung der genauen Begriffsbestimmung der Handelsgeschäfte erhellt daraus,

1) daß davon das Gebiet, auf welches das Handelsrecht anwendbar ist, abhängt,
2) weil die Gerichtsbarkeit der Handelsgerichte dadurch bestimmt wird.
   Nach manchen Particulargesetzen hängt der Urtheilsvollzug mittelst Personalhaft davon ab.
3) Der Begriff des Kaufmanns wird nach Art. 4 des H.G.B. ebenfalls dadurch bestimmt. Damit hängen noch zusammen die gesetzlichen Bestimmungen über Eintragung der Firmen, Prokuren, Führung und Beweiskraft der Bücher, Falliments u. s. w.

Es ist daher nicht zu verwundern, wenn bei der Berathung sowohl des preußischen Entwurfs, wie auch des Handelsgesetzbuchs diese Begriffsbestimmung einerseits die größten Schwierigkeiten bereitete, andrerseits die meisten Wandlungen erlitt, worüber uns der Verfasser ausführliche Mittheilungen S. 322 u. ff. macht. Daran reiht sich die Begriffsbestimmung des Kaufmanns, von welcher, wie oben ersichtlich, viele tief eingreifende Folgen abhängen. Der Verfasser beschäftigt sich damit sehr eingehend, zerlegt die vom Gesetz aufgestellte Definition, sucht die einzelnen Merkmale mit Schärfe und Präcision festzustellen, und macht uns dabei sowohl mit den Ansichten der ältern und neuern Schriftsteller, wie auch mit den Bestimmungen der Gesetzgebungen anderer Länder bekannt. (S. 322—40.) Dabei kommt er auf die sehr interessante Frage, inwiefern Staaten, Gemeinden, Corporationen, kirchliche Orden, Genossenschaften als Kaufleute gelten, wenn sie Handelsgeschäfte treiben. Manche Staaten betreiben z. B. Eisenbahnen, manche Gemeinden Gasanstalten, manche Corporationen Bankgeschäfte; die Jesuiten haben im vorigen Jahrhundert einen sehr bedeutenden Handel betrieben; die Brüder-Gemeinde in Neuwied betreibt verschiedene Gewerbe u. s. w. Der Verfasser macht die Beantwortung der gestellten Frage davon abhängig, ob der principale Zweck auf Erzielung von Gewinn oder auf Förderung der allgemeinen Wohlfahrt, Verfolgung mildthätiger Zwecke u. s. w. gerichtet ist. S. 348. Eben darum hält er z. B. Sparkassen, Leihhäuser, städtische Speiseanstalten ebensowenig wie den Betrieb von Handwerken und Fabriken in Strafanstalten und Besserungshäusern für kaufmännische Institute. Zweifelhaft erscheint ihm die Stellung des Staats bezüglich der von ihm betriebenen Eisenbahnen, der Städte bezüglich der Gasanstalten. Daran reiht sich die Prüfung der Stellung der Personen, welche vom Staat mit dem Verkauf der von ihm monopolisirten Gegenstände, wie Tabak, Salz u. s. w. beauftragt sind, wobei auch die in Frankreich herrschenden Ansichten mitgetheilt werden. Note 12 S. 349. Dieses eben so wichtige als interessante Capitel schließt mit einer Untersuchung über die Grenzen des Groß- und Kleinhandels, des Fabrikbetriebs und des Handwerks, wobei wir mit den Ansichten der Griechen und Römer, sowie mit der Doctrin des Mittelalters bekannt gemacht werden; während Jene das Handwerk und den Kleinhandel, sogar jeden Gelderwerb verachteten, haben die Canonisten des Mittelalters bekanntlich den Bezug der Zinsen für sündhaft gehalten und sind deshalb dem Handel überhaupt feindlich entgegen getreten. In der neuern Praxis, sagt der Verfasser, tritt sowohl der hyper-ideale Gesichtspunkt des Alterthums, wie der hyper-moralische Standpunkt des canonischen Rechts allmählig gegen die wahrhaft sittliche und naturgemäße Anschauung zurück, daß jede nützliche Erwerbsthätigkeit ehrenhaft ist u. s. w. S. 367 Note 5.

Uebrigens erkennt der Verfasser S. 374 an, daß eine ausnahmslose Gleichstellung der Groß- und Kleinhändler, eine unbeschränkte Ausdehnung namentlich der mit dem Handelsstand verbundenen besondern Rechtsstellung auf die geringfügigeren Handelsgewerbe und das Handwerk auf Verkennung der wirklichen wirthschaftlichen Unterschiede beruht, und praktisch undurchführbar ist. Um so mehr ist man überrascht, daß er Seite 379 sämmtliche Handwerker, welche den zur Verarbeitung nöthigen Rohstoff selbst anschaffen, wie Bäcker, Schuster, Metzger, Dreher, Töpfer, Korbflechter, Hutmacher u. s. w., zu den Kaufleuten rechnet, freilich nur zu den Kaufleuten minderen Rechts, bezüglich welcher Art. 10 des H.G.B. die Bestimmungen über Firmen, Prokuren und Buchführung nicht für anwendbar erklärt. Sollen aber die Bestimmungen über Fallimente auf sie anwendbar sind. Das badische Einführungsgesetz Art. 9 nimmt sie davon aus.

Das zweite Capitel handelt von den einzelnen Handelsgeschäften, und kann in Verbindung mit dem dritten und vierten Capitel als ausführlicher Commentar der Art. 271 – 75 des H.G.B. angesehen werden. Diese dürftigen Bestimmungen werden nach zwei Seiten hin erläutert und dadurch der Praxis zugänglich gemacht: einmal theoretisch, indem jeder Satz zerlegt, die Bedeutung jedes einzelnen Wortes untersucht und schließlich der Sinn und die Tragweite des ganzen Satzes festgestellt wird, dann praktisch, indem sofort die Anwendung der gewonnenen Resultate auf die mannigfaltigen Erscheinungen des Lebens gemacht wird. Man weiß kaum, was man mehr bewundern soll, ob die Genauigkeit und Schärfe der Begriffsbestimmungen, oder die Kenntniß des Verkehrs in den mannigfaltigsten Beziehungen, welche aus der Fülle der Anwendung überraschend hervortritt. Ich würde dieses an einzelnen Beispielen nachweisen, wenn ich nicht fürchten müßte, die Grenzen, welche einer derartigen Besprechung in diesem Blatte gezogen sind, zu überschreiten; ich beschränke mich daher darauf, allen Denjenigen, welche das neue Gesetzbuch kennen lernen wollen, oder welche dasselbe anzuwenden berufen sind, das Studium dieses Theils aufs angelegentlichste zu empfehlen. Allerdings ersieht man daraus, daß das ganze Werk nach einem sehr umfassenden Plan angelegt ist, und daß wir wohl noch manches Jahr auf seine Vollendung werden warten müssen; wird es aber in derselben Weise fortgesetzt und vollendet, wie diese erste Abtheilung des ersten Bandes, so werden wir ein Werk über Handelsrecht besitzen, das der Wissenschaft einen neuen Aufschwung verleihen, der Praxis eine reiche Fundgrube bieten wird.

Dr. Ladenburg.

70.

Zur Verwendung von Gemeindeeinnahmen zu andern Zwecken, als zu denen, wozu sie bestimmt sind, ist die ausdrückliche Genehmigung der zur Vertretung der Gemeinde berufenen Collegien nöthig.

Der Gemeindebeamte, welcher eigenmächtig über Gemeindeeinnahmen verfügt, wird von seiner Verbindlichkeit gegen die Gemeinde weder dadurch befreit, daß seine Collegen seine Handlungen stillschweigend geschehen lassen, noch dadurch, daß die Verwaltungsbehörde die Ahndung jener Handlungen, zu der sie Anlaß hätte, unterläßt.

In Sachen
der Stadtgemeinde Bühl
gegen
Altbürgermeister Carl Berger von da,
Forderung betr.

Nach einem, den Statuten des Spitals der Gemeinde Bühl von der Hand des Beklagten beigefügten Zusatze sollten, weil das Spitalgebäude nebst dessen Einrichtung auf Kosten der Stadt hergestellt worden, und von ihr auch forthin zu unterhalten ist, von jedem nicht von der Gemeinde selbst verpflegten Kranken täglich 15 kr. Bett- und Zimmergeld für die Gemeinde erhoben werden. Weil nun der Beklagte sich diese Gelder vom Jahre 1851 bis 1860 zwar abliefern ließ, deren Vereinnahmung für die Gemeinde aber nicht bewirkte, ward deren Zahlung von ihm begehrt. Dasselbe war der Fall, hinsichtlich der von ihm als Bürgermeister erkannten und erhobenen Geldstrafen und confiscirten Naturalien, so weit er es unterließ, dieselben, beziehungsweise deren Erlös der Gemeindekasse in Einnahme decretiren zu lassen.

Das großh. Oberhofgericht motivirte sein abänderndes Urtheil vom 20. Juni 1864:

> der Beklagte sei schuldig, die eingeklagten 1769 fl. 6 kr. nebst 5 pCt. Verzugszinsen vom 8. Februar 1862 (Tag der Klagzustellung) an, binnen vier Wochen bei Zwangsvermeiden an die Gemeinde Bühl zu bezahlen, und die Kosten aller drei Rechtszüge zu tragen,

wie folgt:

„Die Sachlegitimation der Klägerin ist hinsichtlich der Strafgelder, welche nach §. 68 der Gemeindeordnung, so wie zufolge specieller Verordnungen einen Bestandtheil des Gemeindeeinkommens bilden, unbeanstandet. Sie ist aber auch rücksichtlich der Spitalgelder nicht zu bestreiten, weil nach §. 15 und 19 der Statuten die für Dienstboten und Gewerbsgehülfen errichtete Pfleg- und Heilanstalt als Gemeindeanstalt erklärt und der Aufsicht und Verwaltung des Gemeinderaths unterstellt ist, daher — wenn auch mit eigener Kasse und Verrechnung versehen — doch nicht als selbstständiger Fonds erscheint;

weil ferner die Bett- und Zimmergelder noch einmal für die Gemeinde erhoben und für sie an den Bürgermeister abgeliefert wurden, und folglich dieser nach Satz 1993 und 1372 Abs. 2 das in Empfang Genommene selbst dann, wenn es der Gemeinde an und für sich nicht gebührte, ihr in Rechnung zu bringen hat.

Es bedarf hiernach kaum noch der Erwähnung, daß die großh. Kreisregierung, also diejenige Behörde, welcher die Beaufsichtigung und Vertretung der Localfonds zusteht, keinen Anstand genommen hat, die Gemeinde zur Betretung des Rechtswegs zu veranlassen.

Die erhobene Klage ist thatsächlich gehörig begründet; ihre rechtliche Begründung liegt darin, daß der Beklagte, welcher als erster Ortsvorgesetzter nach §. 52 der Gemeindeordnung die Aufsicht über das Gemeindevermögen zu führen und dessen Verwaltung zu leiten hat, nichts desto weniger mit Hintansetzung der Vorschriften der Gemeindeordnung über die Befugnisse des Gemeinderaths und über das Gemeinderechnungswesen, insbesondere der §§. 53 und 151, eigenmächtig über Gelder der Gemeinde verfügt, welche der Gemeindskasse in Einnahme zu dekretiren oder doch, wie die Spitalgelder nur zu bestimmten Zwecken, im Interesse der Gemeinde zu verwenden gewesen wären.

Der Beweis der Klage ist dadurch geliefert, daß der Beklagte ausdrücklich anerkannte, die von dem Amtsrevisorat Bühl aus den Spitalrechnungen und den Strafbüchern der Gemeinde Bühl zusammengestellten, hier in Frage stehenden Beträge, mit Ausnahme der in Abzug kommenden Ansätze für arme Lehrlinge, erhalten zu haben. Dieses Zugeständniß erfolgte nicht nur in der dienstpolizeilichen Untersuchung, welche gegen den Beklagten eingeleitet worden war, sondern auch auf Eröffnung des Gemeindebeschlusses vom 28 Juni 1861 und des vom Gemeinderath am 1. Juli desselben Jahres an das Bezirksamt Bühl erstatteten Berichts, womit die Zahlung der jetzt eingeklagten Summe von dem Beklagten gefordert wurde. Ist das Geständniß auch kein gerichtliches, so kann doch in Betracht der Veranlassung, aus welcher es hervorging, und der Behörde, vor welcher es abgelegt wurde, die volle Erheblichkeit desselben nicht bezweifelt werden. Dasselbe wurde überdies von der Gemeinde angenommen, indem der erwähnte Beschluß derselben vom 28. Juni 1861 sich ausdrücklich auf dasselbe bezieht. Es muß daher insoweit als vollkommen beweiskräftig angesehen werden, als dadurch der Empfang der eingeklagten Summe durch den Beklagten dargethan wird.

Die von dem Beklagten zugleich aufgestellte Behauptung, daß er sowohl die Spitalgelder, wie auch die Strafgelder zu Armenspenden verwendet habe, ist unerheblich, indem er nicht berechtigt war, für sich allein, ohne die in der Gemeindeordnung vorgeschriebenen Formen einzuhalten, den für die Armenpolizei festgesetzten Voranschlag zu überschreiten und beliebige Mittel nach eigenem Gutfinden hiezu zu verausgaben. Eine nützliche Verwendung ist thatsächlich nicht begründet, da nicht einmal nachgewiesen ist, daß die zur Armenunterstützung bestimmten Mittel nicht hinreichten und die Beschenkten wirklich bedürftig waren, und hierwegen Anspruch auf Unterstützung aus Gemeindemitteln hatten.

Ebenso unerheblich ist die weitere Behauptung, daß dem Gemeinderath die Art der Verwendung der fraglichen Gelder nicht unbekannt gewesen sei. Nach §. 54 der Gemeindeordnung ist die Form der Verhandlung des Gemeinderaths collegialisch; daß aber in solcher Weise ein Beschluß desselben gefaßt wurde, welcher den Beklagten zur fraglichen Verwendung ermächtigte, konnte er nicht behaupten. Es kann also davon, daß es Vertrauenssache gewesen sei, wenn dem Beklagten die gedachte Verwendungsart jener Gelder nachgesehen wurde, ebensowenig als von einer stillschweigenden Erlassung der Rechnungsstellung die Rede sein. Die Nachsicht oder Nachlässigkeit Einzelner konnte dem Rechte der Gemeinde nichts vergeben. Ohne rechtlichen Einfluß auf die Ersatzpflicht des Beklagten aber ist es, wenn auf Vorlage der Strafbücher, beziehungsweise der Spitalrechnungen die betreffenden Staatsbehörden, die ungesetzlichen Verwendungen, wenn sie auch aus jenen Vorlagen zu entdecken gewesen wären, ungeahndet gelassen haben.

Hiernach kann es auf den von dem Beklagten angetretenen Beweis, daß er die Gelder an Arme verausgabt hat, nicht ankommen, daher derselbe unberücksichtigt bleiben mußte.

In der Hauptsache war demnach das hofgerichtliche Urtheil nach dem eventuellen Antrag der oberappellantischen Gemeinde abzuändern. Die Zinsen waren jedoch derselben nur vom Tage der Ladungszustellung an zuzusprechen. L.R.S. 1139 und 1153 Abs. 3.

Die Kosten aller drei Rechtszüge hat zufolge seines Unterliegens nach §. 168 der Pr.O. der Beklagte zu tragen. Gef.

71.

Daß ein Vertrag nur zum Schein abgeschlossen sei, kann unter den Vertragspersonen nicht durch Zeugen, Vermuthungen oder Eideszuschiebung, sondern nur durch Gegenschein bewiesen werden.

Annal. 1863 (XXIX.) No. 9 Ziff. 22 S. 68. 69.

In Sachen
der Erben des Jakob Rohrer von Sasbach
gegen
Valentin Vollmer von Sasbach,
Ausfolgung von Liegenschaften
und Entschädigung betreffend.

In der Klage wurde die Ausfolgung der am 14. August 1852 von Jakob Rohrer an den jetzigen Beklagten für 280 fl. verkaufte Wiese sammt davon gezogenen Früchten, eventuell Entschädigung in noch zu ermittelndem Betrage verlangt.

Das Urtheil des großherzoglichen Amtsgerichts Achern vom 19. Juli 1863:

„Würde der Beklagte in einer nach eingetretenen Rechtskraft des Urtheils anzuberaumenden Tagfahrt einen Reinigungseid dahin ablegen:

„„es ist nicht wahr, daß ich den Vertrag vom 14. August 1852 mit Jacob Rohrer deßhalb abschloß, um den Gläubigern des Letztern, insbesondere der Max Kreitler Wittwe zu Oberachern den Zugriff auf die fraglichen Wiesen zu entziehen: —

es ist nicht wahr, daß ich an Jacob Rohrer einen Kaufpreis für jene Wiesen nur scheinweise bezahlt habe, und

es ist nicht wahr, daß auch nach dem Abschluß des Vertrags vom 14. August 1852 Jacob Rohrer von Sasbachwalden bis zu seinem Tode in unentgeldlichem Besitz und Genuß der fraglichen Liegenschaften blieb.““ —

so würden die Kläger mit der erhobenen Klage unter Verfällung in die Kosten abgewiesen; weigert sich aber der Beklagte diesen Eid zu leisten, so würde er für schuldig erklärt, die von Jacob Rohrer am 14. August 1852 angeblich gekauften 10 Viertel Wiese in der Hohlhurst, Sasbachwalder Gemarkung, nebst den seit dem Todestag des Jacob Rohrer daraus gewonnenen Früchten, deren Berechnung vorbehalten bleibt, binnen 14 Tagen bei Zwangsvermeiden in den Nachlaß des Jacob Rohrer auszufolgen, oder aber, falls ihm dies nicht möglich sein sollte, den Klägern wegen Entziehung jener Wiesen und der daraus gewonnenen Früchte Entschädigung zu leisten, vorbehaltlich der Berechnung der Größe des Schadens. Auch habe der Beklagte sämmtliche Kosten des Rechtsstreits zu tragen“ —

ist auf die dagegen von dem Beklagten ergriffene Berufung von großh. Hofgericht des Mittelrheinkreises unterm 16. October 1863, dahin abgeändert worden, daß dieselben mit der erhobenen Klage abzuweisen seien — und von großh. Oberhofgerichte wurde das hofgerichtliche Urtheil am 16. Juni 1864 aus folgenden Gründen bestätigt:

„Insoweit die Kläger als Vindicanten auftreten, ist die Abweisung der Klage schon damit gerechtfertigt, daß sich der Beklagte nicht mehr im Besitze des fraglichen Grundstückes befindet; während die Eigenthumsklage nur gegen den wirklichen Besitzer angestellt werden kann.

Wenn sodann die Kläger in der Replik behaupten, daß der Beklagte im Einverständnisse mit ihrem Erblasser zur Gefährde der Gläubiger des Letzteren in betrügerischer Absicht den Vertrag vom 14. August 1852 abgeschlossen habe &c., so genügt es dagegen an der Bemerkung, daß diese Anfechtung, zufolge L.R.S. 1167, nur den benachtheiligten Gläubigern selbst, nicht aber den Erben des Verkäufers zustehen würde.

Es ist aber den Klägern auch nicht gelungen, den vorgedachten Vertrag, welcher durch die Eintragung zum Grundbuch, durch die Ausfertigung des Kaufbriefs und durch die Quittung des Verkäufers über den Empfang des Kaufschillings in rechtliche Gewißheit gesetzt ist, als ein bloßes Scheingeschäft darzustellen, indem sie keine hiefür sprechende Gegenscheine des Beklagten vorzulegen vermochten; vielmehr den Beweis durch Zeugen, Vermuthungen und Eideszuschiebung zu führen suchten, der jedoch, wie auch die hofgerichtlichen Entscheidungsgründe ausgeführt haben, unter den Vertragspersonen selbst nicht zulässig ist.

Brauer, Erl. III, S. 256.
Annalen, III. S. 23, XXIX. S. 69.
Jahrb. n. F., IX. S. 564 u. XIII, S. 44.

Insbesondere ist der in einem andern Betreff von dem Bürgermeister Ketterer zu Sasbach an das großh. Bezirksamt Achern erstattete Bericht vom 18. August

1852, welcher in der heutigen Verhandlung als Anfang eines schriftlichen Beweises geltend gemacht wurde, nicht geeignet, dem Zeugenbeweis Eingang zu verschaffen, weil gedachtes Schriftstück nicht von dem Beklagten herrührt (L.R.S. 1347), auch an sich nicht als Beweismittel für die vorliegende Klage dienen kann.

Die letztere stellt sich daher als völlig beweislos dar, weßhalb es auf den Notheid des Beklagten nicht weiter ankommen konnte." Stf.

72.

Ein Wegrecht für eine Gemeinde, bezw. sämmtliche Ortseinwohner kann auch ohne ein bestimmtes herrschendes Grundstück constituirt werden.

Zur Ersitzung einer solchen Dienstgerechtigkeit ist aber ein unzweideutiger als ein Recht ausgeübter Besitz erforderlich.

In Sachen

der Grundherrschaft v. Stotzingen in Steißlingen

gegen

die Gemeinde Steißlingen,

Freiheit des Eigenthums betr.,

führte das großh. Oberhofgericht in den Gründen zu seinem Urtheil vom 25. Juni 1864 aus:

ꝛc. Wenn auch nach gemeinem deutschen Rechte ein Wegrecht auf fremden Grund und Boden als Grunddienstbarkeit ohne ein bestimmtes herrschendes Gut für eine ganze Gemeinde, beziehungsweise sämmtliche Ortseinwohner constituirt werden konnte, und unvordenkliche oder selbst dreißigjährige Verjährung als rechtsgültiger Erwerbstitel hiezu dienlich war,

Vangerow, Pandekten 3. Aufl. S. 701, —

so stellen sich doch die Behauptungen der Beklagten, wonach sie die Benutzung des in Frage stehenden Fußpfads gleich einem Gemeindeweg schon vor Einführung unseres Landrechts durch Verjährung erworben haben will, deßhalb als unbegründet dar, weil es hier an den Erfordernissen der Verjährung, insbesondere an einem unzweideutigen, als ein Recht (opinione juris) ausgeübten Besitze gebricht.

Eine so qualificirte Ausübung der fraglichen Weggerechtigkeit Seitens der Gemeindeglieder kann nämlich unter den vorliegenden Umständen nicht angenommen werden.

In dem sogenannten Kapuler oder der Ortsmappe von Steißlingen, welche dazu bestimmt ist, derartige Verhältnisse auf Steißlinger Gemarkung festzustellen, ist jener Fußpfad — abweichend von den Gemeindewegen, welche durch paralell neben einander hinlaufende Striche bezeichnet sind, gerade ebenso, wie bei andern Privatgüterwegen nur durch einzelne Punkte angedeutet, auch hat die beklagte Gemeinde für die Unterhaltung des Fußpfads niemals das Geringste gethan. Der Gütercomplex, welcher durch den Fußpfad durchschnitten wird, ist aber auf allen Seiten durch unbestrittene Gemeindefahrwege umgeben, daher jener für den Verkehr nicht als Bedürfniß erscheint, und wenn auch für diejenigen, welche von A nach B des Plans oder umgekehrt gelangen wollen, ein kleiner Umweg dadurch vermieden wird, so ist doch dieser Gewinn für sie ein höchst unbedeutender, wie denn auch durch die vernommenen Zeugen und Sachverständigen ein besonderer Vortheil, welcher aus dem Bestehen des Fußpfads als öffentlichen Wegs hervorgehen würde, nicht begründet worden.

(Schluß folgt.)

Annalen der Großherzogl. Badischen Gerichte.

1864. Band XXX. No. 20.

(Schluß von Art. 72.)

Dagegen war der Pfad zur Bebauung eines großen Theils der darauf stoßenden Grundstücke durchaus nothwendig, weil solche auf allen Seiten von der gemeinen Straße abgeschnitten waren, und es läßt sich hiernach nicht bezweifeln, daß sich die Güterbesitzer denselben zu diesem Zwecke gegenseitig als ein Recht eingeräumt haben. Nachdem aber der Pfad einmal festgetreten war, und von den Eigenthümern des Grund und Bodens, über den er führte, als für sie nothwendig nicht beseitigt werden durfte, so mochte es ihnen gleichgültig sein, ob derselbe auch noch von andern hiezu Nichtberechtigten betreten wurde. Sie hatten kein erhebliches Interesse und kaum die Möglichkeit, Letztere von dem Wege abzuhalten, da ihnen nicht zuzumuthen war, darauf zu achten, ob der Einzelne, welcher solchen gerade betrat, auf den anstoßenden Güterstücken etwas zu thun habe, oder nicht. Wenn unter diesen Verhältnissen auch noch so viele andere Leute außer den betreffenden Güterbesitzern den fraglichen Fußpfad beliebig benützten, um den kleinen Umweg auf der Fahrstraße abzuschneiden, so konnten sie dabei doch nicht von der Meinung ausgehen, daß sie ein Recht dazu haben, vielmehr mußte ihnen einleuchten, daß derselbe nicht für den allgemeinen Verkehr, sondern nur für die Eigenthümer der anstoßenden Grundstücke angelegt worden war, und daß nur diesen ein Recht darauf zustehe. Nach Ansicht der L.R.S.S. 2232 und 2232 a läßt sich daher das Begehen des Fußpfades durch andere Personen als die Besitzer der anstoßenden Grundstücke nur als eine Sache der freien Willkühr oder der blosen Nachsicht betrachten, und wenn auch dieses Begehen während der ganzen Verjährungszeit stattgefunden hat, so wurde dadurch ein Recht auf den Weg als ein allgemeines Verkehrsmittel nicht begründet xc. Stf.

73.

Von der Regel, daß im ordentlichen Prozeßverfahren auch ein noch illiquider Anspruch gegen eine liquide Forderung zur Begründung der Einrede der Wettschlagung benützt werden darf, finden Ausnahmen statt, wo das Sachverhältniß die Anwendung jener Regel nach richterlichem Ermessen nicht zuläßt.

In Sachen
des Friedrich Mai in Heidelberg
gegen
Johann Pfeifer von da,
Forderung betreffend. —

Nach §. 2 des mit der Klage vorgelegten und vom Beklagten anerkannten Vertrags hatte Letzterer den Pachtzins für die Kaminfegerei zu Heidelberg ad 2000 fl. in wöchentlichen Raten dem Kläger vorauszuzahlen. Der Klage, womit der noch unberichtigte Theil des Pachtzinses gefordert wird, ist vom Beklagten die Bestimmung des §. 4 des Vertrags entgegengehalten worden, wonach, wenn nach Jahresschluß sich ergibt, daß ihm nach Zahlung der Pachtsumme nicht 1600 fl. als Erträgniß verblieben sind, der Kläger ihm wieder so viel zurückerstatten muß, daß ihm jene 1600 fl. voll und ungeschmälert verbleiben.

Das großh. Amtsgericht Heidelberg erkannte am 11. Mai 1863.:

„Der Beklagte sei schuldig, dem Kläger weiter die Summe von 1715 fl. 39 kr. nebst gleichem Zins binnen 21 Tagen bei Vermeidung desselben Rechtsnachtheils zu bezahlen, unter Verfällung desselben in die Kosten.

Dabei wird dem Kläger die besondere Einklagung der bestrittenen 70 fl. und dem Beklagten die Rückforderung des nach §. 4 des Vertrags etwa zu viel bezahlten Pachtzinses vorbehalten."

Durch Urtheil des großh. Hofgerichts des Unterrheinkreises vom 9. Dezember 1863, wurde das amtsgerichtliche Urtheil, und durch oberhofgerichtliches vom 24. Mai 1864 wurden die Urtheile beider Instanzen bestätigt.

Die Gründe des oberhofgerichtlichen Urtheils besagen:

Dadurch, daß seine, hierauf gestützte Rückforderung, welche er an der eingeklagten Summe abziehen wollte, zum besonderen Rechtsaustrag verwiesen wurde, erachtet sich der Beklagte für beschwert; seine Beschwerde ist jedoch nicht begründet ꝛc.

Die Existenz seines Anspruchs hängt vorerst noch von dem Ergebniß der Rechnung ab, die er dem Kläger, welcher die behaupteten Mindereinnahmen widerspricht, zu stellen hat. Da er jedoch in seiner Vernehmlassung sich auf die summarische Angabe der Jahreserträgnisse beschränkte, ohne eine Rechnung abzulegen, so entbehrt sein Anspruch zur Zeit der erforderlichen factischen Grundlage. —

Ueberdies handelt es sich nach seiner Behauptung um Aufstellung einer Rechnung, welche beiläufig 200,000 Positionen umfaßt. Es ist für sich klar, daß ein solches Operat ungewöhnlich umfangreiche und weitaussehende Verhandlungen und Beweiserhebungen zur Folge haben wird. Wenn nun auch die Praxis auf den Grund unseres Prozeßrechts *) den Satz, daß im ordentlichen Verfahren auch ein noch illiquider Anspruch mit einer liquiden Forderung zur Wettschlagung gebracht werden darf, als die Regel betrachtet, so kann dieselbe unter den bemerkten Umständen in diesem besondern Falle schlechterdings keine Anwendung finden. Ett.

74.

Die L.R.S. 644. 645 finden auf Kanäle, welche durch Menschenhand angelegt sind, keine Anwendung.

In Sachen

des Onofrion Greider von Thumringen

gegen

die Fabrikanten Dollfuß-Mieg u. Comp. in Rötteln,

Eigenthumsfreiheit betreffend,

hatte der Kläger, nachdem er ein Grundstück unterhalb der Fabrik der Beklagten an dem aus der Wiese abgeleiteten Gewerbskanal erworben — mit der erhobenen Klage die Beseitigung eines Abzugskanals verlangt, durch welchen unmittelbar vor dem Fabrikgebäude der Beklagten ein Theil des Wassers aus dem Röttler Gewerbskanal ab und durch einen weitern zur Fabrik von Sarasin und Geigler gehörigen Kanal dem Wiesenflusse zugeleitet wird, eventuell aber das Gesuch gestellt, die Beklagten für schuldig zu erklären, jenen Abzugskanal auf die Breite von 2—3 Fuß zurückzuführen.

Das großh. Amtsgericht Lörrach wies am 12. Juni 1863 den Kläger mit der Klage vom 25. November v. J., wonach der beklagten Gesellschaft kein Recht zu einem Abzugskanal für Ableitung des ihr im Gewerbskanale nicht nöthigen Wassers in den Wiesenfluß zustehe, oder sie doch den Kanal auf eine Breite von höchstens 2—3 Fuß einzuengen habe, unter Verfällung in die Kosten ab.

Dieses Urtheil wurde in beiden oberen Instanzen bestätigt, von großh. Oberhofgericht am 23. Juni 1864 aus folgenden

Gründen:

Insoweit die Klage auf die L.R.S. 644. 645 gestützt wird, ist dieselbe in Rechten nicht begründet, weil — wie schon in den hofgerichtlichen Entscheidungsgründen ausgeführt wurde *), — obige Gesetzesstellen nur bei — in natürlichem Laufe fließendem Wasser, nicht aber bei Kanälen, durch welche der Wasserlauf künstlich geregelt wird, Anwendung finden.

Mit Unrecht wurde in der mündlichen Verhandlung weiter geltend gemacht, daß die Klage zugleich auf den Rechtstitel des Miteigenthums im Sinne der L.R.S.S. 577 b a ff. gestützt worden sei, und daraus zu deren Gunsten zu deduciren gesucht. —

Es ist jedoch die Klage in der That lediglich darauf gegründet, daß der Kläger mit seinem liegenschaftlichen Eigenthum an den Gewerbskanal angrenze und daraus allein das gemeinschaftliche Benützungsrecht an dessen Wasser auf Grund der L.R.S.S. 644. 645 gefolgert worden. Ein Miteigenthumsrecht an dem Gewerbskanal

*) Siehe Annalen 1862 (XXVIII.) Nr. 39 Sp. 123 S. 364.

*) Die hofgerichtlichen Entscheidungsgründen besagen quoad p. c. t „Die Bestimmung des L.R.S. 644 Abs. 2 findet hier deßhalb kein Anwendung, weil sie sich gar nicht auf Kanäle, zu welchen der Röttler Mühlbach (Gewerbskanal) zu rechnen ist, bezieht, Zachariä §. 2. 37 Note 7. Nr. 11 S. 34. 35, sondern nur von solchen Gewässern handelt, welche ihren gewöhnlichen Lauf haben und da, wo sie das Grundstück einer Partei verlassen, diesen wieder erhalten sollen, also von solchen, die in ihrem natürlichen Bett fließen; wie denn auch die Ueberschrift des betreffenden Kapitels des Landrechts „von den Dienstbarkeiten aus der Lage der Orte“ redet, also solche Verhältnisse nicht umfaßt, wo die Lage der Oertlichkeit keine natürliche, sondern eine erst durch menschliche Arbeit geschaffene ist. Daran ändert, da zugestandenermaßen dieser Gewerbskanal eine durch Menschenhände geschaffene Anlage ist, auch der Umstand Nichts, daß seine Errichtung in unfürdenkliche Zeit hinaufreicht.“

selbst wurde dagegen in der Klage nicht geltend gemacht, noch weniger thatsächlich begründet *)

Hiernach erscheint Kläger durch die Urtheile der vordern Instanzen nicht beschwert. Stf.

75.

Ein Mitglied einer Handelsgesellschaft, mit welchem und von welchem nicht Namens der Gesellschaft ein Vertrag abgeschlossen worden ist, kann die Rechte aus diesem Vertrag für eigene Rechnung geltend machen.

In Sachen
des Bärle Löb Bär von Untergrombach
gegen
Jonas Mayer in Heidelberg,
Forderung betreffend.

Der Klage, womit Kaufpreise für Hopfen gefordert wurden, hielt der Beklagte die Einwendung entgegen, daß der Hopfen nicht von dem Kläger, sondern von der Handelsgesellschaft, deren Mitglied der Kläger sei, verkauft worden sei, und der Beklagte beschwerte sich in dritter Instanz darüber: daß der Unterrichter den Kläger als zur Sache legitimirt angesehen habe, statt demselben den Beweis aufzuerlegen, daß er der Verkäufer der Hopfen sei.

Diese Beschwerde wurde jedoch von großh. Oberhofgericht nicht für begründet erachtet, sondern durch Urtheil vom 8. März 1864, aus folgenden Gründen bestätigend erkannt.

Der Beklagte behauptet nirgends, daß sein Unterhändler von ihm angewiesen war, nur von der Handelsgesellschaft, in welcher der Kläger mit seinen Brüdern stehe, Hopfen zu kaufen, und daß der Kläger bei den fraglichen Verkäufen auch wirklich im Namen dieser Gesellschaft handelte, wie dies ausdrücklich hätte erklärt werden müssen, um die Legitimation des Klägers jetzt mit Grund zu bestreiten. **)

Unter diesen Umständen ist aber anzunehmen, daß der Kläger die Hopfen für eigene Rechnung verkaufte, und zwar um so mehr, als der Beklagte unterlassen hat, die angebliche Gesellschaft (ob sie z. B. eine offene oder eine vertraute sei) und deren Handelsnamen näher zu bezeichnen, um ihm hierüber etwa den Beweis nachlassen zu können.

Einer Beweisauflage an den Kläger bedurfte es übrigens auch deßhalb nicht, weil der Beklagte zugibt, daß es die Person des Klägers gewesen, welche die Hopfen verkaufte, und sofort an ihn versandte.

Denn durch die Annahme der einzelnen Lieferungen hat der Beklagte jedenfalls anerkannt, daß der Kläger, wenn er für eine Gesellschaft handelte, dazu ermächtigt war *); woraus von selbst folgt, daß er auch für berechtigt erachtet werden muß, die Kaufpreise von dem Beklagten einzuziehen und zu diesem Behufe die Gesellschaft gültig vor Gericht zu vertreten. Stf.

76.

Erfahrungen aus den hannöverischen Gerichtssälen und daran geknüpfte Betrachtungen im Vergleiche der hannöverischen und badischen Prozeßgesetze.

§. 1.

Als es sich in unserer Legislatur um eine neue Gerichtsverfassung und die Modifikation unserer Civil- und Strafprozeßordnungen handelte, wurde man bei uns auf die hannöverische Gesetzgebung aufmerksam, deren Vorzüge gerade in dieser Richtung man, wie in der Praxis so auch in der Wissenschaft gepriesen hat. Weil man sich nun gerade in maaßgebendem Kreise damit beschäftigte, die Vorzüge der hannöverischen Gesetzgebung und zwar besonders hinsichtlich der Gerichtsverfassung und bürgerlichen Prozeßordnung bei unseren neuen gesetzgeberischen Arbeiten zur Anwendung zu bringen: so drängte sich

---

*) Siehe Annal. 1862 (XXVIII.) No. 20. 21 Ziff. 50 Abth. 10 S. 161. 162; 1863 (XXIX.) No. 2 Ziff. 2 S. 16.

**) Nach dem zweiten Absatz des Art. 114 des allgem. deutsch. Handelsgesetzb. bedarf es des ausdrücklichen Abschlusses eines Geschäfts im Namen der Gesellschaft nicht, um diese zu berechtigen oder zu verpflichten, sondern genügt es, wenn die Umstände ergeben, daß es nach dem Willen der Kontrahenten für die Gesellschaft geschlossen werden sollte.

*) Nach Art. 97 des allgem. deutsch. Handelsgesetzb. muß sich ein Gesellschafter, welcher ohne Genehmigung der anderen Gesellschafter in dem Handelszweig der Gesellschaft für eigene Rechnung Geschäfte macht, — auf Verlangen der Gesellschaft gefallen lassen, daß die für seine Rechnung gemachten Geschäfte als für Rechnung der Gesellschaft geschlossen angesehen werden; auch kann die Gesellschaft statt dessen den Ersatz des entstandenen Schadens fordern.

mit der Wunsch auf, in Hannover selbst diese Gesetzgebung nach Inhalt und Anwendung in der Praxis kennen zu lernen. Diesem Wunsch entsprach die Muse, welche mein von Bruchsal nach Freiburg verlegter Wohnsitz bedingte, und ich schritt zur Ausführung des Vorhabens.

§. 2.

Die Anschauung und das Studium an dem Sitze des Obergerichts in Hannover selbst, wo man allzeitig bei dem oberen Gerichte wie bei dem Amtsgericht und den Anwälten aufs freundlichste und zuvorkommendste meinen Wünschen entgegenkam, hat mich mit Einblicken bereichert, die mir an und für sich schon schätzbar wurden, aber es noch mehr sein mußten, als ich solche in nächste Beziehung zu unseren neuen Gesetzen bringen durfte.

Es kann hier überall nur davon die Rede sein, wie die hannöverische Gerichtsverfassung, die dortige Civil- und Strafprozeßordnung sich aussprechen und angewendet werden. Andere Theile der hannöverischen Gesetzgebung, wie namentlich das bürgerliche Recht und die dortige Strafgesetzgebung sowie die administrative Organisation waren nicht der Gegegenstand meines eingehenden Studiums, da sie nicht gleichfalls unserer Legislatur als Muster dienten. Nur neben beigesagt bildet in Hannover nicht Ein Gesetzbuch die Norm des bürgerlichen Rechts, sondern in der verschiedensten Weise kommen dort die Grundsätze des gemeinen Civilrechts oder gar nur verschiedenerlei partikularrechtliche Normen zur Anwendung, da man es noch nicht zu einem allgemeinen Landrecht gebracht hat.

§. 3.

Was ich in der kurzen Zeit eines Vorstudiums nach Leonhardt's Grundzügen des hannöverischen Civilrechts und an Ort und Stelle in Hannover selbst als Ausbeute gewonnen habe, glaube ich in weiterem Kreise der Fachgenossen mittheilen zu sollen, da die Ergebnisse überhaupt manchfach interessant sein dürften und insbesondere bei der Einführung unserer neuen Gesetze dem Praktiker zeigen, wie in Hannover sich die Grundsätze in der Wirklichkeit abspiegeln, welche nun auch bei uns ins Leben eingeführt werden. Wenn ich auf der einen Seite bei Niederschreibung dieser Zeilen darin eine Befriedigung finde, daß ich meine Erfahrungen im Zusammenhange reproduziren kann, so belebt mich anderseits zugleich die Hoffnung, manchen meiner Fachgenossen in diesen Mittheilungen einen Beitrag zu leisten, der sich bei Anwendung unserer neuen Gesetze wohl einigermaßen verwerthen lassen kann. Nur muß ich bitten, die Arbeit nicht nach den Anforderungen strenger Wissenschaftlichkeit, als vollständige Rechtsanalyse, zu prüfen, sondern als ein freundlich gegebenes Referat über gesammelte Erfahrungen aufzunehmen, die natürlich nicht die ganzen Rechtssysteme im Einzelnen verfolgten.

§. 4.

Wir betrachten zunächst die hannöverische Gerichtsverfassung.

Die Rechtspflege ist von der Verwaltung gesetzlich seit 1848 getrennt. *)

Regel ist die **Oeffentlichkeit** der Verhandlungen vor den erkennenden Gerichten.

Ausnahmen davon finden statt:

a) In Strafsachen, wenn die Oeffentlichkeit eine Gefährdung der Sittlichkeit oder der öffentlichen Ordnung besorgen läßt.

b) In Disciplinarsachen gegen die Richter und gegen die Mitglieder und Angehörigen der Anwaltskammern.

c) In Civilsachen, wenn das Interesse der Sittlichkeit dieses erheischt, doch kann auch ferner die Oeffentlichkeit nach Anhörung der Staatsanwaltschaft ausgeschlossen werden, wenn beide Theile übereinstimmend dieses begehren.

Die Gerichtsbarkeit wird ausgeübt:

1) durch Amtsgerichte;

2) durch Obergerichte, bei denen auch die Schwurgerichte abgehalten werden;

3) durch das Oberappellationsgericht.

§. 5.

Die **Amtsgerichte** sind mit einem oder mehreren Amtsrichtern (in der Stadt Hannover selbst mit Umge-

*) Der §. 9 des hannöverischen Gesetzes vom 5. September 1848 bestimmte verschiedene Aenderungen der Verfassung und namentlich, daß die Gerichtsverfassung nach den Grundsätzen der Trennung der Rechtspflege von der Verwaltung, der Aufhebung des bevorzugten Gerichtsstandes, der Mündlichkeit und Oeffentlichkeit in bürgerlichen und peinlichen Sachen und der Einführung von Schwurgerichten in letzteren gesetzlich geregelt werden solle.

Die Durchführung dieser Grundsätze geschah erst 1850 unter Abänderung der bürgerlichen Prozeßordnung de 1847. Im Jahre 1859 erfolgte eine Novelle zum Gesetz über die Gerichtsverfassung, mit welcher man in der Praxis allgemein zufrieden ist.

gend allein schon mit 13 Amtsrichtern, wovon 4 als Untersuchungsrichter thätig sind) besetzt; als Unterpersonal erscheinen Aktuare und Gerichtsvogt.

Die Amtsrichter handeln und entscheiden als Einzelrichter. Ihrer Thätigkeit ist zugewiesen außer der Erledigung von Requisitionen:

I. In Strafsachen:

1) Die Untersuchung und Aburtheilung der zur gerichtlichen Zuständigkeit gehörenden Polizeistrafsachen. (Vergl. für Baden — das Gesetz über die Gerichtsbarkeit und das Verfahren in Polizeistrafsachen, Reggsbl. 1864 No. XXIII. S. 228.)

2) In Criminalsachen, die durch die Strafprozeßordnung ihnen überwiesenen Handlungen.

(Für Baden — siehe Strafprozeßordnung de 1864 §. 9. 301. ff., Einführungsgesetz Reggsbl. 1864, No. 23 S. 225.)

II. Die Steuer- und Zollcontraventionssachen.

(Für Baden siehe Reggsbl. 1864 No. 23 S. 225; 1837 No. 20 S. 131; 1838 No. 16 S. 133; 1851 No. 9 §. 5 Ziff. 5.)

III. In bürgerlichen Rechtssachen:

1) die streitige Gerichtsbarkeit betreffend:

a) Rechtsstreitigkeiten in Sachen bis 150 Thaler Werth einschließlich.
(In Baden bis 200 fl.)

b) Rechtsstreitigkeiten über Weggerechtigkeiten, Grenzbeeinträchtigungen, über Injurien (die hier als bürgerliche Rechtssachen behandelt sind); civilrechtliche Ansprüche aus einem unehelichen Beischlafe. Streitigkeiten zwischen Dienstboten und Dienstherren, die aus dem Dienstverhältnisse entspringen; dergleichen Streitigkeiten über Einräumung oder Verlassung einer Wohnung zwischen Vermiether und Miether.

c) Die Erkennung von Arresten und einstweiligen Verfügungen.

d) Die Leitung der Concurse, einschließlich des „Erstigkeitserkenntnisses“ (Prioritäts- oder Lokationsurtheil). [*])

2) Die freiwillige Gerichtsbarkeit, die in Hannover schon früher von den Gerichten ausgeübt wurde, einschließlich der Anordnung und Leitung der Vormundschaften, Curatelen und sonstigen gerichtlichen Verwaltungen, so wie des Hypotheken- und Depositenwesens.

Die Amtsrichter sind der Oberaufsicht der höheren Gerichtsbehörde unterworfen und außerdem ist ihre Dienstführung vom Justizministerium durch die Staatsanwälte überwacht.

Die Aktuarien sind der Oberaufsicht des Amtsrichters und des Staatsanwaltes unterworfen.

Leonhardt sagt im ersten Band seiner Justizgesetzgebung des Königreichs Hannover über die Aktuarien:

„Die Anstellung besonderer Aktuarien erscheint in Beziehung auf eine rasche Erledigung der Sache in öffentlicher Gerichtssitzung nothwendig. Diesen Aktuarien werden dann unter Leitung und Aufsicht der Amtsrichter manche andere Geschäfte übertragen werden können, bei denen es weniger auf Rechtskenntnisse als auf Ordnung und auf eine gewisse Geschäftsroutine ankömmt, z. B. gegen Ueberweisung der Copialien, die Besorgung aller Reinschriften, deren Collationirung, Ausfertigungen und Beglaubigungen, ferner die Aufsicht über die Registratur, die Erhebung der Gerichtssporteln, die Aufstellung von Listen und Verzeichnissen, die Calculatur der Vormundschafts- und sonstiger dem Amtsgerichte abzulegender Rechnung und eine Mitwirkung bei dem Depositen- und Hypothekenwesen.

Ich führe dieses ausdrücklich deßhalb an, um zu zeigen, wie schon die Aktuare der Amtsrichter mit den verschiedensten Functionen beladen sind, worin ich jedenfalls

---

[*]) Für Baden siehe neue bürgerliche Pr.O. §. 9.
Vor die Amtsgerichte gehören bei uns:
I. ohne Rücksicht auf den Streitwerth immer, —
die Ganten,
die Gesuche um bedingte Zahlungsbefehle und die Anträge auf öffentliche Aufforderung unbekannter Personen;
II. ohne Rücksicht auf den Streitwerth durch Erhebung der Klage bei dem Amtsgericht:
1) bei Wandelklagen wegen Viehmängeln;
2) bei Klagen auf Unterhalt unehelicher Kinder nach dem Gesetze vom 21. Februar 1851;
3) bei Klagen zwischen Dienstherren und Dienstboten oder Taglöhnern, zwischen Handwerksmeistern und Gesellen oder Lehrlingen und zwischen Gewerbsunternehmern und ihren Arbeitern aus dem dienstlichen oder gewerblichen Verhältniß;
4) bei Klagen auf Räumung oder Ueberlassung einer Wohnung zwischen Vermiether und Miether;
5) bei Wechselklagen.

keinen Vorzug vor unseren Einrichtungen zu erkennen vermag.

Was die **Gerichtsvoigte** oder Gerichtsvögte betrifft, so haben diese in Hannover die Ladungen und Insinuationen, die Vollstreckungen von Exekutionen und mancherlei andere ihnen durch die Prozeßgesetze und durch Aufträge der Amtsgerichte zugewiesenen Dienstverrichtungen zu besorgen.

Es wird von ihnen später noch die Rede sein, wenn es sich von der Direktion des Prozesses handelt, welche bei uns in die Hand des Gerichts gelegt ist, während in Hannover eine andere Einrichtung besteht.

Nur noch bemerken will ich, daß in Hannover besondere reglementarische Vorschriften über das **Cautionswesen** der bei dem Amtsgerichte angestellten Personen existiren. So sind die Cautionsbeträge bestimmt:

1) für Amtsrichter (Amtsgerichtsassessoren) auf 500 bis 800 Reichsthaler;
2) für Aktuarien auf 200 bis 300 Reichsthaler;
3) ein gleiches für die Gerichtsvoigte.

Bei den Amtsgerichten kömmt auch die Einrichtung der **Gerichtsschöffen** vor, von diesen wird jedoch erst in einem anderen Theile die Rede sein, wo das Schöffengericht behandelt wird.

§. 6.

Was die **Obergerichte** betrifft, deren es im Königreich Hannover 12 gibt, worunter sich zwei kleine befinden, wie wir ähnliche nach unserer neuen Gerichtsverfassung kennen, so sind die großen Obergerichte in Senate getheilt, von welchen die **großen Senate** mit 5 **Richtern** und die **kleinen Senate** mit 3 Richtern entscheiden.

Den Obergerichten stehen zu:

I. In Strafsachen:

1) die Mitwirkung bei Criminaluntersuchungen;
2) die Urtheilsfällung in Criminalsachen;
3) die Entscheidung über Rechtsmittel (Berufungen, Nichtigkeits- und sonstige Beschwerden) gegen Verfügungen der Amtsgerichte in Polizeistrafsachen

II. In Steuer- und Zollcontraventionssachen:

Die Entscheidung über Rechtsmittel (Berufungen, Nichtigkeits- und sonstige Beschwerden) gegen Verfügungen der Amtsgerichte.

III. In Civilsachen:

1) In I. Instanz die Entscheidungen in allen bürgerlichen Rechtsstreitigkeiten, für welche nicht die Amtsgerichte zuständig sind.
2) In 2. Instanz, die Entscheidung über Rechtsmittel (Berufungen, Nichtigkeitsbeschwerden und sonstige Beschwerden) gegen Verfügungen der Amtsgerichte in Sachen der streitigen und freiwilligen Gerichtsbarkeit.
3) Die Entscheidung mehrerer Fälle der bürgerlichen Prozeßordnung, wie in Fällen von Streitigkeiten über die Zuständigkeit unterer Gerichte und dergleichen.

IV. Die Entscheidung über Rechtsmittel, gegen die von den kleinen Senaten der Obergerichte selbst gegebenen Verfügungen sowohl in Strafsachen als in bürgerlichen Rechtssachen, insoweit nicht das Oberappellationsgericht darüber zu entscheiden hat.

Diese Funktionen vertheilen sich aber in einer sehr complicirten Weise zwischen den großen und kleinen Senaten der Obergerichte, wie sich aus folgendem ergibt.

Den kleinen **Senaten** liegt ob:

1) Die Urtheilsfällung in den zur Zuständigkeit der Obergerichte in erster Instanz gehörigen Civilsachen, deren Gegenstand den Werthbetrag von **300 Thalern nicht übersteigt.**
2) Die Entscheidung der oben unter III. Ziffer 3 angedeuteten Fälle.
3) In erster Instanz die Urtheilsfällung in leichten, sowie die Beschlußfassung als Rathskammer in leichten und schweren criminellen Straffällen.
4) Die Urtheilsfällung über Berufungen gegen Erkenntnisse der Amtsgerichte in Civilsachen u. in Polizeistrafsachen, sowie über Beschwerden gegen das Verfahren der Amtsgerichte bei Ausübung der streitigen und freiwilligen Gerichtsbarkeit.

Den großen **Senaten** liegt ob:

1) Die Entscheidung, von welchen oben unter IV. gesprochen wurde.
2) Die Urtheilsfällung in den zur Zuständigkeit der Obergerichte in erster Instanz gehörigen **Civilsachen, deren Gegenstand den Werth von 300 Thalern übersteigt.**
3) Die Urtheilsfällung über **Nichtigkeitsbeschwerden** gegen Erkenntnisse der Amtsgerichte.

4) Die Urtheilsfällung über Berufung und Beschwerden gegen Verfügungen der Amtsgerichte in Steuer- und Zollcontraventionssachen.

Aus dem Mitgetheilten ergibt sich im Vergleiche mit dem, was unsere neue Gerichtsverfassung bestimmt, ein großer Vorzug der Vereinfachung in unserer Gesetzgebung.

Schon die Abtheilung im hannöverischen Gesetz, wornach bald der große und bald der kleine Senat, je nach dem Streitwerthe, die erste Instanz bildet, muß aufs unvortheilhafteste erscheinen.

Es hängt diese Einrichtung großentheils mit dem Umstande zusammen, daß in Hannover eigentlich nur zwei Instanzen für Civil- und Criminalsachen gelten und ein Cassationsgericht eingeführt ist. Wir werden überhaupt noch sehen, wie die französische Gesetzgebung, die westphälische und die Genfer einen wesentlichen Einfluß auf die gesetzgeberischen Arbeiten in Hannover übten.

Eigenthümlich ist ferner die Einrichtung, daß unter den Mitgliedern der Senate alljährlich ein Wechsel stattfindet, und daß wegen augenblicklichen Mangels der Präsident einzelne Mitglieder aus einem Senat in den andern einreichen und im Nothfalle einen Amtsrichter oder Advokaten, letzteren nach zuvoriger Verpflichtung mit dem Richtereide, als Hilfsrichter hinzuziehen kann.

Den Obergerichten ist die erforderliche Zahl von Sekretären, die nicht einmal nothwendig Juristen zu sein brauchen und von sonstigen Subalternen beigeordnet.

Die Schwurgerichtshöfe werden bei den Obergerichten gebildet und besteht hierüber ein besonderes Gesetz vom 24. Dezember 1849, worüber ich auf Leonhardts Justizgesetzgebung des Königreichs Hannover Band I. Seite 335 ff. mich beziehe.

§. 7.

Der oberste Gerichtshof in Hannover heißt Oberappellationsgericht und ist zu Celle. Die Zuständigkeit des Oberappellationsgerichts tritt ein:

I. Rücksichtlich der Civil-Senate für Rechtsmittel und Verfügungen in Civilsachen, welche an das Oberappellationsgericht gehören.

II. Rücksichtlich des Straf-Senats für Rechtsmittel und sonstige Verfügungen in Straf-, Steuer- und Zoll-Contraventionssachen, sowie in Disciplinarstrafsachen.

Ja selbst die Urtheilsfällung über manche Verbrechen, wie Hochverrath, Landesverrath, Majestätsbeleidigung, Aufruhr und dergleichen gehört vor den obersten Gerichtshof.

III. Rücksichtlich des Cassations-Senats tritt die Zuständigkeit des Oberappellationsgerichts ein:

1) Für Rechtsmittel gegen Verfügungen der Civilsenate und des Strafsenats.
2) Für die Disciplinarstrafsachen gegen Mitglieder des Oberappellationsgerichts selbst.
3) Für die Nichtigkeitsbeschwerde zur Wahrung des Gesetzes.

Der Civilsenat und der Strafsenat urtheilen in ungerader Zahl mit mindestens fünf Richtern; über die Nichtigkeitsbeschwerden in Straf-, Steuer- und Zollcontraventionssachen, sowie in Strafsachen erster Instanz urtheilen sieben Richter und der Cassationssenat hat aus neun Richtern zu bestehen.

Man sieht auch hier wieder eine Verschiedenartigkeit von Bestimmungen, gegen welche die Einfachheit der badischen Gesetzgebung vortheilhaft zu Tage tritt.

§. 8.

Bei den Obergerichten und dem Oberappellationsgericht besteht die **Staatsanwaltschaft.**

Diese hat in Hannover einen weitaus größeren Dienstkreis als in Baden und ist auch hierin großentheils dem Vorbilde französischer Legislatur nachgebildet. Dieselbe hat insbesondere:

1) Die zur Zuständigkeit der Gerichte gehörenden Uebertretungen der Strafgesetze nach Anleitung der Strafprozeßgesetze zu erforschen und gerichtlich zu verfolgen.
(Gerichtliche Polizei.)
2) Die Aufsicht über die Gefängnisse und Strafanstalten zu führen.
3) Die Beobachtung der Gesetze und reglementarischen Vorschriften bei den Gerichten zu überwachen.
4) Die Dienstführung aller bei den Gerichten angestellten Personen, sowie der Notare, Advokaten und Anwälte zu überwachen.
5) Dahin zu sehen, daß die Gesetze über Vertretung spezieller Interessen (wie z. B. Anordnung und Verwaltung der Vormundschaften und Curatelen) gehörig befolgt werden.
6) In Gemeinschaft mit dem Präsidenten die bei den Gerichten vorfallenden Verwaltungsgeschäfte wahrzunehmen.

In der bürgerlichen Prozeßordnung von Hannover ist an verschiedenen Stellen die Thätigkeit der Staatsanwaltschaft vorgeschrieben, wie namentlich bei Competenzkonflikten, als zu den Justizpolizeisachen gehörig, wie auch die Staatsanwaltschaft die Vermittelung der geschäftlichen Verbindung zwischen Prozeßgerichten und anderen Behörden des Auslandes besorgt. Es ist namentlich vorgeschrieben die Mitwirkung der Staatsanwaltschaft bei der Verhandlung bürgerlicher Rechtsstreitigkeiten vor den Obergerichten und dem Oberappellationsgerichte — in Sachen:

1) welche die öffentliche Ordnung, den Staat, die Gemeinden, das Kirchen- und Klostergut, die öffentlichen Anstalten, Armen- und andern milden Stiftungen betreffen.
2) Wenn es sich um die Zuständigkeit der Gerichte bezüglich der Gattung der Gerichtsbarkeit, die Bestimmung des rechten Richters, die Ablehnung von Gerichtspersonen und Regreßklagen gegen dieselben handelt.
3) In Sachen zwischen Anwälten, Advokaten, Notaren und Gerichtsvögten einseits und ihren Vollmachtgebern anderseits.
4) Wenn eine der Parteien unter Vormundschaft oder Curatel steht.
5) In Sachen, welche den Personenstand betreffen.
6) Wenn eine Urkunde als falsch oder verfälscht angegriffen wird.
7) Bei Nichtigkeits- und Restitutionsklagen.

In allen diesen Sachen müssen der Staatsanwaltschaft die Akten der Regel nach wenigstens 3 Tage vor der mündlichen Verhandlung mitgetheilt werden.

Die Staatsanwaltschaft ist außerdem berechtigt, in allen übrigen Sachen die gleiche Mittheilung zu begehren und das Gericht kann selbst von Amtswegen dieselben verordnen.

Vergl. hauptsächlich §. 81—85, aber auch §. 18. 20. 25. 61. 63. 64. 65. 67. 124. 125. 457. 557. 563. 581 der bürgerlichen Prozeßordnung von Hannover.

Man sieht hieraus den großen Umfang der Thätigkeit der Staatsanwaltschaft als einer Justizverwaltungsbehörde.

Soweit ging man allerdings in Hannover nicht, daß man wie in Frankreich und in den deutschen Rheinlanden verordnete, daß ein Staatsanwalt in allen Civilgerichtssitzungen der Obergerichte und des Oberappellationsgerichts ununterbrochen anwesend sein soll. Den hannöverschen Staatsanwälten liegen aber immerhin sehr viele und schwierige Geschäfte ob und anerkannte man von vorherein die Schwierigkeit, immer die geeigneten Personen zu Staatsanwälten zu finden, wenn nicht sehr hohe Gehalte dafür ausgeworfen würden.

Eine besondere völlig für sich abgeschlossene Dienstlaufbahn hat man auch in Hannover für die Staatsanwälte nicht geschaffen und wohl mit Recht; nicht nur wegen der größeren pekuniären Opfer, sondern auch zur Verhütung des Nachtheils, daß viele zu diesem Posten vorzüglich befähigte Personen denselben nicht annehmen würden, wenn nicht die Befugniß des Rücktritts ihnen verbliebe.

Zudem beachtete man, daß ein Staatsanwalt, der wegen Alters und Krankheit den besonderen Anstrengungen seines Dienstes nicht mehr gewachsen sei, doch oft noch zur Versehung eines minder lästigen Amtes im Stande sein werde.

Das Haupt der Staatsanwaltschaft ist der Oberstaatsanwalt, alle Beamte der Staatsanwaltschaft sind nur seine Stellvertreter und ihm untergeben.

Vrgl. Hannöverische revidirte Str.Pr.O. de 1859.
(Leonhardts Justizgesetzgebung I. S. 172 ff.)

(Schluß folgt.)

Redacteur Oberhofgerichtsrath Stempf. Verlag von J. Bensheimer in Mannheim. Druck von A. Schmelzer in Mannheim.

Annalen der Großherzogl. Badischen Gerichte.

1864. Band XXX. No. 21.

(Fortsetzung statt Schluß.)

Bei den Amtsgerichten können die Geschäfte der Staatsanwaltschaft, soweit dieselben nicht durch die Prozeßordnungen den Amtsrichtern mit überwiesen sind, durch besondere Beauftragte vorgenommen werden, wie namentlich bei den Schöffengerichten.

§. 9.

In Hannover muß derjenige, der sich zur Laufbahn als Richter, Anwalt oder Advokat meldet, ein 3jähriges juristisches Studium auf einer deutschen Universität nachweisen und 2 juristische Prüfungen bestehen. Nach dem ersten bestandenen Examen wird man Auditor und nun sind 4 Jahre zur praktischen Vorbereitung bei einem Amtsgerichte, Advokaten oder Obergericht bis zur 2. Prüfung nöthig.

Nach der 2. Prüfung hat der Bestandene Anspruch darauf, zur Betreibung der Advokatur zugelassen zu werden, und ist befähigt, ein Richteramt, beziehungsweise das Amt eines Staatsanwalts bei den Obergerichten zu übernehmen.

Wenn ich nicht irre, heißen die im 2. Examen bestandenen Juristen sodann Gerichtsassessoren, wenn sie nicht Advokaten werden.

§. 10.

In Hannover unterscheidet man zwischen Advokaten und Anwälten, in umgekehrter Weise als bei uns. Anwalt ist mehr als Advokat und zum Anwalt kann Niemand ernannt werden, welcher nicht zugleich Advokat ist. Die Anwälte sind bei den Obergerichten angestellt und zwar in geschlossener Zahl, die nach Anhörung der Anwaltskammern vom Justizministerium festgestellt ist.

Die Ernennung der Anwälte erfolgt nach Anhörung der Anwaltskammern vom Justizministerium. Das Gesetz über die Einrichtung von Anwaltskammern gewährt in Hannover der Advokatur die umfassendsten Rechte und ich hörte hierüber unter den Anwälten selbst nur eine Stimme.

Leonhardt sagt in seiner Justizgesetzgebung im Königreich Hannover Band I. S. 117, wo auch das Gesetz über die Anwaltskammern mitgetheilt ist:

„Selbst in Frankreich und in England, wo doch vermöge der wesentlich verschiedenen Berufsthätigkeit die Advokatur (Avocat und Counsel, im Gegensatze zum avoué und attorney) im Laufe der Jahrhunderte eine sehr freie Stellung und hohes Ansehen zu gewinnen vermochte, ist ihr eine gleiche Stellung in dem Organismus der Justizverwaltung, wie durch das Anwaltskammergesetz vom 8. November 1850 nicht verliehen worden."

So viel ich mich überzeugte, ist der Anwaltstand in Hannover ein geachteter und würdiger, dem seine Beschäftigung ein dem Fleiße und dem Vertrauen entsprechendes Einkommen bietet.

Die Wechselbeziehungen der Anwälte zu den Richtern und Staatsanwälten sind ungezwungen, durchaus freundlich und beweisen eine wechselseitige Achtung

Viele der alten Anwälte haben nach Maasgabe der früheren Gesetzgebungen noch Notariate, welche sie auch vorzugsweise nähren. Diese Verbindung beider Berufsarten, wie sie auch anderwärts vorkömmt, allein immermehr verschwindet, ist eine blos vorübergehende und hört mit dem Leben der Berechtigten auf.

Eine neue Notariatsordnung vom 18. September 1853 (vergleiche Leonhardts Justizgesetzgebung Band I. S. 133) bezeichnet die Lebensbedingungen und Funktionen des hannöverischen Notariats.

Vergleiche damit in unserm Regierungsblatt 1864 No. 21 S. 197 das Gesetz über die Verwaltung der freiwilligen Gerichtsbarkeit und über das Notariat.

Nebenbei will ich noch bemerken, daß die Amtstracht der bei den höheren Gerichten fungirenden Richter, Staatsanwälte, Gerichtsschreiber, Advokaten und Anwälte aus einem schwarzwollenen Talar, weißem Halstuch und schwarzem Barrett mit gradweißen Auszeichnungen von goldenen, silbernen, wollenen und sammetnen Streifen vorgeschrieben ist.

Vrgl. Leonhardts Justizgesetzgebung Bd. I. S. 83.

§. 11.

Damit verlasse ich die hannöver'sche Gerichtsverfassung.

Eine Vergleichung unseres Gesetzes über die Gerichtsverfassung (Reggsbl. 1864 No. 18 S. 151 und ff. — Siehe auch Vollzugsverordnung Reggsbl. 1864 No. 29 S. 293), wird unschwer den legislatorischen Fortschritt bei uns ergeben, ohne daß es nöthig fiele, solches im Einzelnen hier nachzuweisen.

Ich wende mich nun zur hannöver'schen **bürgerlichen Prozeßordnung**, wie ich solche aus den vielfach besuchten öffentlichen Gerichtssitzungen des Obergerichts im kleinen und großen Senate und bei den Verhandlungen des Amtsgerichts und des Schöffengerichts sowie aus der bei den Gerichten und Anwälten vorgenommenen Actenprüfung und den Gesetzesbestimmungen selbst kennen lernte.

Dem Grundsatze der **Oeffentlichkeit** ist in allen Gerichtssälen vollständige Rechnung getragen. Dieser Grundsatz ist aber auch ein an und für sich einfacher, der bei der Durchführung keine besondere Schwierigkeiten hat und dieses selbst dann nicht, wenn man in ihm etwas weiteres erblickt, als eine Form oder einen Satz von lediglich politischer Bedeutung.

(Worte der Regierungsmotive zum hannöver'schen Gesetze vom 5. September 1848.)

Der §. 87 der hannöver'schen bürgerlichen Prozeßordnung bestimmt:

„Die Sitzungen der erkennenden Gerichte sind in dem Maaße öffentlich, daß erwachsenen Personen der freie Zutritt gestattet ist. Eine Ausnahme von dieser Regel ist, insofern nicht die Aufrechthaltung und Wiederherstellung der Ruhe, die Entfernung sämmtlicher Zuhörer aus dem Sitzungssaale erforderlich macht, nur begründet, wenn durch die Oeffentlichkeit der Verhandlungen die Sittlichkeit verletzt werden würde.

Auch kann das Gericht, jedoch nur nach Anhörung der Staatsanwaltschaft, die Oeffentlichkeit ausschließen, wenn die streitenden Theile übereinstimmend dieses begehren."

Vergl. damit unsere neue bürgerliche Pr.O. §. 5 und §. 1157 Ziff. 4.

Der weitere Grundsatz der **Mündlichkeit**, oder wie die hannöver'schen Regierungsmotive sagen —

„der Grundsatz der Unmittelbarkeit der Verhandlung eines Rechtsstreits vor den zu seiner Entscheidung berufenen Richtern"

ist gleichfalls im hannöver'schen Civilgesetzbuch und folgeweise in der Praxis ziemlich streng durchgeführt, um die größere Raschheit des Prozeßgangs und die größere Garantie für eine richtige Urtheilsfällung zu erzielen.

Hinsichtlich des wesentlichen Unterschieds zwischen schriftlichem und mündlichem Verfahren sagen die hannöver'schen Regierungsmotive:

„Das Unterscheidungsmerkmal darf nicht in die Schrift an sich gelegt werden, so daß als mündliches Verfahren ein solches, welches ohne Schrift vor sich geht, sich darstellte. Dieses ergibt schon der erste Blick auf die Verhältnisse vom praktischen Standpunkte, wie denn auch die Geschichte nachweiset, daß keine auf einer höheren Bildungsstufe stehende Nation ein solches mündliches Verfahren gekannt hat. Das Unterscheidungsmerkmal liegt nicht sowohl in der Schrift an sich, als in der Bedeutung der Schrift für das Verfahren. Das Verfahren ist nämlich mündlich oder schriftlich, je nachdem das eigentliche Gewicht der Sache in der mündlichen Verhandlung vor den erkennenden Richtern oder in den Schriftsätzen liegt. Ein so geartetes Verfahren bleibt mündlich oder schriftlich, mag es nun im ersteren Falle größere oder geringere Zusätze von Schriftlichkeit, im letzteren Falle größere oder geringere Zusätze von Mündlichkeit in sich aufgenommen haben.

Im ersteren Falle wird die Schrift dazu dienen, die mündliche Verhandlung vorzubereiten, beziehungsweise das Ergebniß derselben äußerlich zu fixiren, im letzteren Falle dagegen wird die mündliche Verhandlung die Bedeutung haben, den durch die Schrift bereits festgestellten wesentlichen Inhalt des Rechtsstreits zu wiederholen, bezw. näher zu begründen. Man muß in ersterem Falle von einem mündlichen, im letzteren Falle von einem schriftlichen Verfahren sprechen, man kann aber ganz angemessen das letztere als ein schriftliches Verfahren mit mündlicher Schlußverhandlung bezeichnen."

Es ist keine Frage, daß das mündliche Verfahren mit vorbereitenden Schriften regelmäßig weit geeigneter ist, einen rascheren Prozeßgang herbeizuführen, als das schriftliche Verfahren mit mündlicher Schlußverhandlung. Aber auch eine größere Garantie für eine richtige Urtheilsfällung ist gegeben, weil durch die mündliche Verhandlung die Aufmerksamkeit des urtheilenden Richters mehr gespannt ist. Die Lebendigkeit der Verhandlung und das Interesse, welches die Parteien in dieselbe legen, ist von der entschiedensten Wichtigkeit. Wir wissen es aus Erfahrung, wie das mündliche Verfahren mit mündlicher Schlußverhandlung wirklich nur zu sehr der Gefahr ausgesetzt ist —

„rein ein schriftliches Verfahren zu bleiben, indem das Stück Mündlichkeit zur nichtssagenden Form herabsinkt, welche die Parteien ermüdet und den Richter langweilt.“

(Worte der hannöverischen Regierungsmotive.)

Vrgl. Leonhardt's Justizgesetzgebung des Königreichs Hannover Bd. II. S. 3 u. folgende und 79 folgende.

§. 12.

In Hannover besteht für die Obergerichte der Anwaltszwang, während in amtsgerichtlichen Sachen die Partei durch sich selbst oder einen beliebigen Bevollmächtigten sich vertreten kann.

Bevor ich von dem Gang der Verhandlung im Einzelnen spreche, will ich noch einige Bemerkungen über Prozeßleitung und die Verhandlungsmaxime voranstellen.

Was die Prozeßleitung bei den hannöverischen Obergerichten betrifft, so wird die mündliche Verhandlung von dem Vorsitzenden des Gerichtes geleitet, ihm steht aber dabei die Befugniß zu, einzelne der, die prozessualische Leitung der Sache bezielenden besonderen Geschäfte einem der beisitzenden Richter zu übertragen. (Geschieht in Hannover sehr oft.)

(Von einer solchen Ausnahme weiß unser badischer Prozeß §. 999 nichts.)

Vrgl. hannöver'sche Pr.O. §. 109 u. ff.

Wir haben überall zunächst die Regel, nämlich das Verfahren bei den Obergerichten ins Auge zu fassen, da das amtsgerichtliche Verfahren wegen der Einfachheit und Geringfügigkeit des Streitgegenstandes auch einfachere Normen erheischt, und wo diese nicht gegeben sind, dem regelmäßigen Verfahren für die Obergerichte angepaßt ist.

In Sachen, welche vor die Obergerichte und das Oberappellationsgericht gehören, erfolgt die geschäftliche Verbindung unter den Parteien in Hannover ohne Vermittlung des Gerichts. Das Organ für die Vermittlung sind die Gerichtsvoigte, welche theils als öffentliche Beamte, theils als Mandatare der Parteien erscheinen.

Unter den Gerichtsvoigten eines Obergerichts hat die Partei die Wahl. Nur kennt das hannöver'sche Gesetz auch die aus der Genfer Pr.O. (nicht aber auch dem Code de procédure) entlehnte Bestimmung, daß die Behändigung von Anwalt zu Anwalt, das heißt ohne Mitwirkung der Gerichtsvoigte, gegen einfache Empfangsbescheinigung geschehen kann.

Vrgl. hannöver'sche Pr.O. §. 133 und damit bad. neue Pr.O. §. 236.

Der hannöver'sche Prozeß kennt so wenig als unsere neue bad. Pr.O. die aus dem französischen*) Prozeß früher entlehnte Eintheilung in das ordentliche und summarische Verfahren. Die neueren Gesetzgebungen folgen überhaupt mehr dem Vorbilde des Genfer Prozeßgesetzes, nach welchem die mündliche Verhandlung als Regel hingestellt wird. Anders aber ist es im hannöver'schen Prozeßgesetz, wo die schriftliche Klage (Original und Abschrift für's Gericht) von dem Vorstande des Gerichts ohne weitere Sachprüfung in Empfang genommen wird, der sofort einfach den Verhandlungstermin darauf ansetzt und das Original der Klage dem klägerischen Anwalte mit der Terminsbestimmung zurückgibt. Dieser Letztere behändigt dem Gerichtsvoigte dieses Original mit einer Abschrift für den Beklagten und erhält mit der Behändigungsurkunde sein Klagoriginal zurück. Da in der Regel die Sitzung für die Verhandlung erst nach 3 Wochen von Behändigung der Klaganträge abgehalten wird, so kann der Beklagte der Bestimmung des Prozeßgesetzes §. 191 gleichfalls in der Regel nachkommen, wornach mindestens 1 Woche vor dem festgesetzten Gerichtstage der Anwalt des Beklagten dem klägerischen Anwalte Abschrift seiner Gegenanträge behändigen zu lassen hat. Diese Gegenanträge werden ebenso vom Beklagten auf die Gerichtsschreiberei in Abschrift übergeben. Man ersieht hieraus, daß der hannöver'sche Prozeß hiernach die Geschäfte des Gerichtes vereinfacht.

Unsere neue badische Prozeßordnung hat dieses Verfahren aber bekanntlich nicht adoptirt und hat die Prüfung der Klage in ihrem materiellen Bestande mit Ladungsversagung ꝛc. beibehalten.

Vrgl. neue bad. Pr.O. §. 226 ff. und §. 239 ff. 1014 ff.

---

*) gemeinem! R.

§. 13.

Betreffend die sogenannte Verhandlungs- oder Eventualmaxime, so ist solche im hannöverischen Prozeß zwar nicht schroff, wie im Code de procédure, aber immerhin doch zweckentsprechend zur Geltung gebracht. Man geht von dem Grundsatz als Regel aus, daß das Richteramt berufen sei, über das Begehren streitender Theile zu urtheilen, und daß die richterliche Thätigkeit erst dann ins Leben zu treten hat, wenn beide Theile gehört oder denselben doch die Gelegenheit gegeben wurde, gehört zu werden.

Die hannöver'schen Regierungsmotive, welche die Bestimmungen im französischen und Genfer Prozeßgesetz mit einander vergleichen,

(siehe Leonhardts Justizgesetzgebung des Königreichs Hannover Bd. II. S. 5 ff.)

erklären unter Anderm:

„Der prozessualische Grundsatz, welcher gewöhnlich als Eventualmaxime bezeichnet wird, verdankt sein Entstehen und Aufblühen dem schriftlichen Verfahren. Die Eventualmaxime liegt im Geiste dieses Verfahrens, welches im abgemessenen Tempo langsam und sicher sein Ziel zu erreichen strebt, welches insbesondere wegen Mangels gleichzeitiger Verhandlung zu schwerfällig ist, als daß man nicht bemüht sein müßte, jeden Rückschritt thunlichst zu vermeiden. Je mehr man bestrebt war, die Raschheit des Verfahrens zu befördern, gewann auch die Eventualmaxime an Bedeutung, man konnte mit Grund hoffen, auf diesem Wege zwar nicht für jeden einzelnen Fall, aber doch im Ganzen und Großen das Ziel zu erreichen. Aber auch auf das Ganze und Große gesehen, blieb die Sache nicht frei von Bedenken.

Die neuere Gesetzgebung zeigt, daß man die Eventualmaxime auf der einen Seite durch Erweiterung des sogenannten jus novorum in der höheren Instanz schwächte, während sie auf der anderen Seite den sogenannten prozeßhindernden Einreden im weiteren Sinne gegenüber oft gegen Recht und Billigkeit gestärkt wurde."

Mit Recht wies man daraufhin, daß für das mündliche Verfahren ganz verschiedene Gesichtspunkte Platz greifen; daß das mündliche Verfahren besonders wegen des Gebots gleichzeitiger Verhandlung unter den Parteien einer großen Beweglichkeit empfänglich sei und ein Rückwärtsschreiten im mündlichen Verfahren nicht entfernt die Bedenken habe, welche jeder Rückschritt im schriftlichen Verfahren mit sich führe. Was unsere neue bad. Pr.O. in dem §. 996 bestimmt, und nur der Natur der Sache nach in Trennung der Streitpunkte nach Pr.O. §. 1000 beschränkt, gilt auch nach dem hannöver'schen Prozeß.

Weitere Schranken oder eine weitere Ausdehnung des Grundsatzes der Verhandlungsmaxime sind beim mündlichen Verfahren nicht nöthig. Wollte man die mündliche Verhandlung in Stadien zerlegen, und für deren Inhalt eine Reihenfolge bestimmen, so würde man die Parteien, welche durch die, die mündliche Verhandlung vorbereitenden Schriftsätze von der Lage und dem Inhalte des Rechtsstreits bereits Kenntniß erlangt haben, ganz unnöthiger Weise beschränken und daneben, was das bei weitem schlimmere sein würde, die mündliche Verhandlung nicht allein über ihr natürliches Maas ausdehnen, sondern derselben auch wegen des Zerreißens des natürlichen Zusammenhanges alle Lebendigkeit entziehen.

Vrgl. Leonhardt, a. a O. (Bd. II. S. 8.)

Besonders hervorheben will ich noch die Worte der dort angeführten Regierungsmotive:

„Der Grundsatz der unmittelbaren Verhandlung eines Rechtsstreits vor den zu seiner Entscheidung berufenen Richtern spricht mit Rücksicht auf die größere oder geringere Schwäche des menschlichen Gedächtnisses, vorzugsweise aber auf den nicht zu vermeidenden Wechsel in der Person der zur Entscheidung berufenen Richter dringend dafür, daß eine bestimmte mündliche Verhandlung nicht in mehrere Termine zerfalle. Alle dahin abzweckende Vorschriften, zu denen vorzugsweise die Vorbereitung der mündlichen Verhandlung durch zu wechselnde Schriftsätze, sodann die im Pr.O. §. 195 besonders hervorgehobene Befugniß des Vorsitzenden, die mündliche Verhandlung zu vertagen, zu rechnen, können diesen Uebelstand jedoch nicht ganz heben und eben diese Erwägung in Verbindung mit den oben hervorgehobenen Rücksichten, besonders der des Wechsels in der Person der Richter, führt die Nothwendigkeit der Auffassung einer bestimmten mündlichen Verhandlung, selbst wenn sie in mehrere äußerlich getrennte Acte zerfällt, als eines Aktes mit sich."

In solcher natürlichen Beschränkung wird daher die sogenannte Verhandlungsmaxime im mündlichen Prozesse ihre Anwendung finden.

Treffend ist bemerkt worden, daß der blosen Nachlässigkeit der Parteien durch die Rücksicht auf den Kostenpunkt genügend entgegengewirkt werden kann, und daß eigentliche Prozeßchikanen überhaupt in dem Grundsatze des mündlich öffentlichen Verfahrens ihre sehr erhebliche Gegenwirkung finden.

§. 14.

Ich kehre zum Gange der eigentlichen mündlichen Verhandlung des Prozesses vor dem Obergerichte zurück.

In der mündlichen Verhandlung lebt und bewegt sich der Rechtsstreit. Die mündliche Verhandlung bildet für den urtheilenden Richter die alleinige Kenntnißquelle, denn der Grundsatz der Mündlichkeit besteht ja eben darin, daß der Prozeß unmittelbar vor den zu seiner Aburtheilung berufenen Richtern gepflogen wird. Die mündliche Verhandlung soll deßhalb auch frisch und lebendig vor sich gehen, weil ohne diese Eigenschaften keine Garantie für die Güte eines kollegialischen Urtheils besteht. Deßhalb ist auch den Parteien nicht gestattet, ihre schriftliche Anträge abzulesen oder gar ein Ablesen weiterer Ausführungen in thatsächlicher und rechtlicher Beziehung. Natürlich, sonst würde ja die innere Bedeutung der mündlichen Verhandlung entzogen und diese selbst zu einer unwesentlichen Form. Folgeweise ist auch eine Bezugnahme auf die schriftlichen Anträge statt mündlichen Vortrags nicht gestattet.

Vor der Sitzung fertigt der Präsident des Gerichts die Rolle zur Bestimmung der Reihenfolge der Prozesse, welche aufgelegt wird. Der Gerichtsdiener (Gerichtsvolgt) ruft sodann die einzelnen Prozeßsachen auf. Sind in einem aufgerufenen Falle die Parteien nicht vertreten, so wird zur weiteren Sache übergegangen. Ist der Beklagte nicht erschienen, so contumacirt der Kläger und es ergeht sogleich unter jetziger Prüfung des materiellen Gehaltes der Klage mit dem Ausschluß des Beklagten das Urtheil.

Vergl. hannöv. Pr.O. §. 368.

Der hannöverische Prozeß kennt die 3 Rechtsmittel, nämlich der einfachen Wiederherstellung (morae purgatio) durch einfaches Nachholen des Versäumten; — sodann der Wiedereinsetzung in den vorigen Stand gegen versäumte Fristen (das sog. beneficium restitutionis) und endlich die Wiederherstellung gegen rechtskräftige Erkenntnisse (das sog. remedium restitutionis). Es entsprechen diese Rechtsbehelfe ganz den Bestimmungen unserer neuen bad. Pr.O. in §. 213 ff. u. §. 1165 ff.

Dieses System, welches durch den Vorschritt der Genfer Prozeßordnung aufgenommen wurde, ist auch unbezweifelt viel besser, als das französische System und jenes, welches wir in Baden jetzt wieder verlassen haben. Die hannöv. Pr.O. nennt den ersten Grad des Nachholens des Versäumten „Einspruch."

(Vergl. auch den Entwurf einer allgem. deutschen Civilprozeßord. §. 193 ff.)

Die Frist zur Erhebung des Einspruchs beträgt in amtsgerichtlichen Sachen eine Woche und in sonstigen Sachen zwei Wochen, gerechnet von der Behändigung der Ungehorsamsverfügung an die Partei.

Vergl. hannöv. Pr.O. §. 158. 140, bad. neue Pr.O. §. 214.

Aber auch der Kläger kann in der mündlichen Verhandlung der Sache säumig sein, dann ist der Beklagte auf seinen Antrag von der Instanz zu entbinden, der Kläger aber in die Kosten des Prozesses zu verurtheilen.

Hannöv. Pr.O. §. 367.

Erfolgt dieser Antrag nicht, so gilt der Beklagte als nicht erschienen, folgeweise der Rechtsstreit nach Pr.O. §. 168 Ziff. 2 als ausgesetzt.

Die mündliche Verhandlung kann aber auch vertagt werden, wenn es sich herausstellt, daß die Parteien nicht vollständig instruirt sind; —

hannöv. Pr.O. §. 195,

wenn die Beiladung dritter Personen erforderlich ist;

Pr.O. §. 194,

wenn das Bedürfniß eines schriftlichen Vorverfahrens hervortritt;

(vergl. Pr.O. §§. 189 und 209),

und wenn das bisherige Verfahren an Unregelmäßigkeiten leidet, welche die sofortige Abgabe eines Ungehorsamsurtheils hindern.

(Pr.O. §. 369.)

§. 15.

Sind aber beide Parteien erschienen, so beginnt die mündliche Verhandlung unter Hervorhebung der streitenden Theile, des Streitgegenstandes und der Lage des

Rechtsstreits damit, daß *beide Parteien die* **Schlußgesuche** *ihrer Anträge verlesen*. Dadurch werden die Richter über die Streitparteien, den Streitgegenstand, die Forderung des Klägers, sowie dasjenige, was der Beklagte zugibt oder bestreitet, im Allgemeinen orientirt.

Erst jetzt beginnt die Begründung der Klage und erst jetzt erfolgt die spezielle Einlassung des Beklagten mit seinen Schutzreden u. s. w.

Vrgl. auch Leonhardt, a. a. O. II. Bd. S. 79 ff.

Sind die Verhandlungen geschlossen, ist nämlich das ganze Streitverhältniß sowohl in seinen thatsächlichen als rechtlichen Beziehungen durch die mündliche Verhandlung (als Grundlage für die richterliche Entscheidung) festgestellt, so wird die Verhandlung für geschlossen erklärt.

Vergl. hannöv. Pr.O. §. 100 ff.

Der Vorsitzende des Gerichts hat auf Antrag der Partei oder der Gegenpartei oder der beisitzenden Richter und selbst von Amtswegen zu verordnen:

„daß wesentliche thatsächliche Abweichungen des mündlichen Vortrags von dem schriftlichen Vorbringen durch nachträgliches schriftliches Vorbringen oder das Sitzungsprotokoll festgestellt werde."

Die schriftlich festgestellten Abweichungen sind zu verlesen.

vergl. hannöv. Pr.O. §. 102. 116;

Ueber das Fragrecht, die Trennung der Verhandlung und die Verbindung derselben —

vergl. hannöv. Pr.O. §. 111 ff.

über die Protokollführung durch den Gerichtsschreiber oder den Sekretär, welcher in Hannover durch seine Gewandtheit in Auffassung des Ganges des Prozesses und der Fixirung desselben wohl eine Hauptrolle spielt, —

siehe hannöv. Pr.O. §. 116.

Unsere neue bad. Pr.O. weicht in den letzten Punkten von der hannöv. Pr.O. nicht ab.

Ich beziehe mich hierwegen namentlich auf Pr.O. §. 997 ff.

Was nun aber das **Beweisverfahren** betrifft, so ist von vornherein in Hannover das *Beweiserkenntniß (Beweisinterlokut) für den Richter*, der es erläßt, **bindend**; er selbst kann davon nicht mehr abgehen.

Hannöv. Pr O. §. 218, vergl. dagegen bad. neue Pr.O. §. 388.

Wir begegnen hier dem alten Streite, der sich auch in dem Juristentag abspiegelt, ob die Beweisinterlokute appellabel sein sollen oder nicht.

In Hannover behielt man die gemeinrechtliche Trennung der pars praeparatoria und der pars probatoria bei. Daneben *gestattet* der §. 220 der hannöv. Pr.O. die *Anticipation* des Beweises, ohne solche zu gebieten.

Vergl. Leonhardt a. a. O. Band II. S. 159 ff.

Gegen das Beweisinterlokut greift in Hannover die *Berufung* nicht als sofortige, sondern nur als *vorbehaltene* Platz. Dadurch wird eine Menge unnöthiger Berufungen ausgeschlossen. Wir halten in Süddeutschland die Bestimmungen für besser, wornach der Unterrichter an das Beweisinterlokut *nicht* gebunden ist. Hören wir jedoch gegen diese Ansicht Leonhardt, a. a. O. S. 163, wo er vorzugsweise zwei Gründe hervorhebt, welche für die hannöv. Prozeßbestimmung sprechen; er sagt:

„Der erste derselben (Gründe) ist mehr allgemeiner Natur und betrifft die Gefahr, welcher das Prozeßverfahren ausgesetzt ist, sobald es in einer und derselben Instanz nicht einmal, sondern selbst mehreremale auf einen gewissen Punkt wieder zurückgeworfen werden kann. Der zweite mehr spezielle Grund hängt mit der Natur des mündlichen Verfahres zusammen: wenn es ein unbedingtes Erforderniß ist, daß jedes Mitglied eines Gerichts von dem Gegenstande einer bestimmten Beurtheilung vollständige Kenntniß erhalten habe, die Reconstruktion eines Gerichts aus denselben Personen, in vielen Fällen aber nicht allein schwierig, sondern ganz unmöglich erscheint; wenn die Güte eines Urtheils dadurch bedingt wird, daß der zu beurtheilende Vorgang den zur Beurtheilung berufenen Personen in lebendiger Erinnerung sei, das menschliche Gedächtniß aber schwach und trügerisch ist: so stellen sich im mündlichen Verfahren Stadien, — welche, indem sie eine frühere Verhandlung abschließen, die Grundlage für die folgende Verhandlung abgeben, — als durchaus wünschenswerth dar. Ein solches Stadium bildet das Beweisinterlokut, so bald das Gericht, welches dasselbe erließ, daran gebunden bleibt. Ohne dieses Gebundensein würde, zumal wenn die Beweisaufnahme eine längere Zeit in Anspruch genommen hat, die Wiederholung der früheren Verhandlungen in sehr häufigen Fällen nicht zu vermeiden sein."

Man ersieht hieraus jedenfalls, daß die Gegenansicht nicht unbedeutende Gründe zu Stützpunkten hat. Uebrigens ist der Fall nicht häufig, daß derselbe Richter sich zur Abänderung seines Beweisinterlokuts veranlaßt sieht.

§. 16.

Das eigentliche Beweisverfahren zerfällt in die drei Hauptabschnitte: Beweisantretung — Beweisaufnahme und Beweisausführung.

Hinsichtlich der hannöv. Pr.O. sagt Leonhardt a. a. O. II. Band S. 165, daß der Grundsatz der Mündlichkeit in Hannover nur bei der Beweisantretung und Beweisausführung durchgeführt worden sei, während in der Genfer Pr.O. auch hinsichtlich der Beweisaufnahme der Grundsatz der Mündlichkeit festgehalten wäre, wie bei der Einvernahme der Zeugen u. s. w. In Hannover ist man nämlich mehr dem französischen und westphälischen Prozeßgesetze gefolgt, wornach im ordentlichen Verfahren die Beweisaufnahme stets vor einem requirirten Richter vor sich geht. In unserer neuen bad. Pr.O. §. 1021 u. ff. ist die Sache wesentlich geändert, indem die Regel gilt, daß die Beweisaufnahme vor dem Collegialgericht selbst stattfindet. Während über die Beweisantretung keine besondere Bemerkung nöthig fällt, ist in Rücksicht auf die Beweisausführung der §. 234 ff. der hannöv. Pr.O. hervorzuheben.

Ich begegnete nämlich in diesem Theile des Prozeßverfahrens mehrfach der Anwendung des Pr.O. §. 236, welcher bestimmt:

„Ging die Beweisaufnahme nicht vor dem Prozeßgerichte vor sich, so hat das beauftragte, bezw. ein anderes Gerichtsmitglied das Ergebniß derselben auf den Grund der Protokolle vorzutragen; den Parteien steht das Recht der Ergänzung und der Berichtigung zu."

Wo die Beweisaufnahme nicht unmittelbar vor dem urtheilenden Richter stattfindet, ist eine solche Bestimmung nothwendig. Sie besteht auch ähnlich bei uns, wie eine Vergleichung des §. 1029 der neuen bad. Pr.O. zeigt.

Nur ist hier Ausnahme, was in dem hannöv. Prozeßverfahren Regel ist. — Ueber die Verbesserung der Klaganträge in der mündlichen Verhandlung, die Klagänderung u. s. w.

Vergl. hannöv. Pr.O. §. 203 ff.

Interessant ist, was die hannöv. Pr.O. über den Wahrheitseid im §. 288, über Urkundenedition, §. 311 ff. und über Schreibverständige, §. 335 ff.,

vergl. damit neue bad. Pr.O. §. 428,

bestimmt.

Ebenso hebe ich die Verfügung des hannöv. Gesetzes über die exceptio non numeratae pecuniae vel dotis in dem Pr.O. §§. 342 hervor. Es ist gleichfalls nicht uninteressant, was Leonhardt a. a. O. Band II. S. 228 und 229 hierüber sagt:

„Bei den Bestimmungen über die Beweiskraft der Urkunden war die Erwähnung der sog. exceptio non numeratae pecuniae vel dotis nicht zu umgehen. Gegen ihre Beibehaltung läßt sich Manches sagen. Es ist eine Anomalie, daß eine ein Bekenntniß enthaltende Urkunde gegen den Aussteller längere Zeit hindurch nicht beweisen soll und eine Gefährdung des rechtsunkundigen Gläubigers, wenn der Handschein, dem er nach allgemeinen Regeln volle Beweiskraft beimißt, später sich als beweisuntüchtig ausweist. Manche neuere Gesetzgebungen z. B. die preußische und die Weimar'sche haben diese sogenannte Einrede daher ganz aufgehoben und dem schriftlichen Bekenntnisse der Baarzahlung eines Darlehens dieselbe Beweiskraft, wie andere Urkunden beigelegt. Demungeachtet scheint es bedenklich, einen gleichen Schritt zu thun. Wie die Erfahrung lehrt, pflegt der Darlehensgeber das Geld erst nach Ausstellung und Behändigung des Schuldscheins auszuzahlen, er hat häufig eine Beweisurkunde über die Auszahlung in Händen, bevor der Darlehenscontrakt durch Hingabe der dargeliehenen Summe zum Abschlusse kommt, und würde, wenn nicht der Anleiher den sehr schwierigen Beweis der Nichtzahlung zu führen vermöchte, auf den Grund des schriftlichen Empfangsbekenntnisses auf Rückzahlung klagen können, obwohl er selbst das Darlehen nicht gezahlt hat. Die Beseitigung der Einrede des nicht gezahlten Geldes ist daher für den Schuldner, die Beibehaltung für den Gläubiger gefährlich; die größere Gefahr ist aber auf Seiten des Schuldners, da er ohnehin von dem Willen des Gläubigers abhängiger ist, der letztere aber mit ungleich leichterer Mühe die Gefahr, welche für ihn aus der gedachten

Einrede erwächst, beseitigen kann. Der Entwurf behält daher diese Einrede bei, kürzt nur, nach dem Beispiele eines im Jahr 1840 in Kurhessen gegebenen Gesetzes, die gesetzlichen Fristen (auf 30 Tage nach Ausstellung des Scheines) ab, entscheidet die vielfachen, namentlich bei den hiesigen Gerichten vorgekommenen Zweifel, welche diese Materie zu einer ergiebigen Quelle der größten Streitigkeiten machte.

(Regierungsmotive zur hannöverischen Pr.O. von 1847).

§. 17.

Form und Ausfertigung der Urtheile, sowie der modus bei Beschließung des collegialen entscheidenden Erkenntnisses haben keine besondern Verschiedenheiten von unseren betreffenden Normen.

Ebenso wenig ist hinsichtlich der Berichtigung, Ergänzung und Erläuterung der Urtheile zu bemerken.

Anbelangend das Rechtsmittelverfahren, so erscheint das hannöv. Gesetz darin nicht so einfach, wie unser bad. Prozeß.

Man hat dort

1) das Berufungsverfahren, und dabei noch
2) das Rechtsmittel der Nichtigkeitsbeschwerde.

Zugleich schließen sich wie bei uns

3) das Rechtsmittel der Beschwerdeführung, und
4) jenes der Wiederherstellung gegen rechtskräftige Urtheile

an.

Zu 1) Die Berufung wird erhoben wie die Klage, durch Behändigung der deßfallsigen Anträge an den Gegner, in jenem wie in diesem Falle wird der Letztere von dem Ersteren zur mündlichen Verhandlung auf einen bestimmten Gerichtstag vor das zuständige Gericht geladen. Einfacher ist übrigens in so fern der hannöverische Prozeß gegenüber dem unsrigen, daß er keine Appellationsanzeige in bestimmter Frist und auch nicht unsern Suspensiveffekt kennt, sondern nur bestimmte Fristen zur Berufung, das ist für die Berufungsanträge selbst, gibt.

Vrgl. hannöv. Pr.O. §. 401.

Die Ausführung der Beschwerde findet entweder sofort statt („sofortige Berufung“), oder nur gegen die Entscheidung der Hauptsache, d. h. gegen das Endurtheil oder die nächste der sonstigen, sofortiger Berufung unterworfenen, richterlichen Verfügungen, mit welcher jene Beschwerde im entscheidenden Zusammenhange steht („vorbehaltene Berufung“).

ibidem §. 394.

(Vrgl. auch das oben wegen des Beweisinterlokuts Gesagte.)

Das hannöverische Prozeßgesetz macht die Rechtskraft des Urtheils zur Voraussetzung der Zwangsvollstreckung, während namentlich der Code de procédure die Exekution auf Grund eines jeden mit der exekutorischen Clausel versehenen Urtheils zuläßt, und nur die Suspension durch Erhebung der Berufung einräumt.

Siehe auch unsere neue bad. Pr.O. §. 1112.

Nach hannöv. Pr.O. §. 529 sind nur

„diejenigen Urtheile und Urkunden zur Zwangsvollstreckung geeignet, welche in vollstreckbarer Ausfertigung vorliegen, d. h. im Eingange die Worte:

„„Im Namen des Königs sofort vollstreckbar““

enthalten. Diese Worte müssen vom Gerichtsschreiber des betreffenden Gerichts, oder bei Urkunden der freiwilligen Gerichtsbarkeit auch vom betreffenden Notar eigenhändig vorgesetzt und mit dessen Unterschrift (und Siegel nach §. 41 der Notariatsverordnung de 1853) versehen sein.

Der betreffende Gerichtsschreiber darf den Urtheilen, insoweit aus denselben nicht erhellt, daß sie in letzter Instanz ergangen oder aus sonstigen Gründen sofort vollstreckbar sind, die Vollstreckungsklausel nur dann hinzufügen, wenn feststeht, daß die Berufung, beziehw. der Einspruch (Wiederherstellungsgesuch) innerhalb der dazu bestimmten Fristen nicht erhoben oder doch bereits erledigt sei und hat demgemäß die, die Beifügung der Vollstreckungsklausel begehrende Partei dem Gerichtsschreiber nachzuweisen, daß und wann das betreffende Urtheil der Gegenpartei nach Vorschrift behändigt, beziehungsweise verkündet worden sei.

(Schluß folgt.)

Redacteur Oberhofgerichtsrath Stempf. Verlag von J. Bensheimer in Mannheim. Druck von C. Schmolzer in Mannheim.

Annalen der Großherzogl. Badischen Gerichte.

1861. Band XXX. No. 22.

(Schluß von Art. 72.)

Von einem Urtheile oder einer sonstigen Urkunde kann jede betheiligte Person *nur einmal* eine vollstreckbare Ausfertigung verlangen. Ist letztere verloren gegangen, so setzt die Ertheilung einer anderen vollstreckbaren und dann als solche ausdrücklich zu bezeichnenden Ausfertigung eine vorgängige Genehmigung des zuständigen Gerichts voraus, welcher eine Ladung und Anhörung der Gegenpartei vorhergehen muß.

Hannöv. Pr.O. §. 530.

Weil gerade vorhin auch von Notariatsurkunden mit der Vollstreckungsklausel die Rede war, so will ich nur noch aus der hannöv. P.O. §. 528 anführen, daß die gerichtliche Zwangsvollstreckung erfolgen kann, auf den Grund:

1) von rechtskräftigen *Urtheilen* einheimischer Gerichte;
2) der von einheimischen Gerichten oder Notarien aufgenommenen *Urkunden* der freiwilligen Gerichtsbarkeit, sobald *darin* sofortige *Zwangsvollstreckung ausbedungen* ist;
3) der im Klaren beruhenden Erbpacht-, Maier- und sonstigen auf Grund und Boden ruhenden Gefälle des Domanii und anderer Gutsherren und Obereigenthümer;
4) der im Klaren beruhenden Forderungen, welche aus dem Gemeinde-, Kirchen-, Schul-, Deich- oder Siehlverbande herrühren.

§. 18.

Zu 2. Die **Richtigkeitsbeschwerde** gegen richterliche Verfügungen findet nach hannöv. Pr.O. §. 431 ff. in vielen Fällen statt, darunter sind solche, welche unsere neue bad. Pr.O. im §. 2 u. 6. 14. 68. 94. 856. 1083. 1084 bezeichnet und andere, die in §. 1106 erwähnt sind, wo eine Appellation selbst beim Mangel der gesetzlichen Beschwerdesumme statthaft ist.

Selbst dem Oberstaatsanwalt steht in manchen Fällen das Recht der Richtigkeitsbeschwerde *zur Wahrung des Gesetzes* zu.

Vergl. hannöv. Pr.O. §. 443.

Es entscheidet über Richtigkeitsbeschwerden bei Verfügungen:

a) der Amtsgerichte der große Senat des vorgesetzten Obergerichts;
b) der Obergerichte der betreffende Civilsenat des Oberappellationsgerichts;
c) der Civilsenate des Oberappellationsgerichts der Cassationssenat dieses Gerichts.

§. 19.

Bevor ich von dem außerordentlichen Prozeßverfahren rede, will ich nur noch bemerken, daß die hannöv. Pr.O. für die *Prozeßvollmachten* der Anwälte *Beglaubigung* fordert. Es geschieht dieses nicht aus einem etwaigen Mißtrauen, sondern im Interesse der Sache und sogar zum Vortheil der Anwälte; dieses letztere tritt besonders bei dem Umstande zu Tage, wenn der Anwalt aus Schuld seiner Partei zu spät den Auftrag erhält, und außer Stand ist, vorschriftsmäßig den Einredevortrag oder dergleichen abzugeben. Manche nothwendige Verlegung eines Termins wird durch die Sicherheit der Vollmachtsausstellung der Partei selbst aufgelastet. Hinsichtlich der Beglaubigungen sind die Vorschriften sehr einfach. Jeder Staats-, Kirchen- oder Gemeindebeamter, welcher ein Dienstsiegel führt, kann unter Beidrückung dieses Siegels die Beglaubigung besorgen.

Vrgl. hannöv. Pr.O. §. 70.

§. 20.

Die *außerordentlichen Prozeßverfahrungsarten* haben meistens die Tendenz der Beschleunigung und Vereinfachung mit einander gemeinsam, nur dem schriftlichen Verfahren mit mündlicher Schlußverhandlung liegt ein hievon gänzlich verschiedener Gedanke zu Grund.

Der hannöv. Prozeß kennt den *unbedingten Mandatsprozeß nicht*, ebensowenig das *bedingte Mandatsverfahren* in unserm *Umfang*.

Die Urkunden mit der Exekutionsklausel und der Exekutionsprozeß heben das Bedürfniß des unbedingten Mandatsprozesses auf. Nur für geringe Schuldsachen, nämlich bis 50 Reichsthaler besteht ein Gesetz für ein einfaches Mahnverfahren, welches unserem bedingten Mandatsprozesse entspricht. Das Mahnverfahren ist mit der Vollstreckbarkeitserklärung des Mahnverfahrens beendigt. Wird gegen den Zahlbefehl Widerspruch erhoben, so beginnt die Prozeßverhandlung.

Vrgl. Leonhardt, die Justizgesetzgebung des Königreichs Hannover Band II. S. 606 ff.

I. Das schriftliche Verfahren mit mündlicher Schlußverhandlung wurde durch die Betrachtung aufgenommen, daß es zu der wesentlichen Anforderung an eine gute Prozeßordnung gehöre, daß sie bei der großen Verschiedenheit der abzuurtheilenden Rechtsstreitigkeiten die erforderliche Biegsamkeit und Mannigfaltigkeit der Form für die Verhandlung darbiete.

Ein Theil der Rechtsstreitigkeiten und zwar der größte derselben ist so einfacher Natur, daß er durch die Anträge des Klägers und die Gegenanträge des Beklagten genügend vorbereitet zur mündlichen Verhandlung gelangt und in dieser die erforderliche Aufklärung findet.

Nur verhältnißmäßig wenige Fälle haben in thatsächlicher Beziehung und hinsichtlich des Beweises solche Verwicklung, daß die mündliche Verhandlung allein nicht genügende Aufklärung gibt.

Die verschiedenen Prozeßordnungen anerkennen dieses sämmtlich, nur in verschiedener Behandlung der betreffenden Vorschriften.

Der französische Prozeß hat so complicirte Normen, daß von diesem besonderen Verfahren fast gar kein Gebrauch gemacht wird. Das Genfer Prozeßgesetz ist einfacher. Auf Grund der Schriftsätze und Beweisstücke der Parteien, wird ohne weiteres zur Aburtheilung der Sache geschritten. Anders bestimmt es das hannöv. Verfahren in den §§. 460 ff., welcher so ziemlich mit unserer neuen Pr.O. §. 993 übereinstimmt.

II. Der hannöv. Prozeß kennt sodann noch den Exekutiv- und Wechselprozeß, das Provokationsverfahren, den Besitz- und Arrestprozeß und enthält Bestimmungen über einstweilige Verfügungen und Sequestrationen. Allein diese Ausnahmsprozesse bieten gegenüber unserem Verfahren keine wesentliche Abweichung.

III. Die Concurssachen sind im allgemeinen den Amtsgerichten überwiesen und nur hinsichtlich derjenigen, bei Gelegenheit des Concurses vorkommenden einzelnen Streitigkeiten, deren Objekt die amtsrichterliche Competenz (150 Reichsthaler) überschreitet, entscheidet das Obergericht, wenn ein richterliches Urtheil im strengen Sinne des Wortes in Frage steht. Auch hier ist unsere neue Pr.O. in dem §. 9 in der Art nachgefolgt, daß das Amtsgericht, jedoch ohne alle Rücksicht auf die Summe von wirklichen Rechtsstreitigkeiten, die Ganten in sein Ressort zieht. Gegen das Ganturtheil, gegen das Gantetkenntniß finden die gewöhnlichen Rechtsmittel statt.

Neue bad. Pr.O. §. 714. 810. 822 ff.

§. 21.

Was die Zwangsvollstreckung betrifft, so folgt das hannöv. Gesetz dem Vorbilde des franz. Code de procédure.

Die Gerichte haben fast durchweg mit der Vollstreckung der Urtheile nichts zu thun. Mit der Abgabe der Endentscheidung des Richters findet ein Abschnitt statt; die richterliche Thätigkeit hört nun regelmäßig auf und es beginnt das Amt der Gerichtsvögte. Es ist schon früher gesagt, daß der Gläubiger, beziehw. Kläger die Wahl unter mehreren Gerichtsvögten hat. Durch diese gestattete Conkurrenz wollte man ein rascheres Verfahren erzielen, als das bisherige bei der oft höchst mangelhaften Controlle der Gerichte über die von ihnen abhängigen Exekutionsbeamten war.

Man folgt hier der französischen Einrichtung über die huissiers, wenn auch nicht in allen Theilen. Die Motivirung der Einrichtung ergibt sich aus Leonhardts Justizgesetzgebung des Königr. Hannover Bd. II. S. 341 ff., wo namentlich auch darauf hingewiesen ist, daß man das deutsche Concursverfahren beibehielt, während das franz. Prozeßrecht ein allgemeines Concursverfahren nur bei zahlungsunfähig gewordenen Handelsleuten kennt. Schon die Einrichtung, daß Urkunden mit der Vollstreckungsklausel aufgenommen werden können, mußte das hannöv. Gericht zu einer Aenderung der Exekutionsleitung führen. Dazu kömmt, daß die Obergerichte nach großen und kleinen Senaten die verschiedenen Streitsachen entscheiden und man große Unzuträglichkeiten herbeizuführen fürchtete, wenn man den Obergerichten eine solche meist administrative Thätigkeit hinsichtlich der Zwangsvollstreckung überweise, welche sie ihrem eigentlichen Beruf, dem Rechtsprechen über strittige Fälle, mehr oder weniger entfremden könne; Streitverhältnisse im Exekutionsverfahren kommen natürlich wieder vor das Gericht.

Bevor ich auf die Thätigkeit der Amtsgerichte übergehe, will ich nur noch auf das hannöv. Gesetz über

Eidesleistung verweisen, welches einen Unterschied zwischen den verschiedenen Religionsgenossen macht und Meineidsverwarnungen vorschreibt, die mit unseren älteren und neuern Vorschriften außerordentlich contrastiren. Es mag nicht uninteressant sein, aus der Note hier unten die gesetzlichen Meineidsverwarnungen für Christen und Juden in Hannover kennen zu lernen, welche vor der Eidesabnahme stets verlesen werden müssen.*)

§. 22.

Das Verfahren vor den Amtsgerichten richtet sich nach der hannöv. Pr.O. §. 575 großentheils nach dem Verfahren für die Obergerichte und wird nur im Interesse der Vereinfachung manchfach modificirt. Während bei den Obergerichten ein Anwaltszwang für die Parteien herrscht, ist das Verfahren bei den Amtsgerichten in die Hände der Parteien selbst gelegt. Im amtsgerichtlichen Verfahren findet die Verpflichtung keinen Platz zum Zweck der Vorbereitung der mündlichen Verhandlungen, schriftliche Anträge zu wechseln; die geschäftliche Verbindung unter den Parteien sowie die Vorladung dritter Personen wird unter Mitwirkung der Amtsgerichte durch die Gerichtsvögte vermittelt.

Die Zustellung der zu behändigenden Schriften an die Gerichtsvögte geschieht durch die Gerichtsschreiberei.

Die Klaganträge können schriftlich oder mündlich von den Parteien bei den Gerichten angebracht werden. Erscheint der Beklagte nicht, so wird er der ihm mitgetheilten Klaganträge für geständig angenommen und verurtheilt. Dieses Urtheil wird ohne weitere Mitwirkung des Gerichts exekutorisch. Auch die Injuriensachen werden in der bürgerlichen Pr.O. behandelt und eignen sich zur Zuständigkeit der Amtsgerichte. Die Privatgenugthuung geht nur auf Ehrenerklärung, Widerruf und Abbitte.

Die sogenannte ästimatorische Injurienklage ist aufgehoben, obwohl der Anspruch auf Schmerzensgeld noch bei den Körperverletzungen vorkömmt. Für Injurien findet auch ein Klagantrag auf öffentliche Bestrafung bei den Civilgerichten nicht mehr statt. Uebrigens kennt das hannöv. Gesetz auch peinlich oder polizeilich strafbare Beleidigungen.

Vergl. Leonhardt, a. a. O. S. 255 ff.

§. 23.

Das Strafverfahren, wie es in Hannover geordnet ist, will ich nur hinsichtlich der beim Amtsgerichte vorkommenden Gerichtsschöffen erwähnen, da auch bei uns diese Gerichtsschöffen

Vergl. neue bad. Str.Pr.O. §. 304 ff. und Beilage II.

in amtsgerichtlichen Strafsachen eingeführt sind.

Bei dem hannöv. Schöffengericht, welches an bestimmten Tagen verhandelt und aburtheilt, habe ich nur Einer Sitzung angewohnt. Der Eindruck des Ganzen war mir ein wohlthätiger. Das Recht soll im Bewußtsein des Volkes leben und sich vom allgemeinen Rechts-

---

*) Meineidsverwarnung für Christen:

„Schwören oder einen Eid thun, ist nichts anderes, als Gott anrufen, daß er der Wahrheit beistehe und den strafe, der einer Unwahrheit sich schuldig macht."

„Wer einen falschen Eid schwört, insbesondere auch, wer durch geheimen Vorbehalt Ausflüchte sucht, wer den Eid im Sinne eigener willkürlicher Auslegung schwört, der bleibt nicht in der Wahrheit, sondern lästert Gott, mißbraucht den Namen des Herrn, beraubt sich aller Gnaden und ladet auf sich alle Strafen, die Gott in seinem wahrhaftigen Worte gedroht hat. Welcher Mensch nun schwört: „So wahr mir Gott helfe und sein heiliges Wort," der schwört, als ob er spreche: „Wenn ich falsch schwöre, so soll Gott Vater, Sohn und heiliger Geist mir nimmer zu Hülfe und zu Statten kommen in allen meinen Mühen und Nöthen, so soll die unerschöpfliche Barmherzigkeit meines lieben Herrn und Heilandes Jesu Christi mir nicht zum Trost und Heile sein an meinem letzten Ende, so sollen meine Seele und Leib miteinander verdammt werden am jüngsten Tage, da ich meineidiger Mensch vor Gericht stehen soll und muß." Es soll demnach ein jeder Christ vor falschem Eide fleißig gewarnt sein, damit er nicht des ewigen Lebens in der seligen Gemeinschaft Gottes, seines Heilandes und aller Auserwählten beraubt werde."

Meineidsverwarnung für Juden:

„Schwören oder einen Eid thun ist nichts anderes, als Gott anrufen, daß er der Wahrheit beistehe und den strafe, der einer Unwahrheit sich schuldig macht."

„Wer einen falschen Eid schwört, insbesondere auch, wer durch geheimen Vorbehalt Ausflüchte sucht, wer den Eid im Sinne eigener willkürlicher Auslegung schwört, der bleibt nicht in der Wahrheit, sondern lästert Gott und mißbraucht den Namen des Ewigen."

„Also heißt es im Talmud: Wisse, daß die ganze Welt gezittert hat, als Gott auf Sinai sprach: „Du sollst den Namen des Herrn deines Gottes nicht zur Lüge aussprechen." Auf alle Sünden kann Vergebung erfleht werden, die Sünde des Meineids aber bleibt nicht ungestraft, denn es steht im Gesetz: „Der Ewige wird den nicht ungestraft lassen, der seinen Namen mißbraucht." Ja die Strafe trifft nicht nur ihn, sondern sein Geschlecht und selbst ganz Israel. Was Feuer und Wasser nicht verzehren, vertilgt die Rache, die den Meineid trifft, wie geschrieben steht: „Ich will herausführen den Fluch, spricht der Herr Zebaoth, daß er kommen soll über das Haus derer, die bei meinem Namen falsch schwören, und soll bleiben in ihrem Hause und soll's verzehren sammt seinem Holz und Steinen."

gefühl nicht trennen. Die Rechtspflege gewinnt um so größeres Vertrauen, je lebendiger der Ausdruck dieses Rechtsgefühles ist und es wird dieses Ziel neben der Oeffentlichkeit des Verfahrens, besonders durch die Theilnahme des Volkes an der Rechtspflege am sichersten erreicht. Bisher war die Rechtspflege mit Ausnahme des schwurgerichtlichen Verfahrens ein wahres Geheimniß für das Volk. Die Gerichtsschöffen sind bei dem einzelnen Richter zugleich eine verstärkte Garantie für eine unparteiische Rechtspflege und ein Hebel des Vertrauens im Volke. Im wesentlichen stimmt das hannöv. Gesetz über die Gerichtsschöffen mit unseren neuen gesetzlichen Bestimmungen überein. In den Gerichtssälen von Hannover herrscht ähnlich wie in den rheinländischen und französischen außerordentlich viel Ungenirtheit und Leichtigkeit der Bewegung, was gegen die bei uns hergebrachte aufständige Haltung vor Gericht ziemlich grell absticht.

Bei dieser Bemerkung will ich aber den Wunsch nicht unterdrücken, daß man bestrebt sein sollte, mit der Würde im Gerichtssaal zugleich möglichst die Beweglichkeit im Verfahren daselbst zu vereinigen, was sich wohl auch mit der Zeit machen wird.

§. 24.

Ein Handels- und Gewerbegericht existirt in Hannover zur Zeit noch nicht, so viel mir bekannt ist. Es heißt im §. 5 des Gerichtsverfassungsgesetzes nur:

„Es können, wo das Bedürfniß sich zeigt, Handels- und Gewerbegerichte angeordnet werden."

Es war mir dagegen in Hamburg vergönnt, einer Sitzung des dortigen Handelsgerichts anwohnen zu können, woselbst die Geschäfte des Handelsgerichts wahrhaft kolossale Verhältnisse haben.

Ein rechtsgelehrter Richter mit zwei Handelsleuten bewältigen mit größter Ruhe und sicherstem Takte übrigens alle Geschäfte einer Sitzung, in der eine wahre Unzahl von Anwälten anwesend sind. Eine große Reihe von Sachen wird aber auch in Vereinbarung der beiderseitigen Anwälte vertagt oder durch Contumacialerkenntniß erledigt. Nur nebenbei glaube ich dieser Erfahrung noch schließlich erwähnen zu sollen. —

Im Ganzen nahm ich auf meine Heimreise die lebendige Ueberzeugung mit, daß wir hier zu Land uns nach Befähigung des Richter- und Anwaltstandes und nach der Culturhöhe unseres Volkes sehr leicht in das neue Verfahren eingewöhnen werden.

Oberger.-Adv. Rée in Freiburg.

73.

Das Geding bei einem Liegenschaftskaufe, daß der Käufer den Kaufpreis an das Pfandgericht zu zahlen habe, stellt sich auch als zum Vortheil der Pfandgläubiger abgeschlossen dar.

Auf Grund dieses Gedings können sowohl die Pfandgläubiger als auch derjenige Dritte, welcher sie befriedigt hat, als subrogirter Gläubiger L.R.S. 1250. 1, von dem Käufer selbst Zahlung verlangen, soweit der Kaufpreis an das Pfandgericht noch nicht abgezahlt ist.

Dadurch, daß die Pfandgläubiger gegen dritte Besitzer der ihnen verpfändeten Liegenschaften die Pfandklage erhoben haben, verzichten sie nicht auf die Vortheile aus jenem Geding.

Das Pfandgericht, an welches eine Zahlung geleistet wird, kann sie nicht zum Nachtheil der Gläubiger statt auf verfallene Zinsen, L.R.S. 1254, an dem Kapital abrechnen.

In Sachen
des großherzoglichen Domainenfiscus
gegen
Joseph Kaufmann in Gailingen,
Forderung betreffend. —

Der Beklagte kaufte am 15. Oktober 1844 von G. Hahn in Stahringen eine Anzahl Liegenschaften um 6000 fl.; zahlte hieran sogleich 2319 fl. 51 kr. und verpflichtete sich, den mit 5 pCt. zu verzinsenden Restkaufschilling an das Stahringer Pfandgericht zu entrichten. Er trug jedoch diese Schuld nicht vollständig dahin ab, zahlte vielmehr einen Theil derselben an Gläubiger des Verkäufers, welche Pfandrecht an den gekauften Liegenschaften besaßen, und rechnete deßhalb am 14. Februar 1859 mit dem Pfandgericht ab. Seine Restschuld betrug damals noch über 2400 fl., weil er seine, in den Jahren 1849. 1850. 1854 und 1856 geleisteten Abschlagszahlungen jeweils zunächst auf die verfallenen Zinsen rechnen mußte, da er nicht behaupten konnte, daß sie von ihm ausdrücklich als Zahlungen an seiner Capitalschuld geleistet worden seien (L.R.S. 1254). Er setzte sich indessen bei der Abrechnung mit dem Pfandgericht nur die Restschuld vom 15. Oktober 1844 nebst Zinsen für fünf Jahre zur Last, zog davon die später gezahlten Beträge mit Zinsen daraus bis zum Abrechnungstag ab und berechnete sich auf diese Weise nur eine Restschuld von 432 fl. 53 kr., wofür er dem Pfandgericht eine Anweisung ausstellte. Das Pfandgericht nahm letztere an, und quittirte ihm die vollständige Tilgung seiner Schuld.

Diese Abrechnung focht nun der großh. Domainenfiscus an, der am 10. September 1844 ebenfalls eine Anzahl Liegenschaften des G. Hahn um 14,000 fl. gekauft hatte, und — seiner Behauptung zufolge — nach Abtragung des Kaufschillings noch weitere 2678 fl. an solche Gläubiger des G. Hahn zahlen mußte, welche dadurch, daß sie ihre, gegen Letztern erwirkten Liquiderkenntnisse im Stahringer Pfandbuch hatten eintragen lassen, richterliches Pfandrecht an den — nachher von ihm und vom Beklagten gekauften — Liegenschaften erworben hatten. Er macht nämlich mit der vorliegenden Klage die Unrichtigkeit jener Abrechnung, bei welcher sich Beklagter nur fünfjährige Zinsen zu Last gesetzt hatte, geltend, und verlangt, daß Derselbe seinen noch schuldigen Kaufschillingsrest, den er übrigens nur auf 1442 fl. 9 kr. nebst Zinsen vom 14. Februar 1659 berechnet, an das Pfandgericht Stahringen zahle, indem er seine Berechtigung zu diesem Begehren daraus ableitet, daß er in die Rechte der von ihm befriedigten Pfandgläubiger eingetreten sei, und daher das im Kaufvertrag des Beklagten enthaltene Geding über Abtragung des Kaufschillings an das P f a n d g e r i c h t als ein auch zum Vortheil jener Gläubiger vereinbartes für sich geltend machen könne.

Diesem Gesuch, mit welchem der Kläger in den vordern Instanzen abgewiesen worden war, entsprach das großh. Oberhofgericht durch Urtheil vom 31. Mai 1864, indem es die Klage aus folgenden G r ü n d e n für sowohl rechtlich als thatsächlich begründet hielt:

Hat Kläger Gläubiger des G. Hahn, welche Pfandrecht an den von ihm und vom Beklagten gekauften Liegenschaften besaßen, befriedigt, somit die Schuld eines Dritten, die er nur als Besitzer der verpfändeten Liegenschaften zu bezahlen verbunden war, getilgt, so ist er nach L.R.S. 1251 Abs. 3 in alle Rechte jener Gläubiger eingetreten (Troplong, de priv. et hyp. I No. 359) und kann daher auch die — den Letztern gegen den B e k l a g t e n zugestandenen — Rechte für sich geltend machen. Dazu gehört das Desselben aus dem Kaufvertrag vom 15. Oktober 1844 erwachsene Recht, vom Beklagten die Bezahlung seiner Kaufschillingsschuld zu verlangen. Da nämlich das in jenem Vertrag enthaltene Geding über Bezahlung des Kaufschillings an das P f a n d g e r i c h t nur dahin ausgelegt werden kann, daß der Kaufschilling durch Vermittlung des Pfandgerichts an die Hahn'schen G l ä u b i g e r, welche Pfandrecht an den gekauften Liegenschaften hatten, bezahlt werden solle (vergl. §. 13 Abs. 2 der Pfandschreibereiinstruction), so stellt sich dasselbe wenn es gleich zunächst deßhalb vereinbart wurde, um den Käufer vor künftigen Pfandklagen und den Verkäufer vor einer Retention des Kaufschillings im Sinne des L.R.S. 1653 und vor längerer Haftbarkeit gegenüber seinen Gläubigern zu bewahren — doch auch als eine Stipulation zum V o r t h e i l d i e s e r G l ä u b i g e r, die darnach für ihre Forderungen sofortige Befriedigung erlangen konnten, dar, wie denn auch vom Beklagten in der Vernehmlassung auf die Klage eingeräumt wurde, daß das Geding eben so wohl in seinem, wie „in der Pfandgläubiger Interesse und mit Rücksicht auf Letztere“ festgesetzt worden sei. Die Gläubiger konnten sich daher dasselbe, ungeachtet sie beim Vertrag nicht mitwirkten, zu eigen machen und vom Beklagten Zahlung seines Kaufschillings bis zum Betrag ihrer Forderungen verlangen, wie dies jetzt von Seiten des Klägers, als subrogirten Gläubigers, mit Erhebung der Klage geschehen ist. (L.R.S. 1121, oberhofg. Jahrb. n. F. XII. S. 254; XIII. S. 232, Magazin für badisches Recht II. S. 18.)

Die Klage ist aber auch t h a t s ä c h l i c h begründet, da durch die vorgelegten gerichtlichen Acten, Pfandbuchseinträge, anerkannten Quittungen und Urkunden über Pfandstrichsbewilligungen bewiesen ist, daß Kläger mehrere Gläubiger des G. Hahn, welche richterliches Pfandrecht an den von ihm und vom Beklagten gekauften Liegenschaften erworben hatten, — nämlich den Heinrich und Jacob Brugger in Berlingen, den Bäcker Sauter in Constanz und die Handlung Kuenzer u. Comp. in Freiburg — mit ihren Forderungen im Gesammtbetrag von 1760 fl. 29 kr. nebst Zinsen befriedigt, also ihnen eine — den jetzt eingeklagten Betrag bei Weitem übersteigende — Summe bezahlt hat.

Beklagter hält zwar der Klage entgegen, daß die Gläubiger durch Erhebung der Pfandklage gegen den Kläger einen Verzicht auf Aneignung des Gedings im Kaufvertrag vom 15. Oktober 1844 zu erkennen gegeben hätten. Allein, indem dieselben von e i n e m der ihnen zugestandenen Rechtsbehelfe — von dem Klagerecht gegen den dritten Besitzer ihrer Pfandobjecte — Gebrauch machten, verzichteten sie noch keineswegs auf die Benützung des andern — auf die Aneignung jenes Gedings. Die Verfolgung des erstern Rechts stand mit einem Vorbehalt des letztern nicht im Widerspruch, konnte also auch dessen Geltendmachung nicht ausschließen.

Der Klage wird ferner entgegengehalten, daß Kläger, welcher die auf jene Pfandklagen ergangenen Erkenntnisse erster Instanz ohne vorgängige Streitverkündung an den Beklagten habe in Rechtskraft übergehen lassen, seines Rückgriffsrechts nach §. 109 der Pr.O. verlustig geworden sei. Abgesehen jedoch davon, daß für ihn keine gesetzliche Verpflichtung zu einer solchen Streitverkündung bestand, verlangte er auch vom Beklagten keine Gewährleistung oder Schadloshaltung, sondern die Zahlung einer Kaufschillingsschuld, welche nach dem Vertrag vom 15. Oktober 1844 an die Gläubiger des Verkäufers abgetragen werden sollte.

Einredend schützt der Beklagte die vollständige Tilgung dieser Schuld, unter Berufung auf die Quittung des Pfandgerichts vom 14. Februar 1859 vor. Allein die — dieser Quittung vorangestellte — Abrechnung thut im Gegentheile dar, daß das Pfandgericht den jetzt eingeklagten Betrag der Schuld nicht empfangen, vielmehr mit Ueberschreitung seiner Vollmacht auf dessen Erhebung verzichtet hat. Mochte es auch befugt gewesen sein, Zahlungen, welche ihm der Beklagte ausdrücklich zur Tilgung seiner Capitalschuld anbot, als solche anzunehmen, und zu quittiren, so war es doch nicht berechtigt, denjenigen Zahlungen, welche vom Beklagten ohne besondere Erklärung über ihre Aufrechnung geleistet, also nach gesetzlicher Vermuthung zunächst auf die verfallenen Zinsen gerechnet waren, nachträglich einen andern Charakter zu verleihen, sie als Zahlungen am Capital anzuerkennen und damit ein Theil der Schuld indirect zu erlassen.

Endlich schützt der Beklagte die Einrede der fünfjährigen Zinsenverjährung unter Berufung auf L.R.S. 2277 vor; diese kann aber hier nicht Platz greifen, weil es keine rückständige Zinsenforderung, sondern ein Kaufschillingsrest ist, welchen Beklagter nach dem Klagbegehren zahlen soll. Stf.

74.

Gegen eine richterliche Verfügung, die, wenn sie auch nicht in der Form eines Urtheils erlassen ist, doch materiell ein solches in sich faßt, kann recurrirt werden.

Ein unter Mißachtung des Recursrechtes ergangener richterlicher Beschluß, sei er auch ein Urtheil, ist für nichtig zu erachten.

Ehrenkränkungen in Beziehung auf den öffentlichen Dienst des Beleidigten (Str.G.B. §§. 207. 317) können auch dann begangen werden, wenn letzterer jenen Dienst nicht mehr bekleidet.

Der gegen einen Bürgermeister erhobene Vorwurf absichtlich falscher Berichterstattung begründet eine Ehrenkränkung in Beziehung auf den öffentlichen Dienst. Str.G.B. §§. 204 u. 676.

In Oberschefflenz war es seit langer Zeit üblich, daß jeweils im Januar eine Gemeindeversammlung zur Berathung und Verbescheidung gewisser Gemeindeangelegenheiten (z. B. die Nachtwache, Aufstellung der Hirten betreffend) abgehalten wurde. In einer solchen am 21. Januar 1862 stattgehabten Versammlung kam es zu heftigen Auftritten zwischen den Beamten der Gemeindeverwaltung einerseits und mehreren Gemeindebürgern andererseits. Bürgermeister und Gemeinderath erstatteten darüber einen Bericht an das Bezirksamt Mosbach, in welchem sie den Sebastian H. und dessen „Anhänger“ gröblicher Ordnungsstörungen beschuldigten. Eine Untersuchung der Sache hatte die Folge, daß das Bezirksamt den H. und drei andere Bürger der fraglichen Gemeinde zu je fünf Gulden Geldstrafe verurtheilte, und daß auf Seitens der Bestraften ergriffenen Recurs die großh. Kreisregierung den bezirksamtlichen Spruch bestätigte. Die Verurtheilten hatten ihre Strafwürdigkeit schlechthin in Abrede gestellt und geltend gemacht, daß zwei Gemeinderäthe durch beschimpfende Redensarten die Versammelten gereizt hätten. Entlastungszeugen waren vorgeschlagen worden. Die Verwaltungsbehörden fanden sich jedoch bei Lage der Sache zu deren Abhör nicht veranlaßt.

Am 8. Juni 1863 ließ H. dem Bürgermeister anläßlich einer Gemeindeangelegenheit, die ebenfalls zu Meinungsverschiedenheit Grund gab, durch den Ortsdiener ein offenes Schreiben überreichen, worin dem Bürgermeister im Hinblicke auf die erzählten Vorgänge des Jahres 1862 vorgeworfen wurde, daß er über H. falsch berichtet habe, worin ferner dem Bürgermeister die Eigenschaft eines Ehrenmannes abgesprochen wurde, und welches mit den Worten „Schande für einen solchen" schließt. Am 1. Juli 1863 hierwegen von dem Bezirksamte zur Verantwortung gezogen, gab H. zu Protocoll: „Diesen Brief habe ich selbst geschrieben, das läugne ich nicht, und ich wiederhole nochmals, daß es eine Schande für unsern früheren Bürgermeister ist, daß er gegen mich falsches Zeugniß gegeben hat." Der Bürgermeister, welcher seit dem 8. Juni sein Bürgermeisteramt mit der Rathschreiberstelle vertauscht hatte, war im Jahre 1862 über die von ihm berichteten Vorgänge auch mündlich vernommen worden, und hatte dabei seinen Bericht bestätigt. Das bezirksamtliche Protocoll vom 1. Juli 1863 beurkundet weiter, daß H. den anwesenden früheren Bürgermeister, jetzigen Rathschreiber S. schreiend mit den gröbsten Vorwürfen überhäuft und denselben eingetretener amtlicher Verwarnung ungeachtet in frechster Weise der „Niederträchtigkeit" bezüchtigt habe. S. beantragte nicht nur wegen des Inhalts des gedachten Schreibens, sondern auch wegen der vor Amt stattgehabten Vorgänge Bestrafung des H. und es verurtheilte auch das großh. Bezirksamt unter Bezug auf Verordnung des großh. Ministeriums des Innern vom 31. Juli 1852 den H. „wegen fortgesetzter Unbotmäßigkeit und unehrerbietigen Benehmens gegen den im Dienst handelnden früheren Bürgermeister, jetzigen Rathschreiber S." zu achttägigem Gefängnisse. Nach Anzeige des Recurses hiegegen wiederholte beim Weggehen unter der geöffneten Thüre des Amtszimmers vor vielen des Amtstages halber versammelten Personen H. schreiend seine Vorwürfe und Beschimpfungen gegen S., was den sofortigen Vollzug einer 24 stündigen, wegen Störung amtlicher Verhandlungen erkannten, Gefängnißstrafe zur Folge hatte.

Am 29. Juli 1863 erhob der großh. Staatsanwalt am Hofgericht des Unterrheinkreises auf den Grund der am 1. dess. Monats vor dem großh. Bezirksamte Mosbach von H. gegen S. gebrauchten Aeußerungen unter Hinweisung auf Str.G.B. §§. 291. 294 [1]. 486. 676. 297. 317 gegen H. Anklage wegen „Ehrenkränkung des früheren Bürgermeisters S. in Bezug auf seinen Dienst," indem er den Antrag auf eine gegen H. auszusprechende Kreisgefängnißstrafe stellte.

In einem die Anklageschrift begleitenden Schreiben an das Untersuchungsgericht Amtsgericht Mosbach, bemerkte der großh. Staatsanwalt „Da möglicher Weise Zweifel darüber entstehen könnten, ob der Staatsanwalt zur Erhebung der fraglichen Anklage ermächtigt sei, weil die Ehrenkränkungen sich auf den Dienst des Beleidigten als Bürgermeister beziehen, und er diesen Dienst nicht mehr bekleidet, so stelle ich den weiteren Antrag, zur Abschneidung dieser Bedenken, den Rathschreiber S. vorzurufen und ihn zu befragen, ob er eventuell die Anklage als in eigenem Namen erhoben angesehen wissen wolle, im Falle der Bejahung aber die Untersuchung als eine auch auf die Privatanklage hin eingeleitete zu führen." S., vor das Amtsgericht berufen, erklärte, er bitte, eventuell die Anklage als von ihm selbst erhoben anzusehen. Nun wurde Untersuchung gepflogen. H. gab die Anklagesachen zu, schützte aber unter Berufung auf viele Zeugen die Einrede der Wahrheit dahin, daß eben in der That S. falsch über ihn berichtet und ausgesagt habe, vor. Die Zeugen wurden abgehört. Bei Eröffnung der Zusammenstellung berief sich H. insbesondere darauf, daß S. zur Zeit der allein anklagend erfolgten Vorgänge nicht mehr Bürgermeister gewesen sei.

Das großherz. Hofgericht, an welches die Acten vorgelegt worden waren, sprach mit Erlaß vom 10. November 1863 aus, daß die Sache, da S. zur Zeit der den Gegenstand der Anklage bildenden Aeußerungen nicht mehr Bürgermeister gewesen sei, da es sich somit nicht um eine gegen einen öffentlichen Diener verübte Ehrenkränkung handle, gemäß §. 16 [7] des Gesetzes vom 5. Februar 1851 von dem Amtsgerichte abzuurtheilen sei (vorbehaltlich der Befugniß dieses Gerichts, die Acten nach §. 18 des angeführten Gesetzes dem Hofgericht zur Aburtheilung wieder vorzulegen). Der Erlaß ging am 23. November ab. Am 27. November stellte der großh. Staatsanwalt den Antrag an das Hofgericht, den Vollzug jenes Erlasses zu sistiren, und sich auf die staatsanwaltschaftliche Anklage in den Formen eines Erkenntnisses auszusprechen, eventuell aber seine, zugleich vorgelegte, die materielle Frage besprechende Recursausführung dem großh. Oberhofgerichte vorzulegen. Am 28. November verfügte das großh. Hofgericht an das Amtsgericht, daß von dem Vollzuge des Erlasses vom 10. November vorläufig Umgang zu nehmen und die Acten wieder vorzulegen seien. Der Erlaß vom 28. Novbr. traf an diesem Tage Abends zu Mosbach ein. Unter dem 26 Novbr. hatte aber das Amtsgericht Mosbach bereits ein Urtheil erlassen, welches den H. der Ehrenkränkung des S. für schuldig erkannte und deßhalb zu 25 Gulden Geldstrafe verurtheilte, auch dieses Urtheil dem H. am 28. Novbr. Vormittags verkündet. Hiegegen zeigte H. den Rekurs an und führte ihn später aus, während der großh. Staatsanwalt den Antrag stellte, das amtsgerichtliche Urtheil nach §. 22 des Ges. vom 5. Febr. 1851 aufzuheben. Gegen letzteren Antrag verwahrte sich H. seinerseits. Nach Ergänzung der Rekursausführung des Verurtheilten und nach Einkunft einer weiteren Schrift des großh. Staatsanwalts gelangten die Akten an das großh. Oberhofgericht. Dieses sprach unter dem 23. März d. J. durch Urtheil aus:

„Es sei unter Aufhebung der hofgerichtlichen Verfügung vom 10. Novbr. 1863 und des amtsgerichtlichen Urtheils vom 26. Novbr. 1863 der Angeklagte der Ehrenkränkung des früheren Bürgermeisters, jetzigen Rathschreibers S. in Beziehung auf dessen Dienst für schuldig zu erklären und deßhalb in eine Amtsgefängnißstrafe von 8 Tagen sowie zur Tragung sämmtlicher Kosten zu verurtheilen."

Die oberhofgerichtlichen Entscheidungsgründe lauten, wie folgt:

„Der großh. Staatsanwalt stützte, wie aus der Anklage vom 29. Juli 1863 klar hervorgeht, seine Befugniß zum Auftreten in dieser Sache auf die gesetzliche Bestimmung des §. 317 des Str.G.B. und den Umstand, daß es sich im vorliegenden Falle um eine gegen einen öffentlichen Diener in Beziehung auf dessen Dienst verübte Ehrenkränkung handle."

„Das großh. Hofgericht, dessen Zuständigkeit zur Aburtheilung dieser Sache gemäß §. 16[7] des Einf.Ges. vom 5. Februar 1851 (vrgl. mit §. 297 des Str.G.B.) auf gedachtem Umstande ruhte, ging bei Erlassung seiner Verfügung vom 10. Novbr. v. J. No. 7919 davon aus, daß dieser Umstand, da der Beleidigte zur Zeit der den Gegenstand der Anklage bildenden Aeußerung nicht mehr den Dienst eines Bürgermeisters bekleidet habe, in Wirklichkeit nicht vorliege, und überließ in Folge dieser Anschauung und im Hinblicke darauf, daß sich der Beleidigte der Anklage des großh. Staatsanwalts angeschlossen hatte, die Aburtheilung dem großh. Amtsgerichte Mosbach als der für den voliegenden Fall zum Erkenntnisse über die vom Beleidigten selbst verfolgte, gemeine, der Auszeichnung der §§. 297. 317 des Str.G.B. entbehrende Ehrenkränkung zuständigen Gerichtsbehörde."

„Wenn auch die erwähnte hofgerichtliche Verfügung vom 10. November v. J. nicht in Form eines Erkenntnisses erlassen wurde, so enthielt sie doch den offenbar ein Erkenntniß in der Sache selbst bildenden Ausspruch, daß eine Ehrenkränkung gegen einen öffentlichen Diener in Bezug auf dessen Dienst nicht vorliege, und daß deßhalb der großh. Staatsanwalt zur Anklage nicht befugt sei."

„Gegen diesen Ausspruch, wodurch die Anklage des großh. Staatsanwalts endgiltig zurückgewiesen war, konnte letzterer zweifellos Recurs ergreifen und hat dies auch rechtzeitig mit Eingabe vom 26. November v. J. (eingebr. am 27. dess. Mts.) gethan."

„Der Recursausführung des großh. Staatsanwalts kann keineswegs der Inhalt der Eingabe vom 29. Juli v. J., womit er die Anklage dem großh. Amtsgerichte Mosbach übergab, entgegengehalten werden. Offenbar hat nämlich dort der großh. Staatsanwalt nur für den möglichen Fall, daß ihm die Befugniß zur Anklage wegen Nichtdaseins einer gegen einen öffentlichen Diener in Beziehung auf dessen Dienst verübten Ehrenkränkung rechtskräftig abgesprochen werden sollte, Vorsichtshalber den Beitritt des Beleidigten als Privatanklägers gewünscht, damit aber durchaus nicht auf das Recht, die Anklage seinerseits durchzuführen, verzichtet."

„Der Angeklagte wurde über den bisher besprochenen Recurs des großh. Staatsanwalts auf diesseitige Anordnung vernommen."

„Es erscheint dieser Recurs nicht nur, wie sich aus dem Bisherigen ergibt, als zulässig, sondern auch als vollkommen begründet."

„Die Anschauung des großh. Hofgerichts, daß, weil der Beleidigte zur Zeit der nun anklagend verfolgten Beleidigung nicht mehr den öffentlichen Dienst bekleidete, auf den sich die Beleidigung bezog, eine Ehrenkränkung gegen einen öffentlichen Diener in Bezug auf dessen Dienst nicht als vorhanden angenommen werden könne, ist unrichtig."

(Schluß folgt.)

Annalen der Großherzogl. Badischen Gerichte.

1861. Band XXX. No. 23.

(Schluß von Art. 74.)

„Der Grund der einschlägigen §§. 297. 317 des Str.G.B. liegt einerseits in der Verletzung der Dienstehre, bei deren Aufrechthaltung der Staat interessirt ist, andrerseits in dem Willen des Staates, daß, wo die ehrenkränkende Aussage auf Wahrheit beruht, diese Wahrheit ermittelt werde, um den Betreffenden zur Verantwortung ziehen zu können. Dieser Grund schlägt offenbar nach beiden Richtungen ein, mag der Beleidigte zur Zeit der auf das Dienstverhältniß sich beziehenden Ehrenkränkung noch im öffentlichen Dienste stehen oder nicht; mag er noch in dem öffentlichen Dienste stehen, auf welchen sich die Beleidigung bezieht, oder in einem andern solchen Dienste. Dieser Auslegung nach dem Grund des Gesetzes stehen auch die Worte der §§. 297. 317 des Str.G.B., welche Ehrenkränkungen „„gegen öffentliche Diener““ im Auge haben, nicht entgegen, indem, faßt man diese Worte nicht im engsten Sinne auf, auch die gegen einen gewesenen öffentlichen Diener in Bezug auf den zuvor von ihm bekleideten Dienst verübte Ehrenkränkung als gegen einen öffentlichen Diener begangen anzusehen ist.“

„Daß in dem Vorwurfe der absichtlich falschen Berichterstattung, welcher einem öffentlichen Bediensteten gemacht wird, der seiner Dienstobliegenheit nach Berichte zu erstatten hat, eine Ehrenkränkung, und zwar in Beziehung auf den Dienst zu finden ist, bedarf im Hinblicke auf Str.G.B. §§. 294 – 297 der Ausführung nicht. Es darf abgesehen von der sittlichen Verwerflichkeit absichtlich falscher Berichterstattung nur auf den §. 676 des Str.G.B. hingewiesen werden, der denjenigen öffentlichen Diener, welcher, um eine ungerechte Entscheidung herbeizuführen, in Berichten wissentlich Unwahres beurkundet, mit der Strafe des falschen Zeugnisses belegt wissen will.“

„Die Thatsachen, auf welchen die einen Vorwurf der eben besprochenen Art verfolgende Anklage ruht, sind von Seiten des Angeklagten zugegeben.“

„Die Frage, ob der Angeklagte nicht etwa eine blos irrthümliche Berichterstattung im Auge gehabt habe, kann, da der Angeklagte zugestandenermaßen die angeblich falsche Berichterstattung als etwas Schändliches, Niederträchtiges bezeichnete, mit Grund nicht aufgeworfen werden.“

„Der Beweis der Wahrheit des Vorgeworfenen (Str.G.B. §. 305) kann, wenn auch die abgehörten Zeugen vielfach Dasjenige bestätigt haben, was der Angeklagte im Widerstreite mit der Berichterstattung des Beleidigten angab, nicht als erbracht angenommen werden, weil die Zeugenaussagen eben immerhin keine Ueberzeugung dahin gewähren, daß der Beleidigte mit Wissen falsch berichtet und nicht etwa seinerseits die ohnehin rasch sich folgenden fraglichen Vorgänge so, wie er sie berichtet, aufgefaßt habe. So wenig auf den Grund der vorliegenden Zeugenaussagen eine Verurtheilung des Beleidigten wegen des nach §. 676 des Str.G.B. zu bestrafenden Verbrechens erfolgen könnte, ebensowenig kann aus denselben der Beweis der Wahrheit abgeleitet werden. Ueberdies würde dieser Beweis den Angeklagten gemäß Str.G.B. §. 307 nicht einmal von aller Strafe befreien, weil letzrer sich der schon ihrer Form nach (Str.G.B. §. 291) beschimpfenden Ausdrücke „Schande,“ „Niederträchtigkeit“ gegen den Beleidigten bedient hat.“

„Das amtsgerichtliche Strafurtheil vom 26. November v. J. erscheint als nichtig, da dasselbe lediglich eine Folge der dem Obigen nach unbegründeten hofgerichtlichen Verfügung vom 10. November v. J. ist und unter Mißachtung des dem großh. Staatsanwalts gegen jene Verfügung zukommenden Recursrechtes erlassen wurde.“

„Dem Bisherigen zufolge mußte der Angeklagte der durch den großh. Staatsanwalt verfolgten Ehrenkränkung des vormaligen Bürgermeisters S. im Sinne des Str.G.B. §§. 294 – 297 für schuldig erklärt werden.“

„Bei Ausmessung der Strafe kam indessen in hohem Grade zu Gunsten des Angeklagten in Betracht, daß demselben, wie sich aus den oben besprochenen Zeugenaussagen ergibt, immerhin Gründe für die Annahme, es habe der Angeklagte wissentlich falsch gegen ihn berichtet, zur Seite standen. Str.G.B. §. 152 ...“

„A. d. Gr. und nach Str.Pr.O. §. 351 wegen der Kosten wurde, wie geschehen, erkannt.“ Roßhirt.

75.

Wenn ein Stück aus dem Sondergut einer Ehefrau Gegenstand einer Schenkung ist, sämmtliche Vertragspersonen aber einverstanden sind, daß die Schenkung von dem Ehemanne und der Ehefrau gemeinschaftlich gemacht werde, so ist der Ehemann für die Hälfte der Schenkung als Schenkgeber anzusehen.

In Sachen
des Johann Friedrich Schaaf in Lahr
gegen
die Wittwe des Georg Schaaf, Friederike geb. Fingado von dort,
Widerruf einer Schenkung betr.

hatte der Kläger das Gesuch gestellt, die Schenkung, welche er mit seiner verlebten Ehefrau, Caroline geb. Fingado der Beklagten in dem von ihr am 5. Novbr. 1844 mit Georg Schaaf errichteten Ehevertrag im Betrag von 10,000 fl. gemacht, insoweit sie von ihm dem Kläger herrühre, für widerrufen, und demnach die Beklagte schuldig zu erklären, die eingeklagten 5000 fl. nebst 5 pCt. Zins hieraus binnen 28 Tagen bei Exekutionsvermeidung an ihn zu zahlen.

Die Beklagte suchte dagegen auszuführen, daß die Schenkung, weil der geschenkte Gegenstand zum Sondergut der Ehefrau des Klägers gehört habe, ihrem ganzen Umfang nach als von letzterer herrührend anzusehen sei, sie wurde jedoch in allen Instanzen nach dem Klagantrag verurtheilt. Zu dem oberhofgerichtlichen Urtheil vom 21. April 1864 lauten die

Entscheidungs-Gründe:

Nach Ansicht des L.R.S. 960 unterliegt die vorwürfige Klage, soweit ihr von den Richtern der vordern Instanzen stattgegeben wurde, keinem Anstand und der von Seiten der Beklagten dagegen erhobene Einwand stellt sich als unbegründet dar.

Aus dem Ehevertrag vom 5. November 1844, in Verbindung mit dem Acte vom 12. Januar 1845 und dem Gegenscheine vom 28. des nämlichen Monats geht klar hervor, daß sämmtliche Vertragspersonen vollkommen darüber einverstanden waren, daß die der Beklagten dadurch gemachte Schenkung zur Hälfte von dem Kläger, zur anderen Hälfte von seiner nunmehr verstorbenen Ehefrau, Karoline gebornen Fingado, ausgehe. Die Beklagte bestreitet dies selbst nicht, will aber demungeachtet den Kläger auch nicht für die Hälfte der Schenkung als Schenkgeber anerkennen.

Allein in den gedachten Urkunden haben der Kläger und seine Ehefrau Karoline Fingado übereinstimmend erklärt, daß die Liegenschaften, von welchen der Beklagten ein Theil des Kaufspreises geschenkt wurde, als ehegemeinschaftlich gelten sollen, und daß die Schenkung von beiden Eheleuten, von jedem zur Hälfte, geschehe, auch hat die Beklagte solche so, wie sie ihr gemacht worden war, unbedingt angenommen. Es würde daher geradezu gegen den Inhalt des Schenkungsvertrags verstoßen, und dem bestimmt ausgesprochenen Willen der Vertragspersonen entgegenlaufen, wenn man unterstellen wollte, es sei die Schenkung ausschließlich von Karoline Fingado erfolgt.

Da dies nicht zulässig und hiernach rechtlich gewiß ist, daß die Beklagte die in Frage stehende Schenkung nur zur Hälfte von Karoline Fingado erhalten hat, so würde es ihr hinsichtlich der andern Hälfte an jedem Rechtstitel fehlen, wenn man ihrer Ausführung gemäß annehmen wollte, daß der Kläger nicht als Schenkgeber erscheine; — sie würde sich mittelst dieses Einwands ihren eigenen Rechtstitel entziehen, während sie doch die Schenkung nicht etwa anfechten, sondern im Gegentheil gegen den Angriff des Klägers vertheidigen und ihrem ganzen Umfange nach für sich aufrecht erhalten will.

Zudem haben sämmtliche Erben der Karoline Fingado und darunter insbesondere die Beklagte bei dem auf Ableben derselben vorgenommenen Theilungsgeschäfte dem Kläger gegenüber unter ausdrücklicher Hinweisung auf den Umstand, daß die erwähnten Liegenschaften zum Sondergut der Erblasserin gehörten, mit bestimmten Worten genehmigt, daß die Liegenschaften der — Verabredung der Erblasserin mit ihrem Ehemann gemäß — als ehegemeinschaftliche, und die in Frage stehende Schenkung als von beiden Ehegatten, von jedem zur Hälfte, ausgehend zu behandeln seien. Hiernach würde denn auch die Theilung der Erbschaft der Karolina Fingado vollzogen; dadurch hat aber die Beklagte nach Ansicht der L.R.S.S. 1338 und 1340 auf den hier von ihr geltend gemachten Einwand jedenfalls rechtsgültig verzichtet.

Stf.

76.

Wer eine Wechselverbindlichkeit als Bevollmächtigter eingeht, haftet insolange nach Wechselrecht, bis er die Haftbarkeit des Vollmachtgebers dargethan hat. Allg. d. W.O. Art. 95.

Die Einwendung gegen einen Wechsel, daß sich das Accept vor der Unterschrift des Trassanten auf dem Wechsel befunden habe, ist an und für sich rechtlich unerheblich. Vergl. allg. d. W.O. Art. 4 u. 7.

Aus einer über die Bestimmung eines Accepts mit einem Dritten getroffenen Uebereinkunft kann gegen den klagenden Wechselinhaber nichts abgeleitet werden. Allg. d. W.O. Art. 82.

Ein Wechsel verliert dadurch, daß er im ordentlichen Prozesse geltend gemacht wird, seine Wechselkraft nicht.

Hofapotheker Joseph Wahle zu Mannheim, klagte im Wechselprozesse auf den Grund eines von ihm auf Joseph Oehler und Comp. zu Bruchsal gezogenen, vom 10. April 1862 datirten, mit den Worten „Acceptirt für J. Oehler und Comp. L. Maisch“ angenommenen Wechsels gegen die „badische Schuh- und Stiefelfabrik zu Bruchsal, vertreten durch den Haupttheilhaber und Geschäftsbesorger L. Maisch“ als Rechtsnachfolgerin von Oehler und Comp. auf die Wechselsumme von 855 Gulden sammt 6 pCt. Zinsen vom 10. October 1862 (dem Verfalltage) an. Erwähnt war in der Klage, die Wechselforderung sei dadurch entstanden, daß Kläger im Frühjahr 1862 der Firma Oehler und Comp. Waaren im Preise jener Forderung geliefert habe.

Auf die, in den Formen des Wechselprozesses erkannte Ladung hin widersprach der Anwalt des L. Maisch, a) daß ein Uebergang der Verbindlichkeiten der Firma Oehler und Comp. auf die jetzige Beklagte stattgehabt habe, für welchen Uebergang indessen auch ein Rechtsvorgang weder angeführt, noch, wie im Wechselprozesse nöthig, mit Beweis versehen worden sei, b) daß Kläger der Firma Oehler und Comp. je Waaren geliefert habe, c) daß Kläger den fraglichen Wechsel gezogen habe, — und trug weiter vor, Ludwig Schweizer, zur fraglichen Zeit zu Mannheim, habe am 4. März 1862 der Firma Oehler und Comp. 475 Pfund Kalbleder für den Preis von 855 Gulden geliefert, zur vorläufigen Sicherheit für diesen Betrag sei dem Schweizer der fragliche, von L. Maisch geschriebene, von demselben acceptirte, nicht aber mit dem Namen eines Ausstellers versehene Wechsel eingehändigt und dabei ausdrücklich bedungen worden, daß der Wechsel, welcher zur Sicherheit bis zur Verfallzeit diene, nicht in Umlauf gesetzt werden dürfe, — noch vor der Verfallzeit habe, wie eine vorgelegte Quittung vom 3. October 1862 zeige, die Firma Oehler und Comp. den in Rede stehenden Kaufpreis an Schweizer bezahlt und sei in der Quittung noch ausdrücklich bemerkt worden, daß der Wechsel aufgehoben sei, — Kläger müsse sich demnach unbefugter Weise in den Besitz des, durch die Mutter Schweizers von Bruchsal nach Mannheim gesendeten, Wechsels gesetzt und denselben unberechtigter und fälschlicher Weise in der Eigenschaft eines Ausstellers unterzeichnet haben, — über alle diese Thatsachen werde dem Kläger der Eid zugeschoben.

Klägerischerseits erklärte man, der Uebergang der Firma Oehler und Comp. auf die Beklagte sei notorisch und ergebe sich überdies gerade aus dem gegnerischen Vortrage, insbesondere aus der Berufung auf die Quittung vom 3. October 1862, man schiebe eventuell bezüglich jenes Uebergangs der Beklagten den Eid zu und bitte äußersten Falls wegen dieses Punktes das Verfahren in das ordentliche überzuleiten, — den Vortrag über das unberechtigte Eingreifen Klägers, über die Betheiligung Schweizers und über die an diesen geschehene Zahlung widerspreche man, der Wechsel allein begründe die jetzige Forderung, der dem Kläger zugeschobene Eid sei Angesichts des Wechsels unzulässig, werde aber eventuell angenommen.

Das großh. Amtsgericht Bruchsal leitete die Sache in das ordentliche Verfahren über und ordnete Klagvervollständigung bezüglich der Fragen an, a) welche Waaren Kläger an Oehler und Comp. verkauft habe, b) wer die Theilhaber der jetzt beklagten Firma seien, c) wann und durch welches Geschäft die in Frage stehende Zahlungsverbindlichkeit von der Firma Oehler und Comp. auf die jetzige Beklagte übergegangen sei. Klägerischerseits verwahrte man sich gegen die Einleitung des ordentlichen Verfahrens und erklärte nur eventuell, zu a) die Waare habe in 475 Pfund Kalbleder zu 1 fl. 48 kr. das Pfund bestanden (= 855 fl.), zu b) c) das Geschäft Oehler und Comp. habe aus den Gesellschaftern Maisch, Oehler und Zuchmann bestanden, im Laufe des Sommers 1862 sei zuerst Oehler, dann Zachmann übereinkunftsmäßig ausgetreten, Maisch habe sämmtliche Verbindlichkeiten des Geschäftes übernommen und dasselbe unter dem dermaligen Namen fortbetrieben, im Hinblicke darauf, daß Maisch als Vertreter der Beklagten belangt sei, daß er das Accept geschrieben, sowie nach Art. 21. 81 der allg. d. W.O. sei die Legitimation geordnet, über die zur Begründung derselben vorgetragenen Thatsachen werde der Eid zugeschoben.

Beklagterseits wurde gegen Beibehaltung des Wechselprozesses protestirt und erklärt, zu a) Kläger habe keine Waare geliefert, zu b) c) die hier gegebene klägerische Darstellung sei richtig, der neuerdings dem Maisch zugeschobene Eid sei unzulässig, da es sich nicht um eine Replik, sondern um eine Vervollständigung der Klage handle (Pr.O. §§. 694. 697. 702). Auf eine richterliche Frage hin wurde noch klägerischerseits vorgetragen und beklagterseits zugestanden, daß die drei Gesellschafter der Firma Oehler und Comp. offene Handelsgesellschafter gewesen seien. Es erfolgte nun eine richterliche Beweisauflage, wodurch dem Kläger der Beweis des von ihm behaupteten Lederverkaufes aufgegeben wurde.

Klägerischerseits trat man den Beweis zunächst durch Berufung auf den Wechsel an, welcher, zumal nachdem zugegeben worden, daß die Wechselsumme den Kaufpreis für das fragliche Leder umfasse, die Schuld vollständig beweise. Hätte, wurde angeführt, Maisch ein Blanket unterzeichnet, so habe er dies eben lediglich auf seine Gefahr hin gethan. Sollte, — wurde weiter geltend gemacht — der Beweis, daß Kläger der Eigenthümer des verkauften Leders gewesen, Schweizer aber nur der Kaufvermittler, noch begehrt werden, so berufe man sich hierwegen auf eine Urkunde vom 13. Februar 1861 nebst einem Wechsel, wonach Schweizer das Leder dem Joseph Wahle gegen Zahlung des Kaufpreises für solches überlassen habe, ferner auf ein Schreiben Schweizers vom 13. September 1862, endlich auf das Zeugniß mehrerer Personen, darunter des Schweizer; man lade behufs Erbringung jenes Beweises den Schweizer unter Eideszuschiebung an ihn zum Streite bei, schiebe auch dem Maisch darüber, ob das Leder nicht aus des Klägers Eigenthum gekommen, den Eid zu.

Beklagterseits stellte man das Thatsächliche des klägerischen Vortrags als unerheblich und unwahr dar, nahm aber den zugeschobenen Eid an.

Der Untersrichter ging davon aus, daß ein Wechselprozeß, da die Legitimation des Maisch durch den Wechsel nicht erbracht sei, nicht stattfinde, daß damit der Wechsel alle Kraft verliere, daß es also auf das Kaufgeschäft ankomme und machte daher den Ausgang der Sache von einem durch Maisch über das Zustandekommen eines mit Kläger abgeschlossenen Kaufes auszuschwörenden Eides abhängig.

Auf klägerischerseits hiegegen ergriffene Appellation erkannte das großh. Hofgericht des Mittelrheinkreises abändernd nach dem Klagbegehren, indem es annahm, es sei bei dem Zugeständnisse, daß Maisch als Theilhaber der Gesellschaft Oehler und Comp. acceptirt habe (allg. d. W.O. Art. 21. 81), kein Grund vorhanden gewesen, von dem Wechselprozesse abzugehen, und es müsse der in jeder Beziehung giltige Wechsel zum Nachtheile des Maisch entscheidend werden.

Hiegegen oberappellirte der letztere. Es wurde in der Oberberufungsbeschwerde hervorgehoben, daß der Wechsel, der keine Unterschrift eines Ausstellers auf sich getragen, von Anfang an nichtig gewesen sei, auch habe Maisch jedenfalls nur als Procurist acceptirt. Der Beschwerdeschrift war eine mit Vollmacht Schweizers abgegebene Erklärung angeschlossen, welche die oben dargestellten Behauptungen des beklagten Theiles im Ganzen bestätigte.

Das großh. Oberhofgericht bestätigte das hofgerichtliche Urtheil. Die oberhofgerichtlichen Entscheidungsgründen lauten folgendermaaßen:

„Es steht fest, daß der Beklagte Maisch die Worte „„Acceptirt für J. Oehler und Comp., L. Maisch““ auf den der Klage zu Grunde liegenden Wechsel v. 10. April 1862 gesetzt hat."

„Offenbar konnte Maisch schon auf dieses Accept hin für persönlich haftbar erachtet werden und lag daher kein Anlaß vor, den Wechselprozeß zu verlassen. Gedachte Haftbarkeit ergibt sich aus folgender Erwägung. Die eben mitgetheilte Wortfassung des Accepts leidet eine andere Auslegung nicht, als daß Maisch in der Eigenschaft eines offenen Gesellschafters der Handelsgesellschaft Jos. Oehler und Comp., oder in der Eigenschaft eines Bevollmächtigten dieser Gesellschaft den Wechsel annahm. War ersteres der Fall, so hatte er nach dem zur Zeit der fraglichen Rechtshandlung in Kraft gestandenen L.R.S. 22*) vergl. mit Art. 2 der allgem. d. W.O.

*) D. Allg. d. Handelsgesetzbuch Art. 112. [illegible]

(aus welcher Stelle zu schließen ist, daß der einen Wechsel Namens einer offenen Handelsgesellschaft acceptirende offene Theilhaber dieser Gesellschaft mit seiner Person und seinem Vermögen haftet), einzustehen. War hingegen letzteres der Fall, so war seine Verpflichtung aus dem Accepte nach Ansicht des Art. 95 der allg. d. W.O. begründet, weil er keinen haftbaren Vollmachtgeber zu benennen vermochte. Der Zweck der letztgedachten Gesetzesstelle geht nämlich dahin, im Interesse der Sicherheit des Wechselverkehrs festzusetzen, daß Jeder, welcher sich bei Eingehung einer Wechselverbindlichkeit als Bevollmächtigter eines Andern darstellt, selbst insolange dem Wechselgläubiger haften muß, bis er nachgewiesen hat, daß er durch seine Vollmacht zur Uebernahme jener Verbindlichkeit für seinen Vollmachtgeber befugt gewesen sei, bis er also — mit anderen Worten dem Gläubiger eine andere wechselrechtlich haftende Person gestellt hat. — S. Brauer, allg. d. W.O. S. 28. 149 *), vergl. auch Art. 23. 81 der allg. d. W.O."

„Im Laufe der Verhandlung hat sich überdies durch die eigenen Zugeständnisse des Beklagten Maisch klar herausgestellt, daß dieser allein es ist, der nunmehr für die Verbindlichkeiten der aufgelösten Gesellschaft Oehler und Comp. einzustehen hat."

„Dadurch, daß das Amtsgericht Bruchsal mit Unrecht den Wechselprozeß verließ, konnten dem Kläger, mögen ihm auch Vortheile dieses Prozesses bereits entgangen sein, die aus dem Wechsel selbst abfließenden materiellen Rechte nicht verloren gehen, und hat demnach das großh. Hofgericht in richtiger Würdigung der Sachlage den Wechsel für in Kraft stehen erachtet, und, ohne auf das Rechtsverhältniß, welches demselben den Ursprung gegeben haben soll, zurückzugehen, dem Urtheile zu Grunde gelegt. Wäre selbst, wie es dem Obigen zufolge nicht der Fall war, der Wechselprozeß, weil sich etwa aus dem Wechsel die Passivlegitimation nicht klar ergeben hätte, unzulässig gewesen, so hätte hierin allein noch kein Grund gelegen, die Kraft des Wechsels, abgesehen von den durch den Wechselprozeß zu erreichenden Vortheilen, für erloschen zu erachten."

„Die Einwendungen des Beklagten, daß er das Accept auf den Wechsel gesetzt habe, ehe sich die Unterschrift des Trassanten darauf befunden habe, daß er den Wechsel ohne solche Unterschrift dem Ludwig Schweizer zu dessen vorläufiger Sicherheit unter dem übereinkunftsmäßigen Gedinge, daß der Wechsel vor der Verfallzeit nicht in Umlauf gesetzt werden dürfe, abgegeben habe, daß Kläger den Wechsel unbefugter und fälschlicher Weise in der Eigenschaft eines Trassanten unterzeichnet habe, daß endlich die Wechselsumme bereits vor dem Verfalltage dem Ludwig Schweizer bezahlt und von diesem der Wechsel für erloschen erklärt worden sei, konnten aus folgenden Gründen keine Berücksichtigung erlangen."

„Der Umstand, daß die Unterschrift des Trassanten erst nach dem Accepte auf eine Wechselurkunde gesetzt wird, schadet an und für sich, richtiger Ansicht zufolge, der Gültigkeit des Wechsels nicht, da, wenn auch jeder Wechsel, der Geltung haben soll, nach den Art. 4 u. 7 der allg. d. W.O. jene Unterschrift auf sich tragen muß, doch das Gesetz, sowie es überhaupt nicht feststellt, in welcher Zeitfolge die einzelnen, Wechselverbindlichkeiten begründenden, Acte vorgenommen werden müssen, auch nicht gebietet, daß die Unterschrift des Trassanten vor dem Accepte auf den Wechsel zu setzen sei."

O. Wächter, Wechsellehre §. 120 S. 368.
Seuffert, Archiv. Bd. XIII. No. 274; XIV. No. 161; XV. No. 53.
Kletke, Präjudicien Bd. I. No. 570. 587. 595; II. No. 1032.

„Aus der angeblich mit Ludwig Schweizer über die Bestimmung des Accepts getroffenen Uebereinkunft kann gegen den Kläger nichts abgeleitet werden, weil sich nach §. 82 der allg. d. W.O. der Wechselschuldner nur solcher Einreden bedienen kann, welche aus dem Wechselrechte selbst hervorgehen, oder dem Schuldner unmittelbar gegen den jeweiligen Kläger zustehen, weil aber die der fraglichen Uebereinkunft entnommene Einrede hiernach offenbar als unzulässig erscheint."

„Die Behauptung, daß Kläger den Wechsel unbefugter und fälschlicher Weise als Trassant unterzeichnet habe, ist thatsächlich in keiner Weise begründet, obgleich dies sowohl durch die Vorschrift des §. 272 der Pr.O. als durch die Natur der Sache geboten war, und zwar

---

*) Siehe noch Kletke, Präjudicien I. S. 155—157; Hoffmann, Allgem. d. Wechselordnung S. 175. 639; O. Wächter, Wechsellehre S. 110—114. 631. 667 (insbesondere S. 112: „Ein Mitglied einer auf dem Wechsel bestimmt bezeichneten Gesellschaft, welches als Bevollmächtigter derselben einen auf die Gesellschaft gezogenen Wechsel acceptirt hat, wird (nach Erkenntniß des Berliner Obertribunals) durch diese Acceptation für die Wechselverpflichtung zugleich als Associé persönlich verpflichtet.") D. E.

im vorliegenden Falle um so mehr, als, wenn die Vertheidigung auf eine widerrechtliche Handlungsweise des Klägers gestützt werden wollte, schon um deßwillen genau anzugeben war, wie Kläger in den Besitz des Wechsels gelangt sei, weil immerhin die Möglichkeit nahe lag, daß Ludwig Schweizer, sei es auch etwa mit Außerachtlassung der gegen den Beklagten übernommenen Verbindlichkeiten, den Wechsel, um den Kläger für eine rechtmäßige Forderung desselben zufrieden zu stellen, diesem zur Geltendmachung ausgefolgt hätte, in welchem Falle natürlich von einer unrechten That Klägers nicht die Rede sein könnte."

„Die fragliche Behauptung mußte, da, wie oben dargethan wurde, der Wechselprozeß zulässig war, nach §. 697 der Pr.O. sofort mit Beweis versehen werden, und konnten derselben Gesetzesstelle zufolge zur Beweisführung nur Urkunden oder der Haupteid benützt werden. Von der Zuschiebung des letzteren wurde nun zwar Gebrauch gemacht, aber offenbar durfte bei der ganz mangelhaften thatsächlichen Begründung der betreffenden Ausführung auf denselben nicht erkannt werden, weil nach §. 521 der Pr.O. ein Eid nur über entscheidende, hinreichend bestimmte Thatsachen zugeschoben werden kann."

„Die behauptete Zahlung an Ludwig Schweizer und dessen angebliche Erklärung, daß mit jener Zahlung der Wechsel erloschen sei, stehen dem Anspruche Klägers nicht entgegen, weil durch solche Vorgänge selbstverständlich dem Rechte des Wechselgläubigers, als welcher nur der Kläger erscheint, kein Abbruch geschehen konnte. L.-R.S. 1239 Art. 39 der allg. d. W.O."

„Aus diesen Gründen, in Betracht der Art. 6 und 23 Abs. 2 der allg. d. W.O., sowie nach Ansicht der Pr.O. §. 168 wegen der Kosten mußte, wie geschehen, erkannt werden." Roßhirt.

77.

Weidrecht.

Die Uebereinkunft von Gemeindebürgern, auf ihrer Gemarkung eine gemeinschaftliche Waide einzuführen, bindet jeden einzelnen Theilnehmer — trotz des Verbots im Gesetz über Ablösung der Waidrechte, eine Waiddienstbarkeit neu zu bestellen, — auf neun Jahre.

In Sachen
des Joseph Schuler und des Mamertus Schuler von Außerurberg, und des Landolin Schlegel von Ballenberg, Kläger, Appellaten, jetzt noch des Joseph Schuler und Landolin Schlegel, Oberappellanten
gegen
Joseph Isele, Bernhard Isele, Hugo Schäfer, Ludwig Haselwander, Joseph Bühler, Fridolin Schlegel, Johann Nägele, Konrad Ebl, Franz Joseph Stich von Außerurberg, Beklagte, Appellanten, Oberappellaten,
Ausübung eines Waidrechts betr.

Sämmtliche Gemeindebürger zu Außerurberg schlossen am 30. April 1860 eine Uebereinkunft über eine auf ihrer Gemarkung einzuführende gemeinschaftliche Waide. Auch die Kläger stimmten zu.

Sie traten demungeachtet gerichtlich auf und stellten den Antrag, jene Uebereinkunft bezüglich ihrer Güter für unverbindlich zu erklären, weil sie durch einen Gemeindebeschluß zur Duldung der Waide nicht verpflichtet werden konnten und weil das Gesetz vom 31. Juli 1848 der Uebereinkunft entgegenstehe.

Das großh. Amtsgericht St. Blasien erkannte am 14. Juli 1862:

„die Vereinbarung der streitenden Theile vom 30. April über die Ausübung des Waidrechts sei als nichtig aufzuheben, und haben sich die Beklagten der Ausübung dieses Waidrechts auf den Gütern der Kläger bei einer den Klägern zufallenden Strafe von 25 fl. für jeden Uebertretungsfall zu enthalten und die Kosten des Rechtsstreits zu tragen."

Allein vom großh. Hofgericht des Oberrheinkreises erging am 4. März 1863 ein abänderndes Urtheil, welches die Kläger, unter Verfällung in die Kosten beider Instanzen, mit der erhobenen Klage abwies.

Auf die von den Klägern Joseph Schuler und Landolin Schlegel ergriffene Oberberufung wurde dasselbe am 15. März 1864 vom großh. Oberhofgerichte bestätigt.

Entscheidungsgründe:

Die Kläger verlangen, daß sie von den Gemeindebürgern zu Außerurberg am 30. April 1860 abgeschlossene Uebereinkunft über eine, auf ihrer Gemarkung einzuführende, gemeinschaftliche Waide bezüglich der Güter der Kläger für unverbindlich erklärt werde. Die erhobene Klage ist jedoch unbegründet und wurde daher von dem großh. Hofgericht mit Recht abgewiesen.

Die in Frage stehende Uebereinkunft konnte ebensowohl durch Gemeindebeschluß, wie durch einen Privatvertrag zu Stande kommen, und es ist daher gleichgültig, ob man ihr die eine oder die andere Eigenschaft beilegt. Wenn es auch richtig ist, daß der Besitzer von Privatgütern durch einen Gemeindebeschluß, dem er nicht zustimmte, zur Duldung der Waide nicht verflichtet werden kann, so liegt gerade hier der Fall anders. Wie nämlich aus der Klage und dem mit ihr vorgelegten Akt vom 30. April 1860 hervorgeht, wurde ein Beschluß gefaßt, welchem sämmtliche Bürger zu Außerurberg einschließlich der Kläger ihre Zustimmung ertheilten. Die Behauptung der letztern, daß die Gemeinde einseitig eine Verfügung über ihre Güter getroffen habe, ist daher unrichtig. Das Gesetz vom 31. Juli 1848 über die Ablösung der Waidrechte steht der Uebereinkunft nicht entgegen; es läßt nur nicht zu, daß das Waidrecht als Dienstbarkeit neu bestellt werde, gestattet aber, daß sowohl die Privatwaide als auch die Gemeindewaide durch Uebereinkunft auf jeweils neun Jahre eingeführt werde. Art. 40 – 42. Die Uebereinkunft vom 30. April 1860 ist zwar auf eine unbestimmte Zeitdauer abgeschlossen; dies hat aber nach Art. 41 Abs. 3 des erwähnten Gesetzes nur die Folge, daß solche auf neun Jahre von der Zeit ihres Abschlusses an beschränkt bleibt, insofern sie nicht mit Zustimmung der Betheiligten wieder erneuert wird.

Während jener neun Jahre bleiben die Kläger nach Satz 1134 des Landrechts an ihre Zustimmung gebunden, sie können eben deßhalb aus dem Satz 577 d. g keinen Grund hernehmen, sich der Uebereinkunft zu entziehen, weil dieses Gesetz gestattet, die Theilung jeder Gemeinschaft auf bestimmte Zeiten anszusetzen.

Das Urtheil des großh. Hofgerichts war daher zu bestätigen. Stf.

78.

Kann das natürliche anerkannte Kind von dem anerkennenden Elterntheil angewünscht werden? (L.R.S. 343.) [1])

S. Annal. 18 (1851) No. 27 IV. S. 214. 216.
Lauckhard II. S. 293.
Zachariä, fr. Civilr. §. 556 vor und in Note 8 Bd. 3 S. 394. 395. (Red.)

Von dem Landrechtssatze 343 sagen französische Juristen, er biete bei der Auslegung solche große Schwierigkeiten dar, daß der Streit ewig dauren, und der Wille des Gesetzes hier ein unauflösliches Räthsel bleiben werde. [2]) — Wenn man nun die Schwankungen und Verschiedenheiten der Sprüche in den Gerichten und der Ansichten in den Werken der Wissenschaft wahrnimmt, so könnte man beinahe diese trostlose Voraussicht für gerechtfertigt halten.

Der Stand derselben ist aber bei näherer Prüfung nicht wesentlich anders als bei andern Streitfragen des franz. Rechts. Der Cassationshof hat einmal seine Ansicht geändert, ebenso ein Theil der Schriftsteller; jedoch steht immer noch die größere Anzahl derselben in ihrer Anschauung jener der Gerichte gegenüber. Jene sind gegen, diese für die Zulässigkeit der fraglichen Anwünschung.

A. Gerichte.

I. Cassationshof.

Die Frage wurde das erste Mal zur Zeit des Gesetzes vom 18. Januar 1792 und vom 25. Germinal an XI., also vor der Herrschaft des Code Napoléon gestellt, und von der Zulassungskammer (chambre des requêtes) am 24. November 1806 bejahend entschieden, das heißt erkannt, daß die Anwünschung natürlicher anerkannter Kinder durch ihre Eltern geschehen könne (Sirey tom. VI. II. 586); ingleichen fünf Jahre später durch die bürgerliche Kammer (chambre civile) im Ausspruch vom 24. Juli 1811 (Sirey tom. XI. I. 329). Nach Toullier tom. I. Brüsseler Ausgabe und tom. II. der Pariser Ausgabe No. 988, wäre die Frage am 14. November 1815 wieder zur Entscheidung gelangt und verneint, das heißt erkannt worden,

---

[1]) Für die Richtigkeit der vielen Citate kann nicht einstehen die Redaktion.

[2]) Rivière, Revue Doctrinale p. 207. Masse et Vergé sur Zachariae. Tom. I. §. 178 Note 10 p. 345 Spalte 1.

daß die natürlichen anerkannten Kinder von ihren Eltern nicht angewünscht werden können. Er beruft sich hierfür besonders auf Merlin, welcher bei der Verhandlung als Staatsanwalt mitgewirkt, und den Antrag auf Verbannung der früher ausgesprochenen Ansicht des Cassationshofes, welche die Anwünschung für gültig erklärte, gestellt habe. Allein dieses ist ein doppelter Irrthum von Toullier. Denn, einmal wurde in jenem Ausspruche vom 14. November 1815 die Frage gar nicht beantwortet, sondern vielmehr ausdrücklich gesagt, „es sei nutzlos sich mit ihr zu befassen.“ [3]) Und sodann erklärte später Merlin selbst in seinem Repertoire m. Adoption tom. XVI. pag. 56, daß er am 14. Novbr. 1815 gar nicht mehr in seinem Amte gewesen sei. [4]) Die Streitfrage tauchte vielmehr erst nach Umfluß von 30 Jahren, nämlich anno 1841 wieder auf, wo am 28. April die bürgerliche Kammer die früher aufgestellte Meinung festhielt, und aussprach, daß die Anwünschung natürlicher anerkannter Kinder durch ihre Väter oder Mütter gesetzlich statthaft sei, oder wörtlich, „daß das Gesetz ihr nicht entgegenstehe.“ (Dalloz, Recueil. année 1841. 1. 137. Sirey, année 1841. 1. 273. 274. Journ. de Palais année 1841. 1. 737.) Zwei Jahre darauf änderte leider der Cassationshof diese seine Meinung, indem er am 16. März 1843 unsere Frage verneinte, nämlich die Anwünschung der anerkannten unehelichen Kinder durch die Eltern als ungesetzlich erklärte. (Dalloz, Jahrg. 1843. 1. 97. Sirey, Jahrg. 1843. 1. 177. Journ. de Pal., Jahrg. 1843. 539.) Ich sagte leider, denn dieser Ausspruch brachte große Verwirrung und Verirrung in vielen Köpfen hervor, oder, wo sie vorher schon war, stärkte dieselbe. Ein Glück ist es aber noch immerhin, daß sich solche mehr unter den Theoretikern verbreitete, und die Appellhöfe, fast ausnahmslos sich davon nicht anstecken ließen; und daß der Cassationshof alsbald seinen Irrthum einsah, und zu seiner früheren Ueberzeugung zurückkehrte. Er hat nämlich in zwei Aussprüchen vom 1. April 1846 die Nichtigkeitsbeschwerde gegen die Urtheile der beiden kaiserlichen Gerichtshöfen von Angers und von Montpellier, welche diese Anwünschung für erlaubt erklärten, verworfen, mit andern Worten die Frage, wie früher, wieder bejaht. (Sirey, Jahrg. 1846. 1. 273. 278. Dalloz, Jahrg. 1846 1. 83 und Note.) Es ist meines Wissens die Frage vor dem Cassationshof über 10 Jahre lang und bis Ende der fünfziger Jahre geblieben.

II. Appellhof.

Ungeachtet der Abtrünnigkeit des regelgebenden obersten Hofes, und ungeachtet der heftigen Angriffe auf die der Anwünschung günstig gestimmte Partie in einer Reihe der ausgezeichnetsten Werke blieben die kaiserlichen Gerichtshöfe auf eine überraschende Weise, mit einer lobenswerthen fast ausnahmslosen, Einmüthigkeit [5]) Aller, und Stätigkeit der Einzelnen, auf ihrer, der Anwünschung zugewandten Meinung unerschütterlich stehen. [6])

Demolombe, Traité de la paternité et de la filiation No. 51 p. 227 und 228. Brüsseler Ausgabe: — Tables Générales de Devilleneuve, m. Adoption No. 42. seq.; — Gilbert, le code annoté (Ausgabe 1847) sur l'art. 353 Ziff. 7 ff.; — und Dalloz, Jurispr. Gén. neue Ausg. m. Adoption Sect. Ziff. 116 ff.

Auch die belgischen Gerichte scheinen sich dieser, die Anwünschung zulassenden, Theorie anzuschließen, indem, nach einer Anmerkung Demolombe's a. a. O. S. 239 erste Spalte, die königlichen Höfe zu Brüssel u. Gent in vier verschiedenen Urtheilen aus den Jahren 1816. 1838. 1842 und 1848 sich dafür ausgesprochen haben.

Bei uns in Baden hat sich noch Niemand gegen diese Anwünschung, wohl aber dafür erklärt. [7]) Kah zu L.R.S. 343 S. 73.

(Schluß folgt.)

---

[3]) Qu'il est inutile de s'occuper de la question élevée par le demandeur en cassation. (Sirey V. 1. 112)

[4]) Toullier hatte wahrscheinlich Merlin mit Mourre, welcher damals die Staatsbehörde vertrat, verwechselt. Sirey, année 1816 1. p. 45. (Duranton III. 293. (Red.)

[5]) Massé et Vergé a. a. O. S. 345 Spalte 2 am Ende.

[6]) Siehe Sirey 24 II. 313.
26 „ 24. 245.
27 „ 116.
28 „ 145.
29 „ 109.
30 „ 163.
33 „ 26. 218. 553.
44 „ 271. 295. 309. Red.

[7]) Stabel, von der Adoption, gedr. Heft S. 15. Red.

Redacteur Oberhofgerichtsrath Stempf. Verlag von J. Bensheimer in Mannheim. Druck von C. Schmelzer in Mannheim.

Annalen der Großherzogl. Badischen Gerichte.

1861. Band XXX. No. 21.

(Schluß von Art. 78.)

Das Gleiche dürfte auch für Rheinpreußen, Rheinbaiern und Rheinhessen gelten, wenn nämlich das Schweigen des Obergerichtsrathes J. G. Gredy von Mainz in seiner soeben erscheinenden „Zusammenstellung der Entscheidungen der Cassationshöfe rc.“ *) als Beleg darüber angesehen werden kann.

Vernehme man nun auch die Gründe, welche für und gegen die Statthaftigkeit dieser Anwünschung geltend gemacht werden, in Kürze, und zwar:

a) Jene dagegen:

„Hauptsächlich und allvörderst,“ sagen die einschlägigen Entscheidungsgründe, „muß man doch gewiß darauf sehen, ob diese Art der Anwünschung mit der ganzen wesentlichen Grundlage unserer Gesetzgebung rücksichtlich des bürgerlichen Standes der unehelichen Kinder, und der Anwünschung als solcher, auch vereinbarlich sei oder nicht. Wenn das Landrecht die bürgerlichen Verhältnisse der natürlichen, aber vom Vater oder Mutter, oder von Vater und Mutter anerkannten Kinder festsetzte, so wollte und mußte es zwei Ziele zu erreichen suchen —; nämlich auf der einen Seite mit schuldiger Rücksicht und Billigkeit sie behandeln und ihnen Rechte einräumen, auf der andern Seite dann aber auch die Ehe, als Wurzel der Familien und Verwandtschaft, worauf die ganze sittliche Ordnung im christlichen Staate sich stützt, kräftig schützen, und in Folge dessen die unehelichen Kinder nicht wie eheliche behandeln. — Nach der Bestimmung des Satzes 338 können die natürlichen Kinder die Rechte der ehelichen niemals in Anspruch nehmen, und verweist dieser Satz auf den Titel über die Erbfolge — als der Regelung ihrer Rechte. Der Satz 756 verordnet, daß das natürliche Kind nicht Erbe sei. Der Satz 757 und folgende begrenzen Summe und Umfang ihrer Rechte am Vermögen ihrer vorverstorbenen Eltern. Nach Satz 908 können, weder durch Schenkung, noch durch letztwillige Verfügung, ihnen mehr Rechte, als im Titel über die Erbfolge eingeräumt sind, zugewendet werden. Diese Satzungen lauten allgemein und unbedingt; sie gestatten keine Abänderung in den Rechten, welche sie regeln, als diejenige, welche durch die Ehelichmachung entstehen. Wäre es also der Wille des Gesetzgebers gewesen, zu gestatten, daß sie ebenso auch durch die Anwünschung abgeändert werden können, so hätte dieser Wille nothwendig durch eine eigene Verfügung deutlich und bestimmt ausgedrückt werden müssen, was aber im ganzen Gesetzbuche nirgends geschehen ist. Wenn das Gesetz die nachgefolgte Ehe als einzigen Weg zur Gesetzlichmachung der unehelichen Kinder offen gelassen hat, so geschah dieses aus dem Grunde, weil es hierin eine Ausgleichung der Unbill findet, welche der Anstalt der Ehe durch den Makel der unehelichen Geburt zugefügt wurde. Die Anwünschung ihrer Seits könnte weder nach Ursache noch Wirkung, gegenüber der Staatsgesellschaft, als eine solche Heilung der Schädigung betrachtet werden, welche dadurch der Einsetzung der Ehe erwuchs. Vielmehr wäre sie augenfällig eine weite Straße, um den, durch das Gesetz ein für allemal nach Inhalt und Begrenzung bestimmt festgesetzten Rechtsstand der natürlichen Kinder zu verrücken — durch die Thatsache der Anerkennung, das hieße doch wahrlich die von der Weisheit des Gesetzes auf den Höhen der sittlichen Ordnung sicher gezogenen Grenzen zwischen den Folgen der gesetzlichen und natürlichen Eltern- und Kindschaft, geradezu verwischen. Der, durch dieses ganze Kapitel des Landrechts hindurch, so klar ausgesprochene Zweck der Anwünschung ist unverkennbar kein anderer, als der, durch Rechtsdichtung eine Vaterschaft zu begründen, welche in Wirklichkeit, und natürlich nicht vorhanden ist; aber das Dasein einer natürlichen, durch bloße Anerkennung hervorgebrachten Vaterschaft ist wesentlich unvereinbar (warum?) mit der blos rechtserdichteten Vaterschaft.“

b) Jene dafür:

„Um Rechtsunfähigkeiten in den Gerichten aussprechen zu können, müssen sie deutlich aus dem Inhalte der Gesetze hervorgehen. Nun trifft aber nach dem Titel des Landrechtes, welcher die Formen und Bedingungen,

*) Seite 111 und 112.

an welche die Gültigkeit der Anwünschung geknüpft wird, bestimmt, und die Personen, welche angewünscht werden können, bezeichnet, eine solche Unfähigkeit die natürlichen anerkannten Kinder durchaus nicht. — Wenn aber in den Texteswortes des Gesetzes hiervon nichts gefunden werden kann, so sind es nur noch Geist und Grundprinzipien unserer Gesetzgebung, welche durchforscht werden müssen, ob Spuren solcher Unfähigkeit entdeckt werden können. — Der Satz 339, welcher die erste Quelle für den Stand des natürlichen anerkannten Kindes bildet, beschränkt sich auf den Ausspruch, daß die Rechte der ehelich gebornen und ehelich gemachten ihnen nicht zukommen sollen, und verweist es im Uebrigen auf den Titel über die Erbfolge als Maaßstab der ihm eingeräumten Rechte. Die beiden Sätze 756 u. 757, welche diese Rechte in gewisse Grenzen bringen, und ihm nur insoweit einräumen, als es gesetzmäßiger Weise anerkannt wurde, begnügen sich auch lediglich mit dieser Begrenzung, und lassen, unabhängig davon, jeden andern Rechtsstand, den das natürliche Kind sonst anderweit erworben haben könnte, gänzlich unberührt. Der Satz 908*), welcher ihm untersagt, durch Schenkung oder letzten Willen mehr zu empfangen, als ihm unter dem Titel über die Erbschaften zugestanden ist, setzt selbstverständlich immer voraus, daß das natürliche Kind nicht aus dem Stande herausgetreten sei, in welchen es durch den Makel seiner Geburt versetzt wurde. Also sind alle diese verschiedenen Bestimmungen der Anwünschung fremd und fern gelegen, und man kann somit aus ihnen nicht folgern, daß es des Gesetzgebers Absicht gewesen sei, auf die natürlichen anerkannten Kinder eine Rechtsunfähigkeit zu wälzen. Daraus folgt denn von selbst, daß sie nicht unwiderruflich von den Verboten der L.R.S. 757 und 908 betroffen werden. Diese Verbote hören natürlich auf, sobald dieselben in eine neue Rechtslage kommen. Und dann steht, in Folge dieser Standeswandlung, der Erweiterung ihrer Rechte auch kein Hinderniß weiter mehr im Wege. Ein Beispiel: die Ehelichmachung des natürlichen Kindes wird gestattet. Durch solche gewinnt es einen andern Stand, und wird so von den Beschränkungen los, welche es als natürliches Kind bedrückte. Und gerade liegt hierin wesentlich der Unterschied zwischen ihm und den aus Blutschande und Ehebruch erzeugten Kindern, denen der Satz 331 die Wohlthat der Ehelichmachung versagt hat. — Man kann auch nicht einwenden, die Anwünschung sei ein Ersatzmittel für ein Gut, welches die Natur uns vorenthalten habe; der natürliche Vater, welcher das Glück, Vater zu sein, schon kenne, bedürfe dieses Mittels nicht, um sich solches erst zu verschaffen. Der Beweis, daß der Code diese Art der Anwünschung nicht untersagen wollte, liegt klar im Satze 343, welcher sie nur Jenen verbietet, welche eheliche Nachkommenschaft haben, daher es auch soviel als allgemein anerkannt ist, daß die Anwünschung gestattet werde, wenn man nur natürliche Kinder besitze. — Vergeblich würde man sich auch darauf berufen, daß wenn das Landrecht die Anwünschung dem unehelichen Vater hätte zugestehen wollen, es ihn gewiß der Beobachtung der Vorschriften rücksichtlich des Alters und der erwiesenen Liebesdienste, enthoben haben würde. Denn der Gesetzgeber wollte aus der Anwünschung kein Recht, sondern einen Ersatz machen. Und von diesem Standpunkte aus betrachtet, mußte er den natürlichen Vater den nämlichen Bedingungen wie jeden andern Anwünscher unterwerfen. — Auch ist dieselbe nach einer andern Seite hin, weder eine Schenkung noch eine letztwillige Verfügung, sondern eine Aenderung des Standes. Und wenn auch in der That die Anerkennung dem natürlichen Kinde fast alle jene Folgen, welche die Anwünschung mit sich bringt, verschafft, so gibt es deren dennoch einige kostbare, welche ihm die Anwünschung allein bringen kann.

B) Wissenschaft:

Hier ist der Kampf nicht minder groß, die Ueberzeugungsstärke der einzelnen Theilnehmer daran aber vielleicht geringer, als wie bei den Gerichten. Dieselben Schriftsteller, — und diese bilden nach Massé und Vergé a. a. O. Eingangs der Note — nicht die Minderheit — haben die Frage wiederholt bald bejaht, bald verneint. So namentlich Merlin, welcher seine Meinung dreimal, und Toullier, der sie zweimal geändert hat, und welche beide dann schließlich im Lager der Gegner der Anwünschung stehen blieben. — Ich habe versucht, die Gegner und die Fürsprecher der natürlichen Kinder in dieser Beziehung, zusammenzustellen, und nach ihren Pateirollen, welche sie bis jetzt eingenommen haben, zu ordnen. — Es schrieb,

a) dagegen: Benech, de l'illégal. de l'adopt. des enf. natur; Chabot, de la succession sur l'art. 756 No. 34; Cotelle, code civ. approfondi I. p. 92. sqq.; Delaporte, Pand. français t. I. p. 150; Demante,

*) In Baden durch das Gesetz vom 21. Februar 1851 aufgehoben.

cours analythique t. II. No. 80 bis III. p. 147; Demolombe a. a. O. Ziff. 52 (Brüsseler Ausg. t. III. S. 239—246 und Pariser Ausg. t. VI.); Delvincourt t. I. p. 460; Favard, repert. verb. Adopt. Sect. 2 §. 1 No. 4; Loiseau, Appendice au traité des enf. nat. p. 10; Maleville t. 1 p. 346; Marcadé sur l'art. 343 IV.; Merlin, repert. verb. Adopt. §. 3 et 4; Massé et Vergé sur Zachariae t. I. §. 175 Note 10 p. 345 col. 2; Maguin des minorités No. 262; Odillon Barrot, Encyclop. du droit verb. Adopt. No. 32. sqq.; Poujol, de la succession ad art. 757 No. 12; Rollard et Villargues, verb. Adopt. No. 14 (Aufs. von Chretien de Polly); Revue de droit franç. et étrang. (von Foelix) Jahrg. IV. p. 703 u. 814 (Aufs. von Duhodan) und Jahrgang 1844 t. XI. p. 161 (Aufs. Mollnier); Revue de la législat. et de Jurispr. von Wolowski t. XVII. p. 750 (Aufs. von Paul Pont, enthält eine Critik über das zuerst angeführte Werk von Benech; Rifsé, de l'adoption p. 57; Rivière, Jurisprudenc de la Cour de cassation p. 207; endlich Toullier t. II. No. 988. Demonte, cours analythique t. III. No. 80 bis III. p. 147. Zusammen 23 Auctoritäten;

dafür: Dalloz, Jurispr. Gén. repert. (neueste Ausg.) verb. Adopt. Ziff. 118; Duvergier sur Toullier t. I. No. 988; Duranton t. III. der Pariser und t. II. der Brüsseler Ausgabe Ziff. 293; Grenier, des Donations No. 35; Locré, esprit du Code Napoléon sur l'art. 343 t. V. p. 378 et t. VI. p. 364; Proudhon, état des personnes t. II. p. 138; Richefort, état de famille t. II. No. 284; Toullier, Theorie raisonnée t. I. p. 460; Valette sur Proudhon t. II. p 217 und Expl. du prm. liv. du Code Napoléon p. 202 sqq.; Zachariae und mit ihm seine ersten Uebersetzer, Aubry et Rau t. IV. §. 556 No. 19 der Pariser und t. II. p. 294 und 295 No. 3 der Brüsseler Ausg.; endlich auch Gilbert, code annoté sur l'art. 343 No. 8 sqq. Im Ganzen 12 Auctoritäten. Dazu kommen noch Jene von Belgien. Man sehe die Revue de Revue, édition de Bruxel. t. VI. p. 314, sowie die Deutschen, nämlich Badischen, dabei besonders Jene von Dr. Stabel.[10])

Die Gründe, welche früher die Gerichte, namentlich der Cassationshof seinem Spruche vom 16. März 1843, ihren die Anwünschung für unerlaubt erklärenden Urtheilen, unterlegten, wurden oben angegeben. Nachdem aber der regelgebende Gerichtshof (cour régulatrice) in seinem Ausspruch vom 1. April 1846 auf seine frühere der Anwünschung günstige Ansicht zurückgekommen war, so bestrebten sich die spätere Schriftsteller, darunter vornehmlich Marcadé und Demolombe neue und bessere aufzufinden, oder die alten kräftiger und überzeugender zu entwickeln, um auf die Meinung desselben, da er nun doch einmal in seiner Anschauung der Sache den Gesichtspunkt gewechselt habe, so viel wie möglich einzuwirken, und ihn wieder auf Jenen vom 16. März 1843 zu leiten. Diese andern Gründe sind, zusammengedrängt, beiläufig die folgenden:

Die Anwünschung eines natürlichen anerkannten Kindes ist mit dem innersten Wesen derselben rein unvereinbarlich. Denn ihr Ziel ist kein anderes, als das, zwischen zwei bestimmten Personen das Verhältniß der Eltern- und Kindschaft zu schaffen. Also, wird gesagt, dieses Verhältniß besteht ja in den Augen des Gesetzes, kraft der Anerkennung, schon zwischen Vater und Mutter einerseits, und ihrem natürlichen Kinde anderseits. Folglich ist es ein Ding der Unmöglichkeit, solches durch eine Rechtsdichtung erst noch zu schaffen. Alle landrechtlichen Verfügungen über den wesentlichen Bestand und Begriff der Anwünschung beurkunden diese unbedingte Unmöglichkeit; sie, nämlich diese Verfügungen, liegen augenfällig in dem Titel über die Anwünschung ausgedrückt, und sie brauchen deßwegen nicht besonders und wörtlich ausgesprochen zu werden. —

Diese Unvereinbarlichkeit offenbart sich in den Wirkungen derselben. Denn die Anerkennung hatte schon für sich allein alle jene juristischen Wirkungen, welche die Anwünschung selbst hervorzubringen vermochte, — mit einziger Ausnahme derjenigen, welche sich auf das Vermögen beziehen, hervorgebracht. Und diese nämlichen Folgen sind es gerade, welche die Sätze 338. 908 und 911 verbannt wissen wollen. — Wenn man hier entgegnen wollte, daß die Beziehungen von Kind- und Elternschaft, welche aus der Anwünschung entspringen, durchaus andere seien als jene aus der bloßen Anerkennung; so antworten wir darauf sogleich, daß das Gesetz, wenn es die Ehelichmachung der natürlichen anerkannten Kinder zulasse, dadurch ein Mittel an die Hand gebe, die durch die Anerkennungen entstandenen Beziehungen zu ändern. Daher habe das Gesetz durch die Gestattung der Ehelich-

[10]) Oberhofger. Jahrb. n. F. Jahrg. XIII. 184. Gedr. Dissert. S. 15.

machung jeden andern Weg, zu demselben Ziel zu gelangen, eo ipso verschlossen. Jeder andere Weg wäre eine unerlaubte Umgehung des Gesetzes, eine an ihm selbst verübte Arglist. — Umsonst beruft man sich auch darauf, daß nach der Anwünschung es nicht mehr das natürliche, sondern das angewünschte Kind sei, welches die Erbschaft vom Anwünscher bekomme. Denn die Eigenschaft des angewünschten Kindes schließt sich eng an die des natürlichen an; und die eine wird nicht durch die andere vertilgt. Es ist nicht gedenkbar, — nicht möglich, daß dieselbe Person zu derselben Zeit, — als angewünschtes, Satz 350, fähig, und als natürliches Kind, Satz 908, unfähig sein könne, dieselbe Erbschaft zu erhalten. Es ist für uns ein logisches Unding, Jemand Namen und Stand eines Sohnes von mir beizulegen, welcher ihn bereits schon hat. Das Gesetz in seiner Machtvollkommenheit hätte dergleichen Sachen allerdings rechtlich möglich machen können. Es hat solches aber nicht gethan. Und aus diesem Grunde sind es auch die Gegner der Anwünschung und nicht ihre Fürsprecher, welche dieses Schweigen des Gesetzes sich zu Nutzen machen können. — Man darf nicht annehmen, daß der Gesetzgeber Dinge, welche nach ihrem letzten Grund mit einander im tiefinnersten, unauflöslichen Widerspruche stehen, in sein Werk aufgenommen habe u. s. f." —

Diese Gründe sind hauptsächlich von Demolombe und Marcadé, welche sie in der Mitte des vorigen Jahrzehents schrieben, aufgebracht worden, und schienen ihren spätern Collegen Massé und Vergé und Rivière so schlagend zu sein, daß diese Schriftsteller glaubten, sie werden auf die zu kräftigen Sprüche des Cassationshofes und der Appellgerichte einen umstimmenden Einfluß ausüben, so daß entweder der Gesetzgeber selbst mit einem Auslegungsgesetz, oder aber der Ausspruch des vollen Rathes des regelgebenden Hofes dazwischen treten müsse und werde. Zufälliger Weise ist aber von all Dem nichts geschehen, obgleich seither unsere Frage wiederholt von den verschiedenen Gerichtsbehörden zur Verhandlung und Entscheidung gekommen ist:

1) Am 6. August 1859 entschied das Bezirksgericht zu Avesnes, Pinson gegen Salran, die Frage. Die Entscheidungsgründe sind sehr gut zusammengestellt und erschöpfen so ziemlich alle Grundsätze, welche man bisher für die Anwünschung aufzubringen wußte, daher sie in treuer Uebersetzung hier wiedergegeben werden:

„In Erwägung, daß die Anwünschung eine Rechtsdichtung enthält, vermöge welcher dem Angewünschten beinahe alle Vortheile der ehelichen Geburt zugewendet werden; daß das Gesetz, wenn es diese Begünstigung an gewisse feste Bedingungen knüpft, die natürlichen Kinder davon nicht ausnimmt; daß dieses Schweigen um so bedeutungsvoller ist, als man in den Berathungen, welche dem ersten Entwurfe des Titels über die Anwünschung vorausgingen, den Plan hatte, die unehelichen Kinder von dieser Wohlthat des Gesetzes auszuschließen; I. E., daß da, wo das Gesetz nicht unterscheidet, auch der Richter nicht unterscheiden darf; I. E., daß man die Sühne eines Fehltrittes und die Ausgleichung des daran haftenden Nachtheils bestmöglich ermuthigen soll; I. E., daß die Anwünschung der natürlichen Kinder im höchsten Interesse der Moral und der ganzen Staatsgesellschaft liegt, weil sie Personen mit einander vereint, welche sonst bloß durch häufig nur zu flüchtige, vom Gesetze spärlich genährte Neigungen aneinander hängen; I. E., daß im Prozesse die Beweisgründe aus dem Texte jene der Moral und des öffentlichen Interesses, welche alle der Anwünschung der natürlichen anerkannten Kinder günstig sind, und gleichsam als die Vernunft des Gesetzes und als unwandelbare Regel der Wissenschaft angesehen werden müssen, niemals aufwägen können."

Dieses unterrichterliche Erkenntniß wurde dann am 24. März 1860 von dem Obergerichte von Douai unter Aneignung der obigen Entscheidungsgründe lediglich bestätigt. Dalloz a. a. O. année 1861 V. 14. Die Nichtigkeitsbeschwerde wurde nicht eingebracht.

2) Victor Arvi genannt Larivière hatte keine eheliche Nachkommenschaft, wohl aber zwei von ihm anerkannte natürliche Kinder, Franz Arvi und eine an einen gewissen Mourier verehelichte Tochter, hinterlassen. Die Letztere war von ihm an Kindesstatt angenommen worden. Nach seinem am 8. Juni 1859 erfolgten Dahinscheiden kam sein Nachlaß ungetheilt an diese beiden Kinder. Bei der Theilung derselben beanspruchte die Frau Mourier, als angewünschte Tochter ihres natürlichen Vaters, ihrem Bruder Franz gegenüber, den Erbtheil eines ehelichen Kindes, als $^{5}/_{6}$ des sämmtlichen hinterlassenen Vermögens, den ihr der Bruder aber streitig machte, indem er die Gültigkeit der Anwünschung seiner Schwester, als gesetzlich unerlaubt, anfocht. Das Bezirksgericht der Seine erkannte jedoch am 21. Mai 1858, daß die Anwünschung demjenigen, welcher nur uneheliche anerkannte Kinder habe, wohl erlaubt sei, und der L.

R.E. 343, auf diesen Fall nicht ausgedehnt werden könne. Dieses Urtheil beantwortete zugleich auch unsere Frage, und zwar bejahend, daß nämlich natürliche anerkannte Kinder von ihren Eltern angewünscht werden können. — Auf dagegen ergriffene Berufung bestätigte der kaiserliche Gerichtshof zu Paris am 20. April 1860 das erstinstanzliche Erkenntniß, unter Annahme der unterrichterlichen Entscheidungsgründe. — Franz Arvi suchte die Cassation nach, welche jedoch von der Zulassungskammer (chambre des requêtes) am 3. Juni 1861 zurückgewiesen wurde.

Dalloz, Jurispr. Géné. Rec. period. an 1861 I. 236. 237.

Sirey, Dev. an. 1860 II. 331 et 332, an. 1861 I. 990 et 991.

Die Gründe sind ganz kurz die: „Die Anwünschung ist nur erlaubt, wenn keine Nachkömmlinge vorhanden sind; das Gesetz sagt ausdrücklich „„eheliche;““ natürliche Kinder des Anwünschers bilden deßwegen für ihn kein Hinderniß. Diese Auslegung unseres Satzes 343 entspricht, nach den Verhandlungen im Staatsrathe, und dem gesetzgebenden Körper über dieses Kapitel des Gesetzbuches, nicht nur vollkommen den Worten, sondern auch dem Geiste desselben. — Die Anwünschung verändert den Stand des natürlichen Kindes zu dessen Gunsten, wodurch es dem ehelichen gleichgesetzt wird. Das angefochtene Urtheil spricht der Frau Mourier die ihr vom Gesetze eingeräumten Rechte zu, und setzt ihren Bruder Franz, auf denjenigen des Nachlasses, der ihm von Rechtswegen gebührt. Daher mußte die Nichtigkeitsbeschwerde verworfen werden.“

Dieses ist nunmehr der gegenwärtige Stand unserer Streitfrage. — Es wäre nun von großem Interesse und Werth gewesen, wenn die Nichtigkeitsbeschwerde von der Vorkammer [11]) zugelassen worden wäre, weil dann die bürgerliche Kammer (chambre civile), deren Aussprüche im Volke, wie in den Gerichten mehr Ansehen genießen, in der Lage gewesen wäre, wiederholt über die Frage, ob die natürlichen anerkannten Kinder von ihren Eltern angewünscht werden können oder nicht, sich auszusprechen, oder sie aber, was noch erwünschter gewesen und sie schneller dem Ziele der endgültigen Entscheidung zugeführt haben würde, vor den vollen Rath, oder, was dasselbe heißt, die vereinigten Kammern des Hofes (chambres réunies) [12]) zu bringen, wie Marcadé und Rivière zuversichtlich erwarteten, weil nur auf diesem Wege in einer so hochwichtigen Sache die nothwendige Rechtssicherheit und Rechtsgleichheit hergestellt werden kann. Immerhin bleibt aber auch die Verwerfung der erhobenen Nichtigkeitsbeschwerde durch die Zulassungskammer von hoher Bedeutung, indem sie — ein wesentlicher Bestandtheil des hohen Gerichtes — thatsächlich und mittelbar anerkannt, daß durch das Erkenntniß des Pariser Appellationsgerichtes vom 20. April 1860, welcher sich für die Anwünschung erklärte, das Gesetz nicht verletzt wurde. Diese beiden gerichtlichen Behörden sind, mit anderen Worten, über die Beantwortung unserer Frage einig, indem sie solche bejahen.

Aus dieser Darstellung ergibt sich nun, daß der oberste Gerichtshof von Frankreich durch seine verschiedenen Organe sich über unsere Frage am 24. Nov. 1806, am 24. Juli 1811, am 28. April 1841, am 1. April 1846 und endlich am 3. Juni 1861, — also fünfmal bejahend, und nur einmal, nämlich am 16. März 1843 verneinend ausgesprochen hat. Wenn nun auch diese einmalige Abweichung, indem sie verderblich wirkte, sehr zu beklagen ist, so kann man doch den Vorwurf der Unstätigkeit in seiner Rechtssprechung, welche ihm Marcadé macht, gewiß nicht für gerechtfertigt halten. Denn auch der größte der Weltweisen kann sich irren, und hat sich schon geirrt. Wo wäre jenes menschliche Gericht zu finden, welches über den Sinn einer bestimmten Gesetzesstelle im Laufe der Zeit seine Ansicht nicht gewechselt hätte? Vom Jahre 1806 an bis zum Jahre 1841 entschied er sich für die Gesetzlichkeit der Anwünschung unehelicher anerkannter Kinder durch die El-

[11]) Es wird vermuthlich bei Vielen anstoßen, daß chambre des requêtes mit „Zulassungs- oder Vorkammer“ übersetzt ist. Ich weiß aber keine bessere, und möchte doch ganz in unserer reichen Muttersprache schreiben.

[12]) Die höchste gerichtliche Macht in Frankreich, deren Sprüche fast Gesetzeskraft haben, indem sich sämmtliche Gerichte des Landes dadurch gleichsam moralisch gebannt fühlen. Es würde schwer sein, aus den reichen Urtheilssammlungen nachzuweisen, daß ein Gericht es gewagt hätte, gegen einen, im plenum des Hofes deutlich ausgesprochenen Rechtssatz, zu erkennen, obgleich derselbe nach dem Gesetz nur für den betreffenden Fall und unter den betreffenden Partien Wirksamkeit hat. Um die Arrêtes dieses obersten Gerichtshofes recht verstehen und richtig verwerthen zu können, ist es schlechterdings nothwendig, seine Verfassung und den Geschäftsgang desselben, sowie die Amtsgewalt seiner einzelnen Theile zu kennen.

tern, und sodann vom Jahre 1846 an und bis auf diesen Augenblick. Nur von 1843 bis 1846 war er anderer Meinung, — also nur drei Jahre lang.

Wenn man nun dazu noch bedenkt, daß die übrigen Gerichte, Tribunale, wie die Höfe, mit anerkennungswerther Beharrlichkeit, beinahe Einmüthigkeit, immer zu Gunsten der Anwünschung urtheilten, ferner, daß fast eine so große Anzahl von Auktoren erster Größe diese Meinung vertheidigen als diejenige ist, welche diese Ansicht angreifen; und endlich, daß Wissenschaft und Rechtspflege anderer Länder, wo französisches Recht gilt, auf Seite der Erstern zu stehen scheinen, was erfahrungs- und naturgemäß im Mutterlande des Gesetzbuches nicht ohne Einfluß bleibt, — so dürfte man vielleicht im Voraus sagen können, daß der Stand der Frage für die Zukunft in den Gerichten für immer festgestellt sei. — Vernunft, Humanität und die Bildung des Jahrhunderts lassen dieses mit Sicherheit erwarten. —

Was uns in Baden [13]) angeht, so scheint unsere Gesetzgebung nach L.R.S. 345 a und dem Gesetze vom 21. Februar 1851 dieser Anwünschung noch günstiger gestimmt zu sein. Allein zweifellos wird die Frage doch noch nicht gestellt sein. Und ihr Verlauf in Frankreich möchte somit für unsere Juristen nicht interesse- und werthlos sein.

Fr. Jos. Müller. [14])

79.

Das gerichtliche Urtheil, durch welches ein Erbbestandsverhältniß einer Liegenschaft festgestellt wird, wirkt auch gegen den Nachfolger im Eigenthum dieser Liegenschaft.

Vrgl. Jahrb. n. F. V. S. 310.

In Sachen
des Jacob Hassinger von Menzingen
gegen
Freiherrn Hermann von Menzingen zu Menzingen,
Gültablösung betreffend.

In dem Verfahren über die Ablösung der auf des Klägers Mühle ruhenden Fruchtabgabe an die beklagte Grundherrschaft — wurde die Frage streitig, ob jene Abgabe eine Gült oder ein Erbbestandszins sei.

Das Urtheil des großh. Amtsgerichts Bretten vom 1. August 1863, No. 7030, besagend:

„Der Kläger sei schuldig, das Grundeigenthum des beklagten Theils an der sogenannten Waldmühle zu Menzingen und seine Eigenschaft als Erbbeständer genannter Mühle anzuerkennen, und sei, unter Verfällung in die Kosten, mit der Klage auf Ablösung einer Erbgült auf dieser Mühle abzuweisen;" —

wurde von großh. Hofgericht des Mittelrheinkreises am 11. November 1863, No. 4359 I. Senat — bestätigt und das gleichfalls bestätigende Urtheil des großh. Oberhofgerichts vom 28. April 1864 wie folgt, begründet:

rc. Die Beklagte hat bewiesen, daß die in Klägers Besitze befindliche Mühle sammt den dazu gehörigen Grundstücken ein von ihr verliehenes Erbbestandsgut, also kein dem Kläger gehörendes Gültgut ist. Dieser Beweis ergibt sich schon daraus, daß der Rechtsvorgänger des Klägers, Jacob Rupp, welcher die Mühle am 20. Juni 1848 von P. Rendeck gekauft hatte, alsbald nachher nicht allein den deßhalb von der beklagten Grundherrschaft gegen ihn als neuen Erbbeständer erhobenen Anspruch auf Zahlung des zehnten Pfennigs und 2 pCt. Handlohn urkundlich anerkannte, sondern auch — darauf von der Grundherrschaft gerichtlich belangt — zur Zahlung des eingeklagten Betrags, also auch des Handlohns, um deßwillen verurtheilt wurde, weil die Mühle eine der Grundherrschaft gehörige Erbbestandsmühle sei. War mit dieser richterlichen Annahme, welche eine nothwendige Voraussetzung des erlassenen Urtheils bildete, das zwischen Rupp und der Grundherrschaft in Bezug auf die Mühle bestandene Verhältniß rechtskräftig — also in einer, jeden Gegenbeweis ausschließenden Weise (L.R.S. 1350 – 1352, Zachariä §. 766) — als ein Erbbestandsverhältniß festgestellt, so muß auch — arg. L.R.S. 1122, und weil Niemand ein besseres oder umfassenderes Recht an einem Gegenstand auf einen Andern übertragen kann, als er selbst daran hat (Zachariä §. 181) — das zwischen der Grundherrschaft und dem Kläger, als Rupps Nachfolger, hinsichtlich der Mühle bestehende Rechtsverhältniß als dasjenige eines Grundeigenthümers zum Erbbeständer angesehen werden rc.

Stf.

---

[13]) Annalen Jahrb. XXVIII. 214.

[14]) Bisher Amtsrichter in Schopfheim.

80.

Ehescheidungsverfahren.

Veränderungen und Neuheiten, welche nach Erhebung der Ehescheidungsklage eintreten, können nur zur Begründung einer neuen Klage, aber nicht zur Aufrechthaltung der bereits erhobenen Klage benützt werden.

Vrgl. Annal. 1863 No. 22 Ziff. 66. 1 S. 170. 171.

In Sachen
des Landwirths Andreas Rössner in Bröhingen
gegen
seine Ehefrau, Barbara geb. Rottenhofer von da,
wegen Ehescheidung,

war die Klage wegen Geisteskrankheit der Frau erhoben, welche Krankheit aber in dem erhobenen Gutachten nicht für unheilbar erklärt werden konnte.

Der Kläger, deßhalb *) abgewiesen, rekurrirte, trug auf Ergänzung des Gutachtens an und brachte als Neuheit vor, der Zustand seiner Ehefrau habe sich unterdessen bis zur Unheilbarkeit verschlimmert.

Das großh. Oberhofgericht bestätigte aber — ohne hierauf Rücksicht zu nehmen — das abweisende Urtheil am 20. Juni 1864 aus folgenden

Gründen:

ꝛc. Auf die in der Rekursschrift beantragte Ergänzung des erhobenen Gutachtens war nicht einzugehen, weil solches gehörig begründet und keiner Vervollständigung bedürftig ist.

Was hiernächst die vom Rekurrenten geltend gemachte Neuheit betrifft, so konnte solche umsoweniger berücksichtigt werden, als es in dem gegenwärtigen Verfahren allein darauf ankommt, daß die Krankheit der Beklagten zur Zeit der Klagerhebung noch nicht bis zur Unheilbarkeit vorgeschritten war.

Sollte übrigens das neue Vorbringen in Wahrheit gegründet sein, so bleibt dem Rekurrenten unbenommen, auf den Grund des jetzigen Zustandes seiner Ehefrau die Scheidung nachzusuchen ꝛc. Stf.

*) Nur der für unheilbar erklärte Wahnsinn gibt einen Ehescheidungsgrund ab. Annalen 1862 No. 5 Ziff. 13 S. 35. 36.

81.

Ordnungswidrigkeiten in der Ankündigung einer Liegenschaftsversteigerung ist durch das Rechtsmittel der Beschwerdeführung bevor die Versteigerung vorgenommen wird, vorzubeugen und abzuhelfen. §. 928 der Pr.O. Abs. 2.

S. Annal. 1862 (28) No. 27 Ziff. 63 S. 212.

In Sachen
der Adam Radel's Eheleute in Neuthard
gegen
den Grafen v. Traitteur zu Bruchsal,
Nichtigkeit einer Zwangsversteigerung betreffend, —

beruhte die Klage auf der Behauptung, daß die Versteigerung der Liegenschaften des Klägers nicht, wie in den Versteigerungsacten beurkundet sei, vorher 3 mal von 8 zu 8 Tagen und zum 4. male am Tage der Versteigerung selbst bekannt gemacht worden, sondern daß die erste Bekanntmachung der Versteigerung 2 Tage vor deren Vornahme, sodann die zweite, und am Versteigerungstage selbst — die dritte geschehen sei.

Das Versteigerungsprotokoll habe der Kläger aus dem Grunde unterzeichnet, weil der Geschäftsführer des Beklagten ihm in dessen Namen und Auftrag mehrere Tage vor der Versteigerung und am Tage derselben erklärt habe, der Herr Graf von Traitteur wolle blos sehen, ob die Güter den Anschlagspreis erreichen; derselbe werde sie selbst steigern und nach der Versteigerung solche dem Kläger wieder zu Eigenthum überlassen, so daß die Versteigerung keine Wirksamkeit habe.

Nun seien ihm aber die Güter doch genommen, so daß er einen enormen Schaden erlitten habe.

Durch seine Unterzeichnung des Versteigerungsprotokolls habe er nur beurkundet, daß er persönlich zugegen gewesen, aber nicht, daß die Versteigerung, als unter den gesetzlichen Bestimmungen abgehalten, von ihm anerkannt werde.

Er könne sie als giltig nicht anerkennen.

Allein das großh. Amtsgericht Bruchsal erkannte am 20. Juli 1863:

„Die von den Adam Radel'schen Eheleuten unterm 15. d. M. erhobene Klage auf Nichtigkeitserklärung der unterm 21. Mai d. J. stattgehabten Zwangsliegenschaftsversteigerung findet nicht statt, und haben die Radel'schen Eheleute die Kosten zu tragen."

Dieses Urtheil wurde in beiden obern Instanzen bestätigt, und in den Entscheidungsgründen zum oberhofgerichtlichen Urtheil vom 10. Mai 1864 ausgeführt:

„Die Appellanten erachten sich durch das ladungsversagende Urtheil des großh. Amtsgerichts mit Unrecht für beschwert, da es ihnen möglich gewesen wäre, im Wege der Beschwerdeführung Abhilfe zu begehren. §. 928 der Pr.O. Denn sie, die ihren Wohnsitz in dem Orte haben, wo die Liegenschaftsversteigerung vorgenommen worden ist, haben wissen können, wann die Ankündigung der Versteigerung angeschlagen und ausgeschellt worden ist, und haben dies auch wissen sollen, da man mit Recht von einem sorgsamen Familienvater verlangt, daß er sich um diejenigen Acte, durch welche sein Vermögen veräußert wird, kümmert. Waren daher solche Fehler bei den Vorbereitungen zur Versteigerung vorgekommen, wie sie die Klage behauptet, so hätte Radel durch das Rechtsmittel der Beschwerde und Bitte um Einhalt mit der Versteigerung, bis diese fehlerhaften Verkündungen geordnet waren, Abhilfe begehren und so der behaupteten Nichtigkeit des Versteigerungsacts vorbeugen können. Statt dessen hat Radel der Versteigerung angewohnt und da er das über den ordnungsmäßigen Gang derselben sich verbreitende Protokoll unterzeichnet hat, geschwiegen und erst hinterher die Versteigerung angefochten. Dies ist nach §. 928 der Pr.O. nicht zulässig und aus diesem Grunde ist mit Recht von dem Unterrichter die Ladung versagt worden." Stf.

82.

Zu §. 76 des Str.G.B.

Ein im Rausche verübtes Verbrechen ist dann zur Fahrlässigkeit zuzurechnen, wenn es vom Gesetze auch als ein fahrlässig begangenes mit Strafe bedroht, und der Zustand der Berauschung, in welchem es verübt wurde, nicht unverschuldet ist.

In No. 15 der Annalen von 1863 unter Ziff. 43 ist der Nachweis versucht worden, daß die Schlußbestimmung des §. 76 des Str.G.B. nur dann anwendbar ist, wenn die Bedingungen der Fahrlässigkeit nach §. 101 des Str.G.B. vorhanden sind und zwar nicht blos für die Handlung, durch welche der Thäter sich berauschte, sondern auch für die That, die er im Zustande der Betrunkenheit verübte.

In dem späteren Aufsatze Ziff. 67 der Nummer 22 der Annal. vom J. 1863 (XXIX.) ist ferner noch besonders ausgeführt, daß die Schlußbestimmung des §. 76 nur für die Vergehen gilt, welche das Gesetz auch sonst als fahrlässige Uebertretungen mit Strafe bedroht. In Note 7 (S. 116) zu dem Aufsatze in No. 15 der Annal. von 1863 ist gegen Mittermaiers Ansicht zwischen der Bestimmung des badischen und hessischen einerseits und des würtembergischen Strafgesetzbuchs anderseits unterschieden worden.

Zur Aufklärung über die Begründetheit dieser Unterscheidung wird die Entstehungsgeschichte des Art. 97 des würtembergischen Strafgesetzbuchs dienen. Der Art. 91 des Entwurfs des würtembergischen Strafgesetzbuchs hatte ursprünglich gelautet:

„1) Eine unerlaubte Handlung ist straflos, wenn sie in einem Zustande begangen wurde, in welchem (der) freier Gebrauch der Vernunft aufgehoben war. *) 2) Dahin gehört hauptsächlich ..... vorübergehende gänzliche Verwirrung der Sinne oder des Verstandes. 3) Die Straflosigkeit fällt weg, wenn sich der Thäter in den Zustand der vorübergehenden Sinnenverwirrung durch Trunk oder andere Mittel absichtlich versetzt hatte, um in demselben ein, im zurechnungsfähigen Zustande beschlossenes, Verbrechen auszuführen."

(Schluß folgt.)

*) Hepp in seinem Commentar über das neue würtembergische Strafgesetzbuch zu Art. 97 (Bd. I S. 677) Note 15 bemerkt:

„Zwar behauptet Hufnagel in seinem Commentar S. 210, daß in der Erfahrung ein solcher Zustand der völligen Sinnenverwirrung gar nicht vorkommen könne, weil es dann an dem physischen Vermögen fehlen werde, das Verbrechen zu begehen, mithin der absichtlich herbeigeführte Zustand nur ein solcher sein werde, der schon an sich die Zurechnung ausschließe. Für einen solchen Fall bedürfe es der Ausnahme des Art. nicht. Allein die Trunkenheit hat doch ihre Grade, und warum sollte wohl das Widersprechende liegen, eine höchste, noch zur Ausführung der beschlossenen Missethat fähig machende Trunkenheit anzunehmen? Dies setzt die gemeinrechtliche Doktrin voraus, wenn sie von höchster Trunkenheit spricht, welche eine verschuldete oder unverschuldete, und in jenem Falle entweder eine vorsätzliche oder leichtsinnige (culpose) sein kann. Ihr setzt die Doktrin eine mäßige Trunkenheit entgegen, d. h. eine solche, welche die Selbstbestimmungsfähigkeit nicht aufhebt."

Redacteur Oberhofgerichtsrath Stempf. Verlag von J. Bensheimer in Mannheim. Druck von C. Schmelzer in Mannheim.

Annalen der Großherzogl. Badischen Gerichte.

1861. Band XXX. No. 25.

(Schluß von Art. 82.)

In der Kammer wurde hierzu bemerkt, der letzte Satz handle nur von dem Falle, daß sich Jemand absichtlich in den Zustand einer vorübergehenden Sinnenverwirrung versetzt habe; es lasse sich aber auch der Fall denken, daß eine solche Absicht nicht vorhanden, gleichwohl aber eine Zurechnung zur Schuld begründet sei. Es könne eine That aus einem, an sich jede Zurechnung ausschließenden Zustande von Sinnenverwirrung hervorgehen, und gleichwohl mit Rücksicht auf eine gewisse, dem Eintritt jenes Zustandes vorausgegangene, und mit demselben in ursachlichem Zusammenhang stehende, Handlungsweise eine Zurechnung begründet sein. Dieser Fall werde öfter eintreten, als der im Art. genannte; und daß hier eine Zurechnung begründet sei, folge aus allgemeinen Principien und werde von allen Criminalisten zugegeben. Man setze z. B., daß eine Mutter, dem Trunke ergeben, unbekümmert um die Folgen, welche die Trunkenheit in Beziehung auf das Leben oder die Gesundheit ihres Kindes haben könne, damit fortfahre, und in einem Zustand der Trunkenheit das Kind, welches sie neben sich in's Bette gelegt, erdrückt habe.

Es wurde deßhalb der Antrag gestellt, den Satz anzuhängen: „oder wenn ihm ein solcher Zustand zur Fahrlässigkeit zuzurechnen ist, und er in demselben ein Verbrechen begangen hat, bei welchem auch die Fahrlässigkeit zu bestrafen ist."

Die Regierungscommission hatte gegen diesen Zusatz nichts einzuwenden, wenn man nicht glauben sollte, daß er sich nach allgemeinen Rechtsprinzipien von selbst verstehe.*)

Hiernach stimmte die Kammer dem Entwurf mit dem beantragten Zusatze bei.

Bei der Endredaction wurde der Art. 91 des Entwurfs als Art. 97 mit dem von der Kammer beschlossenen Nachsatz angenommen, dieser aber so gefaßt:

„oder wenn er jenen Zustand durch Fahrlässigkeit herbeigeführt und während desselben eine rechtswidrige Handlung begangen hat, bei welcher nach diesem Gesetzbuch auch die Fahrlässigkeit zu bestrafen ist."

Hepp in seinem Commentar über das neue württembergische Strafgesetzbuch bemerkt S. 679 in Note 17 hierzu:

„Der Zustand der Trunkenheit braucht nicht gerade durch Fahrlässigkeit herbeigeführt zu sein. Es kann sich Jemand auch absichtlich (vorsätzlich) betrunken haben und wenn dies nur nicht in der Absicht geschah, in diesem Zustand ein Verbrechen zu begehen; so wird die Bestimmung des Art. 97 gleichfalls und umsomehr zur Anwendung kommen müssen. Die Strafbarkeit besteht hier darin, daß man sich in einen solchen Zustand versetzt, oder denselben nicht vermieden hat, obgleich man wissen konnte, in diesem Zustand leicht oder wahrscheinlich ein Verbrechen begehen zu können (mittelbare culpa). Dazu brauche man nicht einmal an sich selbst die Erfahrung gemacht zu haben, daß man in der Trunkenheit z. B. händelsüchtig sei oder unvorsichtig mit Licht und Feuer umgehe u. s. w.," da die Folgen der Trunkenheit bekannt genug seien.*)

---

*) Breidenbach in Nr. 3 seines Commentars über das großh. hessische St.G.B. Bd. I. bemerkt auf Seite 519:

„Der Art. 35 sagt in seinem zweiten Theile, daß die Strafe der culpa eintreten soll, wenn in Bezug auf die Handlung, durch welche sich der Thäter in einen Zustand der Verwirrung versetzt hat und in Bezug auf die darin verübte That die Bedingungen der Zurechnung zur Fahrlässigkeit vorhanden sind.

Diese Bedingungen erhellen aus Art. 57 und bestehen in der negativen, daß die gewöhnlich gehörige Aufmerksamkeit nicht angewendet worden, und in der positiven, daß die Handlung oder Unterlassung zu denjenigen gehört, bezüglich welcher die Fahrlässigkeit im besonderen Theile des Gesetzbuchs ausdrücklich mit Strafe bedroht ist. Somit enthält der Art. 35 in diesem Theile Nichts, als eine Verweisung auf die allgemeinen Grundsätze über die culpa."

und fügt in der Note hinzu:

„Gerade so liegt die Sache in Württemberg," wo man darüber einverstanden sei, daß in dem auf Beschluß der Stände zu Art 97 Abs. 3 hinzugekommenen Zusatz dieser Schluß sich von selbst verstanden habe.

*) Berner in seinem Lehrbuch des deutschen Strafrechts (zweite Auflage) stellt in §. 79 S. 123 für die verschuldete völlige Trunkenheit Folgendes als Regel auf:

Sie stimmen demnach, wie sich Berner in der Note 3 zu §. 79 am Schlusse [illegible] ausdrückt, die Strafgesetzbücher Würtembergs, Badens und Hessens dennoch darin überein, daß es, um die Unzurechnungsfähigkeit wegen äußersten Grades der Trunkenheit aufzuheben und zur Begründung der Verantwortlichkeit wegen Fahrlässigkeit, an der Verschuldung des Zustandes der Trunkenheit und an Verübung einer That in diesem Zustande genüge, bei welcher das Gesetz auch die Fahrlässigkeit straft. Stf.

83.

Nur wenn ein direkter, voller und unzweideutiger Beweis sich aus den Zeugnissen gegen den Inhalt eines öffentlichen letzten Willens ergibt, kann die Nichtigkeit des Letztern ausgesprochen werden.

Annal. 1856 (XXIII.) No. 20. 21 S. 159 ff.

In Sachen

des Johann Vogt, der Rosina Vogt und der Waldburga Weber von Seppenhofen

gegen

Demeter und Matthäus Vogt von da,

Nichtigkeit eines öffentlichen Testaments und Erbtheilung betreffend,

war mit der Klage begehrt, daß das öffentliche Testament der Franziska Vogt vom 5. November 1860 für falsch und nebst der hierauf gestützten Theilung für nichtig erklärt werde, weil

1) die Testamentszeugen nur beim Vorlesen und nicht auch beim Niederschreiben des Testaments gegenwärtig gewesen seien und

2) die Testirerin ihren angeblichen letzten Willen dem Geschäftsfertiger nicht, oder wenigstens nicht in Gegenwart der Testamentszeugen vorgesprochen habe.

Die Testamentsurkunde, gegen deren formelle Gültigkeit und Beweiskraft keine Einwendung erhoben worden ist, besagte ausdrücklich das Gegentheil von diesen Behauptungen, die Kläger glaubten aber, die Wahrheit derselben, und die Unwahrheit der deßfallsigen Anführungen in der Testamentsurkunde durch Zeugen und zwar durch dieselben Personen, welche als Testamentszeugen functionirt haben, beweisen zu können.

Das Urtheil des großh. Amtsgerichts Neustadt vom 29. Juni 1863 erging dann auch zu ihren Gunsten dahin:

„Es sei das öffentliche Testament der Franziska Vogt von Seppenhofen vom 5. November 1860 für falsch, und nebst der hierauf gestützten Theilung ihres Nachlasses vom 23. März 1861 für nichtig zu erklären, und die Beklagten seien schuldig, die Theilung dieses Nachlasses nach gesetzlichem Erbgang zu gestatten, sowie sämmtliche Kosten des Streits zu tragen.“ —

Allein auf die hiergegen von den Beklagten ergriffene Berufung an das großh. Hofgericht des Seekreises erfolgte unterm 11. Dezember 1863 ein abänderndes Urtheil des Inhalts:

„daß die Kläger, Appellaten, unter Verfällung in die Kosten beider Rechtszüge mit der erhobenen Klage abzuweisen seien“ —

und dieses wurde auf die dagegen von den Klägern eingewandte Oberberufung von großh. Oberhofgerichte am 16. Juni 1864 — unter Verfällung der Kläger, Oberappellanten auch in die Kosten des dritten Rechtszuges — bestätigt.

Die hofgerichtlichen Entscheidungsgründe, welche adoptirt wurden, lauten:

„Abgesehen von der Frage, ob gegenüber der formell beweisenden Testamentsurkunde für obige Behauptungen Zeugenbeweis überhaupt und insbesondere durch die Testamentszeugen selbst zulässig sei *), so ist jedenfalls schon

---

„Ist das in der verschuldeten völligen Trunkenheit begangene Verbrechen nicht blos als ein doloses, sondern auch als ein kulposes bedroht, so muß es dem Thäter als ein kulposes zugerechnet werden. Man kann und soll nämlich die Trunkenheit, als einen gefährlichen Zustand, vermeiden. Thut man dies nicht, so liegt hierin eine subjective culpa. So lange dieselbe zu keiner Rechtsverletzung führt, unterliegt sie keiner Criminalstrafe. Hat sie aber eine Rechtsverletzung, deren Möglichkeit im noch nüchternen Zustande vorausgesehen wurde oder wenigstens vorausgesehen werden konnte, zur Folge, so tritt sie damit in die Objectivität auf den Rechtsboden, und fällt dem Strafrichter in die Hand.

Ist das in der verschuldeten völligen Trunkenheit begangene Verbrechen nur als ein doloses bedroht, so kann der Thäter nur wegen Trunkenheit selbst, also nur polizeilich gerügt werden.“

*) Die Frage, ob die Testamentszeugen gegen den Inhalt des von ihnen beurkundeten Testaments als Zeugen vorgeschlagen werden

nach dem Ergebnisse des vom Unterrichter erhobenen Zeugenbeweises die Klage als beweislos zu verwerfen.

Angesichts der mehrerwähnten Testamentsurkunde genügt es zur Umstoßung des Testaments nicht, daß die Zeugen sich der Beobachtung der gesetzlich vorgeschriebenen Förmlichkeiten nicht mehr erinnern, und aus diesem Grunde nicht mehr bestätigen können, daß diese Förmlichkeiten beobachtet worden seien, vielmehr muß aus den Zeugenaussagen sich die Thatsache ergeben, daß die Förmlichkeiten in Wirklichkeit nicht beobachtet worden seien, und zwar ist in dieser Beziehung wegen der entgegenstehenden und von denselben Zeugen beurkundeten Testamentsurkunde mit Strenge ein voller, unzweideutiger und directer Beweis für diese zur Klagbegründung durchaus nothwendige Thatsache zu verlangen und darf auf blose Vermuthungen und auf etwaige Wahrscheinlichkeit keine Rücksicht genommen werden. *)

Im vorliegenden Falle hat nun keiner der Zeugen bestätigt, daß das Testament nicht in Gegenwart, daß es also in Abwesenheit derselben niedergeschrieben worden sei, und was die weitere Behauptung betrifft, daß die Testirerin ihren letzten Willen dem Geschäftsfertiger nicht in Gegenwart der Zeugen vorgesprochen habe, so haben zwar Wendelin Eppenberger und Johann Keller nur bezeugt, daß der Notar Fragen an die Testirerin gestellt habe, welche die letztere mit „ja“ und schließlich mit „ich habs ja schon gesagt“ beantwortet habe, und wenn wirklich keine weitere Willenserklärung der Testirerin vor den Zeugen ausgesprochen worden wäre, so wäre die durch L.R.S. 971 und 972 **) und durch die auf besondern höchsten Befehl, also mit Gesetzeskraft erlassene Justizministerialverordnung vom 29. August 1817 vorgeschriebene Förmlichkeit nicht beobachtet und das Testament umzustoßen, allein aus der Angabe der genannten Zeugen ergibt sich zugleich, daß sie nicht bestimmt behaupten können, es sei nichts weiteres vorgekommen, als was sie angegeben haben, indem sie weiterer Vorkommnisse sich nur nicht mehr erinnern wollen; auch weichen ihre Aussagen darüber, wann der Notar die verschiedenen Fragen an die Testirerin gestellt habe, ob während des Niederschreibens, oder erst während des Vorlesens, von einander ab, und zudem ist die Glaubwürdigkeit des einen Zeugen dadurch gemindert, daß er bei früherer Einvernahme darüber, wie das Testament errichtet worden sei, eine Angabe machte, welche er nunmehr als eine irrthümliche bezeichnen muß; sodann aber geht aus der Angabe der anderen Testamentszeugen wenigstens soviel hervor, daß noch weitere Besprechungen zwischen dem Notar und der Testirerin stattgefunden haben, als diejenigen, welche von zweien derselben bezeugt wurden, und wenn jene auch über den Inhalt dieser weiteren Besprechungen theils wegen Uebelhörigkeit, theils wegen Länge der Zeit keine bestimmte Auskunft mehr geben können, und wenn deßhalb auch in erheblichem Grade Zweifel darüber bestehen können, ob das Vorsprechen des letzten Willens in Gegenwart der Zeugen vorschriftsmäßig stattgefunden habe, so ist doch durch das Gesammtergebniß der Zeugeneinvernahme nicht der erforderliche volle Beweis für das Gegentheil erbracht.“ Stf.

können, war früher bestritten; jetzt aber ist Doctrin und Praxis für die Zulässigkeit dieses Zeugenbeweises.

Annalen 1867 Nr. 15 S. 118.
1863 Nr. 33 S. 261. Note 1.

*) Annalen 1863 Nr. 33 S. 262 Note 4.

Das Gericht, welches den Werth der Zeugenaussagen nach sub- und objectiven Gründen zu beurtheilen hat, wird sich natürlicherweise nicht leicht entschließen, den Gegenbeweis gegen den Inhalt der öffentlichen Testamentsurkunde für erstellt zu halten.

**) Der L.R.S. 972 gebietet zwar nicht, daß der letzte Wille auch in Gegenwart der Zeugen vorgesprochen werden müsse; dies wird aber mit Recht aus L.R.S. 971 gefolgert.

Annalen 1862 S. 117 Note 8.
Zachariä, §. 670 Note 21 Bd. 4 S. 236.
Jahrb. VI. S. 14.

84.

Vaterschaftsklage aus L.R.S. 340a.

Die Verwerflichkeit eines Zeugen nach §. 467 Z. 1 der Pr.O. wird ebenso durch die natürliche, wie durch die eheliche Verwandtschaft begründet.

In Sachen
des minderjährigen Ludwig Siebert von Hockenheim, unter gesetzlicher Vormundschaft der ledigen Margaretha Siebert von da,
gegen
den Landwirth Jakob Filterling von da,
Vaterschaft und Ernährungsbeitrag betreffend.

Die Klägerin behauptete, von dem Beklagten im Jahre 1859 geschwängert worden zu sein und verlangte, daß derselbe den von ihr am 3. Juni 1860 geborenen Knaben als sein Kind anerkenne, auch zur Ernährung und Erziehung desselben beitrage.

Dieser Klage, welcher der L.R.S. 340 entgegensteht, hat die Klägerin mit Bezug auf L.R.S. 340a dadurch Eingang zu verschaffen gesucht, daß sie behauptete, der Beklagte sei der Vaterschaft, und des Beischlafs mit ihr zur Zeit der unterstellbaren Empfängniß, freiwillig geständig.*) Die Zeit, in welcher der Beischlaf verübt worden sein soll, war in der Klage nicht bezeichnet. Nach L.R.S. 312 müßte er zwischen dem 300—180ten Tage vor dem 3. Juni 1860, folglich vom 6. August bis 27. Novbr. 1859 stattgefunden haben.

Der Beklagte hatte in der Vernehmlassung zugegeben, die Klägerin — während sie als Magd bei ihm diente, einigemal geschlechtlich gebraucht zu haben, jedoch beigefügt, dies sei erst nach Neujahr 1860 geschehen, auch dies dem Pfarrer Waag bekannt zu haben.

Später hatte sich die Klägerin auf ein vor dem 29. September 1859 ihr selbst gegebenes Versprechen des Beklagten berufen, und dieses ist dem Beklagten auf den Eid gegeben worden.

Der über, Dritten abgelegte, Geständnisse angetretene Zeugenbeweis ist mißglückt, da Pfarrer Waag das Zeugniß ablehnte, die übrigen Zeugen aber keine entscheidende Mittheilung erhielten.

Der Gegenbeweiszeuge Eichhorn hat aber angegeben, daß er die Klägerin im Spätjahr vor ihrer Niederkunft geschlechtlich gebraucht, und daß sie ihm eröffnet habe, sie sei von ihm schwanger.

Die übrigen Gegenbeweiszeugen haben ihn viel mit ihr verkehren und beisammen gesehen, während sie bei dem Beklagten diente.

Der Vater der Klägerin ist auf Antrag des Beklagten als unzulässiger Zeuge verworfen worden.

Ueber die Geständnisse, welche der Beklagte den Zeugen abgelegt habe, ist noch der Eid zugeschoben.

*) In den Entscheidungsgründen zum oberhofgerichtlichen Urtheil in Sachen Jöble gegen Jöble, Vaterschaftsanerkennung betr., vom 9. Oktbr. 1862 ist ausgeführt,

der L.R.S. 340a sei dann anwendbar, wenn die hierin bezeichneten Erklärungen zur Schlußfolgerung auf die Vaterschaft beigebracht werden und mittelst weiterer Beweismittel oder unterstützender Momente die rechtliche Gewißheit der behaupteten Vaterschaft geliefert wurde.

Brauer, Erläuterungen I. S. 218, 219; s. auch Annal. 1860 (XXVI.) Nr. 56 Ziff. 113 S. 239 Note — S. 240 Note †.

Hierauf erging ein Urtheil des großh. Amtsgerichts Schwetzingen vom 25. August 1863, worin in erster Reihe der Margaretha Siebert ein Notheid zur Entkräftung des Gegenbeweises dahin auferlegt wurde:

„Es ist nicht wahr, daß ich in der Zeit vom 300 bis zum 180sten Tage vor der Geburt meines Kindes mit einem Andern als dem Beklagten den Beischlaf vollzogen habe;“

und für den Fall, daß Margaretha Siebert diesen Eid leiste, auf den, dem Beklagten über das Geständniß zugeschobenen Eid erkannt wurde.

Dieses Urtheil wurde von großh. Hofgericht des Unterrheinkreises mit einer Modifikation der Formel des dem Beklagten zugeschobenen Eides bestätigt.

Die Klägerin beschwerte sich nun in dritter Instanz dagegen, daß diese Verurtheilung von dem Eide des Beklagten über das angebliche Geständniß abhängig gemacht, daß nicht vielmehr alle über dasselbe von ihr angetretenen Beweise erhoben worden seien, welche nach ihrer Ansicht hingereicht hätten, um das Geständniß darzuthun.

Ihre Beschwerde wurde jedoch von großh. Oberhofgericht nicht für begründet erachtet, und in den Entscheidungsgründen zum Urtheil vom 2. Juni 1864 ausgeführt:

„Die auf Antrag der Klägerin vernommenen Zeugen*) haben nicht bestätigt, daß der Beklagte ihnen gegenüber ein freiwilliges Bekenntniß von der Art, wie L.R.S. 340a fordert, abgelegt habe.

Zwei der vorgeschlagenen Zeugen sind nicht vernommen, der eine, Pfarrer Waag, deßhalb nicht, weil er von dem ihm in §. 470 Ziff. 4 der Pr.O. eingeräumten Rechte, das Zeugniß abzulehnen, Gebrauch gemacht hat; der Andere, Heinrich Siefert, deßhalb nicht, weil er als Vater der Klägerin auf Antrag des Beklagten nach §. 467 Ziff. 1 der Pr.O. als Zeuge nicht zugelassen werden durfte. Diese Bestimmung findet nämlich, wie auf die eheliche, ebenso auf die natürliche Verwandtschaft Anwendung, weil das Gesetz zwischen beiden nicht unterscheidet und die in demselben berücksichtigte besondere Zuneigung, welche aus der Blutsfreundschaft entspringt, bei beiden Arten der Verwandtschaft zu unterstellen ist.

*) Darüber, daß Zeugenbeweis über ein solches außergerichtliches Geständniß nicht unbedingt zulässig ist, vgl. Annalen 1860 (XXVI.) Nr. 56 Ziff. 113 S. 238 vor und in Note *.

Ueber die Geständnisse der Vaterschaft hat die Klägerin dem Beklagten auch den Eid zugeschoben. Soweit derselbe sich auf Geständnisse bezieht, welche der Beklagte Dritten abgelegt haben soll, ist schon deßhalb mit Recht darauf nicht erkannt worden, weil der angegebene Inhalt jener Geständnisse insbesondere die nach L.R.S. 312 entscheidende Zeit völlig unbestimmt läßt,*) und deßhalb die Eideszuschiebung nach §§. 522. 534 der Pr.O. als unerheblich verworfen werden mußte.

Es erübrigt hiernach nur der Eid, welcher dem Beklagten über das Geständniß zugeschoben ist, das er der als Klägerin aufgetretenen Mutter des Kindes abgelegt haben soll, und auf diesen Eid ist erkannt.**)

Der Beklagte hat sich dem Rechtsmittel mit dem Antrag angeschlossen, die Klägerin erst dann zum Reinigungseid wegen des Beischlafs mit Anderen***) zuzulassen, wenn er den ihm zugeschobenen Haupteid verweigere. †) Die Anschließung des Beklagten findet jedoch beim Mangel eines rechtlichen Interesses desselben an der festgesetzten Folge der zu leistenden Eide, also beim Mangel eines den Beklagten beschwerenden materiellen Nachtheils nicht statt.

§§. 1122. 1159 vergl. mit §. 1125 d. Pr.O.

Ets.

—

*) Siehe Annal. 1864 (XXX.) No. 9 Ziff. 36 S. 67 f.

**) Die Aeußerung des Beklagten gegen die Klägerin kann nicht wohl für ein Geständniß im Sinne des L.R.S. 340a angesehen werden. Ein solches wird vielmehr nur dann vorliegen, wenn das Verhältniß zwischen beiden Betheiligten nicht blos unter ihnen besprochen, sondern durch — dritten wahrnehmbare — Handlungen oder Aeußerungen des Mannes der Außenwelt bekannt gegeben worden ist, so daß solche schriftliche oder mündliche Aeußerungen nur noch gerichtlich zu erheben und festzustellen sind. Annal. 1857. S. 249. Eine Aeußerung gegen die Geschwängerte, welcher das Verhältniß zwischen ihnen Beiden auch ohne die Erklärung des Mannes bekannt sein muß, dürfte ganz unerheblich sein. Gegenüber von einem Mitwisser kann von einem Geständniß überhaupt nicht die Rede sein; wenn daher das Verhältniß nicht nach Außen kund gegeben ist, so bleibt es bei der Regel des L.R.S. 340.

Siehe Annalen 1864 (XXX.) No. 9 Ziff. 36 S. 68 Note *.

***) Die Wirkung des Geständnisses wäre durch die Einrede des geschlechtlichen Verkehrs der Klägerin mit andern Männern elidirt. In dieser Beziehung lag ein Zeugniß vor, gegen welches die Klägerin zum Reinigungseid zugelassen ist. Dieser Eid ist erheblich, weil die aus dem Beischlaf sich ergebende Vermuthung dann nicht mehr mit Sicherheit ausschließlich gegen den Beklagten gezogen werden kann, wenn außer ihm auch noch andere Männer den Beischlaf zur entscheidenden Zeit mit der Klägerin ausgeübt haben.

v. Holzschuher, Theorie und Casuistik Bd. I. S. 516. 517 zu 19.

†) Richtiger wäre allerdings die von dem Abhörenden beantragte Umstellung der Eide, wodurch der von ihm zu schwörende Haupteid voranginge. Denn wenn er das Geständniß eidlich widerspricht, so ist der Klaggrund nicht dargethan und die Klage schon deßhalb abzuweisen, ohne daß es weiter auf die Einrede ankommt, daß auch noch andere Männer mit der Klägerin zu thun hatten.

85

Personen, welche in einem Rechtsstreite als Zeugen vernommen worden sind, können nicht als Eidesleister (§. 568 der Pr.O.) vorgeschlagen werden.

Annal. 1859 (XXVI.) No. 29 Ziff. 64 S. 120.

In Sachen

des Bartholomäus Simon von Bräunlingen, Klägers, und des Ferdinand, Thomas und der Karoline Sauter von Constanz, sowie des Joseph Hogg und Comp. zu Löffingen

gegen

die Gemeinden Bräunlingen, Hubertshofen, Unterbränd und Bubenbach,

Abrechnung und Forderung betr.,

waren von grßh. Oberhofgerichte den beklagten Gemeinden verschiedene Erfüllungseide auferlegt worden. Die beklagten Gemeinden schlugen zur Ausschwörung derselben solche Personen vor, welche früher in dem Prozesse auf ihren Antrag als Zeugen vernommen waren. Die Kläger protestirten hiergegen und auf Vorlage der Acten erkannte das großh. Oberhofgericht am 13. September 1864:

„In Erwägung, daß die Erfüllungseide, um deren Ausschwörung es sich nunmehr handelt, den beklagten Gemeinden durch das oberhofgerichtliche Urtheil vom 21. März l. J. auferlegt wurden, daher solche in Gemäßheit der §§. 552 u. 603 der Pr.O. an und für sich vor dem diesseitigen Gerichtshof auszuschwören sein würden, das großh. Amtsgericht Donaueschingen somit nur als das zu dem speciellen Acte der Eidesabnahme beauftragte, Gericht erscheint, weßhalb der Streit, welcher sich hierbei unter den Parteien über die Frage ergeben hat, wie viele und welche Personen die Eide für die Gemeinden zu leisten haben, nur von dem diesseitigen Gerichtshofe zu entscheiden ist;

in Erwägung, daß die von den beklagten Gemeinden als Eidesleister vorgeschlagenen Personen in diesem Prozesse gerade über die Thatsachen, welche den Beklagten durch das oberhofgerichtliche Urtheil auf den Eid gegeben sind, bereits als Zeugen eidlich einvernommen worden, und hierdurch nach den Bestimmungen der §§. 442 ff. der Pr.O. beiden Theilen gemeinschaftlich geworden sind, diese ihre Eigenschaft als Zeugen daher mit der Stellung als Eidesleister, in welche sie für die beklagte Partie selbst zu handeln und gleichsam als solche aufzutreten hätten, unvereinbarlich erscheint,

wird, und zwar in Berücksichtigung, daß beide Theile mit ihren Anträgen theilweise unterliegen, unter Compensation der durch dieses Zwischenverfahren erwachsenen Kosten,

erkannt:

die von den beklagten Gemeinden zur Ausschwörung der ihnen in dem oberhofgerichtlichen Urtheil vom 21. März l. J. No. 666 auferlegten Erfüllungseide bezeichneten Personen, nämlich rc. werden als Eidesleister verworfen." Stf.

86.

Ehescheidung.

Bei Würdigung des beleidigenden Inhalts von Briefen unter Ehegatten ist nicht nur die daraus entsprechende Absicht des Schreibenden entscheidend, sondern auch das Alter der mit der Ehescheidungsklage vorgelegten Briefe.

Vrgl. Annal. 1863 (XXIX.) No. 21 Ziff. 62. 4. S. 164.

In Sachen

der Maria Siegele geborenen Hetterich in Bruchsal

gegen

ihren Ehemann, Lithographen Michael Siegele von dort,

Ehescheidung betreffend,

wurde das Urtheil des großh. Hofgerichts des Mittelrheinkreises vom 18. April 1864 des Inhalts:

„Die Klägerin sei, mit der auf Grund harter Mißhandlung und grober Verunglimpfung erhobenen Ehescheidungsklage abzuweisen.—

von großh. Oberhofgerichte am 13. Juli 1864 aus folgenden Gründen bestätigt:

„Für den Scheidungsgrund der harten Mißhandlung sind keine zureichenden Thatsachen angegeben rc. Insoweit eine der behaupteten Thätlichkeiten von dem Beklagten theilweise zugestanden wurde, indem er nämlich zugab, gegen die persönlichen Angriffe seiner Frau sich vertheidigt und sie zurückgewiesen zu haben, ist die Thatsache an und für sich ohne alle Erheblichkeit. *)

Was den Scheidungsgrund der groben Verunglimpfung betrifft, welche in den von der Klägerin vorgelegten Briefen enthalten sein soll, so bildet der Vorwurf der Unzucht und des Ehebruchs unter Umständen allerdings eine schwere Beleidigung, welche die Ehescheidung nach L.R.S. 231 begründen kann.

In dem vorliegenden Falle kommt aber zu erwägen, daß der erste bereits im Jahre 1852 an den Vater der Klägerin geschriebene Brief nicht wohl weiter zu berücksichtigen ist, weil die Ehegatten noch längere Zeit das eheliche Leben fortgesetzt haben.

Die zwei späteren Briefe sind aber an die Klägerin selbst gerichtet, haben einen rein vertraulichen Character, und lassen mehr eine leidenschaftliche, durch die von der Klägerin beantragte Vermögensabsonderung gesteigerte, Erregung des Beklagten als die directe Absicht erkennen, die Ehre der Klägerin verletzen und nach Außen preisgeben zu wollen.

Die Veröffentlichung der Briefe ist erst durch die erhobene Scheidungsklage erfolgt, während der Beklagte den Inhalt der Briefe bei Gericht nicht festgehalten und eine deßfallsige Beweisführung unterlassen hat. Dazu kommt endlich, daß, wenn die Angabe der Klägerin hinsichtlich des Datums der fraglichen Briefe richtig ist, seit Empfang der letzteren bis zur Scheidungsklage mehr als zwei Jahre verflossen sind, so daß die Klägerin selbst die in Frage stehende Beleidigung sofort weniger schwer aufgenommen hat.

Nach diesen Betrachtungen ist auch der zweite Grund nicht hinreichend, um die Ehescheidung zuzulassen."

Stf.

*) Siehe Annalen 1863 (XXIX.) No. 40 S. 319 Ziff. 141. 1 und No. 20 Ziff. 62 II. S. 158 Note 6.

88.

Die Gläubiger eines Miteigenthümers, dessen Gemeinschaftsgenosse das ungetheilte liegenschaftliche Eigenthum Beider verkauft hat, kann gegen den Käufer nicht sofort auf Nichtigkeit des Kaufs, sondern vorerst nur auf Theilung der Gemeinschaft klagen. L.R.S. 883.

In Sachen

der Gantmasse des Isidor Rist von Kirchdorf

gegen

den Maurer Johann Ambs von da,

Miteigenthum und Theilung betr.

Die Gantmasse des Isidor Rist verlangte von dem Beklagten die Hälfte der unterm 26. Dezember 1859 von der Wittwe des Ignaz Rist für die Summe von 1600 fl. gekauften Liegenschaften, weil Letztere nach den L.R.S.S. 577 b. f und 1599 nicht berechtigt gewesen sei, den ihrem minderjährigen Sohne zugefallenen Antheil einseitig zu veräußern.

Aus dem Inventar vom 21. Januar 1859 ergab sich, daß diese und andere beim Tode des Ignaz Rist vorhandenen Liegenschaften, wovon jedem Ehetheil die Hälfte gebührte, nach einem von der Obervormundschaftsbehörde genehmigten Uebereinkommen zwischen Mutter und Sohn in ungetheilter Gemeinschaft verblieben sind.

Das großh. Amtsgericht Villingen erkannte am 30. Oktober 1863:

„Der Beklagte sei, unter Verfällung in die Kosten schuldig, zu Gunsten der klagenden Gantmasse das Miteigenthumsrecht des Isidor Rist an den von Ignaz Rist Wittwe ihm unterm 26. Dezember 1859 verkauften Liegenschaften ꝛc., anzuerkennen, die Hälfte der Liegenschaften der Klägerin zu übergeben, oder — im Falle der Untheilbarkeit — sich die Versteigerung fraglicher Grundstücke behufs der Theilung des Erlöses gefallen zu lassen.

Dagegen sei die Klägerin mit ihrer Klage, soweit diese die Nichtigerklärung des Kaufvertrags vom 26. Dezember 1859 begehrt, abzuweisen."

Auf die dagegen von dem Beklagten ergriffene Berufung an das großherzogliche Hofgericht des Seekreises erließ dieses am 8. Jänner 1864 ein bestätigendes Urtheil; allein auf die hiergegen von Ebendemselben eingewandte Oberberufung erkannte am 20. Septbr. 1864 großh. Oberhofgericht abändernd zu Recht:

daß die erhobene Klage — unter Verfällung der Klägerin in die Kosten aller drei Rechtszüge — zur Zeit abzuweisen sei,

indem es in den Entscheidungsgründen aussprach:

„Gerade deßhalb, weil die wirkliche Abtheilung bis jetzt aufgeschoben wurde, erscheint das auf die Herausgabe und eventuell auf die Versteigerung der fraglichen Liegenschaften gerichtete Klagbegehren zur Zeit nicht begründet, da die Wittwe Rist durch die dereinstige Theilung noch immer das Alleineigenthum an den herausgeforderten Realitäten mit der nach L.R.S. 883 auf den Todestag des Erblassers rückwirkenden Kraft erwerben und in diesem Falle von dem Verkaufe einer theilweise fremden Sache nicht mehr die Rede sein kann.*) Eine Anwendung des in L.R.S. 883 aufgestellten Princips auf die Gläubiger eines der Miterben, beziehungsweise Gemeinschaftsgenossen enthält L.R.S. 2205.

Vrgl. Duranton, Droit français (Brüsseler Ausg.) T. XI. p. 262.

Es mag daher der Klägerin überlassen bleiben, vorerst die Vornahme der Theilung zu veranlassen, bis wohin die voreilig erhobene Eigenthumsklage zurückgewiesen werden muß." Stf.

81.

Literaturbericht.

In dem Verlage der G. Braun'schen Hofbuchhandlung in Karlsruhe ist erschienen und soeben ausgegeben worden: „Das badische Gesetz vom 5. Oktober 1863 über die Organisation der innern Verwaltung mit den dazu gehörigen Verordnungen, sammt geschichtlicher Einleitung und Erläuterungen. Nach amtlichen Quellen bearbeitet von Dr. G. Weizel, großh. bad. Staatsrath und Präsidenten des Verwaltungsgerichtshofs."

Diese Schrift hat den Zweck, nicht nur die Fachgenossen, sondern auch alle diejenigen, welche als Bezirksräthe oder Mitglieder der Kreisversammlungen oder der Kreisausschüsse berufen werden, an der öffentlichen Ver-

*) Siehe auch Zachariä fr. Civilrecht §. 197 vor Note 29 Bd. I S. [illegible].

waltung Theil zu nehmen, in das neue Gesetz über die Organisation der innern Verwaltung einzuführen.

Der Herr Verfasser hat es sich zur Aufgabe gemacht, die Grundsätze, von welchen der Gesetzgeber ausgegangen ist, möglichst klar darzulegen und sie zum allgemeinen Verständniß zu bringen. Dabei ist an das bisher Bestandene angeknüpft und gezeigt worden, wie aus dem Letzteren das Neue sich herausgebildet hat, und in welchem Zusammenhang es mit der Gesetzgebung anderer Länder steht.

In die Schrift wurden sämmtliche bis jetzt erschienene Vollzugsverordnungen zu dem neuen Verwaltungsgesetze und ebenso das Gesetz vom 29. Juli 1864 über die Stempel, Sporteln und Taxen in Verwaltungssachen aufgenommen, damit Jedem, der bei Anwendung des neuen Gesetzes mitzuwirken hat, das gesammte Material zur Hand sei.

Die Schrift enthält:

I. eine geschichtliche Einleitung, schildert die Bildung und Entwicklung des jetzigen Länderbestandes des Großherzogthums, die früheren Verwaltungszustände,

bespricht

II. die Grundlagen des Gesetzes vom 5. Oktober 1863 über die Organisation der innern Verwaltung:

A) die innere Staatsverwaltung;
B) die Verwaltungsrechtspflege;
C) die Selbstverwaltung der Kreise und Bezirke;
D) die Bildung der Kreisverbände und der Bezirksräthe,

und geht dann unter

No. III. auf das Gesetz vom 5. Okt. 1863 über die Organisation der innern Verwaltung selbst über, wo

von den Bezirksämtern und Bezirksräthen,
„ dem Verwaltungsgerichtshof,
„ dem Ministerium des Innern und dem Verwaltungshofe,
„ den Kreisverbänden und den Bezirksverbänden

ausführlich gehandelt wird.

Unter IV. folgen die Vollzugsverordnungen zu dem Gesetze vom 5. Oktober 1863 mit dem Gesetze über die Stempel, Sporteln und Taxen in Civilstaatsverwaltungs- und Polizeisachen — vom 29. Juli 1864.

Den Schluß bildet V., die Besprechung des badischen Gesetzes vom 10. April 1849 über die Einrichtung und den Geschäftskreis der Verwaltungsbehörden und die Verwaltungsgesetze anderer Staaten.

Das Werk ist mit einem alphabetischen Inhaltsverzeichniß versehen, und durch Vollständigkeit und Reichhaltigkeit geeignet, allen Erwartungen und alle Aufschlüsse, die gewünscht werden können, zu gewähren.

Dabei ist die Darstellung so klar und faßlich, daß sie dem Bürger wie dem Beamten eine höchst anregende Lectüre bieten.

Das Buch ist nicht allein von allgemeinem Interesse, sondern gewährt auch den Richtern und Anwälten vielfach Aufschlüsse über Verhältnisse, die in das Rechtsgebiet einschlagen oder dasselbe berühren, wie z. B. über badische Staatsgeschichte, die gesammte Organisation und das Verhältniß zwischen Rechtspflege und Verwaltung.

Daß der Herr Verfasser wie kein Anderer der durch diese Schrift zu lösenden Aufgabe gewachsen und dazu vorzugsweise befähigt ist, dafür liegt die Bürgschaft in der hervorragenden Weise und Stellung, in welcher derselbe – früher Anwalt und Richter – an Gesetzgebung und Verwaltung seit Jahren betheiligt und mit anerkanntem Erfolge beschäftigt ist.

Die am Schlusse des Vorworts von ihm ausgesprochene Hoffnung, die Schrift möge dazu dienen, daß die neue Verwaltungseinrichtung von allen ihren Trägern richtig erfaßt und damit ihre Durchführung erleichtert werde, ist in der Treflichkeit seiner Arbeit wohl begründet. Etf.

Redacteur Oberhofgerichtsrath Stempf. Verlag von J. Bensheimer in Mannheim. Druck von E. Schmelzer in Mannheim.

Annalen der Großherzogl. Badischen Gerichte.

1864. Band XXX. No. 26.

89.

Wenn in der ersten Instanz dem Gesuch des Beklagten um Abweisung der Klage nicht entsprochen, sondern auf einen Eid erkannt, in zweiter Instanz aber auf die Appellation des Beklagten und die Adhäsion des Klägers unbedingt nach dem Klaggesuch entschieden worden ist, so genügt zwar zur Beseitigung der reformatio in pejus als Oberappellationssumme der Betrag von 500 fl., jedoch kann dem auch in dritter Instanz wiederholten Gesuch um Abweisung der Klage nur bei einer Oberappellationssumme von 1000 fl. entsprochen werden, weil die Urtheile beider vordern Instanzen in der Nichtberücksichtigung (demnach Abweisung) dieses Gesuchs übereinstimmen. §. (1192) 1151 der Pr.O.

Siehe Annalen (XXIX.) No. 32 Ziff. 111 S. 253.

In Sachen
des Franz Braun in Krenheinstetten, und des Johann Göhri von Rohrdorf
gegen
Xaver Göhri und Martin Riede von Wehrstetten, letzter als Vormund seiner minderjährigen Kinder und als Miterbe der Crescentia Riede,
hier des Martin Riede allein,
Theilung betreffend.

Entscheidungs-Gründe:

Fidel Göhri in Liptingen hatte am 5. November 1842 an Lorenz Müller daselbst ein Wohnhaus um 1770 fl. verkauft. Am 9. August 1843 übernahmen seine vier Kinder das Vermögen ihrer Eltern, über welches am 7. und 8. August ein Verzeichniß angefertigt wurde, worin aber der noch ausstehende Kaufschilling für jenes Haus nicht aufgenommen ist. Einer vorbereitenden Uebereinkunft vom 3. Dezember 1842 gemäß überließen beide Kläger der Ehefrau des Martin Riede und dem Xaver Göhri das ganze übergebene, nach dem Verzeichniß unter Abzug des Vorbehalts auf 15,457 fl. 52 kr. berechnete Vermögen im Stück und ließen sich für ihre Antheile daran — mit 8400 fl. abfinden.

Nach dem Tode der Eltern (8. Juli und 14. Dezember 1852) theilten die Kinder deren Nachlaß unter sich. Zwei dieser Kinder haben nun im Januar 1863 ihre beiden Miterben, beziehungsweise deren Nachfolger, mit einer „Klage auf Vollendung der elterlichen Vermögenstheilung wegen Uebergehung eines Erbstücks“ belangt. In dieser Klage wird behauptet, jener Kaufschilling sei zur Zeit der Vermögensübergabe noch ausgestanden, unterdessen aber von Xaver Göhri und Martin Riede erhoben worden, und darauf das Gesuch gegründet: die Theilung des Vermögens der Fidel Göhri'schen Eheleute von Liptingen unter ihre vier Kinder sei dadurch zu vollenden, daß die Kaufschillingsforderung des Fidel Göhri an Lorenz Müller daselbst im Betrag von 1770 fl. nebst den bezogenen Zinsen nach den gesetzlichen Regeln unter die vier Kinder der Fidel Göhri'schen Eheleute, beziehungsweise deren Erben zu vertheilen sei.

Diesem Klaggesuch ist auf die Anschließung der Kläger an das Rechtsmittel, welches der eine der Beklagten, Martin Riede, gegen das amtsgerichtliche Urtheil, worin auf den, über die Einrede der Zustimmung den Klägern zugeschobenen, Haupteid erkannt worden war, mit dem Gesuche auf Abweisung der Kläger ausgeführt hatte, in II. Instanz entsprochen worden. Gegen das hofgerichtliche Urtheil ergriff Appellant die Oberappellation, die Kläger aber beanstandeten deren Zulässigkeit. Der nach §. 1192 der Pr.O. hier nöthige Betrag von 500 fl. wurde aber, und sonach die Zulässigkeit des Rechtsmittels angenommen, d. h. die Appellation gegen das hofgerichtliche Urtheil insoweit zugelassen, als es das amtsgerichtliche zum Nachtheile des Appellanten abgeändert hat. In den Entscheidungsgründen zum oberhofgerichtlichen Urtheil vom 15. September 1864 nahm man an, in der Sache selbst erscheine der Oberappellant beschwert, einmal könne nämlich von den Kindern die

Ergänzung einer elterlichen Theilung nach L.R.S. 1076. 1077 nicht, sondern nur gefordert werden, daß das nach dem Tode der Eltern noch vorhandene Vermögen, welches in dem übergebenen nicht begriffen war, nach den gesetzlichen Regeln getheilt werde. Daß aber der fragliche Kaufpreis, welcher nach der Darstellung des Oberappellanten schon am 19. März 1848, also vor dem Tode der Fidel Göhl'schen Eheleute erhoben gewesen sein soll, zur Zeit des Todes ihrer Eltern noch im Ausstand gewesen sei, haben die Kläger nicht behauptet, diese Behauptung hätte aber nach L.R.S. 887 zur Begründung der Klage gehört, insofern diese auf Vollendung der Theilung des elterlichen Nachlasses gerichtet ist. Der Klage stehe überdies entgegen, daß die Kläger erst nach Umlauf von 20 Jahren nach der stattgefundenen elterlichen Vermögensübergabe gerichtlich aufgetreten sind, während wohl angenommen werden dürfe, daß sämmtliche Kinder des Verkäufers von der Thatsache des Hausverkaufs damals Kenntniß hatten, und daher, wenn sie sich demungeachtet für ihren Antheil an dem ganzen übergebenen Vermögen mit einer Abfindungssumme begnügten, ohne die Aufnahme des Hauserlöses in das übergebene oder das vorbehaltene Vermögen zu verlangen, dies nur in der Absicht geschehen sein konnte, sich auch für dieses Vermögensstück abfinden zu lassen. Demungeachtet konnte das hofgerichtliche Urtheil nicht, wie der Oberappellant beantragt hatte, dahin abgeändert werden, daß die Kläger mit der erhobenen Klage abzuweisen seien, da diesem Gesuche weder in erster noch in zweiter Instanz stattgegeben worden ist; zu diesem Zwecke also der Gegenstand dieser Beschwerde, da sie gegen einen Theil des Urtheils gerichtet ist, gegen welchen schon Berufung eingelegt war, nach §. 1192 Abs. 2 der Pr.O. einen Werth von 1000 fl. hätte erreichen müssen. *)

Es konnte daher für den Oberappellanten nicht mehr geschehen, als daß das amtsgerichtliche Urtheil, durch welches derselbe unbedingt verurtheilt ist, wiederhergestellt wurde.

Etl.

90.

Das Obergericht kann, wenn das Untergericht eine Klage für nicht stattfindend erklärt hat, und hiegegen vom Kläger appellirt wird, die Unzuständigkeit des Untergerichtes aussprechen.

Handelsmann Rupprecht in Heidelberg belangte als Cessionair des Handlungshauses „Zenker und Comp." in Moskau auf den Grund von neun eigenen Wechseln den Carl Neuville, einen Belgier, vor dem großh. Amtsgerichte Achern für die Summe von 12,673 Rubel, indem er ausführte, Neuville, dessen Vermögen im Jahre 1859 zu Moskau einem (durch die russischen Gesetze geregelten) s. g. Administrationsverfahren unterworfen worden, habe sich damals von Moskau entfernt und wohne jetzt als Privatmann auf dem Schelsberg, Gemeinde Sasbachwalden, Amtsgerichts Achern. Kläger bemerkte auch, im Administrationsverfahren habe Neuville die fragliche Forderung anerkannt, es seien 10 Procent darauf bezahlt worden, das Anerkenntniß habe nach russischem Rechte die Wechselkraft auf 10 Jahre er-

*) Diese Entscheidung erfolgte mit Stimmenmehrheit, indem die Minorität von der Ansicht ausging, die Oberappellationssumme in einer und derselben Sache könne nicht je nach der einzelnen Beschwerde verschieden sein, man hätte also, da das Gesuch in der Beschwerdeschrift auf Abweisung der Klage gerichtet gewesen sei, die Appellation überhaupt nicht zulassen sollen, weil es an der Summe von 1000 fl. fehle.

Dagegen wurde aber erkannt, daß wenn auch das Rechtsmittel nicht für das majus des Gesuchs — so doch für das in diesem enthaltene minus der Beseitigung der reformatio in pejus zulässig sei; daß man aber das Rechtsmittel nicht gänzlich verwerfen könne, weil nicht über dieses minus auch auf das majus des Gesuchs des Appellanten erkannt werden könne.

Die Minorität machte aber hauptsächlich geltend, nachdem einmal die Oberappellation zugelassen, der Streit also an das Oberhofgericht devolvirt sei, könne diesem in der Prüfung der rechtlichen Lage des Falls keine Schranke mehr gezogen werden, sondern es müsse dem Gerichtshofe das Recht zustehen, das Gesuch des Oberappellanten, wenn es begründet erscheine, auch zu gewähren; mit andern Worten, das Rechtsmittel dürfe nicht blos für einen Theil der Beschwerden zugelassen werden, für einen andern nicht.

Dies war auch gewiß die Absicht des Gesetzgebers bei der Vorlage des §. 1157 des Entwurfs der Pr.O., beziehungsweise bei Aenderung in der Fassung, wie sie jetzt in §. 1151 der Pr.O. vorliegt. Ist ja doch in der Begründung ausgesprochen, daß die Aufstellung aller Beschwerden erleichtert werden wolle, wenn überhaupt die Sache in die dritte Instanz gelangt oder gelangen kann, im Commissionsberichte der II. Kammer auch anerkannt, daß die bisher bestandenen Zweifel durch die neue Fassung im Sinne einer Erweiterung der Zulässigkeit der Oberappellation entschieden werden sollen! Allein diese neue Fassung hat nur die in der Begründung erwähnten Beispiele berücksichtigt, nicht aber auch Fälle der oben besprochenen Art, so daß in dem Wortlaut des Gesetzes keine Auskunft über Behandlung solcher Fälle gefunden, der Zweifel über die Art und Weise ihrer Entscheidung folglich fortbestehen wird.

streckt. Diese letzteren Behauptungen waren durch Zeugnisse der russischen Behörden belegt. Mit Urtheil vom 10. März l. J. erklärte das großh. Amtsgericht Achern die Klage für nicht stattfindend, indem es davon ausging, daß nach §. 100 der allg. d. Wechselordnung die Wechselkraft in drei Jahren erlösche, und daß der russischen Gesetzgebung, da das betreffende Gesetz selbst nicht vorgelegt worden sei, kein Einfluß auf die Beurtheilung der Sache eingeräumt werden könne. Hiegegen wurde klagender Seits mit der Bitte um Ladung und endliches Erkenntniß nach dem Klagantrage an das großh. Hofgericht des Mittelrheinkreises appellirt. Dieses änderte hierauf am 6. Mai d. J. unter Verfällung Klägers in die Kosten den amtsgerichtlichen Bescheid dahin ab, „daß die Klage als vor dem großh. Amtsgerichte Achern nicht stattfindend abzuweisen sei."

Kläger ergriff Oberappellation. Das großh. Oberhofgericht lud den klägerischen Anwalt unter Bezug auf Pr.O. §. 1193 zur Nachweisung der Statthaftigkeit der Oberberufung in die öffentliche Gerichtssitzung vom 6. September d. J. vor, und verwarf, nachdem es die Rechtsausführung jenes Anwalts gehört, mit Erkenntniß vom gleichen Tage die Oberappellation als unzulässig.

Die oberhofgerichtlichen Entscheidungsgründe besagen:

„Der §. 1193 der Pr.O. sagt „„die Oberappellation findet in keinem Falle statt gegen Erkenntnisse über die Zuständigkeit des vom Kläger angegangenen Gerichtsstandes."" *) Es sollen hiernach über die Frage, ob das angerufene Gericht zuständig sei, oder nicht, nur zwei Rechtszüge gestattet sein. Nicht zweifelhaft ist, daß der vorliegende Fall in seiner dermaligen Lage unter die besprochene Gesetzesbestimmung fällt; denn es handelt sich, nachdem sich das großh. Amtsgericht Achern dadurch, daß es in der Sache selbst erkannte, für zuständig erklärt hat, — nachdem aber das großh. Hofgericht des Mittelrheinkreises die Zuständigkeit des gedachten Amtsgerichts für nicht begründet erklärt hat **), lediglich um eine Zuständigkeitsfrage."

„Die von oberappellantischer Seite entwickelte Ansicht, daß, weil sich das großh. Amtsgericht Achern stillschweigend für zuständig erklärt und Beklagter dagegen nicht appellirt habe, die Zuständigkeit jenes Gerichtes rechtskräftig festgestellt sei, ist unrichtig. Ebensogut nämlich, als das großh. Amtsgericht Achern selbst die Wirkungen einer bereits von ihm erkannten Ladung beseitigen konnte, wenn es sich etwa auf die beklagter Seits vorgetragene Einrede der Unzuständigkeit für unzuständig erklärte (vergl. Pr.O. §. 1128 *), lag es in der Befugniß des Obergerichts, an welches die Sache, gleichviel auf welchem Wege, gelangt war, die Unzuständigkeit des Untergerichts auszusprechen, sofern es der rechtlichen Meinung war, daß schon wegen solcher Unzuständigkeit die Ladung zu versagen sei. Der Umstand, daß, wie oberappellantischer Seits behauptet wird, mit dem Ausspruche der Unzuständigkeit des großh. Amtsgerichts Achern dem Kläger die Möglichkeit, den Beklagten vor den badischen Gerichten zu verfolgen, benommen sei, konnte nicht entscheidend werden, da der oben angeführte §. 1193 der Pr.O. zwischen Fällen, in denen es sich nur darum handelt, ob das eine oder das andere badische Gericht zuständig sei, und Fällen, in denen außer dem bereits angegangenen badischen Gerichte ein anderes solches Gericht der thatsächlichen Lage des Falles nach nicht mehr angegangen werden kann, in keiner Weise unterscheidet."

Roßhirt.

91.

Das Recht des Apanagirten am Stammgute.

Nach bad. und gemeinem deutschen Rechte.

L.R.S. 577 ep.

Für das Haus Löwenstein-Wertheim-Freudenberg [1]) wurde unter dem 14. April 1767 vom

*) Anders nach der neuen Pr.O., welche sagt: „Die Oberappellation findet nicht statt gegen bestätigende Erkenntnisse über die Zuständigkeit des vom Kläger angerufenen Gerichtsstandes," u. s. w. D. E.

**) Die Richtigkeit des hofgerichtl. Erkenntnisses unterliegt unseres Erachtens Angesichts der §§. 7. 41 der n. Pr.O. gegründeten Bedenken. Vergl. n. Pr.O. §§. 18. 25. 58. D. E.

[1]) Das Haus Löwenstein stammt bekanntlich von Friedrich dem Siegreichen, Churfürsten von der Pfalz und der Clara von Dettingen (anderwärts auch „Detten" genannt.) Der dieser Ehe entsprossene erste Löwenstein hieß Ludwig. Sein Enkel Ludwig II. erheirathete die Grafschaft Wertheim und die Grafschaft Rochefort. Von ihm gehen die beiden jetzt bestehenden Linien des Hauses Löwenstein aus. Sein Sohn Christoph stiftete die ältere, gräfliche, evangelische Linie (welche den Beinamen Virneburg von der erheiratheten Grafschaft dieses Namens erhielt). Sein anderer Sohn, Johann Theodor stiftete die jüngere, fürstliche, katholische Linie (Rochefort). Jetzt heißt die erstere Linie Löwenstein-Wertheim-Freudenberg

Grafen Ludwig Vollrath eine Primogeniturordnung erlassen und dieselbe unter dem 23. Octbr. 1770 von Kaiser Joseph II. bestätigt. Sie besagt:

„Für Uns, Unsere Erben und Nachkommen urkunden und bekennen Wir hiermit, daß Wir

I. (gehört nicht hierher).

II. „Unserem nachgeborenen Sohn, Grafen Friedrich Ludwig, als lange er leben wird, jährlich und jedes Jahr besonders den nach glaubhaft beigebrachter, resp. 20- und 30 jähriger Rechnungserhebung mit Abzug derer dem Erstgeborenen unentbehrlichen an sich geringen Naturalgefällen sich ergebenden vierten Theil der Einkünfte in Gelder ad Sechzehnhundert Gulden rheinisch zu einem jährlichen Unterhalt und appanagio und sofort denen jedesmaligen Nachgeborenen zu ihren appanagiis ausgeworfen, bestimmt und auf die bereitesten Kammergefälle dahier in Wertheim angewiesen und versichert haben wollen, woselbst sie dann nach Abzug derer dem Primogenito allein zufallenden Regierungsunkosten und sonst zu zahlen habenden Dotal-Deputat-Wittums- und Zinsgelder von denen von Uns anerbenden Passivis dem- oder denselben von Vierteljahr zu Vierteljahren gegen gewöhnliche Quittungen baar und richtig ausbezahlt und abgeliefert werden sollen.“

;Wie denn auch:

III. Falls sich die Einkünfte des regierenden Herrn durch Erb- und Heimfälle an Land und Leuten, unbeweglichen Gütern und ständigen Gefällen jure successionis ab intestato vel casu aperturae um ein Merkliches und wenigstens um Fünfzehnhundert Gulden rheinisch freien und jährlichen Einkommens (welches nach einem dreißigjährigen Rechnungsertrag abermal mit Abzug des Aufwands und der etwaigen Kosten, auch darauf haftenden onerum, Abgaben und Schulden zu bestimmen) mehreten, denen Nachgeborenen des Hauses von dem Surplus des mit Abzug jener Fünfzehnhundert Gulden sich ergebenden Revenüen-Zuwachs, nicht allein das Deputat jedesmal im Verhältnisse desselben zu denen Einkünften des regierenden Herrn oder pro quarta parte gesteigert und vermehret, sondern auch Unsern gräflichen Nachkommen und Nachfolgern in der Regierung diese Unsere Verordnung zum Vortheil der Nachgeborenen zu vermehren und denen Umständen nach zu verbessern, freigelassen, solche aber außer in nachbestimmten Fällen zu mindern und zu verringern ausdrücklich untersagt sein solle.“ *)

Am 9. August 1861 starb Fürst Adolph von Löwenstein-Wertheim-Freudenberg, das Haupt dieser Linie. Ihm folgte in letzterer Eigenschaft sein Vatersbruderssohn, Fürst Wilhelm, welcher einen jüngeren volljährigen Bruder und mehrere minderjährige Söhne hat. Jener Bruder ist Prinz Leopold von Löwenstein-Wertheim-Freudenberg.

Fürst Adolph hinterließ bedeutende Allodialschulden. Fürst Wilhelm schloß unter dem 20. Juni 1862 zu Aschaffenburg ein Uebereinkommen mit den Allodialgläubigern seines Vorgängers kraft dessen er gegen Einverleibung der Activverlassenschaft des letztern in das Hausfideicommiß die betreffenden Allodialschulden für sich und seine männlichen Descendenten im Betrage von 400,000 Gulden übernahm, zur Tilgung derselben Partialobligationen auf den Inhaber, zu 2½ pCt. verzinslich, auszugeben beschloß, zur Sicherung dieser Obligationen aber gewisse Fideicommißeinkünfte im Jahresbetrage von 12,600 Gulden verpfändete.

Die hiernach beschlossene Ausgabe von Schuldverschreibungen auf den Inhaber erhielt unter dem 26. Mai 1863 die durch das Gesetz vom 5. Juni 1860 (Reggsbl. No. 30) gebotene Genehmigung des großh. Ministeriums des Innern. Die Bekanntmachung dieser Genehmigung findet sich im großh. Regierungsblatte 1863 No. 28.

(Wohnsitz Wertheim), die letztere Löwenstein-Wertheim-Rosenberg (Wohnsitz Klein-Heubach am Main). Die letztere erhielt 1711 die reichsfürstliche Würde und 1803 eine Virilstimme im Reichsfürstenrathe. Die erstere ward 1812 von Bayern, 1813 von Würtemberg in den Fürstenstand erhoben. Die ältere Linie war wieder in zwei Specialinien, die Vollrath'sche und Carl'sche, geschieden, von denen die letztere (Carl'sche) 1852 erlosch. D. E.

*) In der gräflichen Linie des Hauses Löwenstein wurde 1597 ein Statut gegen die Primogenitur gemacht und solches 1608 vom Kaiser Rudolph II. bestätigt. Dagegen kam in der Vollrath'schen Speciallinie jener gräflichen Linie 1767 das oben im Texte theilweise abgedruckte Primogeniturstatut zu Stande. In der Carl'schen Speciallinie wurde die Primogenitur 1781 eingeführt. In der fürstlichen Linie war sie 1672 eingeführt worden. S. Moser, teutsches Staatsrecht XIII. S. 324. 528. Derselbe, Familienstaatsrecht I. S. 237. Reuß, Staatskanzlei II. S. 399. Schulze, das Recht der Erstgeburt, Leipzig 1851 §. 50 S. 454. — Die Primogenitur konnte, wie Moser, Familienstaatsrecht I. S. 319, d. Staatsrecht XIII. S. 463 sagt, eingeführt werden, „1. durch Reichsgesetz, 2. durch kaiserliches Privilegium, 3. durch eine väterliche Verordnung, 4. durch einen brüderlichen, oder 5. Familien-, oder 6. einen andern Vertrag.“ D. E.

Es ist darin gesagt, „es werde ausdrücklich bemerkt, daß das nach Vorstehendem bedungene Unterpfand jeweils nur den Ertrag (das Einkommen) der verpfändeten Stammgutstheile ergreife, sowie ferner, daß nur Seine Durchlaucht der Herr Fürst Wilhelm und seine Nachkommen, nicht auch Dritte zum Stammgute Berechtigte, an die Uebereinkunft vom 20. Juni 1862 gebunden und zur Tilgung der auf das Stammgut übernommenen Schulden aus den Einkünften desselben verpflichtet seien." Diese Bemerkung wurde sammt der weiteren, daß der Staat durch die ertheilte Genehmigung keine Gewährleistung des Schuldverhältnisses übernehme, auf Anordnung des großherzgl. Ministeriums vom großh. Amtsrevisorate Wertheim jeder Partialobligation angefügt.

Prinz Leopold, der erwähnte Bruder des Fürsten Wilhelm focht nun das besprochene Uebereinkommen vom 20. Juni 1862 in einer bei dem großh. Amtsgerichte Wertheim eingereichten Klage an, indem er um dessen Ungültigkeitserklärung bat. Begründet wurde die Klage dahin, „der Primogeniturordnung von 1767 nach liege dem Haupte des Hauses als Stammgutsnießer die Pflicht ob, den Agnaten, und als solcher erscheine dermalen nur Herr Kläger, den vierten Theil des freien und reinen jährlichen Einkommens zum standesmäßigen Leben in Quartalraten zu verabfolgen, dieser vierte Theil betrage, da die Gesammtrevenüen sich auf 140,000 fl. beliefen, 35,000 fl., die Abtragung dieser Summe ruhe kraft L.R.S. 577 cp als gesetzliche Last auf sämmtlichen Stammgütern, ergreife selbstverständlich gerade das Einkommen aus denselben und könne daher das letztere ohne Klägers Einwilligung weder veräußert noch verpfändet werden — L.R.S. 577 ca. cl —, dem Herrn Kläger stehe das auf das Stammgut radicirte Recht zu, den vierten Theil der Revenüen zu beziehen, er könne dieselben, so oft er nicht bezahlt werde, mit Vorzugsrecht in Anspruch nehmen und habe daher ein sehr wesentliches rechtliches Interesse daran, daß die Verpfändung, in Folge deren die Gläubiger auf die ihm verhafteten Stammgutserträgnisse greifen würden, nicht zu Stande kommen."

Das großh. Amtsgericht Wertheim wies die Klage als „nicht stattfindend" zurück, weil das Verpfänden von Stammgutsrevenüen nach L.R.S. 577 ci erlaubt sei und weil Herr Kläger, da bei der in Frage stehenden Verpfändung laut einer Beilage zur gedachten Bekanntmachung des großh. Ministeriums des Innern (Reggsbl. 1863 S. 227) nur Revenüen im Betrage von 12,600 fl. für verhaftet erklärt seien, im Hinblicke auf den viel höheren Betrag der Gesammtrevenüen (140,000 fl.) keine Gefahr laufe.

Die klägerische Berufungsbeschwerdeschrift hob insbesondere hervor, daß Herr Kläger den vierten Theil der Erträgnisse sämmtlicher Güter zu beziehen habe, und daß daher ohne Einwilligung desselben über die Revenüen bestimmter einzelner Güter nicht habe irgendwie verfügt werden dürfen.

In zweiter Instanz wurde ein zu Gunsten des Klägers erstattetes Gutachten des Herrn Hofrath und Professor Dr. Zöpfl zu Heidelberg vorgelegt, welches im Wesentlichen von folgender Anschauung ausging.

Fürst Wilhelm habe sowohl dem gemeinen Rechte nach (L.R.S.S. 577 ca u. ff.), als den besonderen hausgesetzlichen Bestimmungen zufolge, kein Recht gehabt, beim Bestehen der fraglichen Apanageansprüche über die Stammgutsrevenüen mittelst Verpfändung derselben zu verfügen. Darauf deute der Ausdruck „Familieneigenthum" im Landrechte (Ueberschrift des II. Buchs II. Titels 5. Kapitels), die Begriffsbestimmung dieses Eigenthums im L.R.S. 577 ca, der Inhalt des L.R.S. 577 ce, das den L.R.S.S. 577 cf. ci. cn. co. cq zu abstrahirende sog. condominium eventuale. Der Schluß des S. 577 cl habe nicht den Sinn, daß der Stammherr unter allen Umständen über die Revenüen durch Verpfändung verfügen könne, eine hausgesetzliche Beschränkung sei hier zulässig; die Andeutung einer Beschränkung enthielten die L.R.S.S. 577 cp. cq selbst, indem sie „gesetzliche Lasten" des Stammguts, darunter gerade die der „Abfertigung" der Nachgeborenen aufführten und damit selbstverständlich aussprächen, daß nichts, was die Abtragung dieser Lasten verhindere, geschehen dürfe. Der §. VI. der Primogeniturordnung (s. unten in den oberhofg. Entscheidungsgr.) verlange für jede, die Nachkommenschaft überhaupt, mithin auch selbst nur die Nachkommenschaft des Stammherrn bindende „wichtige Vorkommenheit" (eine solche sei aber gewiß die Aufnahme von 400,000 fl.), die Zustimmung der apanagirten Agnaten, ja die Nothwendigkeit einer solchen Zustimmung würde sich sogar ohne ausdrückliche Bestimmung von selbst verstanden haben; der §. VI. constituire einen Familienrath. Kläger habe nach der Primogeniturordnung (d. i. den oben mitgetheilten §§. II. III) einen idealen Antheil an den Stammgutsrevenüen zu Eigenthum anzusprechen, welche Berechtigung eine jede unbedingte Verfügungsgewalt des Fürsten Wilhelm über die Revenüen geradezu ausschließe. Auch sei Klägers Anspruch durch die Primogeniturordnung auf die bereitesten Einkünfte angewiesen und versichert, es werde aber Kläger in seinen hieraus sich ergebenden Rechtszuständigkeiten durch die neuerliche Revenüenverpfändung offenbar beengt, indem er den neuen Gläubigern nachzustehen, oder doch mit ihnen zu concurriren habe. Endlich bestehe die Gefahr, daß die neue Belastung des Fideicommisses zu einer Minderung der Apanage werde benützt werden.

Das großh. Hofgericht des Unterrheinkreises bestätigte das amtsgerichtliche Erkenntniß, im Wesentlichen aus dem Grunde, weil, wie die Ministerialverfügung v. 26. Mai 1863 ausdrücklich besage, die Rechte Dritter durch die Uebereinkunft vom 20. Juni 1862 nicht berührt würden, mithin auch Kläger dadurch nicht betroffen werde. Den §. VI. der Primogeniturordnung berücksichtigte das großherzgl. Hofgericht nicht, da gemäß Pr.O. §. 1173 Neuheiten in zweiter Instanz bei Berufungen gegen Ladungsversagungen unzulässig seien.

Auf klägerischerseits eingelegte Oberberufung bestätigte das großh. Oberhofgericht die Urtheile der vordern Rechtszüge.

Die oberhofgerichtlichen Entscheidungsgründe lauten, wie folgt:

„Die vorliegende Klage begehrt, daß die Uebereinkunft, welche der Herr Fürst Wilhelm von Löwenstein-Wertheim-Freudenberg unter dem 20. Juni 1862 mit den Allodialgläubigern seines Vorgängers in gedachter Standesherrschaft, des am 9. August 1861 verstorbenen Herrn Fürsten Adolph abgeschlossen habe, und wodurch er die Allodialschulden des Letzteren im Betrage von 400,000 fl. für sich und seine nämlichen Abkömmlinge auf das Hausfideikommiß übernommen, zur Sicherheit der Gläubiger aber die Revenüen sämmtlicher, dem fürstlichen Hause gehöriger Fideikommißgüter zum Unterpfande eingesetzt habe — soweit sie eine Revenüenverpfändung in sich fasse — für ungültig erklärt werde."

„Das Recht zu diesem Begehren stützt die Klage darauf, daß kraft der für das betreffende fürstliche Haus am 14. April 1767 erlassenen, am 23. Oktober 1770 vom Kaiser Joseph II. bestätigten Primogeniturordnung der Herr Fürst Wilhelm als Familienhaupt und Nutznießer sämmtlicher Stammgüter verpflichtet sei, den Agnaten, dermalen dem Herrn Kläger, seinem Bruder, allein den vierten Theil seines jährlichen Einkommens, der nun auf 35,000 fl. angeschlagen werde, als Apanage zu verabfolgen, daß diese Verpflichtung nach L.R.S. 577 cp eine auf den Stammgütern und zunächst auf deren Erträgnissen ruhende gesetzliche Last bilde, deren Abtragung mit Vorzugsrecht verfolgt werden könne, und daß demgemäß, da der Herr Kläger ein hohes Interesse habe, die auf die ebengedachte Weise seinem Rechte unterworfenen Stammgutserträgnisse nicht andern Gläubigern verpfändet und deren jeweiligem Zugriffe preisgegeben zu sehen, die ohne seine Einwilligung geschehene Verpfändung jener Erträgnisse als ungiltig zu betrachten sei."

„Da nun dem Nutznießer des Stammguts das Verpfänden der Stammgutserträgnisse sowohl der Natur der Sache nach, als nach ausdrücklicher Bestimmung des L.R.S. 577 c i — abgesehen von besonderen Verhältnissen — gestattet ist [3]), so frägt es sich, ob das klägerischer Seits behauptete Recht auf eine den vierten Theil der Stammgutseinkünfte umfassende Apanage jener Verpfändung hindernd in den Weg zu treten geeignet sei."

„Dies ist aber schon nach dem eigenen Vortrage der Klage nicht der Fall."

„Indem nämlich die Klage unter Berufung auf L.-R.S. 577 cp [4]) den klägerischen Apanageanspruch als gesetzliche Last [5]) des Stammguts, mithin auch der

[3]) Nach gem. deutschen Lehenrechte ist die Verpfändung der Lehensfrüchte dem Lehensinhaber gestattet, sowie darnach überhaupt jede Lehensverpfändung im Zweifel nur als Früchteverpfändung gilt. Mayer, Lehenrecht §. 1.6 S. 301. Ueber Fideicommißschulden überhaupt s. Mittermaier, d. Privatr. I. §. 158 VIII. und Gerber, d. Privatr. §. 84 („es haften (für vom Fideicommißinhaber gemachte Schulden) nur die Früchte des Gutes während der Dauer des Besitzes durch den Schuldner"). Vrgl. Salza und Lichtenau über Familienfideicommisse. Leipzig 1838 §§. 102. 103.
D. E.

[4]) Der §. 30 des 5. Const.Ed. vom 12. Aug. 1807 über die Lehensverfassung sagt: „Wo das Lehen untheilbar ist, da gebührt den Lehensberechtigten, welche vom Eintritt in das Erbe ausgeschlossen werden, eine Abfertigung, die, soweit sie nicht durch Familienverträge näher bestimmt wäre, aus der Ausrüstung und dem Lehengehalte besteht." Im Verlaufe des §. wird angegeben, was unter dem einen und andern zu verstehen und wie der betreffende Betrag, falls nicht Familienverträge oder Observanzen Maaß gäben, zu ermitteln sei.

[5]) Der Ausdruck „gesetzliche Last" ist wohl aus der Sprache des gem. d. Lehenrechts genommen. Es nennt z. B. Schilter, Inst. jur. feud. c. VII. unter den debitis feudalibus diejenigen, welche stillschweigend („sine speciali oppignoratione") auf

Erträgnisse desselben, darstellt, indem sie für jenen Anspruch ein Vorzugsrecht geltend macht, zu dessen Nachweis sie sich allerdings auf L.R.S. 577 cr berufen kann, welcher L.R.S. die Vorzugsforderungen des Satzes 2101 in ähnlicher Weise für auf dem Stammgut haftend erklärt, wie der L.R.S. 577 op die „Abfertigung" (Apanage); stellt sie den Herrn Kläger auf den Standpunkt eines bevorzugten Pfandgläubigers. — Erscheinen nun hiernach die Gläubiger, zu deren Gunsten die Uebereinkunft vom 20. Juni 1862 abgeschlossen worden sein soll, als nachgehende Pfandgläubiger, so besteht für den Herrn Kläger kein Recht, die an die letzteren geschehene Verpfändung als ungiltig anzufechten. Es bedarf nämlich der weiteren Ausführung nicht, daß der vorgehende Pfandgläubiger zwar unbedingt den Vorzug vor dem nachgehenden in Anspruch nehmen kann, daß er aber eben deßhalb kein rechtliches Interesse und kein Recht hat, die Vernichtung eines ihm nachgehenden Pfandrechts bei dem Richter zu beantragen. Es mag allerdings geschehen, daß in Folge des Vorhandenseins mehrerer einander nachgehender Pfandgläubiger, wie in Folge des Daseins mehrerer Gläubiger, die auf denselben Vermögensgegenstand Anspruch machen, überhaupt manchfache Schwierigkeiten und Verwickelungen entstehen, welche insbesondere hie und da die Nothwendigkeit von Einsprachen des Vorgehenden gegen unberechtigte Eingriffe der Nachgehenden herbeiführen; aber solche Schwierigkeiten und Verwickelungen bilden anerkanntermaßen keinen Rechtsgrund dafür, das Recht des Nachgehenden gänzlich auszuschließen."

„Für weitergehende Rechte des Herrn Klägers, als die, dem L.R.S. 577 cp abgeleiteten, bisher besprochenen, hatte die Klage in der badischen Gesetzgebung keinen Anhaltspunkt. Sie konnte namentlich mit Grund nicht geltend machen, daß der Apanageberechtigte als solcher jener Gesetzgebung zufolge ein Miteigenthum am Stammgute oder ein den Stammherrn in ähnlicher Weise in seiner Verfügungsgewalt über das Stammgut beschränkendes Recht habe. Die landrechtlichen Bestimmungen über Stammgut sprechen durchaus gegen solche Berechtigungen. Der L.R.S. 577 ee sagt: „der Stammherr habe am Stammgut ein unzertheiltes, auch wenn er allein und kein anderer mit ihm in das Erbe trete, ein ungetheiltes Eigenthum, das aber in seinem Gebrauche beschränkt, in seinem Genusse belastet sei." L.R.S. 577 cv sagt: „Eigenthum und Erbrecht richte sich in Allem, worüber die vorangehenden Sätze geradezu oder folgeweise ein Anderes nicht nothwendig machten, nach den allgemeinen Regeln." Es ist diesen beiden Sätzen nach klar, daß die Vermuthung für das unbeschränkte Eigenthum des Stammherrn spricht, und daß demgemäß nur solche „Beschränkungen" und „Belastungen" (L.R.S. 577 ee) zugelassen werden sollen, welche das Gesetz ausdrücklich festsetzt, oder welche mit voller Sicherheit aus gesetzlichen Bestimmungen gefolgert werden können. Eine Bestimmung, welche die Befugnisse des Apanageberechtigten über das im L.R.S. 577 cp bestimmte, oben besprochene Maaß entweder ausdehnte, oder welche zu einer im Wege der Folgerung zu bewirkenden Ausdehnung berechtigte, ist nun aber weder in dem „vom Familieneigenthum oder Stammgut" handelnden Capitel des Landrechts (II. Bd. II. Tit. 5. Kap.) noch sonst im Landrechte zu finden. Die L.R.S.S. 577 cf. 577 cl. 577 cn. 577 co. 577 cq enthalten einzelne, allerdings aus Begriff und Wesen des Stammguts abgeleitete Beschränkungen des Stammherrn. Sie berühren an und für sich das Rechtsverhältniß des Apanagirten nicht. Aus ihnen darf aber, weil, wie gesagt, die Vermuthung für das unbeschränkte Recht des Stammherrn spricht, keineswegs ein, zur Rechtfertigung anderweitiger Beschränkungen zu benutzender allgemeiner Grundsatz gebildet werden. Weder aus der Ueberschrift des betreffenden Kapitels des Landrechts („vom Familieneigenthum oder Stammgut"), noch aus der im ersten Satze dieses Capitels (L.R.S. 577 ea) enthaltenen Begriffsbestimmung des Stammguts („Stammgut ist dasjenige Vermögen, welches zu Erhaltung eines Namens und Stammes gesetzmäßig ausgeschieden ist") kann dem vorhin dargelegten bestimmten Inhalte des Kapitels, insbesondere den L.R.S.S. 577 ee. 577 ev gegenüber irgend eine dem Klagbegehren günstige Folgerung abgeleitet werden."

„Ebensowenig kann eine solche Folgerung aus den der Klagschrift abschriftlich anliegenden beiden Satzungen der Eingangsbezeichneten Primogeniturordnung (Ziff. II.

dem Lehen haften, „onera realia feudo inhaerentia" und als solche, „sowie die Apanage (H.-B.)". Bei Meyer, Lehenrecht, erscheint unter den „gesetzlichen Lehenschulden, ex versione in rem, die man onera feudi nennen könne, das zur Abfindung der Agnaten bei einer zum Besten eines Lehenfolgers vorgenommenen Erbtheilung Verwendete." D. G.

III.) gezogen werden. Es ergibt sich daraus mehr nicht, als daß den durch Einführung der Primogenitur vom Stammgute ausgeschlossenen Nachgeborenen ein „jährlicher Unterhalt," eine „Apanage" (apanagium), ein „Deputat" (eine „Abfertigung," wie L.R.S. 577 cp sich ausdrückt) bestimmt werden wollte. Daß man sich das Rechtsverhältniß der Apanagirten bei Erlassung der Primogeniturordnung in ähnlicher Weise dachte, wie solches durch den L.R.S. 577 cp gestaltet wird, ergibt sich daraus, daß unter Ziff. II. der Primogeniturordnung festgesetzt ist, daß die Apanage auf die „bereitesten Kammergefälle dahier, in Wertheim, angewiesen und versichert sein solle." Hätte man nämlich im Sinne gehabt, den vierten Theil der Revenüen den Agnaten zu Eigenthum zuzuweisen, und damit ein unter dem Stammherrn und den Agnaten hinsichtlich der Revenüen bestehendes Miteigenthumsverhältniß zu begründen, so würde das Wort „versichert," welches auf eine pfandrechtliche Sicherheit deutet, die ihrerseits wieder ein persönliches Schuldverhältniß als Grundlage voraussetzt, offenbar nicht am Platze gewesen sein. Darauf, daß man die Apanageberechtigten nur als gesicherte Gläubiger, keineswegs als Miteigenthümer am Stammgut betrachten wollte, deutet auch die Bestimmung der Primogeniturordnung, derzufolge die dem vierten Theile der Gesammtrevenüen entsprechende Summe den Apanagirten „ausbezahlt," an sie „abgeliefert" werden solle. Der Umstand, daß ein gewisser Theil der Stammgutsrevenüen zur Apanage ausgesetzt wurde, begründet keinen Schluß darauf, daß ein Miteigenthumsverhältniß der vorhin angedeuteten Art beabsichtigt gewesen sei. Die fragliche Art, den Betrag der Apanage festzusetzen, findet ihre natürliche Erklärung darin, daß es passend schien, das Einkommen der Nachgeborenen in ein gewisses Verhältniß zu dem des Stammherrn zu setzen und deßhalb nach letzterem Einkommen zu bemessen."

„Im zweiten Rechtszuge wurde eine Denkschrift übergeben, welche neuerdings auf eine zuvor nicht erwähnte Bestimmung der Primogeniturordnung (Ziff. VI.) Gewicht legt. Die Stelle besagt: „„Und damit das erforderliche Vernehmen und unumgängliche Zusammensicht zwischen denen regierenden und apanagirten Herrn des Hauses befestigt und unterhalten werden, sollen die regierenden mit den nachgeborenen Brüdern und Vettern bei wichtigen, die Nachkommenschaft verbindenden Vorkommenheiten Communication zu thun nicht versäumen."" (Schl. flgt.)

Druckfehler.

S. 200 in der zweiten Spalte, Zeile 10 von oben ist nach: „Erwartungen" ausgefallen: „zu entsprechen."
„ „ Zeile 14 fehlt das Schlußwort: „wird."
„ „ Zeile 20 von oben fehlen nach „beiderseitig und" die Worte: „in beiden Gebieten."

Einladung.

Die Betheiligung der Richter und Anwälte an dieser Zeitschrift durch Mittheilung von Aufsätzen war bisher im Verhältniß so gering, daß die Redaktion mit Beschaffung des Stoffs für die festgesetzte Bogenzahl nicht selten ins Gedränge kam.

Wenn auch die Mittheilung von Urtheilen über interessante Fragen den Hauptstoff für die Annalen der großh. badischen Gerichte bildet, so waren und sind selbstständige Abhandlungen natürlich nicht ausgeschlossen, sondern schon der wohlthuenden Abwechslung wegen willkommen. Wenn aber solche Abhandlungen, wie der Wunsch schon geäußert worden ist, in größerer Zahl in diesen Blättern erscheinen sollen, so kann dies begreiflicher Weise nur geschehen, sofern Gerichtsmitglieder und Anwälte sich herbeilassen, die Redaktion in dieser Richtung mehr als bisher zu unterstützen.

Die eben durchgeführte Organisation wird bei Anwendung der neuen Gesetze, auf denen sie beruht, und mit welchen sie zusammenhängt, Streitfragen genug herbeiführen, deren Besprechung und Entscheidung mannigfachen und reichhaltigen Stoff für diese Blätter gewähren wird.

Die Redaktion ersucht deßhalb Richter, Anwälte und Gerichtsnotare um freundliche Unterstützung durch Beiträge, welche entsprechend honorirt werden.

Stf.

Redakteur Oberhofgerichtsrath Stempf. Verlag von J. Bensheimer in Mannheim. Druck von G. Schwalzer in Mannheim.

Annalen der Großherzogl. Badischen Gerichte.

1861. Band XXX. No. 27.

(Schluß von Art. 91.)

„Mit Recht wurde indessen dieses neue Vorbringen vom großh. Hofgerichte nicht berücksichtigt, da eine Appellation gegen eine Ladungsversagung in Frage war, und bei solchen Appellationen gemäß Pr.O. §. 1173 das Vorbringen neuer Thatsachen nicht stattfindet. Stünde aber auch die eben angeführte prozessualische Bestimmung der Berücksichtigung der mitgetheilten Stelle der Primogeniturordnung nicht entgegen, so könnte diese Stelle doch immerhin als zu Gunsten des Herrn Klägers entscheidend nicht betrachtet werden, da sie keineswegs festsetzt, daß „bei wichtigen Vorkommenheiten“ die Zustimmung der Agnaten vorhanden sein müsse, und da man aus ihr nicht ableiten kann, daß das betreffende Rechtsgeschäft ohne jene Zustimmung der Gültigkeit entbehre. Die Stelle ist schon ihrem Wortlaute nach eher auf die Nothwendigkeit eines Benehmens mit den Agnaten („Communication“) und die Einholung des Beiraths derselben zu beziehen.“

„Bedeutsam für Auslegung der Primogeniturordnung von 1767 ist die Art und Weise, wie zur Zeit des Aufkommens der Primogenitur in den fürstlichen und gräflichen Häusern Deutschlands die Rechtsgelehrten die einschlägigen Verhältnisse auffaßten, und wie sich in den fraglichen Beziehungen die Rechtsübung gestaltete. Man begegnet hier — wenn man von besonderen Satzungen oder besonderen Rechtsverhältnissen, z. B. dem paragium, absieht, — im Allgemeinen der auch später in das badische Landrecht übergegangenen Anschauung (L.R.S. 577 op sagt: „Als gesetzliche Last auf dem Stammgut haftet die Abfertigung der von der Erbfolge ausgeschlossenen Söhne und Töchter der Familie“), daß durch die Primogenitur die Nachgeborenen vom Erbe völlig ausgeschlossen seien, und daß ihnen als Abfindung hiefür eine in der einen oder andern Weise gesicherte Forderung zukomme.[6]) — Siehe z. B.

Maier de apanagio et paragio cap. 8. 9.

Springsfeld de apanagio cap. 4.

(Beide Schriften in Maier corp. jur. apanagii et paragii.)

Ludolf de jure primogeniturae aphorism. XII.

Schilter de apanagio et paragio §§. 7. 11. 22.[7])

Moser, deutsches Staatsr. XIII. S. 421 [8]) XIV. S. 457 ff. S. 471 (an letzterem Orte über die

---

6) Die Primogenitur hatte den Zweck, Theilungen zu vermeiden und dadurch den Familien den durch die Theilungen völlig geschwächten Glanz zu erhalten. Man betrachtete zur Zeit der Einführung der Primogenitur „Land und Leute“ ebenso gut als Eigenthum der herrschenden Familie, als zur Zeit der Theilungen. Mittelbar wurde aber die Primogenitur für die Staatsidee nutzbar, denn der Staat war nur denkbar, wenn die [illegible] Theilungen aufhörten, wenn ein Untheilbares an „Land und Leuten“ in eines Herrschers Hand gelangte. Dem bei Einführung der Primogenitur verfolgten Zwecke nach mußte das gesammte patrimonium der herrschenden Familie (der Staat war Patrimonialstaat) in einer Hand, der des Erstgeborenen, bleiben. Für die Nachgeborenen mußte aber, weil sie nicht mehr zu Theil gehen [illegible], gesorgt werden. Es wäre ein arger Verstoß gegen die Idee des Glanzes der Familie gewesen, wenn man die Nachgebornen in dürftiger Lage gelassen hätte. Man sorgte nun für sie, indem man ihnen einen Theil der Herrschaft — „Land und Leute“ — unter der Oberherrschaft des Erstgeborenen überließ (s. g. paragium), oder indem man sie mit Geld oder Renten abfand (apanagium, Apanage, Abfindung, Abfertigung, Deputat, Unterhalt, Erbportion, Erbgebühr, Alimentationsmittel, Geldpensionen, Competenz, s. über alle diese Ausdrücke Moser, d. St.R. XIV. S. 376. 377). Ueber den Unterschied von apanagium und paragium Moser a. eben a. O. und Fam.St.R. I. S. 294. Schilter de paragio et apanagio §§. 21. 22. Ludolf de primogenitura p. 64. Zachariä, d. St.R. I. S. 266. Zöpfl, St.R. I. §. 261. Mittermaier, d. Privatr. II. §. 451. Pözl in Bluntschli's Staatswörterb. IV. S. 17. Ueber Apanagen in den jetzt souveränen Häusern, Zöpfl, Staatsr. II. S. 734 u. ff. D. E.

7) Schilter sagt in §. 11: „Apanagiatus non est haeres, sed exclusus ab haereditate.“ §. 22: „Apanagium non est jus reale, nec pars haereditatis, sed duntaxat fructuum perceptio, debita ex obligatione personali, et conditione ex pacto et provisione, non ex divisione haereditatis, ne quidem inaequali.“ D. E.

8) Moser sagt hier auf die von ihm aufgeworfene Frage: „Was das Erstgeburtsrecht sei?“ „Das Hauptwerk kommt darauf an, daß 1. Einer oder mehrere derer Nachgebohrenen, welche sonsten gleiches Successionsrecht hätten, von Land und Leuten oder doch von der Regierung oder denen wichtigsten Stücken derselben ausgeschlossen werden.“ Aehnlich Fam.St.R. I. S. 480 u. f. D. E.

verschiedenen Arten die Apanageforderung zu sichern.[9])

Derselbe, Familienstaatsrecht I. S. 294. [10]) 460. 464.

Vergl. auch Bluntschli deutsches Privatrecht §. 205 Ziff. 10. [11])

Schulze, Recht der Erstgeburt, Leipzig 1851 §. 47 S. 371—382.

Im Einklange mit der eben mitgetheilten Anschauung steht es, wenn

Eichhorn, Einl. in das deutsche Privatrecht §. 370,

Mittermaier, deutsches Privatrecht II. §. 451 zu Note 21,

Gerber, deutsches Privatrecht §. 275 Note 7,

lehren, daß im Falle einer Gant des Stammherrn die Apanage als Forderung an die Masse geltend gemacht werden könne, und demgemäß fortlaufend aus der Masse zu bezahlen sei. Nicht selten kam der Fall vor, daß gerade unter der Herrschaft der dargelegten Anschauung die Apanage in einer Quote der Einkünfte des Erstgeborenen bemessen wurde. —

---

[9]) „In Ansehung der denen Nachgebohrenen verschafften Sicherheit wegen richtiger Bezahlung ihrer Deputate ist es in denen Primogenitur-Dispositionen und Pactis gar unterschiedlich gehalten worden. Einige sind (nicht unbillig) scharf verclausulirt, in andern aber hat man es beim Nächsten bewenden lassen." So Moser a. a. O. Derselbe verweiset nun auf Beispiele an verschiedenen Stellen seiner Werke. Die Beispiele ergeben, daß man die Apanagen auf bestimmte Gefälle, auf die Einkünfte aus gewissen Landestheilen anwies, die Beamten des Regierenden verpflichtete, diese Einkünfte an den Apanagirten abzuliefern, daß man zu Gunsten der Apanagen Hypotheken auf Renten und Liegenschaften (gewisse Landestheile) legte u. dgl. D. E.

[10]) „Es ist hier Anmerkungswerth, daß, wie es wohl noch allezeit der Erfolg gelehrt hat, diejenigen Herrn übel thun, welche zwar das Recht der Erstgeburt einführen, denen nachgebohrenen Herrn aber nicht nur Geld, oder blos Gefälle verschaffen, sondern Güter und über dieselbige mancherlei Rechten und Regalien einräumen: — — Man thut also am besten, wenn man entweder das Erstgeburtsrecht gar bleiben läßt, oder es recht und vollständig einführt, wie es nunmehro insgemein in denen neuesten Primogenitur-Dispositionen geschieht." So schrieb Moser im J. 1775. D. E.

[11]) Bluntschli faßt hier die Apanage auf als „eine Last, die dem Stiftungsgute auferlegt ist," indem er später anfügt, dieselbe sei weder als Erbanfall noch als Pflichttheil zu betrachten, „da dem Apanagirten neben dem eigentlichen Nachfolger kein Erbrecht an dem Stamm- oder Stiftungsgute zustehe." D. E.

Moser, deutsches Staatsrecht XIV. Bd. 72. Cap. §. 6. [12])

Schulze, a. a. Orte. [13])

Dem Erlasse des großh. Ministeriums des Innern vom 26. Mai 1863 (Reggsbl. 1863 No. 26), auf wel-

---

[12]) Moser führt im XIV. Bd. S. 457 u. ff. die verschiedenen Arten an, wie die Versorgung der Nachgeborenen mit Geld geschehe (unter den Häusern, in denen mit Geld abgefunden werde, nennt er S. 461 Löwenstein) und bemerkt dann (§. 6): „Bei denen Häusern aber, wo das Deputat der nachgeborenen Söhne bestimmt ist, äusert sich doch wieder dieser Unterschied, daß einige eine gewisse Quotam derer Einkünfte des regierenden Herrn, andere aber eine gewisse Summe Gelds zum Deputate ausgesetzt haben." In §. 7 führt er Beispiele an, daß Fürsten den Nachgebornen den vierten Theil ihrer Einkünfte als Apanage bestimmten (Sachsen-Zeiz, Sachsen-Meiningen). D. E.

[13]) Schulze sagt hier — nachdem er die Bestimmung der Apanage nach Quoten der Gutseinkünfte als unpractisch verworfen (wegen Schwierigkeit der Berechnung) und die Abfindung mit Geld als das practisch Beste dargestellt — „daß es schnurstracks dem Wesen der Primogenitur widerspreche, wenn Nachgeborne Regierungsrechte hätten, daß jedoch ältere Primogeniturordnungen nicht umhin gekonnt hätten, den Nachgebornen Regierungsrechte zu gewähren, so z. B., daß bei ihnen in wichtigen Dingen Anfragen zu stellen seien, daß Vollmachten auch in ihrem Namen auszustellen seien. Abgesehen von solchen vereinzelten Bestimmungen — fährt Schulze fort — hätten die Nachgebornen bei Primogenituren gar keinen Einfluß auf die öffentlichen Geschäfte, auch sei jede Specialbestimmung als Ausnahme strictissimae interpretationis." Was hier von den Regierungsrechten gesagt ist, gilt auch von Ausübung der Vermögensrechte. Diese Rechte und die Regierungsrechte standen einander im Patrimonialstaate nahe. Jetzt sind die Regierungsrechte der nicht souveränen Häuser aufgehoben und nur die Vermögensrechte, wenn auch vielfach modificirt, geblieben. Man kann bezüglich der im vorliegenden Rechtsfalle schwebenden Fragen wohl folgende Sätze aufstellen:

1) Der Fideicommißinhaber allein ist Eigenthümer des Fideicommißguts. Es besteht kein Gesammt- oder Obereigenthum der Familie, kein Miteigenthum der Agnaten. Beschränkt ist der Fideicommißinhaber, insoweit dies der Zweck des Fideicommisses gebietet.

2) Auf dem Fideicommisse haftet als gesetzliche Schuld oder Last die Abfertigung oder Apanage der Nachgebornen. Sie ist kein Erbrecht der letztern, aber ein Ersatz für dasselbe.

3) Die Abfertigung oder Apanage besteht ex providentia majorum. Sie ist als vom Stifter auf das Fideicommiß gelegt zu betrachten. Sie geht deßhalb allen vom Inhaber auf das Fideicommiß gelegten Schulden und Lasten vor. Sie kann indessen nicht kraft Eigenthumsrechtes von den dazu Berechtigten angesprochen werden, sondern nur als bevorzugte Schuld. Die Apanagirten sind Gläubiger. (Conform damit betrachtet die Doctrin die Apanage im Concurse als Masseschuld, den Berechtigten sonach als creditor massae, nicht als Vindicanten.)

4) Autonome Bestimmungen können Abänderungen an dem

chen das großh. Hofgericht seine Entscheidung baute, kann eine entscheidende Bedeutung nicht beigelegt werden. Er ertheilt lediglich die durch das Gesetz vom 5. Juni 1860 (Reggsbl. 1860 No. 30) erforderte staatspolizeiliche Erlaubniß zur Ausstellung von Schuldverschreibungen auf den Inhaber. Die Rechte der Betheiligten wollte und konnte er nicht festsetzen. Wenn er daher erklärte, daß „nicht auch Dritte zum Stammgute Berechtigte an die Uebereinkunft vom 20. Juni 1862 gebunden und zur Tilgung der auf das Stammgut übernommenen Schulden aus den Einkünften derselben verpflicht seien", so war dieser Ausspruch wohl dazu geeignet, etwaige Käufer der fraglichen Schuldenverschreibungen auf Inhaber vor dem Glauben zu warnen, daß alle zum Stammgut berechtigte Personen zur Tilgung der betreffenden Schulden verbunden seien; er konnte aber mit Grund einen Dritten, zum Stammgute Berechtigten, welcher ein Recht auf Vernichtung der, der Ausgabe von Schuldenverschreibungen auf den Inhaber zu Grunde liegenden, Uebereinkunft vor den Gerichten geltend zu machen können glaubt, nicht entgegengehalten werden."

„Konnte indessen auch nicht auf den Inhalt des oben angeführten Erlasses hin die Klage als nicht stattfindend abgewiesen werden so führten doch die oben dargelegten Erwägungen zu dem gleichen Ergebnisse solcher Abweisung."

Vorstehenden bewiesen. Unklare Bestimmungen gedachter Art sind aber möglichst dem Vorstehenden gemäß auszulegen. (Vergl. L.R.S. 577 a r. s.)

Das dem badischen Gesetzgeber vorgelegene preuß. Landrecht Thl. 2 Tit. 4 §. 72 sagt: „Dem jedesmaligen Fideicommißbesitzer gebührt das nutzbare Eigenthum des Fideicommisses. Das Obereigenthum befindet sich bei der ganzen Familie." Der bad. Gesetzgeber folgte jedoch dieser Auffassung nicht, gab vielmehr den L.R.S. 577 aa. Das österr. Gesetzbuch sagt §. 629: „Das Eigenthum des Fideicommißvermögens ist zwischen allen Anwärtern und dem jedesmaligen Fideicommißinhaber getheilt. Jenen kommt das Obereigenthum allein, diesem aber auch das Nutzeigenthum zu." Die beiden erwähnten auswärtigen Gesetzgebungen ruhen, wenn auch in [illegible] Weise auf der in der zweiten Hälfte des vorigen Jahrhunderts [illegible], neuerdings aber von Dunker in der [illegible] Gesammteigenthum. Marburg 1843" kräftig [illegible] vom „Gesammteigenthume der Familie." Diese [illegible] nicht angeschlossen, sich vielmehr mit [illegible], daß der jeweilige Inhaber des [illegible] „einstweiliger" erklärt. Vergl. [illegible] L.R.S. 577 aa (in den Worten „ohne an die [illegible] gebunden zu sein") und [illegible], Bd. zu S. 577 aa. Z. I. Bd. S. 443. D. E.

„Aus diesen Gründen, sowie nach §. 169 der Pr.O. wegen der Kosten mußte, wie geschehen, erkannt werden." Roßhirt.

92.

Stillschweigende Ermächtigung der Ehefrau zum gerichtlichen Auftreten.

Eine zeitliche Trennung der Ehegatten kann je nach den Verhältnissen derselben, zufolge §. 45 der Eheordnung (L.R.S. 311 a) von den Behörden geduldet werden.

In Sachen

des Friedrich Gerwig in Pforzheim, Klägers, Appellaten, Oberappellanten,

gegen

seine Ehefrau Wilhelmine Gerwig, geb. Ruf von da, zur Zeit in Mannheim, Beklagte, Appellantin, Oberappellatin,

Nichtigkeit eines Urtheils und Aufhebung einer Vollstreckungsverfügung betreffend.

Das großh. Amtsgericht Pforzheim hatte J. S. der Ehefrau des Friedrich Gerwig, Wilhelmine geb. Ruf von Pforzheim gegen ihren Ehemann Friedrich Gerwig, Ehescheidung betr., am 6. März 1861 den Beklagten Friedr. Gerwig von Pforzheim für schuldig erkannt, an seine von ihm faktisch getrennte Ehefrau als Beitrag zur Ernährung derselben mit ihren Kindern jährlich 110 fl., erstmals von heute an und zwar den verfallenen Betrag innerhalb 8 Tagen bei Zwangsvermeiden, zahlbar in Monatsraten, zu entrichten und alle Kosten zu tragen.

Der Ehemann focht später dieses Urtheil als nichtig an, weil seine Frau ohne Ermächtigung gehandelt habe, und weil das Urtheil gegen das Gesetz verstoße.

Das großh. Amtsgericht Pforzheim erkannte dem Klagantrag gemäß am 30. Juli 1863:

„das Urtheil des großh. Amtsgerichts Pforzheim vom 6. März 1861 sei, als auf einem nichtigen Verfahren beruhend und als unwirksam zu erklären, und demzufolge die darauf ergangenen unbedingten Befehle, Vollstreckungsverfügungen, Arrest- und Zuweisungsverfügungen, unter Verfällung der Beklagten in die Kosten wieder aufzuheben."

Allein das großh. Hofgericht des Mittelrheinkreises änderte am 30. Dezember 1863 dieses Urtheil dahin ab:

„daß Kläger, unter Verfällung in die Kosten beider Rechtszüge mit der erhobenen Klage abzuweisen sei,"

und großh. Oberhofgericht bestätigte am 28. Juni d. J. das hofgerichtliche Urtheil mit folgenden

Entscheidungsgründen:

Der Kläger beschwert sich mit Unrecht gegen das seine Klage abweisende hofgerichtliche Urtheil.

Eine ausdrückliche Ermächtigung des Mannes oder eine — dem Art. I. Ziff. 4 des Gesetzes vom 5. Juni 1860 entsprechende — Gerichtsermächtigung der klägerischen Ehefrau zum Auftreten vor Gericht zur Herbeiführung des Urtheils vom 6. März 1861 liegt allerdings nicht vor; dagegen ergibt sich die Ermächtigung des Mannes dazu klar aus den in den hofgerichtlichen Entscheidungsgründen bezeichneten Vorgängen; denn aus den Thatsachen des gemeinschaftlichen Erscheinens beider Eheleute vor Gericht, und der mehrfachen gerichtlichen Verhandlungen derselben über getrennte Haushaltung der Ehefrau und Unterhaltsbeitrag des Mannes dazu, — der gerichtlich constatirten ehemännlichen Gestattung der Trennung und Zusicherung eines Unterhaltsbeitrags, — der vom Kläger nur gegen die **Größe** des daraufhin richterlich festgestellten Betrags erhobenen Einsprache, endlich der Genügung der richterlichen Auflage von Seiten des Ehemannes durch theilweise Zahlung und seiner Beruhigung bei den zur Flüssigmachung weiterer Zahlungen erlassenen unbedingten Befehle und Vollstreckungsverfügungen, — aus allem diesem läßt sich unmöglich ein anderer Schluß ziehen, als daß der Ehemann eine gerichtliche Verhandlung **mit** seiner Ehefrau wollte, wenn er auch mit dem Ergebnisse derselben nicht einverstanden war, so daß eine **stillschweigende** Ermächtigung der Frau zum gerichtlichen Auftreten, und selbst eine nachfolgende Genehmigung desselben als vorhanden angenommen werden muß. Dazu kommt, daß der aus L.R.S. 225 abzuleitenden Nichtigkeit des Verfahrens und Urtheils die Einrede der rechtskräftig entschiedenen Sache entgegensteht. — (**Zachariä** franz. Civilrecht, 4. Aufl. §. 472 Note 62.)*)

Auch in dem Inhalt des angefochtenen Urtheils kann eine Gesetzwidrigkeit nicht gefunden werden, wie Kläger solche behauptet.

Der §. 45 der Eheordnung, der nach L.R.S. 311 a noch Anwendung finden kann, gestattet in gewissen Fällen eine zeitliche Trennung der Ehegatten, und diese Fälle können sämmtlich hier als vorliegend angenommen werden; denn seit Jahren lebten die Eheleute in Unfrieden, so daß eine Gemüthssammlung als dienlich erscheinen konnte, — die Vermögensverhältnisse derselben sind sehr beschränkt und ein Zusammenleben würde das Aufgeben der freien Wohnung, die der Ehemann für sich im städtischen Pfründhause hat, nothwendig nach sich ziehen, während den Nahrungssorgen besser abgeholfen werden kann, wenn die Eheleute einzeln ihrer Nahrung nachgehen, und alle diese Erwägungen mögen die Eheleute bewogen haben, die factische Trennung zu beschließen, und zu statuiren, die Staatsbehörde aber, sie — wenn auch nicht gerade ausdrücklich zu genehmigen, doch — mindestens zu dulden.

Wenn nun Kläger bei diesem Sachverhalt für Frau und Kinder eine Unterhaltsrente zusicherte, so hat er einer ihm nach L.R.S. 212. 214 obliegenden Pflicht genügt, zu deren weiterer Erfüllung der Richter um Hilfe angegangen werden kann.

Ein Vergeben der ehemännlichen Rechte oder ein Zuwiderhandeln gegen die L.R.S.S. 1388. 1395 liegt unter diesen Verhältnissen nicht vor. Es sind diese solche, über welche nach andern gesetzlichen Bestimmungen verfügt werden konnte, und zur Zeit des ergangenen Urtheils verfügt wurde.

Ob **jetzt** die Verhältnisse ein Abgehen von den getroffenen Bestimmungen als angemessen oder nöthig erscheinen lassen, wie die Oberberufungsbeschwerde geltend macht, kann nicht Gegenstand der Beurtheilung im vorliegendem Rechtsstreite sein, da es sich hier nur um die Rechtsbeständigkeit des Urtheils vom 6. März 1861 nach **damaliger** Sachlage handelt.

Ebensowenig ist es richtig, daß jenes Urtheil eine lebenslängliche Trennung und eine lebenslängliche Zahlung der Rente verfügt, sondern selbstverständlich nur eine jährliche Leistung der Rente für so lange, als der dem Urtheile unterlegte Sachverhalt und das Urtheil selbst zu Recht besteht. Ebenso finden die §§. 25 ff. der Eheordnung hier keine Anwendung, da keine die Leitung der Ehe betreffende ehepolizeiliche Bestimmung in Frage

*) 5. Aufl. Bd. III. S. 86 Note 73.

liegt, es sich vielmehr um die Beurtheilung eines Urtheils handelt, das der Civilrichter gegeben hat, und nach Obigem auch geben konnte.

Nach allem Diesem mußte bestätigt &c.

Stf.

93.

Welche Sportel ist für Liquiderkenntnisse bei Forderungen von 10,000 fl. und mehr anzusetzen?

Eine Lücke im neuen Sportelgesetz.

Nach den früheren Sportelgesetzen von 1840 und 1856 war für Liquiderkenntnisse ohne Unterschied des Forderungsbetrags nur die geringe Sportel von 15 kr. anzusetzen, was mit dem sonst angenommenen Grundsatz, daß neben dem Umfang der Arbeit auch der Werth des Streitgegenstandes als maßgebend gilt, nicht ganz im Einklang stand. Im neuesten Sportelgesetz vom 11. Juli 1864 (Reggsbl. No. 32) wurde deßhalb, in der Erwägung, daß solche Erkenntnisse Versäumungserkenntnisse sind, welche in der Hauptsache entscheiden, obwohl sie ohne Prüfung des näheren Sachgehaltes ergehen, dafür eine mit dem Betrag der Forderung wachsende mäßige Erhöhung der seitherigen Sportel vorgezeichnet.

Vrgl. die Begründung der Regierung zu §. 21 des Entwurfes (jetzt §. 22).

Es sind demgemäß in §. 22 des Gesetzes, gleichlautend mit §. 21 des Entwurfes, auch bezüglich der Liquiderkenntnisse acht Classen aufgestellt, welche den in §. 29 (Entwurf §. 28) für die Endurtheile bestimmten Classen, was die Forderungsbeträge betrifft, durchaus entsprechen. Insbesondere umfaßt die Classe 8 ebenfalls Forderungen von 6000 fl. bis zu nicht vollen 10,000 fl.

Dagegen ist für Forderungen von 10,000 fl. und mehr gar keine Bestimmung gegeben, indem entsprechende weitere Vorschriften, wie solche in den Schlußsätzen des §. 29 beigefügt sind, nämlich, daß für je weitere 10,000 fl. bis zum Betrage von 400,000 fl. eine gewisse fernere Erhöhung, für den Mehrbetrag aber kein weiterer Ansatz Statt findet, hier gänzlich fehlen. Bei näherer Vergleichung gelangt man zum unzweifelhaften Ergebniß, daß hier schon im Entwurf eine Auslassung*), vielleicht ein Versehen in der Abschrift, möglicher Weise auch etwa ein Redactionsfehler in Bezug auf die Fassung der Bestimmung zu Classe 8 Statt gehabt haben muß, ohne daß dieses bei der Berichterstattung in der zweiten, sowie in der ersten Kammer und bei Berathung des Gesetzesentwurfs entdeckt wurde.

Die beiden Commissionsberichte vom Abgeordneten Gerbel (für die zweite Kammer) und vom Obergerichtsadvokaten Dr. Bertheau (für die erste Kammer) geben zwar über Grund und Absicht des Gesetzes im Allgemeinen, über den fraglichen Punkt im Besonderen aber keinen, Aufschluß. Im ersteren Bericht ist angedeutet, daß die Commission die vorgeschlagene Aenderung für durchaus gerechtfertigt und dem oben erwähnten Grundsatz entsprechend, die Erhöhung aber für sehr mäßig halte. Dabei ist ausdrücklich bemerkt, die Classeneintheilung stehe in Uebereinstimmung mit jener in §. 28 für die Endurtheile. Im anderen Bericht ist auf die nach §. 21 eintretende nicht unbedeutende Erhöhung der Sporteln für Liquiderkenntnisse sowie der Einnahmen der Justizverwaltung näher hingewiesen, diese Erhöhung jedoch aber, als eine richtigere Anwendung des mehrerwähnten Grundsatzes, zugleich mit Rücksicht darauf, daß der Beklagte sich hiedurch um so eher bemühen werde, dem Liquiderkenntniß vorzubeugen, ebenfalls nicht beanstandet. Auch die Minderheit der Commission der ersten Kammer, gegen die Sportelerhöhung überhaupt gestimmt und sonst mehrfach wesentlich abweichend, trat dieser Erhöhung (zu §. 21) nicht entgegen.

Es läßt sich hieraus so viel entnehmen, daß man allerseits damit einverstanden war, für die Liquiderkenntnisse eine ganz nach der Classeneintheilung des §. 29 (28) abgestufte, nur viel mäßigere Sportelerhöhung eintreten zu lassen.

Wäre es erlaubt, die nachgewiesene Lücke nach der muthmaßlichen Absicht des Gesetzgebers zu ergänzen, so würde etwa folgender Zusatz zu §. 22 vor die beiden letzten Absätze einzuschalten sein:

„für jede weiteren 10,000 fl. bis

---

*) Bei der großen Masse gesetzgeberischer Arbeiten, die bei Einführung der allgemeinen Verbesserung des Gerichtswesens sich häuften und in verhältnißmäßig kurzer Zeit glücklich erledigt wurden, konnte ein derartiges Uebersehen um so leichter vorkommen und unbemerkt bleiben. D. E.

zum Betrag von 400,000 fl. weitere 20 Kreuzer."

„Für den Mehrbetrag findet kein weiterer Ansatz Statt."

Da nun eine solche Ergänzung dem badischen Richter unzweifelhaft nicht zusteht, vielmehr der Gesetzgebung überlassen bleiben muß, so fragt es sich, welche Sportel bis zu erfolgter Vervollständigung des Gesetzes für Liquiderkenntnisse über Forderungen von 10,000 fl. oder noch mehr anzusetzen ist?

Nach rein buchstäblicher Auffassung des Gesetzes, vermöge der in §. 3 vorangestellten Regel, daß Gerichtshandlungen, welche in den nachfolgenden Bestimmungen des Gesetzes nicht ausdrücklich benannt sind, keinem Sportelansatz unterliegen, könnte man etwa zum Ergebniß gelangen, daß hiefür gar keine Sportel anzusetzen sei. Dies wäre jedoch gewiß unrichtig, da auch bei Anwendung des Sportelgesetzes das Gebot einer vernunftmäßigen Auslegung nicht außer Acht gelassen werden darf. Die natürliche Lösung ist vielmehr die, daß zur Zeit eben 3 fl., und nicht mehr, hiefür anzusetzen sind, weil in jeder Forderung von 10,000 fl. oder mehr, doch wenigstens auch eine Forderung von 6000 fl. steckt.

E. Brauer.

94.

Ueber die Compentenz bei Untersuchungen wegen Refraction und Desertion.

Daß die persönliche Bestrafung der Refractäre auf Grund von §. 58 des Conscriptionsgesetzes nunmehr den Kreisgerichten zustehe (vergl. Amann, Strafprozeßordnung Seite 29 Ziffer 121), während die gleiche Bestrafung der Deserteure nach Maaßgabe der Militärstrafgesetze den Militärbehörden vorbehalten bleibt, bedarf wohl als zweifellos keiner weiteren Erörterung.

Dagegen scheint eine nähere Prüfung der Zuständigkeitsfrage bezüglich der Erkennung von Vermögensstrafen gegen abwesende Refractäre und Deserteure nach Maaßgabe des Gesetzes vom 5. October 1820 Reggsbl. No 15, nicht unnöthig zu sein. Bisher wurden diese Strafen bekanntlich zugleich mit der Aberkennung des badischen Staatsbürgerrechts von den Bezirksämtern als Verwaltungsbehörden ausgesprochen; durch §. 37 des Polizeistrafgesetzbuchs ist aber nunmehr ausdrücklich die Zuständigkeit der Gerichte auch bezüglich dieser Vermögensstrafen begründet worden. Nach Beilage I. Ziff. 28 der Gerichtsverfassung würde nun zwar die Vermuthung zunächst für die Competenz der Amtsgerichte sprechen, wie denn auch diese von Ammann in seiner Ausgabe der Strafprozeßordnung (S. 40 Litera a) als begrüdet angenommen wird; doch dürfte diese Ansicht nicht richtig sein. Die Vermögensstrafen des Gesetzes von 1820 betragen nach §. 4 für Refractäre 800 fl. und für Deserteure 1200 fl.; sie sind auch stets im vollen Betrage zu erkennen, wiewohl beim Vollzuge, je nach den Vermögensverhältnissen des Bestraften, unter Umständen nur ein Theil derselben eingezogen wird. Nach §. 15 Abs. 1 der Gerichtsverfassung können aber die Amtsgerichte nur auf Geldstrafen bis zu 300 fl. erkennen, und diese Beschränkung gilt nun, abweichend von dem bisherigen Recht, unbedingt auch für die Fälle gesetzlich festbestimmter Geldstrafen (Vrgl. Ammann Strafprozeßordnung S. 21 Anm. 2). Hienach wird für die gegen Refractäre zu erkennenden Geldstrafen von 800 fl. nach §. 26 I. der Gerichtsverfassung die Zuständigkeit der Kreisgerichte als begründet anerkannt werden müssen. Was dagegen die Deserteure betrifft, welche durch die Desertion ihre Eigenschaft als Militärpersonen selbstverständlich nicht verlieren, so stehen dieselben nach §. 2 Ziff. 1 und nach §. 26 des Gesetzes vom 6. April 1854, Reggsbl. No. 18, gar nicht unter den Civilgerichten, somit wird nunmehr auf Grund von §. 37 des Polizeistrafgesetzbuches auch die Erkennung der Vermögensstrafen gegen dieselben den Militärgerichten anheim fallen.

Der Ausspruch der Verwirkung des badischen Staatsbürgerrechts aber, welcher nicht auf Grund des Gesetzes vom 5. October 1820, Reggsbl. No. 15, sondern vielmehr auf Grund von Titel III. der landesherrlichen Verordnung vom 16. Dezember 1803 (Reggsbl. 1804 No. 2 u. 3) zu erfolgen hat, wird nach wie vor Sache der Bezirksämter als Verwaltungsbehörden sein. Diese werden auch fernerhin das durch die letzterwähnte Verordnung vorgeschriebene Ediktalladungsverfahren zu besorgen haben, und erst nach Beendigung desselben werden die Akten im Fall einer Refraction an den kreisgerichtlichen Staatsanwalt, im Fall einer Desertion aber an das betreffende Militärcommando zu weiterer Verfügung bezüglich der Vermögensstrafen einzusenden sein.

Dr. Bingner.

98.

Nach dem Schluß einer Verlassenschaftstheilung kann der Offenbarungseid nicht mehr verlangt werden.

Annal. 1863 (XXIX.) No. 19 Ziff. 59 S. 150. 151.

In Sachen

des Karl Kunz von Malsch, als Vormund der Josephine Kaller von da, und der Wwe. des Theodor Kastner, Rosalia geborne Kaller von da,

gegen

August Odenwald von Karlsruhe,

Leistung eines Offenbarungseides betr.

Die Kläger, als Erben der Ehefrau des Beklagten, forderten von diesem, nachdem die Aufnahme und Theilung des Nachlasses vorüber war, die Leistung eines Offenbarungseids, indem sie den Verdacht aussprachen und Bescheinigung dafür erbrachten, daß er nicht alle Bestandtheile des Vermögens seiner Ehefrau angegeben habe.

Der Beklagte bekämpfte das klägerische Verlangen, aber das großh. Stadtamtsgericht Carlsruhe erkannte unterm 26. Oktober 1863:

„Der Beklagte August Odenwald hat einen Offenbarungseid dahin zu leisten:

daß er Alles, was in dem Vermögensverzeichniß auf Ableben seiner Ehefrau, Amalie Kaller, vom 27. Mai, resp. vom 12. u. 13. August vorigen Jahres noch nicht angegeben worden ist, vollständig und getreulich angeben wolle.

Die Kosten dieses Rechtsstreits trägt der Beklagte."

Auf die dagegen von dem Beklagten ergriffene Berufung an das großh. Hofgericht des Mittelrheinkreises änderte dieses unterm 16. Februar d. J. jenes Urtheil unter Verfällung der Kläger, Appellaten in die Kosten beider Rechtszüge dahin ab, daß dieselben mit der erhobenen Klage abzuweisen seien; und dieses Urtheil wurde auf die hiergegen von den Klägern eingewandte Oberberufung von großh. Oberhofgerichte am 22. Sept. 1864 unter Verfällung der Kläger, Oberappellanten, auch in die Kosten des dritten Rechtszuges bestätigt.

Entscheidungsgründe.

Die Kläger finden sich mit Unrecht durch das hofgerichtliche Urtheil beschwert, welches ihr, gegen den Beklagten gerichtetes Verlangen, auf Leistung eines Offenbarungseides abwies. Es kommt nämlich bei der Frage über die Statthaftigkeit dieses Rechtsbehelfs in Bezug auf eine Verlassenschaftsmasse und gegenüber dem im Besitz befindlichen Gemeinschaftsgenossen oder Miterben auf das Stadium an, in welchem sich das Verlassenschaftsgeschäft zur Zeit, in welcher das Verlangen auf Leistung dieses Eides gestellt wird, befindet. Im vorliegenden Falle war, wie von beklagtischer Seite in der Einwendung gegen die Statthaftigkeit des klägerischen Verlangens hervorgehoben und durch die angerufenen Akten dargethan ist, nach vorausgegangener Obsignation das Inventar unter Mitwirkung aller Betheiligten gefertigt und auf Grund desselben das ganze Theilungsgeschäft zum Abschluß gebracht, auch von den Klägern die für sie ergangenen Verweisungen bereits gerichtlich geltend gemacht, als die Kläger nachträglich gegen den Beklagten mit dem Verlangen auf Leistung eines Offenbarungseides über den Bestand der Verlassenschaftsmasse auftraten.

Der Offenbarungseid kann aber nach §. 599 der Pr.O. nur demjenigen auferlegt werden, der einen Inbegriff von Sachen oder Rechten anzuzeigen verpflichtet ist, hat somit die Angabe des Bestandes der Masse überhaupt zum Zwecke; derselbe kann deßhalb nur Anwendung finden, wo und in solange nicht auf Grund des gefertigten Inventars das Theilungsgeschäft zum Abschluß gebracht worden ist, da es sich in diesem Stadium nicht mehr um Constatirung der Masse als einer juristischen Einheit, sondern nur um die Beibringung einzelner — vordem etwa nicht angegebenen, Objecte handeln kann, wobei es rechtlich gleichgültig ist, ob deren Veruntreuung erst nachträglich indicirt worden ist.

Aus diesem Grunde ist auch in §. 17 der Eidesordnung vom 24. Mai 1802, welcher die Grundlage der jetzigen Bestimmung der Prozeßordnung über den Offenbarungseid ausweislich der Motive zur Prozeßordnung bildet, von dem Offenbarungseid immer nur in Verbindung mit der Inventur und Obsignation die Rede, und auch in Lex ult. §. 10 Cod. de jure delib. (6. 30), aus welcher diese Lehre in das gemeine Recht aufgenommen wurde, ist dieses Mittel zur Constatirung des Bestandes einer Erbmasse bei Gelegenheit der Bestimmungen über Inventarserrichtung und über Bedenkfrist des Erben aufgeführt.

Wenn hiernach die klägerischen Erben von dem Verlangen auf Leistung eines Offenbarungseides rechtzeitig keinen Gebrauch machten, vielmehr auf Grundlage eines unbeschworenen Inventars die Theilung zum Abschluß bringen ließen, so ist übrigens hierdurch keineswegs ausgeschlossen, daß sie, wenn ihnen zur Masse gehörige, in das Inventar aber nicht aufgenommenen Vermögensstücke noch zur Kenntniß kommen, hierwegen ihre Rechte auf Grund des L.R.S. 897, vrgl. mit L.R.S.S. 792. 1477 u. s. w. geltend machen; allein dieser Anspruch ist mittelst besonderer Klage und mit den gewöhnlichen Beweismitteln geltend zu machen; — auf das Verlangen eines Offenbarungseides können sie nicht mehr zurückkommen.

Man vrgl. auch §. 17 cit. d. E.O. lit. c. a. E. und Seuffert, Archiv oberstrichterlicher Entscheidungen rc. : d. 8 No. 190 S. 280.

Diesem kann mit Grund nicht entgegengehalten werden, daß im vorliegenden Falle die letztere Folge dadurch aufgehoben sei, daß sich die klägerischen Erben am Schlusse des Theilungsgeschäfts die Geltendmachung ihrer Rechte vorbehalten haben, falls sich später herausstellen sollte, daß das Vermögen nicht richtig angegeben worden sei. Denn dieser Vorbehalt kann nur darauf bezogen werden, daß die klägerischen Erben sich dadurch bezüglich der Reclamation etwaiger weiteren Massebestandtheile im gewöhnlichen Klagwege nichts vergeben wollten; keineswegs ist aber darin der Vorbehalt des Offenbarungseides und die Erklärung enthalten, daß bis zu dessen Ableistung das Theilungsgeschäft nur ein provisorisches sein solle. Der letzteren Annahme steht auch der Umstand entgegen, daß die klägerischen Erben das Ergebniß dieser Theilung, nämlich die für sie ausgestellte Zuweisung von Gleichstellungsgeld inzwischen gerichtlich gegen den beklagten Wittwer geltend gemacht haben.

Da hiernach das Verlangen eines Offenbarungseides in der jetzigen Lage des Geschäfts überhaupt nicht statthaft ist, so kommt es auf die Prüfung, ob im vorwürfigen Falle die sonstigen Voraussetzungen zu einem Antrag auf solchen Eid vorhanden gewesen wären, — worüber die Ansichten der vordern Instanzen auseinandergingen — nicht weiter an, und war schon aus dem erwähnten Grunde das hofgerichtliche Urtheil welches das klägerische Verlangen zurückweist, zu bestätigen, und zwar gemäß §. 168 der Pr.O. unter Verfällung des klägerischen Theils auch in die Kosten des gegenwärtigen Rechtszuges.

Stf.

96.

Literaturbericht.

Unter den Bearbeitungen der neuen Gesetze mit Erläuterungen für den practischen Gebrauch ist wohl eine der willkommensten die des Herrn Justiz-Ministerialraths Ammann, welche die Gerichtsverfassung und Strafprozeßordnung zum Gegenstande hat.

Von diesem literarischen Unternehmen, welches ein sehr umfangreiches Gebiet von so großer Wichtigkeit beleuchtet, ist vor Kurzem die erste Lieferung erschienen, enthaltend:

Eine geschichtliche Einleitung.
Die Gerichtsverfassung.
Das Einführungsgesetz zur Strafprozeßordnung.
Die Strafprozeßordnung §§ 1 — 225.

Die Verlagshandlung (Chr. Fr. Müller) hat diese erste Lieferung mit der Erklärung hinausgegeben, daß die Erläuterungen im Manuscript vollendet sind, daß der Druck mit möglichster Raschheit gefördert wird, und daß sie daher in kurzer Zeit im Stande sein wird, den Rest des Werkes dem Publikum zu übergeben. Dabei ist bemerkt, daß ein Anhang die Vollzugsverordnungen und sonstigen Vollzugsvorschriften, sowie die Staatsverträge, welche sich auf die Strafrechtspflege beziehen, enthalten wird.

Mit diesem Werke wird sich der Herr Verfasser um die Strafrechtspflege sehr verdient machen, denn es ist mit solcher Meisterschaft, Umsicht und Liebe zur Sache verfaßt, daß die Richter, welche dasselbe benützen, für die darin erschlossene Aufklärung gewiß dankbar sein werden.

Bei allen wichtigen Fragen, insbesondere auch bei solchen, die auf dem deutschen Juristentage zur Erörterung gekommen sind, ist die Literatur mit Auswahl bezeichnet und durch Verweisung auf dieselbe zum Selbststudium Anregung gegeben.

Das Werk darf daher als ein sehr zweckgemäßes und wirkungsreiches begrüßt und jedem Practiker empfohlen werden.

Stf.

Redacteur Oberhofgerichtsrath Stempf. Verlag von J. Bensheimer in Mannheim. Druck von G. Schmelzer in Mannheim.

Annalen der Großherzogl. Badischen Gerichte.

1861. Band XXX. No. 28.

Einladung.

Die Betheiligung der Richter und Anwälte an dieser Zeitschrift durch Mittheilung von Aufsätzen war bisher im Verhältniß so gering, daß die Redaktion mit Beschaffung des Stoffs für die festgesetzte Bogenzahl nicht selten ins Gedränge kam.

Wenn auch die Mittheilung von Urtheilen über interessante Fragen den Hauptstoff für die Annalen der großh. badischen Gerichte bildet, so waren und sind selbstständige Abhandlungen natürlich nicht ausgeschlossen, sondern schon der wohlthuenden Abwechslung wegen willkommen. Wenn aber solche Abhandlungen, wie der Wunsch schon geäußert worden ist, in größerer Zahl in diesen Blättern erscheinen sollen, so kann dies begreiflicher Weise nur geschehen, sofern Gerichtsmitglieder und Anwälte sich herbeilassen, die Redaktion in dieser Richtung mehr als bisher zu unterstützen.

Die eben durchgeführte Organisation wird bei Anwendung der neuen Gesetze, auf denen sie beruht, und mit welchen sie zusammenhängt, Streitfragen genug herbeiführen, deren Besprechung und Entscheidung mannigfachen und reichhaltigen Stoff für diese Blätter gewähren wird.

Die Redaktion ersucht deßhalb Richter, Anwälte und Gerichtsnotare um freundliche Unterstützung durch Beiträge, welche entsprechend honorirt werden.

Stf.

97.

Handwerker.

Das Handelsgesetzbuch bezeichnet in Art. 271 No. 1 als Handelsgeschäft den Kauf oder die Anschaffung von Waaren, um dieselben weiter zu veräußern, wobei es keinen Unterschied macht, ob sie in Natur oder nach einer Bearbeitung weiter veräußert werden sollen. Darnach wäre der Ankauf, der von Handwerkern behufs der Be- ebensowenig die Uebernahme der Ausbesserung von Schuhen oder Stiefeln durch den Schuster, wenn dieser auch das Leder dazu anschafft. Auch die Uebernahme des Anstrichs von Häusern oder Zimmern durch den Tüncher (Maler) kann nicht als Handelsgeschäft gelten, wenn dieser auch Farben, Oel u. drgl. dazu anschafft. Der Ankauf von Eisen durch den Schmied oder durch den Schlosser ist ein Handelsgeschäft, wenn daraus Gegenstände

Thüren, Laden, Fenstern zu machen; Getäfel in Häusern anzumachen, oder Fußböden zu legen. Diese Unterscheidung bezieht sich aber nur auf die Anschaffungen der Handwerker; bezüglich der Veräußerungen bestimmt Art. 273 Absatz 3, daß diese nicht als Handelsgeschäfte gelten sollen, insoweit sie von Handwerkern in Ausübung ihres Handwerksbetriebs geschehen. Hiernach wäre der Ankauf von Mehl durch den Bäcker, der Ankauf von Vieh durch den Metzger, der Ankauf von Thon durch den Töpfer ein Handelsgeschäft, dagegen der Verkauf von Brod, von Fleisch, von Töpferwaaren kein Handelsgeschäft. Der Ankauf von Tuch durch den Schneider, um die daraus gefertigten Kleider zu verkaufen, wäre ein Handelsgeschäft, dagegen der Verkauf der fertigen Kleider kein Handelsgeschäft. Der Ankauf von Leder durch den Schuster, um die daraus gefertigten Stiefel oder Schuhe zu verkaufen, ist ein Handelsgeschäft, keineswegs aber der Verkauf von Stiefeln oder Schuhen.

Wiewohl diese Unterscheidung schon etwas Befremdliches hat, indem sie den allgemeinen Rechtsanschauungen ganz und gar nicht entspricht, so hat die Doktrin sie dennoch erweitert und dadurch das positive Recht in einen noch schärfern Gegensatz zu dem allgemeinen Rechtsbewußtsein gesetzt. Hahn, einer der besten Commentatoren des neuen Gesetzbuchs, sagt in seinen Anmerkungen zu Art. 10: „Der Handwerker wird durch die gewerbmäßige Verarbeitung von Stoffen nicht Kaufmann; wohl aber wird er dann zum Kaufmann, wenn er gewerbmäßig die zur Herstellung seiner Berufsarbeiten erforderlichen Rohstoffe für eigene Rechnung anzuschaffen pflegt." Uebereinstimmend damit sagt Goldschmidt in seinem Handbuch des Handelsrechts §. 46 (S. 379): „Kaufleute sind sämmtliche Handwerker, welche gewerbmäßig den Rohstoff für eigene Rechnung anschaffen, wenngleich sie nur auf Bestellung arbeiten." Es werden daher nach diesen Schriftstellern nicht alle Handwerker, sondern wie wir gesehen haben, nur diejenigen, welche die zu verarbeitenden Stoffe anschaffen, zu den Kaufleuten gerechnet. Es wird demgemäß ein Unterschied gemacht zwischen dem Schneider, der das ihm von den Kunden übergebene Tuch verarbeitet, und dem, der den Stoff selbst anschafft; nur dieser gilt als Kaufmann. Ebenso wird der Weber nur dann als Kaufmann betrachtet, wenn er den Stoff zum Weben anschafft, keineswegs aber, wenn er den ihm gelieferten Stoff gegen Lohn verwebt. Schreiner würden zu den Kaufleuten zu rechnen sein, wenn sie, selbst auf Bestellung hin, Schränke, Tische, Bettladen u. s. w. aus selbst angeschafftem Holz fertigen und verkaufen. Dreher, Blechner, Hutmacher, ja selbst Töpfer und Korbmacher gehören nach dieser Ansicht zu den Kaufleuten, doch haben sie nach Art. 10 des Handelsgesetzbuchs nicht alle Pflichten der Kaufleute. Die Bestimmungen, welche dieses Gesetzbuch über Firmen, Handelsbücher und Prokura enthält, finden nämlich auf Personen, deren Gewerbe nicht über den Umfang des Handwerksbetriebs hinausgeht, keine Anwendung. Außerdem sollen nach Art. 9 des badischen Einführungsgesetzes auch die Bestimmungen der Titel 10—12 des badischen Handelsrechts (über Ganten der Handelsleute) und des §. 467 des Str.G.B. auf diese Personen nicht anwendbar sein. Durch diese Ausnahmen sinkt allerdings die praktische Bedeutung der erwähnten Ansicht bedeutend herab. Wo Handelsgerichte bestehen, erlangt sie schon eine erhöhte Bedeutung sowohl bezüglich der Competenz wie auch, weil in den Ländern des französischen Rechts die Urtheile der Handelsgerichte sofort vollstreckbar sind, und weil körperliche Haft wegen derselben erkannt werden kann. Abgesehen davon treten die gesetzlichen Präsumtionen der Art. 273 und 274 des Handelsgesetzbuchs nur bei Kaufleuten ein. Dadurch fallen

lein selbst verfertigte, sondern auch angekaufte Gegenstände feil bieten. Nach dem schon oben angeführten Absatz 3 des Art. 273 sollen zwar die Weiterveräußerungen der Handwerker, insoweit sie in Ausübung des Handwerksbetriebs geschehen, nicht als Handelsgeschäfte gelten. In welchen Fällen ist aber ein handwerksmäßiger Betrieb vorhanden? Hahn antwortet hierauf in den Anmerkungen zu Art. 10 sub §. 13: „wenn die verkauften Waaren derselben Gattung angehören, wie die, auf deren Anfertigung das Handwerk gerichtet ist, oder mit diesem in irgend welcher Verbindung stehen; selbst eine nur historisch, z. B. durch Herkommen oder Zunftprivilegien zu begründende Verbindung dürfte unter Umständen genügen. Dabei ist aber weiter erforderlich, daß der Schwerpunkt der Thätigkeit in dem Betrieb des Handwerks liegt, und daß das Geschäft mit den fremden, d. h. erkauften Waaren nicht selbstständig organisirt ist.“

Goldschmidt ist derselben Ansicht und kömmt zu folgenden Unterscheidungen:

1) Handwerker, deren ausschließliches Gewerbe in der Arbeit an fremden Stoffen besteht, z. B. Schornsteinfeger, Anstreicher, Tüncher, Stubenmaler, Lakirer, oder in der Be- oder Verarbeitung gelieferter Stoffe besteht z. B. Färber, Bleicher, Glätter, Zeugdrucker, häufig auch Weber, Tapezirer, Gerber, Schneider, Putzmacher, Müller, sind nicht Kaufleute. Die Verwendung angeschaffter Zuthaten ändert nichts, so wenig als die gelegentliche Bearbeitung angeschaffter Stoffe.

2) Handwerker, welche gewerbmäßig Stoffe anschaffen, um sie nach vorgängiger Be- oder Verarbeitung zu veräußern, oder um übernommene Bestellungen auszuführen, sind Kaufleute aber nicht Vollkaufleute. (Dieser letztere Ausdruck soll diejenigen Kaufleute bezeichnen, welche den Bestimmungen über Firmen, Buchführung und Prokuren unterworfen sind.)

3) Besteht der Handwerksbetrieb in der Bearbeitung gelieferter und angeschaffter Stoffe, so ist der betreffende Handwerker nicht Vollkaufmann, überhaupt Kaufmann nur dann, wenn die Bearbeitung der angeschafften Stoffe den Charakter eines Gewerbes hat.

4) Handwerker, welche neben dem eigentlichen Handwerksbetrieb fremde Waaren feilhalten, sind stets Kaufleute, und zwar Kaufleute mindern Rechts, wenn entweder der Handel mit fremden Waaren in einer innern oder auch nur herkömmlichen Beziehung zu den Erzeugnissen des Handwerks steht, oder wenn der Handel mit fremden Waaren in einem geringen Umfang oder nach Art der Trödler, Höcker, Hausirer betrieben wird. Sonst sind sie Vollkaufleute, zumal wenn der Handel als selbstständiges Gewerbe neben dem Handwerk, oder als Hauptgewerbe, das Handwerk nur als Nebengewerbe erscheint.

Welch ein verwickeltes System! Es lohnt wohl der Mühe, zu untersuchen, ob unsere neue Gesetzgebung nicht auf einfacheren Grundlagen beruht? Die Vorzüge derselben würden bedeutend schwinden, wenn ihre Anwendung durch so vielfache Unterscheidungen, erschwert würde. Zum Glück läßt sich, meines Erachtens, nachweisen, daß dieses künstliche Gebäude auf einem unrichtigen Vordersatz ruht. Handwerker sind auch nach der andern Gesetzgebung nicht Kaufleute, selbst wenn sie die zu verarbeitenden Stoffe anschaffen. Der Metzger ist nicht Kaufmann, wenn er auch das nöthige Schlachtvieh ankauft; wie sollte er sich sonst vom Viehhändler unterscheiden? Ebensowenig ist der Schuster, welcher das nothwendige Leder kauft, darum Kaufmann; er wäre ja sonst Lederhändler. Auch der Bäcker ist nicht Kaufmann, wenn er auch Mehl zum Backen einkauft; es besteht ein Unterschied zwischen ihm und dem Mehlhändler. Ebensowenig ist der Schreiner, der das ihm nöthige Holz anschafft, Holzhändler oder der Schlosser und der Schmied Eisenhändler, der Dreher Hornhändler, der Gerber Fellhändler u. s. w. Der Unterschied springt in die Augen, so daß es in der That räthselhaft erscheint, wie er überhaupt Jemanden entgehen kann. Das Gewerbe des Lederhändlers besteht in dem An- und Verkauf von Leder; das Gewerbe des Schusters dagegen in der Be- oder Verarbeitung des Leders. Wenn er, um Leder verarbeiten zu können, es anschaffen muß, diese Anschaffung aber nach der Bestimmung des Art. 271 als Handelsgeschäft erscheint, so ist er darum noch kein Kaufmann, indem ja auch Nichtkaufleute Handelsgeschäfte abschließen können. Auch der Umstand, daß er bei Betreibung seines Gewerbes gezwungen ist, häufig oder regelmäßig Leder einzukaufen, also ein Handelsgeschäft abzuschließen, macht ihn noch nicht zum Kaufmann. Er wird nach Art. 4 des Handelsgesetzbuchs erst dann als Kaufmann angesehen, wenn er die Abschließung von Handelsgeschäften gewerbmäßig betreibt.

Schon der Ausdruck „betreiben“ deutet auf eine regelmäßige Beschäftigung mit Handelsgeschäften, wohin ein nur gelegentlich, durch besondere Umstände oder Verhältnisse herbeigeführter Abschluß einzelner Handelsgeschäfte nicht zu rechnen ist. Es kann nun allerdings der

Abschluß einzelner Handelsgeschäfte so häufig wiederkehren, daß er einer regelmäßigen Beschäftigung mit Handelsgeschäften ähnlich sieht.

Hier verlangt das Gesetz als weiteres Merkmal zur Unterscheidung den gewerbmäßigen Betrieb von Handelsgeschäften. Die Betreibung von Handelsgeschäften muß das Gewerbe eines Menschen bilden, damit er als Kaufmann angesehen werden könne. Ob aber Jemand die Betreibung von Handelsgeschäften zu seinem Gewerbe gemacht hat, kann sicher nicht daraus allein entnommen werden, daß er häufig Handelsgeschäfte abschließt; das gibt auch Hahn zu, indem er zu Art. 4 sub §. 4 bemerkt: „Das Criterium für den gewerbmäßigen Betrieb von Handelsgeschäften kann nicht aus der Häufigkeit des Abschlusses von Handelsgeschäften entnommen werden, ebensowenig daraus, daß der Abschluß in gewinnsüchtiger Absicht oder um den Lebensunterhalt zu gewinnen erfolgt. Das Criterium ist vielmehr, daß der Wille einer Person nicht durch die Gelegenheit zum vortheilhaften Abschluß eines oder mehrerer Handelsgeschäfte bestimmt erscheint, und daß nicht die Absicht vorliegt, einzelne bestimmte Handelsgeschäfte abzuschließen, sondern daß der Wille von vorn herein auf den Abschluß von ganzen Reihen von Handelsgeschäften, welche eine zusammengehörige Masse bilden, gerichtet ist. Diese Absicht ist erkennbar aus der Organisation des Betriebs durch Errichtung von Anstalten, welche zur Ermöglichung und Erleichterung des Abschließens und der Ausführung der betreffenden Geschäfte dienen, wie z. B. Laden, Niederlagen, Comptoirs, Hülfspersonen, namentlich aber auch aus ausdrücklichen Erklärungen durch Annahme einer Firma, Erlassung von Circulairen, Anmeldung zum Handelsregister u. dgl."

Hiernach erscheint es schwer begreiflich, wie Hahn alle diejenigen Handwerker, welche die Stoffe, deren sie zur Bearbeitung bedürfen, selbst anschaffen, zu den Kaufleuten rechnen kann, da bei diesen nicht allein jene Anstalten fehlen, sondern auch von ihnen nicht behauptet werden kann, es sei ihre Absicht von vorn herein auf den Abschluß einer ganzen Reihe von Handelsgeschäften gerichtet: vielmehr wird man allgemein zugeben, daß ein Schuster, ein Metzger, ein Dreher, ein Schlosser, ein Schreiner überhaupt nicht die Absicht oder den Willen hat, Handelsgeschäfte abzuschließen, daß er dazu nur insofern schreitet, als die Ausübung seines Gewerbes es erfordert. Für diese Handwerker liegt in jedem einzelnen Fall eine bestimmte Veranlassung, ein bestimmendes Motiv vor, geradeso wie bei denjenigen Personen, welche ihr Vermögen in Staatspapieren oder in Aktien industrieller Unternehmungen anlegen, und daher häufig in den Fall kommen, dergleichen Papiere zu kaufen oder zu verkaufen. Das kön. sächsische Justizministerium hat den 16. August 1862 an das Handelsgericht in Leipzig u. A. folgendes rescribirt: „Da der ritterschaftliche Creditverein nach §. 84 seiner Statuten nur seine Bestände (d. h. seine Cassenvorräthe) in der Zwischenzeit zum Diskontiren oder zum Verleihen auf Pfänder verwendet, auch von der kön. Landeslotterie und von den Sparkassen Banquiergeschäfte nur in diesem Sinn betrieben werden, so sind diese Institute als kaufmännische nicht anzusehen und in das Handelsregister nicht einzutragen."

Zeitschrift von Goldschmidt. 6r Bd. S. 560.

Wiewohl hier vorausgesetzt wird, daß diese großen Geldinstitute Handelsgeschäfte machen, so sollen sie doch nicht als kaufmännische Institute gelten, weil sie Handelsgeschäfte nur aus bestimmter Veranlassung, um ihre vorräthigen Gelder anzulegen, abschließen; so auch der Handwerker: er kauft Rohstoffe, soweit er ihrer zu den vorhabenden Arbeiten bedarf. Dabei kann es vorkommen, daß er einmal über Bedarf einkauft, aber ein einzelner Fall ist nicht entscheidend. Dieser Ansicht ist auch Goldschmidt. Er setzt in §. 43 seines Handbuchs den Begriff des Kaufmanns auseinander und verlangt als drittes Merkmal (S. 334) den gewerbemäßigen Betrieb von Handelsgeschäften, d. h. einen Betrieb als dauernde Einnahmequelle. Hier erklärt Goldschmidt das Wort „gewerbemäßig" allerdings anders als Hahn in der oben angeführten Stelle. Hahn meint nämlich, dieses Wort habe nicht die Bedeutung, um den Lebensunterhalt daraus zu gewinnen, während Goldschmidt gerade diese Bedeutung darin findet. Sehr interessant sind die Ansichten älterer Juristen, welche Goldschmidt in der Note 13 anführt. So z. B. sagt Baldus: Una mercantia non facit mercatorem, sed professio et exercitium, d. h. der Beruf und dessen Ausübung Es gehört zweierlei zu dem Begriff des Kaufmanns:

1) als objektives Merkmal das Betreiben von Handelsgeschäften,
2) als subjektives Merkmal die Absicht, daraus seinen Lebensunterhalt zu gewinnen.

Beide Merkmale treffen bei dem Handwerker nicht zu. Er betreibt keine Handelsgeschäfte, sondern die Handwerk, und hat nicht die Absicht, aus dem Betrieb von Handelsgeschäften, sondern aus der Arbeit seinen Lebensunterhalt zu gewinnen. Man kann daher Handwerker, als solche, nicht zu den Kaufleuten rechnen. Nun gibt es aber Handwerker, die neben ihrem Handwerk einen kleinen Handel treiben, indem sie nicht allein die selbst verfertigten Gegenstände verkaufen, sondern auch solche Sachen, welche sie zum Zweck der Veräußerung anschaffen, in einem offenen Laden feil bieten. Diese treiben Handelsgeschäfte, denn sie kaufen zum Zweck der Veräußerung; das Halten eines offenen Ladens deutet auf einen gewerbmäßigen Betrieb. Diese Handwerker können daher zu den Kaufleuten gerechnet werden; aber Art. 10 des Handelsgesetzbuchs befreit sie von den sonst geltenden Bestimmungen über Firmen, Buchführung und Prokura. Auch sollen die Gesellschaften derselben nicht als Handelsgesellschaften beurtheilt werden. Hiernach wäre das System des Handelsgesetzbuchs sehr einfach: Handwerker gehören nicht zu den Kaufleuten; wenn sie aber mit dem Handwerk einen kleinen Handel verbinden, so sind sie gleichwohl nicht den Vorschriften über Firmen, Buchführung u. s. w. unterworfen. Dr. Ladenburg.

98.

Den Vollzug der Anwaltsordnung betreffend.

Nach §. 7 der Anwaltsordnung (Reggsbl. 1864 No. 50 S. 662) steht das Recht, als Anwälte bei dem Oberhofgericht aufzutreten, nur denjenigen zu, welche die Anwaltschaft bereits seit mindestens fünf Jahren ununterbrochen ausgeübt haben.

Die Anwaltsordnung ist nach §. 1 der Vollzugsverordnung (Reggsbl No. 50 S. 668) mit dem 1. October 1864 in Wirksamkeit getreten

Von diesem Zeitpunkte an können also nur noch Anwälte von mindestens fünfjähriger Praxis vor dem Oberhofgerichte sprechen, aber auch jeder Anwalt, der fünf Jahre lang die Anwaltspraxis ausübt.

Damit ist das Institut der Procuratur gefallen, und zugleich die Gelegenheit für jüngere Anwälte, bei dem Oberhofgericht Vorträge zu halten, während sie jetzt reichlichere und unbeschränkte Gelegenheit haben, vor anderen Collegialgerichten zu plaidiren.

Die Anwälte, welche von der, ihnen durch den §. 7 der Anwaltsordnung eingeräumten, Befugniß Gebrauch machen wollten, machten bisher dieses Recht in verschiedener Weise geltend. Die Einen zeigten theils mit, theils ohne Bezug auf ihre Ernennung im Regierungsblatt kurz an, daß sie die Anwaltschaft seit fünf Jahren ausüben, daher zur oberhofg. Praxis befähigt seien, Andere verbanden mit solchen Anzeigen die Bitte, ihre Befähigung für unbeanstandet zu erklären, wieder Andere verbanden diese Anzeige mit den von ihnen gefertigten Schriften in einzelnen Prozeßsachen.

Dabei kamen sie dem ersten Absatz des §. 7 theils nicht, theils in verschiedener Weise nach. Nach diesem Absatz kann jeder Anwalt bei allen Gerichten des Landes unmittelbar Schriftsätze einreichen und mündlich verhandeln, nachdem er am Sitze des auswärtigen Gerichts, wenn es ein Collegialgericht ist, zur Empfangnahme aller an ihn gerichteten Beschlüsse einen Gewalthaber aufgestellt hat.*)

Einzelne Anwälte unterließen bei ihren allgemeinen Anzeigen die Benennung eines solchen Gewalthabers, indem sie dieselbe wohl für den einzelnen Fall der Ausübung der Anwaltschaft bei dem Oberhofgericht vorbehielten, Andere ernannten in ihren mit Prozeßschriften verbundenen Anzeigen einen Gewalthaber nur für diese einzelne Sache.

Die ernannten Gewalthaber gehörten theils dem Anwalt, theils den verschiedensten Kategorien des Bürgerstandes **) an.

Um nun Ordnung in die Sache zu bringen und in der Erwägung, daß die Aufforderung nur an solche Anwälte zu richten sei, bezüglich welcher die fünfjährige Ausübung der Advokatur beim obersten Gerichtshofe nicht schon gerichtskundig ist, erließ das großh. Oberhofgericht am 17. Okt. 1864, No. 2281, folgende Bekanntmachung:

„Nach §. 7 der Anwaltsordnung vom 22. v. Mts. steht das Recht, als Anwälte bei dem Oberhofgericht aufzutreten, nur Denjenigen zu, welche die Anwaltschaft bereits seit mindestens fünf Jahren ununterbrochen ausgeübt haben."

„Es werden daher die Anwälte, welche von diesem Rechte Gebrauch machen wollen, aufgefordert, sich durch Vorlage eines Zeugnisses des betreffenden Appellationsgerichts über diese Qualification auszuweisen."

---

*) Jeder auswärtige Anwalt, welcher bei dem Oberhofgericht seine Praxis ausüben will, hat also vorher dem Gerichtshofe einen Gewalthaber zu Mannheim zu benennen.

**) Daß der Gewalthaber selbst auch ein Anwalt sei, ist nicht vorgeschrieben.

„Von einer solchen Vorlage sind jedoch diejenigen Anwälte entbunden, bezüglich welcher die fünfjährige Ausübung der Advocatur diesseits schon gerichtskundig ist, und wird den Anwälten, welche sich darüber vergewissern wollen, ob ihre Zulassung zur Praxis bei diesseitigem Gerichtshof unbeanstandet ist, anheim gegeben, sich deßfalls mittelst einer besondern Eingabe hierher zu wenden.“

Dieser Erlaß wurde durch Anschlag an die Gerichtstafel, durch Einrückung in die Karlsruher Zeitung (No. 247 vom 20. Oktober) und in das Centralverordnungsblatt (No. 21 S. 100) öffentlich bekannt gemacht.

Zugleich wurde beschlossen, über die zum Auftreten bei dem großh. Oberhofgericht berechtigten Anwälte eine Tabelle anzulegen und zu führen.

Denjenigen Anwälten, welche ihre Anzeigen mit der Prozeßschrift in einer einzelnen Sache verbunden hatten, wurde unter Hinweisung auf dieses Generale eröffnet, daß — sobald sie sich über ihre Berechtigung zur oberhofgerichtlichen Praxis nach Maaßgabe des oberhofgerichtlichen Generale vom 17. October 1864 No. 2281 ausgewiesen haben werden, weitere Verfügung auf ihre Eingabe erfolgen werde.

Diejenigen aber, welche mit ihrer allgemeinen Anzeige die Ernennung eines Gewalthabers zu verbinden unterlassen hatten, wurden bedeutet, daß ihrer Zulassung zur oberhofgerichtlichen Praxis nichts entgegenstehe, sobald sie nach §. 7 der Anwaltsordnung vom 22. September d. J. zur Empfangnahme aller an sie zu richtenden Beschlüsse einen dahier wohnenden Einhändigungsgewalthaber namhaft gemacht haben.

Die Eingaben wegen Zulassung zur oberhofgerichtlichen Praxis waren theils auf ungestempeltem, theils auf Stempelpapier von nur 3 kr. oder von 60 kr. geschrieben. Da nun nach § 8 des neuen Stempel- und Sportelgesetzes vom 11. Juli 1864 (Reggsbl. No. 32 S. 375) zu allen Eingaben an das Oberhofgericht, welche nicht besonders ausgenommen sind, Stempelpapier von 1 fl. zu verwenden ist, so wurde der hieran fehlende Betrag jeweils nacherhoben.

Darüber, ob die auf einen Anwalt und einen Procurator vor dem 1. October 1864 ausgestellte Vollmacht zur Legitimation jenes Anwalts für den Vortrag in der Oberhofgerichtssitzung genüge, entstanden gleichfalls Zweifel. Man war aber schließlich darüber einig, daß nicht etwa angenommen werden dürfe, nach Wegfall des, nach der neuen Gesetzgebung nicht mehr nöthigen, Prokurators bleibe der Anwalt als allein Bevollmächtigter übrig und sei als alleiniger Vertreter der Partei zuzulassen, deßhalb nämlich, weil früher die Vollmacht eigentlich auf den Prokurator ausgestellt und der Anwalt nur zur Verfassung der Schriften und Haltung des mündlichen Vortrags bevollmächtigt war, weßhalb der Letztere nicht als Vertreter der Partie und zur Abgabe von entscheidenden Erklärungen derselben berufen erscheine. Es wird daher von einem früher neben einem Procurator bevollmächtigten Anwalt, der nun die Partei bei dem Oberhofgericht selbst vertreten will, die Vorlage einer auf ihn allein lautenden Vollmacht verlangt.

Stf.

99.

Der erste Oktober 1864.

Die Einführung der neuen Gerichtsorganisation ist an diesem Tage durch öffentliche Gerichtssitzungen gefeiert und in diesen durch Reden der Präsidenten und Directoren, Staatsanwälte und Anwälte die neue Gesetzgebung und ihr umgestaltender Einfluß auf Gerichte, Staatsanwaltschaft und Anwaltsberuf erläutert worden. Einige dieser am 1. Oktober 1864, dem in den Annalen der bad. Rechtspflege bedeutungsvollen Tage, gehaltenen Reden in den Annalen der großh. bad. Gerichte mitzutheilen, wird dem Zwecke dieser Blätter ganz gemäß sein.

Den Anfang mache ein in der Sitzung des Kreisgerichts Lörrach gehaltener Vortrag über die Aufgabe und Stellung des Anwalts, welchen die Redaktion der freundlichen Mittheilung des Redners, Herrn Anwalt Neumann, verdankt.

Nach einer kurzen, auf die Person desselben bezüglichen, Einleitung trägt der für seinen Stand begeisterte Redner vor:

„Wenn sonst oft die Worte des Redners von Schmerz und Besorgnissen getrübt sind, so zieht heute in unsere Brust das stolze Gefühl des Dankes und der Freude; beginnt doch mit dem heutigen Tage in unserm Lande für die Geschichte des einheimischen Rechtes, für die Verfassung und Aufgabe der Gerichte, für die Stellung und den Beruf der Anwälte ein neuer lebensvoller Abschnitt. Zurückblicke ich in die Zeiten, welche hinter uns liegen und ich sehe, wie das Recht unter Staub und Akten, hinter geschlossenen Thüren sich mühsam Bahn gebrochen und verfolgt vom Vorwurf der Heimlichkeit, ferne vom

Lebenshauch der Oeffentlichkeit — nicht zu frischer lebendiger Blüthe, nicht zu einer Macht im Volke sich erheben konnte!

Und vorwärts wenden sich meine Blicke zu der Zeit, in welche wir heute getreten sind und vor ihnen rollt sich auf das Bild, das in großen, wahren Zügen die Herren Vorredner uns vor Augen führten, ein Bild, dessen Verwirklichung die edelsten Geister, die tüchtigsten Denker des deutschen Volkes, ja, wohl kann ich's sagen, das deutsche Volk selbst schon seit Jahrzehnden anstrebt, ein Bild, voll des lebendigen Verkehrs und der wechselnden Beziehungen zwischen den Elementen und Organen und Gewalten des Staates und der Gesellschaft; ein Bild, wo die Gerechtigkeit ihr hehres Antlitz dem Tage zukehrt und offen vor der Welt dem Verbrechen entgegentritt, offen vor den Augen des Volkes die Verletzung des Rechtes auf allen Gebieten des Lebens verfolgt und sühnt.

Welcher Gegensatz zwischen gestern und heute, zwischen alter und neuer Zeit! Und doch welch tiefinnerste Uebereinstimmung wieder mit den Anfängen des germanischen Lebens und des deutschen Rechtes!

Unter offenem Himmel im grünen Schatten der Linde hegten die deutschen Richter das Gericht, und nur, so lange der Tag leuchtete, durfte die Gerechtigkeit verwaltet werden, und heute!?

Auch heute wird in offenen Hallen am hellen Tage das Recht gesprochen und neben dem in der Sprache und Kenntniß des Gesetzes gewandten und gelehrten Richter sehen wir die Schöffen und Geschworenen aus dem Volke dem Dienste der Gerechtigkeit mit Treue und Eifer, mit unbestechlichem Gewissen sich hingeben!

So tritt uns in der Errungenschaft des heutigen Tages ein gutes Stück alt deutschen Lebens entgegen. Volkes wieder finden und fühlen in der offenen herrlichen Gemeinschaft eines einzigen lebendigen deutschen Rechtes.

§. 2.

Doch schon bin ich weiter den sich drängenden Gedanken gefolgt, als mir der Zweck und das Ziel, welches meinem Vortrage gesetzt ist, gestattet.

Ich wende mich zum eigentlichen Gegenstand, zur eigentlichen Aufgabe meiner Rede. Diese ist durch die Natur der Verhältnisse, durch meine Berufsstellung von selbst mir gegeben, sie ist mir aber auch vorgezeichnet durch den Wunsch und den Auftrag meiner verehrten Herren Kollegen.

Von selbst tritt an dem heutigen Tage, tritt bei der heutigen Feier an uns die Frage, welches ist die Stellung und Aufgabe des Anwaltes in der neu geschaffenen badischen Gerichtsordnung? Entspricht diese Stellung den Grundsätzen der hohen Gerechtigkeit, dem Zwecke und Begriffe seines Berufes, wie er aus der Geschichte und dem Rechtsleben herausgewachsen ist.

Um zur Antwort auf diese Fragen zu gelangen, muß ich Sie bitten, mit mir zu erwägen:

1) Welches ist die Aufgabe, welches die Stellung des Anwalts im Rechtsstreite? Unter welchen Bedingungen ist vom Anwalt eine ersprießliche Berufsthätigkeit zu erwarten?

2) Wie war die Stellung der Anwälte in alter und neuerer Zeit?

3) Und welches ist ihre Stellung in unserem Staate, nach der heutigen Ordnung des Rechtes?

Ich werde mich so kurz fassen, als die Sache und ihre Bedeutung es gestattet und will versuchen, dem hie und wieder trockenen Gegenstand das möglichste Leben abzugewinnen.

mit offener Stirne und verbundenem Auge Jedem gibt, was ihm gebührt! Suum quique!

Doch wie erkennen wir, was einem Jeden gebührt, wie finden wir das Recht? wie die Wahrheit?

So lange wir Menschen sind, und eingeengt in die Schranken des Raumes und der Zeit, werden wir vor der Frage stehen: Wo ist die Wahrheit? Und solange wir Menschen sind und trüglich in unserm Urtheile, werden wir irren in dem, was Recht und Wahrheit ist.

Aber nach dem Recht und der Wahrheit zu ringen, ihre Erkenntniß zu fördern, ist im Kreise des Einzellebens die Aufgabe des einzelnen Menschen und ist im Kreise der Gesellschaft, in der Sphäre und Wirksamkeit des Staates die Aufgabe des Gerichtes.

Seine erste, wesentliche Funktion ist: das Recht zu erkennen, das Urtheil zu finden!

Seine zweite, weitere Aufgabe: das Recht zu handhaben; das Urtheil zu vollziehen!

Wir sprechen nicht von dieser zweiten Funktion, wenden uns vielmehr zu jener ersten wesentlichen Aufgabe des Gerichts.

Dieser ersten Thätigkeit des Richters steht nämlich der Anwalt nicht kalt und theilnahmlos gegenüber. Er greift in dieselbe ein, denn seine Aufgabe, sein Beruf ist (um kurz im Worte zu sein), kein anderer, als dem Rechte und der Wahrheit vor dem irdischen Gericht zur Erkenntniß, zum Sieg zu verhelfen.

Welch schöner, herrlicher Beruf, würdig des edelsten Strebens, reich des süßesten inneren Lohnes!

Dem Recht und der Wahrheit dienen — mit furchtloser treuer Seele, mit unbestechlichem Gewissen und reinem Herzen, allüberall, wo Unrecht und Lüge sich erhebt, wo die Armuth und Unschuld mit dem Leben und der Gewalt ringt, rathen, helfen, dem Bedrängten mit freiem männlichen Muthe zur Seite stehen, ihn nimmer verlassen, das ist die Aufgabe, das ist der Lebenszweck des Anwaltes!

II.

Aus dem Reichthum, der Mannigfaltigkeit des Lebens erwächst der Reichthum, die Mannigfaltigkeit des Rechtes und die Mannigfaltigkeit des Rechtes zeichnet wieder dem Anwalt die Wege, die er zu gehen hat im Kampfe gegen das Unrecht.

Es geschieht Unrecht in der Sphäre des Privatlebens und Unrecht im Gebiet des öffentlichen Lebens; es wird die Ordnung gebrochen im rechtlichen Verkehr der Menschen unter sich und wird wieder die Ordnung gebrochen, welche die bürgerliche Gesellschaft, welche den Staat selbst zusammenhält.

Dort, im bürgerlichen Verkehr wird die Verfolgung des Rechtes füglich deinem Willen anheimgegeben, hier aber hat der Staat um seiner Existenz willen die Pflicht, und übt diese durch die Gerichte aus, Jeden, der seine Ordnung gebrochen hat, zu verfolgen, den Verbrecher zu erfassen, und durch seine Bestrafung den öffentlichen Frieden zu sichern und die Schuld zu sühnen. So wendet sich der in seiner Ordnung verletzte Staat und wendet sich der in seinem Rechte gekränkte Privatmann an das Gericht und beide verlangen den Schutz und die Wiederherstellung der Rechtsordnung.

Eine doppelte Aufgabe erwächst hieraus dem Richter, er pflegt das bürgerliche Recht und übt das Strafrecht.

Er pflegt das bürgerliche Recht, indem er die Thatsachen, welche ihm die streitenden Partheien vorlegen, erfaßt und wenn er sie als wahr erkannt hat, unter das Gesetz stellt und diesem das Recht und Jenem die Verbindlichkeit zumißt.

Er übt das Strafrecht, indem er den Spuren des Verbrechens folgt, in den Seelenzustand des Angeschuldigten eindringt, die individuelle Schuld und ihre Größe erkennt und die erkannte Schuld mit der Strafe erreicht.

Erscheinen uns hienach auf den beiden großen Gebieten der Rechtspflege die Funktionen des Richters nicht ganz gleich, so gilt dies in noch erhöhtem Grade von der Thätigkeit des Anwaltes.

Im bürgerlichen Prozesse zunächst ist seine Aufgabe reicher und mannigfaltiger. Er steht heute an der Stelle des Klägers; er hat aus dem realen Leben die Verhältnisse und Thatsachen genommen und in ihrer rechtlichen Natur erkannt; er unterstellt sie dem Gesetze und beweist, daß der Beklagte in das Rechtsgebiet des Klägers eingegriffen hat und vor dem Gesetze schuldig und verpflichtet ist, das gestörte Recht wieder herzustellen.

Und morgen sehen wir ihn an der Seite eines Beklagten, wie er bestrebt ist, die Ansprüche des Klägers zu zerstören, indem er deren Unwahrheit und Grundlosigkeit behauptet oder ihr Thatsachen, Einreden, gegenüberstellt, die für sich der Klage den Boden entziehen. (Schl. flgt.)

Annalen der Großherzogl. Badischen Gerichte.

1861. Band XXX. No. 29.

(Schluß von Art. 99.)

So wechselt im bürgerlichen Prozeß der Anwalt in der Rolle des Klägers und jener des Beklagten.

Anders im Strafprozeß. Hier hat der in seiner Ordnung und Existenz gefährdete Staat zur Vertretung seiner Interessen eigene Organe berufen. Er hat die Staatsanwaltschaft aufgestellt und ihr die Aufgabe gesetzt, das Verbrechen zu erforschen, die Untersuchung zu beantragen und zu beaufsichtigen, die Anklage zu erheben und überhaupt das Recht der bürgerlichen Gesellschaft auf Anwendung der Strafe gegen denjenigen, der die öffentliche Ordnung gebrochen hat, zu begründen.

Die Gerechtigkeit selbst aber, in deren Namen der Staatsanwalt die Anklage erhebt, verlangt mit dem gleichen Rechte wie, daß der Schuldige der verdienten Strafe nicht entgehe, auch, daß der Schuldlose nicht verfolgt werde und die Strafe nicht das Maaß der Schuld übersteige. Und da der Angeschuldigte in der Regel nicht in der Lage sein wird, mit klarem Blicke und ruhigem Blute der Ausführung und Begründung der Anklage zu folgen, da ihm ferner nicht die Begabung und die Kenntniß des Gesetzes zu Gebote stehen, über welche die Staatsanwaltschaft verfügt; so ist es im Wesen einer gerechten Strafrechtspflege begründet, daß auch die Vertheidigung des Angeklagten in die Hand rechtsverständiger, unabhängiger Männer, in die Hand der Anwälte, gelegt wird. So einseitig und wenig mannigfaltig der Beruf des Vertheidigers sich oft auch darstellen mag gegenüber der Aufgabe des Anwaltes im bürgerlichen Prozesse, so unendlich wichtig, ich möchte sagen heilig, ist dieser Beruf.

Wenn die Gewalt und der Fanatismus des Tages, wenn die Lüge und der Meineid gegen den Schuldlosen anstürmt und unter der Kette falschen Verdachtes derselbe zu erliegen droht; wenn nicht allein Geld und Gut, wenn die Ehre und das Leben selbst gefährdet ist; da tritt der Vertheidiger hin vor die Schranken des Gerichtes und mit dem kühnen Muthe einer freien, starken Seele wirft er sich der Gewalt und dem Unrechte entgegen und durchschneidet mit dem scharfen Schwerte der Wahrheit den Knoten der Lüge und des Verrathes. Nicht die Ungunst der Gewalt, nicht der Fluch der Zeitgenossen schreckt ihn zurück, der Wahrheit nur gilt sein Wort und gilt sein Leben. Wohl ihm, wenn der Sieg der Unschuld die Frucht seines Muthes ist. Wohl ihm, wenn ihm der Muth der Ueberzeugung höher steht als selbst das Leben.

Malesherbes, der edle, kühne Vertheidiger seines Königs, konnte dem unglücklichen Opfer der Gewalt in den Tod folgen. Den Muth der Ueberzeugung seiner Seele haben sie nicht getödtet und sein Name und sein Ruhm lebt durch alle Zeiten. — Aber oft ist es kein Schuldloser, dem unsere Vertheidigung gilt. Ist hier die Vertheidigung nicht vom Uebel und schädigt sie nicht die Gerechtigkeit selbst? Nein, sicher nicht, wenn sie auf dem Boden des Rechtes und der Wahrheit bleibt.

Wie oft gilt es, dem Richter Thatsachen und Beweise vorzuführen, welche die äußere Form, den Begriff des Verbrechens zu Gunsten des Angeklagten ändern, welche das Verhältniß seines Willens, seiner körperlichen und geistigen Verfassung zu der That bedingen und ins Klare setzen, welche vor dem Gesetz und der Gesellschaft die Strafbarkeit, wenn nicht aufheben, doch mindern! Auch diese Vertheidigung entspricht dem Zwecke der Gerechtigkeit, der es widerstrebt, den Schuldigen schwerer zu strafen, als die öffentliche Sühne erheischt.

III.

§. 3.

So das Bild und der Beruf des Anwaltes, so seine Aufgabe im bürgerlichen Prozesse und vor dem Strafgericht. Was ich oben gesagt, wiederhole ich: der Beruf des Anwaltes, so mannigfaltig im Einzelnen, gipfelt seine Thätigkeit in der Bestimmung:

Dem Rechte und der Wahrheit vor dem irdischen Gerichte zur Erkenntniß und zum Sieg zu verhelfen.

Mag nun der Anwalt mit einer Klage ein Eigenthumsrecht verfolgen, oder mit einer Einrede eine Zahlung behaupten, mag er einem Angeklagten zur Seite stehen, den der schlimmste Verdacht vor den Augen Welt zum Verbrecher, zum Anstoß und zum Aergerniß gemacht hat; überall gilt sein Dienst der Erkenntniß des Rechts und der Wahrheit.

Das Recht und die Wahrheit, das sind die großen Gedanken, welche unser Herz und unsere Seele durchdringen, unsern Willen und unser Handeln bestimmen, unsern Beruf adlen und unsere Stellung kräftigen. Sind wir aber nur dem Rechte und der Wahrheit dienstbar in unserm Berufe, so sind wir für die Handlungen unseres Berufes auch nur verantwortlich dem Rechte und der Wahrheit, oder mit andern Worten dem Gesetze und dem Gewissen.

Unvereinbar ist mit der Aufgabe des Anwalts jede Handlung, welche seinem Gewissen, welche dem Gesetze widerspricht; unvereinbar das Buhlen um die Gunst der Zeit und der Gewalt, das Haschen und Jagen im Berufe — nach Geld und Gewinn, die Zurückweisung von Sachen und Personen, welche arm und verfolgt sind; unvereinbar mit der hohen Stellung im Dienste der Gerechtigkeit jede absichtliche und verschuldete Verfälschung und Verdrehung des Rechtes und der Thatsachen, jede Unterdrückung der Wahrheit, und wenn der Gewinn im Prozesse, vor der Welt, auch noch so groß wäre!

Unvereinbar mit der Stellung, mit einer ersprießlichen Wirksamkeit des Anwaltes aber ist auch die grundsätzliche Beaufsichtigung und Beschränkung seiner Thätigkeit in sachlicher und örtlicher Richtung, wie sie von Seiten der Regierungsgewalt hin und wieder für angemessen erachtet und ausgeübt wird; unvereinbar mit der hohen Aufgabe und Bedeutung, mit der Selbstständigkeit, Ehre und Freiheit des Anwaltstandes ist dessen Unterordnung unter eine Disciplin, eine Staatsstelle, die in ihren Verfügungen nicht sowohl Gründen des Rechtes, als der Politik folgt.

Um dem Anwaltsstande diejenige Stellung zu verschaffen, welche ihm nach der hohen Aufgabe und Bedeutung des Berufs gebührt, um eine ersprießliche Wirksamkeit, ein lebendiges Standesgefühl, einen regen Wetteifer in der Pflege der Wissenschaft, in dem Dienste der Gerechtigkeit zu begründen und zu erhalten, ist nach der Natur der Sache, den Erfahrungen des Rechts und politischen Lebens, dem glänzenden Beispiele Frankreichs — vor allen Dingen nöthig, daß die Stellung der Anwälte, deren Rechte und Pflichten — durch ein Gesetz geregelt, dem Anwaltstand eine corporative Gliederung und unabhängige Verfassung gegeben und die Disciplin, die innere und äußere Vertretung der gemeinschaftlichen Interessen in die Hände der Standesgenossen, der Anwaltskammern, gelegt wird, welchen die gewissenhafte Wahrung der Standesrechte obliegt und die Befugniß der Rüge, der Strafen und des Ausschlusses zusteht.

Eine solche Verfassung des Anwaltstandes wird getragen werden vom öffentlichen Rechtsbewußtsein und von der Liebe und Begeisterung seiner Glieder. Und alle jene erhabenen Ziele, welche wir vorhin aufgeführt haben, nach welchen der Anwaltstand zu streben hat, wir werden sie als die Folgen, als die herrliche Frucht dieser Verfassung im Leben begrüßen. Wir werden einen Anwaltstand haben, dessen einzelne Mitglieder durch Ehrenhaftigkeit, durch Tüchtigkeit und Kenntnisse im Beruf sich auszeichnen, und der als Körperschaft durch Würde und Ansehen glänzt, einen Stand, in welchem Talent und Wissenschaft vertreten, die Wahrheit heimisch ist.

§. 4.

Nachdem wir gesehen haben, welch erhabenem Dienste sein Leben und Wirken gilt, nachdem wir über die Bedingungen klar geworden sind, unter welchen eine ersprießliche Wirksamkeit des Anwalts im Staate möglich ist; tritt an uns die Frage, ob unsere Anschauungen auch ihre Bestätigung finden in der Geschichte der politischen und rechtlichen Entwicklung der Völker und Staaten, ob insbesondere das Institut des Anwaltstandes auch dem deutschen Rechtsleben eigen ist.

Wir sind damit zur historischen Seite dieses Vortrags gelangt.

Hier aber werde ich mich kurz fassen können, um Ihnen ein, wenn auch nicht ausführliches, Bild zu entwerfen, wie bei unsern vorzüglichsten ältern und neuern Kulturvölkern der Beruf des Anwalts sich gestaltet und begründet hat.

Römisches Recht.

Im ältern römischen Rechte treten uns, nicht aber als besonderer Berufsstand, die Advocati, Oratores und Patroni entgegen, welche die Parteien vor Gericht begleiteten und durch ihren rechtlichen Rath und ihr Ansehen ihnen behülflich waren.

So einfach waren die Verhältnisse damals noch, daß eine lex cincia im J. 550 a. u. c. den Patronen die Annahme von Belohnungen für die Unterstützung einer Partei untersagte.

Erst später erweiterte sich die Möglichkeit des Rechtsbeistandes dahin, daß außer den Advocaten, die mit und in Gegenwart der Parteien zu erscheinen hatten, auch eine Stellvertretung durch Procuratoren zugelassen wurde, welche den Prozeß übernahmen und führten ohne Beizug der Partien.

Als die Rechtsbildung der Römer weiter schritt, und in der Kaiserzeit jenen weltbeherrschenden Einfluß gewann, vor dem wir heute noch staunend stehen, waren die ersten Träger dieser Rechtsbildung wieder die Anwälte. Jetzt aber sind sie bereits ein eigener Stand geworden, über deren Befähigung, Studium und Anstellung eigene Vorschriften und Gesetze bestehen. Bei jedem Gerichte finden wir eine geschlossene Anzahl Advocaten (Juris periti), deren Zahl gesetzlich bestimmt ist und bilden die immatriculirten Advocaten eines Gerichts (statuti) eine eigene Corporation, deren erste Stelle der Advocatus fisci einnimmt. Der Dienst der Advocaten bestand hauptsächlich in mündlichen Anträgen und Ausführungen vor dem öffentlichen Gerichte, ähnlich wie wir es jetzt haben; die Heimlichkeit der Gerichte, die Schriftlichkeit des Verfahrens war dem römischen Rechte fremd.

Germanisches Recht.

Sehen wir nun, was wir auf deutschem Boden und in alter Zeit finden.

Hier waren die Grundlagen des Verfahrens stets Mündlichkeit und Oeffentlichkeit und das ganze Verfahren war auf das persönliche Erscheinen der Parteien berechnet.

Doch sicher sind auch vor dem alten germanischen Gerichte die Parteien mit Anwälten erschienen. Die lex Wisigothorum oder das westgothische Gesetzbuch nennt uns die „forsbrecan," Vorsprecher, prolocutores, als Vertreter der Partien.

Auch der Schwabenspiegel und Sachsenspiegel führt die Vorsprecher als Anwälte der Parteien in zahlreichen Stellen auf.

Bis in das Mittelalter hinein war und verhandelte das Gericht öffentlich und mündlich und bestand der Natur der Sache und ihrem Namen nach die Aufgabe der Anwälte in dem mündlichen Vortrage und der Vertheidigung vor den Gerichten.

Im 15. Jahrhundert bildete sich aus dem Advocatenwesen des römischen Rechtes, das allmählig in der Praxis und Wissenschaft zur Geltung kam, das Institut der deutschen Fürsprecher heraus, welche bekanntlich heute in der benachbarten Schweiz diesen Namen noch führen, während der deutsche Fürsprecher sich in dem römischen Namen: Advocat besser gefiel.

Ihre Hauptthätigkeit war die Pflege des bürgerlichen Rechtes. Denn es war Grundsatz und Gebrauch geworden, daß man die Zwecke der Vertheidigung in der Hand und durch das Gewissen der Gerichtsbeisitzer oder Schöffen hinlänglich gewahrt glaubte.

So weist insbesondere das peinliche Recht Carl V., mit Grund einst weltberühmt, in Art. 88 auf die Gerichtsbeisitzer als Vertheidiger hin. Doch scheint allmählig die Vertheidigung wieder in den Besitz der Anwälte gelangt zu sein; denn es ist schon seit langer Zeit in der Praxis hergebracht, daß dem Angeschuldigten aus der Mitte der beim Gerichte angestellten Advocaten der Defensor ernannt wird, ja sogar, daß der Angeschuldigte sich als Vertheidiger jeden Rechtsgelehrten wählen darf.

Wohl aber war im geheimen Prozeß die Thätigkeit des Vertheidigers schon durch den Zweck und den Gang des Untersuchungsverfahrens beschränkt. Man ließ den rechtsgelehrten Vertheidiger im Allgemeinen nur zu, wenn die ganze Untersuchung geschlossen war und der Untersuchungsrichter nicht mehr hoffen konnte, zur Erreichung des Untersuchungszweckes noch Etwas zu gewinnen und zu erzielen.

Diesem gemeinrechtlichen Systeme blieben die deutschen Gesetzgebungen der ersten Jahrzehnte dieses Jahrhunderts, so das östreichische, das badische Gesetzbuch treu, sie ließen erst am Schlusse der Verhandlung einen rechtsgelehrten Vertheidiger zu und erklärten theilweise den Vertheidiger als nothwendig.

Englisches und französisches Recht.

Im englischen und französischen Strafverfahren sind die Grenzen der Vertheidigung nicht so enge gezogen. Der englische Anwalt (Counsel) steht schon von dem Anfange der öffentlichen Schlußverhandlung an — dem Angeklagten zur Seite; er wirkt beim Kreuzverhör der Zeugen für den Angeklagten mit, und seine Unterredung mit demselben ist unbeschränkt.

In Frankreich wird dem Angeklagten, sobald er in den Stand der Anklage versetzt ist, auch gegen seinen Willen ein Vertheidiger beigegeben, der bei allen Untersuchungshandlungen selbst gegenwärtig ist und den Vorsitzenden des Gerichts um Stellung geeigneter Fragen im Interesse des Angeklagten bitten darf.)

Das sind die Grundzüge des bisherigen neuen Rechtes,

die Unterschiede der Gesetzgebungen aus dem Anfang dieses Jahrhunderts rücksichtlich der Stellung der Vertheidigung im Strafprozesse. Ich unterlasse zu prüfen, obund in wiefern sie die Aufgabe der Vertheidigung richtig erkannt und durchgeführt haben. Das Streben ist nicht zu verkennen, die Zulässigkeit und die Befugnisse der Vertheidigung zu erweitern und dem allein richtigen Princip sich zu nähern, daß die Vertheidigung ihre Gründe und Beweise ebenso aus dem unmittelbaren Verkehr mit dem Angeschuldigten, aus der eigensten Kenntniß der Thatsachen zu schöpfen und den Gang der Untersuchung zu überwachen habe, wie die Anklage.

Im bürgerlichen Prozesse war der Spielraum, die Thätigkeit des Anwaltes immer freier. Man hatte hier keine politischen Gründe, die Thätigkeit des Anwalts nur auf bestimmte Prozesse oder bestimmte Abschnitte des Prozesses zu beschränken und einzuengen.

Das aber nahmen wir mit herüber aus der alten Zeit: die Erinnerung an die Heimlichkeit und unbedingte Schriftlichkeit des Verfahrens wie im bürgerlichen, so im Strafprozesse. Dort schriftliche Klage und Verhandlung, wenn auch unter dem Scheine und Namen der Mündlichkeit, hier schriftliche Vertheidigung auf Grund der Akten, überall aber Ausschluß der Oeffentlichkeit, Ausschluß des Volkes, des ursprünglichen Trägers aller Gerichtsbarkeit.

Uebergangsperiode.

Wir treten in die Periode des Uebergangs. Schon bricht sich in den Versammlungen der Kammern, schon in den Schriften und Verhandlungen der Rechtsgelehrten der Gedanke Bahn, daß die Gerechtigkeit offen am Tage ihre erhabene Aufgabe zu erfüllen und der Richter aus der lebendigen mündlichen Verhandlung seine Ueberzeugung zu schöpfen, das Urtheil zu finden habe und einzelne Gesetzgebungen, so auch die badische, öffnen bei schwerem Verbrechen die Zugänge des Gerichtes und rufen zu deren Aburtheilung geschworne Richter aus dem Volke herbei.

Im freien lebendigen Worte kämpft die Vertheidigung gegen die Anklage, doch bei geringern Vergehen, bei der großen Mehrzahl der Straffälle (und durchaus in Rechtstreitigkeiten) urtheilt der rechtsgelehrte Richter und in jenen ist die mündliche öffentliche Verhandlung, die mündliche öffentliche Vertheidigung noch ausgeschlossen.

Nun aber ist uns Alles geworden.

Die Oeffentlichkeit und Mündlichkeit ist der Grundsatz unseres Rechtslebens im bürgerlichen Prozesse und, soweit der Zweck der Untersuchung es zuläßt, auch im Strafprozesse.

§. 5.

Und nun fragen wir, welches ist die Aufgabe, welches die Stellung des Anwaltes in unserer Gerichtsordnung?

I. Bei der mündlichen Verhandlung eines Rechtstreits vor dem Amtsgerichte steht es den Parteien frei, ihre Sache selbst zu führen, oder sich durch einen Anwalt vertreten zu lassen. Vor dem Kreisgericht und in der Appellationsinstanz haben aber die Parteien Anwälte aufzustellen. Dort und hier wird mündlich verhandelt und in freier, geordneter Rede hat der Anwalt das Streitverhältniß in thatsächlicher und rechtlicher Beziehung zu entwicklen. Ueberflüssige Weitläufigkeit und Nebendinge hat der Vortrag zu vermeiden. Die mündliche Verhandlung hat ein treues, vollständiges Bild des Streitgegenstandes zum Ziele und nur was Gegenstand der mündlichen Verhandlung war, wird Gegenstand des Urtheils.

Hieraus läßt sich erkennen, mit welcher Treue und Gewissenhaftigkeit und welch klarem Blicke der Anwalt seinen Gegenstand zu behandlen und zu erfassen hat, um der Sache, welche er vertritt, und von deren Wahrheit und Recht er überzeugt ist, den Sieg vor dem Gerichte zu verschaffen.

Im Strafprozeß sind die Befugnisse der Vertheidigung gegen früher bedeutend erweitert.

Einmal ist der Grundsatz anerkannt, daß der Angeklagte zur Hauptverhandlung, welche dem Urtheil des Schöffengerichts, des Kreis- und Schwurgerichts vorauszugehen hat, einen oder mehrere Rechtsgelehrte als Vertheidiger beiziehen kann, daß sogar bei kreis- und schwurgerichtlichen Strafsachen ein Vertheidiger von Amtswegen zu bestellen ist, sofern er nicht selbst einen ernannt hat.

Dann darf sich der Angeschuldigte auch schon in der Voruntersuchung zur Ausführung von Beschwerden und Anträgen eines Anwaltes bedienen, welchem der Verkehr mit dem Angeschuldigten, die Einsicht der Akten und die Anwohnung bei Untersuchungshandlungen zu gestatten ist.

So ist das Gleichgewicht der Kräfte zwischen Anklägern und Angeklagten, soweit es die Zwecke der Gerechtigkeit erheischen, in unserm Strafprozesse durchaus hergestellt und der Angeklagte hat keinen Grund zur Beschwerde, daß er recht- und schutzlos den Ausführungen und Anträgen der Anklage gegenüber steht.

Soweit mir heute ein Ueberblick und ein Urtheil möglich ist, über den Gang und den Erfolg unseres Prozesses, über die Aufgabe und Thätigkeit der Anwälte vor unsern Gerichten, so darf ich mir das freudige Zeugniß nicht versagen, daß hier dem Anwalt ein freies, weites Feld sich öffnet, wie es seinem Berufe, wie es den Zwecken der Gerechtigkeit, wie es den Anforderungen eines gesunden Rechtslebens entspricht.

II. Es erübrigt uns nur noch zu prüfen, ob nach der, glücklicherweise uns noch in letzter Stunde zugegangenen, Anwaltsordnung die Stellung und die Rechtsverhältnisse der Anwälte im Großherzogthum gesetzlich so bestimmt sind, wie die oben im Allgemeinen dargelegten Grundsätze es erheischen, wie es die Würde und das Ansehen des Standes verlangen.

Ich begegne wohl Ihrem Wunsche, wenn ich mich einer eingehenden Prüfung der Bestimmungen der Anwaltsordnung enthalte und mich mit einer Darlegung der allgemeinsten Grundsätze des Gesetzes bescheide. Mehr als den ersten Eindruck, als das Ergebniß einer ersten Prüfung kann ich Ihnen auch nicht bieten, denn kurz erst ist die Frist seit Erscheinen des Gesetzes. Doch heißt es ja sonst oft im Leben: der erste Eindruck ist der beste! Und ich will wünschen, daß dieser Satz seine ganze volle Anwendung auf unser Gesetz finden möge.

Der erste Eindruck, welchen das Gesetz auf mich und jene, welche es berührt, gemacht hat, ist durchaus ein günstiger.

Das Gesetz beruht auf der — nicht leicht errungenen — Erkenntniß dessen, was dem Anwaltstand Noth thut, was seine Unabhängigkeit und äußere Stellung kräftigt, sein Ansehen und seine Würde hebt, seine Zwecke fördert.

Es ist ein freier frischer Geist, welcher uns aus ihm entgegenweht, fast möchte ich sagen, der lebendige Athem der Gerechtigkeit, und wie überhaupt nur eine wohlwollende Gesinnung gegen den Anwaltstand dieses Gesetz erzeugen konnte, so bin ich überzeugt, daß auch die überwiegende Mehrzahl der badischen Anwälte den Tag, der es uns gebracht hat, freudig begrüßt und bestrebt ist, die Gedanken, die Grundsätze, welche das Gesetz geschaffen haben, in den Beruf und das Leben einzuführen.

Doch wenden wir uns zum Inhalte des Gesetzes selbst. Das Gesetz spricht aus, daß, wer durch Prüfung und Praxis sich für den Anwaltstand befähigt hat, seinen Wohnsitz an den Sitzen der Collegialgerichte des Landes frei wählen darf; es kennt keine besonderen Klassen, keine Rangstufen der Anwälte; es verkündet, daß der Anwalt nur dem Gesetz und dem Gewissen verantwortlich ist, daß er berechtigt ist, Alles offen, unumwunden zu sagen, was dem Rechte seiner Partei dient; es verlangt, daß er mit Treue, Eifer und Verschwiegenheit die anvertrauten Geschäfte besorge; daß er durch Redlichkeit, Ehrenhaftigkeit und Uneigennützigkeit die Ehre und Würde des Standes aufrecht erhalte; es verleiht den Anwälten genossenschaftliche Rechte, ordnet ihre äußeren und innern Verhältnisse, vereinigt sie in Anwaltsvereine und überträgt den aus freier Wahl hervorgegangenen Anwaltskammern und dem Anwaltsausschusse die Aufsicht und Disciplin über die Anwälte, das Recht der Strafe und des Ausschlusses, überhaupt die äußere und innere Vertretung der Interessen, der Rechte und Pflichten des Anwaltstandes.

Wir erinnern uns, daß wir oben fast die nämlichen Anforderungen gestellt haben an die äußere Stellung, an die Ordnung der Rechtsverhältnisse der Anwälte und sind nun in der glücklichen Lage, den Faktoren unserer Gesetzgebung, unsere volle Uebereinstimmung, unsern tiefen Dank für die uns gewordene Ordnung öffentlich zu bekunden.

Wir haben gewonnen und erreicht, was unser Stand als die Bedingung seines Lebens und seiner Würde schon längst erkannt und erstrebt hat, unsere Stellung, unser Beruf ruht auf dem Boden des Gesetzes; sein Grundpfeiler ist das Gewissen, ist die Freiheit des Wortes und der Ueberzeugung. Solange noch das Gesetz und die Gerechtigkeit in diesem Lande gehandhabt wird, haben wir für diese unsere Freiheit, für unsern Beruf Nichts zu fürchten.

So haben wir in unserer Erörterung bestätigt gefunden, das Wort des Kanzlers D'Aguesseau der, als er im Jahre 1698 von der Unabhängigkeit des Anwaltstandes sprach, von diesem Stand sagte: er sei so alt, wie die obrigkeitliche Würde, so edel, wie die Tugend, so nothwendig wie die Gerechtigkeit.

Möchte nun auch das Wort Feuerbachs auf unsern badischen Anwaltstand seine lebendige Geltung und Anwendung finden, welcher, als er über die Würde und Nothwendigkeit des Anwaltstandes sprach, sich Männer gedacht hat, welche in freier Selbstständigkeit den Partien zur Seite und dem Gerichte gegenüber stehen, welche in Sachen ihres Berufes unerreichbar der Gewalt des Richters, vor welchem sie das Recht schützen sollen, auch die Freiheit haben, ihren Beruf aus unbeengter Brust, mit muthigem Worte zu erfüllen, welche als Glieder eines Standes der Ehre durch die Achtung ihrer Mitbürger und des Staates an die Würde ihres Berufes fortwährend erinnert werden und an einem edlen Stolz eine edle, jeder Nichtswürdigkeit feindliche Gesinnung nähren!

Ja, möchten diese herrlichen Worte des großen Rechtslehrers — in unserem badischen Anwaltstande zur Wahrheit werden, dann beneiden wir Niemanden um die Arbeit und Frucht, um die Lust seines Standes und seines Lebens!"

100.

Umstände, aus welchen sich die Eigenschaft einer Kapelle und des sie umgebenden Geländes als kirchliches Gut ergibt.

Einfluß der im Jahr 1788 unter Kaiser Joseph II. verfügten, aber nicht ganz zum Vollzug gekommenen Einziehung des Kapellenvermögens zu dem vorderöstreichischen Religionsfonde — auf die Eigenschaft der uneingezogen gebliebenen Vermögenstheile.

Die Eigenschaft als kirchliches Gut wurde durch den zeitweisen Mangel einer geordneten und gesonderten Verwaltung nicht aufgehoben.

Beschaffenheit derjenigen Handlungen, welche von Seiten der politischen Gemeinde zur Ersitzung des kirchlichen Vermögens gegenüber den Vertretern des letzteren dienen sollen.

Inwiefern findet überhaupt Ersitzung oder Verjährung bei den dem öffentlichen Gottesdienste gewidmeten Gebäuden statt? L.R.S. 2226. 537.

Wer ist zur Geltendmachung der Eigenschaft einer Kapelle und des dazu gehörigen Geländes als kirchlichen Gutes legitimirt, wenn einige Zeit hindurch keine besondere Verrechnung dieses Vermögens bestanden hatte, und in neuster Zeit die Gründung eines Kapellenfondes ausgesprochen wurde?

In Sachen

des St. Ehrentrudiskapellenfondes zu Munzingen

gegen

die (politische) Gemeinde daselbst,

Eigenthumsanerkennung betr.

Am 9. Mai 1862 trat der St. Ehrentrudiskapellenfond zu Munzingen (Landamtsgericht Freiburg) gegen die politische Gemeinde daselbst klagend mit dem Begehren auf, daß die Gemeinde schuldig sei, das Eigenthum des klagenden Fondes an dem unweit des Ortes auf einem vorspringenden Rebhügel bestehenden St. Ehrentrudiskapellengebäude und dem daran stoßenden Gelände und Rebstück von etwa 1 Jauchert anzuerkennen, und sich jedes ferneren Eingriffes in dasselbe zu enthalten. Der Unterrichter hat unterm 23. September 1862 die Klage abgewiesen hauptsächlich auf den Grund, daß dem klagenden Fond die Activlegitimation fehle; das großh. Hofgericht des Oberrheinkreises aber hat mit Urtheil vom 4. Novbr. 1863 die Activlegitimation des klagenden Fondes angenommen, und in der Sache selbst dem Klagbegehren entsprochen, und dieses Urtheil wurde von großh. Oberhofgericht unterm 12. April 1864 bestätigt.

Als Grundlage für die unten folgenden Entscheidungsgründe dieser Gerichtshöfe ist hier Einiges aus den Verhandlungen und aus den beiderseits angerufenen und anerkannten Urkunden aus großh. Landesarchiv und andern Akten vorauszuschicken.

Die fragliche Kapelle ist schon in Urkunden vom Jahr 1661 als eine von Alters her bestehende angeführt und war damals aus freiwilligen Beiträgen behufs der Abhaltung von Gottesdienst in derselben erweitert worden. Auch der Wiederaufbau derselben im Jahr 1716, nachdem sie in den zwischeneingetretenen Kriegen zerstört worden war, wurde durch freiwillige Beiträge bewirkt. Die Verrechnung des Vermögens der Kapelle, der Einnahmen und Ausgaben, welche bis 1742 mit der Kirchenrechnung vereinigt war, wurde von da an in einer besonderen Kapellenrechnung geführt. Hinsichtlich des bei der Kapelle befindlichen meist zu Reben angelegten Geländes ist in Akten aus den 1760r Jahren bei einem Rechtsstreit über den Novalzehnten aus diesen Reben, — von der gräfl. v. Kageneck'schen Grundherrschaft angeführt, daß das fragliche Gelände von ihr zu der Kapelle für den sog. Kapellenbruder gestiftet worden ist.

Im Jahre 1788 war nun in Folge der auch für diesen damals vorderöstreichischen Landestheil giltigen Verordnung des Kaisers Joseph II., daß die entbehrlichen Kapellen eingehen, und ihr Vermögen zu dem vorderöstreichischen Religionsfond, insbesondere behufs der Pfarreinrichtung eingezogen werden sollten, auch fragliche Kapelle als entbehrlich bezeichnet, ihr Vermögen, darunter auch das Kapellengebäude und das Gelände, in ein Inventar aufgenommen, die Kapitalien zu 242 fl. und Baarschaft auch wirklich zum Religionsfonde eingezogen worden, der Einzug der übrigen Vermögenstheile, insbesondere die anfänglich dem Amte aufgetragen gewesene Versteigerung des Kapellengebäudes und Geländes, sowie eines Bodenzinses war unterblieben, weil die bischöfliche Behörde sich weigerte, die Exsecration (Aufhebung der bestandenen kirchlichen Weihe) der Kapelle vorzunehmen. Im Jahre 1792 als inzwischen zugleich von höchster Stelle die Verordnung ergangen war, das Volk in Verrichtung seiner hergebrachten Andachten nicht zu hindern, verwendete sich die Gemeinde Munzingen um die Belassung der Kapelle und um Rückgabe des eingezogenen Kapitalvermögens von 242 fl., unter Anführung theils kirchlicher und religiöser, theils weltlicher Gründe. Auf Bericht und Antrag der vorderöstreichischen Regierung und Kammer vom 28. August 1792 ergingen zwei von der Gemeinde hauptsächlich für sich angerufene Erlasse, nämlich das sog. Hofdekret (der kaiserl. Hofkanzlei) dd. Wien vom 16. Sept. 1792 dahin lautend:

„Man begnehmiget das von der Regierung mit Bericht vom 28. August dieses Jahres wegen Belassung der Ehrentrudkapelle zu Munzingen in statu quo gemachte Einrathen; und schließt in der Anlage die Beilagen des Berichtes zurück.“

Wien, am 16. September 1792.

(Folgt die Unterschrift.)

sodann der Erlaß der vorderöstreichischen Regierung und Kammer vom 5. Oktober 1792 womit jenes Hofdekret eröffnet wurde, dahin lautend:

„Intimatur dieses Hofdekret an das gräfl. v. Kageneck'sche Amt dahier mit dem, daß dessenungeachtet das im Jahr 1788 an den vorderöstreichischen Religionsfond eingezogene Kapellenvermögen 242 fl. nicht mehr herausgegeben werde, weil diese Kapelle, was die gottesdienstlichen Abhaltungen betrifft, ganz entbehrlich ist und daher der Gemeinde Munzingen, welche der St. Ehrentrudiskapelle sammt der dabei befindlichen Wohnung aus politischen Absichten beibehalten will, obligt, dieses Gebäude in baulichen Ehren zu erhalten.“

Die Kapelle stand fortan zur Andachtsübung offen, und es wurden darin wie vorher, an gewissen Tagen des Jahres Messen gelesen. Die Kapellenrechnung wurde bis 1801 fortgeführt, von da an sollen die betreffenden Einträge in der Kirchenrechnung vorkommen, was nicht näher erhoben ist. Der im Anbau der Kapelle wohnende sog. Kapellenbruder (meist ein sog. Laienbruder) war früher von der Grundherrschaft, im Verlauf gemeinschaftlich vom Ortspfarrer und dem Gemeindevorstand ernannt; er benützte das anstoßende Rebstück; hatte die Kapelle im Stande zu halten und zu bewachen, Meßnerdienste zu thun, auch mit dem Kapellenglöcklein Mittag und Abend zu läuten, sowie auch Feuersbrünste und dergl. anzuzeigen. Als der letzte Kapellenbruder im Jahre 1843 abgegangen war, verpachtete die Gemeinde jenes Rebstück bei der Kapelle gegen einen in die Gemeindekasse zu zahlenden Pachtschilling und legte zugleich dem Pächter die Besorgung des Mittag- und Abendläutens auf.

Bei der neuen Steuereinschätzung von 1815 hatte die Gemeinde das Steuercapital der Kapelle sich auf ihr Steuercapital zutheilen lassen, und seither versteuert. Sie will auch die bauliche Unterhaltung der Kapelle bestritten haben, was aber von klägerischer Seite nicht unbedingt zugegeben ist.

Die beklagte Gemeinde hatte auf solche Umstände die Ersitzung, und auch die Einrede der Klagenverjährung gebaut.

Hinsichtlich der beanstandeten Activlegitimation hatte sich der klagende Fond in zweiter Instanz auf die Administrativakten des Amtes und der großh. Oberrheinkreisregierung bezogen, worin Verhandlungen über die sich entgegenstehenden Ansprüche der Stiftungscommission und der Gemeinde und Erlaße des erzbischöflichen Ordinariates und der großh. Kreisregierung, und der Erlaß großh. Ministerium des Innern vom 25. Oktober 1861, No. 10,761, enthalten sind, der letztere lautet:

„Das Eigenthumsrecht der St. Ehrentrudiskapelle auf dem Lindenberg bei Munzingen.

Der großh. Regierung des Oberrheinkreises wird auf ihren Bericht vom 18. d. M., No. 16,312, unter Rückgabe der Beilagen desselben zur weiteren Eröffnung erwidert, daß zur Gründung eines eigenen Fondes für die Ehrentrudiskapelle auf dem Lindenberg bei Munzingen aus dem vorhandenen baaren Geld im Betrag von 58 fl. 1½ kr. und den in dem rückfolgenden Verzeichnisse des Stiftungsvorstandes zu Munzingen vom 6. d. M. aufgeführten aus milden Beiträgen angeschafften Kirchenerfordernissen die Staatsgenehmigung ertheilt werde."

Es folgen nun die auch von großh. Oberhofgericht adoptirten

hofgerichtlichen Entscheidu-ngsgründe.

Die Klage, womit der Ehrentrudiskapellenfond zu Munzingen das angeblich ihm zustehende Eigenthumsrecht an der auf dem Bergle bei Munzingen befindlichen Ehrentrudiskapelle nebst Anbau und daran stoßenden Rebstück und Gelände im Maaß von ungefähr 1 Jauchert in Anspruch nimmt, und von der politischen Gemeinde Munzingen, welche sich im Besitze dieser Realitäten befindet, deren Herausgabe verlangt, ist in erster Instanz aus dem Grunde abgewiesen worden, weil, wer immer sonst Eigenthümer jener Realitäten sein möchte, dieses auf keinen Fall der klagende Fond sei, welcher erst mit Genehmigung großh. Ministeriums des Innern vom 25. October 1861 aus einem gesammelten Geldbetrage von 58 fl. 1½ kr. und von aus milden Beiträgen angeschafften Kirchenerfordernissen neu gebildet worden sei, und selbst keinen Rechtstitel behaupte, wodurch ihm damals oder seither die fraglichen Realitäten zugefallen wären. Es ist nun richtig, daß der damals klagende Fond ein auf die bemerkte Weise und aus dem erwähnten Vermögen neu gegründeter Fond, und mit dem bis 1788 bestandenen Ehrentrudiskapellenfond nicht identisch ist.

Dieses ergibt sich theils schon aus dem Wortlaut des Ministerialerlasses vom 25. October 1861, welcher mit der Klage in Abschrift vorgelegt wurde, theils und noch näher aus den vom Kläger, Appellanten angerufenen und vorliegenden Akten des großh. Landamts Freiburg und der großh. Regierung des Oberrheinkreises über die fragliche Kapelle von 1859 ff.

Die großh. Kreisregierung spricht sich in ihrem Bericht an großh. Ministerinm des Innern vom 18. Okt. 1861 insbesondere dahin aus, daß seit 1788, in welchem Jahre Kaiser Joseph II. sämmtliche entbehrliche Kapellen und Nebenkirchen aufgehoben und ihr Vermögen dem Religionsfond überwiesen habe, auch der Kapellenfond zu Munzingen zu existiren aufgehört habe, und sie beantragt die Ertheilung der Staatsgenehmigung zur Gründung eines Kapellenfonds aus den bemerkten Mitteln. Diesem Antrage wurde entsprochen. Hätte es sich nur um Genehmigung der Zustiftung der gesammelten Gelder und Kirchenerfordernisse — zusammen im Betrag von 374 fl. 17½ kr. — zu einem als bestehend anerkannten Fond gehandelt, so wäre hierzu nach §. 3 der landesherrlichen Verordnung vom 10. April 1833, die Verwaltung der kirchlichen und weltlichen Stiftungen betr., Reggsbl. von 1833, No. 18, die großh. Kreieregierung ermächtiget gewesen, und nur, weil die Gründung einer neuen Stiftung in Frage lag, bedürfte es nach §. 4 daselbst der Genehmigung des großh. Ministeriums des Innern. Dieser neue Fond erhielt durch Erlaß großh. Kreisregierung vom 31 Oktbr. 1861 die Ermächtigung zur Erhebung der fraglichen Klage, und er hat sie, seine Prozeßlegitimation auf diesen Erlaß gründend, erhoben.

Es ist ferner richtig, daß dieser neue Fond seine Sachlegitimation nicht damit allein begründen kann, daß die fraglichen Realitäten Kirchengut seien, und zwar gleichviel ob er darthun möchte, daß ihr Eigenthum bisher dem rechtlich fortbestehenden früheren Kapellenfond, oder aber dem Kirchenfond Munzingen, oder endlich der Kirchengemeinde Munzingen zugestanden sei; vielmehr hat er als neu entstandene eigene juristische Person auch den Uebergang der fraglichen Eigenthumsansprüche an ihn nachzuweisen. Hieran mangelt es nun allerdings der Klage, welche nur die Eigenschaft der fraglichen Realitäten als Kirchengut darzuthun sucht. Allein dieser Mangel, dessen Verbesserung nach Maaßgabe der §§. 87 und 88 Ziff. 2 der Pr.O. herbeizuführen gewesen wäre, ist jetzt als gehoben zu betrachten.

(Schluß folgt.)

Annalen der Großherzogl. Badischen Gerichte.

1861. Band XXX. No. 30.

(Schluß von Art. 100.)

Wie nämlich aus den in dieser Instanz angerufenen, bereits oben erwähnten Akten des Landamts Freiburg und der großh. Kreisregierung hervorgeht, veranlaßte gerade der außergerichtliche Streit zwischen dem Stiftungsvorstande zu Munzingen und der dortigen politischen Gemeinde über das Eigenthumsrecht an jenen Realitäten, welche der Stiftungsvorstand als Kirchengut herausverlangte, die Bildung eines neuen Kapellenfonds, damit dieser das Eigenthum hieran vindizire.

Die großh. Kreisregierung traf zu diesem ausgesprochenen Zwecke Anordnungen durch Erlasse an das Landamt vom 9. Juli und 15. September 1861, stellte ausdrücklich zu diesem Zwecke seinen erwähnten Antrag an großh. Ministerium des Innern im bemerkten Berichte vom 15. Oktober l. J., und ertheilte hiernach ihre Prozeßermächtigung an den Kapellenfond; der Stiftungsvorstand wirkte zu jenem Zwecke mit und hat hiernach Klage erhoben, und indem das erzbischöfliche Ordinariat schon in einem Erlasse vom 27. Juni 1861 die großh. Kreisregierung ersucht hat, veranlassen zu wollen, „daß die St. Ehrentrudiskapelle mit den dazu gehörigen Feldern und Reben als B e s i t z t h u m d e r s e l b e n, resp. des Kirchenfonds zu Munzingen behandelt und der Verwaltung des dortigen Stiftungsvorstands fortan unterstellt werde,“ hat auch dieses zur Genüge zu erkennen gegeben, daß seiner Seits gegen die Behandlung oder Zuweisung jener Realitäten als Eigenthum eines eigens gebildeten Kapellenfonds nichts zu erinnern gefunden wird. Stiftungsvorstand, Kreisregierung und das erzbischöfliche Ordinariat sind aber nach den gemäß §. 17 des Gesetzes vom 9. Oktober 1860 über die rechtliche Stellung der Kirchen und kirchlichen Vereine im Staate bis zum Erscheinen der Verordnung vom 20. November 1861 (Reggsbl. No. 52) gültig gewesenen Verordnungen über Verwaltung und Verwendung des katholischen Kirchenvermögens, nämlich der Verordnung vom 21. November 1820 (Reggsbl. von 1827 No. 1) §§. 13. 15. 16 der Verordnung vom 16. April 1833 (Reggsbl. No. 18) Nr. 2. 3 und 5, und der Verordnung vom 3. März 1858 (Reggsbl. No. 7) §. 5 diejenigen Behörden, durch deren übereinstimmenden Willen örtliches Kirchenvermögen im Werthe der fraglichen Realitäten zu 1945 fl., möchte es nun der Kirchengemeinde unmittelbar, oder dem Kirchenfond oder einem andern kirchlichen Ortsfond zu Eigenthum zugestanden sein, an den gegründeten Kapellenfond übertragen werden konnte. Sind nun die fraglichen Realitäten Kirchengut, und waren sie — was in solchem Falle unzweifelhaft ist — bis dahin Eigenthum der Kirchengemeinde Munzingen oder eines dortigen kirchlichen Fonds, so ist dieses Eigenthum nunmehr an den klagenden Fond gültig gelangt; dessen Sachlegitimation ist daher in Ordnung.

Der Kläger hat behauptet, daß die Kapelle schon im Jahre 1661 zu gottesdienstlichen Handlungen bestimmt als Stiftung mit eignem Vermögen bestanden habe, und thatsächlich näher dargestellt, wie die Kapelle nach ihrer Zerstörung im spanischen Erbfolgekrieg aus ihrem eigenen Vermögen und weitern milden Beiträgen im Jahre 1716 wieder aufgebaut worden, und wie der damalige Kapellenfond den Anbau und das Stückchen Reben und Geländ durch Zustiftung erworben habe, und so die Eigenschaft dieser Realitäten als Kirchengut nachzuweisen gesucht.

Die Beklagte will jene Thatsachen nicht kennen, und nicht zugeben, daß jene Realitäten, und daß namentlich Reben und Geländ jemals Kirchengut gewesen. Allein sie anerkennt doch, was sich auch aus den von ihr selbst angerufenen, aus dem großh. Generallandesarchiv erhobenen Akten der ehemaligen vorderösterreichischen Regierung über die Ehrentrudiskapelle von 1788—1796 unzweifelhaft ergibt, daß nämlich von der genannten Regierung im Jahre 1788 in Folge der Verordnung Kaiser Josephs II. sämmtliche entbehrliche Kapellen und Nebenkirchen aufzuheben und ihr Vermögen an den Religionsfond einzuziehen, auch die Aufhebung der fraglichen Kapelle und die Einziehung ihres Vermögens zum Religionsfond angeordnet worden ist, daß unter dem damals aufgenommenen Vermögen der Kapelle (des Kapellenfonds) sich nebst dem Kapellengebäude auch der Anbau und das

Stück Reben und Feld befand, und daß die angeordnete Veräußerung dieser Realitäten nur deßhalb nicht zum Vollzug kam, weil der Bischof nicht zur Entweihung der Kapelle zu bewegen war, während die zum Fond gehörigen Stiftungskapitalien wirklich dem Religionsfond einverleibt worden. Die Gemeinde behauptet sodann, daß statt des Einzugs jener Realitäten zum Religionsfond ihr auf Ansuchen durch kaiserliches Hofdekret vom 16. September 1792, und Dekret der genannten vorderösterreichischen Regierung vom 2. Oktober 1792 die Kapelle nebst Anbau und Reben zu weltlichen Zwecken eigenthümlich überlassen worden sei, und daß sie in Folge davon diese Realitäten in Besitz genommen habe und seither besitze, und ausschließlich hierauf, d. i. auf jene Eigenthumsübertragung als ihren Rechtstitel und eventuell auf seitherige ersitzende und erlöschende Verjährung gründet sie ihre Ansprüche daran. Man sehe insbesondere Amtsgerichtsakten S. 28—29. 30—32. 56. 58. 64, Hofgerichtsakten S. 54—55. 59. Mit diesem Vorbringen stände nun aber, da die bemerkten Regierungsmaaßregeln nur gegen Kirchengut gerichtet sein sollten und konnten, die Abläugnung dieser Eigenschaft jener Realitäten und ihrer Zugehörigkeit zum bestandenen Ehrentrudiskapellenfond, den die Beklagte (Hofgerichtsakten S. 55) selbst als einen kirchlichen bezeichnet, im vollen Widerspruch, und muß diese Eigenschaft und diese Zugehörigkeit für die Zeit vor 1792 vielmehr als eingeräumt und der Kläger eines deßfallsigen Beweises überhoben erachtet werden.

Darnach fragte es sich nur noch, ob die Beklagte wirklich durch jene Akte oder durch Ersitzung das Eigenthumsrecht erworben und ob etwa das Klagrecht durch Verjährung erloschen ist. All dieses ist aber nicht der Fall.

Ausweislich der bezeichneten, von der Beklagten angerufenen Akten der vorderösterreichischen Regierung ist, nachdem die Veräußerung der Kapelle nebst liegenschaftlicher Zugehörde aus der erwähnten Ursache von 1788 an unterblieben war, im Jahre 1792 die Gemeinde Munzingen mit einer Bitte aufgetreten, welche sich zwar nicht mehr bei den Akten befindet, deren wesentlicher Inhalt aber aus dem darüber von der vorderösterreichischen Regierung und Kammer unterm 28. August 1792 an den Kaiser zur Hofkanzlei erstatteten Berichte ersichtlich ist, und jedenfalls ist dieser Bericht für das Verständniß des darauf ergangenen Hofdekrets vom 16. September, welches die im Bericht gestellten Anträge lediglich genehmiget, maaßgebend. Darnach nun ging die Bitte der Gemeinde dahin, nicht nur die Kapelle St. Ehrentrud auch für die Zukunft zur öffentlichen Andachtsverrichtung zu belassen, sondern auch das an den Religionsfond eingezogene Vermögen per 242 fl. (die Stiftungskapitalien) wieder herauszugeben, und die Gründe, welche die Gemeinde für diese Bitte geltend machte, waren folgende: Das Vermögen sei von Gemeindsleuten gestiftet, und zur Reparirung des Kapellengebäudes nothwendig, letzteres aber deßwegen ihr unentbehrlich, weil solches mit dem daran gebauten Häuslein auf der Höhe stehe, folglich ihrem in der Tiefe liegenden und von Hügeln umgebenen Dorf gleichsam zum Wachhause diene, von wo aus sie durch den daselbst wohnenden Wächter oder Bannwart von allenfalls entstandenem Brand, sich ereignender Wassergröße, oder einem bevorstehenden feindlichen Angriffe mittelst eines Zeichens mit dem Kapellenglöcklein verständigt werden könne, in welcher Rücksicht auch die Kapelle nach ihrer Zerstörung in frühern Kriegszeiten von der Gemeinde aus freiwilligen Beiträgen wieder hergestellt sei; es diene ferner die Kapelle den Feldarbeitern bei Ungewitter als Zufluchtsort, auch haben sowohl die Gemeindsleute von Munzingen als auch ihre Nachbarn ein großes Zutrauen, ihre Andacht dort zu verrichten, und endlich würde die Schließung derselben das Auslaufen zu entferntern Andachtsorten zur Folge haben. Die Gemeinde hatte dabei bemerkt, daß, wenn die Kapelle auf höheren Befehl abgerissen werden sollte, sie bemüßiget sein würde, ein anderes Gebäude zu ihrer Sicherheit daselbst aufzuführen. Nachdem die Regierung und Kammer im Eingang ihres Berichts ihrer Anordnung von 1788 und des Grundes des in Bezug auf das Kapellengebäude unterbliebenen Vollzugs gedacht, sodann bemerkt hatte, die Kapelle sei also bis jetzt stehen und offen geblieben, sowie überhaupt das Einziehen der entbehrlichen Kapellen aus Mangel der Mitwirkung von Seite der Ordinariate und nach erfolgter allerhöchsten Verordnung, das Volk in Verrichtung seiner hergebrachten Andachten nicht zu hindern, ganz unterblieben sei, berichtete sie, nach dem Anlaß des Berichts, nämlich die eingelaufene Bitte der Gemeinde und ihre Begründung wie oben dargestellt, und erwähnt hatte, wie die über das Gesuch gehörte Landesbuchhalterei darauf angetragen, die Bitte um Ausfolgung der zum Religionsfond eingezogenen Kapitalien abzuweisen, die Kapelle selbst aber in statu quo zu belassen, bis die Gesinnungen des bischöflichen Ordinariats wegen Entweihung der entbehrlichen Kapellen sich ändern werden, trug sie gutachtlich vor, sie sei mit diesem Antrag der Landesbuchhalterei ganz einverstanden, weil diese abseitige Kapelle zur Abhaltung des vorgeschriebenen Gottesdienstes ganz entbehrlich sei, und die anderweitigen Absichten, welche die Gemeinde Munzingen zur bisherigen Unterhaltung dieser Kapelle bewogen haben möge, im Grunde auch auf eine andere Art erzielt werden könnten, zudem würde es für den vorderösterreichischen Religionsfond eine Sache von nachtheiligen Folgen sein, wenn das eingezogene Vermögen (die Stiftungskapitalien) wieder herausgegeben werden müßte (was näher ausgeführt wird), jedoch sei sie mit der Landesbuchhalterei gleicher Meinung, daß das noch bestehende Kapellengebäude sammt der anstößigen Wohnung für einen Feldwächter in statu quo belassen werden dürfte, weil der Herr Ordinarius von Konstanz gegenwärtig nur für nicht mehr zu vermögen sei, an derlei Kapellen eine Entweihung vornehmen zu lassen, hiermit das Kapellengebäude aus Verweigerung der gehörigen Entweihung weder verkauft noch abgerissen werden könne, auch dieses bei nun ganz geänderter Stimmung des Volks in den Augen des Publikums auffallend sein würde; gleichwie aber die Gemeinde Munzingen durch die Belassung der gedachten St. Ehrentrudiskapelle und des daran anstößigen Gebäudes, welches ihr indessen zur Wohnung für einen Feldwächter gedient habe, ihre Absicht im Grunde ganz erreiche, so solle und werde ihr um so weniger schwer fallen, die ihr zu überlassenden Gebäude, ohne daß zu einem bessern Endzweck eingezogene Kapitalvermögen per 242 fl. rückzubekommen, in baulichen Ehren zu erhalten, als sie selbst bemerkt habe, daß sie eventuell bemüßiget sein würde, ein anderes Gebäude zu ihrer Sicherheit daselbst aufzuführen. Auf diesen Bericht erfolgte das mehrerwähnte Hofdekret mit dem Inhalt, man genehmige das im Bericht wegen Belassung der Ehrentrudkapelle zu Munzingen in statu quo gemachte Einrathen, und durch den Regierungs- und Kammerbeschluß vom 2. oder 5. Oktober 1792 erhielt sodann das gräfl. von Kageneck'sche Amt von dem Hofkanzleidekret „es werde der Antrag, die St. Ehrentrudiskapelle zu Munzingen in statu quo zu belassen, genehmiget,“ mit dem Nachricht, daß dessen ungeachtet das im Jahr 1788 zu dem vorderösterreichischen Religionsfond eingezogene Kapellenvermögen von 242 fl. nicht mehr herausgegeben werde, weil diese Kapelle, was die gottesdienstliche Abhaltung betreffe, ganz entbehrlich sei, und daher die Gemeinde Munzingen, welche die St. Ehrentrudiskapelle sammt der dabei befindlichen Wohnung aus politischen Absichten beibehalten wolle, obliege, diese Gebäude in baulichen Ehren zu erhalten.

Hiernach bezweckte die Gemeinde Munzingen mit ihrem Gesuche keineswegs, daß ihr als politischer Gemeinde die Kapelle nebst Anbau zu Eigenthum und lediglich zur Verwendung zu weltlichen Zwecken überlassen werde; vielmehr sollte die Kapelle als das was sie war („zur öffentlichen Andachtsverrichtung“) beibehalten, und es sollte auch der eingezogene Theil des Stiftungsvermögens „wieder hinausgegeben,“ d. h. der Stiftung nach ihrer bisherigen Bestimmung wieder einverleibt, keineswegs aber der politischen Gemeinde überlassen werden, mit andern Worten die Gemeinde verlangte eine Zurückziehung der im Jahre 1788 erlassenen Anordnung und eine völlige Wiederherstellung des vorigen Standes, wobei sie allerdings voraussetzte, daß der Mitgebrauch der Gebäude zu den angeführten bestimmten weltlichen Zwecken wie angeblich bisher bestehen bleibe.

Darauf ging die kaiserliche Entschließung aus der Hofkanzlei insoweit ein, daß die Beibehaltung der Gebäude in statu quo genehmiget, die Wiederherausgabe des eingezogenen Theils des Stiftungsvermögens aber verweigert worden ist. Der politischen Gemeinde ist damit keinerlei neues Recht an den Gebäuden eingeräumt, am allerwenigsten sind ihr diese, zum Kirchenvermögen gehörigen Gebäude zu Eigenthum gegeben worden. Diese von der Gemeinde gar nicht begehrte Eigenthumsüberlassung könnte auch um so weniger in der Absicht der kaiserlichen Regierung liegen, als die allgemeine Anordnung der Aufhebung der entbehrlichen Kapellen und des Einzugs ihres Vermögens zum Religionsfond dieses Kirchenvermögen nur einer andern Verwendung zu kirchlichen Zwecken zuführen, nicht aber dessen Amortisation und Vergebung in weltliche Hand herbeiführen sollte. Nur der bisherige Mitgebrauch der Gebäude zu jenen weltlichen Zwecken sollte der Gemeinde — dies ergibt sich allerdings aus den fraglichen Aktenstücken — verbleiben, aber auch in dieser Beziehung ist derselben kein Recht neu verliehen worden, und wenn ihr dabei bemerkt wurde, daß sie die Gebäude künftig zu unterhalten habe, weil sie dieselben aus politischen Absichten beibehalten wolle (was — wie bemerkt — so allgemein nicht richtig war), so lag darin nur eine Verwahrung gegen die künftige

Verwendung kirchlicher Mittel, insbesondere des Religionsfonds, zu jenem Zwecke, darauf beruhend, daß ein Bedürfniß des Fortbestehens der Kapelle zu kirchlichen Zwecken nicht anerkannt wurde, worin aber eine Entschlagung des Eigenthums selbst nicht gefunden werden kann. Von Reben und Gelände bei der Kapelle ist aber in den fraglichen Aktenstücken gar nicht die Rede, weßhalb die Beklagte aus diesen um so weniger den Eigenthumserwerb derselben darthun kann.

Daß nicht von der Eigenthumsersitzung die Rede sein kann, ist hiernach von selbst klar. Denn hat sich die Gemeinde, wie sie behauptet, auf Grund jener Dekrete in den Besitz der Gebäude und der Reben als Zugehörde gesetzt, und wäre ihr Besitz auch ein ausschließlicher gewesen, so gebricht es ihr doch an der zur 10jährigen Ersitzung nach L.R.S. 2265 erforderlichen gesetzmäßigen Eigenthumsurkunde als Grundlage des Besitzes. Sie hätte sogar, um Eigenthumsbesitz auszuüben, sich selbst Anfang und Ursache des Besitzes ändern müssen, was nach L.R.S. 2240 eine Ersitzung überhaupt nicht begründen kann, und an der Kapelle selbst, als geweihten Kirchengut ist eine Ersitzung nach L.R.S. 2226 nicht möglich.*) Beide letztern Gründe stehen auch der 30jährigen Verjährung entgegen. Hat die Gemeinde von 1792 an von der Kapelle und Zugehörde den ihr verwilligten Gebrauch gemacht, so hat sie damit noch keineswegs in das Eigenthumsrecht der Kirche eingegriffen, und dieser nach keinen Grund zu einer Eigenthumsklage gegeben; es konnte deßhalb diese Klage auch nicht verlessen werden. Es könnte sich noch fragen, ob nicht, wenn auch das Eigenthumsrecht des klagenden Fonds an den fraglichen Realitäten anzuerkennen ist, dennoch der Beklagten gewisse Berechtigungen daran zuzugestehen seien; der Kläger verlangt das Gegentheil, da nach seinem Begehren zugleich ausgesprochen werden soll, die Beklagte habe sich eines jeden Eingriffs in das klägerische Eigenthum zu enthalten. Die Beklagte hat jedoch keine Berechtigungen dieser Art, sondern nur das Eigenthumsrecht selbst geltend gemacht, als dessen Ausflüsse und Zeichen sie den ausgeübten Gebrauch darstellte. Sie hat namentlich keine derartigen Berechtigungen als ihr vor 1792 zugestanden behauptet, und der Gebrauch, wovon die Aktenstücke von 1792 handeln, kann auf bloßer Nachsicht beruhen.

Aus diesen Gründen und wegen der Kosten nach §§. 167. 170 der Pr.O. ist, wie geschehen, erkannt worden. Die Wettschlagung der Kosten rechtfertigt sich in Bezug auf letztere Gesetzesstelle dadurch, daß die Legitimation des klagenden Fonds auf Thatsachen beruht, welche der Beklagten fremd waren und zu deren Kenntniß sie auch nicht verbunden war."

Vom großh. Oberhofgericht wurden die hofgerichtlichen Entscheidungsgründe mit dem Beisatze adoptirt: „daß zur vorgängigen Erlassung eines Beweiserkenntnisses kein Anlaß vorgelegen sei, weil die dem hofgerichtlichen Urtheile zu Grund gelegten Thatsachen, theils durch die eigenen Anführungen und Darstellungen der Beklagten zugestanden, theils durch die beiderseits angerufenen und von beklagter Seits anerkannten Urkunden und Akten erwiesen seien."

Betzinger.

---

*) Der hier vom großh. Hofgerichte aufgestellte Satz, daß an die Kapelle als geweihtem Kirchengute eine Ersitzung nicht möglich sei, ist nicht unbestritten, besonders wenn man die Bemerkung in Brauers Erläuterungen zu L.R.S. 537 No. 28 (Bd. I. S. 390 u. 391) in Vergleichung mit den Bemerkungen zu L.R.S. 2226, beziehungsweise zu L.R.S. 538 in Anschlag nehmen will. Allein soviel wird als unbestritten gelten können, daß die dem öffentlichen Gottesdienste gewidmeten Kirchen und Kapellen (zu unterscheiden von diesen Privatkapellen), so lange sie dieser Bestimmung dienen, unveräußerbare Gegenstände sind.

Man vgl. Sirey. Recueil Bd. XXIV. I. S. 161.
Vazeille. Prescription No. 85—86. 97 S. 31 und 37.
Marcadé. Prescript. zu Art. 2226 No. IV.
Troplong. Prescript. Bd. I. S. 307—310 No. 170 ff.
Zachariä, Handb. Bd. I. §. 175. 176 u. 215 a. a. E.

Das großh. Oberhofgericht ist auf die Frage nicht näher eingegangen, da dasselbe auch nach den sonstigen vom großh. Hofgerichte angeführten Gründen die Erfordernisse einer Ersitzung auf Seiten der beklagten Gemeinde nicht als vorhanden annahm. D. R.

101.

Kann das von dem Stifter eines kirchlichen Fonds einer weltlichen Behörde verliehene Recht der Verwaltung des Fondvermögens vor dem bürgerlichen Richter verfolgt werden?

In der Stadt Gengenbach besteht ein Fond, St. Erhardtsfond genannt, welcher an Capitalien, Liegenschaften und Fahrnissen über 100,000 fl. umfaßt. Zu Beginn der 1840er Jahre verfolgten die Gemeinden Bermersbach, Ohlsbach, Schwaibach und Reichenbach, welche vor 1803 der damaligen freien Reichsstadt Gengenbach unterworfen waren und mit ihr im Kirchspielsverbande gestanden hatten, der auch später aufrecht erhalten blieb und noch besteht, [1]) jener Stadt gegenüber vor den Gerichten das „Miteigenthum" am gedachten Fond.

Oberhofgerichtliche Urtheile (vom 13. Oktbr. 1843) sprachen ihnen zu, daß sie „am Genusse der St. Ehrhardtsstiftung Theil zu nehmen hätten." [2]) Neuerlich begehrten nun vor den Gerichten die Stadtgemeinde Gengenbach und die Gemeinden Bermersbach, Ohlsbach, Reichenbach, Schwaibach von der Kirchspielsgemeinde Gengenbach, „vertreten durch die dortige Stiftungscommission," die Herausgabe des Fondvermögens an die Stadtgemeinde Gengenbach als die durch den Stifter des Fonds „zum Besitze und zur Verwaltung" jenes Vermögens berufene Person.

Es sind über den Fond zwei, dermalen im großh. Generallandesarchive verwahrte, Urkunden vorhanden, eine, welche „Fundationsbrief über St. Ehrhardspfründt" überschrieben, in deutscher Sprache abgefaßt und vom 29. Oktober 1450 datirt ist, eine zweite, welche die erstere bestätigt und ergänzt, lateinisch geschrieben, mit der Genehmigung der betreffenden kirchlichen Oberen versehen, vom 22. Februar 1469 datirt ist. Der Stifter des Fonds, von dem die gedachten Urkunden ausgingen, hieß Berthold Hüter. Er verordnete in der Hauptsache, daß die Hälfte seiner Güter, vorbehaltlich jedoch seiner Nutznießung daran, an eine Pfründe fallen, daß sich letztere im Laienpatronate von „Schultheiß und Rath der freien Reichsstadt Gengenbach", das Pfründevermögen in Verwahrung und Verwaltung dieses Schultheißen und Rathes befinden, und daß den letzteren überdies eine gewisse Aufsicht über die Amtsführung des Pfründnießers zukommen sollte. Die Thätigkeit des Pfründnießers sollte im Lesen von Messen, im Spenden der Sacramente und in sonstiger Unterstützung der Pfarrgeistlichkeit beim Gottesdienste bestehen. [3]) In früherer Zeit wurde die Pfründe mit einem eigenen Priester besetzt, später übertrug man dessen Obliegenheiten einem Mönche des Klosters Gengenbach, welcher dafür 300 fl.

[1]) Sowie die Stadt Gengenbach freie Reichsstadt war, war die Benediktinerabtei Gengenbach, welcher die Stadt ihre Entstehung und ihren Namen verdankt, Reichsstift. Stift und Stadt kamen in Folge des Reichsdeputationshauptschlusses von 1803 an Baden. Zum Gebiete der Stadt gehörten die sieben Gerichtsstäbe: Ohlsbach, Reichenbach, Haigerach, Schwaibach, Fußbach, Strohbach und Bermersbach. Der Abt ernannte den Reichsschultheißen zu Gengenbach. Die vier jetzt mit der Stadt Gengenbach klagend aufgetretenen Nebengemeinden sind Filiale der Pfarrei. G. E. Kolb, Lexikon von Baden und Mayer, Beitr. zur Geschichte des bad. C.R. S. 56. 57. 159. D. E.

[2]) Das großh. Hofgericht des Mittelrheinkreises hatte die Klagen abgewiesen, weil die Stiftung selbst als juristische Person (pia causa) allein Eigenthümerin des Fondvermögens sei. Das großh. Oberhofgericht ging in den, nicht zwischen den betreffenden Gemeinden und dem Fond, sondern zwischen jenen Gemeinden unter sich geführten Prozessen von dem thatsächlichen Zustande der Dinge aus, wornach sich factisch Ueberschüsse boten, von denen fraglich war, ob sie nur der Stadtgemeinde G. oder auch den Nebengemeinden zu Gute zu kommen hätten. Die Frage, ob die betreffenden Gemeinden dem Fond gegenüber genußberechtigt seien, kam nicht zur Entscheidung. Es war dies natürlich, weil jene Frage anzuregen, sicherlich eben so wenig im Interesse der Stadtgemeinde G. als der Nebengemeinden lag. D. E.

[3]) Die erheblichen Punkte der betreffenden Urkunden sind folgende: a) der Urkunde von 1450: Sie nennt sich mehrfach „Testament", aber auch „Verschreibung", „Ordnung", „Gottesgab." Sie erklärt, das Vermögen solle fallen an „einen Altar und Priester, der damit versehen werden solle", und bedient sich dann des Wortes „Pfründe", um den Zweck der Stiftung zu bezeichnen. Sie verweist auf „die geistlichen und weltlichen Rechte" und will hiernach die Stiftung möglichst aufrecht erhalten wissen. Schultheiß und Rath von Gengenbach sollen „den Altar und Priester bestellen." Ihnen sollte der Priester, bestimmte Messen zu lesen, gehorchen, und „in nothdürftigen und gebührlichen Dingen gewärtig sein." Sie sollen die „Macht haben, diese Gottesgab und Testament alle Zeit zum Besten nach ihrem Gefallen ewiglich als Fundatores zu verwalten und zu handhaben." Endlich erklärt die Urkunde, der Stifter habe alle das fragliche Vermögen betreffende „Briefe" dem Schultheißen und Rathe „anstatt der Pfründe" „zu gemeinen Handen" übergeben, vorbehaltlich jedoch seiner Nutznießung; b) der Urkunde von 1469: Sie erwähnt zunächst der Approbation der Kirchenobern (Bischof von Straßburg, Abt zu G.), welche am Schlusse unter Beifügung der Siegel ertheilt ist. Es sei, sagt sie weiter, eine „praebenda" oder „capellania" auf einem Altare in der St. Nikolauskapelle innerhalb des Klosters G. „in honorem Sci Eberhardi" gegründet worden, (der Ausdruck praebenda, praebendarius kommt mehrfach vor). Die Pfründe soll dem Laienpatronate von Schultheiß und Rath zu G. unterworfen sein; Letztere sollen dem Abte präsentiren, auch den Pfründner, wenn er nicht Residenz hält, zu seiner Pflicht mahnen, nur mit ihrer Zustimmung soll eine Personalveränderung bewirkt werden können. Der Pfründner soll bestimmte Messen lesen, die Sacramente spenden, an Festtagen die Pfarrgeistlichkeit beim Gottesdienste unterstützen (die Pfarrei G. war dem Kloster incorporirt). Er soll dem Abte, dem Schultheißen und Rathe „obedientiam" versprechen. Schultheiß und Rath sollen den Fond als „tutores, consignatores, procuratores auf Erden sein und so verwalten, daß sie sich der Fürbitte der hl. Jungfrau Maria würdig machen." Sie sollen die Urkunden in die arca publica nehmen, auch zu neuen Geldanlagen befugt sein. Nutznießung behält sich der Stifter vor. D. E.

jährlich aus dem Fond empfing, nach Aufhebung des Klosters an die Pfarrei Gengenbach. Letztere erhielt nach Regierungserl. vom 4. Februar 1809 eine jährliche Vergütung von 150 fl. aus dem Fond. Bis 1809 wurde der Fond vom Schultheißen und Rath verwaltet, unerachtet Gengenbach seit 1803 als freie Reichsstadt zu bestehen aufgehört hatte und an die Krone Baden gefallen war. Im Jahre 1809 zog der badische Staat den Fond an sich, nach Erlaß der kath. K.M.Section vom 17. Mai 1828 wurde er zur Dotation des Erzbisthumes Freiburg verwendet, durch Staatsministerialerlaß vom 22. März 1832 aber wieder freigegeben, und der Verwaltung des Gemeinderathes Gengenbach unterstellt. Die Ueberschüsse wurden nun mit Genehmigung der Staatsbehörden zu allgemeinen Zwecken und Unterrichtszwecken verwendet. Der Staatsministerialerlaß vom 19. Oktober 1836 sprach im Gegensatze zu dem vom 22. März 1832 aus, der Fond sei nicht vom Gemeinderathe Gengenbach, sondern vom Stiftungsvorstande daselbst nach Maaßgabe der Verordnung vom 21. November 1820 (über die Verwaltung des kath. Kirchenvermögens, Reggsbl. 1827 No. 1) zu verwalten. Die Frage, ob der Fond dem ganzen Kirchspiele oder nur der Stadt Gegenbach zustehe, sei besonders auszutragen, von ihrer Beantwortung hänge die Bildung des Stiftungsvorstandes ab. Nun entstanden die oben erwähnten Prozesse der Nebengemeinden gegen die Stadtgemeinde Gengenbach. (Die Entscheidungsgründe zu den oberhofg. Urtheilen vom 13. Oktbr. 1843 führten aus, daß anzunehmen sei, es habe die Pfründe nicht allein zum Vortheile der Stadt Gengenbach, sondern auch zum Vortheile der übrigen im Kirchspielsverbande befindlichen Gemeinden gestiftet werden wollen, und daß demgemäß letztere Gemeinden überhaupt als zum Genusse am Fond mitberechtigt anzusehen seien.) Es wurde in Folge der oberhofg. Urtheile ein auch aus Gliedern der Nebengemeinden zusammengesetzter Stiftungsvorstand gebildet, welchem in Gemäßheit der Verordnung vom 20. Novbr. 1861 (Reggsbl. 1861 No. 52) eine unter der Aufsicht des kath. Oberstiftungsrathes stehende „Stiftungskommission" folgte. Diese ist dermalen im Besitze des Fondsvermögens. An ihrer Stelle trat der kath. Oberstiftungsrath im gegenwärtigen Prozesse als Vertreter des beklagten Theiles auf, indem dieser Behörde die rechtliche Vertretung kirchlicher Lokalstiftungen zukommt. [4])

Klägerischer Seits ging man von folgender Anschauung aus:

Der Richter sei zuständig, weil es sich um den Vollzug einer letztwilligen Anordnung, also eines Privatrechtsgeschäftes handle, weil jede Anordnung eines Stifters Ausdruck eines Privatwillens, somit privatrechtlicher Natur sei, weil Besitz, Aufbewahrung und Verwaltung, also privatrechtliche Verhältnisse, in Frage seien. Begründet sei die Klage, weil dem Willen des Stifters zufolge die weltliche Verwaltung des Gemeinderaths Gengenbach, sicherlich aber keine geistliche Verwaltung einzutreten habe, die sich mit den Interessen der weltlichen Gemeinde in Widerspruch setzen könne; es handle sich nicht einmal um einen ausschließlich kirchlichen Fond, sondern um eine der weltlichen Verwaltung unterworfene Stiftung mit nur zunächst kirchlichem Zwecke; die früheren oberhofgerichtlichen Urtheile anerkännten ja, daß die Stiftung einen weltlichen Nutzen abwerfe, ebenso erkläre die Verfügung des Ministeriums des Innern vom 7. Mai 1858 [5]) die Stiftung in der Hauptsache für weltlich; eigentlich sei ein erweitertes Patronatrecht in Frage; der §. 10 des Ges. vom 9. Oktober 1860 spreche ganz entschieden für die Klage. [6])

Beklagter Seits bestritt man vor Allem die richterliche Zuständigkeit, indem man das Dasein eines Privatrechts der Kläger auf den Fond beanstandete. Es handle sich — wurde gesagt — um die Verwaltung eines mit Billigung der kirchlichen Oberen nach kirchlichem Rechte errichteten, zu einer Pfründe, also offenbar zu einem kirchlichen Zwecke bestimmten Fonds, mithin entfernt nicht um einen Gegenstand des Privatrechts. Stiftungsbriefe hätten die Stiftung errichtet, kein Testament. Es handle sich um einen aus öffentlich-rechtlichen Titeln abzuleiten-

---

[4]) Die Verordnung vom 20. Nov. 1861 sagt § 4: „Das örtliche, das ist das für einen einzelnen Pfarrbezirk bestimmte Vermögen, wird unter dem Vorsitze des geistlichen Vorstandes durch die Stiftungscommission verwaltet." §. 11: „Der kath. Oberstiftungsrath führt die Aufsicht über die Verwaltung der Orts- und Distriktsstiftungen, der besetzten und erledigten Pfründen." „Er besorgt die Rechtsvertretung für das seiner Verwaltung unterliegende kirchliche Vermögen, sowie für das der kirchlichen Orts- und Distriktsstiftungen."

[5]) S. unten Note 10.

[6]) Er lautet: „Das Vermögen, welches den kirchlichen Bedürfnissen, sei es des ganzen Landes, oder gewisser Distrikte oder einzelner Orte, gewidmet ist, wird unbeschadet anderer Anordnungen durch die Stifter unter gemeinsamer Leitung der Kirche und des Staates verwaltet.

den Besitz, um eine aus solchen Titeln abzuleitende Verwaltung. Keinenfalls habe die beklagte Kirchspielsgemeinde ein Unrecht begangen, der Staat habe die jetzige Verwaltungsart angeordnet. Niemand habe Vermögensrechte am Fond (die Nebengemeinden am wenigsten, von ihnen sprächen die Stiftungsbriefe gar nicht), die Pfründe sei Eigenthümer des Fonds. Es stehe eine unter den Schutz der Regierung — Schultheiß und Rath hätten diese gebildet — gestellte pia causa in Frage. Nicht der Gemeinderath zu Gegenbach sei Rechtsnachfolger von Schultheiß und Rath daselbst, sondern die großh. Regierung. Die betreffenden Rechte seien dem Schultheißen und Rathe nur im Hinblicke auf ihre Regierungsgewalt, die Landeshoheit, eingeräumt worden, in jene Gewalt sei nun aber die großh. Regierung eingetreten. Bisherige Verwendungen des Fonds zu fremdartigen Zwecken können nicht entscheiden.

Das Gericht erster Instanz, des großh. Amtsgerichts Gengenbach, erkannte mit Urtheil vom 30. Dezember 1863 nach dem Klagbegehren. Es ging von folgenden Gründen aus. Die Stiftungsurkunden ergäben, daß die Stiftung zwar zunächst zum Zwecke der Gottesverehrung gemacht worden sei, daß aber das Patronat über die gestiftete Pfründe sowohl, als die Verrechnung und Verwaltung des Fondvermögens schlechthin in weltliche Hände habe gelegt werden wollen. Die Zulässigkeit von Anordnungen der letzteren Art sei nach älterem (canonischen) und nach neuerem Rechte (Ges. v. 9. October 1860 Reggsbl. No. 51) zweifellos. Es müsse demnach auch Rechtsmittel zur Realisirung solcher Anordnungen geben. Wenn der beklagte Theil behaupte, er habe kraft der bestehenden Gesetze und der Verfügungen der zuständigen Verwaltungsbehörden Besitz und Verwaltung des Fonds, so entscheide dies nicht, indem der Wille des Stifters allein zu befolgen sei und selbst dem Gesetze vorgehe. Eine Analogie für das vorliegende Verhältniß, wo das Vermögen einer juristischen Person (einer pia causa) der Verwaltung einer andern, vom Stifter bezeichneten Person unterstellt sei, liege in der testamentarischen Vormundschaft. Die richterliche Zuständigkeit sei nicht zu beanstanden, da Testament ein Privatrechtstitel sei, da der Begriff von Verwaltung ein privatrechtlicher sei, da die vermögensrechtlichen Verhältnisse einer Stiftung dem Privatrechte angehörten, da endlich der Staat kein Interesse daran habe, wer die Verwaltung einer Stiftung führe, sondern nur daran, daß und wie sie geführt werde. Die klagenden Gemeinden hätten ein rechtliches Interesse an der Verwaltung des Fonds, weil nach von gewichtigen Seiten vertheidigter Anschauung das Kirchenvermögen der allgemeinen Kirche gehöre, und dasselbe hin möglicherweise außerhalb des Orts verwendet werden könnte, wenn den Gemeinden die Verwaltung nicht eingeräumt sei, weil ferner auch das Recht der Verwaltung eine Einwirkung auf den Vermögensstand und gewisse materielle Vortheile sichere. Den Nebengemeinden sei ja ein Mitgenußrecht bereits rechtskräftig zuerkannt. Die Einwendung, daß der Gemeinderath zu Gengenbach nicht Rechtsnachfolger des Schultheißen und Rathes der freien Reichsstadt sei, stelle sich als exceptio ex jure tertii dar, eine eigentliche Landeshoheit hätten die Reichsstädte ebensowenig gehabt, wie die Reichsritter.[1] Nicht die Rücksicht darauf, daß Schultheiß und Rath von Gengenbach Inhaber einer gewissen Regierungsgewalt gewesen, habe den Stifter geleitet, sondern die Rücksicht, daß sie eine örtliche Behörde gewesen, darum sei in den Stiftungsbriefen von ihnen als den Vorstehern der Stadt („oppidi" — im Gegensatze zu einem staatlichen Gemeinwesen) die Rede.

Das großh. Hofgericht des Mittelrheinkreises erkannte mit Urtheil vom 11. März 1864 abändernd dahin, „daß die Klage als vor den bürgerlichen Gerichten nicht stattfindend abzuweisen sei." Die hofgerichtlichen Entscheidungsgründen lauten, wie folgt:

„Die erhobene Klage ist gerichtet auf Ueberlassung der Verwaltung des Vermögens des St. Erhardsfonds an die mitklagende Stadtgemeinde Gengenbach, und begehrt demgemäß die Auslieferung dieses Vermögens von der beklagten Kirchspielsgemeinde, in deren Namen dasselbe von dem Stiftungsvorstand (jetzt Stiftungscommission) verwaltet wird, während die rechtliche Vertretung nach §. 11 der Verordnung vom 20. November 1861

[1] Siehe bezüglich der Reichsritter, Zöpfl Staatsrecht 5. Aufl. §. 103 Note 5, der die Frage, ob die Reichsritter nur „Landesherrlichkeit" oder „Landeshoheit" hätten, für einen bloßen Wortstreit erklärt. Bezüglich der Städte sagt er §. 103 XI.: „Subjekt der Landeshoheit war — — in den freien Städten die Gesammtheit der Bürgerschaft, oder Rath und Bürgerschaft." Der Begriff der Landeshoheit war kein festbestimmter. Kleine Gebiete konnten, wie auch Zöpfl a. a. O. II. bemerkt, keine so umfassende territoriale Regierungsgewalt ertragen, wie sie in größeren unumgänglich war. So z. B. hatten nicht alle Reichsritter in ihren kleinen Gebieten die Criminaljurisdiction und den Blutbann. Die eine oder der andere war zuweilen einem benachbarten Reichsstande verliehen. Siehe Zöpfl a. a. O. [illegible] D. Red.

Reggsbl. Nr. 52 dem kathol. Oberstiftungsrathe zusteht. Es ist nun weder vom klagenden Theile behauptet, noch aus den Stiftungsurkunden zu ersehen, daß der Stadt Gengenbach ein Privatrecht am Vermögen des Fonds zustehe, vielmehr ist in den Urkunden das Eigenthum daran der Pfründe, und das Erträgniß dem Pfründnießer zugewiesen. Es handelt sich mithin lediglich um die Verwaltung eines fremden Vermögens in fremdem Interesse, und insbesondere haben die in den Stiftungsurkunden erwähnte Ueberwachung des Pfründnießers, sowie das Patronatsrecht und die dem Pfründnießer auferlegten besondern, seelsorglichen Pflichten auf die Vermögensrechte gar keinen Bezug. Würde man also auch annehmen, daß der Stifter die Verwaltung jenes Vermögens wirklich dem Schultheißen und Rath der Stadt Gengenbach übertragen hat, und daß an die Stelle dieser reichsstädtischen Behörden die jetzige, ihrer ehemaligen Souveränetät längst verlustig gewordene, Stadtgemeinde Gengenbach getreten sei, so wären die Gerichte doch nicht in der Lage, der hierauf gerichteten Klage stattzugeben. Der St. Erhardsfond ist nämlich nach Zweck und Gegenstand eine rein kirchliche Stiftung, und die Frage, wie und von wem das Vermögen solcher Stiftungen in dem oben bezeichneten Sinne, d. h. ohne alle Beziehung auf Privatrechte Dritter — verwaltet wird, gehört nach der Natur der Sache und nach den bestehenden Gesetzen und Verordnungen in das Gebiet des öffentlichen Rechtes, auf welches sich nach §. 1 der Pr.O. die Zuständigkeit der Gerichte nicht erstreckt. Org.Ed. von 1809 Beil. C. No. 20, Beil. D. No. 10 Ol. a. b., Beil. F. No. 20 Ol. 6., Verordn. vom 21. Juni 1850 §. 1 Ol. 2 (Reggsbl. S. 230), §. 19 des I. Const.Ed., Verordn. vom 21. Nov. 1820 (Reggsbl. 1827 No. 1), Verordn. vom 10. April 1833 (Reggsbl. S. 464), oberhofgerichtliche Jahrb. n. F. Bd. IX. S. 533. 536, X. S. 308."

„Wenn auch nach altem und neuem Rechte (§. 10 des Ges. vom 9. Oktober 1860, Reggsbl. S. 372) der Stifter gültiger Weise Bestimmungen über die Verwaltung des gestifteten Vermögens treffen kann, und sich zur Ausübung dieses Rechts der Form von privatrechtlichen Willensbeurkundungen zu bedienen hat, so beziehen sich solche Anordnungen eben doch auf das öffentliche Recht, und es können zu deren Aufrechthaltung die Gerichte ebensowenig angerufen werden, als wenn es sich um andere Gegenstände des öffentlichen Rechtes handelt, hinsichtlich deren dem Privatwillen in einzelnen Fällen ein gewisser Einfluß gebührt. Zu einer Ausdehnung der richterlichen Gewalt auf solche Gegenstände bedürfte es einer ausdrücklichen Gesetzesbestimmung, welche darin natürlich nicht gefunden werden darf, daß in einem Gesetze, wie an der oben angeführten Stelle, nur die Gültigkeit einer Art von Verfügungen anerkannt wird.

Ueberdies zeigt die für alle Bestimmungen der Stiftung eingeholte Genehmigung der damaligen kirchlichen Oberen, daß es sich nicht um privatrechtliche Verfügungen handelt. Ferner beruht der jetzige Zustand der Verwaltung des St. Erhardsfonds auf den Anordnungen der zuständigen Administrativbehörden, und da diese in ihrem Kreise ebenso unabhängig sind, wie die Gerichte, so steht es den letzteren nicht zu, einen andern Zustand hierin zu schaffen. In dieser Beziehung wurde zwar in der Klage erwähnt, daß die Administrativbehörde selbst den klagenden Theil auf den Rechtsweg verwiesen habe, allein dies bezog sich nur auf das hier nicht in Frage stehende etwaige Recht auf die Ueberschüsse des Fonds, und könnte auch jedenfalls nicht eine dem Gesetze fremde Zuständigkeit der Gerichte begründen. Demnach mußte ohne weitere Prüfung des Ergebnisses der Verhandlungen die Klage als vor den Gerichten nicht stattfindend abgewiesen, und der klagende Theil gemäß Pr.O. §. 168 in sämmtliche Kosten verfällt werden."

Das großh. Oberhofgericht bestätigte auf klägerischer Seits ergriffene Oberberufung das hofgerichtliche Urtheil. Die oberhofgerichtlichen Entscheidungsgründe besagen:

„Mit vorliegender Klage begehren die Stadtgemeinde Gengenbach und die Nebengemeinden Bermersbach, Ohlsbach, Reichenbach und Schwaibach, daß das dermalen in den Händen der zur Verwaltung kirchlicher Ortsstiftungen berufenen Behörde befindliche Vermögen des zu Gengenbach bestehenden St. Erhardsfonds mit allen hierauf bezüglichen Rechtsurkunden an die genannte Stadtgemeinde zum Besitze, zur Verwahrung und Verwaltung herausgegeben werde."

(Schluß folgt.)

Redacteur Oberhofgerichtsrath Stempf. Verlag von J. Bensheimer in Mannheim. Druck von E. Schwetzger in Mannheim.

Annalen der Großherzogl. Badischen Gerichte.

1864. Band XXX. No. 31.

(Schluß von Art. 101.)

„Dies Begehren wird auf Bestimmungen gestützt, welche der Stifter des Fonds, Berthold Hüter von Gengenbach, in den Stiftungsurkunden — einem sog. Fundationsbriefe vom 29. October 1450 und einer denselben bestätigenden und ergänzenden weiteren Urkunde vom 22. Februar 1469 zu Gunsten von Schultheiß und Rath der damals freien Reichsstadt Gengenbach getroffen habe. Die Nebengemeinden leiten ihr Recht zur Klage noch insbesondere daraus ab, daß, wie durch in den Rechtsstreiten ihrer gegen die Stadtgemeinde Gengenbach ergangene oberhofgerichtliche Urtheile vom 23. Oktober 1843 festgestellt worden sei, neben der Stadtgemeinde auch ihnen die Theilnahme am Genusse der fraglichen Stiftung zukomme."

„Aus den Stiftungsurkunden, welche ihrem gesammten Inhalte nach Theil der gerichtlichen Verhandlung geworden sind, ergibt sich nun vor Allem, daß Berthold Hüter zu Ehren des heil. Erhardt eine Pfründe, eine Caplanei, zu stiften beabsichtigte, und mittelst Hingabe der Hälfte seiner Güter, woran er sich indessen die Nutznießung vorbehielt, unter Genehmigung der damaligen geistlichen Oberen von Gengenbach, des Abts daselbst und des Bischofs von Straßburg, wirklich stiftete, während er anderer Zwecke der Stiftung nicht gedachte. Es ergibt sich ferner aus jenen Urkunden — und dies ist es, worauf die klägerischen Ansprüche gegründet werden —, daß nach dem Willen des Stifters Schultheiß und Rath von Gengenbach nicht nur das Laienpatronat über die Pfründe üben, sondern auch das Pfründvermögen verwalten sollten, daß die ihnen übergebenen, das Vermögen betreffenden Urkunden bei „gemeinen Händen" (oder wie sich die lateinische Urkunde von 1469 ausdrückt, „in area publica") zu verwahren seien."

„Der eben mitgetheilte Inhalt der Stiftungsurkunden zeigt indessen, daß es sich hier nicht um Privatrechte handelt, und daß deßhalb im Hinblicke auf §. 1 der bürgerlichen Prozeßordnung, wie bereits vom großh. Hofgerichte geschah, die Klage als vor den bürgerlichen Gerichten nicht stattfindend erachtet werden muß."

„Das Eigenthum am Vermögen ist der Pfründe, der Genuß des Vermögens dem Pfründnießer zugewiesen, den klagenden Gemeinden aber nirgends eine Berechtigung zum Mitgenusse zugesprochen. Die Befugniß zur Verwaltung einer Pfründe, mithin einer öffentlichen Stiftung (Bluntschli deutsches Privatrecht §. 44) ist kein Gegenstand des bürgerlichen Rechts. Vergl. Seuffert, Archiv IV. S. 414. *) Kein dem Kreise dieses Rechts angehöriges Gesetz regelt diese Befugniß. Ihre Ausübung ist unter die Gebote des öffentlichen Rechts

*) In Seuffert's Archiv IV. S. 413. 414 finden wir folgende zwei Entscheidungen des k. Obertribunals zu Stuttgart mitgetheilt. Die erste (vom 3. Juni 1845) dahin (S. 413. 414):

„Der Kläger gründet den Anspruch auf die eigene Verwaltung der von E...'schen Familienstiftung auf die letztwillige Verordnung des Stifters; er erhebt diesen Anspruch als Privatmann und sein Fundament ist ebenfalls privatrechtlicher Natur; es handelt sich hier nur davon, wem der Stifter das Recht zu Beaufsichtigung und Verwendung der Stiftung habe übertragen wollen, ob nämlich einer öffentlichen Behörde, oder einem Privaten. Ein Anspruch dieser Art wird, wenn auch der Staat es ist, der ihn erhebt, oder gegen den er erhoben wird, doch nur auf den Privatwillen des Stifters, also auf einen Privatrechtstitel gestützt; es läßt sich nicht behaupten, daß vermöge einer öffentlich-rechtlichen Verbindlichkeit der Stifter dem Staate das Recht zur Beaufsichtigung der Stiftung übertragen müsse, und die Voraussetzung, daß der Staat in Absicht auf eine unter öffentliche Aufsicht gestellte Stiftung den Stifter repräsentire, könnte jedenfalls erst dann eintreten, wenn entschieden ist, ob der Stifter die Stiftung unter öffentliche Aufsicht stellen wollte."

Die zweite Entscheidung (vom 16. April 1847) ist in folgender Weise mitgetheilt (S. 414):

„Dagegen wurde in einer andern Sache die Unzuständigkeit der Gerichte bei Anspruch auf Verwaltung und Verwendung einer für öffentliche Zwecke errichteten Stiftung (eines Hospitals) ausgesprochen, da ihre Beaufsichtigung Sache der Verwaltungsstellen sei, mithin auch nur sie zur Entscheidung über die Art der Verwaltung und Verwendung zuständig seien, indem gerade in dieser Beziehung das Aufsichtsrecht sich äußere. Allerdings sei zunächst der Wille des Stifters hinsichtlich der Verwendung oder der Person und Befugnisse des Verwalters zu befolgen; allein die Betheiligten erlangen dadurch keine privatrechtlichen vor dem Richter zu verfolgenden Ansprüche, da solche Stiftungen ihrem Gegenstand und Zwecke nach dem öffentlichen Rechte angehören, und durch die Errichtung solcher öffentlichen Stiftungen kein Privatrechtstitel begründet werde u. s. w."

D. R.

gestellt. Öffentlichrechtliche Normen, seien sie — wie in früheren Zeiten der Fall war — von der Kirche, seien sie vom Staate, seien sie von beiden ausgegangen, gaben und geben über die Verwaltung des Pfründevermögens Maaß.

Richter, Kirchenrecht §§. 299. 304. 305.

Schulte, Kirchenrecht II. Bd. §§. 101. 102.

Kirchencommissionsordnung vom 31. Oktober 1803 §. 1 g Ziff. VIII. und §. 90.

Erstes Constitutionsedict vom 14. Mai 1807 §. 19.

Organisationsrescript vom 26. November 1809 Beil. C (Reggsbl. No. 51) Ziff. 20, Beil. D (Reggsbl. No. 52) Ziff. 11 Buchst. a. b, Beil. F (ebendaselbst) Ziff. 20 Buchst. d.

Verordnung vom 21. November 1820 (Reggsbl. 1827 No. 1.)

Verordnung vom 10. April 1833 (Reggsbl. No. 18).

Gesetz vom 9. Oktober 1860 §. 10 (Reggsbl. 1860 No. 51).

Verordnung vom 20. November 1861 (Reggsbl. 1861 No. 52)."

„Selbst besondere Bestimmungen, welche der Stifter einer Pfründe hinsichtlich der Verwaltung des Vermögens derselben, abweichend von den gemeinen Regeln über die Verwaltung des Pfründevermögens, macht, unterstehen daher dem Schutze des öffentlichen Rechtes."

„Die Thatsache, daß, wie oben bemerkt wurde, zu den fraglichen Stiftungen die Genehmigung der kirchlichen Obern nachgesucht und ertheilt wurde, in Verbindung mit den Bestimmungen des kirchlichen Rechtes, wonach bei Stiftung von Patronatspfründen auf die Verwaltung des Pfründvermögens bezügliche Erweiterungen der gewöhnlichen Rechte des Patrons als zulässig erscheinen. (Richter, Kirchenrecht §§. 143. 304. 306, *) Schulte, Kirchenrecht II. §. 168 S. 700) läßt, wie bereits in den hofgerichtlichen Entscheidungsgründen hervorgehoben ist, annehmen, daß der Stifter Verfügungen, die nach kirchlichem Rechte zu beurtheilen seien, zu treffen gedachte, und spricht auch dieser Umstand dagegen, daß das fragliche Verhältniß als ein dem bürgerlichen Rechte unterstehendes zu behandeln sei."

„Es ist, was den vorliegenden Fall angeht, ein Privatrecht der klagenden Gemeinden noch um so weniger für vorhanden zu erachten, als der Stifter die Befugniß zur Verwaltung nicht etwa einer Privatperson, sondern einer öffentlichen Stelle, dem Schultheißen und Rath der freien Reichsstadt Gengenbach, übertragen, somit schon seinerseits jene Verwaltung in öffentliche Hände gelegt hat."

„Die Anschauung, daß, weil es sich um den Vollzug der Anordnung eines Privaten, um die Ausführung eines Privatwillens handle, ein Privatrecht in Frage stehe, ist unrichtig, da die Entscheidung darüber, ob ein solches Recht vorliege, oder nicht, von der Natur des betreffenden Rechtsverhältnisses, nicht aber davon, ob letzteres seine Entstehung dem Willen eines Privaten verdanke, oder nicht, abhängt."

„Ebenso unrichtig ist es, wenn das Dasein eines privatrechtlichen Anspruches daraus, daß es sich um den Vollzug eines letzten Willens, mithin eines privatrechtlichen Actes handle, abgeleitet werden will. Denn, abgesehen davon, daß auch hier der eben vorhin geltend gemachte Grund anschlägt, wonach die Natur des betreffenden Rechts, nicht dessen Entstehungsart entscheidet, bilden die Urkunden von 1450 und 1469 keineswegs letzte Willensverordnungen im eigentlichen Sinne des Wortes, sondern Acte unter Lebenden (Hüter entäußerte sich dadurch bei Lebzeiten des Eigenthums an der Hälfte seiner Güter) ohne bestimmte privatrechtliche Form und stellen sich als nach dem zur Zeit ihrer Entstehung in Kraft gewesenen Rechte zu beurtheilende Stiftungsbriefe dar. Der in der Urkunde von 1450 vorkommende Ausdruck „Testament" wird daselbst offenbar in einem weiteren Sinne, als dem eines letzten Willens (etwa in dem von „Act" oder „Urkunde") gebraucht und wechselt überdies mit den in jener Urkunde ebenfalls vor-

*) Richter sagt (§. 143 4. Aufl. S. 279): „Neben dem Präsentationsrechte hat der Patron die cura beneficii. Diese empfängt ihre Norm zunächst durch die Fundationsurkunde; wo aber nicht erweiterte Rechte bei der Stiftung vorbehalten sind, beschränkt sie sich gemeinrechtlich auf das Recht, von der Verwaltung Kenntniß zu nehmen, den ungetreuen Verwalter zu denunciren, und bei wichtigeren Verfügungen über die Pfründe, bei der Union und Theilung der letztern, oder bei der Veräußerung des Vermögens gehört zu werden." (§. 304 S. 672): „Vom Standpunkte des gemeinen Rechtes aus werden diese (provisores, magistri fabricae) von den Kirchenobern frei ernannt, und der Patron, dessen Antheil an der Verwaltung an sich nur ein negativer ist, hat nur in Folge der Fundation oder der Observanz hiebei eine Mitwirkung". Vgl. c. 1. C. XVI qu. 1., c. 31. C. XVI. qu. 7., conc. Trid. Sess. XXIV. c. 3. Sess. XXV. c. 9 de ref.

[illegible] D. R.

kommenden Ausdrücken „Verordnung", „Verschreibung", „Gottesgabe.""

„Daß Besitz, Aufbewahrung und Verwaltung des Fondvermögens, mithin Rechte in Anspruch genommen werden, über welche das bürgerliche Recht Maaß gibt, kann deßhalb nicht zu Gunsten des klagenden Theiles entscheidend werden, weil es sich im vorliegenden Falle keineswegs um Verhältnisse handelt, die nach den privatrechtlichen Normen über Besitz, Aufbewahrung, Verwaltung zu beurtheilen sind, sondern, wie bereits oben hervorgehoben worden ist, lediglich um die nach öffentlichen Rechte zu beurtheilende Befugniß, das fragliche Vermögen zu besitzen, aufzubewahren und zu verwalten."

„Aus den oben angeführten, zwischen den Nebengemeinden und der Stadtgemeinde Gengenbach ergangenen oberhofgerichtlichen Urtheilen ist, obgleich dort den Nebengemeinden die Berechtigung zur Theilnahme am Genusse des St. Erhardsfonds — jedoch nur ganz im Allgemeinen — zugesprochen wurde, für den vorliegenden Streit nichts abzuleiten, da jene Urtheile nicht dem jetzt belangten Fond gegenüber ergingen, mithin auch ihm gegenüber ein Genußrecht der Gemeinden dadurch nicht festgestellt werden konnte."

„Wenn oberappellantischer Seits bei der diesseitigen mündlichen Verhandlung für die Nothwendigkeit der Annahme eines Privatrechts geltend gemacht wurde, daß der Stifter das Dasein von Ueberschüssen des Fonds bei der Größe der Mittel desselben vorherzusehen im Stande gewesen sei, und daß demselben hiernach die Absicht beigemessen werden müsse, denjenigen, welchen er zur Verwaltung des Fonds berufen, auch zur Verwendung der Fondsüberschüsse zu ermächtigen, so kann dieser Ausführung entscheidende Wirksamkeit nicht eingeräumt werden, weil die dargelegten Vermuthungsgründe der genügenden Kraft entbehren. Es steht keineswegs fest, daß der Stifter das Dasein künftiger Ueberschüsse vorhersehen konnte und mußte. Hätte er das Eintreten von erheblichen Ueberschüssen im Auge gehabt, so würde er wohl die Stiftung nicht schlechthin auf eine Pfründe beschränkt haben."

„Auch die Bestimmung des §. 10 des Gesetzes vom 9. Oktober 1860, daß das kirchlichen Bedürfnissen gewidmete Vermögen „unbeschadet anderer Anordnungen durch den Stifter unter" gemeinsamer Leitung der Kirche und des Staates verwaltet werde, ist für die Frage, ob hier ein vor den bürgerlichen Gerichten zu verfolgendes Recht vorliege, nicht entscheidend, da er zwar voraussetzt, daß solche besondere Anordnungen zu beobachten seien, aber keineswegs ausspricht, daß behufs ihrer Aufrechthaltung und Durchführung unbedingt und in allen Fällen nur der Richter angerufen werden könne und müsse."

„Eine Prüfung der Tragweite der Erlasse des großh. Ministeriums des Innern vom 7. Mai 1858 und vom 11. Januar 1862 [10]) fällt schon um deßwillen hier nicht nöthig, weil jene Erlasse, möchten sie selbst mit der richterlichen Anschauung im Widerspruch stehen, für diese letztere selbstverständlich nicht maaßgebend werden konnten."

„Aus diesen Gründen und nach §. 170 der Pr.O. wegen der Kosten, mußte, wie geschehen, erkannt werden."

Roßhirt.

102.

Wer ist der älteste Rath des Kreisgerichts nach §. 42 der bürgerlichen Prozeßordnung?

Nach der alten Prozeßordnung §. 25 war für Klagen gegen Amtsrichter oder der Amtsrichter gegen Amtsuntergebene der älteste Hofgerichtsrath der Provinz der Richter erster Instanz und diese Zuständigkeit umfaßte alle derartige Klagen ohne Unterschied des Werths oder Gegenstandes, wie es damals überhaupt bei den Amtsgerichten bei allen sonstigen Klagen der Fall war.

In Folge der geänderten Gerichtsverfassung mußten auch hierin Aenderungen eintreten und dies ist in der neuen Pr.O. §. 10 und 42 dahin geschehen, daß vor der Gerichtsbarkeit des ältesten Raths vorerst alle Entschädigungsklagen aus Dienstvergehen und Dienstversehen der öffentlichen Diener des Staats, also auch der Amtsrichter, ohne Rücksicht auf

[10]) Ersterer Erlaß sprach der Kirchenbehörde gegenüber aus, „man könne nicht anerkennen, daß der Fond rein als kirchlicher Localfond zu betrachten und zu verwalten sei, da der Stifter ein Anderes verfügt habe; sobald daher ein Priester bestellt und besoldet sei, seien alle Rechtszuständnisse der Kirche erschöpft," letzterer „es könne die Vertheilung der Ueberschüsse pro $18^{60}/_{61}$ unter die Gemeinden nicht gestattet werden, da dazu die Einwilligung der Kirchenbehörde nöthig sei, es werde aber den Gemeinden überlassen, ihre etwaigen Ansprüche, falls die Kirchenbehörde sie nicht anerkenne, zum gerichtlichen Austrage zu bringen." D. E.

den Werth ausgenommen, und an die Kreisgerichte gewiesen, für sonstige Klagen dagegen der älteste Rath des Kreisgerichts bestimmt, diese aber auf die nunmehrige amtsgerichtliche Zuständigkeit beschränkt und damit alle Klagen über 200 fl. abermals den Kreisgerichten zugetheilt wurden, so daß der älteste Rath nur über kleinere und meist einfache Klagen gegen Amtsrichter oder der Amtsrichter gegen Einwohner des Amtsbezirks zu entscheiden hat.

Man sollte nun — und zwar schon wegen dieser Beschränkung meinen, daß darüber, wer der älteste Rath des Kreisgerichts sei, kein Zweifel bestehen könne, daß es nämlich der älteste Rath des eigentlichen (engern) Kreisgerichts sei, in dessen Kreis der betreffende Amtsrichter oder Staatsdiener angestellt ist. Gleichwohl haben sich auch hierüber schon abweichende Ansichten gebildet.

Eine Ansicht geht dahin, daß darunter nur je der älteste Rath bei den fünf größern mit Appellationssenaten verbundenen Kreisgerichte gemeint sei. Ohne Zweifel beruht diese Ansicht auf der Reminiszenz, daß bisher ein Hofgerichtsrath also ein Rath zweiter Instanz, dieser Richter war und man zieht aus dem weitern Umstand, daß nunmehr nur die größeren Kreisgerichte (Appellationssenate) die zweite Instanz gegen amts- und kreisgerichtliche Entscheidungen bilden, den Schluß, daß nur wieder der älteste Rath des Appellationssenats dieser Richter sein könne. Allein es läßt sich mit Nichts nachweisen, daß dem ältesten Hofgerichtsrath diese Gerichtsbarkeit wegen seiner Eigenschaft als zweiter Instanzrichter übertragen wurde. Denn was soll diese Eigenschaft mit seiner Amtsrichterstellung zu thun haben? Sie war ihm für seinen eigentlichen Beruf nur hinderlich und für die Sache selbst von gar keinem Vortheil, da er dadurch gerade an seiner Mitwirkung in zweiter Instanz bei derartigen Streitigkeiten verhindert ward. Man muß daher unterstellen, daß ihm die Gerichtsbarkeit in Streitigkeiten der Amtsrichter nur deßhalb übertragen wurde, weil man nicht auf einen gleichgestellten Amtsrichter, sondern auf einen höhern Richter greifen wollte und damals kein anderer als ein Hofgerichtsrath dafür vorhanden war. Nur also auf einen höhern, nicht aber auf einen Appellationsrichter wollte man abheben und als solche höhere Gerichte sind nunmehr die engern Kreisgerichte in die Mitte getreten, denen gerade zur Seite steht, daß ihre Gerichtsbarkeit sich nicht auf Appellationen gegen amtsgerichtliche Erkenntnisse erstreckt, die daher durch die Streitigkeiten der Amtsrichter gar nicht berührt werden und deren ältester Rath sich denselben ganz unbefangen widmen kann, während es für den ältesten Appellationsrath und dessen Collegen bisweilen peinlich werden kann, wenn dessen Entscheidung und Gründe der Kritik und Abänderung unterworfen werden müssen und auch das öffentliche Vertrauen auf die zweite Instanz dadurch nicht befördert werden kann. Es wäre auch überhaupt kein Grund abzusehen, ja ein wahrer Luxus, solche meist unbedeutende Streitigkeiten dem ältesten Appellationsrath mit Beeinträchtigung seiner eigentlichen Thätigkeit als Appellationsrichter zuzuweisen. Man muß daher annehmen, daß — gleichwie bisher der älteste Hofgerichtsrath, so jetzt der älteste Kreisgerichtsrath als der zunächst höhere Richter zu diesen Entscheidungen berufen werden wollte und dafür spricht der weitere Umstand, daß man die Lage der Rechtsuchenden und die Verhandlung solcher Streitigkeiten nicht auch noch durch Beschränkung auf die fünf größeren Kreisgerichte erschweren, sondern durch die Ausdehnung auf alle Kreisgerichte (ältesten Räthe) erleichtern sollte. Endlich ist zu erwägen, daß auch in §. 10 der Pr.O., wo von Entschädigungsklagen gegen Staatsdiener die Rede ist, unstreitig alle Kreisgerichte gemeint sind und in den neuen Gesetzen und deren Motiven nirgends eine Andeutung zu finden ist, daß man unter dem gleichen Ausdruck in §. 42 die größeren Kreisgerichte verstanden habe. Will man gar auf das höhere Ansehen des ältesten Appellationsraths abheben, so fragt es sich im einzelnen Fall sehr, ob nicht dem ältesten Kreisgerichtsrath ein gleiches oder höheres Ansehen und dazu noch die größere Gewandtheit in der amtsgerichtlichen Verhandlung zur Seite steht; jedenfalls aber ist seine dienstliche Stellung hoch genug, daß kein klagender oder beklagter Amtsrichter erröthen wird, wenn seine kleinen Streitigkeiten von ihm verhandelt und entschieden werden.

Noch weniger haltbar ist die weitere Ansicht, daß zwar unter dem ältesten Kreisgerichtsrath jener bei allen Kreisgerichten, dagegen bei den fünf größeren Kreisgerichten der älteste Rath des Appellationssenats zu verstehen sei. Wie man zu dieser Unterscheidung kommt, die das Gesetz nicht kennt, ist schwer abzusehen und wahrscheinlich will man sie darauf stützen, daß die größeren Kreisgerichte auch als Kreisgerichte und die Senate und Kammern nur als Bestandtheile oder Abtheilungen derselben bezeichnet werden. Allein wenn man überhaupt auf Namen Gewicht legen will, so kommen auch — und zwar als nähere Bezeichnung der größeren Kreisgerichte der Ausdruck: Kreis- und Hofgerichte und für die Appellationssenate der Ausdruck: Appellationsgericht vor, z. B. in der Vollzugsverordnung vom 12. Juli 1864. Wenn es sich aber um eine Competenzbestimmung, also um eine sehr wichtige Anordnung handelt, kann man doch nicht annehmen, daß das Gesetz einen doppelseitigen Ausdruck gewählt und bei demselben Worte bald ein engeres, bald ein größeres Kreisgericht, bald einen eigentlichen Kreisgerichtsrath, bald einen Appellationsrath im Auge gehabt habe, Alles um nur dem Namen seine Ehre zu geben. Das Gewicht dieser Competenzbestimmung liegt nicht auf dem ältesten Rath, der leicht zu finden ist, sondern auf dem Gericht, dem er angehört und nun ist doch, wenn man die Vermengung nicht auf's Äußerste treiben will, unbestreitbar, daß die Kreisgerichte, mit welchen Senaten oder Kammern sie auch verbunden sein mögen, selbstständige abgeschlossene Gerichte ebenso sind, wie die Appellationssenate auch und den Namen und die Verbindung zu gegenseitiger Aushilfe kann doch hierin gewiß nichts ändern. Zudem werden die Appellationsräthe als solche besonders ernannt, und wenn ein Appellationsrath allerdings ebenfalls Kreisgerichtsrath heißt, so ist doch sein Kreis (Provinz) ein ganz anderer als der eines eigentlichen Kreisgerichtsraths. Eine innere Nothwendigkeit oder Zweckmäßigkeit, warum bei größern Kreisgerichten auf den ältesten Appellationsrath gegriffen werden und bei den kleinern der Rechtsuchende sich mit dem dortigen ältesten Rath begnügen soll, ist wahrlich nicht abzusehen, vielmehr sprechen gegen diese Unterscheidung alle Gründe, welche oben gegen die ausschließliche Beiziehung der größern Kreisgerichte angeführt sind.

Man bleibe daher bei der einfachen natürlichen Auslegung stehen, daß unter dem ältesten Rath des Kreisgerichts im §. 42 der Pr.O. eben der älteste Rath eines jeden eigentlichen Kreisgerichts zu verstehen ist.

P. Schmitt.

103.

Preßvergehen.

Preßgesetz vom 15. Februar 1851 §§. 19. 20. 21.
Bundesbeschluß vom 6. Juli 1854 (Reggsbl. 1857 No. 5).
Gesetz vom 15. Januar 1857 (Reggsbl. 1857 No. 6).
Landesherrl. Verordnung vom gl. Tage (Reggsbl. ebenda).

In dem zu Mosbach erscheinenden „Odenwälder Boten" No. 157 vom Jahr 1863 befand sich ein Schmähgedicht in Pfälzer Mundart. Waisenrichter Magnus Valentin Linck von Hainstadt, Amts Buchen, welcher dasselbe auf sich beziehen mußte, erhob daraufhin Anklage wegen Ehrenkränkung, verübt in Beziehung auf seinen Waisenrichterdienst (Str.G.B. §. 297), gegen den verantwortlichen Redakteur des gedachten Blattes, Buchdrucker Caspar Müller zu Mosbach. Dieser suchte sich mit Unkenntniß der Bedeutung des Gedichts zu entschuldigen, benannte zugleich als dessen Verfasser den Joh. Scheuermann von Hainstadt (§. 23 Abs. 2 des Preßges.) und brachte auch einige Beweise gegen denselben bei (siehe unten die oberhofg. Entscheidungsgründe). Linck belangte sofort den Scheuermann als den Verfasser des Schmähgedichts. Dieser setzte der Anklage vollen Widerspruch entgegen. Das großh. Hofgericht des Unterrheinkreises (Einf.Ges. vom 5. Febr. 1851 §. 16^{7} und Str.G.B. §. 297) war, indem es den Müller nach §. 23 Abs. 1 des Preßges. wegen Ehrenkränkung durch die Presse zu dreiwöchentlicher Amtsgefängnißstrafe und $^2/_3$ der Kosten verurtheilte, der Ansicht, daß Scheuermann zwar nicht der Autorschaft des Gedichts, wohl aber der Betheiligung an dessen Einrückung in das erwähnte öffentliche Blatt überwiesen sei, und verurtheilte ihn auf Grund des §. 20 des Bundesbeschlusses vom 6. Juli 1854 *) wegen „Theilnahme" an dem Vergehen Müller's zu zehntägiger Amtsgefängnißstrafe und $^1/_3$ der Kosten. Hiegegen recurrirte Scheuermann, indem er unschuldig zu sein behauptete und deßhalb um Freisprechung bat. Der Ankläger Linck schloß sich dem Recurse an, indem er den Scheuermann als Verfasser des Gedichts zu verurtheilen und zu bestrafen bat. Das großh. Oberhofgericht änderte das hofgerichtliche Urtheil dahin ab, daß es den Scheuermann völlig freisprach. Die Gründe zum oberhofgerichtlichen Erkenntnisse besagen:

Der Recurs des Angeklagten Johann Scheuer-

*) Dieser §. sagt in seinem allein hieher bezüglichen Abs. 1: „Für die durch den Inhalt einer Druckschrift begangenen strafbaren Handlungen ist Jeder verantwortlich zu erachten, welcher nach allgemein strafrechtlichen Grundsätzen als Urheber oder Theilnehmer strafbar erscheint." D. E.

mann gegen das hofgerichtliche Urtheil ist begründet, die Anschließung des Anklägers ist zwar zulässig, aber unbegründet.

Das großh. Hofgericht verurtheilte den Scheuermann auf Grund des Bundesbeschlusses vom 6. Juli 1854 „über allgemeine Bestimmungen zur Verhinderung des Mißbrauchs der Presse" (Reggsbl. 1857 No. V.) §. 20 wegen Theilnahme an der von Buchdrucker Caspar Müller zu Mosbach durch die Presse begangenen Ehrenkränkung des Anklägers, Waisenrichter Magnus Valentin Linck von Hainstadt, in Beziehung auf dessen Dienst zu Amtsgefängnißstrafe von 10 Tagen, wendete also gedachten Bundesbeschluß als unmittelbar geltendes Recht an. Aus der Art und Weise aber, wie derselbe im Großherzogthum Baden ins Leben geführt wurde, was nicht nur durch einfache Verkündung desselben (Reggsbl. 1857 No. V.), sondern auch vermittelst Gesetzes vom 15. Januar 1857 (Reggsbl. 1857 No. VI.) und landesherrliche Verordnung vom gleichen Tage (Reggsbl. a. a. O.) geschah, ergibt sich, daß derselbe nur in sofern Kraft haben sollte, als seine Bestimmungen durch Gesetz und Verordnung wiederholt wurden. Eine Abänderung des vor ihm bestandenen Rechtes kann daher auch nur dann als vorhanden angenommen werden, wenn sie sich aus dem Inhalte des Gesetzes und der Verordnung entnehmen läßt. Es sagt gedachte Verordnung im §. 1. „der Bundesbeschluß und das zu dessen Vollzug erlassene Gesetz trete, und zwar ersterer nach Maaßgabe der folgenden Bestimmungen am 1. März 1857 in Wirksamkeit," in §. 2, „das Preßgesetz vom 15. Februar 1857 nebst der Vollzugsverordnung vom 27. gl. Monats bleibe in Gültigkeit, soweit es nicht durch die in den nachfolgenden §§. 4 bis 11 enthaltenen Bestimmungen des Bundesbeschlusses oder durch das Gesetz vom 15. Januar 1857 geändert sei" und fährt der §. 3 Abs. 4 dahin fort, „demgemäß verbleibe es bezüglich der Haftbarkeit für den Inhalt einer Druckschrift (§. 20 des Bundesbeschlusses) bei den §§. 19. 20 des Preßgesetzes." Während also die Abänderung dieser §§., welche nach §. 65 der Verfassungsurkunde nur durch Gesetz geschehen konnte, in der That nicht geschah, sagt die den Bundesbeschluß einführende Verordnung ausdrücklich, daß bezüglich der Haftbarkeit für den Inhalt einer Druckschrift eine Abänderung der vor dem Bundesbeschluß bestandenen Landesgesetzgebung nicht eintrete. *) Augenscheinlich wurde der oft angeführte §. 20 so ausgelegt, als ob Dasjenige, was er verfüge, bereits in den obengedachten §§. 19. 20 des Preßgesetzes von 1857 enthalten sei.

Diese §§., welche hienach als das geltende Recht erscheinen, lassen sich aber auf den vorliegenden Fall nicht anwenden, da sie nur die Haftbarkeit des „Verfassers, Herausgebers, Verlegers, Druckers, Verbreiters," sowie „des Buchhändlers als Verbreiters" im Auge haben, während dem Angeklagten Scheuermann eine Thätigkeit, wie sie den eben aufgezählten Personen zukommt, nicht beigemessen werden kann. Aber auch der §. 21 des Preßgesetzes, dessen Geltung durch die preßrechtlichen Normen des Jahrs 1854, beziehungsweise 1857 dem Obigen zufolge sicherlich ebenfalls nicht ausgeschlossen ist, ist auf Scheuermann nicht anwendbar, da, wie die gegen ihn vorliegenden Beweise nicht zureichen, um ihn für den Verfasser des ehrenkränkenden Schmähgedichtes zu erklären, so auch nicht einmal „besondere Thatumstände" vorliegen, welche, wie der angeführte §. 21 verlangt, annehmen lassen, daß der Angeschuldigte „zur Verübung des im Inhalte der Druckschrift liegenden Verbrechens vorsätzlich mitgewirkt habe." **)

Was die Untersuchung gegen ihn ergab, ist — neben der Aussage des Buchdruckers Müller und neben dem Umstande, daß das Schreiben, womit die Aufnahme des Schmähgedichtes in den Odenwälder Boten begehrt wurde, mit seinem Namen unterzeichnet ist — die Thatsache, daß er die Nachnahme, welche Buchdrucker Müller, um sich für die Einrückung bezahlt zu machen, durch die Post erheben ließ, entrichtete. Der Umstand aber, daß das Schreiben mit seinem Namen unterzeichnet ist, erscheint, da der über die Aehnlichkeit dieser Unterzeichnung mit ächten Unterschriften Scheuermann's vernommene Sachverständige eine solche Aehnlichkeit nicht aufzufinden vermochte, nicht als erheblich. Auf die Aussage des Mitangeklagten Buchdrucker Müller ist um so weniger Gewicht zu legen, als derselbe seiner eigenen Angabe nach des Glaubens war, daß er sich, wenn er dem Gerichte den Verfasser des Schmähgedichts darstelle, von jeder

*) Ueber das Verhältniß von Bundes- und Landesgesetzgebung überhaupt s. Zöpfl, Staatsrecht. 5. Aufl. I. §. 152 S. 373 u. f. D. E.

**) Die §§. 19 u. 20 des Preßgesetzes haben die formelle, der §. 21 hat die materielle Verantwortlichkeit im Auge. Bekk, Preßgesetz S. 35. 38. 39. D. E.

Verantwortlichkeit befreie. Die Zahlung der Postnachnahme belastet zwar sicherlich den Scheuermann, jedoch nicht in dem Maaße, daß daraufhin angenommen werden könnte, er sei der Verfasser des Schmähgedichtes, oder er habe vorsätzlich zu der durch dasselbe verübten Ehrenkränkung mitgewirkt. Es bleibt, was insbesondere die Frage der vorsätzlichen Mitwirkung angeht, immerhin möglich, daß er — auch wenn er nicht etwa die Nachnahme entrichtete, ohne noch zu wissen, wofür er sie entrichte — von dem Verfasser des Schmähgedichts oder Demjenigen, welcher dessen Einrückung in den Odenwälder Boten betrieb, als bloßes Werkzeug gebraucht wurde und sich als solches gebrauchen ließ, ohne eigenes Interesse an der Verübung der fraglichen Ehrenkränkung zu haben.

Der Angeklagte Scheuermann war hiernach freizusprechen und der Ankläger gemäß Str.Pr.O. §. 357 Abs. 2 in die Kosten der Recursinstanz und denjenigen Theil der übrigen Kosten, welchen nicht das großh. Hofgericht dem Mitangeklagten Müller zugeschieden hatte, zu verfällen.

Aus diesen Gründen wurde wie geschehen, erkannt.

Roßhirt.

104.

Literaturbericht.

Das mit dem 1. Okt. 1864 ins Leben getretene neue Gerichtsverfahren hat meinem verehrten Collegen, Herrn Oberhofgerichtsrath Brauer, Anlaß gegeben, seine Schrift: „Das mündliche Verfahren vor dem Unterrichter *rc.*“ (s. Annalen 1852 XIX. No. 12, VI. S. 96) nach der neuen Gesetzgebung umzuarbeiten. Diese Umarbeitung ist unter dem Titel:

> Das Verfahren vor dem Amtsrichter in bürgerlichen Streitsachen nach der neuen badischen Gesetzgebung, —

in der Braun'schen Hofbuchhandlung in Karlsruhe erschienen.

In derselben sind nicht nur die Aenderungen im Prozeßverfahren überhaupt berücksichtigt, sondern ist auch eine Uebersicht der neuen Gerichtsverfassung eingefügt. Das Werkchen ist mit einem eingehenderen Register versehen; und auf den Wunsch der Verlagshandlung sind für nicht-rechtsgelehrte Personen Formularien als Anhang beigefügt.

Die Schrift, in welcher dem Fortschritt in Wissenschaft und Rechtsübung Rechnung getragen, auf welch Erstere namentlich in den Noten reichlich verwiesen ist, empfiehlt sich durch die Gediegenheit und Vollständigkeit ihres sorgfältig und gewissenhaft geordneten Inhalts, der sich durch Frische und Klarheit der Sprache auszeichnet, und bietet durch rechtsgeschichtliche Rückblicke und vergleichende Benützung verwandter Gesetzgebungen vielfaches Interesse. Sie wird dem Zweck, den der Herr Verfasser vor Augen hatte, nämlich:

> „schnell und näher mit dem amtsrichterlichen Prozeßverfahren, mit dem, was vom Bisherigen noch gilt und nicht mehr gilt, im Zusammenhang mit der neuen Gesetzgebung und im Geiste derselben vertraut zu machen“

vollkommen entsprechen, und der Herr Verfasser hat sich wirkliches Verdienst dadurch erworben, daß er das bescheidenere Gebiet der amtsrichterlichen Thätigkeit im bürgerlichen Streitsachen mit bewährter Treue wiederholt als Gegenstand sorgsamer Beleuchtung wählte.

Stf.

105.

Der 1. October 1864.

(Fortsetzung von Art. 99.)

Auf Ersuchen der Redaktion hatte der großh. Oberstaatsanwalt Herr Mays in Mannheim die Gefälligkeit, die Aufnahme der von ihm bei Eröffnung des Kreis- und Hofgerichts Mannheim am 1. October d. J. gehaltenen Rede zu gestatten. Sie lautet:

Hoher Gerichtshof! Hochgeehrte Herren!

Wir haben so eben aus dem Munde des verehrten Herrn Präsidenten vernommen, welche bedeutende Veränderungen auf dem gesammten Gebiete der Rechtspflege sich mit dem heutigen Tage vollzogen haben. Der Herr Präsident hat mir nunmehr das Wort verliehen, um Ihnen darzulegen, worin die hauptsächlichsten Aenderungen in der Stellung der Staatsanwaltschaft bestehen, und indem ich seinem Wunsche nachzukommen suche, erbitte ich mir hierfür Ihr geneigtes Gehör.

Um die neue Errungenschaft auf dem Gebiete der Staatsanwaltschaft vollkommen zu würdigen, ist es vor allem erforderlich, einen Rückblick auf das seither Bestandene zu werfen.

Das Institut der Staatsanwaltschaft ist bei uns nicht,

gleich einer geharnischten Minerva aus dem Kopfe Jupiters, mit einem Male fertig hervorgegangen, sondern es hat sich nur langsam und allmählig an der Hand fortschreitender Gesetzgebung entwickelt.

Wir begegnen dem Staatsanwalte erstmals im Gefolge des Preßgesetzes vom 28. Dezember 1831 und des Gesetzes über Ehrenkränkungen vom gleichen Datum; indem ersteres festsetzte, daß die strafrechtliche Verfolgung der durch die Presse verübten Vergehen im Wege des Anklageprozesses zu geschehen habe, letzteres aber die Erhebung der Anklage wegen Verläumdungen und Ehrenkränkungen öffentlicher Diener in gewissen Fällen dem Staatsanwalte gestattete.

Eine Ausdehnung seines Wirkungskreises ward dem Staatsanwalte erst mit dem Gesetz vom 3. August 1857 über die gerichtl. Erkenntnisse und über die Recurse gegen dieselben zu Theil, indem ihm darin einerseits zur Pflicht gemacht wurde, allen Sitzungen des Hofgerichtes, in welchen Strafsachen zur Aburtheilung kämen, anzuwohnen, andererseits gestattet ward, wenn er die Gesetzmäßigkeit eines in Strafsachen ergangenen hofgerichtlichen Urtheils bezweifle, den Recurs an das Oberhofgericht, sei es zum Nachtheil oder Vortheil des Angeschuldigten, zu ergreifen.

Da hierdurch aber die Arbeitskraft eines Beamten nicht vollständig erschöpft ward, so mußte dem Staatsanwalte noch eine Anzahl richterlicher Functionen zugetheilt werden, und erhielt er daher das ausschließende Respiciat über Alles, was die Aufsicht des Hofgerichts über die Strafgerichtspflege betraf, insbesondere über die Voranzeige schwerer Verbrechen, die Criminaltabellen und den Strafvollzug.

Die Amtsverrichtungen der Staatsanwaltschaft waren daher gewissermaßen nur eine Nebenfunktion eines mit Richtereigenschaft bekleideten Beamten.

Grundsätzlich wurde hieran auch durch das Einführungsgesetz vom 5. Februar 1851 nichts verändert.

Durch dieses wurden bekanntlich die Schwurgerichte eingeführt, und die Oeffentlichkeit des Verfahrens in Strafsachen durch die Bestimmung angebahnt, daß den Hofgerichten gestattet ward, in den zu ihrer Cognition gehörigen Strafsachen wegen etwa erforderlicher besserer Aufklärung von Anschuldigungs- und Entlastungsthatsachen eine mündliche Schlußverhandlung anzuordnen.

Bei letzteren, wie bei den Verhandlungen vor dem Schwurgerichte war die Zuziehung des Staatsanwalts nicht zu umgehen. Seine Thätigkeit blieb aber auch hierauf beschränkt. Die strafgerichtliche Initiative ruhte nach wie vor in den Händen des Untersuchungsrichters; sie war nur insofern in etwas modificirt worden, als der Untersuchungsrichter in den — seine Zuständigkeit als erkennender Richter übersteigenden — Strafsachen, die einmal eingeleitete Untersuchung nicht ohne Genehmigung des Staatsanwalts einstellen konnte.

Außer dem Einflusse, der hieraus entsprang, hatte der Staatsanwalt durchaus keine Einwirkung auf den Gang der Voruntersuchung.

Selbst in den schwurgerichtlichen Fällen begann seine Thätigkeit erst mit dem Schlusse der Voruntersuchung. —

Diese Halbheit in der Stellung des Staatsanwalts war eine nothwendige Folge der Halbheit, welche der gesammten Organisation vom Jahr 1851 anklebte, welche ihrerseits wieder in den damaligen Zeitverhältnissen begründet war, indem die Finanzlage des Landes weitergreifende Veränderungen nicht gestattete; man mußte sich mit theilweisen Reformen begnügen.

Diese waren indessen immerhin schon sehr dankenswerth, weil man daraus die Vorzüge des öffentlichen mündlichen Verfahrens vor dem bisherigen geheimen und schriftlichen würdigen lernte, und weil man sich überzeugte, mit welch warmer Theilnahme das Volk den neuen Institutionen entgegen kam und mit welch freudigem Eifer es die ihm darin angesonnenen Pflichten übernahm.

In dem Maaße nun aber, als die Vorzüge des neuen Verfahrens mehr und mehr hervortraten, wuchs die Schwierigketi, mit dem Veralteten daneben fortzukommen. Immer lauter wurde der Wunsch nach einheitlicher Gestaltung unserer gesammten Rechtspflege und unsere erleuchtete Regierung stand nicht an, den Wünschen des Volkes auch auf diesem Felde eben so gerecht zu werden, wie sie in andern Zweigen der Staatsverwaltung bereits gethan hatte oder zu thun im Begriffe stand.

Noch vor Ablauf des dritten Jahres nach ihrer ersten Ankündigung erschien die neue Gerichtsorganisation und mit ihr die ganze Fluth neuer Gesetze und Verordnungen, welche dadurch bedingt waren.

(Schluß folgt.)

Annalen der Großherzogl. Badischen Gerichte.

1864. Band XXX. No. 32.

(Schluß von Art. 105.)

Sorgfältig hatte man sich dabei die Erfahrungen anderer Länder zu Nutze gemacht, mit aufmerksamem Ohre war man den Verhandlungen der jährlich zusammentretenden Juristentage gefolgt, und das öffentliche Zeugniß, welches unserer Regierung unlängst ertheilt wurde, daß in keinem Lande die auf dem Juristentage gewonnenen Resultate in gleichem Maaße für die Gesetzgebung verwerthet worden seien, wie bei uns, war ein vollkommen berechtigtes.

So war von dem Juristentage der Grundsatz aufgestellt worden,

1) daß die Untersuchung einer strafbaren Handlung in der Regel durch den Staatsanwalt veranlaßt werde, indem das Verbrechen als eine Verletzung nicht blos des Individuums, sondern zugleich der Gesammtheit sich darstelle; daß aber bei besonders geringen Verbrechen das Gesetz die Erhebung der Anklage ausnahmsweise dem Beschädigten zuweisen und die Mitwirkung der Staatsanwaltschaft ausschließen könne;
2) daß die Staatsanwaltschaft die strafgerichtliche Verfolgung zwar ablehnen, dagegen der durch die strafbare Handlung Beschädigte im Falle jeder Ablehnung von Seiten der Staatsanwaltschaft die Anzeige an das Gericht bringen und dessen Entscheidung veranlassen könne, ob der Fall sich zu strafgerichtlicher Verfolgung eigne oder nicht;
3) falle die Entscheidung zu Gunsten des Antragstellers aus, so constituire sich derselbe als Privatankläger und betreibe die Sache bei den Gerichten; der Staatsanwalt sei in diesem Falle zur Mitwirkung berechtigt, aber nicht verpflichtet;
4) dem Beschädigten sei der Anschluß an das Strafverfahren zur Geltendmachung seiner Schädenansprüche zu gestatten;
5) der Staatsanwalt nehme in keinem Stadium der Untersuchung die Stelle einer Partei ein; er solle nur die Erforschung der materiellen Wahrheit als den Zweck des strafgerichtlichen Verfahrens anstreben, gleichviel ob diese zu Gunsten oder Ungunsten des Angeklagten gereiche.

Alle diese Grundsätze finden wir in unserer Strafprozeßordnung mit der einzigen Ausnahme in Anwendung gebracht, daß bei uns der Staatsanwalt, wenn der Beschädigte die Entscheidung der Raths- und Anklagekammer erlangt hat, es sei Grund zur Einleitung einer Untersuchung vorhanden, zur Mitwirkung bei letzterer *verpflichtet* ist, wofür bei dem Juristentage eine ansehnliche Minderheit gestimmt hatte.

In mehrfacher Hinsicht sehen wir sogar unsere Gesetzgebung den Aussprüchen des Juristentags voraneilen.

So wurde bei dem erst unlängst in Braunschweig versammelten Juristentage von dessen 4ter Abtheilung beschlossen:

1) Daß die Amtsverrichtungen der Staatsanwaltschaft durch ständige, eigens damit betraute, Beamte zu versehen;
2) daß das Personal der Entdeckungs- und Verfolgungspolizei der Staatsanwaltschaft unmittelbar zu untergeben sei;
3) daß die Staatsanwaltschaft sich nicht zu einem Organe staatlicher Oberaufsicht über die Gerichte eigne;
4) daß dieselbe nicht nothwendig die sämmtlichen Justizverwaltungsgeschäfte zu übernehmen habe;
5) daß die Staatsanwälte die ihnen zustehenden Functionen selbstständig auszuüben haben und ihnen dabei Anweisungen von Seiten des Justizministeriums nicht ertheilt werden sollen;
6) daß die Staatsanwälte nur unter denselben Voraussetzungen, wie Richter, entlassen, versetzt und pensionirt werden dürften.

Alles dieses sehen wir im Wesentlichen in unserer neuen Gesetzgebung verwirklicht. Die Staatsanwälte werden zwar dem Justizministerium unterstellt sein und dessen Weisungen zu befolgen haben; allein ihrer Ueberzeugung soll dabei keine Gewalt angethan werden. Dem Staatsanwalte wird nicht zugemuthet, in der Hauptverhandlung vor den erkennenden Gerichten eine Ansicht zu vertreten, von deren Richtigkeit er nicht überzeugt ist, und wenn er glaubt, nach dem Ergebnisse der Verhandlungen nicht auf Verurtheilung antragen zu können, so kann er die Entscheidung dem Gerichte anheimstellen. Aber auch seine Unabhängigkeit soll in Zukunft dadurch gesichert werden, daß nach einem von den Ständen bereits berathenen Gesetzentwurfe die aus dem Richterstande gezogenen Staatsanwälte bei ihrer Entlassung in den Richterstand zurücktreten und sich daher der, letzterem garantirten, Unentlaßbarkeit gleichfalls erfreuen werden.

Es wird nur dieser wenigen Züge bedürfen, um erkennen zu lassen, von wie freisinnigen und würdigen Anschauungen unsere Regierung bezüglich der Stellung der Staatsanwaltschaft in der neuen Gesetzgebung ausgegangen ist, wie verschieden sich jene von der bisherigen gestaltet hat.

Wenn die bisherigen Staatsanwälte trotz dieser unverkennbaren Vorzüge der neuen Organisation ihre alte Stellung nur zögernd verlassen, und ihr neues Amt mit einer gewissen Scheu antreten, so hat dieses seinen naheliegenden Grund.

Bisher war der Staatsanwalt ein Mitglied des Gerichtshofs, bei dem er angestellt war, und als solches fiel ihm von selbst ein Theil der Achtung und des Vertrauens zu, dessen sich unsere Gerichtshöfe von jeher mit Recht erfreuten.

Wenn der Staatsanwalt sich bisher vielleicht einer gewissen Popularität rühmen konnte, so verdankte er diese wohl hauptsächlich seinem richterlichen Charakter, mit welchem er als Mitglied des Hofgerichts fortdauernd bekleidet blieb.

Von dem heutigen Tage an, muß er dieses Prestigium entbehren; von heute an wird er ausschließlich in der Rolle des öffentlichen Anklägers erscheinen, von heute an muß er seinem Stande die Achtung und das Vertrauen der Gerichte, wie des Volks von neuem zu gewinnen suchen, deren er bei seinem dornenvollen Berufe unumgänglich bedarf, wenn anders seine Wirksamkeit von Erfolg begleitet sein soll.

Diese Achtung wird uns aber nicht entgehen, wenn wir den Grundsätzen, die wir als Richter eingesogen haben, auch fortan treu bleiben, wenn wir uns vor jeder Parteilichkeit und Parteieinseitigkeit zu bewahren suchen, wenn nicht niedrige Verfolgungssucht, sondern nur die Pflicht — unseren Arm mit der Schwere des Gesetzes zu waffnen vermag, und unser Eifer, den Schuldigen der verdienten Strafe zuzuführen, nie größer sein wird, als unser Bestreben, dem Unschuldigen schützend zur Seite zu stehen; mit einem Worte, wenn es für uns ein höheres Ziel gibt, als die Befriedigung eines falschen und tadelnswerthen Ehrgeizes.

In diesem Geiste, meine geehrten Collegen, und mit diesen Vorsätzen lassen Sie uns unser schweres Amt antreten, und daß wir fortan darin verharren mögen, das gebe Gott! —

106.

Ein Wässerungsgraben kann als „äußere Anlage" im Sinne des L.R.S. 689 betrachtet werden.

Daß ein solcher Graben nicht stets von Wasser durchströmt ist, daß es, um ihn zu benützen, des Ziehens von Schleußen bedarf, daß er hie und da ausgehoben werden muß, benimmt einer vermittelst desselben zu übenden Dienstbarkeit den Charakter der Selbstständigkeit nicht.

L.R.S.S. 688. 697.

Kann eine derartige Dienstbarkeit nur unter Betreten des dienenden Grundstückes geübt werden, so ist solches Betreten gestattet.

L.R.S. 696.

Eine Dienstbarkeit besteht auch ohne Eintrag zum Grundbuche und ohne Erwähnung in der Erwerburkunde des Eigenthümers des dienenden Grundstücks.

L.R.S. 1563 a.

§. 25 des II. Einf.Ed. zum Landrecht.

Vorstehende Sätze wurden — zum Theile wiederholt — vom großh. Oberhofgericht J. E. Kupferer gegen Herdt (Urtheil vom 25. Octbr. 1864) ausgesprochen. Die oberhofgerichtl. Entscheidungsgründe dieser Sache lauten, wie folgt:

„Die Klage verlangt einen richterlichen Ausspruch dahin, daß der Beklagte das Recht der Klägerin auf das Bestehen eines zwischen seinem Eigenthum und dem Eigenthume der Gemeinde Appenweier hinziehenden Wässerungsgrabens, sowie das Recht derselben, ihre Wiese vermittelst dieses Grabens zu bewässern, anzuerkennen, den Graben wiederherzustellen, der Klägerin den ihr durch die Störung der Ausübung des Wässerungsrechts zugegangenen Schaden zu ersetzen schuldig sei, auch sich jeder weiteren solchen Störung bei Vermeidung einer der Klägerin zufallenden Geldstrafe von 25 fl. für jeden einzelnen Fall zu enthalten habe."

„Gestützt wird dies Begehren darauf, daß das angesprochene Wässerungsrecht der Klägerin als Recht einer offenen und selbstständigen Dienstbarkeit gemäß L.R.S. 690 durch 30jährigen Besitz erworben sei."

„Das Dasein einer den Erfordernissen des Gesetzes entsprechenden Ersitzung muß auch für nachgewiesen erachtet werden."

„Deutliche Spuren des fraglichen Grabens ergaben sich bei dem am 1. April 1864 vorgenommenen gerichtlichen Augenscheine. Nach dem Gutachten des hiebei zugezogenen Sachverständigen ließen insbesondere die wahrgenommenen Vertiefungen und Wandungen darauf schließen, daß ein Wässerungsgraben von 1 bis 1½ Fuß Breite vorhanden gewesen sei. Der Beklagte selbst erklärte am 18. April 1863 zu Protokoll: „„er gebe zu, daß der Graben zur Zeit der Klagerhebung und auch noch zu der Zeit seiner Erklärung in der Breite und Tiefe von 1½ Schuh zwischen seiner Matte und der Matte der Gemeinde Appenweier, und zwar zur Hälfte auf ersterer Matte, zur Hälfte auf der letzteren Matte bestanden habe, und bestehe, wie dies in der Klage näher beschrieben sei.""

„Die klägerischerseits angerufenen, eidlich abgehörten zahlreichen Zeugen bestätigen, daß der oft erwähnte Graben in einer Breite von 1½ Fuß, und in ähnlicher Tiefe bis um die Zeit der Streitigkeiten, welche die gegenwärtige Klage zunächst veranlaßten, vorhanden gewesen sei. Sie bestätigen aber noch weiter, daß dieser Graben in der fraglichen Beschaffenheit weit über 30 Jahre von dem eben gedachten Zeitpunkte rückwärts bestanden habe,

auf klägerische Wiese floß, begründet nach L.R.S. 688 das Dasein einer selbstständigen Dienstbarkeit. Daß der Graben nicht immerwährend mit Wasser versehen war, ändert hieran nichts, indem das Gesetz (L.R.S. 688) nicht verlangt, daß der Gebrauch einer selbstständigen Dienstbarkeit ohne Unterlaß fortgesetzt werde. Es genügt nach Wort und Sinn des Gesetzes zur selbstständigen Dienstbarkeit, wenn sie nur ohne Zuthun eines Menschen benützt werden kann. Aus gleichen Gründen würde, wenn Schleußen, oder schleußenähnliche Einrichtungen (sog. Schwellleten) zur Benützung des Grabens durch den klagenden Theil, nämlich zur Wässerung der klägerischen Wiese, nothwendig wären — welche Nothwendigkeit indessen der Sachverständige, wenigstens für die Regel, beabredet — die Selbstständigkeit der Dienstbarkeit im gesetzlichen Sinne des Wortes keineswegs beeinträchtigt werden. Ist bei vorhandener Wässerungseinrichtung dem Wasser vermittelst einer Schleuße oder einer ähnlichen Anlage ein bestimmter Lauf gegeben, so „„geht,"" wie der L.R.S. 688 sich ausdrückt, der Gebrauch jener Einrichtung, und, wenn durch dieselbe eine Dienstbarkeit ausgeübt wird „„der Gebrauch"" dieser letztern „„ohne Zuthun eines Menschen fort.""

Siehe hierüber Brauers Erläut. VI. No. 30 S. 78 ff.

Oberhofg. Jahrb. n. F. XI. S. 19. Zachariä, fr. Civilr. II. §. 248 Note 2. Demolombe. Cours VI. No. 707 711. Sirey. Recueil 1855 I. 214, 1863 I. 84."

„In noch höherem Maaße sprechen die soeben zur Beseitigung von Einwendungen gegen die Selbstständigkeit der angesprochenen Dienstbarkeit geltend gemachten Gründe gegen die Einwendung, daß hie und da ein durch Menschenhand zu bewirkendes Ausheben des Wäs-

zur Ausübung des letzterwähnten Rechtes das Begehen der Wiese des Beklagten wirklich nöthig, so müßte die Befugniß dazu nach L.R.S. 696 für vorhanden erachtet werden. Siehe Demolombe a. a. O. No. 830. 833. Auf die Art der Entstehung des Grabens und darauf, wer ihn ursprünglich herstellte, ist ebenfalls kein Gewicht zu legen. Es genügt, daß derselbe während der Ersitzungszeit jeweils zum Vortheile der klägerischen Wiese benützt wurde."

„Eine rechtlich erhebliche natürliche Unterbrechung der Ersitzung ist, wenn auch behauptet, doch nicht bewiesen. Als solche könnte nach L.R.S. 2243 nur eine Behinderung der Klägerin oder eines ihrer Rechtsvorgänger im Gebrauche der Dienstbarkeit während eines, ein Jahr überschreitenden, Zeitraums gelten. Wenn nun auch vernommene Zeugen davon sprechen, daß der Graben hie und da einmal zugeworfen gewesen sei, so vermochte doch keiner dieser Zeugen zu bestätigen, daß die etwa hierdurch verursachte Störung der Ausübung der Dienstbarkeit jemals über ein Jahr gedauert habe."

„Dafür, daß es, abgesehen von der hiernach wohl behaupteten, aber nicht erwiesenen Unterbrechung der Ersitzung an einem der durch L.R.S. 2229 aufgestellten Erfordernisse der Ersitzung gefehlt hätte, liegt gar kein Anhaltpunkt vor. Wenn Zeugen aussagen, daß der Graben einigermaßen verlegt worden sei, so ist dies, weil nach weiterer Angabe eben dieser Zeugen die dadurch bewirkte Abweichung vom früheren Zustande eine höchst geringfügige war, ohne alle Erheblichkeit. Siehe Demolombe a. a. O. No. 780 a. E."

„Wenn endlich beklagter Seits geltend gemacht wurde, daß die fragliche Dienstbarkeit im Grundbuche nicht eingetragen sei, daß der Kaufbrief über die Seitens des Beklagten im Jahr 1837 stattgehabte Erwerbung der durch jene Dienstbarkeit belasteten Wiese dieser Belastung nicht gedenke, und daß die Dienstbarkeit bei der Katastervermessung nicht angemeldet worden sei, so verdienen alle diese Einwendungen keinerlei Rücksicht. Dienstbarkeiten bedürfen des Eintrags zum Grundbuche nicht. Am Wenigsten kann das Verlangen solchen Eintrags bei dem Erwerbe von Dienstbarkeiten durch Ersitzung gestellt werden.

Siehe Jahrb. für bad. Recht I. S. 86."

„Kein Gesetz gebietet, daß das Bestehen einer Dienstbarkeit von deren Erwähnung in der Erwerbsurkunde des jeweiligen Eigenthümers des dienenden Grundstückes abhänge. Die Bestimmungen über die Katastervermessung (Gesetz vom 26. März 1852 Reggsbl. No. 15 und Verordnung vom 3. Dezember 1859 Reggsbl. No. 56) enthalten keine Satzungen, welche so gedeutet werden könnten, als ob die Nichtanmeldung eines Dienstbarkeitsrechts bei Vornahme jener Vermessung die privatrechtliche Folge des Verlustes eines solchen Rechtes haben sollte."

Roßhirt.

107.

Leitfaden zur Abhaltung von erstinstanzlichen, mündlichen Verhandlungen der Kreisgerichte im ordentlichen Prozesse.

I. Von der I. Tagfahrt.

Klage muß schriftlich eingereicht werden.

Pr.O. §. 992.

(Schriftliches Verfahren nur ausnahmsweise von Amtswegen oder auf Antrag einer oder beider Parteien. Dann Tagfahrt zur mündlichen Rechtsausführung. Pr.O. §. 993.)

Beide Parteien müssen Anwälte haben, ausgenommen §. 132 134.

Pr.O. §. 994 Abs. 1.

Auswärtige Anwälte müssen einen, im Orte des Collegialgerichts wohnenden, Zustellungsgewalthaber aufstellen.

§. 7 der Anwaltsordnung.

Nach eingereichter Klage erläßt Vorsitzender Ladung *)

*) Form der Ladungsverfügung bei dem Kreisgerichte Baden: 1) Wird Tagfahrt zur mündlichen Verhandlung anberaumt auf .... 2) Nachricht hievon erhalten der klägerische Anwalt Herr N. und der Beklagte, Letzterer unter Zustellung der Klagevorschrift und mit der Aufforderung, wenn er den Klaganspruch bestreiten will, unverweilt einen Anwalt aufzustellen. Sofern in der Tagfahrt Namens des Beklagten kein Anwalt erscheint, werden die in der Klage behaupteten Thatsachen für zugestanden angenommen, alle Einreden ausgeschlossen, und wird nach dem Gesuche des Klägers, was Rechtens ist, erkannt werden. 3) Anschlag an die Gerichtstafel &c.

Nicht das Erscheinen der Partei, sondern jenes der Anwälte ist maaßgebend; für den Kläger bedarf es nach §. 315. 328. 991 keiner Androhung von Rechtsnachtheilen. Um eine wahre Oeffentlichkeit herbeizuführen, muß man dem Publikum Kenntniß von der Tagesordnung geben, wie dies auch bei den Schwurgerichten üblich war. Daher wird bei dem Kreisgerichte Baden am 1. jeden Monats die für diesen bestimmte Tagesordnung an die Gerichtstafel angeschlagen. D. E.

auf mindestens 4 Wochen (in dringenden Fällen weniger).

Pr O. §. 1014 §. 1016 Abs. 1.

Hat er Zweifel nach §. 260. 262, dann ernennt er Reipicienten und das Gericht entscheidet, ob Ladung zur Verhandlung oder in eine zugleich zu bestimmende Sitzung zur näheren Begründung der Klage.

Pr.O. §. 1015.

Schriftenwechsel, Schlußschrift mindestens 3 Tage vor Sitzung.

Pr O. §. 1016. Zustellung der vorbereitenden Schriften §. 236 der Pr.O.

Inhalt der vorbereitenden Schriften.

Pr O. §. 995.

Anwälte dürfen auch außergerichtliche Verhandlung mit Antrag auf Tagfahrt einreichen.

Pr.O. §. 1017.

Auch wenn Vernehmlassung ꝛc. nicht einkommt, oder unvollständig ist, findet Tagfahrt statt.

Pr.O. §. 1002 Abs. 1.

Erwächst durch Einrede, Widerklage ꝛc. oder Einsprache (§. 8. 39 Abs. 2 §. 854, Abs. 3), die Sache an das Kreisgericht, dann gelten die Protokolle des Amtsgerichts als schriftliche Feststellung.

Pr.O. §. 1019.

Sitzungsprotokoll.

Form.

Pr O. §. 284. 286. Bedürfen in der Regel keiner Unterschrift der Parteien und Anwälte. Arg. e contr. §. 285 der Pr.O.

Inhalt.

Pr.O. §. 283. In den Fällen des §. 286 sind zwei Zeugen zuzuziehen, wenn Empfänger nicht schreiben kann.

Urschriften von angerufenen Urkunden muß Produzent auf Verlangen den Gegner vor Sitzung auf Kanzlei einsehen lassen, widrigenfalls Vertagung auf Kosten des Beweisführers beantragt werden kann. Oeffentliche Urkunden können schon vorher eingefordert werden.

Pr.O. §. 1018 Abs. 3 und 2.

II. In der I. Tagfahrt.

Oeffentlichkeit der Sitzung und Ausschluß derselben, §. 5 der Pr.O.

Aufruf der Sache.

Pr.O. §. 997.

Kläger beginnt mit

Bezeichnung der Parteien,
" des Streitgegenstandes,
" der Lage des Rechtsstreits.

stellt dann Antrag.

Pr.O. §. 997.

Beklagter stellt nunmehr Gegenantrag.

Pr.O. §. 997.

Alsdann erst (vergl. Stempf zu §. 997) ausführliche Entwicklung.

Partei darf selbst vortragen, muß aber Anwalt zur Seite haben, dem sie auf Weisung des Vorsitzenden nöthigen Falls Vortrag überlassen muß.

Pr.O. §. 994 Abs. 2. 3.

Vorträge sollen in freier geordneter Rede, nicht unter Bezug auf Schriftsätze (außer bei schriftlichem Verfahren) gehalten werden.

Vorlesen von Schriftstücken und Gesetzesstellen nur, wo es auf wörtliche Fassung ankommt.

Vorlesen aus wissenschaftlichen Werken nur mit Genehmigung des Vorsitzenden.

Pr.O. §. 998.

Mündlicher Vortrag ist thatsächliche Grundlage außer bei schriftlichem Verfahren.

Abänderungen, Neuheiten ꝛc. nur bis zum Schlusse der betreffenden Verhandlung zulässig.

Pr.O. §. 996.

Anwälte müssen auf Verlangen ihr eigenes Vorbringen erläutern, und auf das des Gegentheils antworten, wenn es in den vorbereitenden Schriften steht.

Pr.O. §. 1001.

Steht Neuheit nicht in vorbereitenden Schriften, dann kann Gegner Vertagung verlangen und zwar auf Kosten des Andern, außer wenn Vorladung auf weniger, als 14 Tage lautete.

Pr.O. §. 1011.

Mangel an Information rechtfertigt nicht Vertagung; wird Antwort deßhalb verweigert, dann Vertagung und zwar auf Kosten des betreffenden Anwalts, außer wenn er Unmöglichkeit beweist.

Pr.O. §. 1001 Abs. 2. 3.

Soll die nicht anwesende Partei befragt werden, dann ist Beschluß des Gerichts nothwendig

Pr.O. §. 1000 Abs. 3.

Neuheiten, Abänderungen des Inhalts der vorbereitenden Schriften (z. B. Widerspruch des Zugestandenen oder umgekehrt), sowie Nichtvorbringen von Angriffs- oder Vertheidigungsmitteln sind:

. auf Antrag des Einen oder Andern,

Pr.O. §. 1002 Abs. 2. 3,

oder von Amtswegen auf Weisung des Vorsitzenden,

Pr.O. §. 1003,

durch das Sitzungsprotokoll (in der Sitzung zu verlesen, Pr.O. §. 1004) oder durch sogleich zu übergebende Schriftsätze der Anwälte,

oder vom Gerichte durch Entscheidungsgründe oder Aktenbemerkung mittelst einstimmigen Beschluß festzustellen.

Pr.O. §. 1005 Abs. 1.

Fehlt Einstimmigkeit, dann Befragung der Parteien nach §. 1007. 1011.

Pr.O. §. 1005 Abs. 2.

Entsteht Streit über den Inhalt früherer Verhandlungen, so entscheiden zunächst Protokolle, dann Entscheidungsgründe und Aktenbemerkungen, schließlich die vorbereitenden Schriften.

Pr.O. §. 1006 vergl. mit §. 996 Abs. 1.

Vertagung

1) auf Antrag beider Anwälte,

2) auf Antrag eines Anwaltes, sofern er vorbereitende Schrift nicht rechtzeitig empfangen oder aus erheblichen Gründen nicht anworten kann oder ihm Urschrift der angerufenen Urkunde nicht zur Einsicht vorgelegt wurde.

Der Antrag muß mindestens 3 Tage vor Sitzung gestellt werden, wenn nicht Hinderungsgrund später entstand.

Pr.O. §. 1009. 1018 Abs 3.

Ausbleiben beider Anwälte wirkt Strich von Rolle, wovon Parteien unter Anführung des Grundes benachrichtigt werden.

Pr.O. §. 1010.

Sind Urkunden angerufen oder Eide zugeschoben, so kann Produktion stattfinden und Erklärung über Eid verlangt werden.

Angerufene öffentliche Akten kann das Gericht schon vor Sitzung einfordern.

Pr.O. §. 1018 Abs. 2. 3.

Vorsitzender

1) erläßt Ladungsverfügung,

Pr.O. §. 1014,

2) weist die Partei an, den Vortrag ihrem Anwalt zu überlassen,

Pr.O. §. 994 Abs. 3,

3) gibt Genehmigung zum Vorlesen aus wissenschaftlichen Werken,

Pr.O. §. 998,

4) läßt im Sitzungsprotokoll oder durch Schriften der Anwälte Neuheiten feststellen,

Pr.O. §. 1003,

5) eröffnet und leitet Verhandlung und ertheilt das Wort, entzieht das Wort, beseitigt Unnöthiges,

Pr.O. §. 999,

6) kann die einzelnen Streitpunkte gesondert verhandeln lassen,

Pr.O. §. 1000 Abs. 1,

7) hat Fragrecht an Anwälte und die in der Sitzung anwesende Partei,

Pr.O. §. 1000 Abs. 2,

8) verkündet Urtheil nebst Entscheidungsgründen oder Angabe ihres wesentlichen Inhalts,

Pr.O. §. 1008 Abs. 2.

Ueber Strafgewalt des Vorsitzenden oder des Gerichtshofes wegen Störung der mündlichen Verhandlungen in bürgerlichen Rechtsstreiten enthält die badische Pr.O. keine Vorschrift, außer wegen Fortweisung der Parteien, welche das Zeugenverhör unterbrechen oder Zeugen beleidigen, (§. 467. 468 der Pr.O.) während Str.Pr.O. §. 261 ff. und die Verord. vom 10. März 1849 (Reggsbl. Nr. 13) über die Polizei in den Sitzungssälen der Strafgerichte das Nöthige bestimmen. Polizeistrafgesetz §. 53 paßt ebenfalls nicht, wohl aber ergibt sich aus dessen §. 36 Ziff. 8 die fortdauernde Giltigkeit der §. 32 — 34 der Verordnung vom 21. April 1832 „die organische Einrichtung der Obergerichte und den Geschäftsgang bei denselben betr." (Reggsbl. Nr. 22.)

Allerdings bezieht sich solche nur auf die Obergerichte, allein bei der jetzigen Gerichtsverfassung haben alle Kreisgerichte in gewisser Hinsicht den Charakter eines Obergerichts, und somit sowie in Erwägung der eben erwähnten Vorschriften für die Strafgerichte und der aus bad. Pr.O. §. 999 folgenden Polizeigewalt des Vorsitzenden gilt Folgendes:

1) dem Präsidenten oder seinem Stellvertreter steht die Polizeigewalt gegen jeden im Sitzungssaale Anwesenden zu, §. 31 der allgemeinen Verordnung vom 21. April 1832;

2) Störung der Ordnung ahndet er durch Erinnerung, die er selbst gibt, oder durch Kanzleidiener geben läßt, durch Bedrohung, den Ruhestörer zu entfernen, endlich durch Vollziehung der Entfernung.

§. 32 a. a. O.;

3) Verletzung der dem Gerichtshofe schuldigen Ehrerbietung, Beleidigung gegen denselben oder gegen die Parteien und ihre Vertreter werden sogleich mit Erinnerung, Verweis, Fortweisung und Arreststrafe bis zu 3 Tagen geahndet.

Wo auf Arrest erkannt wird, ist ein Protokoll zu führen, und das Erkenntniß vom Gerichtshofe auszusprechen. Das Erkenntniß wird ohne Rücksicht auf ein ergriffenes Rechtsmittel vollzogen,

§. 33 a. a. O.;

4) den Gerichtsmitgliedern steht das Recht zu, Erinnerungen, Verweise und Entfernung zu beschließen, wenn die Ordnung, während sie zu Vollziehung ihrer Aufträge Sitzungen halten, von einer der Parteien gestört wird,

§. 34 a. a. O.;

5) ist ein mit schwerer Strafe bedrohtes Verbrechen in Frage, so kann der Präsident und ebenso ein dazu beauftragtes Gerichtsmitglied den Angeschuldigten in Verhaft nehmen lassen. Es wird über die Thatsache sogleich ein Protokoll geführt und dies nebst dem Beschuldigten an den ordentlichen Richter desselben übergeben.

§. 35 a. a. O.

Die Ausübung der Disciplin gegen Anwälte in Gerichtssitzungen betr. besagt die Verordnung vom 2. Juli 1851, Reggsbl. No. 38.

§. 1.

Sollte ein Anwalt wegen eines in der Gerichtssitzung verübten Vergehens in Gemäßheit des §. 240 der Str.-Pr.O. (jetzt §. 263) bestraft werden, so ist das darüber aufgenommene Protokoll sofort dem Justizministerium vorzulegen.

§. 2.

(Wenn ein Anwalt in anderer Weise sich ordnungswidrig in der Gerichtssitzung benimmt, insbesondere die dem Gesetze und dem Gerichte schuldige Achtung verletzt, sich offenbar grundlose oder zur Sache nicht gehörige Beschuldigungen gegen öffentliche Beamte bezüglich ihres Dienstes, gegen Geschworene, Ankläger, Zeugen oder Sachverständige erlaubt, so verfährt der Vorsitzende gegen ihn nach der Verordnung vom 10. März 1849, Reggsbl. No. 13 und läßt davon im Protokoll Erwähnung thun.)

Außerdem kann das Gericht in schwereren oder Wiederholungsfällen auf zeitliche oder bleibende Entziehung der Anwaltschaft antragen und dem Anwalt das fernere Auftreten in den Gerichtssitzungen einstweilen untersagen.

§. 3.

Kann, wo dies nöthig fällt, nicht sogleich für anderweite genügende Vertretung des Clienten gesorgt werden, so ist die Verhandlung auf Kosten des Anwalts zu vertagen.

An die Stelle von Abs. 1 des §. 2 tritt jetzt §. 42 der Anwaltsordnung (Regbl. 1864 No. 50) der besagt:

„Unabhängig von der Disciplinargewalt der Anwaltskammer und des Ausschusses ist die Strafgewalt der Gerichte im Falle der Uebertretung eines Strafgesetzes.

Ebenso können die Gerichte wegen Ordnungswidrigkeiten und ungebührlichen Benehmens, welches sich ein Anwalt in schriftlichen Vorträgen an das Gericht oder in einer mündlichen Verhandlung vor demselben zu Schulden kommen läßt, Verweise, Geld- und Gefängnißstrafen erkennen.

Von Erkenntnissen dieser Art ist dem Vorstand der Anwaltskammer Nachricht zu geben, und diese kann wegen derselben Handlung dienstpolizeilich gegen den Anwalt einschreiten."

Schluß der Verhandlung

erfolgt, wenn das Gericht die Sache für vollständig erörtert erachtet, und es ergeht

Verfügung (z. B. §. 1000 Abs. 3) oder Beweiserkenntniß oder Urtheil und zwar in

Versammlung von 3 Richtern.

§. 23 der Ger.Verf.

Abstimmung vom Jüngsten aufwärts.

§. 8 der Ger.Verf.

Beweiserkenntniß. (§. 352. 376. 377. 386 ff.)

Dessen Gründe sollen sich auch auf die verhandelten, aber nicht zum Beweis ausgesetzten Streitpunkte beziehen,

§. 1008 Abs. 3,

enthält zugleich Tagfahrt, §. 1020 Abs. 1, unter dem Rechtsnachtheil des §. 331.*)

---

*) Da nach Pr.O. §. 209. 210 die Folgen des Ungehorsams stets und zwar auch dann anzudrohen sind, wenn kein Nachschlagers

Urtheil

wird sofort oder in späterer Sitzung vom Vorsitzenden nebst Gründen oder Angabe ihres wesentlichen Inhalts verkündet.

Pr.O. §. 1009 Abs. 2.

Wird Beschluß oder Beweiserkenntniß sofort erlassen, so sind sie sogleich den Anwälten zu verkünden, und dies zu Protokoll zu bemerken. Andernfalls schriftliche Zustellung.

§. 227.

Nur Urtheile und Versäumungserkenntnisse (nicht auch Beweiserkenntnisse rc.) *), sowie Strich von Rolle wegen Ausbleiben beider Anwälte sind den Parteien selbst zuzustellen.

Pr.O. §. 231 Abs. 2 §. 1010.

III. II. Tagfahrt.

Handelt es sich um Fragrechtsübung gegen Partei und Vertagung rc., dann gilt das Obige.

Erging Beweiserkenntniß, dann zugleich Tagfahrt zur Beweisausführung mit mindestens 4 Wochen Zwischenraum. (Rechtsnachtheil, vergl. Note * S. 355).

§. 1020 Abs. 1.

Wechsel der vorbereitenden Schriften.

§. 1020 Abs. 2 §. 1016.

In Tagfahrt Beweisantretung, auch Gegenbeweis. **)

Verhandlung über Zulässigkeit und Erheblichkeit, und Beweiserhebung, soweit thunlich (z. B. Urkunden, Eid, §. 1018).

§. 1021.

Am Schlusse also Relevanzbescheid und je nach dessen Inhalt Urtheil oder Beweiserhebung.

Nach dem Schlusse der Verhandlung sind keine neuen Beweismittel zulässig.

§. 996 a. E.

IV. Beweiserhebung.

Ueber jede Beweiserhebung vollständige Protokolle.

§. 1028 der Pr.O.

Zeugen

werden in der Regel in der Sitzung beeidigt und abgehört.

Ist dies wegen besonderer Umstände unthunlich, oder sind beide Anwälte damit einverstanden, dann Beauftragung eines Gerichtsmitglieds oder anderen Richters.

§. 1023 der Pr.O.

Eid der Zeugen.

Sie sollen schwören, daß Sie in der gegenwärtigen Prozeßsache auf die gestellten Fragen die Wahrheit sagen, auch nichts was zur Sache gehört, verheimlichen, ohne Haß, Gunst oder Ansehen der Personen.

Linke auf's Herz, Rechte gen Himmel:

Ich schwöre es, so wahr mir Gott helfe.

§. 2 des Ges. v. 20. Dezember 1848, Reggsbl. No. 81. Pr.O. §. 450. 553.

(Schluß folgt.)

---

kenntniß deshalb ergebe, so hat man sich beim Kreisgerichte Baden dahin vereinigt, in die Verladungsverfügung bezüglich der Tagfahrt zur Beweisführung mit dem Eingange „das Ausbleiben hat zur Folge" die Z. 1. 2. 3. 4 des §. 331 d. Pr.O. wörtlich aufzunehmen und der Z. 4 noch beizusetzen: „und hinsichtlich der Haupteide die Annahme der Verweigerung derselben;" dies umfaßt auch die Rechtsnachtheile bezüglich der nicht genannten Beweismittel, wie sich z. B. hinsichtlich des Zeugenbeweises aus §. 435 ergibt, da die dort erwähnten Beweiseinreden unter Z. 1 des §. 331 genannt sind, und das Nichteinreichen von Fragstücken unter Z. 2 des §. 331 fällt.
D. E.

*) Zustellung der Beweiserkenntnisse an die Parteien ist nicht mehr geboten, aber auch nicht verboten, und geschieht bei dem Kreisgerichte Baden, weil sonst die Partei keine genügende Kenntniß von den Entscheidungsgründen erhielte, denn jene zum Urtheil werden zufolge Pr.O. §. 1009 Abs. 3 häufig nichts von der Hauptsache enthalten.
D. E.

**) Pr.O. §. 1020. 1021 erwähnen die Gegenbeweisantretung nicht, und so könnte man versucht sein, aus §. 353 zu folgern, daß zu dieser Antretung erst durch Behändigung der vorbereitenden Beweisantretungsschrift, oder gar erst durch die förmliche Beweisantretung in der Tagfahrt die Frist eröffnet werde. Allein dem steht schon entgegen, daß dann eine weitere Tagfahrt zur Führung des Gegenbeweises nöthig würde, wovon die Prozeßordnung nirgends spricht. Erwägt man sodann den §. 991 und die Regierungsmotive (Stempf, Note * zu §. 991), wornach für die Folgen des Ungehorsams bei den Gerichtshöfen dieselben Grundsätze maaßgebend sind, wie bei dem mündlichen Verfahren bei den Amtsgerichten, so unterliegt es nach Pr.O. §. 322. 331 Z. 1 keinem Zweifel, daß der Gegenbeweis in der zur Beweisführung anberaumten Tagfahrt angetreten werden muß, und zwar bei Vermeiden des Verlustes. Pr.O. §. 996 a. E.
D. E.

Redacteur Oberhofgerichtsrath Stempf. Verlag von J. Bensheimer in Mannheim. Druck von C. Schmelzer in Mannheim.

Annalen der Großherzogl. Badischen Gerichte.

1861. Band XXX. No. 33.

(Schluß von Art. 107.)

Handgelübde (können nach Pr.O. §. 17. 451. 572 auch bei den Kreisgerichten vorkommen.)

Stehend — Linke auf's Herz.

Sie sollen durch feierliches Handgelübde an Eidesstatt versichern, daß sie in der gegenwärtigen Prozeßsache auf die gestellten Fragen die Wahrheit sagen, auch nichts, was zur Sache gehört, verheimlichen, ohne Haß, Gunst oder Ansehen der Personen.

Zeuge sagt:

Ich versichere es auf Ehre und Gewissen.

Gibt dem Vorsitzenden Handschlag.

Pr.O. §. 451. 572, §. 10 des Gesetzes vom 20. Dezember 1848, Reggsbl. No. 81.

Ausbleiben des Zeugen.

§. 474.

Verweigerung des Eides oder Zeugnisses.

§. 475. 476. 477. 478. 479. 480 d. Pr.O.

Ueber das Ergebniß des Zeugenbeweises urtheilt das Gericht nach innerer Ueberzeugung.

§. 484 der Pr.O.

Sachverständige,

werden in Sitzung vernommen, wenn nicht schriftliches Gutachten im betreffenden Falle zweckmäßiger erscheint.

Pr.O. §. 1024.

Eid oder Handgelübde nur auf ausdrücklichen Antrag eines oder beider Anwälte, und auch dann nicht, wenn es ständige Sachverständige sind.

P.O. §. 499.

Eid (Linke auf's Herz, Rechte empor). Sie sollen schwören, daß Sie den Gegenstand Ihrer Begutachtung sorgfältig untersuchen, die gemachten Wahrnehmungen treu und vollständig angeben, und Ihr Gutachten nach bestem Wissen und Gewissen, Ihrer Kenntniß und Erfahrung gemäß abgeben wollen.

Ich schwöre es, so wahr mir Gott helfe!

Handgelübde.

Stehend — Linke auf's Herz!

Sie sollen durch feierliches Handgelübde an Eidesstatt versichern, daß Sie den Gegenstand Ihrer Begutachtung sorgfältig untersuchen, die gemachten Wahrnehmungen treu und vollständig angeben, und Ihr Gutachten nach bestem Wissen und Gewissen Ihrer Kenntniß und Erfahrung gemäß abgeben wollen.

Nunmehr:

Ich versichere es auf Ehre und Gewissen.

Gibt dem Vorsitzenden mit Rechten Handschlag.

(Da die bürgerliche Pr.O. keine Formel enthält, so entscheidet §. 86 Str.Pr.O. §. 9. 10 des Gesetzes vom 20. Dezember 1848, Reggsbl. No. 81.)

Wegen Gutachten über Handelsgebräuche.

Pr.O. §. 1025.

(Beweiskraft der Gutachten, Pr.O. §. 502. 503. 504, und Stempf, Bemerkung zu §. 503.)

Urkundenbeweiserhebung

in Gerichtssitzung, ausgenommen Pr.O. §. 421 (im Wohnort des Producenten wegen Nachtheilen) oder durch Deputirten wegen Weitläufigkeit.

Pr.O. §. 1026.

(Schreibverständige nur nach Ermessen des Gerichts, Pr.O. §. 428.)

Augenschein

wenn möglich in Sitzung, sonst durch Deputirten oder anderen Richter.

Pr.O. §. 1027.

Im Uebrigen sind Titel 20—27 maßgebend.

Pr.O. §. 1022.

V. III. Tagfahrt.

Sind die Beweise sämmtlich oder theilweise in der Sitzung erhoben worden, dann folgt sogleich Beweisanfechtung und Ausführung, also muß in der Ladung zur III. Tagfahrt unter obiger Voraussetzung zugleich dazu vorgeladen werden.

Pr.O. §. 1029.

Andernfalls wird hierzu und zur Urtheilsfällung besondere Tagfahrt anberaumt.

Schriftlicher Vortrag eines Gerichtsmitgliedes ist in dieser Sitzung vorzulesen, wenn die Beweisführung verwickelt ist.

Pr.O. §. 1029.

Wegen Urtheil *)

siehe oben! (§. 23 der Gerichtsverfassung, 3 Richter. §. 8 der Gerichtsverfassung, Abstimmung vom Jüngsten aufwärts. Verkündung, Pr.O. §. 1008 Abs. 2.)

Ueber Nothbeid, §. 545. 583. 584 und Stempf, Bemerkung zu §. 583 und 545.

Dr. Puchelt.

—

108.

Nach §. 166 der Pr.O. wird, wenn der vom Gerichte aufgestellte Armenanwalt die ihm übertragene Sache, weil er sie für grundlos erachtet, ablehnt, der Armenpartei überlassen, einen Vertreter für sich aufzufinden, **wobei sie nicht auf die Anwälte beschränkt ist.**

Kann diese Bestimmung auch bei Collegialgerichten Anwendung finden, muß hier ungeachtet des Anwaltszwanges **jeder** Vertreter der Armenpartei oder diese selbst zur Prozeßführung zugelassen werden?

Die bisherige Praxis der Obergerichte hat, wiewohl bei ihnen stets ein Anwaltszwang stattfand, diese Frage bejaht. Das neue Prozeßverfahren scheint aber eine beschränkende Auslegung des §. 166 zu gebieten. Die alte Prozeßordnung gestattet, daß die Partei selbst, oder jeder frei gewählte Vertreter mündliche Vorträge vor dem Obergerichte halte, und die schriftlichen Erklärungen abfasse, nur muß ein bei dem Obergerichte angestellter Obergerichtsadvokat dem mündlichen Vortrag anwohnen, den Schriftsatz dem Gerichtshofe einreichen §. 1069. 1070; es handelt sich stets um ein Verfahren in früherer Instanz, die thatsächlichen Verhältnisse des Falles sind bereits in den untergerichtlichen Akten festgestellt, meistens erfolgen nur rechtliche Ausführungen, die Zuziehung des Advokaten soll nur Ungehörigkeiten verhüten, und gestatten, im Nothfall auf seine Thätigkeit zu greifen; unter besondern Umständen konnte also wohl von einer solchen, nur subsidiären, Mitwirkung des Anwaltes ganz abgesehen werden.

Der Anwaltszwang der neuen Prozeßordnung ist anders geartet. „**Die Parteien haben zur Führung ihrer Rechtsstreite Anwälte aufzustellen**" §. 994 (andere Vertreter werden durchaus nicht zugelassen §. 128, alle schriftlichen Erklärungen müssen vom Anwalt unterzeichnet sein §. 995), das ganze prozessualische Auftreten der Partei soll durch die Thätigkeit des Anwaltes erfolgen, und wenn auch der Partei nicht verwehrt wird, selbst beim mündlichen Verfahren das Wort zu ergreifen, so muß auch hier der Anwalt anwesend sein, und das Auftreten eines andern Vertreters ist unzulässig. „Ein unmittelbarer Verkehr von Collegialgerichten mit den Parteien selbst — sagen die Motive zu §. 1006 — würde zu viele Störungen und Hindernisse für den Geschäftsgang herbeiführen. Zudem kann nur auf diesem Wege das Prinzip der Verhandlungsmaxime aufrecht erhalten werden." Der thatsächliche Stoff soll durch lebendigen mündlichen Verkehr zwischen Gericht und Parteien in einer fortlaufenden Verhandlung festgestellt werden, aber nur der von den Parteien vorgetragene Sachverhalt bildet die Grundlage der Entscheidung, eine inquisitorische Ermittelung der Thatsachen liegt außerhalb der Befugnisse des Collegialgerichtes. Die Durchführung dieser Sätze setzt die Vertretung der Partei durch Anwälte unbedingt voraus.

Sind dies die Folgen der Grundsätze des ganzen Prozeßverfahrens, so können auch keinerlei **Ausnahmen** zugelassen werden. Zwar enthält §. 994, Absatz 1 eine Beschränkung, allein diese bildet nur scheinbar eine Ausnahme, und der Fall des §. 166 ist gar nicht erwähnt. Wenn also §. 166 allgemein und für alle Gerichte der Armenpartei die Selbstvertretung gestattet, so wird dieselbe durch §. 994 ebenso unbedingt und allgemein und im Einklang mit der Grundlage des ganzen Verfahrens für Collegialgerichte ausgeschlossen, und es muß also die minder wesentliche Bestimmung des §. 166 eine beschränkende Auslegung erleiden und nur auf das amtsgerichtliche Verfahren angewendet werden. Allerdings wird dadurch der Inhalt des §. 166 durchaus leer, denn daß bei Amtsgerichten auch Nichtanwälte als Vertreter zugelassen werden, sagt schon §. 178 und es ist sehr überflüssig, der Armenpartei dies nochmals ausdrücklich zuzusichern. Aber aus einem, vermuthlich nur bei der Uebertragung des fraglichen §. aus der

*) Soweit nicht nach den obigen Bemerkungen Aenderungen eintreten, gilt auch für die zweite Tagfahrt ꝛc. das vorher Gesagte.

D. U.

alten Prozeßordnung erfolgten Versehen in der Redaktion dieser Bestimmung kann gegenüber den Gründen, welche jener beschränkenden Auslegung unterliegen, nichts abgeleitet werden.

Eine Härte gegen die Armenpartei liegt nicht vor; sicher genügt es, wenn ihr von Amtswegen ein Anwalt bestellt worden ist; lehnt dieser aus Gründen, welche das Gericht zu prüfen hat, die Vertretung der Sache ab, so kann es füglich der Armenpartei überlassen bleiben, selbst für einen Anwalt zu sorgen. Ist ihre Sache nicht durchaus verwerflich, so wird es nicht an Anwälten fehlen, welche freiwillig ihre Vertretung als Armenanwalt übernehmen. Ist der Anspruch aber so grundlos, daß kein Anwalt ihn vertreten mag, so muß der Arme, wie auch der Reiche im gleichen Falle, die gerichtliche Verfolgung desselben unterlassen.

Eisenlohr, Kreisgerichts-Assessor in Baden.

109.

Zur neuen Strafprozeßordnung.

I.

Anwendung derselben auf die am 1. Oktober 1864 bereits anhängigen Strafsachen.

1) Einführungsgesetz Art. IV. — VIII. Fall der Beschwerdeführung der Staatsanwaltschaft nach Str.P.O. §. 412 bezüglich auf Str.P.O. §. 207.
2) Einführungsgesetz Art. IX. u. X. Rechtsmittel gegen schon früher beschlossene Urtheile.

1.

Nach der Schlußbestimmung des §. 207 d. neuen Strafprozeßordnung muß der Antrag des Staatsanwaltes auf Versetzung des Angeschuldigten in Anklagestand (der Verweisungsantrag an die Raths- und Anklagekammer, auf welchen diese den Verweisungsbeschluß zu erlassen hat) auch das Verzeichniß der Beweismittel enthalten, die in der Hauptverhandlung erhoben werden sollen. Diese dem bisherigen Gesetz¹) unbekannte Bestimmung erscheint allerdings mit besonderer Rücksicht auf die kreisgerichtlichen Strafsachen gegeben, wie die Vergleichung des §. 219 mit §. 216 (Schlußsatz) und §. 218 der Str.-Pr.-O. zeigt, indem nur in kreisgerichtlichen Sachen das nach §. 207 vom Staatsanwalt übergebene Verzeichniß der Beweismittel mit der sogleich bei Eröffnung des Verweisungsbeschlusses ergehenden Aufforderung an den Angeklagten wegen Benennung weiterer Auskunftspersonen und des etwa gewählten Vertheidigers dem Angeklagten zugestellt wird, während in schwurgerichtlichen Sachen dafür die Zustellung der Anklageschrift mit dem derselben einverleibten oder beigefügten Verzeichniß der in der Hauptverhandlung zu erhebenden Beweise eintritt. Demungeachtet ist die fragliche Bestimmung des §. 207 für alle Fälle ohne Unterschied vorgeschrieben und zu beobachten, da nach §. 210 der Str.Pr.O. die Raths- und Anklagekammer an die Anträge des Staatsanwaltes in keiner Richtung gebunden ist und statt der Verweisung vor das Schwurgericht leicht möglicherweise die Verweisung an die Strafkammer des Kreisgerichtes aussprechen kann.

Bei dem Kreis- und Hofgericht Offenburg gab die Anwendung des mehrerwähnten §. 207, sowie der Uebergangsbestimmungen des Einführungsgesetzes zur Str.P.O., Regierungsblatt vom Jahre 1864, Nr. 23²) in drei Fällen zur Beschwerdeführung der großh. Staatsanwaltschaft Anlaß.

In diesen Fällen war schon im August dieses Jahres vom großh. Staatsanwalt in Bruchsal an die Anklagekammer des mittelrheinischen Hofgerichts nach Maßgabe des damaligen Rechtes ein Antrag auf Verweisung an das Schwurgericht, beziehungsweise (im einen Falle) an das Hofgericht gestellt worden, das Verweisungserkenntniß erging jedoch, wegen des frühen Beginnes des Schwurgerichts und der herannahenden Auflösung des genannten Hofgerichts, in Bruchsal nicht mehr; die drei Sachen gelangten daher zur Erledigung an das Kreis- und Hofgericht Offenburg, als dem an die Stelle des genannten Hofgerichtes getretenen Gerichts-

¹) Vergl. Gesetz vom 5. Februar 1851 §. 78 und §. 85. Siehe auch die Strafprozeßordnung von 1845 §. 205 f. Die vom Untersuchungsrichter zu fertigende Zusammenstellung (§. 30 des ersteren und §. 204 des letzteren Gesetzes) hatte alle irgend erheblichen Anschuldigungs- und Entlastungsbeweise zu umfassen, nicht blos die zur Schlußverhandlung zu beantragenden Beweise.

²) Ein besonderer Abdruck dieses Gesetzes im Format der Strafprozeßordnung fehlt zur Zeit noch. Daß das Einführungsgesetz nicht bei dem Strafprozeßgesetz sich befindet, ist für die erste Anwendung des neuen Gesetzes öfters störend. Kleine Ausgaben (Sammlungen) der neuen Gesetze, wie z. B. die Taschenausgabe der Gesetze, vom Jahr 1845, würden sich sehr empfehlen. Nur müßte der Preis billiger gestellt sein, als der für eine angekündigte neue Ausgabe des Strafgesetzbuches sowie sonst öfter für bloße Sammelwerke gestellte Preis.

hof, und zwar gemäß §. 198 ff. der neuen Str.Pr.O. an die dortige Raths- und Anklagekammer, welche nun fand, daß das in der Schlußbestimmung des §. 207 der Str.Pr.O. im neuen Verfahren verlangte Verzeichniß der Beweismittel fehlte und deßhalb unter Bezug auf die Artikel V. und VIII. des Einführungsgesetzes zur Vervollständigung die nachträgliche Beifügung eines solchen Verzeichnisses von der Staatsanwaltschaft verlangte.

Hiegegen ergriff die Letztere gemäß §. 412 der Str.-Pr.O. das Rechtsmittel der Beschwerdeführung an das großh. Oberhofgericht, indem sie in der Vervollständigungsverfügung ein ungesetzliches Verfahren (in zwei Fällen) und (in allen Fällen) eine ungerechtfertigte Verzögerung der Erledigung des früher gestellten Antrags, sowie zugleich eine Verletzung in Ausübung ihrer Rechte und Pflichten erblickte.

Zu näherer Begründung der Beschwerde wurde vorzüglich geltend gemacht:

Die Vorschrift des Schlußsatzes des §. 207 der neuen Str.-Pr.O. habe im staatsanwaltlichen Antrag vom August natürlich nicht befolgt werden können, weil damals dieses Gesetz noch nicht in Wirksamkeit getreten sei; es könne sich daher nur fragen, ob bei dem Mangel der betreffenden Förmlichkeit die großh. Raths- und Anklagekammer befugt gewesen sei, von der Entschließung auf die längst beantragte Verweisung Umgang zu nehmen?

Der Art. V. des Einführungsgesetzes könne für diese Berechtigung nicht angeführt werden, weil er blos von Untersuchungshandlungen spreche, worunter nur Handlungen des Untersuchungsrichters im Laufe der Voruntersuchung zu verstehen seien, wie sich namentlich aus dem Commissionsberichte der zweiten Kammer der Landstände ergebe.*) Der Art. VIII. des Einführungsgesetzes aber habe keinen andern Zweck, als den, den neuen Gerichten die Aburtheilung der am 1. Oktober 1864 noch nicht durch ein beschlossenes Urtheil ersten Rechtszugs erledigten Strafsachen nach den Vorschriften der Strafprozeßordnung zu übertragen.**) Daß die Aburtheilung auch ohne Vorlage des fraglichen Verzeichnisses erfolgen könne und müsse, ergebe sich schon aus §. 210 Abs. 2 der Str.-Pr.-O., denn die Raths- und Anklagekammer müsse, wenn sie es für geboten erachte, einen Verweisungsbeschluß auch in dem Falle erlassen, wenn gar kein Verweisungsantrag, vielmehr der Antrag auf Einstellung des Verfahrens gestellt sei.

Bei allen Strafsachen, die schon unter der Herrschaft des alten Verfahrens eingeleitet und unerledigt in das neue Verfahren herübergekommen seien, erscheine nach Art. VI. und VII. des Einführungsgesetzes weiter nichts nothwendig, als daß das Verfahren nicht ohne einen staatsanwaltlichen Antrag, als jetzt wesentliche Grundlage (Str.-Pr.-O. §. 2, 59, 185), fortgeführt werde; liege ein solcher Antrag schon vor, so bedürfe es selbstverständlich keines weiteren, wie im angeführten Commissionsbericht noch besonders hervorgehoben worden sei.***)

Der oberste Gerichtshof erachtete die Beschwerdeführung der Staatsanwaltschaft zwar für zulässig, aber nicht für begründet, und verwarf dieselbe hienach, obwohl er in Bezug auf die Auslegung und unmittelbare Anwendung des Art. V. des Einführungsgesetzes von der Begründung der Raths- und Anklagekammer abwich. Er ging hiebei von folgenden Erwägungen aus:

---

*) In diesem Commissionsbericht ist zu Art. IV. (jetzt Art. V.) bemerkt: „Hier ist bestimmt, daß Untersuchungshandlungen, welche nach der Einführung der Str.P.O. in bereits anhängigen Untersuchungen vorgenommen werden, nach dem neuen Gesetze einzurichten und zu beurtheilen sind, und ist ferner verordnet, daß frühere Untersuchungshandlungen auch dann gültig sind, wenn sie den Vorschriften des neuen Gesetzes genügen. — Diese letztere Vorschrift beruht darauf, daß durch die neue Str.P.O. die Untersuchungsführung sehr vereinfacht und erleichtert und die Voruntersuchung auf dasjenige beschränkt ist, was sie künftig sein soll, nämlich die Vorbereitung zur Hauptverhandlung. (Es folgen hier einige Beispiele der Vereinfachung und Erleichterung, woran sich das weitere Bemerken reiht:) Wenn in einer bereits anhängigen Untersuchung derartige Vorgänge oder Unterlassungen vorkommen, so ist die Untersuchung dennoch genügend, indem sie den Absichten des Gesetzes entspricht."

**) Hiezu ist der Commissionsbericht der ersten Kammer zu Art. VII. (jetzt VIII.) des Einführungsgesetzes und Amann, die Gerichtsverfassung und Strafprozeßordnung S. 48 zu vergleichen.

***) Commissionsbericht der zweiten Kammer zu Art. VI. (jetzt VII.) des Einführungsgesetzes und Amann, an dem in der vorigen Note angeführten Orte.

Die betreffenden Ausführungen beziehen sich jedoch nur darauf, wie in den am 1. Oktober 1864 schon eingeleiteten Untersuchungen die Anwendung des neuen, vom früheren Recht abweichenden Systems wegen Verfolgung der Vergehen auf Privatanklage, beziehungsweise auf Antrag der Staatsanwaltschaft zu geschehen hat. Ist der erforderliche Antrag auf gerichtliche Verfolgung schon vorher gestellt gewesen, wie in Preßsachen, in Steuer- oder Forstsachen, so bedarf es natürlich nicht eines nochmaligen Antrags.

In Erwägung, daß die großh. Staatsanwaltschaft[6]) gegen die Verfügung der Raths- und Anklagekammer des großh. Kreis- und Hofgerichts Offenburg vom . . Okt. d. J., womit der Verweisungsantrag wegen Mangels des Verzeichnisses der Beweismittel zur Vervollständigung zurückgegeben wurde[7]), Beschwerde erhoben hat;

in Erwägung, daß hier zwar kein Fall vorliegt, in welchem das Rechtsmittel der Beschwerdeführung durch das Gesetz besonders gestattet ist (vergl. §. 205. 206 und besonders §. 212 der Str.Pr.O.), daß aber die vorliegende Beschwerdeführung der großh. Staatsanwaltschaft gegen die genannte Verfügung nach den allgemeinen Bestimmungen des §. 412 der Str.-Pr.-O. an sich zulässig ist, insofern dieselbe das Dasein (eines ungesetzlichen Verfahrens), einer Verzögerung der Erledigung gestellter Anträge und zugleich eine Verletzung in Ausübung der staatsanwaltlichen Rechte und Pflichten behauptet;

in Erwägung dagegen, daß, abgesehen von der Frage, inwieweit hier überhaupt (von einem ungesetzlichen Verfahren), von einer wesentlichen Verzögerung[8]), beziehungsw. einer Verletzung in Ausübung der erwähnten Rechte und Pflichten die Rede sein könnte, die Beschwerde jedenfalls nicht begründet erscheint, weil die Auffassung der Raths- und Anklagekammer, wenngleich die Vorschrift des Einführungsgesetzes in Art. V. Absatz 2 hier nicht unmittelbar Anwendung findet und entscheidet[9]), dem in den Artikeln V. und VIII. des Einführungsgesetzes angenommenen Systeme[10]) entspricht, nach welchem für einen Fall, wie der vorliegende, die Vorschriften der neuen Str.Pr.O., somit auch des §. 207, anzuwenden sind, wie dieß auch aus der Begründung zum Gesetzesentwurf Art. III. ff. und aus allgemeinen Gründen der Zweckmäßigkeit, mit Rücksicht auf eine den jetzigen Vorschriften des Strafprozesses anzupassende Ordnung des Verfahrens, sich ergibt;

in Betracht, daß bei der allgemeinen Fassung des letzten Absatzes des §. 207 der Str.Pr.O. nichts darauf ankommt, ob diese Vorschrift mit besonderer Rücksicht auf kreisgerichtliche Sachen (§. 219) gegeben erscheint, daß übrigens auch wegen der Bestimmung des §. 210, wonach die Raths- und Anklagekammer die Verweisung an die Strafkammer des Kreisgerichts aussprechen kann, ohne an die Anträge des Staatsanwaltes gebunden zu sein, die Befolgung der fraglichen Vorschrift in keinem Falle ohne alle Bedeutung ist[11]),

wird die Beschwerde u. s. w. als unbegründet verworfen.

2.

In Bezug auf die Frage der Rechtsmittel in Strafsachen, worin das Urtheil am 1. Okt. 1864 bereits beschlossen war, sind die Art. IX. und X. des Einführungsgesetzes zur Strafprozeßordnung maßgebend. Der Gesetzgeber ging hiebei aus Gründen der Billigkeit und praktischen Zweckmäßigkeit von einem etwas abweichenden System[12]) aus:

Nach Art. IX. ist der Rekurs gegen solche Urtheile nach den bisherigen Gesetzen zu behandeln. An die

---

[6]) Nach dem jetzigen Rechte gibt es Oberstaatsanwälte und Staatsanwälte von verschiedenem Range; es empfiehlt sich deßhalb die allgemeine, für Alle passende Bezeichnung Staatsanwaltschaft, welche auch das Gesetz gebraucht. Vergl. z. B. Str.-P.O. §. 8 Tit. IV., §. 30 ff., Einführungsgesetz Art. VII. Nicht zu empfehlen ist, weil zu unbestimmt, der Ausdruck Staatsbehörde, der in der Gerichtsverfassung §. 3 in einem allgemeineren Sinne gebraucht ist, am allerwenigsten der unserer Rechtsbildung und unseren Rechtsanschauungen ganz fremde Ausdruck „öffentliches Ministerium," der ohnehin kein glücklicher ist.

[7]) Die Zurückgabe des Antrags erschien wohl nicht nothwendig. Eine einfache Aufforderung hätte auch genügt.

[8]) Durch nachträgliche Beifügung des Verzeichnisses konnte jede erhebliche Verzögerung in jedem Falle leicht vermieden werden.

[9]) Art. V. geht zunächst auf Untersuchungshandlungen im engeren Sinne, und dessen zweiter Absatz bezweckt, die nöthige Ergänzung oder Beseitigung solcher Lücken und Mängel, die das neue Strafprozeßgesetz nicht mehr als solche anerkennt, in Bezug auf früher vorgenommene Untersuchungsvorgänge abzuschneiden. Vergl. Art. 3 oben. Das System des Einführungsgesetzes im Allgemeinen läßt sich aber mittelbar auch aus diesem Artikel entnehmen.

[10]) Nach Art. IV. findet die neue Strafprozeßordnung auch bezüglich der Untersuchung und Aburtheilung der schon vor dem 1. October 1864 begangenen Verbrechen Anwendung. In welcher Weise und in welchem Maße dieses geschehen soll, ist in Art. V bis X. näher bestimmt. Insbesondere aber ist aus Art. VIII. zu entnehmen, wie es bei der Aburtheilung derjenigen Sachen, in denen noch kein Urtheil erster Instanz beschlossen war, zu halten ist: sie sollen nach der neuen Strafprozeßordnung erledigt werden — nach Maßgabe des Grundsatzes, welchem auch die Bestimmung des Art. V. entflossen ist. Vergl. Art. IV. (Art. 3 des Entwurfs) und die Bemerkung im Commissionsbericht der zweiten Kammer zu diesem Artikel.

[11]) Dieser weitere Entscheidungsgrund wurde in der dritten Beschwerdesache der besonderen Ausführung der Staatsanwaltschaft wegen beigefügt.

[12]) Vergl. die Begründung der Regierung zum Art. VIII. (jetzt IX.) des Einführungsgesetzes und besonders den Commissionsbericht der ersten Kammer zu Art. VII. und VIII., sowie auch IX.

Stelle der Hofgerichte als Rekursgerichte treten die Strafkammern der Kreisgerichte. Die Frage der Zulässigkeit, die Verhandlung und die Entscheidung richtet sich somit nach der bisherigen (früheren) Strafprozeßgesetzgebung.

Dagegen findet nach Art. X. die Nichtigkeitsbeschwerde und die Wiederaufnahme des Verfahrens in Bezug auf solche Urtheile zwar auch nur nach Maßgabe der bisherigen Gesetzgebung Statt, die Verhandlung aber richtet sich hier nach der neuen Strafprozeßordnung, Tit. 25, beziehungsweise Tit. 27, wenn nicht das Rechtsmittel am 1. October schon anhängig [13]) war. Die Frage der Zulässigkeit des Rechtsmittels der Nichtigkeitsbeschwerde sowie der Wiederaufnahme ist somit nach der alten Gesetzgebung zu beurtheilen, mag das Rechtsmittel schon anhängig gewesen sein oder nicht.

Von Seiten eines Anwaltes wurde in einem jüngst vorgekommenen Fall das Gesetz mißverständlich dahin aufgefaßt, als sei der Rekurs an das Oberhofgericht in einer bezüglichen Sache nunmehr in der Form einer Nichtigkeitsbeschwerde geltend zu machen.

Dies ist offenbar nicht der Sinn des Gesetzes, wie sich nach Obigem, schon aus den Worten des Art. X. in Vergleichung mit denen des Art. IX. ergibt. Es ist unter der Nichtigkeitsbeschwerde des Art. X. nur die Nichtigkeitsbeschwerde gegen schwurgerichtliche Erkenntnisse (§. 115—117 des Gesetzes vom 5. Februar 1851), sowie etwa diejenige Nichtigkeitsbeschwerde zu verstehen, welche außerordentlicher Weise nach Maßgabe des §. 2 des Rekursgesetzes vom 3. April 1837 noch in Frage kommen kann, sofern man dessen bezüglichen Vorbehalt nicht durch §. 110 des Gesetzes vom 5. Februar 1851 als völlig beseitigt ansehen will.

In der Begründung der Regierung zum Entwurf des Einführungsgesetzes zur Str.Pr.O. Art. IX. (jetzt X.) ist folgendes bemerkt:

„Die Rechtsmittel der Nichtigkeitsbeschwerde und der Wiederaufnahme des Verfahrens bestehen schon nach dem gegenwärtigen Rechte, finden aber nach dem neuen Gesetze in viel weiterem Umfange Statt. Es versteht sich, daß in Bezug auf bereits abgeurtheilte Sachen diese Rechtsmittel nur dann Statt finden können, wenn die materiellen Voraussetzungen des alten Gesetzes vorliegen. Dagegen kann die Verhandlung und Erledigung füglich in den Formen des neuen Gesetzes geschehen, sofern nicht das Rechtsmittel bereits bei dem entscheidenden Gericht anhängig ist."

Hienach kann um so weniger ein Zweifel über den richtigen Sinn jenes Art. X. aufkommen.

In Bezug auf die Wiederaufnahme des Verfahrens insbesondere ist übrigens zu bemerken:

Wenn eine Wiederaufnahme des Verfahrens in einer schon früher anhängigen Sache auch gemäß Art. X. Abs. 2 nicht nur nach Maßgabe der bisherigen Gesetzgebung, sondern auch nach den Formen der bisherigen Gesetzgebung zugelassen wird, so ist gleichwohl die neue Verhandlung gemäß Art. IV. nach den Vorschriften der neuen Strafprozeßordnung vorzunehmen. [14])

C. Brauer.

110.

Statthaftigkeit der Hauptintervention, §. 98 der PrO.

Welcher von zwei Käufern hat das Vorrecht wenn ein Waldbesitzer zuerst dem einen Käufer das stehende Holz seines Waldes, das eine bestimmte Dicke hat, zur Abholzung verkauft hat, und später noch vor dem Vollzug dieses Vertrages dem andern Käufer denselben Wald sowohl Grund und

[13]) Wär das Rechtsmittel schon anhängig, so ist es nach den Formen der bisherigen Gesetzgebung zu erledigen.

Ist aber bezüglich der Anhängigkeit die Anzeige (die Wahl des Rechtsmittels) oder die Ausführung (die Aufstellung der Beschwerden) entscheidend? Hierüber läßt sich ebenso wie über die ähnliche Vorschrift des Art. II. der Schlußbestimmungen der bürgerlichen Prozeßordnung in ihrer Anwendung auf die höhere Instanz streiten. In Bezug auf die bürgerliche Prozeßordnung zeigten sich die Meinungen bei dem Oberhofgericht in diesem Punkt sehr getheilt. Mir scheint das Natürliche und der Absicht des Gesetzes Entsprechende, daß das gewählte Rechtsmittel — entscheidet. Vergl. den Art. 2 des Einführungsgesetzes zur bürgerlichen Prozeßordnung vom Jahr 1831.

[14]) Ausdrücklich hervorgehoben im Commissionsbericht der zweiten Kammer. Die Vorschrift des §. 147 des Gesetzes vom 5. Februar 1851, wonach auch die Aburtheilung nach zugelassener Wiederaufnahme des Verfahrens sich nach der bisherigen Verfahrungsart richtet, ist nicht in das neue Gesetz aufgenommen worden. — Mit der Zulassung der Wiederaufnahme des Verfahrens ist aber das Gesuch um Wiederaufnahme erledigt, es folgt eine neue Verhandlung, ein neues Verfahren, auf welches das neue Gesetz jedenfalls Anwendung findet.

Boden als auch das stehende Holz verkauft, und der letztere Käufer sofort den Eintrag des Kaufes zum Grundbuch bewirkt, L.R.S. 521. 1583 a. 1141. 1071?

Die Bewilligung einer unter die §§. 89 u. 90 ff. des Gesetzes vom 27. April 1854 (Reggsbl. No. 23) fallenden Art des Holzhiebes von Seiten des Waldeigenthümers, ohne die dort gegebenen Vorschriften zu beobachten, macht jene Bewilligung noch nicht zu einem nach den L.R.S.S. 1131 u. 1133 auch civilrechtlich ungiltigen Rechtsgeschäfte.

Verhältniß zwischen dem Prozeß über die Hauptinterventionsklage und dem Urstreit, §. 99 der Pr.O.

In Sachen
des Holzhändlers J. Schöpperle zu Freiburg
gegen
J. Zimmermann von Horben
Vertragserfüllung betr.,
und in Sachen
der Gemeinde Horben, Hauptintervenientin
gegen
J. Schöpperle und J. Zimmermann, Hauptinterventen
Waldeigenthum betr.

In der Klage vom 7. Mai 1862 hatte der Holzhändler Joh. Schöpperle von Freiburg vorgetragen, der Hofbauer Joseph Zimmermann von Horben habe ihm laut Vertrag vom 9. März 1862 alles Holz in seinem Privatwald, dem sog. Stutzwald, welches in einer bestimmten Höhe über dem Boden eine gewisse Dicke habe, um einen bestimmten Kaufpreis zur Abholzung überlassen, und hatte das Begehren gestellt, den Beklagten für schuldig zu erkennen, den Vertrag vom 9. März 1862 zu halten, und dem Kläger das in der Klage bezeichnete Holz gegen Empfangnahme des Kaufpreises binnen 14 Tagen bei Zwangsvermeidung zur Abholzung zu übergeben.

Nachdem die Verhandlungen hierüber eingeleitet waren, trat aber nun die Gemeinde Horben unterm 25. Juni 1862 bei demselben Gerichte (dem großh. Landamtsgerichte Freiburg) mit einer Hauptinterventionsklage dahin auf, daß der Hofbauer Joseph Zimmermann Beklagter im ursprünglichen Prozeß, ihr seinen sog. Stutzwald, Boden sammt dem darauf stehenden Holze durch Vertrag vom 29. April 1862 verkauft habe, und daß dieser Kauf auch bereits im Grundbuche der Gemeinde Horben eingetragen worden sei, daher die Gemeinde mit ihrem Anspruch auf das fragliche Holz dem J. Schöpperle vorgehe, obschon sein Vertrag mit dem gemeinschaftlichen Verkäufer J. Zimmermann früher geschehen sei. — Sie stellte das Begehren:

a) daß Joseph Zimmermann von Horben für schuldig erkannt werde, den mit ihr unterm 29. April 1862 abgeschlossenen Waldverkauf zu halten; und
b) daß Holzhändler Johann Schöpperle für schuldig erkannt werde, die Rechtsgiltigkeit des durch den Kauf vom 29. April 1862 der Gemeinde Horben erworbenen Eigenthums anzuerkennen, und deßhalb von seinen Ansprüchen auf das in dem sog. Stutzwalde, Gemarkung Horben, stehende Holz abzustehen.

Es wurde nun über diese Interventionsklage unter einstweiligem Beruhenlassen des ursprünglichen Rechtsstreites verhandelt; später auch dieser ursprüngliche Rechtsstreit wieder mit in die Verhandlungen aufgenommen. Joseph Zimmermann erkannte den Anspruch der intervenirenden Gemeinde auf jenen Wald sammt Holz an, während der Holzhändler Schöpperle den Anspruch der Intervenientin bestritt. In dem ursprünglichen Rechtsstreit setzte Joseph Zimmermann dem dortigen Kläger Schöpperle auch die Einrede entgegen, daß der von Letzterem angenommene Holzkauf vom 9. März 1862 als Verabredung einer Art von Kahlhieb von der großh. Forstbehörde nicht gestattet worden, und als den Bestimmungen der §§. 89 ff. des Gesetzes vom 27. April 1854 (Reggsbl. No. 23) zuwiderlaufend auf unerlaubter Vertragsursache beruhe und ungiltig sei. Nachdem über die faktischen Momente der letzteren Einrede Beweise erhoben waren, und in der Interventionssache nachgewiesen war, daß der zwischen Zimmermann und der Gemeinde Horben am 29. April 1862 abgeschlossene Waldkauf auch im Grundbuche eingetragen worden war, erging das unterrichterliche Urtheil vom 30. Oktober 1862 dahin, daß:

1) hinsichtlich des Hauptstreites, der deßfalsige Kläger, Schöpperle, mit seiner Klage gegen Zimmermann auf Haltung des Verkaufes vom 9. März 1862 und auf Uebergabe des Holzes abgewiesen; und

2) hinsichtlich der Hauptintervention nach den obenbemerkten Anträgen der Intervenientin erkannt wurde.

Das großh. Hofgericht des Oberrheinkreises bestätigte unterm 11. März 1863 No. 1293 dieses Urtheil.

Beide Instanzen gingen davon aus, daß die intervenirende Gemeinde, obwohl ihr Kauf später, als der des Johann Schöpperle erfolgt war, für das mit dem Waldboden noch verbundene Holz durch ihr Zuvorkommen mit dem Eintrag des Kaufes zum Grundbuch das Vorrecht vor J. Schöpperle erlangt habe, L.R.S. 521. 1583a II. Einf.Ed. §. 25, Bekk, dingl. Rechte S. 62—68; während es dabei nicht von Einfluß sei, wenn die Gemeinde Kenntniß von dem früheren Verkaufe des Holzes von Seiten des Zimmermann an Schöpperle Kenntniß gehabt habe, indem die deßfallsige bei Verkäufen von Fahrnissen eintretende Bestimmung des L.R.S. 1141, für vorliegenden Fall, der zugleich Liegenschaftsverkauf sei, nach Analogie des L.R.S. 1071 nicht gelte. Mit diesem hinsichtlich der Interventionsklage ergangenen Urtheile, wodurch der Gemeinde Horben das Eigenthum des fraglichen Holzes zuerkannt werde, sei aber dann das in dem ursprünglichen Streite von Schöpperle gestellte Begehren auf Uebergabe dieses Holzes nicht mehr vereinbarlich, und könnte höchstens eine Entschädigungsklage gegen den Verkäufer Zimmermann vorbehalten bleiben. Zudem verstoße aber der von Zimmermann mit Schöpperle abgeschlossene Holzverkauf gegen das angerufene Gesetz vom 27. April 1854, und sei als auf unerlaubter Vertragsursache beruhend ungiltig. L.R.S. 1131 und 1133.

Das sohin auf die Oberappellation des J. Schöpperle ergangene oberhofgerichtliche Urtheil vom 1. Juni 1864 enthält zwar seiner Fassung nach eine Bestätigung des hofgerichtlichen Urtheils; allein nach seiner Begründung beruht dasselbe auf einer wesentlich von den Vorderinstanzen abweichenden Auffassung des Urstreites, sowie auch des Einflusses der Interventionsklage auf den Urstreit, worüber unten noch in einer Bemerkung Einiges beigefügt werden soll.

Die Entscheidungsgründe des oberhofgerichtlichen Urtheils, soweit sie hierher gehören, lauten:

„Was die Sache selbst, und zwar in erster Reihe die Hauptintervention der Gemeinde Horben anbelangt, deren Entscheidung für den Hauptstreit präjudiciell ist: so erscheint das hofgerichtliche Urtheil, welches der Hauptinterventionsklage entsprochen hat, gerechtfertigt. Es wird sowohl hinsichtlich der prozessualischen Statthaftigkeit dieser Intervention nach §. 98 d. Pr.O., als hinsichtlich der Begründung des von der Gemeinde Horben beanspruchten Rechts auf das fragliche stehende Holz und ihres Vorranges vor dem ersten Käufer des Holzes — Kläger J. Schöpperle — auf die deßfallsigen Ausführungen in den hofgerichtlichen Entscheidungsgründen Bezug genommen. Wegen der Nichtanwendbarkeit des L.R.S. 1141 und insbesondere der Schlußbestimmung desselben auf den vorliegenden Fall, ist, wie schon vom großh. Hofgericht angedeutet wurde, hervorzuheben, daß der Verkauf des stehenden Holzes zwar unter den Contrahenten im Hinblicke auf die beabsichtigte Fällung desselben als Verkauf einer beweglichen Sache zu betrachten war, dasselbe dagegen Dritten gegenüber, so lange es noch mit dem Waldboden verbunden ist, gemäß L.R.S. 521 als unbewegliche Zubehörde des Bodens zugleich mit demselben von dem Dritten erworben wurde, und dessen Eigenthum nach erwirktem Eintrag zum Grundbuch gegen den früheren Käufer J. Schöpperle mit Erfolg geltend gemacht werden kann. Diese Entscheidung zu Gunsten der Hauptintervenientin, Gemeinde Horben, stellt sich aber nun dem Klagbegehren entgegen, welches in dem Hauptstreit von dem Kläger J. Schöpperle gegen den Beklagten J. Zimmermann erhoben worden ist. Dasselbe Holz, dessen Eigenthum in rechtsgültiger Weise auf die Gemeinde Horben übergegangen ist, bildet den Gegenstand des vom Kläger angerufenen Kaufvertrags vom 9. März 1862 und nun den Gegenstand jener Klage. Indem aber Kläger verlangt, daß der Beklagte J. Zimmermann für schuldig erklärt werde, jenen Vertrag zu halten, und ihm das dort bezeichnete Holz zur Abholzung bei Zwangsvermeidung zu übergeben; geht der Kläger von der Unterstellung aus, daß das Holz sich noch unter der Disposition des Beklagten befinde, also durch ein gegen den Letzteren gerichtetes Zwangsverfahren ihm die vertragsmäßige Abholzung des Waldes gesichert werden könne.

(Schluß folgt.)

Redacteur Oberhofgerichtsrath Stempf. Verlag von J. Bensheimer in Mannheim. Druck von G. Schmelzer in Mannheim.

Annalen der Großherzogl. Badischen Gerichte.

1864. Band XXX. No. 34.

(Schluß von Art. 110.)

Da nun aber bei der inzwischen eingetretenen vorzüglicheren Berechtigung der Gemeinde Horben auf fraglichen Wald und auf das darauf stehende Holz jene Unterstellung irrig, und ein gegen den Beklagten hierauf gerichtetes Vollstreckungsverfahren weder factisch noch rechtlich weiter möglich ist: so mußte Kläger mit der erhobenen Klage, insofern solche gerade auf Uebergabe jenes Holzes gerichtet ist, abgewiesen werden.

Dagegen wurde die Klage des J. Schöpperle von den beiden vordern Instanzen mit Unrecht aus dem Grunde für verwerflich erachtet, weil der Vertrag vom 9. März 1862, auf welchen sie gebaut werde, nach L.R.S.S. 1131 und 1133 ungiltig sei.

Dieser Vertrag über die von Seite des Beklagten als Waldbesitzers zugesagte Ueberlassung eines näher bezeichneten Quantums zu fällenden Holzes aus seinem Walde an den Kläger gegen Zahlung eines bestimmten Preises, stellt sich nach den landrechtlichen Bestimmungen als giltig dar; es ist insbesondere nicht gegründet, wenn die Vorderinstanzen wegen des Umstandes, daß nach dem Vertrag der Holzhieb einen überwiegenden Theil des gesammten Holzbestandes des fraglichen Waldes umfassen sollte, den Vertrag auf Grund des Gesetzes vom 27. April 1854, §§. 89. 90 ff. (Reggsbl. Nr. 23) als auf unerlaubter Ursache beruhend, oder als der Staatsordnung zuwiderlaufend behandeln wollen. Auch nach diesem Gesetze, §. 87, und nach §. 1 der Vollz.Verordg. dazu vom 30. Januar 1855 (Reggsbl. Nr. 7) steht nämlich im Allgemeinen dem Privatwaldbesitzer, insbesondere so lange er nicht, wie hier nicht der Fall ist, unter sogenannte Beförstung — §. 90 und 90 b. des Gesetzes gestellt wird, die freie Bewirthschaftung und Benutzung seiner Waldungen zu. Auch ein Kahlhieb oder diesem gleichgestellter Holzhieb ist nach §. 89 des erwähnten Gesetzes für den Privatwaldbesitzer nicht durchaus unzulässig, sondern bei geeigneter Beschaffenheit der örtlichen Verhältnisse gestattet, und wenn ihm auch die vorgängige Einholung der Erlaubniß der Forstbehörde zur Auflage gemacht ist, so bewirkt die Umgehung dieser Vorschrift nur die Verfällung des Waldbesitzers in Strafe und forstpolizeiliche Strafmaßregeln — §§. 90 und 90 b. des Ges. — aber gemäß L.R.S. 6 l. keine Nichtigkeit des Geschäfts.

Nachdem nun der Beklagte Zimmermann das fragliche Holz unbedingt zugesagt hat, ohne die Giltigkeit seiner Zusage von der Ertheilung der forstpolizeilichen Erlaubniß abhängig zu machen, so war es nach L.R.S. 1135 auch seine Sache, alle erforderlichen Einleitungen zu treffen, um die forstpolizeiliche Erlaubniß zu erwirken: im Falle er dies rechtzeitig unterließ und in Folge hievon und des inmittelst veranstalteten Verkaufs des Waldes der Vertrag sich jetzt als unvollziehbar erweist, kann derselbe immerhin noch in Beziehung auf eine Entschädigungspflicht des Beklagten Wirksamkeit äußern. Der Beklagte hat aber nicht einmal um die forstpolizeiliche Erlaubniß zu dem fraglichen Holzhiebe in gehöriger Weise nachgesucht, indem das von ihm wegen Ausstockung (Ausrodung) des Waldes gestellte Gesuch nicht hierher bezogen werden kann, und ohnehin von ihm unterm 7. April 1862 wieder zurückgenommen wurde; — die blos mündliche unbestimmte Aeußerung, wie sie der gr. Bezirksförster inhaltlich seines im gegenwärtigen Rechtsstreite abgelegten Zeugnisses an den Waldbesitzer Zimmermann gemacht haben will, aber um so weniger als eine förmliche amtliche Entscheidung im Sinne des §. 89 des erwähnten Gesetzes und des §. 5 d. Vollz.Verordg. vom 30. Januar 1855 gelten kann, als dem Waldbesitzer gegen einen abschlägigen Bescheid der Rekurs an die höhere Behörde zustand (§. 8 des Forstgesetzes vom 15. November 1833 und landesherrliche Verordnung dazu vom 1. Mai 1834, Nr. 18), und Beklagter zur Ergreifung eines solchen behufs der Aufrechthaltung des abgeschlossenen Vertrages verpflichtet gewesen wäre.

Wenn man daher auch davon ausgeht, es sei bei dem Vertrage vom 9. März 1862 von den Contrahenten als stillschweigende Bedingung angesehen worden, daß die forstpolizeiliche Erlaubniß zu dem Holzhiebe erfolgen müsse, so hat doch der Beklagte selbst das Eintreten dieser Bedingung unmöglich gemacht und muß sich gefallen lassen, daß die Bedingung dem Kläger gegenüber als erfüllt betrachtet würde. L.R.S. 1178.

Endlich bedarf es keiner weiteren Ausführung, daß das Recht des Klägers aus dem Vertrage nicht dadurch beseitigt worden konnte, daß der Beklagte unter Verletzung seiner Vertragspflicht — L.R.S.S. 1136 1603 u. 1614 — das bereits dem Kläger veräußerte Holz an die Gemeinde Horben zugleich mit dem Waldboden, worauf es stand, weiter verkauft hat. Es hat dieser Umstand vielmehr, wie schon oben ausgeführt wurde, nur den Einfluß, daß der Kläger jetzt nicht mehr verlangen kann, daß im Wege eines gegen den Beklagten zu richtenden Zwangsverfahrens das fragliche Holz dem Kläger zur Verfügung gestellt werde. Allein indem dieses Begehren des Klägers abgewiesen wird, so bleiben dadurch alle anderen Rechte aus dem fraglichen Vertrage unberührt, und es ist insbesondere eine Entschädigungsklage von Seiten des Klägers, wenn er damit auszureichen vermeint, nicht ausgeschlossen."

Anmerkung.

Das großh. Oberhofgericht hat nach diesen seinen Entscheidungsgründen bezüglich des Urstreites den Holzverkauf vom 9. März 1862 von Seiten des J. Zimmermann an J. Schöpperle als rechtsgültig und den dortigen Beklagten Zimmermann für verbunden betrachtet, den Vertrag zu halten und zu erfüllen. Wenn nun auch die eine Art, den Vertrag zum Vollzug zu bringen, nämlich die unmittelbare zwangsweise Wegnahme oder Ausfolgung des Holzes weggefallen ist, indem nach dem Ausgange der Interventionsklage das Holz nicht mehr als im Besitz und Eigenthum des J. Zimmermann, des dort Beklagten, sondern als im Besitz und Eigenthum der Intervenientin befindlich erscheint: so dürfte dies doch kein genügender Grund sein, die angestellte ursprüngliche Klage des J. Schöpperle gegenüber dem J. Zimmermann schlechthin abzuweisen, und dem J. Schöpperle nur vorzubehalten, durch eine etwaige neue Klage jenen Vertrag vom 9. März 1862 in den übrigen Beziehungen, in welchen er nach den Entscheidungsgründen noch als fortan wirksam erklärt wird, geltend zu machen. Der Kläger Schöpperle ist zu dem Verlangen, daß die Rechtsgültigkeit jenes Vertrages und die dem Beklagten Zimmermann als persönliche Verbindlichkeit obliegende Verpflichtung der Vertragserfüllung — im Urtheil ausgesprochen werde, um so mehr berechtigt, als dieser Urstreit zwischen ihm und Zimmermann immerhin neben dem Prozeß über die Interventionsklage — ein eigener Rechtsstreit blieb,

man vrgl. auch J. Schmid, Handb. d. g. d. Civilproz. Bd. I. §. 61 S. 152 u. §. 63 S. 157, und

Gensler, im Arch. für civ. Praxis Bd. 4 Heft 2 No. XIV. und oberhofgerichtl. Jahrb. n. F. II. S. 421–422,

und in demselben der beklagte Verkäufer Zimmermann der Vertragsklage des Käufers Schöpperle nicht entgegenhalten konnte, daß er, der Verkäufer, mit Verletzung seiner Vertragspflicht, L.R.S. 1603 Ziff. 1 und 1614, das verkaufte Objekt weiter an einen Dritten veräußert und übergeben habe (exceptio de jure tertii), und daher der Urstreit, wenn man diesen für sich betrachtet, zu Gunsten des Klägers Schöpperle zu entscheiden war, was namentlich auch auf den Kostenpunkt Einfluß hatte.

Erst die erhobene Interventionsklage der Gemeinde Horben und das derselben entsprechende Urtheil hatte für den Urstreit die Folge, daß nun demjenigen Theil des dortigen Klagbegehrens des J. Schöpperle, welcher auf die zwangsweise Verabfolgung des fraglichen Holzes gerichtet war, gegenüber der Intervenientin, in deren Hand inzwischen das fragliche Holz gekommen war, die Wirksamkeit abgesprochen werden mußte.

Es würde daher der in den Entscheidungsgründen enthaltenen Intention des hohen Gerichtshofes mehr entsprochen haben, wenn, wie auch von einer Seite vorgeschlagen worden war, dahin erkannt worden wäre, und zwar:

1) bezüglich des Urstreites, daß der Beklagte J. Zimmermann dem Kläger Schöpperle gegenüber schuldig sei, den Vertrag vom 9. März 1862 zu halten und binnen bestimmter Frist zu erfüllen;
2) bezüglich der Interventionsklage, daß J. Zimmermann schuldig sei, den unterm 29. April 1862 mit der Intervenientin, Gemeinde Horben, abgeschlossenen Waldverkauf zu halten, und J. Schöpperle schuldig sei, die Rechtsgiltigkeit dieses Kaufes und des Eigenthums jener Gemeinde an dem fraglichen Holze in dem sog. Stutzwalde anzuerkennen; und daß er demgemäß nicht berechtigt sei, auf Grund seines mit J. Zimmermann abgeschlossenen Vertrages vom 9. März 1862 die

Ausfolgung des darin begriffenen Holzes des Stutzwaldes von der Intervenientin zu verlangen; bei 1 und 2 unter entsprechender Entscheidung über den Kostenpunkt.

Zu bemerken ist noch, daß anfangs ein Theil des Gerichtshofs geneigt war, in dem Urstreit schlechthin zu Gunsten des dortigen Klägers J. Schöpperle zu erkennen, und die Hauptinterventionsklage gegenüber demselben als unstatthaft zurückzuweisen, indem der Gemeinde Horben durch jenes blos ein persönliches Vertragsverhältniß zwischen Schöpperle und Zimmermann entscheidende, und noch nicht über das Eigenthum an dem Holze selbst erkennende Urtheil der Gemeinde Horben nicht benommen würde, noch in dem Vollstreckungsverfahren nach §. 1039 ff. der Pr.O. ihr Recht durch Einsprache zu wahren. Es wurde aber entgegengehalten, daß das gleiche Interesse, wie es der §. 1039 der Pr.O. im Vollstreckungsverfahren voraussetze, hier für die Gemeinde schon während des Prozesses bestehe, da schon in der Klage das Holz, welches nach Behauptung der Intervenientin inzwischen in ihr Eigenthum übergegangen sein soll, für den Kläger Schöpperle in Anspruch genommen werde, und also das Streitobjekt und das voraussichtliche Executionsobjekt zusammenfallen. Es wurde daher schließlich der Fall des §. 98 der Pr.O. als vorhanden angenommen.

Betzinger.

111.

Zur Lehre über die Gerichtsbarkeit der Amtsgerichte und der Kreisgerichte (Collegialgerichte) als Gerichte erster Instanz in bürgerlichen Rechtsachen.

I.

Zu den §§. 13 und 23 der Gerichtsverfassung, 46—52 und 261 der bürgerlichen Prozeßordnung.

Wenn man zunächst nur die Bestimmungen des §. 13 der Gerichtsverfassung, und §. 46—52 der Pr.O. ins Auge faßt, so ist wohl nicht zu bezweifeln, daß hiernach der Amtsrichter nicht verbunden ist, einen Rechtsstreit von mehr als 200 fl. anzunehmen, da die Prorogation nicht nur die Einwilligung der Parteien, sondern außerdem noch voraussetzt, daß das angegangene Gericht die Annahme der Sache nicht verweigert, (§. 46 der Pr.O.) und da dieser für die gewöhnliche Prorogation aufgestellte Grundsatz nach §. 52 der Pr.O. auch dann gelten soll, wenn dem angerufenen Gericht die durch den Streitwerth bedingte Zuständigkeit mangelt.

Es ist einleuchtend, daß hieran durch §. 13 der Gerichtsverfassung nichts geändert worden ist, da er bezüglich der einzelnen Erfordernisse der Prorogation keine Bestimmungen trifft, sondern stillschweigend auf die schon bestehenden, gesetzlichen Vorschriften verweist. Einer genaueren Prüfung bedarf jedoch die Frage, ob §. 261 der Pr.O. an obigen Grundsätzen etwas ändert. Dieser §. schreibt zunächst vor, daß der Amtsrichter die bei ihm eingereichte Klage wegen der Größe des Streitwerthes nicht sofort nach §. 260 als hier nicht stattfindend zurückweisen, sondern eine Vergleichstagfahrt anordnen solle; für den Fall des Mißlingens eines Vergleichs fordert er den Amtsrichter auf, den Kläger an das Collegialgericht zu verweisen, wenn der Beklagte die Einlassung verweigert. Damit ist doch nur so viel gesagt, daß er die Sache annehmen *kann*, wenn der Beklagte die Einlassung nicht verweigert, aber es ist keineswegs vorgeschrieben, daß er die Sache, annehmen *müsse*, wenn der Beklagte bereit ist, sich auf die Klage einzulassen. Dies könnte man nur durch einen Schluß a contrario aus der bezeichneten Gesetzesstelle folgern, ein Schluß, der nur mit großer Vorsicht zu ziehen, und jedenfalls dann nicht statthaft ist, wenn für den Fall, wofür auf diese Weise etwas geschlossen werden soll, schon eine gesetzliche Bestimmung besteht.

Oberhofg. Jahrb. n. F. Bd. XIII. S. 367 ff.

Es wird daher auch nicht zuläßig sein, aus §. 261 eine, mit der ausdrücklichen Vorschrift des §. 46 und 52 der Pr.O. im Widerspruch stehende, Folgerung zu ziehen. *)

Auch die Entstehungsgeschichte des §. 261 scheint mir zu keinem andern Ergebniß zu führen.

Der Regierungsentwurf, §. 274 Abs. 3 lautete: „Wo die Unzuständigkeit auf den Vorschriften über den Streitwerth, beruht, ist bei den Amtsgerichten eine solche Abweisung der Klage (nämlich als hier nicht stattfindend)

---

*) Die aus §. 261 gezogene Folgerung, daß das Amtsgericht, wenn der Beklagte bereit sei, sich einzulassen, die Sache verhandeln und entscheiden *müsse*, würde nur dann mit §. 46 und 52 der Pr.O. nicht im Widerspruch stehen, wenn in der, nach §. 261 ergangenen, Ladung zum Vergleichsversuch eine Annahme der Sache enthalten wäre. Daß dies aber nicht darin gefunden werden kann, dürfte sich unzweifelhaft aus §. 57. 263 und 264 der Pr.O. ergeben und kaum einer weitern Begründung bedürfen. D. E.

nur zulässig, wenn der Beklagte die Einrede der Unzuständigkeit geltend gemacht hat," und enthielt ohne Zweifel eine theilweise Abänderung der allgemeinen (in §. 46 bis 52 der Pr.O. enthaltenen) Grundsätze über die Prorogation, weßhalb denn auch im §. 54 des Regierungsentwurfes (§. 52 des Gesetzes) die Worte eingeschaltet waren: „vorbehaltlich der Bestimmung des §. 274."

Dieser Vorbehalt, sowie der dritte Absatz des §. 274 wurden von der zweiten Kammer gestrichen und letztere Gesetzesstelle durch §. 274a des Entwurfes (§. 261 des Gesetzes) ersetzt. Der Commissionsbericht führt zur Begründung dieser Aenderung des Regierungsentwurfes im Wesentlichen folgendes an:

„Man hat einerseits gewünscht, andererseits befürchtet, daß auf diese Weise (d. h. durch stillschweigende Prorogation) ein bedeutender Theil der den Collegialgerichten zugewiesenen Rechtsstreitigkeiten doch wieder bei den Amtsgerichten verhandelte und entschieden werden würde. — — Das Natürlichste und Consequenteste wäre es, die Ladung in solchem Falle wegen des Streitwerthes zu versagen. Die Prorogation sollte zwar als Ausnahme zugelassen, allein nicht begünstigt werden. Es ist Sache des Staates durch Bestimmung der allgemeinen und besondern Gerichtsstände für eine gute, geordnete Rechtspflege zu sorgen, und er bestellt deßhalb mit Rücksicht auf Bevölkerung, Gewerbthätigkeit und andere locale Verhältnisse die Gerichte und die nöthige Zahl der Richter. Würde es den Staatsbürgern überall einfallen, das zuständige Gericht oft und dauernd auf der Seite liegen zu lassen und ein anderes Gericht anzugehen, dann wäre keine Ordnung möglich. Die vom Gesetze für zuständig erklärten Gerichte müssen also die Regel bilden, und nur wo beide Partien ausnahmsweise und ausdrücklich es verlangen, soll die Prorogation stattfinden. Das Gericht, welches über seine Zuständigkeit zu erkennen hat und sich sofort als nicht zuständig betrachtet, hätte also allen Grund, ohne Rücksicht auf die Möglichkeit einer Prorogation die Ladung zu versagen. Nichts desto weniger beantragt Ihre Commission, wenn sie auch der Unzulässigkeit der Ladungsversagung nach Abs 3 des §. 274 nicht zustimmen kann, nicht das direkte Gegentheil vorzuschlagen, und zwar aus zwei Gründen. Einmal sollten Ladungsversagungen überhaupt in einem Gesetze, welches die ganze Entscheidung des Rechtsstreites der mündlichen Verhandlung vorbehält, möglichst vermieden werden. Sodann und dies ist das hauptsächlichste Motiv unserer Anträge, soll, wo immer möglich, der Verhandlung des Prozesses ein Vergleichsversuch vorhergehen, welcher zweckmäßiger bei dem Amtsgericht als bei dem Collegialgericht vorgenommen werden kann.

Wird der Beklagte zu einem Vergleichsversuche vorgeladen, und ihm mit der Ladung zugleich eröffnet, daß das Amtsgericht nicht zuständig sei, dann weiß er, es bedürfe nur seines Ausbleibens oder einer Willensäußerung, um den Streit an das Collegialgericht zu bringen. Erscheint der Beklagte, und will er — ohne sich zu vergleichen — sich bei dem Amtsgericht auf die Klage einlassen, dann handelt er freiwillig, und kann, da hier eine stillschweigende Prorogation nach §. 52 vorliegt, das Verfahren nicht mehr wegen Unzuständigkeit des Gerichts anfechten."

Diese Begründung spricht sich allerdings nicht mit Bestimmtheit für die hier vertheidigte Ansicht aus, aber noch viel weniger gegen dieselbe. Die Art, wie §. 261 zu Stande kam, und der gleichzeitig mit diesem §. zur Berathung und Abstimmung gebrachte*) §. 52 (§. 54 des Entw.) geändert wurde, scheinen mir hingegen desto mehr für diese Ansicht zu sprechen. Hätte man den § 274 Abs. 3 des Reg.Entwurfs etwa nur in der Beziehung ändern wollen, daß nicht eine ausdrückliche Geltendmachung der Unzuständigkeit des Amtsgerichts nothwendig sei, sondern schon das Ausbleiben genüge, um eine Prorogation auszuschließen, hätte man aber neben diesen Aenderungen den Grundsatz des Regierungsentwurfes, daß der Amtsrichter die Annahme des Rechtsstreites nicht verweigern dürfe, beibehalten wollen, so würde man gewiß die betreffende Bestimmung des Regierungsentwurfes nicht ganz gestrichen, sondern in entsprechender Weise modificirt haben. Ebenso hätte man auch den im §. 54 des Regierungsentwurfs befindlichen Vorbehalt beibehalten müssen, wenn man die Absicht gehabt hätte, durch §. 261 (274a des Entw.) den Grundsatz aufzustellen, daß der Amtsrichter, sofern der Beklagte bereit sei sich einzulassen, die Annahme des Rechtsstreites nicht verweigern dürfe, weil dieser Grundsatz mit der Vorschrift des §. 52 beziehungsweise des §. 46 im Widerspruch steht.

Die Gerichtsbarkeit der Kreisgerichte bildet in bürgerlichen Rechtssachen die gesetzliche Regel, die der Amts-

*) Man sehe die Protokolle der zweiten Kammer S. 463. 476. 477.

gerichte aber nur die Ausnahme (Gerichtsverf. §. 23, Pr.O. §. 10. 15 Ziff. 6), und es kann daher nicht auffallen, wenn über die Prorogation an die Kreisgerichte zum Theil andere Grundsätze gelten, als die soeben für die Amtsgerichte aufgestellten. §. 52 der Pr.O. spricht zwar auch von Collegialgerichten, und erklärt die §§. 46 bis 51 auf dieselben für anwendbar, wenn der Streitwerth mindestens 50 fl. betrage. Dagegen bestimmt aber §. 23 Abs. 3 der Gerichtsverfassung, daß alle Rechtsstreitigkeiten von mindestens 50 fl. Streitwerth durch Uebereinkunft der Parteien bei dem Kreisgericht anhängig gemacht werden können, und es kann nach der Fassung und dem Zusammenhang dieser Bestimmung mit dem ersten Absatz desselben Paragraphen nicht wohl bezweifelt werden, daß das Kreisgericht schon durch die Uebereinkunft zuständig wird, und die Annahme des Rechtsstreits daher nicht verweigern kann, wenn die Uebereinkunft der Parteien schon bei Einreichung der Klage urkundlich nachgewiesen wird. Durch diese Vorschrift der Gerichtsverfassung wird jedoch nur eine Ausnahmsbestimmung für einen besondern Fall gegeben, und abgesehen von diesem Ausnahmsfall gelten auch für die Kreisgerichte die im §. 46 – 52 der Pr.O. aufgestellten Grundsätze über die Prorogation. Insofern also eine Uebereinkunft der Parteien nicht sofort mit Einreichung der Klage nachgewiesen ist, darf das Kreisgericht eine zur Gerichtsbarkeit des Amtsgerichts sich eignende Klage zurückweisen; ist dies aber in einem Falle nicht geschehen und hat sich der Beklagte ohne die Einrede der Unzuständigkeit vorzuschützen, eingelassen, so ist das Kreisgericht durch stillschweigende Prorogation zuständig geworden (Pr.O. §. 49), und kann die Klage nicht mehr aus dem Grund der Unzuständigkeit des Gerichts abweisen; nur dann wird eine solche Abweisung ungeachtet einer stattgefundenen Einlassung oder ausdrücklichen Uebereinkunft der Parteien für zulässig zu erachten sein, wenn der Streitwerth nicht einmal 50 fl. beträgt, weil derartige Rechtsstreitigkeiten sowohl im §. 23 der Gerichtsverfassung als im §. 52 der Pr.O. ausgenommen sind.

Die Vorschrift des §. 23 Abs. 3 der Gerichtsverfassung bezieht sich übrigens nur auf solche Fälle, wo das angegangene Kreisgericht wegen des mindern Streitwerthes ohne die Uebereinkunft der Parteien unzuständig wäre, und setzt dabei voraus, daß es, abgesehen hievon, nach den Vorschriften der Pr.O. über den Gerichtsstand in der betreffenden Sache Zuständigkeit habe. *) Eine mangelnde Zuständigkeit dieser letztern Art kann nur durch eine Prorogation nach Maßgabe der §§. 46 — 51 der Pr.O., nicht aber durch Uebereinkunft der Parteien ohne nachfolgende Zustimmung des Gerichts (ausgesprochen durch die Annahme des Rechtsstreites) gehoben werden. Das Kreisgericht wird in einem solchen Falle deßhalb auch berechtigt sein, ungeachtet einer nachgewiesenen Uebereinkunft der Parteien die Annahme der Sache zu verweigern.

II.

Zu §. 8. 39 und 40 der Pr.O.

Der für den einzelnen Rechtsstreit zuständige Richter hat alle, im Laufe dieses Rechtsstreites zur Beurtheilung kommenden, Streitpunkte zu entscheiden. Pr.O. §. 57. 45. 263 Ziff. 5. Von diesem Grundsatz macht §. 8 nur insofern eine Ausnahme, daß bei Zwischenstreitigkeiten von mehr als 200 fl. Werth jede Partei die Verweisung der Sache an das Collegialgericht verlangen kann. Diese Ausnahmsbestimmung des §. 8 ist jedoch nur dann anwendbar, wenn der Hauptprozeß vermöge des Streitwerths zur Gerichtsbarkeit des Amtsgerichts gehört, was nicht allein aus der Stellung des §., sondern auch aus inneren Gründen hervorgehen dürfte. Ist das Amtsgericht nämlich durch Prorogation der Parteien für einen Rechtsstreit von mehr als 200 fl. Werth zuständig geworden, so haben sich die Parteien schon von vornherein für einen höhern Streitwerth, als sie verpflichtet waren, freiwillig der Gerichtsbarkeit des Amtsgerichts unterworfen, und es ließe sich schwerlich ein Grund dafür auffinden, warum diese freiwillige Unterwerfung für Zwischenstreitigkeiten von mehr als 200 fl. Werth keine Geltung haben soll. Das prorogirte Gericht ist für den betreffenden Rechtsstreit in demselben Umfang zur Verhandlung und Entscheidung berechtigt, in welchem das gesetzlich zuständige Gericht es gewesen wäre (Bayer, Vorträge über den gem. ord. Civilprozeß §. 77 S. 238 VIII. Aufl.) und es folgt hieraus, daß sich die Prorogation auf die im §. 8 erwähnten Zwischenstreitigkeiten erstreckt **), und daß dem Amtsrichter auch bezüglich dieser Zwischenstreitigkeiten die Zuständigkeit nur nach §. 50 der Pr.O. wieder entzogen werden kann. Wenn die Zustän-

*) Dafür sprechen außer dem übrigen Inhalt des §. 23 der Ger.Verf. namentlich die Worte: „bei dem Kreisgericht anhängig gemacht werden." D. E.

**) Arg. §. 40 der Pr.O.

digkeit des Amtsgerichts auf der Wahl des Klägers beruht (§. 9 der Pr.O.), so kann jedenfalls dieser Letztere keinen Antrag nach §. 8 stellen, da bezüglich seiner dasselbe Verhältniß obwaltet, wie bei der Prorogation. Zweifelhafter könnte etwa die Frage erscheinen, ob der Beklagte von dem Recht des §. 8 Gebrauch machen könne, weil er sich der Gerichtsbarkeit des Amtsgerichts nicht freiwillig unterworfen hat. Indessen wird man diese Frage verneinen müssen, weil das dem Kläger im §. 9 der Pr.O. eingeräumte Wahlrecht ganz illusorisch sein würde, wenn es dem Beklagten gestattet wäre, wegen eines jeden Zwischenstreites der im §. 8 bezeichneten Art die Sache an das Collegialgericht zu bringen. Die Bestimmung des §. 9 Abs. 2 der Pr.O. hat, wenn sie überhaupt zur Geltung kommen soll, die nothwendige Folge, daß der Beklagte bezüglich aller während des Prozesses zur Beurtheilung kommenden Streitpunkte auch von mehr als 200 fl. Werth der Gerichtsbarkeit des Amtsgerichts unterworfen ist. *)

Die Frage, ob bei materiell connexen Widerklagen ganz dieselben Grundsätze gelten, welche soeben für die Anwendung des §. 8 aufgestellt wurden, hängt von der Auslegung des §. 39 der Pr.O. ab. Die aufgeworfene Frage wäre zu bejahen, wenn §. 39 nur von den Fällen handeln würde, wo die Gerichtsbarkeit des Amtsgerichts auf der Größe des Streitwerths beruht, und es könnte daher von dem, im §. 39 Abs. 2 erwähnten, Verfahren keine Rede sein, wenn das Amtsgericht in der Vorklage durch Prorogation oder Wahl des Klägers zuständig geworden ist. Die Sache verhält sich aber anders, wenn man annimmt, daß §. 39 der Pr.O. auch diejenigen Fälle umfasse, wo in der Vorklage die Gerichtsbarkeit des Amtsgerichts auf Prorogation oder Wahl des Klägers beruht. Für die Auslegung spricht ganz entschieden die allgemeine Fassung des §. 39 Abs. 1 und der Zusammenhang dieses §. mit dem unmittelbar nachfolgenden §. 40, welcher eine theilweise Beschränkung der Grundsätze des §. 39 für die Fälle enthält, wo die Gerichtsbarkeit des Amtsgerichts in der Vorklage auf Prorogation oder Wahl des Klägers beruht. Wollte man das Verhältniß dieser beiden §§. zu einander anders auffassen und annehmen, daß §. 39 nur die Fälle unter sich begreife, wo die Gerichtsbarkeit des Amtsgerichts in der Vorklage auf der Größe des Streitwerths beruht, und daß die Fälle der Prorogation und des §. 9 der P.O. nur im §. 40 behandelt würden, so wäre §. 39 Abs. 1 unrichtig gefaßt und §. 40 nicht erschöpfend, weil er keine Bestimmung darüber enthält, ob der Beklagte eine nicht connexe Widerklage bei dem Kreisgerichte einreichen kann, oder nicht. Ist hiernach die Auslegung vorzuziehen, daß §. 39 auch die Fälle der Prorogation und des §. 9 Z. 1—5 der Pr.O. umfasse, so ist im zweiten Absatz des §. 39 die Bestimmung enthalten, daß das Verfahren des §. 8 bei connexen Widerklagen nicht nur dann, wenn die Gerichtsbarkeit des Amtsgerichts auf der Größe des Streitwerthes, sondern auch dann eintrete, wenn sie auf Prorogation oder Wahl des Klägers beruhe. Die Folgerungen, welche sich für die einzelnen Fälle aus dem §. 39 ergeben (wenn man zunächst von der Ausnahmsbestimmung des §. 40 noch absieht) dürften wohl folgende sein:

a) Eine mit der Vorklage materiell connexe Widerklage muß bei dem Amtsgericht eingereicht und auf Antrag der einen oder andern Partei mit der Vorklage an das betreffende Kollegialgericht verwiesen, in Ermangelung dieses Antrags aber bei dem Amtsgericht verhandelt und entschieden werden. Das Amtsgericht kann die Annahme der Widerklage nicht verweigern, da es nach der im §. 36 aufgestellten Regel für die Widerklage zuständig ist, eine Regel, welche durch den §. 39 nicht aufgehoben, sondern nur in soweit beschränkt worden ist, daß die Parteien eine Verweisung vor das Collegialgericht verlangen können, bzw. daß der Beklagte die Widerklage, wenn sie nicht connex mit der Vorklage ist, bei dem betreffenden Collegialgericht einreichen darf.

*) Es wird übrigens kaum der Erwähnung bedürfen, daß die aufgestellten Grundsätze über den Sinn des §. 8 nur als Regeln gelten sollen, nach denen sich der Amtsrichter, wenn nicht die Verweisung an das Collegialgericht beantragt wurde, zu richten hat. Ist die Sache vom Amtsgericht verwiesen worden, so wird in Folge der Bestimmung im zweiten Absatz des §. 8 das betreffende Collegialgericht nicht zu prüfen haben, ob das Amtsgericht bei der Verweisung von den richtigen Grundsätzen ausgegangen ist, sondern es wird nur darauf achten müssen, ob die Verweisung auch wirklich von einer Partei beantragt wurde.

Eine ohne Parteiantrag stattgefundene Verweisung könnte nämlich deßhalb nicht für bindend angesehen werden, weil der zweite Absatz des §. 8 schon nach seinem Wortlaut eine auf Antrag ergangene Verweisung voraussetzt („gegen diese Verweisung"), und um so mehr in diesem Sinne ausgelegt werden muß, als in der Verweisung ohne hierauf gerichteten Antrag einer Partei die Verletzung einer wesentlichen Vorschrift des Verfahrens enthalten ist. (Pr.O. §. 4.) D. E.

b) Eine nicht connexe Widerklage kann bei dem betreffenden Collegialgericht oder bei dem Amtsgericht eingereicht werden. Thut der Beklagte das Letztere, so unterwirft er sich damit der Gerichtsbarkeit des Amtsgerichts, und es ist die Widerklage, wenn auch der Kläger Widerbeklagte die Einlassung nicht verweigert, bei dem Amtsgericht zu verhandeln und zu entscheiden (arg. §. 49 der Pr.O.). Das Recht, die Annahme der Widerklage zu verweigern, steht dem Amtsgerichte aus den unter lit. a angegebenen Gründen nicht zu. Dagegen ist der Kläger, Widerbeklagte, wenn kein Fall des §. 40 vorhanden, nicht verpflichtet, sich auf die Widerklage einzulassen, sondern er kann verlangen, daß die Widerklage (aber nicht auch die Vorklage wie in den Fällen des §. 39 Abs. 2) an das Collegialgericht verwiesen werde. Dies muß daraus gefolgert werden, daß der Beklagte die Widerklage vor dem Kollegialgericht erheben darf, und daß nach allgemeinen Rechtsgrundsätzen die Partrien im Zweifel gleiche Rechte haben, sowie aus der analogen Bestimmung des §. 39 Abs. 2, wornach auch der Kläger das Recht hat, bei connexen Widerklagen die Verweisung an das Collegialgericht zu beantragen (§. 8 der Pr.O.), und endlich wird der aufgestellte Grundsatz durch einen Schluß a contrario aus §. 40 gefolgert werden müssen.

c) Die unter lit. a. und b. aufgestellten Grundsätze gelten, insoweit §. 40 nicht ausdrücklich oder folgeweise etwas Anderes bestimmt, auch dann, wenn die Gerichtsbarkeit des Amtsgerichts in der Vorklage auf Prorogation oder Wahl des Klägers beruht.

aa) In dem Fall einer Prorogation muß eine materiell connexe Widerklage bei dem Amtsgericht verhandelt und entschieden werden, und es hat keine der Partrien das Recht, nach §. 39 Abs. 2 die Verweisung der Sache an das Collegialgericht zu verlangen. §. 40 der Pr.O. spricht zwar nur von dem Recht des Beklagten zur Erhebung einer Widerklage bei dem Amtsgericht und folgeweise von der Pflicht des Klägers, sich darauf einzulassen, aber es ist damit der Grundsatz anerkannt, daß die Prorogation in der Vorklage auch bezüglich einer bei dem Amtsgericht anhängig werdenden Widerklage die Unterwerfung unter die Gerichtsbarkeit des Amtsgerichts begründe, und dieser Grundsatz muß bei dem Beklagten, der in der Vorklage auf das Amtsgericht prorogirte, in gleicher Weise gelten wie bei dem Kläger.

Was nun den Fall betrifft, wenn die Gerichtsbarkeit des Amtsgerichts auf der Wahl des Klägers beruht, so muß es für ganz sachgemäß erachtet werden, daß diese Wahl nach §. 40 für den Kläger dieselbe Wirkung hat wie eine Prorogation. Anders verhält es sich aber bei dem Beklagten, der sich der Gerichtsbarkeit des Amtsgerichts nicht freiwillig unterworfen hat. Diesem wird man wohl nach §. 39 Abs. 2 das Recht einräumen müssen, die Verweisung der Vor- und Widerklage an das Collegialgericht zu verlangen.

bb) Da §. 40 der Pr.O. zwischen materiell connexen und andern Widerklagen nicht unterscheidet, so hat der Beklagte auch das Recht, solche der letztern Art (nicht connexe) bei dem Amtsgericht zu erheben, und der Kläger die Pflicht, sich auf dieselben einzulassen. Dem Beklagten wird jedoch durch die Vorschrift des §. 40 nicht die Befugniß entzogen, eine solche Widerklage der Bestimmung des §. 39 Abs. 1 gemäß bei dem Collegialgericht einzureichen, am wenigsten kann dies dann beanstandet werden, wenn die Gerichtsbarkeit des Amtsgerichts auf der Wahl des Klägers beruht, da der Beklagte — wie oben gezeigt wurde — in diesem Falle bei connexen Widerklagen sogar das Recht hat, die Verweisung von Vor- und Widerklagen an das Collegialgericht zu verlangen. Zweifelhafter ist es hingegen, wenn die Gerichtsbarkeit des Amtsgerichts auf Prorogation beruht, weil dann bei dem Beklagten dasselbe Verhältniß obzuwalten scheint, wie bei dem Kläger, der nach §. 40 in einem solchen Falle verpflichtet ist, sich auf die Widerklage bei dem Amtsgericht einzulassen. Dennoch wird dem Beklagten nach den Bestimmungen der §. 39 Abs. 1 und §. 40 nicht wohl das Recht bestritten werden können, eine nicht connexe Widerklage bei dem betreffenden Collegialgericht zu erheben. Es wurde schon oben ausgeführt, daß §. 39 Abs. 1 alle nicht materiell connexen Widerklagen, namentlich auch solche unter sich begreife, wo in der Vorklage die Gerichtsbarkeit des Amtsgerichts auf Prorogation oder Wahl des Klägers beruht; die Vorschrift des §. 39 Abs. 1 muß also auch auf diese Widerklagen angewendet werden, insoweit sie nicht durch §. 40 eine Einschränkung erlitten hat. Dieser letztere §. begründet nur für den Kläger die Verpflichtung, sich auf die bei dem Amtsgericht erhobene Widerklage einzulassen, nicht aber auch die Verpflichtung für den Beklagten, die Widerklage bei dem Amtsgericht zu erheben. Wenn ich bezüglich der connexen Widerklagen zu einem andern Ergebniß kam, und dem Beklagten, der in der Vorklage auf das Amtsgericht prorogirte, das Recht absprach, nach §. 39 Abs. 2 die Verweisung vor das Collegialgericht zu verlangen, so beruhte dies auf dem Grunde, daß im §. 40 der Grundsatz anerkannt sei: die Prorogation enthalte auch für eine bei dem Amtsgericht anhängig werdende Widerklage die Unterwerfung unter die Gerichtsbarkeit des Amtsgerichts. Aus diesem Grundsatze und aus der Vorschrift des § 39 Abs. 2, daß materiell connexe Widerklagen bei dem Amtsgericht anhängig gemacht, und von demselben Gericht wie die Vorklage verhandelt und entschieden werden müssen, folgt nämlich mit Nothwendigkeit, daß auch der Beklagte nicht die Verweisung der Vor- und Widerklage an das Collegialgericht verlangen kann, zumal es bezüglich der Vorklage dem §. 50 der Pr.O. widerstreiten würde, wenn man ihm dieses Recht zugestehen wollte.

Diese Gründe finden jedoch bei nicht connexen Widerklagen keine Anwendung. Denn wenn die Prorogation auch eine Unterwerfung unter die Gerichtsbarkeit des Amtsgerichts für die bei demselben anhängig werdenden Widerklagen enthält, so ist damit doch keineswegs gesagt, daß der Beklagte von dem Recht des §. 39 Abs. 1 keinen Gebrauch machen könne, sondern sogar nicht connexe Widerklagen bei dem Amtsgericht anhängig machen müsse.

Die Regierungsmotive führen zur Begründung der Vorschrift des §. 39 Abs. 2 an, daß bei materiell connexen Widerklagen die gleichzeitige Verhandlung und Entscheidung bei einem und demselben Gerichte durch die Natur der Sache geboten sei. Wenn bei materiell connexen Widerklagen die gleichzeitige (gemeinschaftliche) Verhandlung derselben mit der Vorklage auch die Regel bildet (§. 269 der Pr.O.), so können ausnahmsweise doch Fälle vorkommen, wo eine gemeinschaftliche Verhandlung deßhalb nicht eintreten kann, weil sich Vor- und Widerklage nicht zu derselben Prozeßart eignen, oder die Widerklage nicht mit der Antwort auf die Klage vorgebracht wurde (Pr.O. §. 267), oder weil die Verhandlung der Widerklage nach §. 272 der Pr.O. ausgesetzt werden muß, und es darf mit Rücksicht auf die Motive der Regierung nicht etwa angenommen werden, daß in solchen Ausnahmsfällen die Vorschrift des §. 39 Abs. 2 überhaupt keine Anwendung finde.

Diese Ansicht würde mit dem klaren Wortlaut des Gesetzes im Widerspruch stehen, da es von allen materiell connexen Widerklagen ohne Unterschridung spricht, und für diese allgemeine Bestimmung sogar den innern Grund zur Seite hat, daß es auch abgesehen von gemeinschaftlicher Verhandlung zweckmäßig erscheint, connexe Rechtsstreitigkeiten durch dasselbe Gericht entscheiden zu lassen.

III.

Zu §. 854 Abs. 2. 3 und 4 der Pr.O.

Die größte Schwierigkeit macht meines Erachtens die Auslegung der Bestimmungen des §. 854 Abs. 2. 3 und 4 über die Zuständigkeit der Amtsgerichte und Collegialgerichte in Einsprachsprozessen während des Vollstreckungsverfahrens. Die Fassung des Regierungsentwurfs §. 866, welche dahin lautete:

> „Einsprachen, deren Entscheidung nach dem Streitwerth dem Kreisgericht zusteht, sind mit dem Einhaltsgesuch bei dem Amtsgericht anzubringen, welches die Vollstreckung angeordnet hat. Dasselbe verfügt über das Einhaltsgesuch nach Maßgabe des §. 1039 und legt, sofern die Einsprache Gegenstand eines Streites wird, die Akten zur weitern Verhandlung dem Kreisgericht vor, welches das Urtheil in der Hauptsache erlassen hat,"

bot diese Schwierigkeiten nicht. Es wurde dadurch die Regel aufgestellt, daß alle Einsprachen sowohl gegen die Vollstreckung amtsgerichtlicher als collegialgerichtlicher Urtheile, wenn der Streitwerth der Einsprache nicht mehr als 200 fl. beträgt, vor das Amtsgericht gehören, alle andern (von höherem Streitwerth) aber ohne weiteres (d. h. ohne daß ein deßfallsiger Antrag der Parteien nothwendig wäre) dem Kreisgericht vorzulegen seien.

Der Regierungsentwurf wurde in der zweiten Kammer durch die Bestimmungen des §. 854 Abs. 2 -4 der Pr.O. ersetzt.

Betrachtet man zunächst den Abs. 2 und 3 für sich allein, so wird man darin ohne Zweifel die Bestimmung finden müssen, daß alle Einsprachen gegen die Vollstreckung von Urtheilen eines Collegialgerichts vor dieses gehören, gleichviel ob der Streitwerth der Einsprache mehr oder weniger als 200 fl. beträgt. (Schl. flgt.)

Annalen der Großherzogl. Badischen Gerichte.

1864. Band XXX. No. 35.

(Schluß von Art. 111.)

Damit stehen folgende im 4. Absatz des §. 854 enthaltene Bestimmungen vollkommen im Einklang, die Bestimmung nämlich:

a) daß Einsprachen gegen die Vollstreckung eines amtsgerichtlichen Urtheils unbedingt vor das Amtsgericht gehören, wenn der Gegenstand der Einsprache 200 fl. nicht übersteige,

b) daß die Einsprache gegen die Vollstreckung eines amtsgerichtlichen Urtheils aber, wenn sie nach dem Streitwerth zur Gerichtsbarkeit eines Collegialgerichtes sich eignet, auf Antrag der einen oder andern Partei an das Kreisgericht zu verweisen sei.

Der 4. Absatz spricht aber außerdem auch noch von den Einsprachen gegen die Vollstreckung der Urtheile eines Collegialgerichts und kommt gerade hiedurch mit den zwei vorhergehenden Absätzen des §. in Widerspruch. Denn wenn nach Abs. 2 und 3 alle Einsprachen gegen die Vollstreckung von Urtheilen der Collegialgerichte unbedingt vor die Collegialgerichte gehören, welche in der Hauptsache geurtheilt haben, so ist nicht einzusehen, warum im 4. Absatz noch einmal von Einsprachen gegen die Vollstreckung eines collegialgerichtlichen Urtheils gesprochen wird, und warum sie, im Widerspruch mit den vorhergehenden Bestimmungen, nur bedingungsweise (wenn der Gegenstand der Einsprache wegen des Streitwerths der Entscheidung des Kreisgerichts zusteht und wenn eine der Parteien die Verweisung an das Kreisgericht verlangt) der Gerichtsbarkeit des Amtsgerichts entzogen werden. Ein weiterer Widerspruch besteht darin, daß nach Abs. 3 die Einsprache immer vor dasjenige Collegialgericht (Kreis- oder Handelsgericht) gehört, welches in der Hauptsache geurtheilt hat, während die im Abs. 4 erwähnten Einsprachen immer an das Kreisgericht verwiesen werden sollen, also namentlich auch dann, wenn es sich um die Vollstreckung eines handelsgerichtlichen Urtheils handelt.

Von geringerer Bedeutung ist der Umstand, daß nur auf die §§. 12 und 13 verwiesen wird, während auch nach §. 11 der Pr.O. — da er bestimmt, daß das Vorhandensein einer Handelssache nur dann die Zuständigkeit des Handelsgerichts begründe, wenn der Streitwerth 200 fl. übersteigt — hierher gehören dürfte. Die erwähnten Widersprüche zwischen dem 4. Abs. des §. 854 mit den vorhergehenden Absätzen ließen sich, wie ich glaube, auf eine doppelte Art durch Interpretation heben.

1) Die eine Art der Auslegung bestände etwa darin, daß man Absatz zwei und drei des Paragraphen nicht auf alle, sondern nur auf solche Einsprachen gegen die Vollstreckung collegialgerichtlicher Urtheile bezieht, die gegen den Vollzug des Urtheils selbst gerichtet sind, und daß man die Vorschrift des Abs. 4 auf diejenigen Einsprachen bezieht, welche nicht gegen den Vollzug der Urtheile an und für sich, sondern nur wegen des Gegenstandes der Vollstreckung erhoben werden, wohin besonders die auf §. 967 der Pr.O. gestützten Einsprachen gehören, während zu den Einsprachen der erstern Art namentlich diejenigen zu zählen sind, welche wegen Beitschlagung oder sonstiger Tilgung der Schuld oder wegen ergriffener Appellation in der Hauptsache (Pr.O. §. 853 Ziff. 2. 3) erhoben werden. Es läßt sich wohl nicht in Abrede stellen, daß bei diesen Einsprachen viel dringendere Gründe dafür sprechen, sie an dasselbe Gericht zu verweisen, das in der Hauptsache geurtheilt hat, als bei den Einsprachen der andern Art, welche gewöhnlich mit dem Urtheil der Hauptsache im keinem sachlichen Zusammenhang stehen, und daß daher innere Gründe für die angegebene Unterscheidung sprechen, wenn sie auch aus den Worten des Gesetzes nicht mit Sicherheit hervorgeht.

Nach dieser Auslegung möchte man in Abs. 4 des §. die Bestimmung finden, daß alle auf den Gegenstand der Vollstreckung sich beziehenden Einsprachen vor das Amtsgericht gehören, und nur dann auf Antrag der einen oder andern Partei an das Kreisgericht zu verweisen seien, wenn der Gegenstand nach seinem Werth die Gerichtsbarkeit des Amtsgerichtes übersteigt.

Beiläufig mag hier bemerkt werden, daß der Entwurf einer deutschen Prozeßordnung zwischen den Einwendungen des Schuldners und dritter Personen gegen die Vollstreckung unterscheidet (was der Sache nach fast immer mit der oben aufgestellten Unterscheidung zusammentreffen wird), und daß die Einwendungen des Schuldners vor das Gericht, welches in der Hauptsache urtheilte, die Einwendungen eines Dritten wegen seiner die Veräußerung des Vollstreckungsgegenstandes hindernder Rechte, je nach dem Werth des Vollstreckungsgegenstandes, an das Einzelgericht oder Collegialgericht verwiesen werden. (§. 679. 680.)

2) Eine zweite Art der Interpretation besteht darin, daß man den Sinn der erwähnten Gesetzesstelle aus der Entstehungsgeschichte derselben zu erforschen sucht. — Die Fassung des jetzigen §. 854 Abs. 4 (§. 866 des Entwurfs) rührt im Wesentlichen von der Commission der II. Kammer her, da der Commissionsentwurf in der Kammer selbst keine weitere Aenderung erfuhr, als daß am Schluß die Worte: „auf Antrag der einen oder anderen Partei" eingeschaltet wurden.

Im Commissionsbericht wird der Entwurf der Commission mit folgenden Sätzen begründet:

§. 866.

„Statt „Kreisgericht" wird es in Absatz 2 und 3 besser „Collegialgericht" heißen, weil dieser Satz sich auch auf die Vollstreckung der Urtheile der Handelsgerichte beziehen soll.

Ueber Einsprachen gegen die Vollstreckung, insofern sie nicht blos den provisorischen Einhalt verlangen, soll der Richter entscheiden, welcher das zu vollziehende Urtheil gegeben hat.

Gelegenheitlich solcher Einsprachen gegen Vollstreckung amtsgerichtlicher Urtheile, namentlich, wenn sie von dritten Personen erhoben werden, kann aber auch ein größerer Streitwerth in Frage kommen, oder eine Handelssache streitig werden. Dann sollen die §§. 8 und 41 zur Anwendung kommen."

Als bei den Verhandlungen der II. Kammer der Abgeordneten Walli den Ansicht aussprach, daß im 4. Absatz die Worte „oder Collegialgerichte" zu streichen seien, verwahrte sich der Berichterstatter dagegen, indem er einwendete, daß auch handelsgerichtliche Entscheidungen hier vorkommen könnten. Protokolle der II. Kammer S. 491. Nach den Bemerkungen des Berichterstatters im Commissionsberichte und bei der Kammerverhandlung sollte man annehmen, daß der 4. Absatz des §. 854 nur von den Einsprachen gegen die Vollstreckung amtsgerichtlicher Urtheile handle, und dabei bestimme, daß diese Einsprachen, wenn sie einen Werth von mehr als 200 fl., beziehungsweise eine Handelssache dieses Werths betreffen, vor das Kreisgericht resp. Handelsgericht zu verweisen seien, eine Bestimmung, welche mit den 2 vorhergehenden Absätzen des §. im Einklang stünde.

Dieser Absicht der Commission würde das Gesetz aber nur dann entsprechen, wenn es dahin gefaßt wäre:

„Wird gegen die Vollstreckung eines Urtheils des Amtsgerichts eine Einsprache erhoben, deren Gegenstand nach §. 8. 11. 12. und 13 der Entscheidung eines Collegialgerichtes zusteht, so wird die Sache auf Antrag der einen oder andern Partei an dieses (das Collegialgericht) gewiesen."

Davon weicht aber die Fassung des Gesetzes, auch wenn man von der Auslassung des §. 11 ganz absieht, wesentlich ab, indem es auch von Einsprachen gegen die Vollstreckung eines collegialgerichtlichen Urtheils spricht und sodann nach Anführung der §§. 8. 12 u. 13 statt des Collegialgerichts das Kreisgericht nennt. Dies Letztere ist aber so offenbar unrichtig und im Widerspruch mit der unmittelbar vorhergehenden Anführung der §§. 12 und 13; daß man versucht ist, ein Redaktionsversehen anzunehmen, wobei das Wort „Collegialgerichts" an eine falsche Stelle, nämlich zu den Worten: „eines Urtheils des Amtsgerichts" statt hinter die Worte „der Entscheidung des" gesetzt wurde. — So gewagt es im Allgemeinen auch ist, die Interpretation eines Gesetzes auf die Emendation des Gesetzestextes stützen zu müssen, so scheint mir doch in dem vorliegenden Fall die unter Ziff. 2 gegebene Auslegung den Vorzug vor der unter Ziff. 1 versuchten zu verdienen, nicht allein weil sie der Absicht des Gesetzgebers entspricht, was sich von der zuerst versuchten Auslegung nicht behaupten läßt, sondern auch deßhalb, weil erst nach dieser zweiten Auslegung alle Widersprüche beseitigt werden, die verschiedenen Absätze des §. 854 vollkommen mit einander harmoniren und erschöpfende Bestimmungen über die Einsprachen im Vollstreckungsverfahren enthalten, während nach der unter Ziff. 1 versuchten Auslegung immer noch der Widerspruch zwischen der im 4. Absatz vorgeschriebenen Verweisung an das Kreisgericht und dem Citat der §§. 12 und 13 bestünde, die Fassung des Gesetzes überhaupt eine mangelhafte und dessen Bestimmungen keineswegs erschöpfend wären. Das Gesetz enthielte nämlich nur Vorschriften über die Einsprachen gegen den Vollzug collegialgerichtlicher Urtheile (Abs. 2 u. 3) und Vorschriften über Einsprachen gegen die Vollstreckung amtsgerichtlichen und collegialgerichtlichen Urtheile wegen des Gegenstandes der Vollstreckung (Abs. 4), oder keine Bestimmungen über die gegen den Vollzug der amtsgerichtlichen Urtheile gerichteten Einsprachen (cf. Pr.O. §. 853 Ziff. 2. 3).

Oben (unter II.) ist gezeigt worden, daß §. 8 der Pr.O. dann keine Anwendung findet, wenn die Gerichtsbarkeit des Amtsgerichts auf Prorogation oder Wahl des Klägers beruht, und da §. 854 Abs. 4 von den Einsprachen redet, deren Gegenstand nach §. 8 ꝛc. der Entscheidung des Kreisgerichtes (Collegialgerichtes) zusteht, so wirft sich die Frage auf, ob auch hier dieselben Einschränkungen eintreten, d. h. ob Einsprachen gegen die Vollstreckung amtsgerichtlicher Urtheile in denjenigen Fällen nicht an das Collegialgericht verwiesen werden können, wo das Amtsgericht in der Hauptsache durch Prorogation oder Wahl des Klägers zuständig war. Berücksichtigt man jedoch, daß §. 854 Abs. 4 ganz allgemein, ohne eine Unterscheidung zu machen, von allen amtsgerichtlichen Urtheilen spricht, daß die Einsprachen im Vollstreckungsverfahren in vielen Fällen selbstständige Klagen sind und mit dem Hauptprozeß in keiner so genauen Verbindung stehen, wie die Zwischenstreitigkeiten des §. 8, und daß die Prorogation in dem Hauptprozeß namentlich dann keinen Grund abgibt, die Gerichtsbarkeit des Amtsgerichts auch auf die Einsprache auszudehnen, wenn diese von einem Dritten erhoben wird, so wird man wohl nicht annehmen dürfen, daß die Anwendung des §. 854 Abs. 4 in den Fällen der Prorogation oder des §. 9 Ziff. 1—5 der Pr.O. grundsätzlich ausgeschlossen sei. Ebensowenig wird man jedoch den entgegengesetzten Grundsatz aufstellen können, daß in allen derartigen Fällen (der Prorogation oder des §. 9 Ziff. 1—5) alle Arten von Einsprachen nach §. 854 Abs. 4 vor das Collegialgericht verwiesen werden dürfen. Ist die Einsprache z. B. darauf gestützt, daß die Schuld bezahlt oder durch Wettschlagung getilgt sei (Pr.O. §. 853 Ziff. 2. 858), so wird dieselbe, obgleich sie einen Streitwerth von mehr als 200 fl. enthält, doch ebensowenig an das Collegialgericht verwiesen werden können, als in den Fällen der Prorogation oder des §. 9 Ziff. 1—5 wegen einer, vor Erlassung des Urtheils der Klage entgegengesetzten, Einrede der Zahlung oder Wettschlagung von mehr als 200 fl. Werth, der Rechtsstreit an das Collegialgericht gewiesen werden darf. Denn die Einsprachen der hier bezeichneten Art müssen gerade, so wie diese Einreden als Zwischenstreitigkeiten im Sinn des §. 8 betrachtet werden, so daß dieser §. in derartigen Fällen unmittelbare und nicht blos mittelbare (d. h. durch §. 854 Abs. 4 vermittelte) Anwendung findet. Die Vorschrift des §. 854 Abs. 4 hat nämlich nicht die Absicht, die unmittelbare Anwendung des §. 8 für die Einsprachen, welche als Zwischenstreitigkeiten im Sinne des §. 8 erscheinen, auszuschließen, sondern sie will das Verfahren des §. 8 auf solche Einsprachen ausdehnen, die nicht als Zwischenstreitigkeiten der bezeichneten Art betrachtet werden können. Nur in diesen letztern Fällen kommt §. 854 Abs. 4 wirklich zur Anwendung, aber nicht bei solchen Einsprachen, welche auch ohne die Vorschrift dieses §. nach §. 8 beurtheilt werden müßten. Es kann daher kein Widerspruch darin gefunden werden, den §. 854 Abs. 4 auch auf solche Einsprachen zu beziehen, wo die amtsgerichtliche Gerichtsbarkeit in der Hauptsache auf Prorogation oder Wahl des Klägers beruht und dennoch bei den unter §. 8 fallenden Einsprachen die Verweisung an das Collegialgericht nur dann zu gestatten, wenn das Amtsgericht in der Hauptsache weder durch Prorogation, noch durch Wahl des Klägers zuständig ist.

L. Wund, Kreisgerichtsassessor.

112.

Berechnung der Oberappellationssumme bei Alimentationsklagen.

Die Pr.O. von 1851 enthielt unter §. 6 die Bestimmung, daß bei Berechnung der Appellationssumme bezüglich jährlicher Leistungen — das Kapital derselben in Anschlag komme.

Im §. 42 des Sportelgesetzes vom 13. Mai 1856 war dagegen bezüglich der Bestimmung des Streitwerths verordnet, bei jährlichen Leistungen, welche auf eine bestimmte Reihe von Jahren beschränkt seien, bestehe der Kapitalwerth derselben:

1) für die binnen der nächsten 10 Jahre fälligen Leistungen in ¾ ihres Gesammtbetrags;
2) für die vom Ende des 10. bis zum Ablauf des 20. Jahres fälligen Leistungen in der Hälfte des Gesammtbetrags, u. s. w.

Das Gesetz vom 21. Februar 1851 über Ernährung unehelicher Kinder setzt unter §. 3 fest:

„Die Ernährungspflicht des Beischläfers umfaßt den nothdürftigen Unterhalt bis zum vollendeten 14. Jahre des Kindes."

„Der Ernährungsbeitrag des Beischläfers soll, je nach dessen und der Mutter Standes-, Vermögens- und Erwerbsverhältnissen, nicht unter 20 kr. und nicht über 1 fl. wöchentlich ermessen werden.“

Solche Ernährungsbeiträge werden nicht selten gerichtlich gefordert, und meist auch in II. Instanz gebracht.

Die Oberappellationssumme wird jedoch selbst in den höchsten Beitragsbeträgen nur dann erreicht, wenn sie in vollem Betrag zusammengerechnet werden.

Die Zulässigkeit einfacher Addition der wöchentlich bis zum 14. Jahr verfallenden, unverzinslichen Beträge wurde jedoch schon unter der Herrschaft der Pr.O. von 1851 und des Sporteigesetzes von 1856 deßhalb beanstandet, weil das durch solche Zusammenrechnung sich ergebende Kapital größer wäre, als der Werth jener Beträge zur Zeit des anzufechtenden Urtheils.

Es wurde daher von großherzoglichem Oberhofgerichte mehrfach, so z. B. in den Gründen zum Urtheil vom 18. Juni 1868, No. 1597,

In Sachen

des Johann Bernauer von Mönchzell, als Vormund der Brigitte Bernauer von da,

gegen

Sebastian Weber von da,

Ernährungsbeitrag, jetzt Einsprache gegen die Vollstreckung betr.,

In Erwägung, daß bei Rechtsansprüchen über periodisch zu entrichtende Leistungen der Streitwerth durch den Kapitalanschlag derselben bestimmt wird (§. 1127 Ziff. 6 der Pr.O. vergl. mit §. 41. M des Sportelgesetzes);

in Erwägung, daß jedoch diejenige Summe, welche durch Zusammenrechnung der einzelnen, periodisch zu leistenden, Zahlungen sich ergibt, nicht als der wahre Kapitalwerth derselben sich darstellt,

— ausgesprochen, daß zu dessen Berechnung — Mangels darüber bestehender allgemeiner Gesetzesvorschriften gemäß L.R.S. 4a diejenigen analog in Anwendung zu bringen seien, welche die Prozeßordnung (von 1851) in den §§. 789. 868. 873 für die Ermittlung des Kapitals nicht verfallener unverzinslicher Forderungen, beziehungsweise Schuldigkeiten enthalte.

Nach §. 1105 der neuen Pr.O. gelten bei Berechnung der Appellationssumme außer den vorigen — auch die in §. 15 der Pr.O. enthaltenen Bestimmungen. Nach Ziff. 1 dieses §. entscheidet nun der Verkehrswerth, den die Hauptsache zur Zeit der Klagerhebung hatte, über den Werth des Streitgegenstands. — In §. 45 Ziff. 1 des neuen Sportelges. (Reggsbl. 1864 No. 32) ist dieselbe Bestimmung wiederholt.

In §. 42 Z. 3 desselben ist ferner die Bestimmung enthalten:

„Handelt es sich um bestimmte jährliche Leistungen für eine bestimmte Anzahl von Jahren, so bildet der Gesammtbetrag der einzelnen Leistungen, nach Abzug eines Drittheils, den Streitwerth.“

Mit Rücksicht auf diese neuen Gesetzesbestimmungen wurde im Plenum des großh. Oberhofgerichts über die Frage:

„wie ist bei periodisch wiederkehrenden Leistungen für eine bestimmte Anzahl von Jahren, insbesondere wo es sich um Alimentation für uneheliche Kinder bis zu deren 14. Jahre handelt, der Streitwerth zu berechnen?“

neuerdings Berathung gepflogen.

Bei der hierauf erfolgten Abstimmung sprach sich die Majorität:

in Erwägung, daß nach §. 1105 der Pr.O. für die Feststellung der Oberappellationssumme die Bestimmung des §. 15 der Pr.O. und hier insbesondere lediglich dessen No. 1 maßgebend ist, wonach der Verkehrswerth, den die Hauptsache zur Zeit der Klagerhebung hatte, entscheidet;

daß eine Forderung von Jahresleistungen auf eine bestimmte Anzahl von Jahren nicht der Summe aller einzelnen künftigen Leistungen im Werthe gleichsteht, bei Bestimmung des letzteren vielmehr stets das Interusurium in Betracht kommen, beziehungsweise von der Summe der Leistungen abgerechnet werden muß und erst hiedurch der wirkliche Verkehrswerth des Streitgegenstandes zur Zeit der Klagerhebung ermittelt wird;

in Erwägung, daß dieses Verfahren zur Feststellung der Oberappellationssumme im dem unterstellten Falle nach L.R.S. 4a um so weniger einem Bedenken unterliegt, als der Gesetzgeber in analogen Fällen, wie aus §§. 727. 801 der Pr.O. und §. 42. 3 des Sportelgesetzes erhellt, ein gleiches

ches Verfahren für die Werthbestimmung ausdrücklich vorschreibt;

daß eine einfache Zusammenrechnung der sämmtlichen Jahresleistungen nach ihrem Rennwerthe somit weder diesem Grundgedanken, noch der Bestimmung des §. 15 No. 1 d. Pr.O. entspräche, —

dahin aus:

daß bei periodisch wiederkehrenden Leistungen für eine bestimmte Anzahl von Jahren, insbesondere wo es sich um Ernährungsbeiträge für uneheliche Kinder bis zu deren zurückgelegtem 14. Lebensjahre handelt, die Oberappellationssumme durch Berechnung der Summe aller Jahresleistungen nach Abzug des Interusuriums zu finden sei.

(Oberhofgerichtlicher Plenarbeschluß vom 28. October 1864 No. 2390.) Eff.

113.

Die zur Begründung des Erbietens zum Erfüllungseide über die Aechtheit einer Privaturkunde vorgetragene Behauptung, die Schrift des Erblassers zu kennen, läßt die spätere Erläuterung zu, das Niederschreiben gesehen zu haben.

Gegen den Inhalt eines genehmigten Protokolls ist nach versäumter alsbaldiger Berichtigung später ein Gegenbeweis nicht zulässig.

In Sachen

des Bierbrauers Fridolin Jehle von Hochsal, Klägers, Appellanten, Oberappellaten, Adhärenten

gegen

Joseph Jehle, von da, und Genossen,

hier nur gegen

Martin Blum und seine Ehefrau, Anna geborenen Jehle, in Thiengen, Beklagte, Appellaten, Oberappellanten,

Erbtheilung betr.,

wurde der Kläger durch hofgerichtliches Urtheil vom 14. Mai 1864 zum Erfüllungseid dahin zugelassen:

„Es ist wahr und ich habe gesehen, daß mein verstorbener Bruder Johann Jehle den, auf Seite 147 der Erbtheilungsacten aufbleiben desselben befindlichen, letzten Willen vom 5. Juni 1861 selbst geschrieben und unterschrieben, auch mit Ort, Tag und Jahr versehen hat."

Gegen dieses Urtheil beschwerten sich die Beklagten, weil damit die Frage der Aechtheit des Testaments des Johann Jehle von Hochsal vom 5. Juni 1861 von dem Erfüllungseide des Klägers abhängig gemacht, statt daß das auf den Reinigungseid der Beklagten erkennende Urtheil der I. Instanz bestätigt worden sei.

Die von den Beklagten erhobene Beschwerde wurde von großh. Oberhofgericht für unbegründet angesehen, welches am 22. November 1864 aus folgenden Gründen bestätigte:

Die Zulassung des Klägers zum Erfüllungseide beruht auf der Thatsache, daß derselbe in II. Instanz ausdrücklich erklärte „gesehen zu haben, wie der Erblasser das Testament vom 5. Juni 1861 niederschrieb," und daß der Zulässigkeit und Erheblichkeit dieser Erklärung kein gegründetes Bedenken entgegensteht.

Die Oberappellanten machen zwar geltend, daß der kläger'sche Anwalt in I. Instanz das Geständniß abgelegt habe, daß „Kläger die Fertigung des Testaments durch den Erblasser nicht gesehen habe, wohl aber die Handschrift desselben genau kenne, und deßhalb den Erfüllungseid zu leisten vermöge" — und daß das Vorbringen in II. Instanz einen unstatthaften Widerruf jenes Geständnisses bilde. Allein eine Erklärung, wie die ebengedachte, wurde nach Inhalt der Akten, — und zwar sowohl nach der protokollarischen Ausführung des kläger'schen Anwalts, als nach dem Wortlaute der amtsgerichtlichen Entscheidungsgründe, — nicht abgegeben, vielmehr lediglich nur die Behauptung aufgestellt, daß „Kläger die Schrift des Erblassers genau kenne," eine Behauptung, die allerdings die Thatsache der „Wahrnehmung der Niederschreibung" nicht in sich enthält, dieselbe aber auch nicht ausschließt, da möglicher Weise gerade die Wahrnehmung der Niederschreibung der Grund des behaupteten genauen Kennens der Handschrift des Erblassers gewesen sein konnte.

Die in II. Instanz klägerischer Seits nachgetragene Behauptung, daß „Kläger das Niederschreiben gesehen habe" enthält somit keinen Widerruf einer eingeräumten Thatsache, vielmehr nur eine zulässige Ergänzung oder Erläuterung der früheren Behauptung des genauen Kennens der Handschrift, es kann hiernach auch von Anwendung der Grundsätze über den Widerruf eines Geständnisses, wie Beklagte geltend machen, keine Rede sein.

Der in II. Instanz von den Beklagten angetretene Beweis jenes angeblichen Geständnisses ist unzulässig, weil er gegen einen gerichtlichen Akt (Protokoll) gerichtet wäre, der die Bestimmung hatte, die beiderseitigen Behauptungen festzustellen, dessen etwa nöthige Berichtigung sofort zu erwirken, jede Partei in der Lage war, und der — insofern diese aktenmäßige Berichtigung versäumt wurde — dem Richter als wahrheitsgetreue Darstellung der Prozeßhandlungen gelten muß.

Die klägerische Behauptung, daß Kläger das Niederschreiben selbst gesehen, erscheint übrigens durch die angeführten Umstände des Vorganges glaubhaft gemacht, wogegen die beklagterseits entgegengehaltene Thatsache, daß Kläger sich außergerichtlich geäußert habe, von dem Testamente nichts zu wissen, selbst wenn sie begründet wäre, gegenüber der jetzt vorliegenden gerichtlichen Versicherung der Wahrheit der aufgestellten Behauptung nicht als entscheidend betrachtet werden könnte.

Aus diesen und den weiter vom großh. Hofgerichte angeführten Gründen rechtfertigt es sich nach Ansicht des §. 410 der Pr.O. vollkommen, daß man auf die Gewissenhaftigkeit des Klägers baut, und den Ausgang des Rechtsstreites von dem ihm auferlegten Notheide abhängig macht.

(Vrgl. Annal. 1854 (XXI.) No. 45. III. S. 357. 358.) Eis.

114.

Beschwerdeführung gegen Verfügungen des Strafrichters in Kostenerstattungssachen.

Die neue bürgerliche Pr.O. läßt, wie die frühere, eine Beschwerdeführung gegen Verfügungen zu, wodurch die Größe der, einer Partie zu ersetzenden, Kosten bestimmt wird, und es findet dieses Rechtsmittel selbst dann statt, wenn in der Hauptsache, und insbesondere wegen der Kostenbestimmung des Urtheils, eine Appellation nicht möglich gewesen wäre. De lege ferenda scheint es selbstverständlich, auch den in Strafsachen aufgetretenen Privatparteien (Ankläger und Angeklagter) ein ähnliches Rechtsmittel zuzugestehen; allein der Zweifel ist möglich, ob nicht nach unserer neuen Strafprozeßordnung es damit ungünstiger bestellt sei, und an einem Gerichtshofe hat dieser Zweifel bereits lebhafte Fürsprache gefunden. Um so mehr dürfte eine kurze Erörterung der gegentheiligen Ansicht am Platze sein.

Die Behauptung wird keinen Widerspruch erfahren, daß es gerecht und billig wäre, die Partheien im Strafverfahren in der vorwürfigen Frage auf gleichem Fuß zu behandeln, wie im bürgerlichen Prozeß, und daß es seltsam wäre, wollte man gegen jede ungebührliche Aeußerung eines Richters ein Beschwerderecht einräumen (wie dies der §. 412 der Str.Pr.O. thut), nicht aber gegenüber einer möglicherweise viel schwereren materiellen Beschädigung in Sachen der Kostenerstattung. Erwägt man ferner, daß die Bestimmungen der Str.Pr.O. hinsichtlich des Kostenpunktes für den Verurtheilten sogar günstiger sind, als die der Zivilprozeßordnung, da zwar der Rekurs bei Beschwerden ausgeschlossen ist, die nur die Verurtheilung in die Kosten zum Gegenstand haben (§. 387 der Str.Pr.O.), dagegen im §. 432 eine Beschwerdeführung für den Fall zugelassen wird, daß eine Verurtheilung nur allein in die Kosten erfolgte (§. 430. 431), so gelangt man zur Ueberzeugung, daß wohl auch in Kostenerstattungsfragen ein Rechtsmittel irgendwo vorgesehen sein müsse. Nur darf man ein solches nicht in demjenigen des Recurses suchen, da hiegegen der eben alleg. §. 387 im Weg steht. Es erübrigt vielmehr nur die eigentliche Beschwerdeführung im Sinne des Tit. 28 der Str.P.O. und nach den dort vorgezeichneten Normen. Der §. 412 daselbst besagt, daß das Rechtsmittel der Beschwerdeführung „jedem Betheiligten“ zustehe, der sich „wegen ungebührlicher Behandlung oder darüber zu beschweren hat, daß er in der Ausübung von Rechten oder in der Erfüllung von Pflichten verletzt“ worden, — und es ist diese Ausdrucksweise dem Wortlaute des §. 296 der alten Str.Pr.O. entlehnt, auf welch' letzteren man, unseres Wissens, unter der Herrschaft des frühern Gesetzes immer die Beschwerden in Kostenerstattungssachen gegründet und zugelassen hatte. Während nun die Motive zum Entwurfe der neuen Str.Pr.O. ausdrücklich hervorheben, daß die Normen derselben im Tit. 28 wesentlich die der alten Str.Pr.O. seien, so finden wir in dem Commissionsbericht der II. Kammer die Bemerkung ausgesprochen, daß der Unterschied zwischen Rekurs und Nichtigkeitsbeschwerde einerseits und der Beschwerdeführung andererseits darin zu suchen sei, daß jene nur gegen Endererkenntnisse, diese aber „für andere Fälle“ gegeben sei, und zwar, entweder für bestimmte besondere Fälle, oder aber im Allgemeinen gegen Ungesetzlichkeiten und

Ungebührlichkeiten. Davon aber findet sich keine Andeutung, daß solche „Ungesetzlichkeiten und Ungebührlichkeiten“ etwa nur in dem persönlichen Benehmen des Richters oder in Verfügungen desselben, die auf den persönlichen Rechtsstand der „Betheiligten“ im Lauf des Verfahrens und der Verhandlung Bezug haben, und nicht auch in Bescheiden anderer Art enthalten sein dürften; im Gegentheil setzt der §. 412 die ungebührliche Behandlung nach besonders entgegen, der „Verletzung in Ausübung von Rechten und Erfüllung von Pflichten,“ — Letzteres ganz allgemein gehalten. Was steht nun entgegen, von demjenigen, der mit seiner Kostenerstattungsbitte abgewiesen, oder der sich durch Abstriche verkürzt glaubt, zu sagen, er „sei in Ausübung seines urtheilsmäßigen Rechts der Kostenanforderung verkürzt oder verletzt“ oder von demjenigen, dem eine Kostenerstattungsauflage zugeht, zu sagen, er „sei verletzt in der Erfüllung seiner urtheilsmäßigen Pflicht der Kostentragung“ durch übermäßige, ungerechtfertigte, Ansetzung und Bestimmung der zu erstattenden Kosten? Ein klein wenig Zwang mag in dem letzten der beiden Fälle der Sprache angethan werden müssen; ohne daß sie jedoch zu einer geschraubten würde; in keinem Vergleiche aber steht damit die Unzuträglichkeit der Ausschließung der Beschwerdeführung gegen Kostenerstattungsbescheide.

Daß die Beschwerdeführung gegen derartige Verfügungen der Amtsgerichte gemäß Abs. 3 des §. 412 vergl. mit §. 199 Ziff. 2 vor die Raths- und Anklagekammer und nicht vor die Recurskammer des Kreisgerichts gehören, versteht sich von selbst, sowie auch, daß alle weiteren Regeln des Tit. 28 Platz greifen müssen.

En.

115.

Widerspruch zwischen Gesetz und Verordnung.

Nach §. 1 und 8 des Verw.Sp.Ges. (Reggsbl. 1864 No. 35) sind die Verhandlungen der unteren Finanzbehörden stempel- und sportelfrei, also nicht jene der Centralmittelstellen (vergl. §. 13 lit. a), sofern es sich nicht um Rekurse bei Contraventionen in Zoll- und Steuerstrafsachen handelt, oder sofern nicht ein Armer in Frage steht, oder nicht ein besonderes Gesetz die Sportel- und Stempelfreiheit gewährt (§. 32 Ziff. 3. 5. 8.).

Art. 4 der Verordnung vom 22. September 1864 (Reggsbl. No. 51) über das Verfahren in Steuer- und Zollstrafsachen erklärt aber alle Verhandlungen und Erkenntnisse der Finanzbehörden für tax-, sportel- und stempelfrei, widerspricht also jenem Gesetze, wie z. B. in den Fällen des Art. 2 des Gesetzes vom 22. Juni 1837 (Reggsbl. No. 20) nach dem Gesetze Gnadengesuche und andere Eingaben an die höheren Finanzbehörden nicht stempelfrei sind.

Nach bekannten Grundsätzen wird man daher jenen Art. 4 nach Maßgabe des Sportelgesetzes zu beschränken haben.

Dr. Buchelt.

116.

Der, ohne gesetzlichen Grund getrennt lebende, Ehegatte kann von dem andern Ehegatten nicht verlangen, daß er ihm eine Unterhaltsrente bezahle. Der Ehemann kann nur dann von der Ehefrau verlangen, daß sie ihm an seinen Aufenthaltsort folge, wenn er ihr anständige Wohnung und standesgemäßen Unterhalt bieten kann. L.R.S. 212.

In Sachen
des Johann Georg Meyer in Kollmarsreuthe
gegen
seine Ehefrau, Christine geb. Vogel von Windenreuthe,
Ernährungsbeitrag betr.

Der Kläger, welcher von seiner Ehefrau getrennt lebt, verlangte von derselben die Zahlung eines Unterhaltsbeitrags von täglich 48 kr. und stützte dieses Begehren theils auf den L.R.S. 212, theils auf die landrechtlichen Bestimmungen über die Vermögensrechte der Ehegatten.

Das großh. Amtsgericht Emmendingen ging auf dieses Begehren ein, indem es am 3. Mai 1864, No. 4640, erkannte:

„Beklagte sei, unter Verfällung in die Kosten, schuldig, dem Kläger zu dessen Unterhalt einen Beitrag von täglich 48 kr., beginnend mit dem 18. Septbr. 1863, und zahlbar in Monatsraten, die verfallenen binnen 8 Tagen, die künftigen jeweils am Monatsschlusse, bei Vollstreckungsvermeiden zu bezahlen."

Dieses Urtheil wurde, jedoch von großh. Hofgericht des Oberrheinkreises am 14. Juli 1864, No. 3317, abgeändert und Kläger mit der erhobenen Klage, unter Verfällung in die Kosten beider Rechtszüge, abgewiesen.

Auf die vom Kläger ergriffene Oberappellation wurde vom großh. Oberhofgerichte am 1. Dezember 1864 das hofgerichtliche Urtheil, unter Verfällung des Klägers in die Kosten der dritten Instanz, bestätigt aus folgenden

Gründen:

rc. Die angerufenen L.R.S. 1409 No. 5. 1448. 1537. 1537a und 1575 beruhen auf dem Grundsatze, daß die Lasten der Ehe von beiden Eheleuten gemeinsam zu tragen sind, und setzen voraus, daß ein eheliches Zusammenleben unter denselben stattfindet, sie sprechen daher insgesammt nur von der Pflicht, zu den Kosten der Haushaltung und zu den Ehelasten beizutragen.

Demnach kann aus denselben eine Unterhaltspflicht für getrennt lebende Ehegatten nicht abgeleitet werden, und erscheint somit Kläger, welcher an dem gemeinschaftlichen Haushalt nicht Theil nimmt und nicht Theil nehmen will, nicht als beschwert, daß seine Klage, insoweit solche sich auf obige Gesetzesstellen gründet, in den vordern Instanzen für verwerflich erkannt worden ist.

Anlangend die Begründung derselben durch L.R.S. 212, nach welchem die Ehegatten einander Hilfe und Beistand zu leisten schuldig sind, so muß zwar angenommen werden, daß unter dieser Verbindlichkeit auch die Pflicht zur gegenseitigen Alimentation im Allgemeinen begriffen ist; allein daraus folgt nicht, daß Kläger auf Zahlung eines Unterhaltsbeitrags in Geld Anspruch hat. Der L.R.S. 212 geht ebenso, wie die oben erwähnten gesetzlichen Bestimmungen über die Vermögensrechte der Ehegatten von der Unterstellung aus, daß ein eheliches Zusammenleben stattfindet, und deßhalb besteht die Verpflichtung der Beklagten zunächst nur darin, daß sie von dem ihr bei der Vermögensabsonderung zugeschiedenen Vermögen den erforderlichen Beitrag zu den Kosten des gemeinschaftlichen Haushalts leisten muß; dagegen geht ihre Verbindlichkeit nicht so weit, daß sie für den ohne gesetzlichen Grund von ihr getrennt lebenden Ehemann die Kosten eines abgesonderten Haushalts zu bestreiten, beziehungsweise ihm eine Unterhaltsrente zu bezahlen hätte. Eine solche Verpflichtung kennt das Landrecht unter gewissen Voraussetzungen nur, wo eine Ehe durch Scheidung getrennt, oder wenigstens das Scheidungsverfahren bereits eingeleitet ist (L.R.S. 301. 259 268), wo also das getrennte Leben der Ehegatten auf einem gesetzlichen Grunde beruht, was aber gerade darauf schließen läßt, daß in anderen Fällen eine Verpflichtung jener Art nicht bestehen soll.

Aus L.R.S. 210 kann der Anspruch auf eine Unterhaltsrente gleichfalls nicht abgeleitet werden, indem diese Gesetzesstelle nicht von dem Verhältniß der Ehegatten unter sich, sondern von der Alimentationspflicht anderer Personen handelt, welche nicht, wie jene, in einer Gemeinschaft stehen.

Die Beklagte weigert sich nun nicht, den ihr gegen ihren hilfsbedürftigen Ehemann im übrigen obliegenden Verpflichtungen dadurch nachzukommen, daß sie denselben in ihre Wohnung aufnimmt, und ihm daselbst den nöthigen Unterhalt verabreicht; sie hat sich vielmehr ausdrücklich dazu bereit erklärt, so daß es lediglich von dem Kläger selbst abhängt, aus der dürftigen Lage sich zu befreien, in welcher er wegen Vermögenslosigkeit und körperlicher Gebrechen sich angeblich befindet.

Gegen jenes Anerbieten macht zwar Kläger geltend, daß nach L.R.S. 212 er nicht der Frau in den von ihr gewählten Wohnort, sondern dieselbe ihm an seinen Aufenthaltsort zu folgen habe. Allein mit Unrecht, — denn jener Pflicht der Frau entspricht das Recht derselben auf anständige Wohnung und standesgemäßen Unterhalt, dieselbe tritt daher nur dann ein, wenn der Mann Beides zu bieten vermag; dazu ist aber Kläger nach seinen eigenen Erklärungen in dem vorliegenden Rechtsstreite außer Stand, und stellt sich somit obiger Einwand als unbegründet dar. Stf.

Redacteur Oberhofgerichtsrath Stempf. Verlag von J. Bensheimer in Mannheim. Druck von G. Schmelzer in Mannheim.

Annalen der Großherzogl. Badischen Gerichte.

1864. Band XXX. No. 26.

117.

Leitfaden für Hauptverhandlung der Strafkammern.

I. Vor der Sitzung.

1) **Wegen der Vertheidigung.** Nach Str.P.O. §. 219 mit §. 218 soll der Angeklagte bei Eröffnung des Verweisungsbeschlusses auch aufgefordert werden, innerhalb acht Tagen den gewählten Vertheidiger zu benennen, denn jeder Angeschuldigte darf in der Hauptverhandlung mit einem Vertheidiger erscheinen. Str.P.O. §. 194 Abs. 1. Macht er von diesem Rechte keinen Gebrauch, so hat der Gerichtshof ohne Rücksicht auf die Vermögensverhältnisse oder die Wünsche des Angeschuldigten darüber zu entscheiden, ob der Fall zu den wichtigeren oder schwierigeren gehöre, und bejahenden Falls einen Vertheidiger zu ernennen. Str.P.O. §. 194 Abs. 4. Für Privatanklagesachen gilt die besondere Vorschrift, daß dem vermögenslosen Angeschuldigten auf sein Verlangen ein Vertheidiger von Amtswegen aufgestellt wird, wenn der Staatsanwalt Ankläger oder Adhärent ist, oder wenn der Privatankläger einen rechtsgelehrten Bevollmächtigten ernannt hat. Str.P.O. §. 324 Abs. 4. Welche Abtheilung des Gerichtshofes den Vertheidiger zu ernennen hat, sagt das Gesetz nicht. In schwurgerichtlichen Sachen kann es nur von der Raths- und Anklagekammer geschehen, weil der Schwurgerichtshof erst mit Beginn der Sitzung in Wirksamkeit tritt. Bei kreisgerichtlichen Sachen dagegen wird es zum Geschäftskreis der Strafkammer gehören, da die urtheilende Behörde am Besten ermessen kann, ob ein von ihr zu erledigender Straffall wegen seiner Wichtigkeit oder Schwierigkeit die Beiziehung eines Vertheidigers erheischt. So hat in den, bisher an das Kreisgericht Baden verwiesenen Strafsachen die Raths- und Anklagekammer zu Offenburg sich mit der Frage wegen des Vertheidigers nicht befaßt, und wurde vom Kreisgericht Baden nach Einkunft der Akten zunächst darüber Beschluß gefaßt, ob ein Vertheidiger von Amtswegen aufzustellen sei oder nicht. Da die genannte Raths- und Anklagekammer, in jenen Fällen, die auch von Ammann Anmerkung 2 zu §. 194 für nöthig erklärte Aufforderung an den Angeschuldigten zur Bestellung eines Vertheidigers unterlassen hatte, so wurde dies, um Weiterungen zu vermeiden, vom Kreisgerichte nachgeholt.

2) **Ergänzung des Gerichtshofes.** Da nach §. 26 No. 1. der Gerichtsverfassung die Strafkammer aus fünf Richtern bestehen muß, so hat bei den mit weniger Personal besetzten, Kreisgerichten der Vorsitzende die nöthige Zahl von Amtsrichtern zur Aushülfe einzuberufen. §. 19 der Gerichtsverfassung, §. 13 der Vollzugsverordnung vom 12. Juli 1864 (Reggsbl. No. 29).

3) Die Namen der zu einer Hauptverhandlung berufenen Richter sind auf Verlangen dem Staatsanwalte, dem Privatankläger, dem Beschädigten, welcher sich dem Verfahren angeschlossen hat, und dem Angeschuldigten mitzutheilen. Str.Pr.O. §. 33 Abs. 2 mit §. 25.

4) Einvernahme des Angeschuldigten durch Vorsitzenden oder seinen Beauftragten ist in §. 221 der Str.P.O. geboten, sofern der Angeschuldigte verhaftet ist, andernfalls steht sie im Ermessen des Vorsitzenden. Str.P.O. §. 221 und Anmerkung von Ammann. — Befindet sich der verhaftete Angeschuldigte nicht am Orte des Gerichts, so muß das betreffende Amtsgericht alsbald angewiesen werden, denselben dorthin abzuliefern.

5) Vorsitzender bestimmt die Sitzung, und kann, so lang die Verhandlung noch nicht begonnen hat, von Amtswegen oder auf Antrag — lediglich nach seinem Ermessen vertagen; nachher die Strafkammer und zwar nur aus gesetzlichen oder sonstigen wichtigen Gründen, welche in dem Beschlusse anzuführen sind, und wozu die Verhinderung des Anwalts nur ausnahmsweise gehört. Str.P.O. §. 223 und Ammann, Anm. 2 zu §. 222.

6) Vorladung *) erläßt Vorsitzender (Ammann, Anm. 1 zu §. 220) an 1) Angeklagten, 2) Vertheidiger, 3) den Beschädigten, auch wenn er sich noch nicht angeschlossen hat, da die Anschließung noch in der Hauptverhandlung geschehen kann (Str.Pr.O. §. 331 Abs. 1 mit §. 329

*) Wegen Anschlages der Tagesordnung. Vrgl. Annal. XXX. S. 252 Note * und Ammann Anm. 3 zu §. 223. D. E.

Abs. 3), 4) die Sachverständigen und Zeugen, und zwar an diese Beiden nach Str.P.O. §. 255 unter ausdrücklicher Androhung des Rechtsnachtheils (Vergl. Formular Reggsbl. 1864 No. 46 S. 624) in der, Jedem einzeln zuzustellenden, schriftlichen Vorladung.

7) Von der ganzen Ladungsverfügung erhalten Nachricht *) der Staatsanwalt (wegen Privatanklagesachen s. unten O.Z. 38 lit. e) und der Privatankläger (Str.-Pr.O. §. 220 Abs. 2.), Letzterer unter Androhung des Rechtsnachtheils, daß im Fall seines unentschuldigten Ausbleibens in der Hauptverhandlung der Verzicht auf die Anklage unterstellt würde. Die Eröffnung an den Staatsanwalt geschieht in der Regel durch Mittheilung der Urschrift zur Einsicht und die hierüber von Jenem zu gebende Bescheinigung. Str.Pr.O. §. 151.

8) Hat der Privatankläger einen Bevollmächtigten ernannt, so erhält dieser die Nachricht von der Ladung; der Gerichtshof kann aber auch die persönliche Vorladung des Privatanklägers beschließen, was Jenen aber nicht hindert, einen Bevollmächtigten zur Seite zu haben. Str.-Pr.O. §. 319.

9) Der Vorsitzende hat das in §. 230 d. Str.Pr.O. bestimmte Recht zur Erhebung neuer Beweise ꝛc. auch schon vor der Sitzung. Ammann, Anm. 3 zu §. 230.

II. In der Sitzung.

1) Befugnisse des Vorsitzenden. (Vrgl. oben Z. 2. 4. 5. 6. 7. 8.)

a) Leitung der Verhandlung. Str.Pr.O. §. 229.

b) Aufrechthaltung der Ruhe und Ordnung im Sitzungssaale (Str.Pr.O. §. 229), also Disciplinargewalt gegen den Angeklagten (beschränkt auf Ermahnungen Str.Pr.O. §. 260), gegen sonstige Anwesende durch Ermahnung, Fortweisung und Festnehmung bis zu 24 Stunden. Str.Pr.O. §. 261. Die landesherrliche Verordnung vom 10. März 1849 Reggsbl. No. 13 hat im Wesentlichen den gleichen Inhalt, doch ist deren §. 1 zu erwähnen, wo es heißt: „der Präsident oder sein Stellvertreter übt die Polizei im Sitzungssaale des Strafgerichts aus. Er trifft die zur Handhabung der Ordnung und Ruhe in dem Hause, worin sich der Sitzungssaal befindet, nöthigen Anordnungen. Sollten derartige Anordnungen in den Umgebungen dieses Hauses nothwendig werden, so hat er sich deßhalb an die zuständige Polizei- oder Militärbehörde zu wenden." Bezüglich der Anwälte ist maßgebend, Anwaltsordnung §. 42 und Verordn. v. 2. Juli 1850 Reggsbl. No. 38 (abgedruckt Annal. XXX. No. 32 S. 255). Wegen Militärpersonen s. Ammann, Anm. 2 zu §. 82 der Str.P.O. Ob und wie weit der Staatsanwalt der Disziplinargewalt unterworfen ist, war stets eine ebenso delikate als bestrittene Frage. Nach §. 237 u. §. 238 der Str.P.O. muß er sich Verwerfung unzulässiger oder unangemessener Fragen gefallen lassen; ebenso kann er nach §. 244. 297 das Wort nicht mehr begehren, wenn das Gericht die Sache für hinreichend erörtert hält und deßhalb den Schluß der Verhandlung anordnet. Meines Erachtens erstreckt sich die Disziplinargewalt, wie es auch bisher alle Schwurgerichtspräsidenten beanspruchten, in vollem Maaße über die Staatsanwälte, ist aber natürlich mit aller, seiner Stellung gebührenden, Rücksicht zu handhaben. Vergl. den Schluß von Anm. 5 zu §. 39 der Str.P.O. von Ammann.

c) Zulassung von Begleitern (mindestens drei) des Angeklagten und des adhärirenden Beschädigten, sowie von einzelnen anderen Personen zu geheimen Sitzungen. Str.P.O. §. 226.

d) Erhebung neuer Beweise während und in der Sitzung, oder durch Gerichtsdeputirten mit oder ohne kurze Unterbrechung der Sitzung. Str.P.O. §. 230 und 242 a. E.

e) Abtretenlassen des Angeschuldigten während des Verhörs von anderen Personen. Str.P.O. §. 241.

f) Aussetzung der Beeidigung eines Zeugen bis nach dessen Vernehmung. Str.P.O. §. 234 Abs. 3.

g) Erlassung eines Vorführungsbefehls gegen den ausgebliebenen oder zu früh weggehenden Angeklagten, Str.P.O. §. 253; ebenso gegen die ausgebliebenen Zeugen und Sachverständigen. Str.P.O. §. 254. 255.

h) Entlassung der vernommenen Zeugen und Sach-

*) Der Grund, weßhalb der öffentliche und der Privatankläger nicht vorgeladen werden, sondern nur Nachricht erhalten, liegt darin, daß der Letztere beliebig ausbleiben kann, indem er dann als verzichtend angesehen wird, und daß der Staatsanwalt dem Gerichtshofe nicht untergeordnet ist, also auch nicht den, in der Vorladung liegenden Befehl zum Erscheinen erhalten soll. Vrgl. Ammann, Anm. 5 zu §. 39 der Str.P.O. D. G.

verständigen vor Beeidigung der Sache. Str.P.O. §. 236 und Anm. von Ammann.

i) Aufstellung eines Vertheidigers im Falle von Str.P.O. §. 260 Abs. 3.

k) Verkündung des Urtheils mit Gründen und Belehrung über Rechtsmittel. (Siehe unten.)

2) Dem Gerichtshofe sind folgende Disziplinarbefugnisse vorbehalten:

a) Ausschließung der Oeffentlichkeit. Str.P.O. §. 225 Abs. 3.

b) Abführung des Angeklagten wegen fortgesetzter Störung der Verhandlung. Str.P.O. §. 260 Abs. 1. Gegenüber dem adhärirenden Beschädigten und dem Privatankläger wird diese Bestimmung rechtsähnlich anzuwenden sein.

c) Entfernung aller Zuhörer. Str.P.O. §. 261 Abs. 3.

d) Festnahme falscher Zeugen. Str.P.O. §. 262.

e) Einschreiten gegen die in der Sitzung verübten Vergehen. Str.P.O. §. 263. 264. Wegen Anwälten vergl. oben unter Ziff. 1 Abs. b.

3) Unentschuldigtes Ausbleiben und Weggeben des Angeklagten hat Vertagung und Verhaftsbefehl zur Folge. Str.P.O. §. 253. Erkrankt er in der Sitzung, so daß er nicht länger anwohnen kann, dann je nach Umständen Vertagung oder Fortsetzung der Verhandlung unter Aufstellung eines Vertheidigers, sofern noch keiner vorhanden ist. Str.P.O. §. 260 Abs. 3

4) Bei Ausbleiben von Zeugen oder Sachverständigen Vertagung mit Vorführungsbefehl oder Vornahme der Verhandlung, jedenfalls Bestrafung. Str.P.O. §. 254—257.

5) Verweigerung des Eides oder Zeugnisses:

a) unbefugte, Str.P.O. §. 258,

b) befugte. Str.P.O. §. 106. 240 Abs. 2.

6) Ausbleiben des Staatsanwalts hat nach Bem. ** die Folge, daß, wie wenn die Richterbank nicht vollständig besetzt ist, die Verhandlung nicht stattfinden kann, also vertagt werden muß. Denn im Allgemeinen kann der Staatsanwalt nicht ausdrücklich, also auch nicht stillschweigend durch Ausbleiben auf die Anklage verzichten. Str.P.O. §. 245 Abs. 1. Nur wenn er wegen Ehrenkränkung die Anklage erhoben oder sich derselben angeschlossen hat, gilt sein Ausbleiben als Verzicht auf die Anklage oder Anschließung. Str.P.O. §. 329 Abs. 2. Das grundlose Ausbleiben in anderen Verhandlungen kann Gegenstand dienstlicher Beschwerde werden. §. 27 der Dienstweisung für Staatsanwälte, Regierungsbl. 1864 No. 39.

7) Ausbleiben des Privatanklägers wirkt, wenn er nach Str.P.O. §. 339 Abs. 2 persönlich vorgeladen war, Verzicht auf Anklage mit erschwerter Wiederherstellung. Str.P.O. §. 320 Abs. 2. §. 325. - Andernfalls tritt Verzicht nur ein, wenn er weder persönlich noch durch Bevollmächtigten erscheint. Hat der Staatsanwalt adhärirt, so wird dies durch jenen Verzicht nicht ergriffen.

8) Ausbleiben des adhärirenden Beschädigten, der nicht zugleich Zeuge oder Privatankläger ist, hat keine Folgen. Str.P.O. §. 331 Abs. 1 u. 3 §. 332 Abs. 2.

9) Oeffentlichkeit der Hauptverhandlung für Erwachsene ist Regel. Ger.Verf. §. 2. Str.P.O. §. 225 Abs 1.

10) Geheime Sitzung wegen Verletzung der sittlichen Schicklichkeit; Verkündung des Urtheils ist jedenfalls öffentlich. Str.P.O. §. 225 Abs. 2. 3. 4. 5.

11) Sitzungsprotokoll. §. 259 d. Str.P.O. Die Aussagen der Einvernommenen sind nur dann aufzunehmen, wenn es der Vorsitzende von Amtswegen oder auf Antrag eines Berechtigten verordnet. Vrgl. §. 17 der Instruktion für Amtsgerichte, Reggsbl. 1864 No. 46. Die allgemeinen Vorschriften in Str.P.O. §. 75 76 Abs. 1. 79. 80. 81 gelten auch hier, und bei wörtlicher Aufnahme von Aussagen bedarf es auch der Unterschrift des Deponenten. (Str.P.O. §. 76 Abs. 2. 3. §. 77. 78. Vrgl. bürgerl. Pr.O. §. 283 ff. und §. 1028.)

12) Die Verhandlung beginnt mit dem Aufrufe der Sache. Str.P.O. §. 232.

13) Hierauf folgt Befragung des Angeklagten um Namen, Stand, Alter und Wohnort. Str.P.O. §. 232.

14) Sodann Aufruf der Zeugen und Sachverständigen. Str.P.O. §. 232.

15) Sodann Beeidigung *) sämmtlicher Zeugen

*) Mit Recht erklärt Ammann, Anm. 1 zu §. 114 b, Str.P.O. den Verzicht auf Beeidigung (also auch Vergelübdung) für unstatthaft; denn der in Str.P.O. §. 243 gestattete gemeinsame Verzicht auf ein Beweismittel paßt nicht hierher, weil die Beeidigung auch für die Bildung der innern Ueberzeugung des Gerichts wichtig und

(Str.P.O. §. 115 Abs. 1 —) sofern sie nicht schon in der Voruntersuchung oder im Allgemeinen beeidigt sind, oder sofern nicht Vorsitzender die Beeidigung aussetzt. Str.P.O. §. 234 Abs. 2 3. Die dort gestattete gleichzeitige Beeidigung empfiehlt sich nach den schwurgerichtlichen Erfahrungen zur Vermeidung ermüdender Wiederholungen (Ausnahme wegen der kraft Präsidialbefugniß Berufenen. Str.P.O. §. 230 Abs. 2).

Der Vorsitzende fordert sie auf zu schwören:

in der gegenwärtigen Untersuchung die Wahrheit zu sagen, ohne Haß, Gunst oder Ansehen der Person; auch nichts, was zur Sache gehört, zu verheimlichen.

Zeuge legt linke Hand auf Brust, hebt die Rechte empor und antwortet:

„Ich schwöre es, so wahr mir Gott helfe!"
Str.P.O. §. 114.

Bei jeder Beeidigung haben sich alle Anwesende zu erheben, §. 7 Abs. 3 des Gesetzes vom 20. Dezember 1848 über Eidesabnahmen (Reggsbl. No. 81).

Oeffentliche Diener werden auf ihren Diensteid verwiesen. Str.P.O. §. 116.

16) Sachverständige werden, wenn sie ständig sind, gar nicht, andernfalls schon in der Voruntersuchung beeidigt. Wäre es dort unterblieben, so ist es nachzuholen. Die kraft Präsidialbefugniß erschienenen, nicht ständigen, Sachverständigen werden nur ausnahmsweise beeidigt. Str.P.O. §. 86. 230 Abs. 2. — Die Art der Beeidigung ist alsdann die gleiche, wie bei den Zeugen; die Eidesformel lautet nach Str.P.O. §. 86 folgendermaßen: daß die Sachverständigen den Gegenstand ihrer Begutachtung sorgfältig untersuchen, die gemachten Wahrnehmungen treu und vollständig angeben, und ihr Gutachten nach bestem Wissen und Gewissen, ihrer Kenntniß und Erfahrung gemäß abgeben wollen.

17) Verweisung der Zeugen in das Wartzimmer. Str.P.O. §. 232. Nur der Beschädigte, auch wenn er Zeuge ist, darf der ganzen Verhandlung beiwohnen. Str.P.O. §. 331 Abs. 2.

18) Sachverständige bleiben, wenn nicht der Vorsitzende anders bestimmt. Str.P.O. §. 232 a. E.

19) Vorlesung des Verweisungsbeschlusses durch Protokollführer. Str.P.O. §. 296 Abs. 1.

20) Mündlicher Vortrag der Anklage durch Staatsanwalt. Str.P.O. §. 296. Vertheidiger darf nicht darauf antworten, weil dieser Vortrag nur die Verlesung der Anklageschrift ersetzt. Haager, Commissionsbericht zu §. 295. —

21) Einvernahme des Angeklagten theils sogleich, theils im Verlaufe der Beweiserhebung, wobei sich derselbe über Beantwortung der Fragen mit Niemand besprechen darf. Str.P.O. §. 233.

22) Einvernahme der Zeugen.*) Str.P.O. §. 234. Zuerst über Personalien, dann über die Sache, wobei er erst nach der Aussage schriftliche Aufzeichnungen benützen darf. Str.P.O. §. 121. 122. 123. Dollmetscher für Ausländer und Art der Einvernahme von Stummen und Tauben. Str.Pr.O. §. 125. 126.

23) Erhebung der Gutachten — einzeln oder zugleich. Str.P.O. §. 235.

24) Nach der Einvernahme von Zeugen oder Sachverständigen Aufforderung an Staatsanwalt, Angeklagten oder Vertheidiger wegen Ausübung des direkten Fragerechts, wobei der Vorsitzende nur unangemessene Fragen verwerfen, nicht aber das Wort verweigern kann. Str.P.O. §. 237. Wegen Kreuzverhör der Zeugen auf übereinstimmenden Antrag des Staatsanwalts und des Vertheidigers (also nicht des Angeklagten). Vergl. Str.P.O. §. 238.

25) Die mitwirkenden Richter haben, nachdem sie vom Vorsitzenden das Wort erhalten, das Recht, unmittelbare Fragen an die Einvernommenen zu stellen. Str.P.O. §. 239.

26) die einvernommenen Zeugen und Sachverständigen haben bis zum Schlusse zu bleiben, wenn sie nicht früher entlassen werden (Str.P.O. §. 236), was in der Regel am Schlusse der Beweiserhebung geschieht.

27) Vorlesung von Aktenstücken (Str.P.O. §. 240) geschieht theils bei sich ergebender Gelegenheit während des Verhöres, theils jetzt erst; ist viel zu verlesen, so vertheilt man es, um Ermüdung zu vermeiden.

28) Verzicht auf Beweismittel muß übereinstimmend vom Staatsanwalt und vom Angeklagten geschehen. Str.P.O. §. 243.

---

die Art der Strafverhandlung der Parteiwillkür nicht unterworfen ist. D. E.

*) Als dem Geiste des neuen Verfahrens widersprechend und als bei öffentlich mündlichen Verhandlungen einen peinlichen Eindruck machend, ist zu vermeiden, daß die Angeklagten zu sehr auf Geständniß inquirirt und die Zeugen genöthigt werden, ihre in der Voruntersuchung gemachten Aussagen wortgetreu zu wiederholen. D. E.

29) Die Beweiserhebung wird *für geschlossen* erklärt. Str.P.O. §. 244.

30) *Schlußvortrag* des Staatsanwalts (Str.-P.O. §. 296); soll Anträge und deren Begründung, namentlich Bezeichnung des maßgebenden Gesetzes, und kann Strafantrag enthalten (Str.P.O. §. 244 Abs. 1. 3); Verzicht auf Anklage ist unzulässig. (Str.P.O. §. 246 und wegen Ehrenkränkungsanklagen s. oben Z. 6.) Wegen Neuheiten — vergl. Str.P.O. §. 245.

31) *Vertheidigung.* Str.P.O. §. 296 Abs. 2 hat jedenfalls das letzte Wort. Str.P.O. §. 244 Abs. 2.

32) *Nova.*

a) Neuer Umstand oder neues Beweismittel, 1) entweder Vertagung, 2) oder Erhebung des neuen Beweises sogleich in der Sitzung, 3) oder nach Ermessen des Vorsitzenden Erhebung durch Deputirten mit oder ohne Unterbrechung der Sitzung. Str.P.O. §. 242.

b) Anderer Sachverhalt.

1) Staatsanwalt kann darnach Antrag ändern, auch neue Erschwerungs- und Milderungsgründe berücksichtigen. Str.P.O. §. 245.

2) Gericht gibt, wenn nicht neues Verbrechen vor Schwurgericht gehört, Urtheil ohne Rücksicht auf Verweisungsbeschluß — sofern die Thatsachen die nämlichen sind, wie in der Anklage, oder es sich nur um neuen Erschwerungsgrund oder Milderungsgrund handelt; — muß aber vorher den Staatsanwalt, Angeklagten und Vertheidiger darüber hören, und kann auf deren Antrag oder von Amtswegen vertagen, was bei neuen Verbrechen auf Antrag des Angeklagten geschehen muß. Str.P.O. §. 248 Abs. 1. 2. 3.

3) Ist die Sache eine schwurgerichtliche, dann Unzuständigkeitserklärung und Verfügung wegen des weiteren Verfahrens (Str.P.O. §. 248 Abs. 4), nämlich Abgabe der Akten an Staatsanwalt zur Stellung seiner Anträge bei der Raths- und Anklagekammer.

c) *Weitere strafbare Handlung.*

Sofern nicht Str.P.O. §. 208 hilft, wonach die Anklage auf Vollendung als Urheber mit Vorbedacht oder Vorsatz, auch Beihülfe, Versuch, Begünstigung, Fahrlässigkeit und Affekt umfaßt, ist vom Gerichte dem Staatsanwalte die strafrechtliche Verfolgung hierwegen vorzubehalten. Str.P.O. §. 249

33) *Schluß der Verhandlung.* Str.P.O. §. 297. Die in Str.P.O. §. 281 Abs. 4 vorgeschriebene Abführung und Verwahrung des Angeklagten ist nur für das schwurgerichtliche Verfahren berechnet, weil nach Str.-P.O. §. 297 Abs. 3 der Wahrspruch zuerst in Abwesenheit des Angeklagten vorgelesen wird. Natürlich kann aber in Strafkammersitzungen der Vorsitzende den verhafteten Angeklagten abführen lassen, wenn er längere Dauer der Urtheilsberathung erwartet; ist der Angeklagte nicht verhaftet, so gehört zu seiner, etwa durch die neue Gestaltung der Sache gebotenen, Festnehmung ein Beschluß des Gerichtshofes.

34) *Urtheil.* Str.P.O. §. 297.

Inhalt. Str.P.O. §. 250. 251. Entscheidungsgründe. Str.P.O. §. 300 Abs. 2. Geheime Berathung und Abstimmung, die nicht protokollirt wird (also keine Separatvotum mehr!) Str.P.O. §. 297 Abs. 2. Abstimmung nach Dienstalter vom Jüngsten aufwärts. Gerichtsverf. §. 8 Abs. 1. Mehrheit von vier Stimmen für Thäterschaft und erschwerende Umstände, sonst einfache Stimmenmehrheit. Str.P.O. §. 298 Abs. 1. 2. Verschiedene Ansichten der Richter. Str.P.O. §. 298 Abs. 3 §. 299.

35) *Urtheilsverkündung* durch Vorsitzenden mit dem wesentlichen Inhalt der Entscheidungsgründe — (Str.P.O. §. 300 Abs. 1) in der nämlichen öffentlichen Sitzung oder in einer späteren solchen, welche nicht über drei Tage hinauszuschieben ist. Str.P.O. §. 252 Abs. 1. War der Angeklagte bei der Verhandlung anwesend, fehlt aber bei der Verkündung, so ist ihm das Urtheil in beglaubigter Abschrift zuzustellen, und, sofern er nicht aufzufinden ist, der wesentliche Inhalt des Urtheils ohne die Entscheidungsgründe öffentlich zu verkünden. Str.-P.O. §. 252 Abs. 2.

36) *Belehrung* wegen des Rechtsmittels der Nichtigkeitsbeschwerde an den Verurtheilten. Str.Pr.O. §. 378. Dasselbe ist bei dem urtheilenden Gerichte binnen zehen Tagen schriftlich unter bestimmter Angabe der Beschwerdegründe anzuzeigen; nach Ablauf der Frist dürfen neue Beschwerdegründe nicht geltend gemacht werden. Str.-P.O. §. 377.

37) Eigenthümlichkeiten, wenn sich der Beschädigte dem Verfahren *angeschlossen* hat:

a) er kann durch den Vorsitzenden Fragen stellen und darf Bemerkungen machen, nachdem er sich das Wort erbeten hat. Str.P.O. §. 331 Abs. 3.

b) Nach dem Schlußvortrage des Staatsanwalts bringt er selbst oder durch einen Vertreter seine Anträge und deren Begründung. Str.P.O. §. 331 Abs. 4. 5.

c) Urtheil über den Entschädigungsanspruch. Str.-P.O. §. 333 - 335. Kosten. §. 433. Bei einer Beschwerdesumme von über 200 fl. steht beiden Theilen der Rekurs an das Oberhofgericht zu (Str.P.O. §. 336 Ziff. 2), worüber dieselben zu belehren sind (Str.P.O. §. 399) und zwar mit dem Anfügen, daß der Rekurs binnen zehn Tagen unter Bezeichnung der Beschwerdepunkte bei dem urtheilenden Gerichte anzuzeigen ist. Str.-P.O. §. 389.

38) Eigenthümlichkeiten der Privatanklagesachen (Vergl. §. 317 der Str.P.O.):

a) Vorlesung des Verweisungsbeschlusses (O.Z. 19) fällt weg. Str.P.O. §. 323 Abs 2.

b) Anklagebegründung (O.Z. 20) geschieht mit oder ohne Strafantrag durch den Ankläger oder seinen Vertreter. Str.P.O. §. 324 Abs. 1, §. 318 Abs. 2, §. 319 Abs. 1.

c) Fragerecht beider Theile (O.Z. 24), nachdem sie vom Vorsitzenden das Wort erhalten haben. Str.-P.O. §. 324 Abs. 2.

d) Schlußvorträge (O.Z. 30. 31) beider Theile mit letztem Worte des Angeklagten. Str.P.O. §. 324 Abs. 3.

e) Keine Mitwirkung des Staatsanwalts, außer wenn er sich angeschlossen hat, doch hat er das Recht, der Hauptverhandlung anzuwohnen (muß also von dieser Nachricht erhalten), und kann sich, wenn er dies thut, über die Sache äußern. Str.-P.O. §. 328 Abs. 1.

f) Auch für den Fall der Anklageerhebung nach Str.G.B. §. 317. 318, oder Anschließung des Staatsanwalts gelten im Allgemeinen die Regeln des Privatanklageverfahrens. Str.P.O. §. 328 Abs. 2.

g) Wegen Neuheiten (O.Z. 32) tritt die wesentliche Beschränkung ein, daß die Bezeichnung des Vergehens in der ersten Anklage nicht geändert werden darf. Str.P.O. §. 318 und Commissionsbericht von Haager zu §. 317.

h) Urtheil. Str.P.O. §. 325 nicht über Strafantrag des Anklägers. Str.P.O. §. 327 Abs. 1. Kosten. §. 326 der Str.P.O. Richtigkeitsbeschwerde des Privatanklägers. Str.P.O. §. 376

39) Verfahren gegen Abwesende und Flüchtige ist nach dem Schlusse der Voruntersuchung das ordentliche (Str.P.O. §. 352 Abs. 2) mit folgenden Abweichungen:

a) Oeffentliche Vorladung des Angeklagten zur Hauptverhandlung mit dem Anhange, daß er sich vierzehn Tage vorher bei dem Untersuchungsrichter zu stellen habe (Str.P.O. §. 354 Abs. 1); erscheint er, so wird er verhaftet, sofern die Voraussetzungen von Str.P.O. §. 163 ff. vorhanden sind, und einvernommen. Haager, Commissionsbericht zu §. 354. Die Hauptverhandlung findet übrigens statt, ob der Angeklagte erschienen ist oder nicht (Str.-P.O. §. 354 Abs. 2), außer wenn der Angeklagte oder sein Vertheidiger *) oder gewisse Verwandte nach Maßgabe von Str.P.O. §. 357 Vertagung erwirken.

b) Erkenntniß enthält — abweichend vom Str.P.O. §. 251 — Einstellung bis auf Betreten, wenn gegen den Abwesenden kein hinlänglicher Beweis vorliegt. Str.P.O. §. 354 Abs. 3.

c) Oeffentliche Verkündung des Urtheils und Zustellung des verurtheilenden Erkenntnisses nebst Entscheidungsgründen an den etwa ernannten Vertheidiger. Str.P.O. §. 355.

40) Verfahren bei Preßvergehen ist hier das gewöhnliche (Str.P.O. §. 362), außer daß die Strafkammer in gewissen Fällen den Angeklagten sogleich unter Zustellung der Anklageschrift zur Verhandlung und Aburtheilung in eine, nach Str.P.O. §. 369 in der nächsten Zeit zu bestimmende, Sitzung mit dem Anfügen vorladet, daß bei seinem Ausbleiben oder bei verweigerter Antwort die in der Anklageschrift vorgetragenen Thatsachen für zugestanden angesehen und weitere Vertheidigungsmittel nicht mehr zugelassen würden, sowie daß etwaige Entschuldigungsthatsachen nur dann berücksichtigt werden, wenn er solche spätestens drei Tage vor der Sitzung vorträgt und sogleich Beweis darüber antritt. Str.P.O. §. 367. Persönliche Zustellung nach Str.P.O. §. 149 Abs. 4 ist nicht nöthig, da diese Vorschrift nur für die Fälle der §§. 307. 315 gegeben ist, und gar nicht hierher paßt, vielmehr die Ladung nach §. 365. 367 öffentlich zu verkünden ist, wenn sie einen Abwesen-

*) Also auch der Abwesende darf einen Vertheidiger wählen (vergl. Str.P.O. §. 193), und selbst von Amtswegen ist ihm in wichtigeren oder schwierigeren Fällen ein solcher zu bestellen, denn Str.-P.O. §. 194 Abs. 4 unterscheidet nicht zwischen Verhafteten und Nichtverhafteten. Vergl. Str.P.O. §. 355 Abs. 3. D. E.

den betrifft. Str P.O. §. 362. 354. Werden Entschuldigungsthatsachen rechtzeitig und gehörig vorgetragen, und sind solche erheblich, dann Erhebung der Beweise in der Sitzung mit oder ohne Verlegung der Tagfahrt. Str.-P.O. §. 368. Strafantrag des Anklägers darf nicht überschritten werden und Verzicht auf die Anklage ist bis zur Verkündung des Urtheils zulässig. Str.P.O. §. 370. 371.

Dr. Puchelt.

118.

Kirchenbaupflicht.

1) Die Baupflicht zur Kirche umfaßt in der Regel die gesammte ungetheilte Baupflicht auch für das nothwendige Ingebäude.

2) Für die Einrede, daß der zur Kirche Baupflichtige von der Pflicht, auch das Ingebäude zu stellen, frei sei, einer wesentlichen Beschränkung der ungetheilten Baupflicht, muß ein sicherer unzweideutiger Nachweis geliefert werden.

3) Die Herstellung der Thatsache, daß die Kirchengemeinde einmal die Kosten für das Ingebäude im Wege der Collecte aufgebracht hat, genügt für sich allein noch nicht, um daraus eine Befreiung des Baupflichtigen von der Verbindlichkeit, auch das Ingebäude zu stellen, und eine Ueberwälzung dieser Verbindlichkeit auf die Gemeinde mit Sicherheit folgern zu können.

Vielmehr ist nicht blos jene Thatsache, sondern sind auch die Modalitäten, unter welchen die Kirchengemeinde zur Collecte ihre Zuflucht nahm, insbesondere die Thatsache zu beweisen, daß bei demselben Baufalle der bisher Pflichtige freigeblieben sei.

§. 9 des Bauedicts.

In Sachen

der Kirchspielsgemeinde Sandhofen

gegen

den großherzoglich evangelischen Kirchenfiscus, vertreten durch den großh. evangelischen Oberkirchenrath,

die Stellung des Ingebäudes in die evangelische Kirche zu Sandhofen betreffend.

Der vorliegende Rechtsstreit betraf nicht die Baupflicht des beklagten Kirchenfiscus in Bezug auf die in Frage stehende Kirche zu Sandhofen überhaupt — (diese ist nicht bestritten), sondern nur die Ausdehnung der Baupflicht auf die Stellung des nothwendigen Ingebäudes.

Die klagende Kirchspielsgemeinde beanspruchte nämlich unter Bezug auf die in §. 4 der Klage näher dargelegten, in der Hauptsache nicht bestrittenen, Verhältnisse den Ersatz des, ihr im Falle der nicht nachweisbaren Bauverpflichtung des Beklagten zur Last bleibenden, Restbetrags der Kosten jenes Ingebäudes, das im vorigen Jahrzehnd neu hergestellt wurde, mit 631 fl. 20 kr.

Sie gründete die beanspruchte Baupflicht, unter Hinweis auf die §§. 11 und 13 des Kirchenbau-Edikts vom Jahr 1808, vergl. mit §. 29, vorzüglich auf das sog. Competenzbuch vom Jahr 1710, wonach das Langhaus mit Ingebäude von der Collectur Mannheim, das Chor mit Ingebäude von der Pflege Schönau zu bauen und zu unterhalten ist, und worin zwei Bauhandlungen der genannten Collectur vom Jahr 1606 und 1609 aufgeführt sind; ferner im Allgemeinen auch auf weitere Bauvorgänge vom Jahre 1724 und 1853, sowie ein Anerkenntniß in einem Bericht vom 31. November 1852, was die Baupflicht überhaupt betrifft.

Die Letztere wird jedoch vom Beklagten zugegeben; dagegen in Bezug auf das Ingebäude unter Bestreitung der Klagbegründung eingewendet, daß bei dem Neubau vom Jahr 1724 die Klägerin das Ingebäude gestellt und auch damals in einer Eingabe vom 9. Dezember 1724 ihre bezügliche Pflicht anerkannt habe, was auch später im Jahre 1851 und 1852 ff. zugleich durch thatsächliche Ausführung des Baues geschehen sei.

Das großh. Amtsgericht Mannheim erkannte am 30. November 1863 nach dem Klagbegehren:

Das großherzogliche evangelische Kirchenärar sei schuldig, die Pflicht zur Stellung und Unterhaltung des nothwendigen Ingebäudes der evangelischen Kirche zu Sandhofen anzuerkennen und diejenigen Summen, welche bei dem letzten Neubau der Kirche von dem evangelischen Almosen zu

Sandhofen zur Herstellung des nothwendigen Ingebäudes verwendet und durch Kapitalaufnahme aufgebracht worden sind, dem besagten Almosen mit Zinsen zu 5 pCt. vom 23. April 1856 an zu ersetzen, vorbehaltlich der Liquidation der für den nothwendigen Zubau verwendeten Beträge, und es habe das beklagte Aerar sämmtliche Kosten dieses Rechtsstreits zu tragen.

Das großherzogliche Hofgericht wies aber auf Grund der Einrede die Klage ab.

Gegen das Urtheil des großherzoglichen Hofgerichts führte die Klägerin die Oberappellation aus, und begehrte die Verurtheilung des Beklagten nach dem Klagantrag, – in erster Reihe jedoch ein, ihrem, im zweiten Rechtszug erneuerten, Gesuch auf Herausgabe sämmtlicher, auf den Kirchenbau zu Sandhofen vom Jahr 1713 bis 1724 betreffender Aktenstücke entsprechendes Vorerkenntniß mit einstweiliger Aussetzung der Entscheidung in der Hauptsache.

Das großh. Oberhofgericht erkannte am 3. Dezember 1864 zu Recht:

> das hofgerichtliche Urtheil sei aufzuheben und das amtsgerichtliche, unter Verfällung des Beklagten in die Kosten auch der zweiten und dritten Instanz, wiederherzustellen.

Gründe:

xc. Was die zuerst in Frage kommende Begründung und Beweislichkeit der Klage betrifft, so ist diese Frage von den beiden erstentscheidenden Gerichten im Wesentlichen übereinstimmend zu Gunsten der Klägerin beantwortet worden, und zwar mit Recht. Zunächst sprechen in analoger Anwendung des §. 11 des Kirchenbauedicts entscheidende Gründe dafür, daß die Baupflicht bezüglich der Kirche auch die Baupflicht des nothwendigen Ingebäudes umfaßt xc.; es kann indessen hier davon abgesehen werden, insofern der Nachweis einer entscheidenden Bauhandlung oder eines bezüglichen Anerkenntnisses des Kirchenfiscus klägerischer Seits geliefert ist. Beide Nachweise sind aber durch die vorgelegten und anerkannten Urkunden, deren Inhalt, gegenüber der allgemein gehaltenen Klagbegründung jedenfalls im zweiten Rechtszug ohne eigentliche Klagänderung noch geltend gemacht werden konnte, soweit vor dem Unterrichter das Vorbringen verspätet erscheinen mochte, in genügendem Maaße erbracht. Es sind diese Urkunden die in den Akten, den reformirten Kirchenbau zu Sandhofen, Oberamts Heidelberg, betreffend, von 1669—1807 — zu Anfang enthaltenen Aktenstücke xc., wozu der Inhalt des schon in der Klage angerufenen, nicht beanstandeten Competenzbuches des Oberamts Heidelberg vom Jahr 1710, beziehungsweise 1610 kommt. Nach der Beschaffenheit der angeführten Beschlüsse, nach ihrem Inhalt und ihrer Beziehung zu den betreffenden Berichten, womit sie als Aktentheile in nothwendigem Zusammenhang stehen, ist ungeachtet des Mangels einer besondern Bezeichnung der beschließenden Verwaltungsstelle, und was den ersten Beschluß angeht, selbst der Unterschrift des Beamten, nicht zu bezweifeln, daß die Beschlüsse von der betreffenden geistlichen Verwaltung in Heidelberg erlassen worden sind, und es ist auch ein besonderer Anstand gegen deren Form nicht erhoben worden.

Aus diesen Berichten und Beschlüssen in ihrer Verbindung und gegenseitigen Beziehung, wozu noch der Inhalt des Competenzbuches, wenn auch nicht als für sich beweisend, doch jedenfalls als wesentlich unterstützend und bestätigend hinzutritt, ergibt sich allerdings, daß nach den damaligen Verhältnissen sowohl Bauhandlungen als Anerkenntniß gegen den Beklagten und für die Klägerin sprechen xc.

Hiernach muß die Baupflicht des Beklagten in Bezug auf die ganze Kirche, soweit sie hier in Frage kommt, einschließlich des nothwendigen Ingebäudes nach den damaligen Verhältnissen, und wohl auch im Einklag mit früheren geschichtlichen Vorkommnissen (vergl. die Bemerkung in der Eingabe vom 28. April 1723 xc., und hiermit Kolbs historisch-statistisch und topographisches Lexikon von Baden Bd. 3 S. 160) als feststehend betrachtet werden, wenn nicht spätere Vorgänge nachgewiesen werden können, woraus sich eine Befreiung des Beklagten von der ihm unzweifelhaft obgelegenen Baulast mit Sicherheit ergibt.

Der Beklagte hat nun, wie schon angeführt wurde, solche spätere Vorgänge allerdings geltend gemacht, namentlich durch Berufung auf die Eingabe der reformirten Kirchengemeinde zu Sandhofen an die geistliche Administration vom 9. Dezember 1724 und die hiernach von Seiten der Gemeinde in der That erfolgte Stellung des Ingebäudes jener Kirche. (Schluß folgt.)

Annalen der Großherzogl. Badischen Gerichte.

1861. **Band XXX.** **No. 37.**

(Schluß von Art. 118.)

Zur Gewinnung des richtigen Gesichtspunktes bei der rechtlichen Beurtheilung der bezüglichen Einrede ist in das Auge zu fassen, daß im vorliegenden Falle die Kirchspielsgemeinde selbst klagt, also diejenige Person oder Genossenschaft, für welche (zu deren Nutzen) die Kirche gebaut wurde, und auf welche in Ermanglung einer vorhandenen zahlungsfähigen Baukasse, oder eines privatrechtlich Verpflichteten die Baulast kraft öffentlichen Rechts fällt, ohne daß es in Bezug auf sie besonderer Baufacta bedarf. Es würde deßhalb der Nachweis von Seiten des Beklagten genügen, daß er unter Umständen, wie sie der §. 9 lit. C. des Kirchenbauedicts in Vergleichung mit dem Schlußsatz dieses §. voraussetzt, bei dem fraglichen Neubaufall vom Jahre 1724 von der Baulast freigeblieben ist. Die Bestimmungen des §. 9 sind zwar zunächst für den Kirchspielszehnten gegeben; sie sind jedoch ihrer Natur nach als allgemein maßgebende Grundsätze zu betrachten, deren Anwendung auch auf Fälle, wie der vorliegende, nicht zu beanstanden ist.

Die anerkannte Eingabe der reformirten Kirchengemeinde vom 9. Dezember 1724, in Verbindung mit den hierauf bezüglichen weiteren Schriftstücken, namentlich der bezüglichen Eingabe vom 4. Januar 1725 vermag jedoch den zur Befreiung erforderlichen Nachweis, gegenüber der nach dem Obigen feststehenden Baupflicht des Beklagten, in sicherer, rechtsgenügender Weise nicht zu liefern.

Es ist zwar nicht zu bezweifeln, daß die Eingabe vom 9. Dezember von der genannten Kirchengemeinde herrührt und an die betreffende geistliche Administration gerichtet ist; auch ist auf den Unterschied der kirchlichen oder Kirchspielsgemeinde von der politischen Gemeinde ein entscheidendes Gewicht nach Maßgabe des Obigen hier nicht zu legen. Allein es kommt in Betracht, daß jene Eingabe nicht die Regulirung der Baupflicht zwischen der Kirchengemeinde und geistlichen Administration, beziehungsweise die Uebernahme einer deßfallsigen Verbindlichkeit von Seiten ersterer, — vielmehr die Aufbringung der Mittel für bereits aufgewendete Baukosten bezweckte und insofern auf eine frühere Zusage der Kirchengemeinde „das Zugebäu der Kirche vermittelst einer Collecte zu stellen" zurückweist, welche also jedenfalls — schriftlich oder mündlich — vorher stattgehabt haben mußte. Diese Eingabe erscheint daher in letzterer Beziehung als ein Referens sine relato, aus welchem ein rechtsgültiges Anerkenntniß irgend einer Baupflicht von Seite der Gemeinde um so weniger gefolgert werden kann, als es hiernach ungewiß bleibt, unter welchen Modalitäten jene Zusage geleistet worden ist. Aus gleichem Grunde kann man, wenn auch die Ausführung jener Zusage nachfolgte, nicht mit Sicherheit ermessen, ob dieselbe unter solchen Umständen stattfand, daß sie nicht als eine unverfängliche, im Sinne des Gesetzes erschien, und daß eine Befreiung von der feststehenden Baupflicht des Beklagten und eine Ueberwälzung derselben auf die Gemeinde hieraus mit Nothwendigkeit zu folgern ist.

Hiergegen läßt sich zwar nicht ohne scheinbaren Grund einwenden, daß es nach den §§. 1. 9 des Bauedicts an der nackten, durch jene Eingabe constatirten, Thatsache der (nicht vorsorglich noch gutthatsweise geschehenen) Stellung des Zugebäudes genüge, um insoweit ein Baufactum der Gemeinde, und folgeweise die Baufreiheit des bisher Pflichtigen zu begründen. Wenn aber auch dieser Satz im Allgemeinen richtig ist, so stehen doch seiner Anwendung auf den vorliegenden Fall die erheblichsten Bedenken entgegen. Die Gemeinde hat nämlich das Zugebäude nicht unmittelbar und aus eigenen Mitteln, sondern vermittelst einer Collecte gestellt. Nun besagt zwar das Gesetz (§. 9 cit.), daß, wenn in einem Baufalle der bisher Pflichtige freigeblieben, und dagegen zur Aufsuchung einer solchen außerordentlichen Beihülfe geschritten worden ist, Ersterer die Baufreiheit für sich anführen könne. Allein gerade der Umstand, daß dieses Freiheitsrecht von jenem doppelten Requisite abhängig gemacht ist, beweist, daß die Umstände, unter welchen jene Beihilfe aufgesucht wurde, mit der Freilassung des seither Baupflichtigen nicht im Widerspruche stehen dürfen, daß also insbesondere die Beihilfe nicht etwa nur zur momentanen Erleichterung des seither Baupflichtigen, sondern der Gemeinde, auf welche die Baulast überwälzt werden will, aufgebracht, also von letzterer selbst und aus eigenem Antriebe veranstaltet worden ist.

Vergl. oberhofg. Jahrb. II. S. 282—283.

Wie aber im Ungewissen bleibt, unter welchen Modalitäten die obenerwähnte Zusage geleistet worden, ebenso sind die Umstände, unter welchen, im Zusammenhange hiermit, zu einer Collecte geschritten und diese gerade und ausschließlich zur Stellung des Ingebäudes bestimmt wurde, nicht klar gelegt. Aus den vorliegenden, den Kirchenbau zu Sandhofen betreffenden, Archival-Akten ist übrigens so viel zu entnehmen, daß die geistliche Administration auf wiederholte Vorstellungen der reformirten Kirchengemeinde zu Sandhofen an den Collector Thoma unterm 21. März 1722 die Weisung erließ, einen genauen Ueberschlag über die höchst nöthigen Reparationen der Kirche (ohne Ausscheidung einzelner Theile) machen zu lassen, daß dieselbe sodann auf eingekommenen Bericht einen Neubau beschlossen, den deßfalls gefertigten Ueberschlag ratificirt und den Collector Thoma angewiesen hat, das Werk sogleich mit aller Macht anzugreifen, wozu die dortigen Unterthanen nicht nur mit Beiführung der erforderlichen Materialien an Hand gehen, sondern „auch eine auswärtige Collecte als auch vom Kirchenrath" aufbringen wollten.

Der Bau scheint jedoch keinen rechten Fortgang genommen zu haben, wie daraus erhellt, daß sich die Gemeinde nochmals mittelst Eingabe vom 28. April 1723 an die geistliche Administration wandte und darin vorstellte, daß sie sich zwar auf Veranlassung der Administration bei dem Kirchenrath um eine Collecte angemeldet habe, und dieselbe ausgeschrieben worden sei, daß aber diese Collectengelder zu einem ganzen Kirchenbau nicht auslangten und nur nach und nach eingingen, weßhalb die Administration das Nöthige wegen dieses Baues verfügen wolle, und zwar um so mehr, als die Kirche aus den geistlichen Zehnten und Gefällen, die nunmehr der Administration zukommen, gebaut worden sei, und nicht aus dem hiezu viel zu geringen Almosen, noch weniger aus der Gemeinde, welche nur schuldig sei, den Thurm zu bauen. Darüber, *ob* und *welche* Resolutionen auf diese Vorstellung ergangen, geben die Acten keine Auskunft, wohl aber erhellt hieraus, und insbesondere aus den dringenden, die Bezahlung der Handwerker urgirenden, Berichten des mit der Leitung des Baues betrauten Commissärs *Born*, daß Mangel an pecuniären Mitteln und Erschöpfung der, der geistlichen Administration unterstehenden, Kassen die Ursache der ursprünglichen Hintanhaltung und späteren Verzögerung dieses Baues war. Diese Thatsache, an welcher nach dem Inhalte der Acten weniger als an irgend einer andern gezweifelt werden kann, wirft überhaupt ein Licht auf verschiedene Vorkommnisse bei diesem Kirchenbau, die sonst zu einer andern Deutung wohl Anlaß geben könnten, und legt die Unterstellung nahe, daß die geistliche Verwaltung selbst, in ihrem eigenen Interesse, wegen pecuniärer Bedrängniß die besagte Collecte veranlaßt und bevorwortet hat. Daß solche ursprünglich nur zur Herstellung des Ingebäudes bestimmt sein solle, erhellt nirgends, und ebensowenig wie es gekommen, daß sie gerade zu diesem Zwecke verwendet, und das Ingebäude — wenigstens zum weitaus größten Theile — in der That hieraus, beziehungsweise aus einem dem Almosenfond gehörigen und diesem aus dem Klingelbeutel zu ersetzenden Kapital bestritten worden ist: wenigstens enthält die Consignation der von der Administration bestrittenen Kosten nur den verhältnißmäßig geringen Posten von 12 fl. 30 kr. für Schreinerarbeit, welcher hierher bezogen werden dürfte.

Faßt man diese Sachlage, wie sie sich nach den allein noch vorhandenen oder doch vorliegenden Daten darstellt, in's Auge, und zieht man zugleich in Betracht, daß die Baupflicht des Beklagten in der Hauptsache feststand und feststeht, daß aber dieser Umstand schon *in der Regel* den *Schluß* auf die *gesammte* Baupflicht als eine *ungetheilte*, und zwar, wie oben bemerkt, *mit Inbegriff des nothwendigen Ingebäudes*, begründet, da eine Theilung nicht zu vermuthen ist, vielmehr nachweislich besonders hergebracht sein muß; erwägt man ferner, daß für eine so *wesentliche Einschränkung* der einmal feststehenden ungetheilten Baupflicht ein *sicherer unzweideutiger Nachweis* gefordert werden muß, ein solcher Nachweis nach dem Obigen aber weder in der Eingabe vom 9. Dezember 1724 mit den dazu gehörigen Schriftstücken, noch in der Art und Weise, wie zu dem fraglichen Kirchenbau durch eine Collecte concurrirt wurde, gefunden werden kann, so vermag die vom Beklagten vorgeschützte Einrede als rechtlich begründet nicht erkannt zu werden. Wie übrigens die gleiche rechtliche Ansicht von der ungetheilten Baupflicht des Kirchenärars selbst bei Bedienstelen der

Verwaltung noch in neuerer Zeit stattgefunden hat, zeigt die bemerkenswerthe dienstliche Meinungsäußerung des Administrationsraths Otto vom 30. April 1803, als von einem Beamten der Verwaltung selbst abgegeben, bei welchem schon an sich die Kenntniß der actenmäßigen Verhältnisse vorausgesetzt werden darf, und der noch insbesondere deßfalls Erkundigungen einzuziehen beauftragt worden war.

Wollte man demungeachtet, nach Ansicht der gründlichen Ausführung der gegentheiligen Ansicht in den Motiven zum hofgerichtlichen Erkenntnisse, noch Zweifel über die rechtliche Beurtheilung des vorliegenden Falles hegen, so müßte doch nach bekanntem, auch hier anwendbaren Rechtsgrundsatze im Zweifel gegen denjenigen entschieden werden, der eine ihm bis dahin obliegende Verbindlichkeit von sich ablehnen, und für denjenigen, der solche überkommen soll. Stellt sich hiernach die vorgeschützte Einrede als unbegründet dar, so kommt es auf das fürsorglich von der Klägerin behauptete besondere Uebereinkommen zur Sicherung der Unverfänglichkeit der fraglichen Zusage und Leistung, sowie auch auf das wiederholte Begehren um Urkundenherausgabe nicht weiter an. Von einem Beweis der Einrede durch Eideszuschiebung an die Klägerin kann nach Sachlage ebensowenig weiter die Rede sein.

Der Beklagte hat sich endlich auch noch auf neuere Vorgänge vom Jahr 1851. 1852 und folgende, berufen. Soweit sich der Beklagte hier auf die thatsächliche Ausführung des streitigen Baues durch die Klägerin bezieht, steht jedoch entgegen, daß nach den obwaltenden Umständen der Bau den Character eines blos versorglichen hatte, und 30 Jahre seit seiner Uebernahme noch lange nicht abgelaufen sind. — §§. 1. 9 und 31 des Kirchenbuchedicts. —

Was aber die geltend gemachten bezüglichen Anerkenntnisse betrifft, so können die blos vom Kirchengemeinderath ausgegangenen, mehr oder weniger unbestimmten, Aeußerungen in Vorstellungen vom Jahre 1851 und 1854, sowie auch die ähnliche Andeutung in der dem Grundstein einverleibten Urkunde, unter Verhältnissen, wie sie hier vorliegen, mit Rücksicht auf das oben Bemerkte, zur Begründung eines rechtsverbindlichen Anerkenntnisses nicht genügen 2c.

Stf.

119.

Entschädigung für die durch §. 36 des Forstgesetzes vom 15. November 1833 verfügte Aufhebung der Schafweide in Waldungen kann nur dann gefordert werden, wenn der Rechtstitel, auf welchem das Weiderecht ruhte, demselben einen bestimmten Umfang (§. 102 des Forstgesetzes) gab.

Dieser Satz, welchen das großh. Oberhofgericht früher schon in mehreren Sachen annahm (Oberhofg. Jahrb. n. F. Jahrg. 9 S. 47 u. ff.) wurde neuerdings wieder in Sachen des großh. Fiscus und der Erbbeständer zu Oberenbigheim, Kläger, gegen die Grundherrschaft von Rüdt und das Hospital von Tauberbischofsheim, Beklagte, Anerkennung eines Schafweiderechts und Entschädigung dafür betr., ausgesprochen.

Die Entscheidungsgründe zu dem in gedachter Sache unter dem 15. November 1864 ergangenen (das hofgerichtliche Urtheil bestätigenden) oberhofgerichtlichen Urtheile lauten, wie folgt:

„Die Klage verlangt von den Beklagten Entschädigung für die durch den §. 36 des Forstgesetzes vom 15. November 1833 (Reggsbl. 1834 No. 2) bewirkte Aufhebung des vom klagenden Theile angesprochenen Rechtes, die auf Eubigheimer Gemarkung gelegenen Waldungen der Beklagten mit Schafen beweiden zu lassen.

Dies Begehren ist indessen in Rechten nicht begründet. Das Forstgesetz hat in seinem ersten, von der Forstpolizei handelnden Theile, und zwar im zweiten Kapitel des zweiten Abschnitts, welches die Ueberschrift „von Gewinnung der Forstnebenprodukte“ trägt (§§. 32—56), eine Reihe von polizeilichen Vorschriften gegeben, welche, um die Holzkultur zu befördern, die dieser Kultur schädliche Ausbeutung der Waldnebennutzungen beseitigen oder beschränken. Dahin gehört das im §. 36 ausgesprochene Verbot der Schafweide in Waldungen (der Fall der im gedachten §. gestatteten Ausnahme von diesem Verbote liegt hier nicht vor).

In dem zweiten, von den Forstberechtigungen handelnden Theile des Forstgesetzes ist (§. 100) verordnet, daß die Gesetze der Forstpolizei, mithin insbesondere die vorhin besprochenen forstpolizeilichen Vorschriften auch Solchen gegenüber wirken sollen, welche Berechtigungen in den Wäldern Anderer anzusprechen haben. Bringt man diese letztere Bestimmung mit der des §. 36 in Verbindung, so erscheint eine jede Berechtigung, in fremden

Wäldern Schafe weiden zu lassen (abgesehen von der hier, wie bemerkt, nicht vorliegenden Ausnahme des §. 36) schlechthin als gesetzlich aufgehoben. Da nicht die Verpflichteten die Ausübung von Berechtigungen der gedachten Art unmöglich gemacht haben, da vielmehr das Gesetz selbst dies that, so besteht an und für sich eine rechtliche Verbindlichkeit jener Verpflichteten, Entschädigung für die Aufhebung der fraglichen Berechtigungen zu leisten, nicht. Eine solche Verbindlichkeit kann daher auch nur insoferne für vorhanden erachtet werden, als sie durch ein Gesetz geschaffen ist. Die einzige Gesetzesstelle nun, welche einen Entschädigungsanspruch für die durch polizeiliche Vorschriften des Forstgesetzes hervorgerufenen Beeinträchtigungen von Forstberechtigungen gewährt, ist der §. 102 des gedachten Gesetzes. Die §§. 134 — 136 des Forstgesetzes haben die vom Waldeigenthümer begehrte Ablösung von Forstberechtigungen im Auge, denen forstpolizeiliche Vorschriften nicht im Wege stehen. Eben deßhalb aber, weil der §. 102 allein es ist, der Entschädigung für Verluste zusagt, die durch forstpolizeiliche Vorschriften zugefügt wurden, kann auch aus dem Umstande, daß diese Gesetzesstelle nur von „Beschränkungen" der Berechtigungen spricht, keineswegs ein Schluß dahin gezogen werden, daß, da §. 102 von dem Falle gänzlicher Aufhebung von Berechtigungen nicht spreche und deßhalb auf ihn nicht anwendbar sei, nunmehr in einem solchen Falle schlechthin und ohne Rücksicht auf die besonderen Voraussetzungen jenes Paragraphen Entschädigung eintrete. Wollte §. 102 nicht auf den Fall völliger Beseitigung von Berechtigungen ausgedehnt werden, so würde es in einem Falle dieser Art geradezu an einem, Entschädigung zusagenden Gesetze mangeln, also solche auch nicht zugesprochen werden können. Als selbstverständlich jedoch gilt, daß der Gesetzgeber die Entschädigungspflicht, welche er für das Geringere, nämlich für die Beschränkung eines Rechtes, ausdrücklich feststellte, auch für das Größere, nämlich für die gänzliche Entziehung eines Rechtes, anerkannt sehen wollte.

Ist dem Bisherigen zufolge der § 102, aber auch nur dieser, im Falle des §. 36 anwendbar, so fragt sich weiter, ob die besonderen Voraussetzungen, unter denen er Entschädigung gewährt, in gegenwärtiger Sache vorhanden seien, ob nämlich der Rechtstitel, auf welchem die Berechtigung beruht, derselben einen bestimmten Umfang verleihe. Diese Frage ist zu verneinen. Nimmt man nämlich auch an, daß Verjährung, auf welche sich im vorliegenden Falle der klagende Theil neben dem Erbbestandsbriefe vom 3. Februar 1780 — der aber, weil von eigenen Rechtsvorfahren des mitklagenden großh. Fiskus herrührend, hier ein Rechtstitel nicht ist — beruft, einen Rechtstitel im Sinne des §. 102 bilden könne, so steht doch jedenfalls fest, daß eben dieser Rechtstitel der Verjährung der fraglichen Berechtigung einen bestimmten Umfang nicht anweiset. Es gebricht nämlich an jeglicher Bestimmung über die Anzahl der zu weidenden Schafe, über die Zeit (Jahreszeit), sowie die Art und Weise der Ausübung des Weidrechts (vrgl. §§. 33 — 35. 38. 121 des Forstgesetzes). Daß der Umfang des fraglichen Rechtes bestimmbar ist (Forstgesetz §. 105 am Ende des ersten Absatzes und §. 121), berechtigt noch nicht zur Annahme, daß er bestimmt sei. Wenn man sich oberappellantischer Seits in der mündlichen Verhandlung, um darzuthun, daß hier ein Weidrecht mit bestimmtem Umfange begründet sei, auf das gemeine deutsche Privatrecht berief, so muß entgegengehalten werden, daß nach dem auf dem Boden dieses Rechtes herrschenden Sprachgebrauche die fragliche Berechtigung, wie dies auch die Natur der Sache mit sich bringt, in die Klasse der ungemessenen Weidrechte stele.

Glück, Commentar X. Bd. §. 679 S. 171 u. ff.
Mittermaier, deutsches Privatrecht I. §. 168.
Scholz, Schäfereirecht §. 71.
v. Holzschuher, gemeines Civilrecht, 2. Aufl. II. Bd. S. 145. 304.

Gelangt man, wie die bisherige Darstellung zeigt, ausschließlich durch das Gesetz selbst geleitet, zu einer den Ansprüchen des klagenden Theiles ungünstigen Anschauung, so wird dieselbe durch die Betrachtung der Vorarbeiten zum Forstgesetz allerdings noch bestätigt. Es ergeben dieselben folgendes hierher Bezügliche. Die Bestimmung des ersten Satzes des §. 36 (§. 43 des Regierungsentwurfs) wurde im Interesse der Waldkultur wegen Schädlichkeit der Geisen und Schafe für die Wälder erlassen. Um besondere Härten zu vermeiden, wurde die Ausnahmebestimmung des zweiten Satzes des gedachten Paragraphen (welche indessen, wie oben bemerkt, im gegenwärtigen Falle außer Betracht bleibt) angefügt. Bei Berathung des §. 36 kam die Frage, ob nicht den durch das darin enthaltene Verbot betroffenen Berechtigten Entschädigung zu leisten sei, zur Sprache. Siehe Kammerverhandlungen von 1833 II. Kammer 1. Pr.H. S. 289

330. 2. Beil.H. S. 171 und S. XV. 6. Pr.H. S. 354 und ff., insbes. S. 354. 359. I. Kammer 2. Beil.H. S. 261, 3. Pr.H. S. 175, 4. Pr.H. S. 285. Erledigt wurde jene Frage erst bei Behandlung der „Allgemeinen Bestimmungen“ über die Forstberechtigungen (Abschn. I. des zweiten Theils des Forstgesetzes, §§. 100—105 des letzteren). Alle Factoren der Gesetzgebung waren hier darüber einig, daß die forstpolizeilichen Bestimmungen des ersten Theiles des Forstgesetzes auch den Forstberechtigungen gegenüber in Anwendung zu kommen hätten. (§. 88 des Regg.Entw., §. 100 des Ges.) Eine Entschädigungszusage für die hierdurch entstehende Beeinträchtigung von Forstberechtigungen war in den Regierungsentwurf nicht aufgenommen worden. Die Commission der zweiten Kammer förderte einen Entwurf des dermaligen §. 102 (§. 97 des Commissionsentwurfs) zu Tage, der sodann im Laufe der Berathung der zweiten Kammer selbst noch Zusätze erhielt, mit diesen von der ersten Kammer angenommen und so Theil des Gesetzes wurde. Siehe die angeführten Kammerverhandlungen von 1833 II. Kammer 1. Pr.H. S. 300, 2. Beil.H. S. 194 u. S. XXXIV., 7. Pr.H. S. 329 ff., I. Kammer 4. Beil.H. S. 4 und ff., 3. Pr.H. S. 238. Wie nicht nur dem Commissionsberichte der 2. Kammer (2. Beil.H. S. 194), sondern auch den Berathungen dieser Kammer (7. Pr.H. S. 329 ff.) zu entnehmen ist, ging man bei Fassung des jetzigen §. 102 davon aus, daß in allen Fällen, in welchen die Forstberechtigung nach den der Natur der Sache nach wandelbaren Forstpolizeiordnungen geübt worden war, jede Entschädigung zu versagen, da aber, wo ein Privatrechtstitel der Berechtigung einen festen unwandelbaren Umfang gegeben habe, Entschädigung zu gewähren sei. Man glaubte, daß da eine Rechtsverletzung, und somit eine Entschädigungspflicht nicht als vorhanden angenommen werden könne, wo eine Berechtigung wegen Mangels eines auf rechtsgültige Weise festgestellten bestimmten Umfanges stets nach Vorschrift der jeweils geltenden Forstpolizeiordnungen geübt worden sei, indem, was die bisherigen Forstpolizeiordnungen verfügt hätten, schlechthin durch das neue Forstpolizeigesetz, selbst zum Nachtheil der Berechtigten geändert werden könne. Die Gesetzgebung schuf in dieser Weise ein Merkmal für diejenigen Forstberechtigungen, deren Beschränkung oder Beseitigung sie nur gegen Entschädigung für zulässig erachtete, welches Merkmal somit vom Richter selbst dann, wenn, wie oberappellantischer Seits darzuthun versucht wurde, allgemeine Gründe gegen dessen Richtigkeit sprächen, zu beachten wäre. Wenn oben gezeigt wurde, daß jenes Merkmal schon dem einfachen Wortsinne des Gesetzes nach im vorliegenden Falle nicht Platz greife, so ist hier anzufügen, daß dies noch vielweniger dem Gedankengange nach möglich ist, welcher, wie so eben dargelegt wurde, die Factoren der Gesetzgebung bei Fassung des §. 102 beherrschte. Es läßt sich nämlich nicht behaupten, daß die vom klagenden Theile angesprochene Berechtigung den jeweiligen Forstpolizeiordnungen nicht unterworfen gewesen sei. Der Umstand, auf den man sich oberappellantischer Seits zum Nachweise eines bestimmten Umfanges der Berechtigung beruft, daß nämlich das Weidrecht auf Schläge von über sieben Jahren beschränkt gewesen sei, kann mit Erfolg zu solchem Nachweise nicht benützt werden, weil — abgesehen davon, daß jener Umstand offenbar gerade einer forstpolizeilichen Vorschrift seinen Ursprung verdankt — dadurch allein sicherlich nicht die im §. 102 des Forstgesetzes unterstellte Bestimmtheit des Umfanges geschaffen wird.“ Roßhirt.

120.

Liegt in der, in gewinnsüchtiger Absicht verübten, Aenderung des Portovormerks auf einem Briefe durch den Postboten der Thatbestand der Fälschung einer öffentlichen Urkunde.

Der Landpostbote Sch. von Käferthal hatte den, auf einem von ihm zu bestellenden Brief befindlichen, Portovormerk, die mit blauer Dinte geschriebene Zahl 3, mit gleicher Dinte durchstrichen und dafür die Zahl 6 auf die Adreßseite des Briefes geschrieben, auch von dem Adressaten statt des rechtmäßigen Portobetrags von 3 kr., einen solchen von 6 kr. erhoben. Auf die vorangegangene Frage des Adressaten, warum der Brief 6 kr. und nicht blos 3 kr. koste, hatte der Postbote erwidert: „es kostet eben 6 kr.“

Die Staatsanwaltschaft am großh. Kreis- und Hofgerichte Mannheim erblickte in dieser Handlungsweise den Thatbestand der Fälschung einer öffentlichen Urkunde aus Gewinnsucht (§. 423 des Str.G.B.), und in gleichem Sinn erging das, auf den Antrag der Staatsanwaltschaft erlassene, Verweisungserkenntniß der Raths- und Anklagekammer.

Zufällig mußte die Verhandlung dieses Straffalles vor der Strafkammer des Kreis- und Hofgerichts über die Mittagszeit unterbrochen werden und war der Anklageführende Staatsanwalt verhindert, der Nachmittagssitzung anzuwohnen, weßhalb ein anderes Mitglied der Staatsanwaltschaft die fernere Vertretung der Anklage übernahm. Dasselbe begann seinen Vortrag damit, daß es zu erkennen gab, wie nach seiner Ueberzeugung gegen die Bezeichnung des Portovormerks (der Zahl 3) als einer öffentlichen Urkunde erhebliche Zweifel beständen, und wie ein, der Post zur Beförderung übergebener Brief, was die, Seitens der Post demselben beigefügten Vormerke betreffe, nur allenfalls aus dem Grunde sich als öffentliche Urkunde betrachten lasse, weil er, ähnlich wie andere Privatschriften, welche einer Behörde übergeben und durch das Präsentatum Bestandtheil ihrer eigenen Akten werden, durch die Abstempelung zu einem, in gewissem Sinn von der Postbehörde ausgehenden, Schriftstück geworden sei.

Die Vertheidigung schloß sich, jedoch ohne nähere Begründung, dieser verneinenden Auffassung an: nichts destoweniger aber wurde von dem urtheilenden Gerichtshof der Thatbestand der Fälschung einer *öffentlichen* Urkunde als vorhanden angenommen.

Man war innerhalb des Collegiums darüber einig, daß zum Begriffe einer öffentlichen Urkunde im strafrechtlichen Sinne erforderlich sei, daß dieselbe von einem öffentlichen Beamten (nicht gerade Staatsdiener) ausgebe, daß deren Inhalt sich auf den ihm angewiesenen Wirkungskreis beziehe, und einen rechtlich erheblichen Thatumstand gegenüber irgend einer dritten Person als feststehend zu constatiren bestimmt, und endlich, daß sie mit den vorgeschriebenen, diesen Zwecken entsprechenden, Förmlichkeiten verfaßt sei.

Die Majorität des Collegiums nahm diese Voraussetzungen sämmtlich als vorhanden an. Sie bejahte die, übrigens von keiner Seite bestrittene Frage, daß die Zahl 3 auf der Adreßseite des Briefes von einem hierzu befugten, resp. verpflichteten Postbediensteten innerhalb seines dienstlichen Wirkungskreises geschrieben worden sei, sie nahm ferner an, daß der fragliche Portovormerk nicht nur dazu bestimmt sei, dem Postboten, gegenüber dem Empfänger, als Legitimation zur Erhebung des bemerkten Portobetrags, sondern auch dem *Empfänger*, gegenüber der Postbehörde als Quittung, jedem Dritten gegenüber als Beweis der auf den Brief geleisteten Portozahlung zu dienen, wie denn auch die Gerichte seither constant den Beweis von Portoauslagen als durch Vorlage der Briefadressen hinreichend geführt betrachtet hätten; sie nahm endlich an, daß der Portovormerk, wie formlos er auch erfolge, doch, in Anbetracht der postalischen Verhältnisse als ein genügend feierlicher und förmlicher erscheine, auch besondere Förmlichkeiten nicht vorgeschrieben seien.

Mit dieser Auffassung konnte sich, in mehreren Punkten, eine Minorität nicht einverstanden erklären. Es wurde, wie bemerkt, nicht bestritten, daß der Portovormerk, die Zahl 3, von einem, mit dem Recht der Beurkundung versehenen, Bediensteten, und zwar innerhalb seines dienstlichen Wirkungskreises, ausgegangen sei; aber es wurde hervorgehoben, daß jede von einem öffentlichen Beamten ausgehende, zum Zweck, als *öffentliche* Urkunde zu dienen, verfaßte Schrift, die Merkmale der *Authenticität* an sich tragen müsse, daß sich aus ihr erkennen lassen müsse, *von wem* die betreffende Schrift herrühre. Es wurde zugegeben, daß diese Erkennbarkeit nicht blos dann vorhanden sei, wenn die Schrift mit Worten angebe, von welcher Stelle sie ausgehe, wenn sie die Unterschrift des Beamten, oder ein Siegel desselben trage, sondern auch schon dann, wenn ein für die betreffende Behörde charakteristisches, von anderer Seite nicht ohne jede weitere Bemühung gleichfalls herzustellendes, Schriftmerkmal, z. B. ein Poststempel, den Ursprung der Schrift unverkennbar anzeige. Wenn man für eine öffentliche Urkunde eine besondere Heilighaltung in Anspruch nehme, so könne auch von diesem Minimum des Authentizitätserfordernisses nicht abgesehen werden.

Es wurde ferner und zwar hauptsächlich hervorgehoben, daß der Portovormerk nicht den Zweck habe, zu *constatiren*, daß das auf dem Brief lastende Porto die bestimmte Summe betrage, sondern daß er lediglich eine *Privatnotiz* für den Postboten bilde, um demselben anzuzeigen, gegen welchen Betrag der Brief an den Adressaten ausgehändigt werden könne. Der Portovormerk enthalte eine, nach Gewicht und Entfernung (oft auch nach Inhalt) berechnete, *Schätzung*, eine einseitige Rechnungsaufstellung, welche dem Adressaten vor der Zahlung des Portos nicht vorgelegt zu werden brauche, eine einfache postalische Manipulation, welche über den Kreis der Bediensteten, welche es angeht, nicht hinauswirke. Ein anderer Zweck sei schon durch die, oft nahezu kabbalistische Form derartiger postalischer Vormerke als ausgeschlossen anzunehmen.

Wenn hiergegen erwidert werde, daß der Portovormerk dem Empfänger zugleich als Quittung, gegenüber der Postbehörde diene, so scheine dies nicht vollkommen richtig. Die Quittung des Empfängers über bezahltes Porto bestehe, abgesehen von den Fällen, in welchen größere Handlungshäuser, öffentliche Behörden ꝛc. einen Postcredit genießen, und wo besondere Portobücher fortgeführt werden, in dem Besitz des Briefes.

Würde der Adressat glauben, zu viel Porto bezahlt zu haben, und deßhalb Reclamation erheben, so würde es wohl sehr fraglich sein, ob die Postbehörde in allen Fällen den Beweis durch die auf die Adresse bemerkte Zahl, als gegen sich geführt gelten lassen würde, ob sie nicht vielmehr blos als bewiesen annehmen würde, daß der im Besitz des Briefes befindliche Reclamant zwar aus diesem Grund das schuldige Porto, nicht aber auch, daß er einen höheren, dem auf der Adresse befindlichen Zahlzeichen, entsprechenden Betrag bezahlt habe.

Allerdings hätten die Civilgerichte seither die Forderung von Portoauslagen auch dem Producten gegenüber als durch Vorlage der Briefconverts vollbewiesen angesehen und es liege auch keinerlei Grund vor, von dieser Uebung abzugehen. Allein der Grund dieser Annahme dürfte wohl mehr auf die Notorietät der Auslage, als auf die Qualification des Portovormerks als einer öffentlichen Urkunde zurückzuführen sein. Es sei notorisch, daß die Briefbeförderung mittelst der Post Auslagen verursache und nicht minder notorisch sei, bei der Einfachheit heutiger Taxen die Höhe der schuldigen Taxen, wenigstens in der Mehrzahl der Fälle. Die gehabte Portoauslage sei daher nicht vollbewiesen worden, — denn wenn z. B. auf einem von Mannheim nach Bruchsal gerichteten Briefe die Zahl 40 mit farbiger Dinte vermerkt wäre, so würde doch wohl kein Gerichtshof hierauf Gewicht legen, — sondern sie bedürfe keines Beweises, weil — der Regel nach — dem Gericht das: Daß und Wieviel der Auslage bekannt sei und es darnach die von einer Parthie aufgestellte Behauptung zu würdigen vermöge.

Endlich sei es zwar richtig, daß für den Portovormerk keine weiteren Förmlichkeiten vorgeschrieben seien; daraus folge aber schwerlich, daß auch die formloseste Art der Kundgebung als eine genügende Förmlichkeit erscheine, sondern eher, daß die fraglichen Vormerke für das nicht postalische Publikum nicht bestimmt seien, und — im Zusammenhang mit dem Erfordernisse der Authenticität der Urkunde, — daß nach der Natur der Sache, wenn auch nicht ausdrücklicher Vorschrift gemäß, die Schrift derart beschaffen sein müsse, daß sie lesbar verständlich und der Ursprung derselben unverkennbar sei. —

Die vorstehend behandelte Streitfrage ist practisch wichtig, weßhalb es den Lesern dieser Blätter nicht unwillkommen sein wird, wenn zu einer sorgfältigeren Erörterung derselben eine Anregung gegeben wurde.

Ellstätter, Kreisgerichts-Assessor.

121.

Wegrecht.

1) Die Gemeinden sind berechtigt, den Anspruch der Gesammtheit ihrer Bürgerschaft auf einen Weg -- für diese gerichtlich auszutragen.
2) Auch der Anspruch auf einen öffentlichen Weg gehört vor die Gerichte, wenn die Verbindlichkeit des Eigenthümers als eine Grunddienstbarkeit dargestellt wird.
3) Der L.R.S. 682 gewährt einen Nothweg nicht auch aus Gründen der größeren Annehmlichkeit oder Bequemlichkeit.
4) Die Erheblichkeit einer Zeugenaussage über unvordenkliche Ersitzung setzt voraus, daß der Zeuge über einen Theil des vor dem 1. Januar 1812 abgelaufenen Zeitraums aussage.
5) Zum Beweis unvordenklicher Ersitzung findet nach §. 530 der Pr.O. Eideszuschiebung statt.
6) Eidesformel.

In Sachen
des Johann Georg Müller in Brigach
gegen
die Gemeinden St. Georgen und Oberkirnach,
Wegdienstbarkeit betreffend,

machten die beklagten Gemeinden ein Wegrecht über das Eigenthum des Klägers geltend.

Das in Anspruch genommene Recht ward von den beklagten Gemeinden einmal als Nothweg geltend gemacht — L.R.S. 682, — sodann auf die bei Einführung des Landrechts vollendete Ersitzung — L.R.S. 691 Abs. 2 — und endlich auf Anerkennung von Seite des Klägers, beziehungsweise seines Rechtsvorfahrers — L.R.S. 695 — gegründet.

Das großh. Amtsgericht Hornberg erkannte am 30. Juli 1862:

„der beklagten Gemeinde Oberkirnach stehe zu Gunsten ihrer Einwohner das Recht nicht zu, über das Hofgut des Klägers den in Anspruch genommenen &c. Fußweg zu benützen, sie habe vielmehr die Benützung solchen Weges bei Vermeidung einer dem Kläger für jeden Fall des Zuwiderhandelns zufallenden Geldstrafe von 50 fl. zu unterlassen und die Hälfte der Kosten des Rechtsstreites zu tragen.

Dagegen sei der Kläger, unter Verfällung in die andere Hälfte der Kosten, mit der gegen die Gemeinde St. Georgen erhobenen Klage abzuweisen."

Das großh. Hofgericht des Oberrheinkreises erkannte am 2. Mai d. J. No. 2121:

„das Urtheil des großh. Amtsgerichts Hornberg vom 30. Juli 1862 sei, insoweit dagegen von Seite der beklagten Gemeinde Oberkirnach appellirt wurde, zu bestätigen, in Ansehung der Beschwerde des Klägers dagegen dahin abzuändern:

der beklagten Gemeinde St. Georgen stehe zu Gunsten ihrer Einwohner das Recht nicht zu, über das Hofgut des Klägers einen Fußweg (in der Richtung a. b. c. des der Klage anliegenden Handplanes) zu benützen, dieselbe habe vielmehr die Freiheit dieses klägerischen Eigenthumes von solcher Dienstbarkeit anzuerkennen und sei deßhalb schuldig, das Begehen dieses Weges zu unterlassen, und zwar bei Vermeidung einer dem Kläger zufallenden Geldstrafe von 50 fl. für jeden Fall des Zuwiderhandelns, unter Verfällung in die übrige Hälfte der Kosten erster Instanz.

Die Kosten dieses Rechtszuges haben die beiden beklagten Gemeinden und zwar jede hälftig zu tragen."

Auf die von beiden Beklagten ergriffene Oberappellation wurde aber vom großh. Oberhofgerichte am 3. Dezember 1864 das hofgerichtliche Urtheil dahin abgeändert:

Der Kläger hat folgenden Haupteid zu leisten,

entweder:

a) Ich habe sorgfältiger Nachforschung ungeachtet die Ueberzeugung nicht erlangt, daß die in den Jahren 1772 bis 1812 vorhandenen Besitzer des, jetzt in meinem Besitze befindlichen, Hofgutes wahrgenommen haben, daß die Einwohner von St. Georgen und Oberkirnach während jenes ganzen Zeitraumes und so lange es jenen Besitzern gedacht hat, den über meinen Grund und Boden hinziehenden, in der Klage bezeichneten, Fußweg begangen haben,

oder

b) Ich habe sorgfältiger Nachforschung ungeachtet die Ueberzeugung nicht erlangt, daß den in den Jahren 1772 bis 1812 vorhandenen Besitzern des jetzt in meinem Besitze befindlichen Hofguts der Anfang des unter a bezeichneten Zustandes oder ein entgegengesetzter Zustand völlig unbekannt gewesen ist.

Schwört der Kläger den Eid unter a oder b, so wird das hofgerichtliche Urtheil, unter Verfällung der Beklagten in die Kosten des dritten Rechtszuges bestätigt.

Verweigert der Kläger den Eid unter a und b, so wird das hofgerichtliche Urtheil dahin abgeändert:

daß der Kläger mit der erhobenen Klage, unter Verfällung in sämmtliche Kosten aller drei Rechtszüge, abzuweisen sei.

In den Entscheidungsgründen sprach sich das großh. Oberhofgericht in folgender Weise

1) über die Legitimation der beklagten Gemeinden aus:

„Die beklagten Gemeinden sind berechtigt, das Wegrecht über das Eigenthum des Klägers geltend zu machen, weil dasselbe für alle Einwohner beider Gemeinden in ihrer Eigenschaft als Angehörige derselben in Anspruch genommen wird und mithin diese Gemeinden es sind, welchen in einem Rechtsstreite hierüber die Vertretung ihrer Angehörigen zusteht.

(Schluß folgt.)

Redacteur Oberhofgerichtsrath Stempf. Verlag von J. Bensheimer in Mannheim. Druck von G. Schmelzer in Mannheim.

Annalen der Großherzogl. Badischen Gerichte.

1864. Band XXX. No. 38.

(Schluß von Art. 121.)

Wenn ferner der fragliche Weg auch ein öffentlicher ist, indem er zum Vortheile und zur Benützung von Jedermann, insbesondere sämmtlicher — der gegenwärtigen und zukünftigen — Einwohner der beiden Gemeinden geltend gemacht wird und zum leichteren Verkehr für die Bewohner von St. Georgen und der Nachbargemeinden Schönwald und Rohrbach, sowie als Kirchweg für die Bewohner von Unterkirnach dienen soll; sind gleichwohl nur die Gerichte berufen, den über die rechtliche Existenz desselben zwischen dem Eigenthümer des angeblich belasteten Guts und den beiden Gemeinden entstandenen Streit zu entscheiden. Grunddienstbarkeiten sind nämlich Gegenstände des Privatrechts, und Streitigkeiten über deren Dasein unterliegen daher der richterlichen Entscheidung; die Wegdienstbarkeit, um welche es sich hier handelt, wird auch als ein Privatrecht in Anspruch genommen, und die Gründe, worauf der beklagte Theil den Bestand des Wegrechts stützt, sind dem Privatrechte entnommen.

2) Was das Verlangen der Einräumung eines Nothweges anbelangt, so erwog das großh. Oberhofgericht, daß hiefür kein Grund vorhanden sei, indem es aussprach:

„Durch richterlichen Augenschein und den hiernach gefertigten Plan des Gewerblehrers Ruß ist nachgewiesen, daß der Fall der Nothwendigkeit, für welchen allein der L.R.S. 682 Verfügung trifft, nicht vorliegt, indem den beiden beklagten Gemeinden andere öffentliche Wege zu Gebote stehen, durch welche die Verbindung, die auch der bestrittene Weg vermittelt, für sie und für jeden Dritten hergestellt ist. Wenn auch diese Verbindung mittelst der anderen Wege weniger angenehm oder weniger bequem, als mittelst des bestrittenen Weges, sein sollte; so sind dieses keine Gründe, für die das Gesetz jene Bestimmung getroffen hat, welche vom allgemeinen Rechtsgrundsätzen abweicht und daher nicht ausdehnend angewendet werden darf."

3) Hinsichtlich des Rechtstitels der Ersitzung wurde bemerkt:

„Nach der feststehenden Praxis des diesseitigen Gerichtshofes kann für die Erwerbung der in Frage stehenden unständigen Grunddienstbarkeit in Landesgegenden, wo — wie hier — ehemals das gemeine Recht Geltung hatte, nur die vorgeschützte unvordenkliche Ersitzung berücksichtigt werden. Durch den hiefür angetretenen Zeugenbeweis wurde jedoch eine solche nicht dargethan &c. Von den Zeugen hatte zwar der am 5. Februar 1863 abgehörte Mathias Scheerelmaier von Hornberg nach seiner Angabe damals ein Alter von 84 Jahren, und könnte daher vermöge seines Alters über einen großen Theil des bis zum 1. Januar 1812 abgelaufenen Zeitraums — innerhalb welchem der zur unvordenklichen Ersitzung taugliche Besitz hätte ausgeübt werden müssen — ein vollgiltiges Zeugniß ablegen. Allein da er selbst erklärt, daß er nur über eine Periode von 40 Jahren, vom Jahre 1860 zurückgerechnet, über die bestrittene Besitzfrage Auskunft zu ertheilen vermöge, so ist von selbst klar, daß, weil er nur über eine für die Entscheidung ganz unerhebliche Zeit Zeugniß abgeben kann, der Inhalt dieses Zeugnisses selbst unerheblich ist &c. Somit erübrigt nur noch die Eideszuschiebung, deren sich die Beklagten zum Beweise der Ersitzung ebenfalls bedient haben. Dieselbe muß auch in Berücksichtigung des §. 530 der Pr.O. als zulässiges Beweismittel erachtet werden, indem es sich in der That um Handlungen der Rechtsvorfahrer des Klägers handelt, Handlungen nämlich im weiteren Sinne, wonach solche eigene Handlungen nicht nur diejenigen sind, welche man selbst vorgenommen, sondern auch all dasjenige, was man mit seinen Sinnen wahrgenommen hat,*) wohin also auch zu rechnen ist, wenn des Klägers Rechtsvorfahrer im Besitze seines Hofguts das Begehen des bestrittenen Fußwegs, durch Angehörige der beklagten Gemeinden gesehen hätten. Brauer, Erl. zu L.R.S. 1359.

Vergl. oberhofg. Jahrb. n. F. VII. p. 499—501.

Stf.

---

*) Vergl. Jahrb. für bad. R. No. LI. S. 395.

122.

Urkundenfälschung.

Zur Auslegung des §. 434 des Str.G.

Folgender, auch bezüglich des Thatbestandes eigenthümlicher, Fall kam unlängst zur Berathung in der Rekurskammer des Kreisgerichts Waldshut:

Rathschreiber K. von S., der sich im Jahre 1862 hatte verehelichen wollen und sich bereits eine Heirathsurkunde hatte ausfertigen lassen, war, nachdem die Heirath sich wieder zerschlagen, im Besitz jener Urkunde geblieben, in welcher (— die Einrichtung der hiezu verwendeten Impressen ist bekannt —) die dritte Spalte der ersten Blattseite, die für die Personalien der Braut bestimmt ist, noch nicht ausgefüllt war, im Uebrigen aber standen die sämmtlichen Fragen des Heirathsbogens gemäß den persönlichen Verhältnissen der Brautleute vollständig beantwortet, und war die Urkunde von dem Gemeinderath zu S. (der Heimathgemeinde des Bräutigams) unterzeichnet. Insbesondere war zu Frage 8 beurkundet, daß die Brautleute ledigen Standes seien, und zu Frage 12 war bemerkt, daß der Bürgerausschuß in die Annahme der ortsfremden Braut eingewilligt habe. (Letzteres war freilich unrichtig, da in jener Gemeinde gar kein Ausschuß besteht und ebensowenig eine Versammlung der zerstreut wohnenden Gemeindebürger berufen worden ist, was dort überhaupt niemals in solchen Fällen zu geschehen pflegte, obwohl indessen allen seit Jahren ausgestellten Heirathsurkunden jene Beurkundung über die Anhörung des Ausschusses beigefügt worden ist.) — Rathschreiber K. verlobte sich in der Folge mit einer anderen Weibsperson und beschloß, den voraussichtlichen Schwierigkeiten hinsichtlich der bürgerlichen Annahme der Braut (welche zwar sehr vermöglich, aber angeblich seelengestört ist) dadurch zuvorzukommen, daß er eine neue Heirathsurkunde gar nicht mehr erbitten, sondern jene alte benützen wollte. Er that dies auch, indem er die noch leere dritte Spalte der ersten Blattseite mit den Personalien der jetzigen Braut ausfüllte; im Uebrigen paßten die bereits geschriebenen Beantwortungen der verschiedenen Fragen auch auf letztere, nur war sie Wittwe, daher zu Frage 8, worin beide Brautleute als ledig bezeichnet stunden, der etwas komische Zusatz gemacht wurde: „mit Ausnahme der Braut, welche verwittwet ist.“ Endlich veränderte K. die Jahreszahl des Datums, 1863, in 1864. Die Heimathsbehörden der neuen Braut nahmen sofort keinen Anstand, dem also fertigen Heirathsbogen ihre Beglaubigung beizufügen, und das Bezirksamt ertheilte daraufhin auch den Trauschein. Erst nach der Hochzeit kam die Sache zur Anzeige und Untersuchung, und Rathschreiber K., der geständig war, wurde von dem Amtsgericht als „der Fälschung einer Heirathsurkunde, beziehungsweise der betrüglichen Ausfüllung eines Blanketts schuldig“ zu einer Amtsgefängnißstrafe verurtheilt.

Bei der, noch nach dem älteren Verfahren stattfindenden Verbescheidung des gegen die Schuldigerklärung eingelegten Recurses kamen verschiedene nicht uninteressante Gesichtspunkte zur Erwägung. Es sei jedoch nur beiläufig hier erwähnt, daß die Frage, ob im vorwürfigen Fall überhaupt der Thatbestand einer „Urkundenfälschung“ sich erkennen lasse, (nämlich abgesehen von der Veränderung der Ziffer des Datums auch hinsichtlich der gemachten Zusätze) bejaht worden ist, sowie ferner angenommen werden mußte, daß das bezeichnete Verbrechen auch insoferne vorliege, als wirklich eine „ächte“ öffentliche Urkunde vorhanden sei, welche der Gegenstand einer Fälschung sein konnte. (Ein Zweifel in dieser Richtung war möglich Angesichts der von Haus aus unrichtigen und wahrheitswidrigen Errichtung der Urkunde.) Sofort schien auch der Fall unter die Strafbestimmung des §. 429 des Str.G. subsumirt werden zu müssen, auf welchen §. das erkennende Amtsgericht statt weiterer Begründung seiner Gerichtsbarkeit sich bezogen hatte, — und es mag der Gegenstand einer späteren, wohl nicht interesselosen Erörterung sein, daß und warum nicht etwa der Thatbestand des §. 423 des Str.G. hier als erfüllt angesehen werden konnte.

War indessen auch die amtsgerichtliche Gerichtsbarkeit bei Unterstellung des §. 429 begründet, vergl. §. 16 Z. 13 des Gesetzes vom 5. Februar 1851, so konnte sich doch noch fragen, ob jene nicht wiederum dadurch ausgeschlossen war, daß die Fälschung theilweise mittelst betrüglicher Ausfüllung eines Blanketts verübt worden? Dieser, im §. 434 des Str.G. vorgesehene Fall waltet hier zweifellos ob, indem die dritte Spalte der ersten Seite der Heirathsurkunde „mit einem anderen Inhalte, als wozu jener leere Raum bestimmt gewesen, ausgefüllt“ worden ist. Nun aber sind in dem alleg. §. 16 Ziff. 13 des Gesetzes vom 5. Februar 1851 von allen Fällen der Urkundenfälschung nur die der §. 428 und 429 des Str.G. den Amtsgerichten zur Aburtheilung zugewiesen, und in §. 41 Ziff. 22 26, worin die Gerichtsbarkeit der Schwurgerichte in Urkundenfälschungsfällen bestimmt wird, ist der §. 434 des Str.G. nicht aufgeführt, daher Ruth, in seiner Ausgabe das Einf.G. bei §. 34 in der Zusammenstellung der hofgerichtlichen Strafsachen unter Ziff. 53 den §. 434 schlechtweg mit aufzählt. Ganz das Gleiche findet sich in der Amann'schen Ausgabe der neuen Gerichtsverfassung, woselbst bei §. 26 unter den kreisgerichtlichen Strafsachen der §. 434 des Str.G. genannt ist (vgl. Ziff. 55). Es gehören allerdings alle diejenigen Verbrechen, die nicht ausdrücklich den Amtsgerichten und den Schwurgerichten zur Aburtheilung überwiesen sind, in die mittlere Categorie der kreisgerichtlichen Strafsachen. Dagegen will es scheinen, als ob §. 434 des Str.G gar nicht eine eigene Art von Vergehen, eine eigene Gattung des Verbrechens der Urkundenfälschung statuire, und der Gesetzgeber die betrügliche Ausfüllung von Blanketten nicht als einen von den anderen Fällen der Fälschung gegenständlich verschiedenen — jenen gegenüber stellen, sondern vielmehr nur dafür Sorge tragen wollte, daß diese eigenthümliche Begehungsweise einer Fälschung von dem Richter nicht übersehen werde. An und für sich war es gar nicht nothwendig, den Fall des §. 434 ausdrücklich vorzusehen, und der Richter hätte auch ohne die ihm hierin gegebene bestimmte Anweisung die betrügliche Ausfüllung eines Blanketts als eine Urkundenfälschung ansehen müssen, deren sämmtliche Begriffsmerkmale hiebei zusammentreffen, vorausgesetzt natürlich, daß der Dolus des Fälschers nach der einen oder anderen Richtung der §§. 423 oder 425 oder 429 des Str.G. vorhanden ist, So sagen denn auch die Motive zum Entwurf des Str.-G.B., daß es von der Beschaffenheit des Blanketts abhänge, ob die mit einem solchen begangene Fälschung als Fälschung öffentlicher oder als Fälschung von Privaturkunden zu bestrafen sei, — und im §. 434 ist auf die „in §. 423. 425. 428 und 429 bezeichneten unerlaubten Zwecke" verwiesen, wodurch angezeigt werden soll, daß alle möglichen Richtungen des dolus hiebei unterlaufen können; dagegen ist §. 430 nicht angezogen, obwohl es, wie schon bemerkt, selbstverständlich ist, daß mittelst Ausfüllung eines Blanketts auch eine falsche Privaturkunde hergestellt werden kann, welche Handlung sofort als Fälschung zu bestrafen ist, wenn ihr einer „der in §. 423 oder 425 bezeichneten Zwecke" zu Grunde liegt. Es muß dies, aus der allgemein gehaltenen Vorschrift des §. 434 herausgelesen werden, und endlich geht aus dem Mangel an einer eigenen Strafbestimmung (es wird vielmehr nur auf die Strafandrohung des Gesetzes im Allgemeinen verwiesen, nämlich: „wird als der Fälschung schuldig bestraft") mit Ueberwindung jedes Zweifels hervor, daß die Frage, was für eine Strafe, für was für eine Art von Fälschung einzutreten habe, und folgeweise auch, von was für einem Richter die erstere auszusprechen sei, lediglich darnach sich beantwortet, was für eine falsche Urkunde und zu was für einem Zwecke sie (mittels Ausfüllung des Blankettes) in jedem konkreten Fall errichtet worden ist? Ebenso irrig, wie das Amtsgericht in den Fällen des §. 428 und 429 ist auch das Schwurgericht im Fall des §. 423 durch die Aufstellung Ruth's und Amann's von der Aburtheilung einer Fälschung dann ausgeschlossen, wenn letztere durch Blankettausfüllung begangen worden, — und es ist also auf die Behauptung zurückzukommen, daß der §. 434 des Str.G. gar nicht eine eigene, sei es subjektiv oder objektiv von den anderen verschiedene, Gattung des Verbrechens schaffen, sondern nur das Merkmal einer eigenthümlichen Begehungsweise (die aber bei jederlei Gattung des Verbrechens möglich ist), erwähnen wollte.

Die Staatsbehörde beanstandete hienach auch nicht die von dem erkennenden Amtsgerichte in Anspruch genommene Gerichtsbarkeit, und das Rekursgericht änderte nur in seinem übrigens bestätigenden Urtheil die Bezeichnung des Verbrechens dahin ab, daß der Angeschuldigte „einer, theilweise mittelst betrüglicher Ausfüllung eines Blanketts verübten, Fälschung einer öffentlichen Urkunde im Sinne des §. 429 des Str G. schuldig" erklärt wurde. Damit war die unklare Bezeichnung im unterrichterlichen Erkenntnisse verbessert und zwar gemäß der besprochenen Auffassung des §. 434; indessen wäre auch jener Beisatz „theilweise ꝛc. — verübten" gar nicht nöthig gewesen. —

Waldshut. Gu.

123.

1) Kann der Beklagte gegen ein Urtheil deßhalb appelliren, weil es den Kläger mit seiner Klage nur „zur Zeit" abgewiesen hat?

Vergl. Annal. 1860 (XXVI.) No. 86 Ziff. 170 S. 363.

2) Kann der Beklagte aus dem Grunde, weil der Kläger die ihm auferlegte Sicherheit für die

Prozeßkosten nicht leistet, auf Grund des §. 187 der Pr.O. von 1851, beziehungsweise des §. 188 der neuen Pr.O., auch in höherer Instanz die Entbindung von der Instanz verlangen?

In Sachen

des Hilery P. Bunch zu Genoa, Grafschaft Pikaway, Staat Ohio, in den Vereinigten Staaten von Nordamerika, als Vollstrecker des letzten Willens des Joh. Evangelist Morath von Bonndorf, für dessen Wittwe Martha Anna geborene Michael, und als Vormund seiner minderjährigen Kinder Georg Washington, Margaretha Anna, Sabina Ellen, Martha Jane, und Wilhelm Robert, in Scioto, gleicher Grafschaft

gegen

Bernhard Morath in Bonndorf,

Rechnungsstellung und Ausfolgung einer Erbschaft betreffend,

erkannte das großh. Hofgericht des Seekreises am 2. Juni 1860 den Beklagten für schuldig, dem klagenden Theile binnen 14 Tagen bei Vollstreckungsvermeidung Rechenschaft über das bisher in seiner Verwaltung befindliche Vermögen des Johann Morath abzulegen. Dagegen wies es den Kläger mit seinem weitern Begehren auf Herausgabe des Vermögens zur Zeit ab.

Der Beklagte beschwerte sich, daß der Kläger nur zur Zeit abgewiesen worden, die Abweisung nicht vielmehr unbedingt erfolgt sei.

Allein vom großh. Oberhofgericht wurde der Beklagte durch die Abweisung des Klägers zur Zeit nicht für beschwert erachtet und das hofgerichtliche Urtheil, unter Verfällung des Beklagten, Oberappellanten, in die Kosten des dritten Rechtszuges, am 18. October 1864 aus folgenden Gründen bestätigt:

Das klägerische Begehren um Ausfolgung des Vermögens, das sich durch die Rechnungstellung als vorhanden herausstellen sollte, findet in dem Rechtsverhältnisse, das zwischen dem Beklagten und dem verstorbenen Johann Morath, beziehungsweise dessen Rechtsnachfolgern ꝛc. als bestehend anzunehmen ist, im Allgemeinen seine rechtliche Begründung; der Richter der zweiten Instanz hat dasselbe jedoch nur zur Zeit zurückgewiesen, aus Gründen, die theilweise dem öffentlichen Rechte entnommen sind, und wonach es zur Erneuerung des Klagbegehrens einer neuen thatsächlichen und rechtlichen Begründung bedarf, gegen welche dem Beklagten, — wie sich von selbst versteht — alle Vertheidigungsmittel vorbehalten bleiben. — Es mag sonach durch dieses Erkenntniß wohl der Kläger beschwert sein, wogegen jedenfalls Beklagter, nachdem Ersterer sich dabei beruhigt hat, keinen Grund zu irgend einer Beschwerde hat." —

In der Oberberufungsschrift hatte Beklagter auch gebeten, den Kläger zu Sicherheitsleistung für die Prozeßkosten zu verhalten, widrigenfalls der Stillstand der Verhandlungen angeordnet werden soll.

Diesem Begehren wurde durch oberhofgerichtliche Verfügung vom 20. Juli 1860 stattgegeben, mit Verfügung vom 3. Juli 1861 der Stillstand wirklich ausgesprochen, dagegen die nun weiter gestellte Bitte des Beklagten, „denselben nach §. 187 Abs. 2 und §. 1063 der Pr.O. auch von der Instanz zu entbinden," verworfen, da die Bestimmung des §. 187 hier keine Anwendung erleide.

Auf die unterm 25. April 1864 erfolgte Stellung der Caution und die Bitte um Wiederaufnahme der Verhandlungen von Seiten des Klägers wurde aber die Sache mit Beschluß vom 3. Juni wieder zur Verhandlung ausgesetzt. Gegen jene beiden Verfügungen vom 3. Juli 1861 und vom 3. Juni 1864 remonstrirte später der Oberappellant, indem er geltend machte, daß der ersteren Verfügung eine mündliche Verhandlung hätte vorausgehen sollen, und daß sie in den §. 187 eine Distinktion lege, mit welcher die §§. 766 ff. nicht vereinbar seien, die zweite Verfügung daher auch nicht hätte erfolgen, Beklagter vielmehr von der Instanz — der Klage — hätte entbunden werden sollen, um was jetzt gebeten wurde. Das großh. Oberhofgericht hielt aber dies Begehren jedenfalls materiell nicht für begründet, indem es erwog:

„Zu einer vorläufigen mündlichen Verhandlung behufs der Erledigung jenes einfachen Gesuches lag keine Nothwendigkeit vor; indem ist dem hier etwa vorliegenden Mangel durch die jetzt auch über diesen Punkt stattgehabte mündliche Verhandlung abgeholfen. Der §. 187 Abs. 2 der Pr.O. hat ferner schon nach dem Wortlaut und wie auch die Hinweisung auf §. 826 andeutet, nur das Verfahren in erster Instanz im Auge, so lange nämlich noch nicht über die Klage Urtheil ergangen und damit das Verfahren der I. Instanz beendigt ist; sobald das Letztere erfolgt, ist der Fall eingetreten, daß eine Abänderung der Bestimmungen jenes Urtheils nur in Folge gebrauchter Rechtsmittel stattfinden kann, während die Entbindung von der Klage, wie Oberappellant sie jetzt begehrt, hier sogar die Aufhebung zweier Urtheile und des ganzen dazwischen liegenden Verfahrens durch einfache Verfügung enthalten würde.

Eine derartige Anwendung des §. 187 auf eine höhere Instanz erscheint daher schon nach der Natur der Sache nicht statthaft; jene Gesetzesstelle könnte gemäß §. 1063 Pr.O. selbstverständlich nur nach Beschaffenheit der jetzigen Prozeßlage, somit auf die jetzige Instanz angewendet, und nicht bis zur Klage zurückbezogen werden, womit aber dem Oberapellanten nicht geholfen wäre, da es beim Wegfallen dieser Instanz ohne Weiteres bei dem von ihm angefochtenen Urtheile der II. Instanz verblieben wäre.

Das Erlöschen des Rechtszuges, wie es die §. 766 ff. der Pr.O. näher entwickeln, hat eine von der Entbindung von der Instanz ganz verschiedene thatsächliche und rechtliche Grundlage, so daß die betreffenden Bestimmungen hierher nicht bezogen werden können."

Erf.

124.

Der Mangel der Eidesvorbereitung des Zeugen macht sein durch ordnungsmäßig abgenommenen Eid bekräftigtes Zeugniß nicht werthlos.

Die Bestimmung des Testaments, daß der Erbe, welcher gegen dasselbe Prozeß anfange, nicht Erbe sein solle, ist, wo der Erbe nicht ein Notherbe ist, gültig, findet aber gegen den, welcher die gerichtliche Herstellung der ihm unbekannten Aechtheit des Testaments verlangt, keine Anwendung.

In Sachen

des Joseph Jehle von Hochsal

gegen

Fridolin Jehle von dort und Genossen, jetzt: Martin Blum und seine Ehefrau Anna geb. Jehle in Thiengen,

Erbtheilung betreffend,

hatte der Kläger, ein Bruder des Erblassers Johann Jehle, 2 eigenhändige Testamente des Letzteren vom 26. und 28. Mai 1861 vorgelegt, deren Aechtheit die Beklagten bestritten. Diese Testamente wurden aber auf den von dem Kläger beigebrachten Aechtheitsbeweis in allen Instanzen für ächt und vollzugsreif erklärt, obschon die Beklagten verlangt hatten, daß wenigstens auf einen Erfüllungseid des Klägers erkannt werde.

Der beklagte Theil hatte das Zeugniß des Xaver Tründle weil er sich („als Salpeterer") zum Eide nicht hatte vorbereiten lassen, als ein „werthloses" beanstandet. — Allein das großh. Oberhofgericht sprach in den Gründen zu seinem Urtheil vom 22. November 1864 aus:

„Die Eidesvorbereitung bildet nach §. 5 des Gesetzes vom 20. Dezember 1848 kein unbedingtes Erforderniß; es kann vielmehr der Richter den Schwörenden davon entbinden, wenn in „besonderen" Fällen die Eidesvorbereitung nicht thunlich erscheint. Ein solcher besonderer Fall lag nun aber hier vor, da Xaver Tründle sich zu einer Glaubensgenossenschaft bekennt, welche eine Eidesvorbereitung, wie sie hier verlangt wurde, als ihrer religiösen Anschauung nicht entsprechend erachtet. Der Zeuge hat aber dessen ungeachtet sich zur Eidesleistung bereit erklärt, und den Eid — nach vorgängiger Ermahnung durch den Richter und unter Beobachtung aller vom Gesetze sonst vorgeschriebenen Förmlichkeiten — auch geleistet, so daß der Eidschwur — wie ihn auch das gedachte Gesetz erklärt, — als ein vollgültiger erachtet werden muß."

Der Erblasser hatte in einem der Testamente verordnet, daß „der Erbe, der das Testament nicht pünktlich erfülle, oder dagegen Prozeß anfange, nicht Erbe sein, und sein Antheil, den er bekommen hätte, dem Bruder Joseph Jehle oder dessen Erben zu Eigenthum zufallen solle.

Das großh. Hofgericht des Oberrheinkreises hatte demzufolge in seinem Urtheil vom 13. Mai 1864, No. 2335, auf Antrag des Klägers ausgesprochen:

die Beklagten seien des Rechts, an der Erbschaft des Johann Jehle Theil zu nehmen, für verlustig und für schuldig zu erklären, ihre Erbportion an den Kläger zu überlassen ꝛc.

Auf die hiergegen von den Beklagten ergriffene Oberappellation hob jedoch das großh. Oberhofgericht am 22. Novbr. 1864 das hofgerichtliche Urtheil, soweit es in dieser Beziehung das amtsgerichtliche Urtheil abänderte, auf, und stellte das amtsgerichtliche Urtheil wieder her, indem es ausführte:

„Mit Recht hat zwar der Richter der II. Instanz die (betr.) Bestimmung des Testaments ꝛc. als eine im Allgemeinen rechtlich gültige erklärt; denn der Erblasser hatte keine Notherben, er durfte sonach unbeschränkt über seinen Nachlaß verfügen, seine Geschwister von seiner Erbschaft selbst ganz ausschließen, somit ebenso das etwaige Vermächtniß an eine Bedingung knüpfen, insofern solche nicht an sich unmöglich ist, und nicht einer gesetzlichen Bestimmung oder den guten Sitten zuwiderläuft. L.R.S. 900. 1172.

Dies ist nun hier allerdings nicht der Fall; die in Frage liegende Bedingung verstößt direct gegen kein Gesetz, — deren Erfüllung ist möglich und bezweckt gerade die Wahrung der guten Sitte, indem sie durch eine Strafklausel zu verhüten sucht, daß unter den Erben Zerwürfnisse und Rechtsstreite entstehen.

Dessen ungeachtet liegen genügende Gründe vor, jene Strafklausel auf die Beklagten nicht zur Anwendung zu bringen. Nach der unterstellbaren Absicht des Erblassers und selbst nach dem Wortlaute der Testamentsbestimmung hatte derselbe wohl nur den Fall im Auge, daß Einer der Erben gegen einzelne positive Bestimmungen des Testaments gerichtlich Einwendungen erhebe; eine solche Einwendung haben nun aber die Beklagten nicht erhoben, sondern lediglich die Erklärung abgegeben, daß sie nicht wüßten, ob die Testamente wirklich von dem Erblasser herrührten. Bei dem Umstande, daß die Testamente nicht in öffentlicher Form errichtet, sondern Privattestamente sind, muß davon ausgegangen werden, daß die Beklagten hiebei in gutem Glauben handelten, und in der That die Handschrift des Erblassers nicht kannten, in welchem Falle ihnen nicht zugemuthet werden konnte, gegen ihre Ueberzeugung die Aechtheit der Testamente anzuerkennen. Es lag somit in der Nichtanerkennung der — für die Beklagten noch nicht festgestellten — Aechtheit der Testamente keine Handlung, wie sie die Strafklausel in Letzteren im Auge hatte, die Beklagten griffen nicht die materiellen Bestimmungen der Testamente, sondern nur deren formelle Gültigkeit an; und es handelte sich für sie lediglich um die Frage, ob Urkunden, welche ihnen gegenüber als Testamente des Erblassers ausgegeben werden, dies auch in Wirklichkeit sind, ob die in jenen getroffenen Verfügungen sich auch wirklich als die Willensmeinung des Erblassers darstellen, — eine Thatsache, deren Beweis sie vom Gegentheil zu verlangen berechtiget waren.

Die Beklagten sind hiernach durch das hofgerichtliche Urtheil beschwert, insofern sie ihres Erbtheils verlustig erklärt sind, und mußte deßhalb diese Bestimmung aufgehoben und das untergerichtliche Urtheil in dieser Beziehung wieder hergestellt werden." Sch.

125.

1) Mit Zustimmung der Parthien darf über mehrere, anfänglich getrennt behandelte, Ansprüche insgesammt ein einziges Urtheil erlassen werden.

2) Die Einrede der rechtskräftig entschiedenen Sache ist auch gegen ein, in Rechtskraft erwachsenes, früheres Urtheil zulässig.

In Sachen

des Hopfenhändlers Adolph Mayer in Karlsruhe,

gegen

den Bierbrauer Carl Hemberle von da

Forderung, hier Einsprache des Beklagten gegen einen sog. unbedingten Befehl betr.

Im Jahre 1851 hatte Adolph Mayer gegen Carl Hemberle im Wechselprozesse drei Forderungen eingeklagt, — die eine im Betrag von 461 fl. 18 kr., sowie 3 fl. 39 kr. Protestkosten nebst Provision und Zinsen, die andere im Betrage von 200 fl. und 3 fl. 39 kr. Protestkosten nebst Zinsen, die dritte im Betrage von 707 fl. 25 kr und Zinsen. Hemberle wurde verurtheilt, und die Urtheile haben die Rechtskraft beschritten.

Nachdem Mayer die Forderungen länger als drei Jahre unbetrieben gelassen hatte, wurde auf sein Wiederanrufen die ursprüngliche urtheilsmäßige Frist von drei Tagen von Neuem anberaumt. Dagegen hat Hemberle Einsprache erhoben und solche auf verschiedene Einreden gestützt.

Vom Untergerichte wurde dem Einsprachsbegehren bedingt, vom grßh. Hofgerichte unbedingt stattgegeben, nämlich am 19. April 1864, No. 1642, abändernd erkannt, daß auf die Einsprache des Carl Hemberle die Zahlungsauflagen des großh. Stadtamtsgerichts Karlsruhe vom 15. Juli 1863 No. 11,991 und 11,992, und vom 21. Juli 1863 No. 12,268, unter Verfällung des Klägers, Einsprachsbeklagten in sämmtliche Kosten beider Rechtszüge, wieder aufgehoben werde. —

Die vom Kläger, Einsprachsbeklagten, gegen dieses Urtheil ergriffene Oberappellation wurde vom großh. Oberhofgerichte für unbegründet erkannt und das hofgerichtliche Urtheil, unter Verfällung des Klägers, Einsprachsbeklagten, in die Kosten auch der dritten Instanz, unterm 18. Oktober 1864 aus folgenden Gründen bestätigt:

„Was vor Allem die Frage betrifft: ob, nachdem der Kläger Mayer die drei Wechselforderungen in drei getrennten Klagvorträgen geltend gemacht, und auch der Beklagte Hemberle seine Einsprachen in drei getrennten Vorträgen erhoben hat, es zulässig war, daß auf den Antrag der Parteien über alle drei Einsprachen nur ein einziges Urtheil erlassen wurde? so ist diese Frage zu bejahen. Nach §. 280 der Pr.O. (§. 258 der n. Pr.O.) ist es gestattet, mehrere Ansprüche gegen den nämlichen Beklagten vor dem dafür zuständigen Richter in dem nämlichen Klagvortrag vereint geltend zu machen, und nur dem Richter steht es zu, nach seinem Ermessen die Trennung zu verfügen. Ebenso muß daher dem Richter gestattet sein, die anfänglich getrennt behandelten mehreren Ansprüche im Laufe der Verhandlungen zu vereinen, wenn die Parteien — wie im vorliegenden Falle — damit einverstanden sind. Diese Trennung aber in gegenwärtiger Instanz eintreten zu lassen, dafür liegt kein Grund vor.

Ferner kann es keinem Anstande unterliegen, daß auch, nachdem das Urtheil die Rechtskraft erlangt hat, vor oder nach erkannter Vollstreckung in beschränkter Weise noch Einreden vorgetragen werden dürfen. Dies ergibt sich aus den Bestimmungen der §§. 924. 930 (852. 858 der neuen Pr.O.), verglichen mit den §§. 316. 632 Absatz 2 der Prozeßordnung (343. 317 Abs. 2 der neuen Pr.O.), wonach in der bezeichneten Lage des Rechtsstreits noch solche, aber auch nur solche Einreden als zulässig erscheinen, deren thatsächlicher Grund erst nach dem Urtheile entstanden ist, und welche urkundlich nachgewiesen werden können.

Diese Eigenschaften kommen aber der von dem Einsprachskläger vorgeschützten Einrede der rechtskräftig entschiedenen Sache zu. Diese Einrede ist nicht nur noch zulässig, sondern auch wohlbegründet und vollständig bewiesen. Nachdem nämlich die Eingangs bezeichneten Urtheile erlassen waren, erhob im Jahre 1861 der jetzige Einsprachskläger gegen Adoph Mayer eine Klage auf Ersatz von zur Ungebühr empfangenen Zahlungen. Er legte dieser Klage den Conto-Current zu Grunde, welchen Adolph Mayer über seine Geschäftsverhältnisse mit dem Einsprachskläger schon früher zu den Gerichtsakten gegeben, und dessen Richtigkeit bezüglich der ganzen Geschäftsverbindung, Geschäftsabrechnung und Geschäftsdarstellung zwischen beiden Theilen derselbe anerkannt hat, und nach dessen Ergebniß dem Adolph Mayer ein Saldo von 377 fl. 2 kr. zustand. Schließlich wurde im Jahre 1863 — auf den Grund noch weiter nachgewiesener Zahlungen, welche im „Haben" des Conto-Currents nicht eingetragen sind, und eines zum Nachtheile Hemberle's im „Soll" enthaltenen unrichtigen Eintrags — rechtskräftig entschieden, daß Adolph Mayer an Hemberle 768 fl. nebst 6 pCt. Zinsen vom 26. März 1862 zu bezahlen habe. Durch dieses Urtheil wurde aber auch über die jetzt bestrittene Fortdauer der fraglichen Wechselforderungen zu Gunsten des Einsprachsklägers erkannt und damit das zwischen den Parteien bestehende Rechtsverhältniß bezüglich jener Forderungen für die Zukunft unabänderlich festgesetzt, ohne daß es auf frühere Urtheile oder früher unter ihnen bestandene Rechte und Verbindlichkeiten ankommt. ꝛc." Erf.

126.

Der Vertrag, wodurch sich Jemand dafür Makelgebühr bedingt, daß ein Dritter die Vermittlung des von dem Zusagenden beabsichtigten Kaufs besorge, ist ein doppelseitiger.

Die Einrede der Gefährdung der Gläubiger kommt dem Vertragsgegner nicht zu.

In Sachen

der Elisabetha Schellinger, jetzt Ehefrau des Joseph Restle in Freiburg,

gegen

Joseph Gallion von da,

Forderung betr.,

hatte sich der Beklagte durch urkundliche Zusage vom 27. August und 27. September 1862 verpflichtet, für den Fall, daß der Verkauf seines Hauses mit Brauerei-

und Wirthschaftseinrichtung durch Vermittlung des Jos. Restle zu Stande gebracht werde, der Klägerin 2 pCt. vom Kaufpreis zu bezahlen.

Der Beklagte, auf Zahlung belangt, wendete ein, jene Zusagen müßten als ein einseitiges Versprechen betrachtet werden, welches — weil eine Schenkung enthaltend für ihn wegen Mangels der gesetzlich dazu vorgeschriebenen Form unverbindlich sei.

Allein das großherzogliche Oberhofgericht sprach in den Entscheidungsgründen zum Urtheil vom 20. Dezbr. 1864 aus:

„Obige Zusagen wurden, wie aus dem Wortlaute der Urkunde vom 27 August hervorgeht, nicht dem Restle, sondern der Klägerin gegenüber gemacht, und Letztere hat dafür als Gegenleistung die Verpflichtung übernommen, den fraglichen Liegenschaftsverkauf durch jenen, ihren späteren Ehemann, zu bewirken; es kann deßhalb das Rechtsverhältniß unter den Parteien nicht als eine an die Formen des L.R.S. 931 gebunde Freigebigkeitshandlung, sondern nur als ein doppelseitiger Vertrag aufgefaßt werden, bei welchem die Klägerin dem Beklagten gegenüber als Vertragsperson erscheint.

Daß die Vermittlung nicht durch die Klägerin selbst geschehen sollte, rechtfertigt eine andere Beurtheilung des rechtlichen Verhältnisses nicht, indem der L.R.S. 1120 auch Verträge, nach welchen ein Dritter statt der Vertragsperson eine Handlung leisten soll, für zulässig und wirksam erklärt. Die Klägerin ist hiernach zur Erhebung der vorliegenden Vertragsklage berechtigt und solche an und für sich auch zweifellos in Rechten begründet."

Die weitere Einrede des Beklagten, daß die Zuwendung der Vermittlungsgebühr an die Klägerin zur Gefährde der Gläubiger des J. Restle geschehen sei, wurde als Einwand aus dem Rechte dritter Personen als für den vorliegenden Rechtsstreit unerheblich erklärt."

Srf.

127.

Holzberechtigung.

Das vorhandene Bedürfniß muß angemeldet werden. Durch einstweilige Deckung des nothwendigen Bedarfs erlischt der angemeldete Anspruch nicht.

In Sachen
der Gemeinde Oberlenzkirch
gegen
die fürstliche Standesherrschaft Fürstenberg,
Holzberechtigung betr.

Oberhofgerichtliches Urtheil vom 13. Dez. 1864.

Nach rechtskräftigen Urtheilen, wonach lediglich die Eigenschaft als Gemeindebürger das entscheidende Merkmal der Berechtigung zum Anspruche, wie das vorliegende Bedürfniß jenes der Begründetheit des Letzteren ist, hat die beklagte Standesherrschaft die Rechtsverbindlichkeit auf sich, der Gemeinde Oberlenzkirch für alle ihre Bürger ohne Unterschied nach deren Bedürfniß und unentgeldlich Brenn-, Bau- und Nutzholz zu verabfolgen, in so weit und in so lange es die Regeln der Forstwirthschaft erlauben, — dagegen haben aber auch die Gemeinde, beziehungsweise deren holzbedürftige Bürger, die Verbindlichkeit, ihr Bedürfniß jährlich besonders nachzuweisen, — eine Bestimmung, die forstwirthschaftlichen Grundsätzen und den §§. 106 ff. 112 des Forstgesetzes auch vollkommen entspricht. — L.R.S. 636.

I. Nach diesen urtheilsmäßig festgestellten Grundsätzen wurde die klägerische Holzansprache bezüglich der einzelnen in der Klage aufgeführten Bürger nur für richtig erkannt, insofern und insoweit die Ansprüche der Einzelnen in dem Jahr, für welches sie erhoben werden, durch Vermittlung der Gemeinde angemeldet und geltend gemacht wurden, wodurch für die Beklagte wenigstens die Möglichkeit, ihrer Verbindlichkeit zu genügen, begründet wurde, und als das Bedürfniß rechtsgenüglich dargethan war.

II. Der Richter der II. Instanz hätte sowohl die vorgängige Anforderung — sei es durch die, nach beiderseitigem Uebereinkommen in Uebung gekommenen Bedarfslisten bezüglich der früher vorgelegenen, oder durch die Klage bezüglich der jetzt erst sich ergebenden Bedürfnisse, als auch das Bedürfniß selbst als wesentliches Erforderniß der Rechtmäßigkeit der Ansprache überhaupt verlangt, darüber Beweis auferlegt, und nach dem Vorhandensein dieses Erfordernisses dem Klaganspruche stattgegeben. (Schluß folgt.)

Redacteur Oberhofgerichtsrath Stempf. Verlag von J. Bensheimer in Mannheim. Druck von C. Schmelzer in Mannheim.

Annalen der Großherzogl. Badischen Gerichte.

1864. Band XXX. No. 39.

(Schluß von Art. 127.)

Von großh. Oberhofgerichte wurde auch als genügend erkannt, wenn die Deckung des Bedürfnisses auf einem oder dem andern Wege verlangt, und dadurch der Beklagten zur Genügung ihrer Verbindlichkeit Gelegenheit gegeben wurde, und ausgesprochen, es könne dem Berechtigten keinen Eintrag thun, wenn er nach der Anforderung — wenn solcher nicht entsprochen wurde und das Bedürfniß die alsbaldige bauliche Herstellung gebot — die Herstellung einstweilen selbst bewirkte, da er durch Aufstellung der Forderung seiner Obliegenheit genügte, und bei deren Beweise andererseits auch die Erfüllung der Verbindlichkeit der Beklagten zu erfolgen hat. —

Ein Zuwarten mit solcher Herstellung müßte unter Umständen nicht nur die Sachlage ändern und verschlimmern, sondern es wäre sonst bei unverschieblichen Bauten der einfache Widerspruch der Beklagten genügend, sich ihrer Verbindlichkeit zu entledigen. Nur die strenge Beobachtung der jährlichen Darlegung des sich für die Einzelnen zeigenden Bedürfnisses und die alsbaldige Feststellung und Genügung desselben von Seiten der Beklagten — wird die Wirkung haben, von einem und dem anderen Theile weiteren Schaden abzuwenden. rc.

Stf.

128.

Uebersicht der neuesten französischen Literatur über den Code Napoléon.

Es gibt in Frankreich, sagt Zachariä in einer Note zu §. 51 seines Handbuches des französischen Civilrechts, Buchhandlungen, die sich allein mit dem Verlage und mit dem Verkaufe der Werke eines bestimmten Faches beschäftigen. Die Cataloge, welche diese Buchhandlungen von Zeit zu Zeit erscheinen lassen, kann man benützen, um mit der Literatur des Faches zu gehen.

Diese Bemerkung unseres auch in Frankreich so berühmten Landsmannes scheint zum fruchtbringenden Gedanken geworden zu sein, indem wohl die bedeutendste der mit der juristischen Literatur sich vorzugsweise abgebenden Pariser Buchhandlungen, die von Auguste Durand, geradezu ihren Büchercatalog in der Form eines Werkes über die gesammte Rechtsliteratur Frankreichs vom Jahre 1789 bis Ende November 1863 herausgab. Sie benutzte zu diesem Behufe ein von einem Herrn Warée (dem Herausgeber der 4. Auflage des berühmtesten französischen Werkes über juristische Literatur, Dupin's Lettres sur la profession d'avocat), 1858 letztmals herausgegebenes Werk, welches Durand's Schwiegersohn und Geschäftsführer des Handlungshauses, Ernest Thorin, neu edirte unter dem Titel: Répertoire bibliographique des ouvrages de législation, de droit et de jurisprudence en matière civile, administrative, commerciale et criminelle publiés spécialement en France depuis 1789 jusqu'à la fin de Novembre 1863. Paris, Décembre 1863 1 vol. 8°. Gleichzeitig wird dasselbe als Catalog der Durand'schen Buchhandlung bezeichnet, welche sich zur Lieferung aller darin genannten Werke erbietet.

Dieses Buch enthält in seinem Haupttheile ein alphabetisches Verzeichniß fast aller seit 1789 in Frankreich und theilweise auch in Belgien erschienenen Werke über Alles was Gegenstand der Legislation, der Justiz und Verwaltung ist. Bei jedem Werke ist der Ladenpreis beigesetzt, ausgenommen bei jenen, die nicht mehr im Buchhandel sind. Sonst enthält dasselbe Nichts als bei einigen wichtigeren Werken Auszüge von Recensionen, sodann bei mehrfacher Bearbeitung desselben Gegenstandes Verweisungen auf die Namen der vorzüglichsten Schriftsteller. Angehängt ist ein äußerst brauchbares und mit ängstlicher Genauigkeit ausgeführtes Sachregister. Vorausgeschickt ist eine Zusammenstellung aller gesetzlichen Bestimmungen über den Unterricht an den französischen Rechtsschulen von de Fontaine, de Resbecq die aber für uns nur von untergeordnetem Interesse ist. Dagegen glauben wir den Lesern dieses Blattes nicht unwillkommen zu sein, wenn wir ihnen mit Hilfe dieses Werkes und seiner Nachträge eine Uebersicht des neuesten Standes der französischen civilrechtlichen Literatur mit Rücksicht auf die seit dem Erscheinen der von Anschütz besorgten 5. Ausgabe von Zachariä's Handbuch eingetretenen Veränderungen geben.

I. Als Zachariä noch lebte und lehrte, war in der französischen Juristenwelt ein Name, der alle anderen weit überstrahlte, Toullier, dessen droit civil français schon die 5. Auflage erlebte, als der Verfasser bei dem Art. 1581 des Code civil angelangt, unerwartet starb. Dieses Werk galt für so vorzüglich, daß nicht blos Duvergier eine Fortsetzung desselben schrieb, sondern auch der ungleich tiefere Troplong seine gesammelten Monographien unter dem Titel: le droit civil expliqué als eine Fortsetzung Toullier's erscheinen ließ.

Daneben erfreuten sich noch Delvincourt's Cours de droit civil und Duranton's Cours de droit français einigen Ansehens. Sie sind nun alle veraltet. Toullier erhielt nur noch 1846 48 eine von Duvergier besorgte 6. Ausgabe; Delvincourt ist 1834 zum 5. und Duranton 1844 zum 4. und letzten Male verlegt worden. Sie sind durch zwei neuere Namen verdrängt worden, Marcadé, welcher durch seine Originalität der Theorie des Rechtes eine neue Bahn gebrochen und Demolombe, welcher durch seine Gründlichkeit Alles erschöpft, was die französische Jurisprudenz bis jetzt zu erzeugen vermochte. Während indessen Demolombe wegen seiner Gelehrsamkeit mehr anerkannt wird, ist Marcadé der wahre Liebling der französischen Juristen geworden. Es weht auch ein eigener frischer Geist durch seine Schriften, welcher gar wohlthätig contrastirt mit der scholastischen Weisheit, welche die Werke Toullier's und seiner Zeitgenossen kennzeichnet. Diese vermochten sich nicht von den traditionellen Begriffen und Anschauungen zu emancipiren, welchen die Schule Pothier's eine solche Autorität verliehen hatte, daß sie selbst die Revolution überdauerten und deren größtem legislatorischen Werke, dem Code Napoléon ihr unauslöschliches Siegel aufdrückten. Pothier's Schriften sind unbestreitbar Quellenwerke des Code, man kann ihn ohne sie unmöglich recht verstehen; sie werden auch in richtiger Würdigung dieses Bedürfnisses immer von Zeit zu Zeit neu edirt; insbesondere hat Bugnet 1847—1850 eine neue Ausgabe derselben unter dem Titel: oeuvres annotées et mises en conciliation avec le code civil et la législation actuelle in 10 Bänden besorgt, welche 1861 zum zweiten Male aufgelegt wurde. Wenn aber auch Pothier's Einfluß auf die Gestaltung des französischen Civilrechts ein fast übermächtiger ist, so ist ihm dieses doch nicht so sehr unterworfen, daß es für immer in Pothier's Ideen festgebannt und keiner weiteren Entwickelung mehr fähig wäre.

Pothier hat ganz im Geiste der durch ihn selbst zur höchsten Blüthe gelangten Romanistenschule seiner Zeit gelehrt und geschrieben; er hat zwar auch die freilich als solche nicht erkannten germanischen Rechtselemente, die sich im Norden Frankreichs als droit coutumier unbestrittene Geltung verschafft hatten, wissenschaftlicher Behandlung unterworfen, aber doch nur von einem wesentlich romanisirenden Standpunkte aus. In dem gleichen Geiste schrieben Toullier und seine Zeitgenossen. Der Code Napoléon gestattet aber dadurch, daß seine Bestimmungen ohne gelehrten Doctrinarismus vorgetragen sind, und in ihrer großen Mehrheit die Rechtssätze nackt wieder geben, welche als das Ergebniß der ganzen vorausgegangenen Rechtsentwickelung erscheinen, eine, von den bei ihrer Abfassung vorherrschenden Ideen freie, wissenschaftliche Behandlung. Und dies hat Marcadé gethan. Er hat fast durchweg jede Lehre aus ihrem eigenen Wesen neu aufzufassen versucht, die herkömmlichen Anschauungen der schärfsten Kritik unterworfen, und dadurch überallhin neues Licht zu verbreiten gewußt. Wenn auch eine gewisse Sucht nach Orginalität an ihm nicht zu verkennen ist, und er das historische Element oft nur zu sehr hintansetzt, so hat er doch das unläugbare Verdienst, eine neue von der hergebrachten unabhängigen, kritischere Behandlungsweise des französischen Civilrechts eingeführt zu haben. Um dieses zu erkennen, genügt es freilich nicht an den Résumés, in welche er die Ergebnisse seiner Forschungen zusammengestellt hat, und deßhalb ist die sonst sehr verdienstliche Uebersetzung derselben von Adrian Pfaff auch ungenügend. In seinen Ausführungen muß man ihn verfolgen, wenn man sein Bestreben nach Verdienst zu würdigen im Stande sein will. Leider war es ihm nicht vergönnt, sein Unternehmen zu vollenden. Er starb, nachdem er vom J. 1841 an, nach einander 6 dicke Bände über die Art. 1—1831 des Code Napoléon und noch im J. 1854 ein Bändchen über die Lehre von der Verjährung geschrieben hatte. Im J. 1859—1861 ist von den ersten 6 Bänden die 2. Auflage der 5. Ausgabe und die 2. Ausgabe des letzten Bandes erschienen, unter dem Titel: Explication théorique et pratique du Code Napoléon, welchen er selbst an die Stelle des früheren setzte: Elémens de droit civil français ou explication méthodique et raisonnée du code civil.

Der von Marcadé selbst bezeichnete Fortsetzer seines

Werkes ist Paul Pont, dem es übrigens nur mühsam gelingt, dasselbe zu Ende zu führen. Er hat bis jetzt nur die Lehre von den Vorzugs- und Unterpfandsrechten in einem Bande von 83 Bogen herausgegeben, sodann von den längst angekündigten s.g. petits contrats (art. 1874 bis 2091 C. N.) den ersten Theil des ersten Bandes. Fast ebenso langsam schreitet Demolombe's Cours de code Napoléon voran, nebst Troplong's droit civil expliqué das größte und gründlichste Handbuch des französischen Civilrechts. Auch er ist bestrebt, die Bestimmungen desselben mit möglichster Selbstständigkeit auf ihre Prinzipien zurückzuführen; wenn auch weniger reich an neuen Ideen als Marcadé, so übertrifft er ihn doch an Gründlichkeit und Gelehrsamkeit, und genießt deßhalb auch eine größere Autorität in der gelehrten Welt. Obgleich zunächst für Rechtsbeflissene geschrieben, so hat doch sein Werk dadurch, daß es fast Alles erschöpft, was die Wissenschaft und die Gerichtspraxis zu Tage gefördert, auch bei den Gerichten das größte Ansehen erlangt. Durch den unter der Feder sich immer mehr ausdehnenden Umfang sah er sich veranlaßt, ähnlich wie Troplong, das anfänglich auf ein Ganzes von 20 Bänden angelegte Werk in einer Reihe von selbstständigen Abhandlungen, jedoch unter Beibehaltung der Reihenfolge des Code, erscheinen zu lassen. Im J. 1845 ist der erste und 1864 der XXI. Band der ganzen Sammlung erschienen, welche nun Art. 1 — 1100, also ungefähr die erste Hälfte des C. N. umfaßt. Inzwischen ist von den Abhandlungen über das Personen- und Eigenthumsrecht bereits eine zweite und von derjenigen über die Servituten sogar schon eine dritte Ausgabe herausgekommen.

Nach ihrem gegenwärtigen Stande bilden die Schriften Demolombe's gewissermaßen die Ergänzung derjenigen Troplong's. Nachdem er in 9 Abhandlungen von zusammen 18 Bänden über die von Toullier nicht mehr behandelten Rechtsmaterien geschrieben, begann Troplong über die übrigen eine neue Reihe von Abhandlungen, von denen bis jetzt die über die Schenkungen in 4 Bänden (1862, 2. Auflage) und über den Heirathsvertrag in 4 Bänden (1857, 3. Auflage) erschienen sind, so daß jetzt mit Ausnahme des allgemeinen Theils der Obligationen, der ganze Code von dem einen oder dem andern, und nur die Lehre von den Schenkungen von beiden zugleich bearbeitet worden ist. Deßhalb und weil beide mit der gleichen Ausführlichkeit und Gründlichkeit schreiben, ist es schwer, eine Parallele zwischen ihnen zu ziehen; so viel ist indessen gewiß, daß Troplong's wohlbegründeter Ruf durch Demolombe noch keineswegs in den Schatten gestellt ist. Seine Werke, namentlich die über die wichtigeren Lehren sind immer sehr gesucht, sein berühmter traité de la vente ist 1856 zum fünften, der traité de l'échange et du louage 1852 zum dritten, des privilèges et hypothèques 1854 zum fünften und de la prescription 1857 zum vierten Male aufgelegt worden.

Abgesehen von diesen Hauptwerken hat die französische Literatur noch eine große Anzahl sehr schätzbarer Werke über den gesammten Code Napoléon aufzuweisen, welche auch in Deutschland wohl bekannt sind. Hieher gehört unter andern Boileux, commentaire sur le code Napoléon, wovon 1836 die erste und 1856 die sechste Ausgabe erschien. Obgleich dieses Werk von ursprünglichen 3 nun auf 7 dicke Bände angewachsen ist, so hat es doch, vielleicht ebendeßhalb, von seiner früheren Beliebtheit nicht wenig eingebüßt. Sein Hauptverdienst war in möglichster Kürze über eine Menge von Streitfragen, sowohl die Ansichten der Gelehrten (insbesondere des berühmtesten Lehrers an der Pariser Rechtsschule Valette, nach dessen ungedruckten Collegheften) als auch die Entscheidungen der Gerichte vorzuführen. In dieser Beziehung ist er nun durch Gilbert's Ausgabe von Sirey's Codes annotés (1862 6. Auflage) überflügelt. Kein anderes Werk enthält in solcher Gedrängtheit und gleichzeitiger Uebersichtlichkeit eine so große Menge des Stoffes; in einem einzigen Bande finden sich mehr als 40,000 Entscheidungen und die ganze gangbare Literatur ausgezogen und so geordnet, daß man ohne alle Mühe selbst über die subtilste darin berührte Rechtsfrage das Gesuchte findet. Wenn Sirey's Annotationen des C. N. für würdig erachtet wurden, von Thilo 1838 in deutscher Sprache umgearbeitet zu werden, so würde es diese neue Ausgabe ungleich mehr verdienen.

Nicht minder gesucht sind Rogron's Codes français expliqués, indem 1863 von der Quartausgabe die fünfte und von der Octavausgabe die sechszehnte Auflage erschienen ist; dagegen ist Paillet's einst so geschätztes Manuel du droit français seit 1837 nicht wieder aufgelegt worden.

Neuere Werke von geringerem Umfange über den ganzen Code Napoléon sind noch:

Arntz (belgischer Rechtslehrer) Cours de droit civil français comprenant l'explication des lois, qui ont modifié la législation civile en Belgique, 1860, 2 Bd.

Berriat-Saint-Prix, Notes théoriques sur le code civil contenant sur chaque article sans exception, l'explication des termes techniques, la filiation des idées et la discussion des principes 1854—1856. 3 Bde.

Delsol, Le code Napoléon expliqué d'après les doctrines généralement adoptées à la faculté de droit de Paris, 1854, 3 Bde., ein sehr geschätztes Lehrbuch für Rechtsbeflissene.

Gérard (Belgier), Code civil expliqué par la jurisprudence des cours et tribunaux de Belgique et de l'étranger 1860, 1 dicker Bd. gr. 8° — sehr schätzbar wegen seiner erschöpfenden Mittheilung der Entscheidungen belgischer Gerichte.

Vuillaume, Commentaire analytique du C. N. renfermant les principes généraux du droit, les motifs de chaque article, les solutions motivées des questions, auxquelles il donne lieu et les opinions des auteurs qui les ont traitées 1856. 1 Bd.

Unvollendete Werke, beziehungsweise Werke über einzelne Theile des C. N. von nicht geringem Ansehen sind noch:

Coin-delisle, Commentaire analytique du C. N., wovon jedoch nur der 1855 neu aufgelegte Theil von den Schenkungen und Testamenten besonders hervorzuheben ist.

Demante, Cours analytique de code civil 1849 bis 1858. 4 Bde. (Art. 1 — 1100, wovon 893 — 1100 von dem Fortsetzer Colmet de Santerre herrühren).

Valette, Explication sommaire du livre I. du C. N. (droits des personnes) 1859. 1 Bd.

Sodann als Einleitung zum Studium des C. N. gerühmt:

Oudot, Conscience et science du devoir, introduction à une nouvelle explication du C. N. 1856. 2 Bde.

Dieses großen nationalen Reichthums an Handbüchern über den C. N. ungeachtet, erfreut sich dasjenige unseres Zachariä eines sich immer gleichbleibenden Beifalls in Frankreich; nicht nur ist dessen französische Bearbeitung von Aubry und Rau 1858—1864 in dritter Auflage (in 6 Bänden), sondern es ist auch 1853—1860 eine besonders geschätzte Uebersetzung desselben nach der fünften Ausgabe von Massé und Vergé 1856—1860 in 5 Bänden erschienen.

Der Referent der letzteren bemerkt übrigens: Aucun ouvrage en France n'a formulé dans une synthèse plus puissante et à la fuis plus lucide les principes du C. N.; personne n'a aussi bien exposé que Zachariae les règles de notre droit civil et leurs conséquences immédiates u. s. w.

II. Nebst den Hand- und Lehrbüchern, Commentaren, Vorträgen, Annotationen und wie die sonstigen wissenschaftlichen Behandlungen des ganzen C. N. genannt werden, zeichnen sich die Sammelwerke, Repertorien, Wörterbücher und Zeitschriften am meisten aus. Oben an steht des älteren Dalloz, Jurisprudence générale du royaume oder Répertoire méthodique et alphabétique de législation, de doctrine et de jurisprudence en matière de droit civil, commercial, administratif, de droit des gens et de droit public, wovon die 1. Ausgabe 1824 und die 2. mit Rücksicht auf den Stand von 1844 umgearbeitete, im J. 1845 angefangen wurde. Von der letzteren sind bis jetzt Bd. II. — XLIV. erschienen; außer dem übrigens nahe bevorstehenden Schlusse fehlt noch der I. Bd., welcher eine Art Rechtsgeschichte (Essai sur l'histoire générale du droit français) enthalten soll. Dieses ganz vorzügliche Werk bildet eine vollständige Rüstkammer für die gesammte französische Rechtswissenschaft; es gibt sämmtliche Rechtsquellen, Geschichte und Text der Gesetze nebst Motiven und Discussionen, die Ansichten der Gelehrten und die Entscheidungen der Gerichte im ausführlicher Darstellung, nebst Begründung der eigenen Anschauungen des Verfassers. Es ist viel mehr als ein bloses Sammelwerk; es ist ein alphabetisches Aggregat von Abhandlungen über sämmtliche Rechtsgegenstände, und zugleich ein Rechtswörterbuch. Durch dasselbe ist sowohl Merlin's Répertoire und questions de droit, als des Armand Dalloz Dictionnaire général et raisonné de législation (1836—1847), der übrigen geringeren Repertorien und Rechtslexika nicht zu gedenken, überflüssig geworden. Merlin, welcher immerhin in historischer Beziehung und wegen seiner eigenen Rechtsanschauungen noch von einiger Bedeutung ist, ist 1827—1828 zum 5. und letzten Male aufgelegt worden, während Armand Dalloz Mitarbeiter seines Bruders geworden ist. Eine jährliche Fortsetzung des Répertoire bildet das gleichfalls von den Brüdern Dalloz herausgegebene Recueil périodique, welches von 1845 — 1863 um 20 Quartbände zugenommen hat. Zur Erleichterung des Gebrauches ist für die 15 Jahrgänge 1841 — 1856 ein ausführliches Sachregister erschienen, welches die während dieser Zeit publizirten Entscheidungen, 30,000 an der

Zahl, im Auszuge mittheilt, und so einen Nachtrag zum Répertoire sowohl als zum Dictionnaire bildet. —

Mit dem letztgenannten Recueil concurrirt vielfach der von Sirey gegründete und seit 1831 von den Herren Devilleneuve, Carette und Gilbert fortgesetzte Recueil général des lois et des arrêts, welcher in 30 Bänden die seit 1791 erlassenen Entscheidungen auszugsweise und die seit 1789 publizirten Gesetze und Verordnungen mit Noten mittheilt. Die dazu herausgegebenen Sachregister in 6 Bänden vereigenschaften sich als Repertorien. Die vollständigste Mittheilung der gerichtlichen Entscheidungen gibt das seit 1791 erscheinende Journal du palais in mehr als 90 Bänden, wovon für die Zeit bis 1845 eine dritte Auflage erschienen ist, dazu ein Generalrepertorium in 15 Bänden.

Zudem geben jetzt fast alle höheren Gerichtshöfe ihre Entscheidungen in periodischen Blättern heraus, die Cour de cassation seit 1798 (140 Bde.) die cour imperiale von Colmar seit 1804 (60 Bde.), Aix seit 1856, Nantes seit 1659, Douai 1811 (53 Bde.), Lyon 1823, Metz 1854, Nimes 1856, Pau 1862, Caen und Rouen 1837, Marseille 1820, Bordeaux 1826, Grenoble u. Chambéry 1861.

Auch für die verschiedenen Beamtungen gibt es solche Sammelwerke und Zeitschriften, so für die Friedensgerichte das journal spécial des justices de paix gegründet von Julbe de Foulan und seit 1846 fortgesetzt von Gallisset (43 Bde.), ferner von Bioche eine Monatschrift seit 1851 und ein Rechtslexikon, von Jay eine Monatschrift seit 1851 als periodische Fortsetzung seines Répertoire général et raisonné des justices de paix; — für die Avoués ein Recueil von Bellequin und Chauveau-Adolphe mit bereits 87 Bänden, — für die Staatsanwaltschaft das seit 1858 von Dutruc redigirte Journal du ministère public — für das Notariat ein seit 1808 erscheinendes journal des notaires et des avocats (95 Bde.) — selbst für die Gerichtsdiener das seit 1820 bestehende journal des huissiers (mit bereits 44 Bde.) u. s. w. — Für das große Publikum bestimmt sind die Gerichtszeitungen Gazette des tribunaux, welche seit 1825 und le droit, welcher seit 1835 erscheint.

Von den gelehrten Zeitschriften ist die von Foelix u. A. seit 1830 herausgegebene Revue étrangère im J. 1850 eingegangen; die von Wolowski u. A. 1834 gegründete Revue de législation ist 1853 mit der seit 1851 von Demolombe, Marcadé, Paul Pont u. A. redigirten Revue critique de législation et de jurisprudence verschmolzen worden; diese letztere Zeitschrift, welche bis jetzt mehr als 25 Bände zählt, und die von Laboulaye seit 1855 redigirte Revue historique de droit français et étranger, welcher die von Genouillac 1853—1856 herausgegebene Revue bibliographique et critique du droit français einverleibt wurde, sind nebst dem seit 1851 erscheinenden Recueil de l'académie de législation de Toulouse die eigentliche Zierde der heutigen Rechtsliteratur Frankreichs, an welcher alle Rechtsgelehrten von Namen mitzuwirken sich zur Ehre rechnen.

III. Bei der Ausführlichkeit, mit welcher alle Rechtsmaterien in den Compendien und Repertorien behandelt sind, wird man es begreiflich finden, daß der Reichthum an Monographien und bedeutenderen Abhandlungen über einzelne Lehren ein verhältnißmäßig geringer ist. Nur diejenigen Lehren, die von größerer praktischer Wichtigkeit, oder Gegenstand neuerer Gesetze oder Preisfragen sind, haben sich in neuerer Zeit besonderer Behandlung zu erfreuen gehabt. Aus der Zahl dieser Schriften sind hervorzuheben:

1) Ueber das Personenrecht:

Alauzet de la qualité de Français. 1863.

Schutzenberger, condition civile des étrangers en France. 1852.

Jay, de la jouissance des droits civils au profit des étrangers. 1855.

Cival, Traité theorique et pratique de l'état civil. 1851.

Loir, de l'état civil des nouveaux-nés. 1854.

Lafontaine, de la filiation naturelle. 1861.

Desportes. Essai historique sur les enfans naturels. 1857.

2) Ueber das Eherecht:

Allemand, Traité du mariage. 1853. 2 Bde.

Rupert, les lois civiles concernant le mariage. 1855.

Thiercelin, du mariage civil et du mariage religieux. 1854.

Girard, des nullités de mariage d'après le code civil. 1862.

Mercier, des nullités de mariage en droit français. 1862.

Breton, du divorce en droit romain, de la séparation de corps en droit français. 1863.

3) Ueber Minderjährigkeit, Vormundschaft und väterliche Gewalt:

Arbois de Jubainville, Recherches sur la minorité. 1852.

Amiable. Etudes historiques et critiques sur l'âge de la majorité. 1861.

Frouet de Fontpertuis. Etudes sur les enfans assistés. 1860.

Jay, Traité des conseils de famille. (3. éd.). 1854.

Bernard, Histoire de l'autorité paternelle en France. 1864.

4) Ueber Besitz und Besitzklagen, — außer den schon bekannten von Anschütz citirten Schriften von Alauzet, Bélime, Garnier, Parieu, Caron (1859. 3. éd.) und Carasson:

Beauvais, de la possession en droit romain et en droit français, et des actions possessoires. 1858.

Smith, de l'origine de la possession annale. 1854.

Miroy, Théorie des actions possessoires. 1852.

Bolland. Examen de la doctrine de la cour de cassation relativement à l'action possessoire appelée: Réintégrande. 1859.

Jay et Baume, Recueil des actions possessoires. 1863.

5) Ueber das Eigenthum, -- außer den schon bekannten Schriften von Agnis, Comte, Hennequin, Hureaux, Lebastier, Proudhon und Toussaint:

Vaugeois, de la distinction des biens. 1860.

Rivière, Examen du régime de la propriété mobilière. 1854. – Gekrönte Preisschrift.

Lesenne, de la propriété avec ses démembremens. 1858.

Liègeard, de la maxime: le partage est déclaratif de la propriété (2. éd.). 1855.

Sodann sind über das Schrifteigenthum, insbesondere die droits d'auteur, propriété litéraire und die damit zusammenhängenden Fragen de la propriété industrielle et artistique, die brevets d'invention und contrefaçon über 50 Schriften anläßlich der Bewegung gegen den Nachdruck, nebst verschiedenen Zeitschriften erschienen. Von den ersteren nennen wir die Namen der Hauptschriftsteller, nämlich: Et. Blanc, Perpigna, Armengaud, Comettant, Delalain, Gastambide, Hetzel, Laboulaye, Mareschal, Renouard, Proudhon; sodann das Repertoire von Huard 1863, und die Zeitschriften la propriété industrielle und die Annales de la propriété industrielle, artistique et litéraire von Pataille, Huguet, Calmels und Perrot de Chaumeux.

6) Ueber Servituten und Nachbarrecht, — außer dem seit 1838 (8. éd.) nicht mehr aufgelegten berühmten Werke von Pardessus, und denen von Championnière und Solon:

Gavini de Campile, Traité des servitudes. 1854—1856. (2. Bd. unvollendet.)

Genty, Traité de l'usufruit, de l'usage et de l'habitation. 1859.

Sauger, du louage et des servitudes dans leurs rapports avec les usages locaux. 1860.

Le Gonidec de Penlan, de l'extinction des servitudes. 1862.

Jay, Nouveau traité du bornage. 1859.

Millet, Traité du bornage. (3. éd.) 1862.

Morin, Principes du bornage. 1860.

Perrin, Code des constructions et de la contiguité. (6. éd.) 1864.

Chauveau-Adolphe, Essai sur le régime des eaux navigables et non navigables. 1859.

7) Ueber Erbrecht, Testamente und Schenkungen, außer den noch immer classischen Werken von Chabot und Grenier:

Dutruc, Traité du partage de succession. 1855

Gros, Succession et réserve des enfans naturels. 1844.

Dubernet de Boscq, Partage d'ascendants. 1855 und 1860.

Genty, Traité du partage d'ascendants. 1849.

Saint-Espès-Lescot, Des donations entre-vifs et des testamens. 1855 — 1861. 5 vol.

Boutry-Boissonade, Essai sur l'histoire des donations entre époux et leur état d'après le C. N. 1852.

Ueber den Freitheil und dessen Berechnung (portion, quotité disponible) haben geschrieben Vernet (1855),

Beautemps-Beaupré (1856. 2 vol.), Labbé (1858), Lauth (1862), Beauvant (1863), Demante (1863), Réquier (1864), und insbesondere

Ragon, Traité de la rétention et de l'imputation des dons faits à des successibles. 1862. 2 vol.

Cabrye, du droit de rétention. 1860. — Gekrönte Preisschrift.

Glasson, droit de rétention. 1862.

Dubois, du droit de rétention. 1862.

Sonstige Werke über Erbrecht sind noch:

Boissard, des substitutions et des majorats. 1858.

Villequez, Etudes historiques sur les substitutions prohibées. 1863.

Aymé, de la séparation des patrimoines. 1860.

Simonnet, Histoire et theorie de la saisine héréditaire. 1852. — Gekrönte Preisschrift.

8) Ueber Obligationenrecht im Allgemeinen:

Busquet, Dictionnaire des contrats et obligations en matière civile et commerciale. 1840. 2 Bde.

Poujol, Traité des obligations 1846. 3 Bde.

Larombière, Théorie et pratique des obligations. 1858. 5 Bde.

Molitor (Belgier), Traité des obligations. 1850. 3 Bde.

Massol, de l'obligation naturelle et de l'obligation morale (2. éd.) 1862.

Bourgon de Layre, Traité sur les obligations divisibles et indivisibles. 1840.

Rodière, de la solidarité et de l'indivisibilité. 1852.

Deflers, des obligations divisibles et indivisibles. 1863.

Eyssautier, Nature de l'obligation en garantie, sa divisibilité ou indivisibilité. 1859.

Récamier, Recherches sur la responsabilité du fait d'autrui. 1859.

Sourdat, Traité général de la responsabilité ou de l'action en dommages-intérêts en dehors des contrats. (2. éd.) 1860. 2 vol.

Carathéodory, de l'erreur en matière civile. 1860.

Pochonet, de l'erreur de droit. 1861.

Donchement, de l'erreur et de ses effets dans les contrats. 1862.

Bédarride, Traite du dol et de la fraude en matière civile et commerciale. 1852 3 Bde.

Gauthier, Traité de la subrogation de personnes, ou du payement avec subrogation. 1853.

Bonnier, Traité des preuves en droit criminel (3 éd.). 1862.

Lecerf, Traité complet des actes sous seing-privé (2 éd.). 1854.

9) Ueber ehelichea Güterrecht.

Odier, Traité du contrat de mariage. 1846. 3 Bde.

Pont et Rodière, Traité du contrat de mariage. 1850. 2 Bde.

Bellot de Minières, Le contrat de mariage considéré en lui-même ou Commentaire sur le 1. chap. du contrat de mariage. 1853.

Derselbe, Régime dotal ou communauté d'acquets. 1851 1854. 4 Bde.

Bonnet, des dispositions par contrat de mariage et des dispositions entre époux. 1860. 3 Bde.

Marcel, du régime dotal. 1842.

Sériziat, Traité du régime dotal. 1845.

Benoit, Traité de la dot. 1846. 2 vol.

Benoit, Traité des biens paraphernaux. 1846.

Fétis (Belgier), Des droits du mari sur les biens personnels de la femme sous le régime de la communauté. 1853.

Menesson, Essai sur les récompenses sous le régime de la communauté légale. (Art. 1433—1439.) 1853.

Jousselin, des prélevances et reprises de la femme mariée. 1855.

Tessier, Le droit de reprise de la femme. 1857.

Vavasseur, Reprise de la femme commune.

Tillard, des actes dissolutifs de la communauté. 1851.

Bertauld, de la subrogation à l'hypothèque légale des femmes mariées. 1853.

Pont, de la publicité des subrogations à l'hypothèque légale de la femme et des reprises et des prélèvemens de la femme mariée en communauté. 1861.

Salvandy, Gain de survie entre époux. 1855.

10) Ueber Kauf, Miethe und sonstige Verträge:

Accarias, Etude historique sur le pacte commissoire et la résolution de la vente par défaut de payement. 1855.

Desselben, Etude sur la transaction. 1863.

Tabary, des transactions. 1863.

Dejean, Traité de l'action rédhibitoire dans le commerce des animaux domestiques. (2. éd.). 1861.

Galisset et Mignon, Nouveau traité des vices rédhibitoires. (2. éd.) 1852.

Masson, Traité des locations. 1847.

Clamagéran, du louage d'industrie, du mandat et de la commission en droit romain et en droit français. 1855.

Domenget, du mandat, de la commission et de la gestion d'affaires. 1862. 2 vol.

Gavinet, des sûretés réelles du bailleur d'immeubles. 1864.

Romiguière, du prêt à intérêt. 1858.

Vignon, deßgleichen. 1859.

Caillemer, des intérêts. 1861.

11) Ueber Vorzugs- und Unterpfandsrecht. — Die ganze hier einschlagende neuere Literatur dreht sich um das sog. Transcriptionsgesetz vom 23. März 1855 und die durch dasselbe bewirkte Reform des Hypothekensystems; mehr als 25 Schriftsteller fühlten sich berufen, über dieses Gesetz und seine Folgen zu schreiben; aus der Fluth dieser Schriften heben wir nur hervor diejenigen von Mourlon 1861/3 in 2 Bänden, Grosse 1861 (2. Ausg.) in 2 Bänden, Rivière et François (2. Ausg.) und vor Allem Troplong's Transcription en matière hypothécaire 1856. — Auch die von Paul Pont als Fortsetzung des Marcadé herausgegebene Bearbeitung dieser Lehre berücksichtigt das neue Gesetz. Endlich sind noch angekündigt von:

Valette, Traité de privilèges et hypothèques in 2 Bänden (erschienen ist der 1. Theil des 1. Bandes), und

Verdier, Traité sur la transcription en matière hypothécaire in 2 Bänden.

Fast ebenso reichhaltig als die eben dargestellte gelehrte Rechtsliteratur ist die populäre zum allgemeinen Handgebrauche und zu demjenigen besonderer Classen von Beamten und Staatsbürgern. Da sie aber für uns von keinem Interesse ist, so wollen wir stillschweigend darüber hinweggehen.

Dr. Th. A. Warnkönig, f. f. Domainenrath.

Berichtigungen zu dem Aufsatz No. III.

S. 269 in der ersten Spalte Zeile 5 von unten ist zu lesen: mindere, statt „minderer."

S. 270 in der Anmerkung * Zeile 3 von oben ist das Wort „nicht" zu streichen.

S. 270 in der zweiten Spalte Zeile 5 von oben ist zu lesen: „Für diese Auslegung" statt „Für die Auslegung."

Anzeige.

Redacteur Oberhofgerichtsrath Stempf. Verlag von J. Bensheimer in Mannheim. Druck von C. Schmelzer in Mannheim.

Annalen der Großherzogl. Badischen Gerichte.

1864. Band XXX. No. 40.

Einladung.

Die Redaktion der Annalen wird im Verein mit mehreren Mitgliedern des höchsten Gerichtshofs, wie bisher sich angelegen sein lassen, wichtigere Entscheidungen desselben sowohl in bürgerlichen Rechts- als in Strafsachen zur öffentlichen Kenntniß zu bringen und hofft, namentlich auch durch eingehende Mittheilung der Entscheidungen über Nichtigkeitsbeschwerden in Strafsachen — soweit möglich eine gewisse Stetigkeit in der badischen Gerichtspraxis zu vermitteln.

Auch werden künftig in diesen Blättern die Tagesordnung und die Generalien des höchsten Gerichtshofs regelmäßig bekannt gemacht.

Zugleich ergeht die Einladung an alle Männer vom Fache zur Veröffentlichung von Entscheidungen der Kreisgerichte und Amtsgerichte aus allen Gebieten des Rechts und zur wissenschaftlichen Besprechung interessanter Rechtsfragen.

Die jeweils im Laufe des Semesters aufgenommenen Aufsätze werden am Schlusse desselben honorirt.

Etwaige Mittheilungen von Anwaltskammern werden unentgeldlich aufgenommen.

129.

Wenn bei rechtzeitig angezeigtem Rekurs die förmliche Bezeichnung der Beschwerdepunkte unterlassen wurde, oder erst nach der 10 tägigen Frist des §. 389 der Str.Pr.O. bei dem urtheilenden Gericht eingekommen ist, so ist deßhalb der Rekurs nicht unter allen Umständen als verspätet zu verwerfen.

Bei dem Kreisgericht Baden kam folgender Fall zur Entscheidung:

Die gewählten Ortsschulräthe, Lindenwirth Joseph Nonecker und Gemeinderechner Johann Jülg von Ottenhöfen haben gegen den dortigen Pfarrer Joseph Lender wegen einer, ihnen angethanenen, Beschimpfung Anklage wegen Ehrenkränkung erhoben und hat das Amtsgericht Achern unterm 6. Dezember 1864 ein, den Angeklagten freisprechendes, Urtheil erlassen und zwar ohne eine öffentlich mündliche Verhandlung vorzunehmen (§. 6 der Str.P.O.) und ohne zwei Schöffen beizuziehen (§. 104 ebendas.), während der Grund, aus welchem die Aburtheilung ohne Schöffen geschah, nicht aktenmäßig gemacht wurde und ein Ausnahmsfall nach §. 305 der Str.P.O. unzweifelhaft nicht vorgelegen hat.

Die Ankläger haben sich mit diesem, ihnen am gleichen Tage eröffneten, Urtheil nicht zufrieden gegeben und vielmehr mittelst schriftlicher Eingabe vom 15. Dezember präs. am 16. desselben Monats, beim großh. Amtsgericht Achern den Recurs angezeigt, wobei sie es aber unterlassen haben, die Beschwerdepunkte ausdrücklich zu bezeichnen (§. 389 Str.P.O.), und suchten sie diesem Fehler erst abzuhelfen in dem weiteren, durch einen Anwalt eingereichten Schriftsatz vom 20. Dezember, präsentirt an demselben Tag, welcher die Bezeichnung der Beschwerdepunkte als unwesentlich erklärt, solche jedoch gleichwohl nachholt, indem er als Beschwerden bezeichnet:

a) daß das Amtsgericht mit Verletzung des §. 305 der Str.P.O. das Urtheil ohne Zuziehung von Schöffen erlassen, und

b) die Anklage abgewiesen habe.

In der öffentlich mündlichen Verhandlung vor dem Kreisgericht Baden haben die Ankläger selbst noch weiter geltend gemacht, daß wesentliche Vorschriften des Verfahrens auch dadurch verletzt worden seien, daß das Urtheil ohne öffentliche Hauptverhandlung (§. 225 Str.P.O.) gefällt wurde und das Amtsgericht es unterlassen habe, mehrere, von ihnen vorgeschlagene, Zeugen einzuvernehmen.

Das Kreisgericht hat die vorgetragenen Nichtigkeitsbeschwerden des §. 373 Abs. 1 und 3 der Str.P.O. als begründet erkannt und demgemäß das Urtheil des Amtsgerichts Achern aufgehoben und die Sache zur nochmaligen Verhandlung und Entscheidung an das Amtsgericht Baden (qua Schöffengericht) verwiesen. §. 385 d. Str.P.O.

Dieses kreisgerichtliche Urtheil wurde in der Unterstellung erlassen, daß die Bezeichnung der Beschwerdepunkte am 20. Dezember, d. i. den 14. Tag nach der Eröffnung des Urtheils, noch rechtzeitig eingekommen sei und erscheint diese Annahme durch das Folgende als gerechtfertigt.

Gegen amtsgerichtliche Urtheile kann der Recurs an das Kreisgericht ergriffen werden, zur Geltendmachung aller Beschwerden, welche die Aufhebung oder Abänderung des Urtheils bezwecken, und insbesondere auch zur Geltendmachung von Nichtigkeitsbeschwerden. Str.P.O. §§. 386. 397. Abs. 2 u. 385.

Der §. 389 ebendaselbst verordnet wörtlich:

„Der Recurs ist innerhalb (zehn) Tagen, von der Verkündung des Urtheils gerechnet, mit Bezeichnung der Beschwerdepunkte bei dem urtheilenden Gerichte anzuzeigen,

Von der Anzeige wird dem Gegentheil Nachricht geben."

Was zunächst die Stellung dieses Paragraphen im Gesetzbuch betrifft, so ist zu bemerken, daß er seinen Platz hat in Tit. XXVI., der ausschließlich von den Rechtsmitteln gegen Urtheile der Amtsgerichte handelt. Das in diesem Titel verliehene Rechtsmittel des Recurses geht weit über diejenigen Grenzen hinaus, innerhalb deren das Rechtsmittel der Nichtigkeitsbeschwerde gegen schwurgerichtliche und kreisgerichtliche Urtheile Anwendung findet. Während nemlich das letztere nur für die ganz singulären Fälle der §§. 373. 375 u. 376 der Str.P.O. verliehen ist, ist der Recurs gegen Urtheile der Amtsgerichte auch gegen die Entscheidung der Thatsachen und gegen die juristische Beurtheilung dieser Thatsachen gestattet.

Ammann, Erl. zur Str.P.O. §. 386 Anm. 1.

Die Nichtigkeitsbeschwerde des Tit. XXV. der Str.P.O. ist ein viel formeller gehaltenes Rechtsmittel, als der Rekurs, indem die Gründe, aus denen sie gegeben wird, sich immer nur auf formelle Mängel bezüglich der Besetzung des Gerichts, der Gerichtsbarkeit, der Voraussetzung des Verfahrens, der Verletzung prozessualischer Rechte und wesentlicher Vorschriften des Verfahrens bei der Hauptverhandlung oder der Urtheilsfällung, sowie bezüglich unrichtiger Gesetzesanwendung stützen, und zugleich die für Anzeige dieses Rechtsmittels vorgeschriebenen Förmlichkeiten des §. 377 viel strenger sind, als dies bei dem Rekurs nach §. 389 der Fall ist. Die erstere ist schriftlich anzuzeigen und anstatt der beim Rekurs in §. 389 der Str.P.O. vorkommenden Worte: „mit Bezeichnung der Beschwerdepunkte" ist in §. 377 für die Nichtigkeitsbeschwerde die viel strenger lautende Vorschrift gegeben:

„In der Anzeige müssen die Beschwerdegründe bestimmt bezeichnet werden.

Nach Ablauf der Frist dürfen neue Beschwerdegründe nicht geltend gemacht werden."

Diese Fassung enthält ein absolutes Gebot, während ein solches in den Worten des §. 389 nur insoweit erkannt werden kann, als es sich um die Anzeige des Recurses binnen der zehntägigen Frist, nicht aber auch um die Bezeichnung der Beschwerdepunkte handelt.

Der §. 389 der jetzigen Str.P.O. wurde dem, durch §. 116 des Einf.Ges. vom 5. Februar 1851 eingeführten, §. 278 der Str.P.O. vom 6. März 1845 nachgebildet, wie dies aus einer Vergleichung beider, großentheils wörtlich gleichlautenden, Gesetzesstellen deutlich hervorgeht. Der genannte §. der früheren Str.P.O. hatte noch die weitere Bestimmung:

„Bezeichnet die Recursanzeige die Beschwerdepunkte nicht, so wird angenommen, daß sie gegen alle Theile des Erkenntnisses gerichtet sei."

Nachdem diese letztere Gesetzstelle in dem Entwurfe zur Str.P.O. von 1862 noch Aufnahme gefunden hatte wurde sie im Entwurf von 1863 ausgelassen, ohne daß der Grund hiefür in den Regierungsmotiven, den Commissionsberichten oder den Discussionen der Kammern angegeben ist, und hat dies Veranlassung zu den Zweifeln gegeben, welche in vorliegender Anklagesache durch den Vertreter des Angeklagten gegen die Rechtzeitigkeit und Zulässigkeit des Recurses erhoben worden sind.

Sowenig aber dieses Weglassen obiger Gesetzesstelle in der Weise verstanden werden darf, daß damit nur etwas Ueberflüssiges gestrichen wurde und demnach die unterlassene Bezeichnung der Beschwerdepunkte für alle Fälle die Zulassung des Recurses gegen alle Theile des Erkenntnisses zur Folge habe, ebensowenig geht daraus hervor, daß deßhalb der Recurs in allen Fällen als verspätet gelte.

Gegen letztere Annahme spricht insbesondere auch der mild gefaßte Wortlaut des §. 389 in Vergleichung mit den strengeren Vorschriften des §. 377, die Beseitigung der in den frühern Entwürfen in §. 322 und 390 (entsprechend dem jetzigen §. 389) vorkommenden Ausdrücke „unerstreckliche Frist," „Nothfrist", sowie der Umstand, daß die Worte, „mit der Bezeichnung der Beschwerdepunkte" im Text des mehrerwähnten §en vorkommen, ohne daß dabei durch einen geeigneten Ausdruck (wie z. B. „binnen gleicher Frist") die Einhaltung der zehntägigen Frist wiederholt vorgeschrieben wurde.

Aus allem Dem geht unzweifelhaft hervor, daß das Gesetz die Bezeichnung der Beschwerdepunkte in der zehntägigen Frist nicht absolut gebietet, und gibt es vielmehr Fälle, in denen die Versäumung der Frist, und das Unterlassen der ausdrücklichen Bezeichnung der Beschwerdepunkte dem Recurrenten nicht schadet, vorausgesetzt, daß der Recurs rechtzeitig angezeigt ist. Da das neue Gesetz den Schwerpunkt des Recursverfahrens in die Tagfahrt zur mündlichen Verhandlung vor dem Kreisgericht verlegt, in welcher die Begründung der Beschwerden mündlich vorzutragen ist, während die Ausführung der Beschwerden früher schriftlich geschah, so enthielt die Aufstellung der entgegengesetzten Ansicht eine unnütze Strenge. Auf der andern Seite muß aber auch anerkannt werden, daß solche Fälle nur ausnahmsweise eintreten und in dieser Beziehung ist zunächst zu unterscheiden, ob die Bezeichnung der Beschwerdepunkte

a) nach Ablauf der zehntägigen Frist noch eingekommen ist,

b) oder auch in dieser Zeit unterlassen wurde.

Es liegt kein Grund dazu vor, den Recurs sogar in dem Falle von lit. a unberücksichtigt zu lassen, es müßte denn in der Zwischenzeit zwischen der Anzeige und der Bezeichnung der Beschwerdepunkte solcher als verspätet schon verworfen worden sein.

Die gänzliche Unterlassung der Bezeichnung der Beschwerdepunkte kann aber nur alsdann eine Verwerfung des sonst rechtzeitig angezeigten Recurses nach sich ziehen, wenn über die Tragweite der Recursanzeige Zweifel vorhanden sein können. Solche sind aber nicht zulässig, wenn der Recurs gegen ein den Privatangeklagten freisprechendes Urtheil angezeigt wurde, da hier der Ankläger selbstverständlich nur deßhalb sich beschwert erachtet, weil er überhaupt abgewiesen wurde und die Recursanzeige in anderer Weise, als daß sie gegen den ganzen Inhalt des Urtheils gerichtet ist, gar nicht gedeutet werden kann, zumal bei Beschwerden, die nur die Verurtheilung in die Kosten zum Gegenstand haben, der Recurs in der Regel nicht zulässig ist. §. 387 d. Str.P.O.

Diese Auslegung entspricht eben so sehr den Worten des Gesetzes, als der Billigkeit, und wäre es eine ungerechtfertigte, mit der Ansicht des Volks nicht zu vereinbarende Härte, wenn die Vorschrift des §. 389 eine strengere Auslegung erhalten würde. Der Mann aus dem Volk und selbst der gebildete Nichtjurist ist gewohnt, mit der kurzen Erklärung, daß er recurrire, in der Regel seine Unzufriedenheit gegen den ganzen Inhalt des Urtheils auszusprechen, und ist es deßhalb nicht gedenkbar, daß der Gesetzgeber die Absicht hatte, dieses Herkommen stillschweigend und ohne Noth zu beseitigen.

Mit der bisher ausgesprochenen Ansicht läßt sich auch der von Ammann, Erläuterungen zur Str.P.O. in Anm. 1 zu §. 389 aufgestellte Satz vereinigen, in welchem er erklärt:

„Eine Recursanzeige ohne alle Bezeichnung von Beschwerdepunkten erscheint nicht zulässig."

Es lassen nemlich die Worte „ohne alle Bezeichnung" darauf schließen, daß dieser Schriftsteller den Recurs in ähnlichen Fällen, wie die oben erwähnten ebenfalls als zulässig ansieht, und lassen sich die von ihm gewählten Worte sogar dahin auslegen, daß er noch viel weiter geht, und diese Ausnahme gestatte in allen Fällen, in denen der Recurrent auch nur in Etwas der Verpflichtung zur Bezeichnung der Beschwerdepunkte nachgekommen ist.

Diese bisher vertheidigte, mildere Auffassung wurde auch in andern, neuern Strafprozeßordnungen aufgenommen, in denen dem Oberrichter nicht nur gestattet ist, alle ihm aufstoßenden Bedenken und Anfechtungsgründe, selbst wenn sie von der Partei nicht ausdrücklich angeführt sind, bei dem Recurs zu berücksichtigen, sondern wornach auch der Einwendung des Rechtsmittels durch das Gesetz selbst die Deutung gegeben ist, daß das Endurtheil nach allen Richtungen hin als beschwerend angefochten werde und in Folge dessen eine umfassende Prüfung des Oberrichters eintritt. In den deutschen Gesetzen ist die Nothwendigkeit der Angabe der Beschwerden nur bei der Nichtigkeitsbeschwerde vorgeschrieben, dagegen für den Recurs jene mildere Deutung anerkannt.

Planck, system. Darstellung des deutschen Strafverfahrens. S. 512 ff.

In dem obenerwähnten Falle glaubte das Kreisgericht Baden um soweniger Anstand nehmen zu dürfen, den Recurs als rechtzeitig zu berücksichtigen, als derselbe nicht nur gegen ein, den Angeklagten freisprechendes Urtheil angezeigt war, sondern auch die Beschwerden nachträglich bezeichnet wurden, und als die Ankläger nicht blos formell nach §. 373 Abs. 1 u. 3 der Str.P.O., sondern auch materiell dadurch verletzt sind, daß ihnen in ungerechtfertigter Weise die Einvernahme mehrerer, vorgeschlagener Zeugen durch das Amtsgericht Achern verweigert worden ist.

Baden im Januar 1865.

Dr. Schultz, Kreisgerichtsrath

130.

Frohndpflichtigkeit. Unvordenkliche Verjährung.

Wir lassen hier einen Auszug aus den Entscheidungsgründen zu dem von großh. Oberhofgerichte in der Sache der Pfarrei Assamstadt gegen die Gemeinde Assamstadt, unter dem 9. Dezember 1864 erlassenen Urtheile folgen. Dieselben berühren einige nicht unbedeutende Fragen aus den in der Ueberschrift genannten Lehren.

So besagen diese Entscheidungsgründe, nachdem sie einleitend bemerkt, daß die Beschwerde der oberappellirenden Gemeinde gegen das hofgerichtliche Erkenntniß bezüglich einer Anzahl von elf der Klagbehauptung nach frohndberechtigten Aeckern unbegründet, bezüglich zweier solcher Aeckern begründet sei *), Folgendes:

„Daß das Klagbegehren in der Weise, wie es vom großh. Hofgericht modificirt worden, nämlich dahin, daß der Beklagte schuldig sei, die fragliche Frohndpflicht anzuerkennen *), unerachtet der durch das Gesetz vom 28. Dezember 1831 (Reggsbl. 1832 No. 1) Art. 1 verfügten Aufhebung der Herrenfrohnden rechtlich zulässig sei, ist zweifellos, da die früher Frohndberechtigten nach den weiteren Bestimmungen des obenerwähnten Gesetzes Entschädigung („Ablösungscapital") für die aufgehobenen Frohnden anzusprechen berechtigt sind, da somit in Fällen, wo die Frohndpflicht bestritten wird, um festzustellen, ob entschädigt werden muß oder nicht, ein richterliches Erkenntniß über das Dasein oder das Nichtdasein jener Pflicht sowohl der Natur der Sache nach, als zufolge ausdrücklicher Vorschrift des angeführten Gesetzes als nothwendig erscheint. Wenn oberappellantischer Seits unter Hindeutung auf Art. 10 dieses Gesetzes geltend gemacht wurde, daß vor der Ablösung der Frohnden außer der Feststellung der Frohndpflicht noch andere Punkte zu ordnen seien, mithin jene Feststellung zur Vorbereitung des Ablösungsverfahrens nicht genüge, so kann hieraus kein irgend haltbarer Grund gegen die Zuläßigkeit und Rechtsbeständigkeit des dem Vorstehenden zufolge der Natur der Sache und den Gesetzen entsprechenden bisherigen Verfahrens entnommen werden. Das etwa weiter Nöthige konnte in einem ferneren Verfahren festgestellt werden. Das oberappellantischer Seits in der mündlichen Verhandlung angerufene Gesetz vom 10. April 1848 (Reggsbl. No. 23) ist im vorliegenden Falle nicht in Betracht zu nehmen, da es sich seinem Art. 1 zufolge nur auf solche Feudalrechte bezieht, über deren Beseitigung nicht schon früher besondere Gesetze ergangen waren, da aber über Beseitigung der Frohnden bereits das Gesetz vom 28. Dezember 1831 erlassen war."

„Der Klage steht auch keineswegs entgegen, daß die eingeklagten Frohnden als ungemessene nach §. 17

*) Das hofger. Erkenntniß hatte hinsichtlich aller eben im Texte genannten Aecker die Entscheidung des Rechtsstreites von dem von der Gemeinde A. dahin zu leistenden Reinigungseide: „Wir haben sorgfältiger Nachforschung ungeachtet die Ueberzeugung nicht erlangt, daß seit unvordenklicher Zeit vor dem ersten Januar 1810 die Gemeinde Assamstadt der katholischen Pfarrei daselbst die unter Ziff. u. s. w. bezeichneten Grundstücke gebracht, gesetzt, eingeführt, auch den Dünger auf dieselben geführt habe," und ferner von dem durch die Pfarrei, beziehungsweise deren Vertreter dahin zu leistenden Haupteide: „Ich habe sorgfältiger Nachforschung ungeachtet die Ueberzeugung nicht erlangt, daß in dem Zeitraume von 1780 bis 1790 von Seiten der beklagten Gemeinde die Leistung der in der Klage angesprochenen Frohnden zu den oben bezeichneten 13 Grundstücken verweigert und länger als ein Jahr hindurch unterlassen worden ist, und daß die katholische Pfarrei A. sich dabei beruhigt hat," abhängig gemacht. D. V.

*) Die Klage selbst hatte „Anerkennung" der Frohndpflicht und „Leistung der Frohnden bis zu einer etwaigen Ablösung derselben" begehrt. D. V.

des VI. Const.Edicts vom 4. Juni 1808 gerichtlich nicht verfolgbar seien, indem nach den von dieser Gesetzesstelle selbst gegebenen Begriffsbestimmungen jene Frohnden offenbar als gemessene zu betrachten sind.“

„Es erscheinen die fraglichen Frohnden den thatsächlichen Vorträgen des klagenden Theiles nach als persönliche Frohnden (§. 17 des VI. Const.Edicts L.R.S. 710 l. a., Gesetz vom 5. October 1820 [Reggsbl. No. 15] §§. 1. 4. 7). Der Umstand, daß dieselben in der Klagschrift unrichtig „walzende Frohnden“ genannt wurden, ist unerheblich.“

„„Persönliche Frohnden bestimmen sich“ — wie der §. 17 des VI. Const.Edicts sagt — „durch das Orts- und Schutzbürgerrecht an einem Orte oder auf einer Hofstätte, welchen eine solche Herrenbotmäßigkeit von Altersher aufliegt.“ Bei diesem Zusammenhange zwischen der Frohndpflicht und bürgerlichen Ansäßigkeit führt schon die Natur der Sache darauf, daß die Gemeinde, beziehungsweise deren Organe, wenn auch allerdings die Frohndpflicht nicht dem der Gemeinde als juristischer Person zustehenden Vermögen obliegt, die Gesammtheit der Frohndpflichtigen zu vertreten haben. Im Einklange mit dieser Anschauung bezeichnen auch die klägerischer Seits angerufenen Urkunden bald die „Inwohner“ von Affamstadt, bald die „Bauerschaft,“ bald die „Bürgerschaft,“ daselbst, bald (und dies ist am häufigsten der Fall) die „Gemeinde“ Affamstadt als pflichtig. An die Stelle der genossenschaftlichen Verbindungen, welche man früher auf dem Lande als „Bauerschaft,“ daselbst sowie in Städten als „Bürgerschaft“ bezeichnete, ist ohnehin offenbar die heutige Gemeinde im gesetzlichen Sinne des Wortes getreten.

Vergl. Bluntschli, deutsches Privatrecht §. 36.

Zudem, verfügt das angeführte Gesetz vom 28. December 1831 noch ausdrücklich, daß bei Feststellung der für die Frohnden zu leistenden Entschädigung (bei der Ablösung, wie sich das Gesetz ausdrückt) die Gemeinde die Gesammtheit der zur Leistung „persönlicher Frohnden“ Verpflichteten vollständig zu vertreten habe, ja daß die Hälfte des Ablösungskapitals vorläufig „aus der Gemeindekasse des Wohnortes der Frohndpflichtigen“ entrichtet werden solle. (S. Art. 4. 7. 8. 9. 20 bis 27 des angef. Ges.)“

„Unter diesen Umständen kann darüber, daß die beklagte Gemeinde im vorliegenden Streite passiv zur Sache legitimirt ist, kein Zweifel walten.“

„Die Behauptung der unvordenklichen Verjährung der Frohndberechtigung begründet die Klage vollkommen. Nach L.R.S. 710 g. b. duldet das Gesetz diejenigen Grundpflichtigkeiten (als solche erscheint nach L.R.S. 710 g. g. auch die Frohndpflichtigkeit), welche bei Einführung des Landrechts in rechtmäßiger Uebung waren, nach gemeinem deutschen Rechte, welches vor Einführung des Landrechts bei Schweigen des Churmainzer Landrechts in der fraglichen Beziehung zu Affamstadt galt, wurde diejenige Frohndberechtigung für rechtsgültig erworben erachtet, welcher die unvordenkliche Verjährung zur Seite stand.

Mittermaier, deutsches Privatrecht §. 196. II.

v. Savigny, römisches Recht IV. §. 199.

Oberhofg. Jahrb. n. F. XI. S. 452.“

„Der Umstand, daß die einzelnen Erfordernisse der unvordenklichen Verjährung, wie solche in der landesfürstlichen Verordnung vom Jahre 1803 (Reggsbl. 1803 No. 10), wenn auch zunächst bezüglich eines über gedachte Verjährung zu erhebenden Zeugenbeweises, dargelegt sind, nicht im Besondern behauptet wurden, konnte, da deren Behauptung als in der der unvordenklichen Verjährung selbst liegend gelten mußte, der Klage nicht entgegenstehen.“

„Die sehr zahlreichen Urkunden, auf welche sich von Seiten der klagenden Pfarrei zum Beweise der unvordenklichen Verjährung berufen wurde, thun dieselbe auch — abgesehen von den beiden oben zu Eingang erwähnten Aeckern Ziff. 4 und 10 der Klagschrift — jedenfalls bis zu dem Grade dar, daß nach L.R.E.S. 1366. 1367, Pr.O. §§. 587. 588 auf einen Reinigungseid der beklagten Gemeinde erkannt werden konnte.“

„Daß Urkunden gebraucht werden dürfen, um die unvordenkliche Verjährung darzuthun, ist anzunehmen.

v. Savigny, a. a. O. S. 523. 524.

Thibaut, Pandekten §. 1035.

v. Holzschuher, g. d. Civilrecht II. S. 227. 236—238.

Oberhofg. Jahrb. n. F. VI. S. 228 XI. S. 452.

Annalen XXIII. S. 110. XXV. S. 153.“

„Die angerufenen und vorgelegten Urkunden geben aber in der Zeit soweit zurück, daß sie den Erfordernissen der erwähnten Verordnung von 1803 vollständig Genüge thun.“

„Die Form des Reinigungseides, wie sie vom großh. Hofgerichte festgestellt wurde, konnte mit Grund nicht bemängelt werden Die in diese Form aufgenommenen

Worte „seit unvordenklicher Zeit" bezeichnen genügend, was die Rechtsquellen (s. insbes. die angef. Verordnung von 1803) unter der unvordenklichen Verjährung verstehen. Sicherlich erscheint auch bei Lage der Sache dadurch, daß nicht etwa der Begriff der unvordenklichen Zeit in einzelne Bestandtheile aufgelöst wurde, der beklagte oberappellantische Theil nicht als beschwert." — —

„Was die Einrede der Unterbrechung der Verjährung angeht, so mußte eine wahre Besitzentsetzung, im Gegensatze einer blosen Besitzstörung, behauptet werden, um jene Einrede genügend zu begründen.

Glück, Commentar IX. S. 151.
Thibaut, Pandecten §. 1006.
Archiv für civilistische Praxis VIII. S. 44. 72.
v. Holzschuher, gem. deutsches Civilrecht II. S. 292."

„Eine solche Behauptung konnte in den betreffenden Vorträgen des beklagten Theiles, wenn dieselben auch allerdings in thatsächlicher Beziehung als sehr dürftig erscheinen, gefunden werden. Die vom großh. Hofgerichte festgestellte, hierher bezügliche Eidesformel faßte in Uebereinstimmung mit der fraglichen Behauptung und der Formel, in welcher der Eid zugeschoben wurde, Thatsachen in sich, welche eine Besitzentsetzung zu begründen geeignet sind."

„Wenn in den oben erwähnten Eidesformeln von einer die Dauer eines Jahres übersteigenden Unterbrechung der Frohndleistung die Rede ist, so ist zwar für die Nothwendigkeit der Aufnahme dieser Dauer im L.R.S. 2243 kein Anhaltspunkt geboten, weil die Unterbrechung in der Zeit vor Einführung des Landrechts stattgehabt haben soll, das gemeine deutsche Recht aber davon, daß die Unterbrechung gerade über ein Jahr gedauert habe, nicht abhängig macht. Es war aber eine Abänderung in der fraglichen Beziehung um deßwillen nicht geboten, weil die Unterbrechung dahin, daß sie über ein Jahr gedauert habe, behauptet, weil die Formel des zugeschobenen Eides auf diese Dauer erstreckt worden war, und weil diese Dauer allerdings auch auf dem Boden des gemeinen deutschen Rechts insoferne von Erheblichkeit ist, als daraus umsomehr auf das Dasein einer wahren Besitzentsetzung im Gegensatze zur Besitzstörung geschlossen werden kann."

Roßhirt.

131.

Zur Auslegung des badisch-würtembergischen Jurisdiktionsvertrags vom Jahre 1825, insbesondere des Art. 4 desselben, Prozeßkosten-Erstattung betreffend.

Der Art. 4 des Jurisdiktionsvertrags mit Würtemberg besagt: „Beide contrahirende Staaten erkennen gegenseitig den Grundsatz, daß der Kläger dem Gerichtsstande des Beklagten zu folgen habe. Es wird daher das Urtheil der fremden Gerichtsstelle, nicht nur insofern es den Beklagten, sondern auch insofern es den Kläger, z. B. rücksichtlich der Erstattung der Gerichtskosten und dgl. betrifft, in dem andern Staat als rechtsgültig erkannt und vollzogen." — In folgendem Falle wurde diese Stelle in einer Weise ausgelegt, welche der Mittheilung werth erscheint.

Es hatte ein badischer Staatsbürger gegen einen Würtemberger bei dem würtembergischen Oberamtsgericht H. Klage geführt, und war mit derselben unter Verfällung in die Kosten abgewiesen worden. Das würtemberger Gericht übersandte dem badischen Amtsgerichte Rh. eine Urtheilsabschrift mit dem Ersuchen, solche „dem Kläger zuzustellen und Empfangsbescheinigung hierüber nebst 2 fl. 56 kr. Gerichtssporteln und 24 kr. Abschriftsgebühr in möglichster Bälde kostenfrei dorthin mitzutheilen." Man erwiederte hierauf, daß man um eine nähere Veranlassung bitten müsse, um diesem letztern Ersuchen entsprechen zu können, wozu man sich nicht verpflichtet, zu einem Geldeinzug aber nicht einmal berechtigt erachte. In einer wiederholten Bitte führte sofort das würtembergische Gericht aus, „daß es die von einem diesseitigen Staatsbürger eingereichte und als dringlich bezeichnete Klage in dessen Interesse so rasch in Gang gesetzt habe, daß eine Prozeßkostenkaution nicht mehr verlangt werden konnte."

Die diesseitige Entgegnung bestund darin, daß eine richterliche Behörde überhaupt nur dasjenige mit Gültigkeit thun könne, wozu sie vom Gesetze verpflichtet sei; zu etwas anderem sei sie auch nicht berechtigt; der zwischen Baden und Würtemberg bestehende Staatsvertrag lege den badischen Gerichten nicht das Amt auf, jenseitige Jurisdiktionsgefälle einzutreiben, und man sei also auch nicht im Stande, solches aus Gefälligkeit zu thun, so gerne man sonst dienen würde. Es wurde abermals reklamirt: „man erkenne die diesseitigen Grundsätze zwar als richtig an, habe nur geglaubt, das gestellte Ersuchen sei im Art. 1 und 4 des Staatsvertrags begründet, und bitte nun um Belehrung, durch welche Mittel man zur Zahlung der Gebühren gelangen könne." Die diesseitige Antwort ging dahin: Art. 1 des Jurisdiktionsvertrags berühre gar nicht den Fragefall. Wenn derselbe besage, daß die Urtheile würtembergischer Gerichte in Baden vollstreckbar sind, und umgekehrt, so sei damit, — wie überhaupt, wenn von der Vollstreckbarkeit ausländischer Urtheile gesprochen wird, nur gemeint, daß die Ansprüche der Partien an einander, auf Grund eines in dem einen Staate ergangenen Urtheils auch in dem andern Geltung finden sollen. Der nämliche Sinn sei dem (oben erwähnten) Art. 4 zu unterstellen, und es folge daraus nur, daß, wenn (wie im Fragefall) ein badischer Kläger von einem würtembergischen Gericht zur Kostentragung verurtheilt worden, der Beklagte auf Grund dieses Urtheils die Kostenerstattung verlangen kann, und die badischen Gerichte hierwegen Rechtshülfe gewähren müssen; davon aber sei hier nicht die Rede, sondern es verlange das dortige Gericht für sich selbst, resp. für die Staatskasse die Zahlung von Jurisdiktionsgebühren; hiezu zu verhelfen, besitze man diesseits die Mittel nicht. —

Es scheint sodann eine Correspondenz zwischen den betreffenden würtembergischen und badischen Obergerichten gepflogen worden zu sein, denn in der Folge erging von dem (damaligen) mittelrheinischen Hofgericht ein Erlaß an das Amtsgericht dahin:

„Großh. Amtsgerichte werden die hierher gelangten Akten des K. W. Oberamtsgerichts H. mit dem Anfügen übersendet, man halte im Hinblicke auf Art. 4 des bad.-würt. Jurisdiktionsvertrags vom Jahr 1825 und auf das, laut der Justizministerialerlasse vom 11. März und 8. April 1857 No. 1888 und 2561 zwischen Baden und Würtemberg getroffenen Uebereinkommen hinsichtlich der Steuerforderungssachen die Leistung einer Rechtshülfe in vorwürfigem Fall in der Weise für begründet, daß wegen der von dem K. W. Oberamtsgericht geforderten Gebühren und Gerichtssporteln gegen den Schuldner von großh. Amtsgerichte ein unbedingter Befehl und sodann auf weiteres Anrufen bei Nichtbefolgung desselben die Hülfsvollstreckung verfügt werde. Großh. Amtsgericht wird beauftragt, hienach Verfügung zu treffen.

M. Eisen, Kreisgerichtsassessor.

132.

Die Verkündung der oberhofgerichtlichen Tagesordnung durch Anschlag an der Gerichtstafel betr.

Nach §. 7 der, noch jetzt giltigen, Verordnung des großh. Justizministeriums vom 21. April 1832 (Reggsbl. No. 22) sind die Rubriken aller, zur Verhandlung bestimmter, bürgerlichen Rechtssachen im Gerichtssaale anzuschlagen. Dort konnten sich die Obergerichtsadvokaten jederzeit darüber verlässigen, wann diejenigen Sachen, in welchen sie zu functioniren haben, zur Verhandlung kommen.

Nachdem jetzt die Praxis an den großherzogl. Kreisgerichten und Kreis- und Hofgerichten allen Anwälten, die Praxis bei großh. Oberhofgerichte aber den Anwälten nach 5jähriger Ausübung ihres Berufs freigegeben ist, so müssen diejenigen auswärtigen Anwälte, welche Parthien in Prozessen bei dem großh. Oberhofgerichte zu vertreten haben, sich von ihren Gewalthabern über den Inhalt der Anschläge an der Gerichtstafel fortwährend in Kenntniß erhalten.

Das großh. Oberhofgericht hat deßhalb folgende Bekanntmachung erlassen:

„No. 2728 Plenum. Da allgemeine, die Anwälte betreffende Anordnungen, ferner die Tagesordnung der zur mündlichen Verhandlung ausgesetzten Rechtsstreitigkeiten, und zwar letztere für einen jeden Monat geraume Zeit vorher durch Anschlag an die Gerichtstafel bekannt gemacht werden, so werden die auswärts wohnenden, zur Praxis beim obersten Gerichtshofe berechtigten, Anwälte hierauf mit dem Bemerken aufmerksam gemacht, daß ihnen überlassen wird, sich von solchen Anordnungen und den Tagfahrten zur Verhandlung der sie betreffenden Rechtsstreitigkeiten, zur Wahrung der Rechte der von ihnen vertretenen Parteien, durch Vermittelung ihrer nach §. 7 der Anwaltsordnung dahier aufgestellten Gewalthaber in Kenntniß zu erhalten.

Mannheim, den 17. Dezember 1864.

Großh. Oberhofgericht.

v. Marschall.

A. M. Rez."

Anzeige.

Mit No. 40 wird das zweite Semester des Jahres 1864 und zugleich der XXX. Band der Annalen geschlossen.

Die Bestellungen auf das erste Semester des Jahres 1865 wollen gefällig bei den großh. Postämtern, welche nunmehr von der Unterzeichneten in den Stand gesetzt sind, die „Annalen" ohne Preiserhöhung zu liefern, oder bei den Buchhandlungen gemacht werden. Der Preis für dasselbe beträgt 2 fl. 30 kr.

Mannheim, im Dezember 1864.

Buchhandlung von J. Bensheimer.

Tagesordnung*) des großherzoglichen Oberhofgerichts

für den

Monat Februar 1865.

Rolle No.	Betreff und Verhandlungstag.	Anwälte.
	Dienstag den 7. Februar.	
150	Röser gegen Röser. — Vermögensabsonderung. . .	Strauß. — Grimm.
148	Lang gegen Mondt. — Forderung.	Eiser. — Ettlinger.
	Donnerstag den 9. Februar.	
32	von Böcklin gegen von Böcklin. — Stammgutergänzung. . .	Bertheau. — Kunzmann.
	Dienstag den 14. Februar.	
129	Schuchmann gegen Paravicini. — Nutznießung. . .	Kohlhagen. Kusel.
146	Schrieder gegen Kühn. — Namensmißbrauch. . . .	Mays — Schulz.
	Donnerstag den 16. Februar.	
162	Krämer Ehefrau gegen ihren Ehemann. — Ehescheidung. . .	Ettlinger. — Levinger.
140	Griser gegen Link. - Forderung.	Levinger. — Bodenheimer.
	Dienstag den 21. Februar.	
152	Werner gegen Büche. — Forderung.	Gernandt. — v. Engelberg.
	Donnerstag den 23. Februar.	
149	Gaiser gegen Maier. — Urtheilsvollzug.	Bertheau. — Grimm.
154	Schriesheim gegen Stern. — Vertragserfüllung. . . .	M. Fürst. — Kunzmann.

*) Im Interesse auswärts wohnender Anwälte, welche in Prozessen bei dem Oberhofgericht Parteien vertreten, wird künftig die Tagesordnung des großherzogl. Oberhofgerichts, sobald sie festgestellt ist, in einem den Annalen beigegebenen Blatte bekannt gemacht werden.

Die Redaktion.